CONFÉDÉRATION GÉNÉRALE DU TRAVAIL

1929

CONGRÈS CONFÉDÉRAL DE PARIS

RAPPORTS MORAL ET FINANCIER

Compte Rendu sténographié des Débats

du XXVIe Congrès National Corporatif (XXe de la C. G. T.)

tenu à la Salle Japy, du 17 au 20 Septembre 1929

EDITION
de la
CONFÉDÉRATION GÉNÉRALE DU TRAVAIL
211, rue Lafayette, PARIS (10e)
Chèque Postal : Paris 62.84
Téléph. : NORD 93-26 - 93-27 - 93-30

CONGRÈS CONFÉDÉRAL
DE PARIS

CONFÉDÉRATION GÉNÉRALE DU TRAVAIL

1929

CONGRÈS CONFÉDÉRAL
DE PARIS

RAPPORTS MORAL ET FINANCIER

COMPTE RENDU STÉNOGRAPHIÉ DES DÉBATS

du XXVIe Congrès National Corporatif (XXe de la C. G T.), tenu
à la Salle Japy, du 17 au 20 Septembre 1929

ÉDITION
DE LA
Confédération Générale du Travail
211, rue Lafayette, Paris (10e)
Téléph. : Nord 93-26 et 93-27

XXVIe Congrès National Corporatif

tenu à **PARIS**, Salle **JAPY**

du 17 au 20 **SEPTEMBRE** 1929

ORDRE DU JOUR :

Rapport de la Commission de vérification des mandats ;

Rapport moral ;

Rapport financier ;

Assurances Sociales et Assurance chômage ;

La classe ouvrière et le problème de la production : *a)* Contrat collectif ; *b)* Salaire en fonction du développement de la productivité ; *c)* La femme dans l'économie moderne ; *d)* !Durée du travail, etc. ;

L'Enseignement : Enseignement général; école unique; enseignement technique;

Les vacances payées ;

Modalité d'adhésion des fonctionnaires ;

Les problèmes internationaux ;

Législation sociale : Droit syndical; accidents du travail ; maladies professionnelles; inspection du travail ; délégués à la sécurité, etc. ;

Modification aux statuts : Timbre unique (art. 15) ;

Questions diverses.

CONGRÈS CONFÉDÉRAL
de Paris 1929

RAPPORT MORAL

Le Congrès confédéral des 26-29 juillet 1927, par son importance et sa tenue, avait renforcé la situation morale de la C. G. T. en donnant une preuve éclatante de sa vitalité comme du sérieux de ses discussions.

On peut déclarer que depuis la tenue des dernières assises, aucun incident n'est venu affaiblir l'harmonieuse collaboration de tous les organismes qui constituent la Confédération Générale du Travail.

Le mouvement des effectifs procura, lui aussi, quelques satisfactions, car si la progression n'atteint jamais les sommets recherchés, elle est cependant sensible et continue. Il nous faut d'ailleurs remarquer un réel progrès dans la stabilité des adhérents, ce qui est un signe très favorable qui encourage et qui compense largement la campagne d'injures et de calomnies qui n'a jamais cessé de se poursuivre depuis de longues années.

Au cours de ces deux dernières années, la C. G. T. a dû poursuivre son action sur les questions déjà étudiées par le dernier Congrès. Quatre Comités confédéraux syndicaux furent régulièrement tenus. Le premier, le 30 juillet 1927, au lendemain du Congrès et dont le rôle était limité à la nomination de la Commission administrative, de la Commisson de contrôle et du Bureau confédéral.

Cette disposition consistant à réunir immédiatement le Comité confédéral national après les assises confédérales a non seulement l'avantage d'une certaine économie, mais surtout celui d'assurer rapidement le fonctionnement normal des rouages administratifs et exécutifs de la Confédération.

N'ayant enregistré aucune objection à cette méthode, la Commission administrative a pris la décision d'agir de la même façon au prochain Congrès national des 17, 18, 19 et 20 septembre, en convoquant le Comité confédéral national pour le lendemain samedi 21 septembre.

Le second Comité confédéral eut lieu les 12 et 13 mars 1928. Son ordre du jour comportait les questions suivantes :

1° Les problèmes de la production;

2° La juridiction obligatoire des conflits du travail;

3° La législation sociale;

4° La question agraire;

5° La situation internationale;

6° Périodicité des Congrès confédéraux (question renvoyée au Comité confédéral national par le Congrès).

Il nous faut de suite rappeler que ce Comité, qui avait à se prononcer sur la 6° question qui consistait à ne convoquer les Congrès confédéraux que tous les trois ans, décida de maintenir purement et simplement le *statu quo* qui implique la tenue des Congrès tous les deux ans.

Le troisième Comité confédéral eut lieu les 1er et 2 octobre 1928, avec l'ordre du jour suivant :

1° Les Assurances sociales;

2° L'organisation de la propagande;

3° Constitution d'un Comité confédéral d'études économiques;

4° Situation nationale et internationale;

5° Lois sociales :

a) Accidents, maladies professionnelles;

b) Problème du logement et habitations patronales;

c) L'inspection du travail et les délégués à la sécurité;

d) Les vacances ouvrières.

Ce fut à l'occasion de ce Comité qu'une soirée fut organisée pour célébrer la mémoire de Fernand Pelloutier et Victor Griffuelhes, auxquels le mouvement syndical français doit tant d'enseignements et d'exemples de volonté. Deux plaquettes en bronze, dues au statuaire Niclausse, matérialisent leur souvenir et témoignent de la reconnaissance des travailleurs organisés.

Le 4° Comité national eut lieu les 28 et 29 mars 1929. Son ordre du jour était ainsi composé :

1° Les Assurances sociales;

2° L'enseignement technique;

3° Situation internationale;

4° Le Congrès confédéral national (fixation de sa date et de son ordre du jour);

5° Le 1er mai 1929.

L'ensemble de ces débats et des questions qui y furent constamment agitées au cours de ces deux dernières années, répondaient aux préoccupations des précédents Congrès confédéraux comme aux revendications les plus urgentes du monde du travail.

Sur toutes les questions qui ne sauraient être résolues sans l'intervention législative, on ne saurait trop récriminer contre une lenteur qui ne peut être imputée qu'à l'indifférence, à la mauvaise volonté et même à l'hostilité parlementaire.

Les organisations de fonctionnaires restent toujours soumises à un régime de tolérance. Le droit syndical ne leur est accordé que par une circulaire ministérielle, formule provisoire et sans garantie sérieuse, qui, depuis de trop longues années, attend sa consécration légale.

La refonte de la loi de 1898 sur les accidents du travail n'est l'objet que de modifications partielles, insuffisantes, qui se heurtent cependant à l'ostracisme du Sénat.

Nombreux sont les projets étudiés sous la pression des organisations syndicales et restent ensuite dans l'oubli. Projets sur les vacances ouvrières, sur le logement rural, sur les maladies professionnelles, sur l'école unique, sur la tentative obligatoire de conciliation dans les conflits du travail, attendent toujours leur examen définitif et les sanctions législatives promises.

Ce sont des questions qu'il faut poser et reposer sans cesse jusqu'à ce qu'elles aient reçu une solution plus ou moins définitive.

Le rapport que nous présentons aux organisations, ne peut prétendre exposer tous les faits et gestes qui se sont produits au cours des deux dernières années. La plupart des problèmes qui restent d'actualité et qui reviennent à nouveau devant le Congrès confédéral ont été l'objet d'études et de discussions et la *Voix du Peuple*, le bulletin officiel de la C. G. T. leur a consacré des colonnes auxquelles rien n'est à changer.

C'est pour cette raison que le Bureau confédéral vient de publier une table des matières, qui a catalogué avec facilité de recherche, toute la documentation publiée dans ce Bulletin mensuel depuis 1919.

La matière est déjà considérable et cette table rendra très facile la consultation des éléments souvent indispensables à la propagande.

Nous devons cependant avouer que pour un organisme aussi considérable que la Confédération Générale du Travail, à laquelle aucune question d'ordre économique ne doit être indifférente, son service de documentation est gravement insuffisant.

Les militants attachés soit à l'administration, soit à la trésorerie ou à la propagande, ne peuvent assurer le fonctionnement sérieux d'un tel service qui est absorbant par la lecture qu'il exige et le classement judicieux et méthodique de la documentation qu'il est utile de conserver.

Toutes les grandes organisations ouvrières des autres pays ont des hommes attachés à leur service de documentation, personnel avec des connaissances et des goûts appropriés, sachant effectuer dans l'énorme quantité de publications quotidiennes, la sélection indispensable, car dans cet ordre de choses, c'est l'utile qu'il faut discerner, et non des monceaux de papier qu'il s'agit d'accumuler.

Le mouvement syndical a conquis dans la vie totale des pays industriels, une place et une influence qui ne lui permettent pas de se tenir au-dessous des graves et multiples problèmes qui se posent chaque jour.

Les Unions départementales, les Fédérations, les Syndicats, les militants ont besoin, pour accomplir leur mission, d'une documentation qui, aujourd'hui, est établie sans une véritable méthode, sans continuité, un peu au hasard des initiatives personnelles, suscitée par les nécessités du moment.

C'est à ce système empirique qui a pu paraître acceptable jusqu'à présent, que la C. G. T. devrait pouvoir mettre fin en créant un service isolé de l'activité inévitablement cahotique de l'organisation qui doit faire face aux situations prévues et imprévues.

RÉORGANISATION DE LA PROPAGANDE

Le Comité Confédéral des 1er et 2 octobre 1928 examina très attentivement la question de la propagande confédérale.

Diverses suggestions furent apportées par les représentants des Unions et des Fédérations, mais chacune de ces solutions se heurtaient aux difficultés pratiques d'application en raison, soit de la structure de la C. G. T., du principe d'autonomie et des impossibilités financières que des programmes trop vastes rencontraient.

Certes, le problème n'est pas insoluble. On peut puiser dans les organes constitutifs de la C. G. T. assez de souplesse et de volonté, pour acheminer la propagande vers une véritable harmonie nationale par des dispositions de solidarité entre les Fédérations et toutes les Unions départementales.

On ne peut en effet méconnaître le fait que les départements ne se trouvent et ne se trouveront jamais sur un pied d'égalité en ce qui concerne les conditions de propagande, les possibilités de recrutement et les ressources dont les Unions peuvent respectivement disposer.

Il s'en suit des difficultés énormes pour de nombreuses organisations départementales condamnées à une continuelle indigence.

D'autres cas se produisent également qui placent certaines Unions dans une situation critique : grèves malheureuses, chômage affectant une industrie principale, désaffection ouvrière par suite de manœuvres divisionnistes et autres évènements qui affaiblissent syndicalement et auxquelles il faut apporter aide et encouragement pour redresser la situation.

Or, bien que cela paraisse extraordinaire, rien n'est prévu pour assurer le concours indispensable à un organisme en détresse. Sans permanent, sans ressources, c'est la propagande qui cesse avec les difficultés qui augmentent; c'est le silence et l'agonie d'un organisme confédéral.

A diverses reprises, la C. G. T. a dû intervenir dans ces cas lamentables; elle dut assurer momentanément une subvention pour éviter l'effondrement d'une organisation, et cependant elle dut le fair en marge des statuts, sur des ressources non affectées à cette solidarité si nécessaire, et c'est cette lacune qu'il serait indispensable de combler.

Au Comité Confédéral des 1er et 2 octobre, qui examina cette question, le camarade Jouhaux, parlant au nom du Bureau Confédéral, fit la déclaration suivante :

« Le Bureau Confédéral a voulu que la discussion se déroule librement. Il n'intervient donc qu'après avoir permis à toutes les opinions de se manifester et en tenant compte de ces opinions.

« L'organisation de la propagande est déjà un vieux problème. Mais ne se pose-t-il pas de la même manière fondamentale qu'il se présentait il y a vingt ans déjà?

« Alors, on disputait sur le rôle respectif des Unions et des Fédérations, on cherchait les mesures propres à solidariser leurs efforts, et l'on avait émis l'idée du timbre unique.

« Le problème n'est guère différent aujourd'hui. Chercher à réorganiser la propagande, cela ne revient-il pas à demander s'il n'y a pas lieu de transformer les bases constitutives de la C. G. T.? On cherche l'égalité des Fédérations et des Unions; n'y a-t-il pas lieu de chercher les conditions statutaires d'une telle égalité?

« Nous ne voulons pas apporter de formules catégoriques. Nous pensons toutefois que le problème doit enfin être abordé au fond, pris au corps.

« Il ne faut plus, en tout cas, voir les Unions se dresser contre les Fédérations. Nous ne pouvons pas avoir la religion de l'autonomie, qui n'est trop souvent que stagnation. Les Unions départementales doivent être considérées comme les filiales administratives directes de la C. G. T. »

Le Comité Confédéral ne pouvait prétendre solutionner le problème, en raison que d'autres mesures, qui dépassent son pouvoir s'imposeraient et pour la décision desquelles les Congrès seuls sont souverains.

Le débat se termina par le vote, à l'unanimité moins une voix, de l'ordre du jour suivant :

« Le Comité National Confédéral, ayant à examiner l'organisation de la propagande syndicale et à se prononcer sur la proposition du camarade Jeannin, considère que cette proposition ne peut être retenue et appliquée telle quelle, mais qu'elle contient également des vérités trop évidentes pour être méconnue et écartée sans plus;

« En conséquence, le Comité National Confédéral décide que cette proposition ainsi que toute autre ayant le même objet, doit être examinée minutieusement. A cet effet, il désigne une Commission qui devra examiner à fond cette question, établir un rapport détaillé s'inspirant de la discussion qui vient d'avoir lieu, des difficultés évidentes de la situation et des désirs légitimes de tous les militants soucieux d'un large développement des forces syndicales, condition indispensable de l'affranchissement du travail. Ce rapport devra être soumis pour approbation au prochain Comité National Confédéral et au Congrès Confédéral à fin d'application. »

Quelques mois plus tard, les 5 membres des Unions départementales et les 5 membres des Fédérations se sont réunis au siège de la C. G. T. avec un représentant du Bureau Confédéral, et le lendemain les conclusions de leur étude furent soumises à la C. A. et approuvées par elle. Voici ces conclusions:

« La Commission chargée de l'examen de la question posée par le Comité Confédéral National concernant la propagande, son organisation, après un examen très minutieux des modalités dans lesquelles se fait la diffusion des idées confédérales et de défrichement syndical dans le pays, du rôle des propagandistes confédéraux, de la situation existante dans les Unions départementales, tant au point de vue administratif qu'en ce qui concerne la mission en égard des buts qui leur sont assignés.

La situation fournie par le camarade Dupont, a permis à la Commission de considérer qu'il était nécessaire d'apporter des modalités différentes susceptibles de réaliser dans les économies qui seraient faites, une propagande plus efficace et plus rationnelle, en utilisant les concours susceptibles de visiter les centres d'une région.

Il y a donc intérêt à faire appel aux militants des Unions départementales capables de se mettre au service de la propagande pour lesquels serait déterminée une zone d'activité comprenant les départements limitrophes qui se trouvent dans l'impossibilité financière, ou par manque de propagandistes, d'assurer, par leurs propres moyens, la vie syndicale et le recrutement dans leurs Unions respectives.

La Commission propose donc, et cela à titre d'expérience, que la C. G. T. choisisse d'abord et détermine 4 secteurs, en tenant compte à la fois :

1° De l'utilité d'une propagande méthodiquement poursuivie;

2° Des difficultés résultant de l'infériorité des effectifs syndicaux et des conditions particulières de recrutement;

3° De la possibilité de trouver dans chacune des zones de propagande délimitées, une Union plus favorisée avec un militant, pouvant remplir le mandat que la Confédération lui aura confié après avoir consulté les Unions incluses dans chacun des 4 secteurs établis.

La Commission Administrative et le Bureau Confédéral seront seuls qualifiés pour fixer le montant du crédit mensuel qui pourra être affecté pour le fonctionnement de ce service de propagande.

La Commission précise que le propagandiste qui sera chargé de ce mandat, devra limiter son action à la propagande, sans s'immiscer dans le fonctionnement intérieur des Unions qui conservent leur entière personnalité et leurs attributions.

La Commission déclare cependant que cette proposition ne peut solutionner qu'imparfaitement et provisoirement le problème de la propagande. Qu'il faut surtout apprécier les conditions profondément différentes des départements au point de vue géographique, industriel, comme de la densité de la population ouvrière et des moyens de communication.

La Commission exprime le désir qu'un Congrès Confédéral examine les moyens pratiques de créer un lien de solidarité financière entre les Unions départementales. Elle suggère donc qu'il serait possible de réaliser ce lien par la création d'une Caisse Confédérale de compensation qui pourrait être alimentée par une faible cotisation supplémentaire versée par les Unions, et qui permettrait ainsi à la C. G. T. d'apporter à celles dont le recrutement est difficile et limité, l'appoint indispensable à leur fonctionnement et à leur vitalité.

D'autre part, la Commission ne peut méconnaître que le journal confédéral *Le Peuple,* est l'organe par lequel la propagande quotidienne reçoit son effet et engage les Unions départementales d'user au maximum des moyens qui peuvent être en leur possession, pour en assurer la diffusion.

De plus, cette propagande est présentement complétée et renforcée par les journaux syndicaux, dont la publication est assurée par centaines Unions départementales. Aussi, la Commission croit devoir inviter les Unions départementales qui sont en possession de ces organes périodiques, à rechercher des accords avec des Unions départementales d'une même région, dans le but d'élargir au maximum le centre de rayonnement des organes existants.

Il est bien évident que la mise en pratique des vœux ainsi émis serait grandement facilitée si, conformément aux statuts confédéraux, les Unions départementales s'attachaient à la création d'Unions locales, de même qu'il serait souhaitable que des contacts aussi constants que possible, existent entre les Unions départementales et les Unions locales.

Ce but semble être atteint par les Unions départementales dont les Commissions administratives comprennent les représentants des Unions locales qui, ainsi, participent effectivement à l'activité de l'Union départementale dont elles ressortissent, comme à son administration générale. »

On constatera que la Commission a exprimé les mêmes préoccupations que le Comité Confédéral National, et que ses conclusions ne sont considérées par elle que comme des remèdes provisoires et insuffisants.

La suggestion qui tend à créer une Caisse confédérale de compensation procède toujours du même esprit de solidarité, qui persistera tant que ne sera pas créé un lien de solidarité financière capable d'atténuer sensiblement les difficultés si disproportionnées en face desquelles se trouvent de nombreuses Unions départementales.

Conformément à la décision de la Commission des dix, la Commission administrative a établi 4 régions au sein desquelles elle pouvait compter sur le concours d'un propagandiste.

Ces premières dispositions n'ont aucun caractère d'exclusivité. Elles ne sont qu'une expérience à tenter qui, pourtant, nécessite un budget relativement important en raison de l'imprévision de ces dépenses supplémentaires dans le budget confédéral.

A ce point encore de la décision théorique, la question matérielle intervient et même cette expérience ne saurait être faite avec toute l'ampleur désirable.

Quatre militants furent pressentis et tous quatre se mirent avec dévouement et spontanéité à la disposition de la C. G. T. Ce sont les camarades Forgues (Toulouse), Jeannin (Besançon), Vardelle (Limoges), Vivier (Lyon).

Jusqu'à présent, ces quatre services n'ont pas encore fonctionné dans les règles administratives et financières. Il est impossible de distraire ces militants de leur propre fonction sans assurer, par un crédit conséquent, le fonctionnement de leur service avec le concours d'un adjoint. De plus, il faut assurer les frais de déplacement et toutes les dépenses que comporte et qu'impose la propagande.

La Commission avait certes le pouvoir de définir des principes généraux, d'établir un projet relatif à la propagande, à son intensification et à sa décentralisation, mais le Comité Confédéral National la mandatant pour cette étude, ne pouvait lui conférer les pouvoirs qu'il ne détient pas lui-même de créer les ressources correspondantes à ces quatre nouveaux services.

De plus, la résolution indique elle-même le provisoire de ces dispositions, tout en indiquant, en accord avec le Comité Confédéral National, que le Congrès Confédéral devra étudier ce problème dans toute son ampleur, en tenant compte des conséquences financières que ses solutions pourront comporter.

Il apparaît donc qu'il ne serait pas d'un grand profit de mettre minutieusement au point un mécanisme de propagande qui, dans quelques mois, serait remis en cause et auquel pourrait être substitué un système plus définitif et plus complet.

Nous devons ajouter que les quatre militants désignés n'attendent pas cette solution pour se dépenser en dehors de leur propre sphère d'activité. Nous disposons de leur concours dans la mesure de leur temps et de leurs forces, et la C. G. T. ne peut que les remercier de leur dévouement.

LA PROPAGANDE EN ALGÉRIE

En janvier 1929, Lapierre et Jouhaux se rendirent en Algérie, visitèrent un certain nombre de localités et particulièrement aux trois Congrès départementaux et à un Congrès régional où fut examiné un programme de revendications générales qui figure dans le numéro de la *Voix du Peuple* de janvier 1929.

Soumises au gouverneur général de l'Algérie par une délégation qu'accompagnaient les secrétaires confédéraux, ces revendications furent examinées pendant plusieurs mois par les services de l'Algérie qui adressèrent à la C. G. T. la note suivante :

Loi du 5 avril 1928
sur les Assurances Sociales.

L'administration algérienne se préoccupe d'adapter à la Colonie les dispositions de la loi du 5 avril 1928 sur les Assurances Sociales.

Par arrêté du gouverneur général en date du 27 mars dernier, une Commission a été créée en vue de l'étude des modalités d'application à l'Algérie de ce texte législatif et de la préparation du projet de règlement d'administration publique prévu en son article 73.

Accidents du travail.
Allocations et majorations temporaires.

Les Mutilés du Travail d'Algérie, victimes d'accidents antérieurs à 1921, ne percevant aucune indemnité au titre de la législation sur les accidents du travail seront appelés à bénéficier prochainement des allocations et majorations temporaires prévues par la loi du 15 juillet 1922 et les textes subséquents en faveur des victimes d'accidents du travail survenus dans la Métropole.

L'administration algérienne, après entente avec le pouvoir central, prépare actuellement un projet de règlement d'administration publique, destiné à assurer l'application de cette législation dans la colonie.

Durée du travail.
a) *Loi sur la journée de huit heures.*

L'administration algérienne a mis à l'étude l'extension de la loi sur la journée de huit heures à une dizaine de nouvelles catégories professionnelles.

Les organisations patronales et ouvrières intéressées seront prochainement consultées sur les modalités d'application de la dite loi aux corporations visées et le résultat de cette enquête sera soumis, en juin prochain, sans doute, à l'examen des Commissions mixtes composées de représentants des parties intéressées, puis en octobre à l'avis de la Commission consultative du Travail.

Enfin, le projet de décret portant réglementation d'administration publique pour l'application de la loi du 23 avril 1919 aux agents des chemins de fer d'intérêt général de l'Algérie, est actuellement soumis à l'examen de M. le Ministre des Travaux publics.

b) *Repos hebdomadaire.*

La loi du 29 décembre 1923 sur le repos hebdomadaire a été rendue applicable dans la colonie par le décret du 12 avril 1927.

Marché du travail.

Le Congrès a demandé : « Que les orga-
« nisations ouvrières soient représentées au
« sein de la Commission interdélégataire,
« qui a pour but de régler le problème du
« travail en Algérie. »
Les Commissions interdélégataires, dont la création est due à l'initiative des Assemblées financières algériennes ne comprennent que des représentants de celles-ci et le

vœu ci-dessus ne peut, en conséquence, recevoir satisfaction.

Cependant, si, au cours ou à la suite des travaux de la Commission interdélégataire susvisée, une Commission administrative était constituée, les organisations ouvrières y seraient représentées comme elles le sont du reste au sein des autres Commissions, telles que la Commission consultative du Travail et la Commission consultative des Habitations à Bon Marché.

Vœu tendant à ce que les mêmes règles qui président en France à l'établissement de l'impôt sur les salaires et les revenus soient appliquées à l'Algérie.

L'administration a inscrit dans le programme à soumettre aux délégations financières, au cours de leur session ordinaire de 1929, un projet de décision ayant pour objet d'accorder aux ressortissants de la cédule des traitements et salaires, les mêmes déductions pour charges de famille que dans la Métropole :

3.000 francs pour les contribuables mariés, 3.000 francs pour chacun des deux premiers enfants, 4.000 fr. par enfant à partir du troisième, 2.000 francs pour les autres personnes à charge. En ce qui concerne les abattements à la base, le minimum exonéré d'impôt est fixé, comme en France, à 10.000 fr. Toutefois, étant donné que le taux de l'impôt en principal est de 3 % seulement en Algérie, on prévoit pour le calcul des cotisations que la fraction du revenu compris entre 10 et 15.000 francs sera comptée pour moitié et la fraction comprise entre 15 et 20.000 francs pour trois-quarts.

Le même projet de décision étend à la colonie les règles adoptées en France pour l'assiette de l'impôt complémentaire sur l'ensemble du revenu.

Vœu tendant à ce que les représentants des syndicats de fonctionnaires confédérés soient représentés dans les Commissions paritaires chargées de la répartition des crédits et de la revalorisation des traitements.

M. le Ministre de l'Intérieur a décidé que les nouveaux rajustements de traitements seraient opérés par le pouvoir central, sur la proposition de M. le Gouverneur général et sans l'intervention d'aucune Commission.

Le vœu ci-dessus n'est donc pas susceptible d'une suite favorable.

Paiement immédiat des relèvements de salaires aux cheminots.

En vertu d'un arrêté du 30 janvier 1929, les agents des réseaux algériens bénéficient depuis le 1er janvier 1929 des majorations de traitements et accessoires accordés, à partir de la même date, au personnel des grands réseaux métropolitains.

Vœu tendant à ce que les petits fonctionnaires de l'Etat obtiennent le paiement des indemnités exceptionnelles qui leur sont dues pour le quatrième trimestre de l'année 1927.

Les indemnités en question ont été mises en paiement dès le début du mois de février dernier; les crédits nécessaires sont, depuis lors, délégués au fur et à mesure des demandes des ordonnateurs, et tous les intéressés auront reçu satisfaction dans un délai très rapproché.

LA PROPAGANDE EN ALSACE-LORRAINE

La propagande confédérale a révélé une nouvelle nécessité en ce qui concerne les départements du Bas-Rhin, du Haut-Rhin et de la Moselle.

La langue française étant assez peu répandue dans cette partie du territoire, la propagande doit être faite en langue allemande.

D'autre part, l'immense et odieux effort de division poursuivi par le parti communiste et les Syndicats dissidents, exigeait que la Confédération Générale du Travail fasse entendre sa voix, et soutienne les organisations confédérées qui subissent, avec autant de courage que de persévérance, la bataille de calomnies qui leur est livrée.

A la suite d'un accord intervenu entre les Unions des trois départements et la C. G. T., il fut créé un poste de propagandiste permanent, chargé de la propagande générale et dont le rayonnement d'action était étendu à la région intéressée.

C'est le camarade Eisenring, secrétaire de l'Union départementale du Haut-Rhin, qui est chargé de cette mission. Ce camarade qui connaît les deux langues, remplit les conditions nécessaires, étant un militant averti et éprouvé.

Les charges financières résultant de cette permanence, sont supportées par la C. G. T. en ce qui concerne le salaire du permanent, et par les trois Unions pour les frais de déplacements et de réunions.

LA MAIN-D'ŒUVRE ÉTRANGÈRE
ET LES SERVICES DE LA C. G. T.

La Confédération Générale du Travail fut appelée à créer deux secrétariats, l'un relatif à la main-d'œuvre polonaise, le deuxième concernant la main-d'œuvre italienne.

Deux organes hebdomadaires répondant à la langue de ces travailleurs sont publiés : *Pravo Ludu* et *L'Operaio Italiano*.

La main-d'œuvre polonaise est surtout agglomérée dans les régions minières, répandue dans l'agriculture et disséminée dans l'ensemble des industries. Elle constitue aujourd'hui un élément considérable pour lequel le désintéressement de la C. G. T. serait une erreur très dangereuse pour le mouvement syndical. D'ailleurs, les efforts de propagande consentis pour cette catégorie de salariés ne sont pas sans quelques résultats encourageants. Le nombre des ouvriers polonais affiliés à la Confédération est déjà appréciable et si l'on tient compte de la situation souvent difficile de ces familles transplantées en France, tiraillées par de multiples influences, le recrutement obtenu jusqu'à ce jour et qui se poursuit sans cesse, permet d'espérer des résultats définitifs relativement satisfaisants.

LA MAIN-D'ŒUVRE ITALIENNE

Un peu plus complexe apparaît l'état d'esprit de ces salariés qui sont très répandus dans certaines régions et dans l'ensemble des professions, et particulièrement dans le bâtiment. Leurs conditions d'existence comme leurs préoccupations diffèrent sensiblement par le fait que la plupart des travailleurs italiens ne sont pas installés définitivement dans un milieu déterminé. Beaucoup d'entre eux retournent régulièrement dans leur pays d'origine et viennent exclusivement en France pour le travail.

Il en résulte des préoccupations de gain moins soucieuses des règles du travail établies soit par les coutumes locales ou régionales, soit par la législation protectrice du travail. Le recrutement syndical de cette main-d'œuvre est assez difficile, très instable, et on peut considérer que les travailleurs italiens sont dans certaines régions et dans certaines industries, un élément de faiblesse syndicale, ce qui influe défavorablement sur les conditions générales du travail.

La Confédération Générale du Travail doit néanmoins poursuivre ses efforts en vue d'amener les travailleurs étrangers à une véritable solidarité professionnelle et syndicale.

La charge financière des deux secrétariats et de la publication des deux organes hebdomadaires, aussi sensible soit-elle, n'excède pas les intérêts syndicaux qui sont en cause.

LE SERVICE CONFÉDÉRAL DES ASSURANCES SOCIALES ET LE DÉPART DU CAMARADE REY

A la fin du mois d'avril 1928, le camarade Rey, délégué confédéral à la propagande, informa le Bureau Confédéral de sa décision de cesser son service à la C. G. T. pour prendre la direction de la coopérative de Saint-Claude.

Le Bureau ne put que prendre acte de la résolution de ce camarade, qui avait pris des engagements trop précis pour revenir sur sa décision. La valeur de Rey, comme les services qu'il rendit à la C. G. T., sont de ceux qui inspirent un profond regret lorsque ce collaborateur abandonne sa fonction, bien que ce soit pour se consacrer plus activement à un mouvement qui n'est pas sans corrélation avec l'action syndicale.

Dès le départ définitif de Rey, qui se produisit dès les premiers jours de mai 1928, la question se posa à savoir s'il serait procédé à la nomination d'un nouveau délégué à la propagande.

La question des Assurances sociales à laquelle notre camarade Rey s'était attaché, entrait à cette même période dans une nouvelle phase. La loi était définitivement votée par les deux Chambres, depuis le 5 avril 1928, et il s'agissait alors de l'examiner dans la multiplicité de ses détails et prendre toutes les dispositions et toutes les initiatives utiles pour organiser la propagande en vue de la gestion de ses services et tenir compte de l'effort d'absorption auxquels commençaient déjà à se livrer les diverses puissances patronales, religieuses et réactionnaires.

La Commission confédérale des Assurances sociales procéda, quelques semaines plus tard, à la nomination de son secrétaire, fonction tenue par Rey, et désigna le camarade Georges Buisson.

La compétence de ce militant donna tout apaisement à la C. G. T. pour ce qui concernait l'action la plus pressante et la plus complexe, relative aux Assurances sociales.

Mais Buisson, secrétaire de la Fédération des Employés, ne pouvait donner tout le temps désirable à cette importante question, sans négliger son propre service fédéral.

Grâce à la bonne volonté et au profond attachement à la Confédération des membres dirigeants de la Fédération des Employés, un accord put facilement s'établir pour que la C. G. T. puisse disposer dans la plus large mesure du précieux concours de leur secrétaire fédéral. Buisson, jusqu'à nouvelle décision, est attaché au service de la C. G. T. et par des dispositions conséquentes, son propre service fédéral reste assuré sous sa responsabilité, par une collaboration suffisante.

C'est ainsi que la C. G. T. put créer un service d'étude, de propagande et de publicité, lui permettant de suivre pas à pas l'évolution du problème des Assurances sociales, et de susciter l'effort d'ensemble qui s'impose, si le mouvement syndical veut faire contrepoids aux influences des milieux rétrogrades et égoïstes qui se dépensent fiévreusement à mesure que la date d'application de la loi du 5 avril 1928 approche.

L'AIDE CONFÉDÉRALE A LA FÉDÉRATION DES TRAVAILLEURS DE L'AGRICULTURE

Un des côtés les plus difficiles de l'organisation et du recrutement syndical réside dans la main-d'œuvre agricole.

Diverse, disséminée, éloignée souvent des grandes communications, la propagande est des plus difficultueuses et les contacts les moins fréquents.

Pour certaines agglomérations où le travail et la production sont limités à quelques spécialités, les liens professionnels s'établissent avec un peu moins d'obstacles en raison de l'identité des intérêts professionnels à défendre, mais là encore c'est par un effort continu que l'on parvient à maintenir des effectifs capables d'assurer le fonctionnement d'une Fédération nationale.

D'autre part, les revendications immédiates sont assez différentes, les convictions des salariés étant encore imprégnées de coutumes anciennes, de traditions et de formes de rémunération qu'il serait bien long d'énumérer en prenant les diverses régions agricoles.

Régions vinicoles, forestières, résinières, maraîchères, grande culture, le métayage sous toutes ses formes, offrent des aspects différents auxquels vient s'ajouter l'instabilité due aux travaux saisonniers.

L'étude d'un programme agraire, la poursuite de sa réalisation, en tenant compte des contingences régionales, font que l'organisation des agricoles offre et exige un maximum de difficultés et de compétence pour amener et maintenir les travailleurs de la terre au sein de la Confédération Générale du Travail où ils doivent trouver un milieu intéressé et instruit de leurs conditions et de leurs revendications.

Le champ de propagande est immense, les facilités de réunion sont moindres que pour toute autre catégorie de travailleurs. La nature du travail, les périodes d'activité, le lever et le coucher du soleil, les habitudes contractées au cours des siècles échus, font que les salariés restent assujettis à des règles surannées et ne bénéficient que dans une faible mesure, des lois de prévoyance et de protection qui s'appliquent aux travailleurs de l'industrie.

Et pourtant la C. G. T. ne peut se désintéresser de ce prolétariat. Elle ne peut se dérober à sa mission d'éducation, de groupement et de solidarité sociale, en délaissant une partie considérable des exploités attachée à un labeur essentiel à la vie de tous.

Pendant plusieurs années ce fut le Bureau Confédéral, avec le concours dévoué de quelques militants de province, qui s'attacha à développer la propagande utile et à maintenir les effectifs déjà appréciables qui sont groupés dans son sein.

Mais il fallait faire davantage et assu

rɪr pendant une période assez prolongée, la présence d'un secrétaire permanent, de façon à assurer une propagande plus continue.

C'est ainsi que la C. G. T. fut appelée à accorder une subvention mensuelle à la Fédération des travailleurs de la terre, ce qui lui permit d'assurer le service d'une permanence et de répondre aux exigences journalières avec plus d'opportunité et plus de fruits.

C'est le camarade Chaussy, ancien secrétaire de l'Union départementale de Seine-et-Marne, qui fut régulièrement désigné par la Fédération pour remplir cette fonction.

L'ADHÉSION EFFECTIVE DES FONCTIONNAIRES

Le Congrès de 1927 fut appelé à se prononcer sur les modalités d'affiliation des éléments qui constituent la Fédération des fonctionnaires, dont l'adhésion à la Confédération Générale du Travail était régulièrement et définitivement décidée par cette Fédération et par ses divers Syndicats nationaux.

Antérieurement à cette adhésion globale de la Fédération des fonctionnaires, la C. G. T. comptait dans son sein :

1° Le Syndicat national des institutrices et instituteurs, qui était également affilié à la Fédération des fonctionnaires;

2° La Fédération de l'enseignement aux 2° et 3° degrés, sans attache avec la Fédération des fonctionnaires;

3° La Fédération de l'enregistrement qui, antérieurement, constituait un Syndicat national faisant partie de la Fédération des fonctionnaires.

Des pourparlers qui précédèrent l'adhésion de la Fédération des fonctionnaires, il résultait, après de mutuelles concessions, que deux Fédérations seraient constituées : la Fédération de l'enseignement et la Fédération des Services administratifs. Ces deux grands organismes devaient rester adhérents à la Fédération des fonctionnaires et devaient ainsi constituer, au sein de celle-ci, deux sections directement affiliées à la C. G. T. avec leur propre représentation. Des cartes confédérales distinctes devaient être établies pour chacune de ces deux Fédérations qui devaient cependant porter la marque commune : Fédération des fonctionnaires.

Les éléments de l'enseignement se mirent aussi à l'œuvre pour constituer la Fédération générale de l'enseignement. Des statuts furent établis et définitivement adoptés, et dont l'article fondamental précisait l'obligation, pour la Fédération de l'enseignement, de rester affiliée à la Fédération des fonctionnaires.

Ce n'était qu'une partie réalisée des dispositions prévues. Il restait à constituer la Fédération des Services administratifs, au sujet de laquelle de nombreuses objections furent faites. Nous ne voulons pas ici discuter leur valeur. Nous ne voulons nullement contester l'importance ni la sincérité de l'argumentation de la Fédération des fonctionnaires. Nous apprécions trop l'utilité et la puissance des liens qui attachent et qui solidarisent les fonctionnaires pour prendre la lourde responsabilité de détruire une organisation qui, dans le domaine qui lui est propre, a donné tant de preuves de compétence et de combativité. De plus, la volonté de ses militants comme de l'ensemble de ses membres de se joindre à l'ensemble du mouvement syndical, nous impose à tous d'examiner avec la plus grande attention et toute l'impartialité voulue, les raisons formulées par la Fédération des fonctionnaires, et qui furent résumées dans une déclaration remise au Bureau confédéral et dont voici le texte:

EXPOSE DE LA FEDERATION DES FONCTIONNAIRES AU SUJET DES MODALITES D'ADHESION A LA C. G. T.

Nous venons sans arrière-pensée, en toute franchise et toute loyauté, discuter d'une situation que nous jugeons très grave pour notre mouvement syndicaliste.

Nous avions temporisé jusqu'à présent,

mais à notre dernier Conseil fédéral qui s'est tenu le 1er juillet, j'ai moi-même demandé à mes camarades, un mandat ferme et précis pour sortir de la situation confuse dans laquelle nous nous enlisons de plus en plus.

D'où vient cette situation confuse? De la mise en application de la formule de notre adhésion à la C. G. T.

Je dois dire que dès qu'elle nous a été proposée, des camarades nous avaient mis en garde contre les dangers qu'elle présentait pour l'unité de notre mouvement et certains s'y sont montrés hostiles jusqu'au bout.

Nous avons cru devoir user, à l'époque de conciliation parce que nous voulions avant tout adhérer à la C. G. T.

Si, à ce moment-là, en effet, nous avions laissé ouvrir à notre Congrès une discussion sur les modalités d'adhésion, suivant la formule qui nous avait été imposée, nous nous serions divisés et nous pouvions risquer de retarder encore notre rentrée à la C. G. T. Moi-même au Congrès, comme rapporteur, j'ai proposé : « Ne nous attardons plus à discuter. Commençons par entrer dans la maison qui nous est ouverte. »

Comment a été mise en application la formule?

D'abord cette formule n'est plus ce qu'elle était à l'origine, lorsqu'elle avait été adoptée à la Commission du Congrès par la très grande majorité des membres de la Commission.

Elle a été subitement modifiée en plein Congrès par l'intervention de Jouhaux. Nous avons pu alors constater que Zoretti, comme il l'avait laissé entendre à la Commission, était intervenu auprès du Bureau confédéral. Nous comptions cependant que ce ne serait qu'une formule.

Des précautions avaient même été prises pour apaiser nos craintes et nous donner des garanties au sujet de l'intégrité de notre Fédération.

Nous faisons allusion à la double déclaration de Jouhaux à notre Conseil fédéral et à l'indication qui devait être portée sur nos cartes confédérales :

Fédération des fonctionnaires : Fédération de l'enseignement;

Fédération des fonctionnaires : Fédération des Services administratifs.

Mais, peu à peu, nos yeux se sont ouverts sur l'atteinte qui était portée à l'intégrité de notre Fédération.

Dès le début, ceux qui ont poussé à la constitution d'une Fédération de l'enseignement, l'ont fait avec la pensée de constituer une Fédération autonome. Qui dit Fédération d'industrie, dit fatalement Fédération autonome. Et toute formule pour masquer cette autonomie n'est qu'un trompe-l'œil comme nous nous en sommes aperçus dans la suite.

Il suffit de rappeler ce qu'ont été les premiers projets de Statuts (adhésion à la Fédération des fonctionnaires pas obligatoire; cotisation réduite à 2 francs pour les deux Fédérations, dont la plus forte part pour la Fédération de l'enseignement; volonté de traiter les problèmes d'ensemble comme celui de l'avancement par leurs propres moyens et pour eux seuls; exploitation du mécontentement de certaines catégories au point de vue traitement).

Finalement, on s'est rendu compte qu'il fallait conserver encore un lien avec la Fédération. Il a été accepté, parce qu'on sentait qu'on ne pouvait pas momentanément faire autrement, mais on l'a réduit le plus possible. La Fédération des fonctionnaires devenait un cartel permanent et n'était plus que cela.

Or un cartel permanent n'aurait de raison d'être que si la Fédération des Services administratifs existait. Mais elle n'existe pas et nous ne voulons pas la créer, parce qu'elle ne répond à rien. Est-ce au nom de la formule de la Fédération d'industrie que vous pouvez nous imposer cette Fédération?

Ou des Fédérations d'industrie s'imposent chez les fonctionnaires, au même titre que la Fédération de l'enseignement, et alors nous allons à la création de multiples Fédérations.

Ou elles ne s'imposent pas et c'est la Fédération des fonctionnaires qui se substitue à elles. C'est, d'ailleurs, aussi statutaire que les Fédérations de ministères. Et même si ce n'était pas statutaire — et cela c'est notre avis — il s'agit de savoir si au nom des Statuts qui ont été faits au moment où la classe ouvrière s'organisait avec presque uniquement des éléments ouvriers, on va discuter un mouvement qui a besoin, plus que jamais, de se grouper, de se développer, de s'unir, comme cela a, du reste, été fait dans les pays étrangers où il y a aussi une classe ouvrière organisée.

Briser ce mouvement ou porter atteinte à son unité, c'est faire inconsciemment le jeu du Gouvernement, c'est faire le jeu des unitaires (voir à ce sujet ce qu'écrivent déjà les autonomes), c'est nous empêcher de poursuivre les mesures d'ensemble qui s'imposent pour les traitements, retraites, avancement, que nous nous sommes efforcés de régler dans le sens de l'harmonie, en freinant les égoïsmes corporatifs.

Nous glisserions inévitablement et de plus

en plus vers un morcellement qu'un Cartel — si permanent soit-il, et il n'est pas certain qu'il le resterait — n'arriverait pas à empêcher.

Quand notre mouvement sera dissocié, il sera trop tard pour réagir. Nous ne voulons pas encourir cette responsabilité.

Nous prendrons, au contraire, la responsabilité de crier : gare!

Nous avons été émus par la déclaration de Jouhaux au Congrès de la Fédération postale; de Lenoir à Bordeaux, au Congrès de la Fédération de l'enseignement des 2e et 3e degrés; de Lenoir au Congrès de la Fédération des tabacs.

Cela marque bien que nous courons à l'autonomie.

C'est contre ce que nous croyons être une erreur, que nous nous élevons contre ses dangers.

Nous comprenons toute l'importance pour la C. G. T. de suivre et de régler certaines questions intéressant l'enseignement, les finances, l'agriculture, etc.

Mais est-il nécessaire qu'une Fédération de l'enseignement autonome existe pour que la C. G. T. puisse régler les questions scolaires?

Serait-il nécessaire demain qu'une Fédération des finances existât pour régler les questions de finances nationales et internationales?

Est-ce de la seule Fédération de l'agriculture qui existe à l'heure actuelle, que vous pouvez attendre une étude de toutes les questions agricoles qui intéressent les agriculteurs et le pays?

Excusez notre audace, mais pour l'étude de toutes ces questions qui touchent à la transformation même de notre Société, ne serait-il pas rationnel de revenir aux formations prévues par la C. G. T. elle-même, en 1920?

Ces formations ne s'imposent-elles pas encore, surtout pour la préparation des travaux à suivre au Conseil national économique.

La C. G. T. puiserait dans tous ses organismes les éléments capables et compétents pour suivre les unes et les autres de toutes ces questions.

Les questions d'enseignement seraient préparées par des camarades de l'enseignement, auxquels il serait utile d'adjoindre des camarades ouvriers ou des camarades d'autres Fédérations confédérales.

Les questions d'agriculture qui tiennent une si grande place dans notre pays, seraient confiées à l'examen des camarades de la Fédération de l'agriculture auxquels il conviendrait d'adjoindre d'autres éléments comme les professeurs d'agriculture, etc.

Il n'est pas besoin pour cela de Fédérations autonomes. De la part des organisations de fonctionnaires, les services qui pourraient être ainsi rendus à la C. G. T. seraient certainement plus intéressants si la Fédération des fonctionnaires n'était pas morcelée, parce qu'elle a ainsi plus de moyens d'action.

Nous nous excusons encore d'oser avoir une conception sur ces questions. Toujours est-il que nous nous opposerions autant que nous le pourrons au morcellement de notre Fédération, morcellement que la formule d'adhésion à la C. G. T. entraînera inévitablement.

Nous ne voulons pas en prendre cette responsabilité parce que nous en voyons toutes les conséquences.

Pas de Fédération des Services administratifs.

Pas de Cartel permanent.

C'est le sens de l'ordre du jour de notre Conseil fédéral voté à l'unanimité, moins 6 abstentions. Nous avons tenu à prendre cette position à la veille du Congrès des instituteurs. C'est celle que nous défendrons même si nous devons courir les risques de les perdre.

Certains camarades, chez nous, pensent que certains d'entre vous aspirent à diviser notre mouvement pour que les fonctionnaires ne prennent pas une trop grande place à la C. G. T.

Nous sommes venus à la C. G. T. pour y tenir notre place, pas davantage; pour joindre nos efforts à ceux de nos camarades ouvriers; pour qu'ensemble nous travaillions à améliorer le sort de tous. Nous n'avons aucune prétention. Vous devez vous rendre compte de ce qu'a été et de ce que peut être notre collaboration.

Nous avons pris nettement nos responsabilités et nous agissons sans aucune arrière-pensée.

Nous resterons Fédération des fonctionnaires, même amputée, le cas échéant, et nous travaillerons avec tous ceux qui resteront avec nous, convaincus que les événements nous donneront raison et que la Fédération se reconstituera avec tous ses éléments, dans l'intérêt des fonctionnaires, comme dans l'intérêt de la classe ouvrière et de la C. G. T. Mais en attendant, tout en conservant notre place à la C. G. T., vous sentez bien que notre collaboration à la C. G. T., au Cartel et aux autres organismes en souffrirait fatalement.

Nous espérons que vous comprendrez cette situation et que vous nous éviterez cette crise, surtout au moment où nous sommes attaqués avec tant de violence par le gouvernement, l'opinion publique et nos adversaires de tendance.

Les conséquences de la non-constitution prévue de la Fédération des Services administratifs font que la Fédération générale de l'enseignement est affiliée directement à la C. G. T. et que la Fédération des fonctionnaires, qui compte dans ses rangs les mêmes membres, à l'exception des éléments antérieurement affiliés à la Fédération dissoute de l'enseignement aux 2° et 3° degrés, est également directement affiliée à la C. G. T. et remplit les obligations pour l'ensemble des fonctionnaires non compris dans la catégorie de l'enseignement.

C'est une situation anormale qui n'est ni en rapport avec les décisions prises, ni conforme au désir de la Fédération des fonctionnaires qui revendique l'adhésion directe, tout en considérant nuisible à son unité et aux intérêts de l'ensemble de ses membres, leur sectionnement en deux groupes distincts et jouissant d'une entière autonomie au point de vue administratif et confédéral.

La Commission administrative comme le Bureau confédéral, n'ont pu apporter, de leur propre autorité, des modifications aux modalités prévues par le Congrès pour l'adhésion des fonctionnaires. Il fut jugé nécessaire de laisser à la Fédération le soin de soulever un nouveau débat à ce sujet, au prochain Congrès qui, seul, est qualifié pour confirmer ou modifier le point de vue exprimé par lui en 1927.

La question portant sur la modalité d'adhésion des fonctionnaires à la C. G. T. est donc portée à l'ordre du jour du prochain Congrès confédéral.

LES COMMISSIONS DU COUT DE LA VIE

En octobre 1928, le Ministre du Travail décidait de suspendre le fonctionnement des Commissions du coût de la vie et de reconstituer la Commission supérieure chargée d'établir, d'après les indications des Comités départementaux, les indices locaux et régionaux.

De très vives protestations furent adressées à la C. G. T. par les organisations, dont les salaires étaient réglés selon les indices régionaux du coût de la vie, par suite d'accords entre organisations patronales et ouvrières.

De nouvelles instructions furent adressées aux Préfets, les invitant à faire fonctionner les Commissions sur les mêmes bases que celles qui étaient en application avant la publication de la première circulaire ministérielle visée plus haut.

La Commission supérieure réunie, a pris les dispositions insérées dans la *Voix du Peuple* de février 1929.

LA TAXE DE SÉJOUR
DANS LES STATIONS THERMALES ET DE TOURISME

Au cours de diverses réunions de la Commission administrative de la C. G. T., les Fédérations du spectacle et de l'alimentation, demandèrent au Bureau confédéral d'intervenir auprès des Pouvoirs publics pour obtenir que les ouvriers se rendant dans les stations thermales, hydrominérales et de tourisme, pour travailler de leur métier, soient exonérés de la taxe de séjour appliquée par les municipalités aux voyageurs, touristes ou malades séjournant pendant quelques jours dans ces stations.

Cette question fut soumise au Conseil national de la main-d'œuvre qui intervint, au cours d'une assemblée plénière, auprès du représentant de l'Office National du Tourisme dépendant du Ministère des Travaux Publics et du directeur de l'Hygiène au Ministère du Travail, qui déclarèrent que tous les décrets autorisant, en vertu de la loi du 11 septembre 1919, les municipalités à appliquer pour diverses raisons, la taxe de séjour dans leurs localités, comportaient un article qui fait obligation d'exonérer de cette taxe :

Les enfants de moins de 7 ans;

Les personnes qui justifient qu'elles viennent temporairement dans la station pour exercer leur profession.

Un certain nombre de municipalités n'appliquant pas cette mesure, les services ministériels intéressés les ont rappelées au respect du décret.

Les Syndicats qui auraient connaissance que la loi n'est pas respectée dans son texte, qui est assez clairement rédigé, doivent aviser leur Fédération nationale.

LE TIMBRE UNIQUE

Plusieurs organisations ont manifest : l'intention de reprendre la question du timbre unique au cours de la discussion des modifications aux Statuts confédéraux.

A diverses reprises les Congrès antérieurs ont rejeté cette proposition, non pas avec le sentiment de repousser le timbre unique, mais en raison du fait qu'aucune des propositions formulées ne donnait aux deux organismes qui constituent la C. G. T., les garanties de contrôle et de simplicité désirables.

En effet, personne ne soutient le système des deux demi-timbres pris en lui-même. Il nécessite un travail supplémentaire d'impression, d'envoi et d'administration, et l'idéal se trouverait dans la solution qui permettrait par un seul timbre, aux Fédérations comme aux Unions départementales, sans intermédiaire trop alourdissant, de s'assurer de la parfaite sincérité des effectifs des Syndicats.

Il faut tenir compte cependant qu'aujourd'hui l'existence et le rôle des Unions et des Fédérations ne sont plus mis en question. Ces deux organismes n'ont rien de superfétatoire. Ils se complètent et s'harmonisent par leurs propres attributions.

La valeur de toute crainte d'effacement ou d'infériorité est donc définitivement nulle et on peut aborder l'examen de ce problème en dehors de toute inquiétude de cette nature.

Mais est-il à l'heure actuelle bien utile d'apporter une grave modification au système en vigueur et portant sur un seul point? N'y a-t-il pas plutôt lieu de procéder à un examen plus général portant sur la plus grande coordination des efforts syndicaux et surtout sur ceux des Unions départementales qui peuvent être difficilement considérées autrement que comme des organismes représentatifs de la C. G. T. dans chaque département.

Sans doute une telle conception n'implique nullement l'anéantissement de toute initiative. On ne saurait trop apprécier celle que prennent les Unions départementales actives et vigilantes, puisque la vie confédérale est surtout faite de la vie et du mouvement de ses groupements affiliés.

D'ailleurs la discipline confédérale existe, et l'autonomie des Fédérations comme des Unions, ne joue que si elle n'est pas en opposition avec les principes et les directives définis par les Congrès confédéraux.

Alors on peut affirmer que sans nuire à l'initiative des organisations, on peut coordonner plus effectivement leurs fonctions administratives, en leur conférant ainsi une autorité plus grande en leur qualité de filiales de l'organisation centrale.

Il ne faut pas cependant se méprendre sur les difficultés qu'une véritable unification rencontrerait. Les Unions dont il est surtout question dans cet examen, n'ont pas un fonctionnement uniforme, leurs cotisations sont inégales, leurs services et leurs charges sont différents. Il ne saurait s'agir d'unifier en faisant fléchir les sommets jusqu'à la base, et l'on ne peut espérer de faire escalader à la base les nombreux échelons qui n'ont pu être gravis à cause des conditions particulièrement défavorables.

Mais au-dessus de tout, l'objectif qu'il est indispensable de poursuivre, c'est la représentation réelle et incontestée de la Confédération Générale du Travail. C'est la certitude d'une collaboration active et suivie des Unions sur lesquelles l'organisme central puisse disposer d'une autorité morale et envers lesquelles par contrat, la C. G. T. ait certaines responsabilités, concernant

leurs moyens d'action et la solidarité financière sans laquelle parfois les Unions ne sauraient remplir totalement leur mission.

La question du timbre unique trouverait normalement sa place dans une réforme de cette envergure. Séparée du problème complet des relations des Unions avec la C. G. T. et les Fédérations, elle n'apporte qu'une modification de détail sans doute utile à condition que le système qui lui serait substitué, ne supprime pas les contacts utiles des Syndicats avec leurs Fédérations et leurs Unions, et qu'à leurs yeux ne soit pas diminuée l'autorité des unes ou des autres.

LES ASSURANCES SOCIALES

POUR LE VOTE DE LA LOI

Au dernier Congrès Confédéral de Paris, le 29 juillet 1927, la C. G. T. devait affirmer sa position relativement à la loi sur les Assurances sociales. Le Sénat avait adopté le projet de loi rapporté par M. le docteur Chauveau. Ce projet avait fait retour devant la Chambre des Députés.

Le Congrès avait adopté à l'unanimité la résolution suivante :

Le Congrès enregistre la loi sur les Assurances Sociales votée par le Sénat comme la réalisation trop tardive d'une réforme depuis longtemps réclamée par la classe ouvrière.

En rappelant que, dès l'armistice, le programme minimum de la C. G. T. posait avec force cette réforme devant l'attention du pays et du Parlement; que le Congrès de Paris, en 1923, avait décidé qu'elle serait mise « au premier plan des préoccupations nationales du mouvement syndical français »; et que, depuis, tous les Congrès et Comités nationaux n'ont cessé de porter aux assurances sociales une attention des plus soutenues.

En constatant d'autre part que le projet de loi ne fut guère accueilli au début dans les autres milieux que par de timides hésitations, quand ce ne fut pas par des hostilités sourdes ou avouées; et que les représentants des grandes puissances capitalistes

n'ont cessé de s'opposer au vote de cette loi.

Le Congrès voit, avec fierté, que le résultat est dû, en grande part, à la volonté tenace des organisations confédérées et à l'effort soutenu de leurs militants.

Le Congrès regrette que le Sénat n'ait pas cru devoir écouter, ou n'ait retenu que faiblement les objections présentées, notamment en ce qui concerne : le salaire limite, la situation des métayers, le délai de carence pour la maladie, la participation aux frais, les primes d'allaitement aux femmes d'assurés, la participation de l'Etat aux charges de famille et aux frais d'administration et de gestion, les soins aux pensionnés et l'administration de l'assurance. Il regrette également qu'il ait prévu des majorations trop faibles pour les assurés à bas salaires et qu'il ait laissé les travailleurs étrangers en dehors de la solidarité que voulaient exercer envers eux les salariés français.

Le Congrès enregistre les améliorations réalisées par la loi, notamment par la suppression des classes de salaires, par la garantie des avantages aux chômeurs et aux malades et par l'établissement d'une caisse unique d'invalidité-vieillesse par département.

En assurant la vieillesse, la maladie, l'invalidité, la maternité contre l'insécurité et la misère, en donnant aux travailleurs la garantie indispensable d'une participation effective dans la gestion, cette loi constitue, malgré ses imperfections, un progrès appréciable, fait d'avantages certains pour la grande masse des déshérités

Appelé à se prononcer, au nom des syndiqués de ce pays, tout en se réservant de réclamer par la suite les améliorations qui auront été reconnues nécessaires par l'expérience de son fonctionnement, le Congrès, désireux d'éviter tout prétexte à de nouveaux retards dans la mise en application de la loi instituant les assurances sociales, demande à la Chambre des députés d'en faire dans le plus bref délai une vivante réalité.

Le Congrès estime que les avis de la C. G. T., organisation représentative des travailleurs assujettis à la loi, devront être entendus et écoutés au moment de la rédaction des règlements d'administration publique portant application de la loi.

Des assurés eux-mêmes il dépendra, par une sage gestion de leurs caisses, de faire rendre aux assurance sociales le maximum d'avantages; et l'effort des organisations ouvrières devra s'exercer pour obtenir les modifications à la loi qu'elles auront reconnues nécessaires.

Enfin le Congrès, constatant que le chômage n'est pas garanti par la loi des Assurance Sociales, considère indispensable le vote d'une nouvelle loi pour la couverture de ce risque qui est, pour les travailleurs, un des plus douloureux.

Devant la Commission d'Assurance et de Prévoyance sociales de la Chambre, la C. G. T. vint exposer ce point de vue. Elle remit à cette Commission, avec le texte de la résolution du Congrès confédéral, une déclaration qui contenait les commentaires suivants : (cette déclaration a été publiée en annexe dans le rapport du docteur Grinda) :

La comparaison entre les différents textes qui ont été votés sur les assurances sociales nous a montré que des lacunes nombreuses et des imperfections regrettables subsistent dans la loi votée par le Sénat.

Champ d'application.

L'élévation du salaire-limite de 10.000 à 15.000 francs seulement pour les salariés sans enfants à charge et à 18.000 francs pour ceux n'ayant qu'un enfant à charge, restreinte principalement sur la demande du corps médical, comporte une insuffisance regrettable en raison du coût actuel de la vie et requiert, une fois la loi votée, une prompte modification.

Insuffisante également, bien qu'elle constitue un progrès sur le texte de la Chambre, est la réintroduction des métayers puis-

qu'elle est conditionnée par le fait, pour l'intéressé, de ne posséder aucune partie du cheptel. (Nous pensons qu'il ne peut s'agir, dans ce texte, que du cheptel vif. Encore serait-il bon que le règlement d'administration publique précisât qu'il ne peut s'agir en aucun cas du cheptel mort.)

Assurance-maladie et maternité.

La participation obligatoire de l'assuré aux soins médicaux était fixée entre o fr. 25 et o fr. 75 par visite dans le projet gouvernemental; elle n'était pas prévue pour les médicaments. Le projet sénatorial la fixe entre 15 et 20 % des frais médicaux et 15 % des soins pharmaceutiques.

Tout en prenant acte de l'exemption accordée sur ce point aux bénéficiaires de l'assistance médicale gratuite, nous pensons que cette disposition, conjuguée avec la prolongation de trois à cinq jours du délai de carence relatif à l'indemnité — alors qu'aucune législation européenne, pas plus que la récente convention internationale du travail, non plus que la pratique mutualiste française ne comportent un délai aussi prolongé — risque de limiter gravement les bienfaits de l'assurance-maladie à l'égard des petits salariés et appelle une fois le texte actuel promulgué, une prompte modification qui permettra à la France une adhésion actuellement impossible, à la convention internationale sur l'assurance-maladie.

Nous reconnaissons, par contre, que le montant de l'indemnité journalière de maladie qui, dans le texte voté par la Chambre, variait entre 36 et 58 % du salaire moyen, sera fixé désormais entre 50 et 60 % et que celui des primes d'allaitement a été substantiellement relevé par rapport aux propositions gouvernementales primitives.

Assurance-invalidité.

Nous nous élevons contre l'éventualité de la suppression des soins médicaux et pharmaceutiques aux invalides pensionnés depuis plus de cinq ans. Des efforts devront être faits à notre avis pour la suppression de cette limitation trop mesquine au cours de la période de sept ans et demi qui s'écoulera entre la mise en application de la loi et la terminaison des cinq premières années de pension aux invalides intéressés.

Par contre, nous enregistrons avec satisfaction que les taux de base des pensions d'invalidité, fixés primitivement entre 33 et 55 % du salaire ont été relevés entre 50 et 60 %, ainsi que l'amélioration votée en séance par le Sénat, comportant l'obligation pour la même caisse d'assurer aux invalides la pension et les soins, en même temps que le droit de pratiquer l'assurance-invalidité était limité aux caisses primaires comportant au moins 100.000 membres.

Assurance-décès.

Nous avons enregistré avec satisfaction que le capital garanti au décès primitivement fixé à cent fois l'indemnité journalière, a été relevé au cinquième du salaire annuel avec minimum de 1.000 francs.

Assurance-vieillesse.

Outre une amélioration des chiffres de base des pensions de vieillesse, nous avons enregistré l'effort, bien léger d'ailleurs, qui a été fait en relevant de 100 francs les pensions actuellement faites au compte des retraites ouvrières et paysannes. Toutefois, nous considérons qu'il est anormal que cette augmentation incombe au budget des assurance sociales, et nous regrettons la non-adoption par le Sénat du texte primitif de l'amendement Pasquet qui, très logiquement, faisait appel pour cette charge au budget de l'Etat.

Frais d'administration et charges de famille.

Alors que le projet gouvernemental mettait explicitement ces dépenses à la charge de l'Etat, nous regrettons que le texte de la loi les inscrive au budget du fonds de solidarité des assurances sociales. Nous nous félicitons néanmoins que la thèse de la Commission sénatoriale d'hygiène, qui prélevait intégralement ces dépenses sur la double contribution de 10 % (art. 68, § 6 primitif) n'ait pas été entièrement admise par le Sénat. Nous pensons que le prélèvement sur les cotisations, destiné à faire face à ces dépenses (art. 69, § 5, 1°) ne devra pas dépasser le centième de la double contribution, proportion admise par la Commission des Finances, le complément devant être couvert sur les ressources propres du fonds de solidarité.

Chômage.

Nous nous félicitons tout particulièrement qu'une grave lacune du projet gouvernemental, qui ne prévoyait aucune mesure préservant les chômeurs de la déchéance à l'égard des assurances couvrant les risques divers, ait été comblée bien qu'incomplètement. Nous rappelons les vœux que nous avons à plusieurs reprises formulés pour l'établissement, dans le plus bref délai possible, d'une assurance-chômage rationnellement et professionnellement organisée, englobant tous les chômeurs, même partiels, et financièrement viable.

Fonctionnement administratif.

Tout en nous félicitant de l'adoption du principe de la caisse d'assurance-invalidité-vieillesse par département, caisse unique et neutre, nous croyons devoir faire nos réserves sur les trop nombreuses exceptions apportées à ce principe, notamment à l'égard des caisses patronales de diverses origines; et nous pensons, qu'en tout cas, le règlement d'administration publique devra imposer à ces organismes exceptionnels l'admission, dans les Conseils d'administration, d'une proportion d'au moins la moitié des assurés élus.

Conclusion.

Malgré les sérieux défauts et les insuffisances regrettables relevées ci-dessus, nous estimons que, dans l'ensemble, le projet issu des délibérations sénatoriales supporte néanmoins la comparaison et avec le projet gouvernemental et avec le texte voté par la Chambre des Députés et qu'il apporte une réforme surtout appréciable pour la classe ouvrière, si on se réfère au néant actuel.

Pour ces raisons, et sachant les dangers que pourrait comporter le renvoi de la loi à nouveau devant l'Assemblée sénatoriale, renvoi qui risquerait de compromettre certains principes essentiels, nous demandons à la Commission d'assurance et de prévoyance sociales de la Chambre de se prononcer pour l'adoption définitive de la loi.

D'autre part, nous estimons que la loi, une fois adoptée, des modifications importantes s'affirmeront urgentes. Nous estimons que la Commission agirait sagement en préparant le projet dont la discussion devrait, dans notre esprit, suivre l'adoption définitive de la loi des assurances sociales.

Ces modifications à intervenir ultérieurement devraient comprendre :

Un notable relèvement du salaire-limite;

L'accession totale des métayers à l'assurance obligatoire;

La graduation de la participation de l'assuré aux frais médicaux et pharmaceutiques en fonction du salaire, avec exemption totale pour les petits salariés;

L'établissement au cours des cinq premières années qui suivront la mise en application, des modalités fixant un droit absolu aux soins en faveur des pensionnés pour invalidité et vieillesse;

L'augmentation des pensions de vieillesse de la période transitoire par un appel au budget de l'Etat, en inscrivant au crédit du budget des assurances sociales, suivant l'exemple de la législation britannique, toutes les économies réalisées du fait de

l'extinction progressive des pensions de guerre (accession des orphelins de guerre à l'âge d'homme, diminution rapide du nombre des ascendants, remariage des veuves, mortalité des invalides de guerre, etc.);
Organisation d'une assurance-chômage effective et viable.

La Commission d'Assurance et de Prévoyance Sociales de la Chambre concluait dans le sens qui lui était demandé et chargeait MM. Grinda et Antonelli du rapport.

Commencée en séance publique, le 8 mars 1928, la discussion se termina le 14 mars 1928, par le vote à l'unanimité de l'ensemble du projet.

La loi fut promulguée le 5 avril 1928.

Pour l'application.

Le vote définitif de la loi allait provoquer des courants d'hostilité en divers milieux, notamment parmi les grandes Associations industrielles, les Groupements agricoles et le Corps médical.

Le Comité confédéral national du 1er octobre 1928, marquait son opposition à toutes les manœuvres tentées contre l'application de la loi.

Le Comité confédéral national enregistre le vote de la loi sur les Assurances Sociales. Malgré ses imperfections, déjà signalées par le Congrès confédéral de juillet 1927, cette loi, réalisation tardive d'une réforme depuis longtemps réclamée par la classe ouvrière, comblera une importante lacune de notre législation et rendra d'appréciables services aux travailleurs en les garantissant contre les risques de l'existence.

Le Comité confédéral pense que la promesse ainsi faite à la classe ouvrière doit être tenue et que les oppositions des derniers adversaires de cette loi ne doivent pas avoir pour effet d'en empêcher l'application à la date fixée. Il fait confiance à la Commission administrative et au bureau confédéral pour veiller efficacement à cette réalisation et pour déjouer les manœuvres qui se dessinent ou qui viendraient à se produire.

Le C. C. N. réclame l'application la plus rapide de la loi à l'Algérie, aux colonies et aux pays de protectorat.

Dans le but d'établir un accord entre les diverses organisations favorables à la loi, la C. G. T. adhérait au Comité d'entente qui était créé sur l'initiative de la Fédération Nationale des Coopératives de consommation.

A ce Comité étaient adhérentes :
La Confédération Générale du Travail;
La Fédération Nationale de la Mutualité;
La Fédération Nationale de la Mutualité et de la Coopération agricoles;
La Fédération Nationale des Sociétés de Retraites;
La Chambre Consultative des Associations ouvrières de production;
La Fédération Nationale des Coopératives de consommation.

Le but poursuivi par ce Comité, qui par ailleurs laissait aux Organisations composant toute liberté et toute autonomie en ce qui concerne l'organisation et la gestion des Caisses d'assurances, était d'examiner toutes les manœuvres qui pourraient être tentées contre la loi et de réagir contre elles.

A plusieurs reprises, ce Comité a fait connaître à l'opinion et aux Pouvoirs Publics, la volonté de ses adhérents en faveur d'une application complète de la loi.

La C. G. T. a participé par l'envoi de délégués à la Commission spéciale chargée par le Ministre du Travail, d'étudier le projet de règlement général d'Administration publique pour la mise en application de la loi.

Elle a continué, là comme ailleurs, à défendre la loi contre les atteintes que voulaient lui porter ses adversaires, et elle s'est efforcée de sauvegarder, dans la mesure de ses moyens, les intérêts des travailleurs assurés.

Ce règlement général, examiné ensuite par le Conseil d'Etat, a été publié à la date prévue par la loi, c'est-à-dire le 5 avril 1929.

Un délai de dix mois restant à courir pour la constitution des différents organismes d'assurances et pour la préparation des différents règlements-types nécessaires aux futures Caisses d'assurances, délai extrêmement court pour la mise au point indispensable à la réalisation d'une réforme aussi importante.

Le Rectificatif.

Au cours de la discussion de la loi du 5 avril 1928, le Gouvernement s'était engagé à soumettre au Parlement un projet de loi rectificatif qui devait tenir compte des desiderata exprimés de divers côtés et notamment par les représentants des milieux ruraux.

Lors de la discussion par la Commission Supérieure des Assurances sociales du projet de règlement d'administration publique, le Ministre du Travail s'était efforcé d'introduire dans ce règlement une série de mesures devant donner satisfaction aux revendications formulées, afin d'éviter, si possible, la présentation aux Chambres, d'un projet rectificatif qui pouvait risquer de retarder la mise en application de la loi.

Les efforts du Ministre n'ont pas été couronnés de succès et, devant les protestations de plus en plus véhémentes des représentants du monde agricole et particulièrement des Syndicats des gros agriculteurs, la présentation d'un projet rectificatif a été rendue nécessaire. Ce projet a été déposé sur le bureau du Sénat et examiné par la Commission de l'Hygiène, de l'Assistance, de l'Assurance et de la Prévoyance sociales.

A l'examen de ce projet, le Comité Confédéral du 28 mars 1929, a reconnu qu'un certain nombre des articles de ce projet pouvaient être acceptés, mais il s'est vigoureusement élevé contre l'article 5, paragraphe 7 de ce projet, introduit sur la demande des Chambres de commerce et des grands Syndicats patronaux; cet article supprimait l'existence des Caisses ouvrières exclusivement gérées par les assurés et introduisait l'égalité de représentation patronale et ouvrière dans toutes les Caisses d'assurances.

*

Le Comité confédéral national rappelle les efforts soutenus de la C. G. T., de ses organisations et de ses militants pour obtenir le vote de la loi sur les Assurances Sociales.

Il constate que les adversaires de cette réforme sociale, si importante pour la classe ouvrière, n'ont fait qu'intensifier leur campagne d'opposition depuis le vote de la loi.

Il estime que les efforts conjugués des éléments de réaction et des démagogues ne doivent pas avoir pour effet d'empêcher l'application de la loi à la date promise par le législateur. Il rappelle que pour éviter le succès de toute manœuvre tendant à torpiller la réforme, la C. G. T. s'est abstenue de réclamer aucune modification avant l'application de la loi, malgré certaines imperfections évidentes et qu'elle a maintes fois signalées.

Appelé à se prononcer sur le projet rectificatif déposé par le gouvernement le 19 mars 1929, le C. C. N. s'élève de la façon la plus vigoureuse contre les dispositions de l'article 5, paragraphe 7 de ce projet, qui modifie l'administration des Caisses départementales et primaires.

Jusqu'ici, la loi avait voulu maintenir dans l'administration des Caisses, la prédominance des représentants des véritables intéressés, les assurés. Elle permettait même à ces derniers de gérer eux-mêmes leurs propres intérêts.

Le projet rectificatif supprime ces justes garanties réservées aux assurés. Il supprime d'un trait de plume les caisses ouvrières, les seules dans lesquelles les assurés sont certains de leur indépendance.

Obligeant, d'autre part, toutes les Caisses départementales et primaires à une administration comprenant seulement neuf assurés contre onze employeurs et praticiens, il met l'administration des caisses aux mains d'une majorité d'adversaires de la loi.

Mieux encore, s'il confie logiquement l'élection des représentants des employeurs aux employeurs eux-mêmes, il continue cependant à permettre à ces derniers, membres honoraires des caisses mutualistes, de participer dans les Assemblées générales à l'élection des représentants des assurés.

Les salariés ne sauraient admettre que les avantages matériels que la loi comporte soient conditionnés par l'aggravation de leur dépendance aux forces d'exploitation.

Subrepticement introduites sous le chantage répété des Chambres de Commerce et des grands groupements patronaux, si farouchement adversaires de la loi, ces dispositions sont inadmissibles et intolérables. Elles constituent un véritable sabotage de la loi.

Le Comité confédéral national reconnaît toutefois que le projet rectificatif contient, par ailleurs, des dispositions acceptables; en particulier celle qui, ramenant les Caisses départementales au rôle de simples Caisses primaires, va, dans une large mesure, simplifier le fonctionnement de la loi.

Effectuant simplement les fonctions de toutes les Caisses primaires de répartition, les Caisses départementales et les Caisses primaires devraient fonctionner dans des conditions identiques. Ainsi, le privilège qui semble être réservé aux Caisses départementales par l'article 28, paragraphe 3 de la loi, de pouvoir se grouper en Unions régionales ou en Fédération nationale, devrait être étendu aux Caisses primaires.

Pour la même raison, il est indispensable partout où la caisse unique prendra la forme interdépartementale, d'autoriser les Caisses primaires à rayonner sur la même circonscription.

Enfin, s'il est admis que la moitié des économies réalisées par les départements et les communes et la totalité des économies réalisées par l'Etat sur les chapitres d'assistance pourront servir aux majorations des prestations aux assurés facultatifs, le Comité confédéral national demande qu'une part importante de ces économies soit consacrée à majorer les allocations des vieillards de l'assistance obligatoire à domicile, afin de combler, dans une certaine mesure, une des plus grandes lacunes de la loi des Assurances Sociales.

Le Comité confédéral national estime, d'autre part, que le rectificatif devrait modifier l'article premier, paragraphe 2 de la loi, en relevant le taux du salaire-limite au-delà duquel les travailleurs ne peuvent plus être assurés.

Ce relèvement, qui devrait être porté de 15.000 francs à 24.000 francs, ne porterait aucune atteinte à l'économie générale de la loi. Il supprimerait pour certaines catégories de travailleurs à salaire variable un régime d'assurance intermittente très préjudiciable à leurs intérêts. Il supprimerait l'exclusion forcée des avantages de l'assurance pour d'autres catégories dont les salaires, en raison de conditions particulières de travail, ou en raison du coût de la vie élevé dans certaines localités, dépassent l'insuffisante limite actuelle, exclusion qui ne se justifie en aucune sorte dans une loi dont le caractère est d'être une institution de solidarité générale et non, comme certains persistent à le comprendre, une loi d'assistance.

La C. G. T. a également marqué son opposition formelle à cette dangereuse modification au texte de la loi, et elle a saisi de la question, par un rapport motivé, les parlementaires de la Chambre et du Sénat.

Note à Messieurs les Membres du Parlement sur le projet de loi n° 168, tendant à modifier et à compléter la loi du 5 Avril 1928, sur les " Assurances Sociales "

Messieurs,

Le projet de loi n° 68 tendant à modifier et compléter la loi du 5 avril 1928 sur les *Assurances Sociales*, déposé par le Gouvernement le 19 mars 1929, contient un certain nombre de dispositions qui appellent les réflexions des organisations syndicales.

En particulier, nous nous permettons d'attirer votre attention sur les importantes modifications introduites *dans les principes mêmes* de la loi par l'article 5, paragraphe 7, de ce projet, ayant trait à l'administration des Caisses départementales et primaires d'Assurances Sociales.

L'article 5, paragraphe 7 du projet, tend à modifier l'article 26, paragraphes 6 et 7 de la loi du 5 avril 1928.

Art. 26. — *Paragraphe 7 de la loi.* — Le Conseil d'administration de la Caisse départementale et des Caisses primaires doit comprendre dix-huit membres au moins dont la moitié au moins d'assurés et, à titre de membres honoraires admis par l'Assemblée générale avec ou sans paiement de cotisation, deux praticiens choisis sur une liste présentée par les syndicats professionnels prévus à l'article 4 et, sauf dans les Caisses primaires fondées par les assurés, au moins six employeurs choisis sur une liste présentée par les employeurs d'assurés adhérents à la Caisse ou qui en dépendent.

Cet article de la loi tend à garantir dans l'administration des Caisses départementales et primaires la prédominance de la représentation des véritables intéressés : les assurés. Il prévoit même que, dans les Caisses primaires fondées par les assurés, ceux-ci auront la gestion quasi exclusive de leurs intérêts.

Toutes ces dispositions, qui ont donné à la loi des Assurances Sociales un caractère de justice et qui n'ont pas peu contribué à créer dans la classe ouvrière un courant sympathique à la loi, sont supprimées par l'article 5, paragraphe 7 du projet rectificatif.

Art. 5. — *Paragraphe 7 du Rectificatif.* — La Caisse départementale ou interdépartementale est administrée par Conseil d'administration présidé par un délégué du Conseil d'administration de l'Office départemental ou interdépartemental et comprenant en outre dix-huit membres au moins, dont la moitié d'assurés élus par les adhérents, et la moitié d'employeurs élus par les employeurs d'assurés appartenant à la Caisse. Font également partie de ce Conseil, deux praticiens désignés par les syndicats professionnels avec lesquels la Caisse est liée par contrat.

....

Le Conseil d'administration des Caisses primaires comprend 18 membres au moins, dont la moitié d'assurés, élus par les adhérents, et la moitié d'employeurs élus par les employeurs d'assurés appartenant à la Caisse. Font également partie de ce Conseil deux praticiens désignés par les syndicats professionnels avec lesquels la Caisse est liée par contrat.

La modification apportée cherche à introduire la parité de représentation des assurés et des employeurs au sein des Conseils d'administration. D'autre part, elle change le mode d'élection des représentants des employeurs. Ceux-ci, au lieu d'être élus par l'Assemblée générale de la Caisse, devant l'être par leurs pairs.

DU MODE D'ELECTION DES ADMINISTRATEURS

L'élection des représentants des employeurs par l'ensemble des employeurs paraît plus logique. Il n'y a pas nécessité à appeler les assurés à se prononcer sur cette représentation qui ne les concerne point. Toutefois elle peut, en divers cas, présenter pour la Caisse elle-même certains inconvénients. Tel employeur ayant fondé, pour les établissements qu'il dirige, une Caisse primaire, peut être désigné par ses collègues à l'administration d'une Caisse primaire concurrente de la sienne. On peut craindre qu'il n'y apporte pas tout le dévouement désirable.

Mais s'il est admis l'élection par les employeurs seuls de leurs délégués, la justice la plus élémentaire exige qu'il en soit de même pour les représentants des assurés et que ceux-ci soient élus seulement par les assurés. Or, il semble qu'il n'en soit pas ainsi dans tous les cas.

Le texte du paragraphe proposé est sur ce point d'une regrettable imprécision. Il prévoit : « la moitié d'assurés élus par les adhérents ». Que faut-il entendre par *adhérents* ? Si l'on entend par ce mot : *les assurés*, ce paragraphe vient en contradiction avec l'article 26, paragraphe 5 de la loi, maintenu par le rectificatif.

« Font partie de l'Assemblée générale à la fois les assurés et les membres qui participent aux autres services mutualistes de l'organisme constitutif. Les assurés participant à ces services ont droit à une voix supplémentaire pour les élections au Conseil d'administration. »

Suivant ce paragraphe, dans les Caisses primaires constituées par une société de secours mutuels, les assurés ne sont pas appelés seuls à élire leurs représentants. Les mutualistes non assurés et les membres honoraires (qui sont le plus souvent des employeurs) sont appelés à participer à cette élection.

Il nous paraît indispensable de rendre plus clair le texte du rectificatif sur ce point. Il est, en effet, inadmissible que les employeurs, appelés d'une part à élire leurs représentants, soient encore appelés, d'autre part, à participer à l'élection des représentants des assurés.

DU PRINCIPE DE LA PARITE DANS L'ADMINISTRATION DES CAISSES

L'exposé des motifs reconnaît que l'introduction de la parité dans l'administration des Caisses a eu pour but de donner satisfaction aux « vœux réitérés des Chambres de Commerce ». Nous n'insistons pas sur le fait bien connu de l'opposition faite constamment au vote de la loi par les Chambres de Commerce. Mais il nous paraît que cette satisfaction, donnée au dernier moment aux plus véhéments adversaires de la loi, est pleine de dangers pour la loi elle-même et qu'elle en détruit le principal caractère.

A plusieurs reprises, au cours des débats parlementaires, tant au Sénat qu'à la Chambre des Députés, cette parité a été réclamée. Constamment, elle a été repoussée et justement, croyons-nous.

Au Sénat, au cours de la séance du 30 juin 1927, M. le docteur Chauveau, rapporteur, combattait en ces termes, une proposition de ce genre :

M. CHAUVEAU, *rapporteur.* — Je voudrais faire remarquer à mon honorable collègue, M. Courtier, qu'il ne s'agit pas à l'heure présente, d'une formation « paritaire », puisqu'il n'y a pas en présence des intérêts patronaux et des intérêts ouvriers.

Il y a, il ne faut pas l'oublier, des ouvriers qui effectuent des versements et leurs employeurs qui apportent une contribution en faveur de ces mêmes ouvriers. (*Très bien! très bien! à gauche.*)

Par conséquent, au lendemain de ce double versement, la situation n'est pas tout à fait égale et vous devez reconnaître que les intérêts des ouvriers doivent être sauvegardés d'une façon plus directe, si je puis dire.

M. Dominique DELAHAYE. — Alors la C. G. T. s'emparera de la direction de vos caisses et barbotera tout.

M. LE RAPPORTEUR. — Ne le perdez pas de vue, nous sommes dans une formation mutualiste.

J'estime, d'autre part, que dans des Commissions de cet ordre, ce n'est pas seulement le nombre qui compte, c'est surtout la qualité. Vous n'oubliez pas que la présence d'un nombre important d'employeurs, par exemple sept employeurs en regard de neuf ouvriers, est suffisante pour sauvegarder tous les intérêts.

M. Joseph CAILLAUX. — Très bien !

M. LE RAPPORTEUR. — ...Que ni la Commission, ni son rapporteur ne pourraient ratifier.

Dans maintes caisses de même nature, les ouvriers ont donné la preuve qu'ils savent fort bien exercer leur contrôle et administrer leurs intérêts.

Je vous demande donc de rester fidèles au texte de la Commission.

Nous rappelons également qu'au cours de la séance de la Chambre des Députés, le 9 mars 1928, s'opposant à une proposition de M. Thoumyre, le rapporteur, M. Antonelli, s'exprimait en ces termes :

M. ANTONELLI, *rapporteur*. — ...Nous soutenons que les employeurs ne doivent pas avoir dans la gestion des Assurances Sociales, une part égale à celle des assurés, parce que l'assurance sociale, c'est l'œuvre des ouvriers et des ouvriers seuls.

En effet, l'assurance sociale, ce n'est pas la cotisation, ce n'est pas l'allocation en cas de maladie ni la pension d'invalidité ou de vieillesse, ce n'est pas de l'argent à donner ou à recevoir. L'assurance sociale, c'est la sécurité de l'ouvrier, de sa femme, de ses enfants, c'est la santé, c'est l'hygiène sociale, et tout cela constitue le patrimoine de la classe ouvrière seule. (*Applaudissements à l'extrême-gauche et à gauche.*)

M. Robert THOUMYRE. — Cela n'empêche pas que le patronat désire y collaborer.

M. LE RAPPORTEUR. — Je vais plus loin, et c'est ici que je vais répondre à l'objection que je devine dans votre esprit. J'ajoute qu'il faut laisser l'assurance sociale aux travailleurs, non seulement parce qu'elle est, comme je viens de le dire, leur chose, leur vie, mais encore parce qu'elle est pour eux une admirable école sociale. (*Très bien! très bien.*)

M. Robert THOUMYRE. — D'accord !

M. LE RAPPORTEUR. — Je me souviens qu'avant la guerre, déjà, certains disaient que ce ne pouvait être que dans l'administration et dans la gestion des grands intérêts économiques que les travailleurs organisés trouveraient l'emploi logique de leur vitalité.

Voici l'occasion de confier à la classe ouvrière l'administration et la gestion d'un admirable patrimoine. Quatre milliards par an à distribuer ou à placer. Quelle école d'administration et de gestion des grands intérêts économiques !

Ne voyez-vous pas tous les profits d'ordre moral, matériel et intellectuel que peuvent en retirer non seulement la classe ouvrière, mais la collectivité tout entière ?

LE PROJET NE COMPORTE
PAS MEME LA PARITE

Or, le Projet rectificatif ne comporte pas la parité absolue. Dans le Conseil d'administration des Caisses, il joint aux neuf administrateurs assurés et aux neuf administrateurs patrons, deux praticiens. Ces deux praticiens ne seront pas élus par l'Assemblée générale sur une liste présentée par les syndicats médicaux, ainsi que le précisait la loi. Ils seront dorénavant directement élus par ces syndicats; ce qui constitue une *restriction nouvelle* apportée aux droits des assurés.

Nous voudrions indiquer les craintes que cette disposition nous fait éprouver. Les récentes discussions nous ont montré nettement qu'on ne pouvait compter ni les employeurs (au moins pour un grand nombre), ni les praticiens, parmi les meilleurs amis de la loi. La disposition qui vous est proposée risque d'opposer dans les Conseils d'administration les neuf représentants assurés à une majorité d'adversaires de la loi elle-même. Cette majorité risque d'être fort préjudiciable à une saine application des Assurances Sociales.

LA PARITE
DANS LES CAISSES D'ASSURANCES
N'EST PAS DEMOCRATIQUE

Avec la multiplicité des Caisses d'assurances, l'employeur va se trouver avantagé par rapport à l'assuré. Si avec une caisse unique la parité peut — au moins en apparence — assurer l'égalité des droits, il en est tout autrement lorsque dans une région déterminée, plusieurs caisses vont être créées.

L'assuré aura une possibilité d'administration dans sa propre caisse d'assurances. L'employeur aura la possibilité d'administrer toutes les caisses, ce qui est à la fois dangereux et injuste.

LA PARITE
DANS LES CAISSES D'ASSURANCES
N'EST PAS JUSTE

Le principal argument invoqué par les partisans de la parité est que l'employeur versant une cotisation égale à celle de l'assuré doit avoir une égale représentation. C'est méconnaître qu'en fait la cotisation patronale est malgré tout le produit du labeur de l'assuré. C'est méconnaître également que la dépendance dans laquelle se trouve le salarié par rapport à l'employeur permet souvent à ce dernier d'influencer fortement le salarié. L'inégalité de situation crée en fait une inégalité d'influence qui jouera toujours au détriment de l'assuré.

LA PARITE
DANS LES CAISSES D'ASSURANCES
EST PREJUDICIABLE
A LA MUTUALITE

En introduisant la parité de représentation entre employeurs et assurés, le projet qui vous est soumis va, dans de nombreux cas, priver les Caisses primaires mutualistes d'administrateurs éclairés. Il n'est un secret pour personne qu'au sein des sociétés de secours mutuels, de nombreux administrateurs ne sont ni des employeurs ni des assujettis à la loi. Les dispositions de l'article 26 de la loi leur permettaient l'accès au Conseil d'administration des Caisses primaires qui, de ce fait, pourrait bénéficier de leur compétence.

Le projet rectificatif les écarte définitivement de cette administration, au grand préjudice des Caisses d'assurances.

LA SUPPRESSION
DES CAISSES OUVRIERES

Enfin, LE PROJET SUPPRIME D'UN TRAIT DE PLUME LES CAISSES OUVRIÈRES prévues par la loi. L'article 26, paragraphe 7, de la loi prévoyait la représentation de six employeurs « *sauf pour les Caisses fondées par les assurés* ». La suppression de ce court membre de phrase, c'est la suppression des Caisses ouvrières.

Nous nous élevons vivement contre cette nouvelle restriction apportée aux droits des assurés. La principale préoccupation des travailleurs est d'être libres, de sauvegarder la liberté et l'indépendance de leur foyer. Seules, des Caisses ouvrières où ils gèrent eux-mêmes leurs propres intérêts garantissent à leurs yeux cette indépendance.

Nous affirmons sans crainte que cette possibilité que contenait la loi d'organiser des Caisses ouvrières a été pour les Assurances Sociales le meilleur élément de succès. Si la classe ouvrière s'est ralliée à la loi, si elle l'attend avec impatience, si elle l'a constamment défendue contre ses adversaires, c'est qu'elle y avait trouvé cette nécessaire garantie d'indépendance pour le foyer ouvrier.

L'adoption du projet lui causerait une très vive désillusion. Elle risquerait de faire que l'acclimatation indispensable de la loi dans l'esprit des travailleurs soit considérablement contrariée et qu'ainsi ne surgissent d'importantes difficultés lors de la mise en application.

Cette modification, qui constitue un recul très important, équivaut à un véritable torpillage des Assurances Sociales. Il nous paraît impossible que le Parlement se résolve à détruire ainsi une loi bienfaisante qu'il avait heureusement édifiée.

Enfin, sans vouloir faire l'historique de la loi, nous ne pouvons manquer de rappeler que préalablement à son vote, avec la collaboration éclairée de l'honorable rapporteur de la loi au Sénat, des accords, faits de concessions entre les différents points de vue étaient intervenus entre les grandes organisations intéressées. Il peut paraître excessif qu'à la veille de la mise en application de la loi on supprime ainsi, brutalement, une des garanties que le monde du travail avait obtenue au cours de ces accords et que le Parlement lui avait très justement maintenue.

CONCLUSIONS

Nous avons cru indispensable d'attirer l'attention du Parlement sur ces dispositions dangereuses et injustes contenues dans l'article 5, paragraphe 7 du Projet rectificatif.

En maintenant le texte de la loi sur ce point, c'est-à-dire en repoussant ce paragraphe, le Parlement répondra à l'attente, un peu angoissée, des travailleurs.

Nous devons noter avec satisfaction, que la Commission Sénatoriale n'a pas adopté cette partie du projet rectificatif, et qu'ensuite le Ministre lui-même a déclaré l'abandonner. Ce premier résultat ne devra pas nous faire oublier que d'autres dangers importants subsistent et qui appellent de la part de notre mouvement ouvrier, une attention vigilante.

Nouveaux dangers.

Enhardis en effet par les concessions qu'ils recevaient de la part du Gouvernement, les adversaires de la loi ont entamé une campagne de grand style dont le but déclaré est la destruction de la loi; les Chambres d'agriculture, les Chambres de commerce et la grande presse ont entamé une campagne méthodiquement poursuivie et le Ministre du Travail, ému par ces « bruits du dehors », a annoncé le dépôt du nouveau projet rectificatif.

A l'heure où nous écrivons ces lignes, le texte de ce projet ne nous est pas encore connu. Certaines indiscrétions de presse, d'ailleurs diplomatiquement démenties, permettaient de supposer qu'il s'agissait d'un remaniement complet de la loi, d'une application par paliers et d'une réduction sensible des cotisations et des prestations.

Le Bureau confédéral avait adressé le 18 mai 1929 à M. Loucheur, la lettre dont le texte suit :

Monsieur le Ministre du Travail,
127, rue de Grenelle,
Paris (7ᵉ)

Monsieur le Ministre,

Vous nous avez entretenus des importantes modifications que vous avez l'intention de proposer à la loi sur les Assurances Sociales et vous nous avez demandé de vous faire connaître notre sentiment à ce sujet.

Il ne nous est pas possible de vous apporter une série d'observations de détail sur ce projet dont nous ne connaissons que les grandes lignes et qui, étant donné l'importance de ses répercussions, nécessiterait un examen minutieux sur des textes précis.

Néanmoins, les renseignements que nous possédons sont suffisants pour nous permettre de vous apporter une réponse de principe.

Vous savez, Monsieur le Ministre, les efforts soutenus apportés par la C. G. T., afin d'obtenir le vote de la loi du 5 avril 1928.

Cette loi n'est pas exempte de critiques et la C. G. T. n'a pas manqué de faire connaître les imperfections et les lacunes qu'elle y a trouvées. Elle a notamment regretté certaines insuffisances de prestations dues à l'insuffisante participation financière de l'Etat au fonctionnement de la loi.

Mais telle qu'elle est, la loi des Assurances Sociales apporte à la classe ouvrière un ensemble d'améliorations qui en font une utile réforme sociale.

L'ensemble de ces améliorations que la C. G. T. s'est constamment efforcée de faire connaître aux intéressés a causé parmi les travailleurs un courant favorable à l'acceptation de la loi qui s'est maintenant trans-

formé en un sentiment profond de sympathie.

Bouleverser, à la veille de l'application, toute cette réforme si longtemps attendue, causerait chez les travailleurs un mécontentement tel qu'il risquerait d'atteindre l'autorité morale du régime qui apparaîtrait comme n'ayant pas tenu des promesses formelles consignées dans un texte législatif et dans le règlement général qui en a été la conséquence.

Ce que les travailleurs ont retenu des décisions prises par le législateur, ainsi que des déclarations que personnellement vous avez bien voulu faire à plusieurs reprises, c'est que la loi sur les Assurances Sociales entrerait en application le 5 février 1930.

Ceci veut dire qu'à partir du 1ᵉʳ mars 1930, les salariés de l'industrie, du commerce et de l'agriculture recevront en cas de maladie de 80 à 85 % des frais médicaux et pharmaceutiques pour eux et leur famille; qu'ils toucheront le demi-salaire par journée de maladie;

Qu'à partir de la même date joueront les prestations en cas d'accouchement et les allocations d'allaitement;

Qu'à partir du 5 février 1931, le capital versé au décès sera d'au moins 1.000 francs;

Qu'à partir du 5 mars 1932, les assurés de l'industrie, du commerce et de l'agriculture recevront en cas d'invalidité 40 % de leur salaire avec minimum de 1.000 francs;

Qu'à partir du 5 février 1935, les mêmes assurés auront à 60 ans une rente qui ne pourra être inférieure à 600 francs pour les assurés gagnant moins de 9.000 francs et qui atteindra, dès le début, 1.000 francs pour ceux qui atteignent le salaire-limite pour s'élever ensuite suivant le nombre d'années de versements.

Ces avantages que les travailleurs attendent sont considérés par eux comme résultant des engagements pris par le législateur et par le gouvernement vis-à-vis d'eux.

Interprète de ce sentiment, la C. G. T. ne pourrait que s'opposer vivement à tout système qui diminuerait les prestations ainsi attendues ou qui en reculerait l'échéance.

Au surplus, nous avons le devoir de vous faire connaître que la C. G. T. reste fidèle au principe de l'unité d'assurances, qu'elle ne pourrait que s'élever contre toute application de la loi par étapes, ainsi que contre tout système détruisant le fonctionnement des caisses de capitalisation gérées par les assurés pour remettre tous les fonds de retraites à un vaste fonds commun sur lequel les intéressés n'auraient ni influence, ni contrôle.

Si le gouvernement se rend aux raisons maintes fois exprimées par la C. G. T. et comprend qu'il doit augmenter sa participation financière, s'il comprend surtout que le fonctionnement de la loi ne peut être pour l'Etat, dans l'avenir, une source de profits, nous serons les premiers à applaudir à toute intention dans ce sens. Mais nous estimons qu'en aucun cas la conséquence de cette participation augmentée ne pourra être soit la diminution des prestations de la loi, soit le recul des échéances fixées pour ces prestations. Les crédits nouveaux, s'il en est, devraient augmenter le minimum trop faible des pensions de retraites sans modifier les bases de la loi.

Telles sont, Monsieur le Ministre, les observations que nous avons à vous présenter. Vous avez bien voulu nous demander de vous les faire connaître, nous l'avons fait en toute franchise et nous nous permettons d'ajouter que tout projet qui remet la loi en question a, en outre, le danger d'en retarder la préparation qui doit être au contraire poursuivie sans tarder et avec foi dans le résultat.

Veuillez agréer, Monsieur le Ministre, l'expression de notre considération distinguée.

Pour la Confédération Générale
du Travail :
Le Secrétaire général.

Peu après la C. G. T. publiait la déclaration suivante :

LA C. G. T.
ET LES ASSURANCES SOCIALES

Les engagements pris doivent être tenus.

La Confédération Générale du Travail, émue par les diverses communications faites à la presse relativement à l'application de la loi du 5 avril 1928 sur les Assurances Sociales, rappelle une fois de plus les efforts qu'elle a déployés pour obtenir du Parlement le vote de cette loi sociale devant garantir la famille ouvrière contre les risques de maladie, maternité, décès, invalidité et vieillesse.

Elle considère que les campagnes permanentes des adversaires de la loi ne doivent pas avoir pour conséquence d'en retarder ou d'en affaiblir l'application.

Déjà, la C. G. T. a dû s'élever contre l'article 5, § 7, du rectificatif déposé par le gouvernement qui, sous prétexte de parité dans la gestion des caisses d'assurances, tend à supprimer toute possibilité de caisses ouvrières gérées par les travailleurs eux-mêmes.

Aujourd'hui, il serait question d'appliquer la loi des Assurances Sociales par paliers, de détruire le principe de l'unité d'assurance et de réduire considérablement les prestations prévues.

La C. G. T. tient à déclarer que, par une lettre en date du 18 mai, elle a fait connaître à M. le Ministre du Travail son opposition à de telles mutilations de la loi.

La C. G. T. a enregistré le vote de la loi et la publication, dans les délais prévus, du règlement d'administration publique. Fidèle à sa position et interprète de la volonté de la classe ouvrière, elle en attend maintenant l'application au 5 février 1930, estimant que des modifications éventuelles ne pourraient intervenir qu'après la mise en vigueur de la loi.

La C. G. T. considère que les engagements pris devant le pays, par le Parlement et par le gouvernement, doivent être tenus.

Elle s'étonne qu'à la veille de l'application de la loi, au lieu d'une préparation sérieuse et indispensable, on veuille, par des projets nouveaux, remettre tout en question.

Résolue à apporter une collaboration complète à l'application des Assurances Sociales, la C. G. T. ne saurait cependant souscrire à un projet qui tendrait à remplacer les Assurances Sociales par des apparences.

La Confédération Générale du Travail.

La C. G. T. invitait les organisations ouvrières à se tenir prêtes à toute action que pourrait rendre nécessaire le danger qui menaçait la loi. Les Unions départementales, sur ses indications, saisissaient les parlementaires de leurs régions, de la protestation ouvrière et leur faisaient connaître leur volonté de voir appliquer la loi à la date fixée et dans son intégralité.

Le danger continuait à se préciser.

La campagne des adversaires redoublait de violence.

La C. G. T. fit à nouveau entendre sa protestation :

LA C. G. T.
AUX PARLEMENTAIRES

En plus du projet de loi rectificatif sur les Assurances Sociales, que vient d'examiner la Commission sénatoriale de l'Hygiène et de la Prévoyance Sociales, les membres du Parlement vont devoir se prononcer sur un deuxième projet, déjà officiellement au-

noncé, et dont on connaît seulement les grandes lignes.

La Confédération Générale du Travail a déjà fait connaître son sentiment. Elle considère que les engagements pris par le Parlement vis-à-vis des salariés de l'industrie, du commerce et de l'agriculture doivent être tenus.

A la date promise, c'est-à-dire le 5 février 1930, les Assurances Sociales doivent entrer en application.

Dès le 1er mars 1930, les salariés de l'industrie, du commerce et de l'agriculture devront pouvoir bénéficier des soins et des allocations pour la maladie et pour la maternité.

Dès le 5 février 1931, les allocations pour les décès devront être payées.

Dès le 5 février 1932, les invalides devront toucher leur pension.

Dès le 5 février 1935, les vieillards devront toucher leur retraite.

Ces réformes, les travailleurs ont le droit de les exiger, car elles résultent des engagements pris par le législateur et par le gouvernement vis-à-vis de la classe ouvrière. La Confédération Générale du Travail, interprète de leur volonté, en attend la réalisation.

Sans méconnaître les imperfections et les lacunes de la loi, qu'elle a d'ailleurs été la première à signaler, la C. G. T., n'ayant en vue que l'intérêt supérieur des travailleurs, s'est prononcée pour l'adoption du texte. Sans renoncer à aucune des améliorations à apporter à la loi, elle a estimé que son premier devoir était de doter la classe ouvrière des Assurances Sociales.

De toutes ses forces, elle a résisté aux attaques de tous les adversaires de la loi. Ayant courageusement fait front à la réaction de droite et à la démagogie d'extrême gauche, elle ne saurait accepter la moindre part de responsabilité dans les concessions faites aux adversaires de la loi devenus chaque jour plus audacieux et plus exigeants devant la faiblesse des pouvoirs publics. Les parlementaires ont mis sept années pour mettre debout la réforme. Accepteront-ils de la saboter? Après s'être réclamés de cette loi devant le corps électoral, qui les a approuvés, consentiront-ils à la mutiler avant même qu'elle soit appliquée? Donneront-ils à la réaction une telle preuve de leur impuissance? Leur responsabilité est engagée, à eux de parler.

Plus que jamais décidée à apporter tout son concours à l'application des Assurances Sociales, mais aussi résolue à s'opposer de toutes ses forces à tout ajournement comme à toute mutilation, la Confédération Géné-

rale du Travail attend leur réponse pour fixer son attitude. Le Bureau de la C. G. T.

Au moment où nous écrivons ces lignes, le nouveau projet rectificatif, cependant officiellement annoncé, n'a pas encore été déposé par le Ministre du Travail; il semble même que ce dernier éprouve un certain embarras à en établir définitivement le texte.

Mais les campagnes des adversaires de la loi redoublent d'intensité. La C. G. T. n'arrêtera pas son activité, elle continuera à réagir vigoureusement contre toutes les tentatives qui visent à retarder ou à mutiler la loi des Assurances sociales.

Pour les Caisses ouvrières.

En précisant que les intéressés seraient appelés à constituer eux-mêmes leurs caisses primaires et à en assumer la gestion, la loi du 5 avril 1898 offrait un vaste champ aux activités ouvrières.

La C. G. T., la première de toutes les organisations, avait réclamé et défendu les Assurances sociales; elle a obtenu, grâce aux efforts de ses organisations et de ses militants, la loi sociale souhaitée par la classe ouvrière. Elle se devait de prendre la tête du grand mouvement d'organisation des Caisses d'assurances.

Elle le fit en conseillant aux futurs assurés, de se grouper en organisations spontanées, afin de pouvoir aux termes de l'article 26 de la loi, gérer eux-mêmes leurs caisses en dehors de toute ingérence de leurs employeurs.

Le Comité Confédéral National du 1er octobre 1928, adoptait la résolution suivante :

C'est aux intéressés, les futurs assujettis à la loi, qu'il appartient de lui faire rendre le maximum des résultats en s'intéressant à son application et en préparant pour les Assurances Sociales une gestion conforme à l'intérêt ouvrier.

Le C. C. N. pense que pour les risques de capitalisation (invalidité-vieillesse) à la couverture desquels il est indispensable de faire jouer la loi des grands nombres, il est bon de conseiller aux assurés de s'inscrire à la Caisse départementale unique.

Par contre, les intérêts ouvriers seront efficacement sauvegardés dans les Caisses de répartitiou formées par groupements spontanés d'assurés, les seuls qui, aux termes de la loi, réalisent pleinement la gestion de l'assurance par les assurés.

Le C. C. N. invite les Unions départementales à constituer dans le cadre du département une Caisse primaire interprofessionnelle d'assurance maladie, maternité, décès, soins aux invalides, fondée par groupements spontanés d'assurés, cette Caisse pourra avoir des sections locales et même, au besoin, des sections professionnelles.

Le C. C. N. estime que cette création peut être grandement facilitée dans chaque département par la constitution immédiate de mutuelles d'assurance fonctionnant sous l'égide de l'Union départementale.

Le C. C. N. rappelle que la campagne en vue de la vulgarisation de la loi doit être poursuivie sans relâche. Il préconise dans ce but la création de groupements de propagande, dont le but sera à la fois de faire connaître les avantages et le fonctionnement de la loi nouvelle, en même temps que de favoriser le recrutement des adhérents à la Caisse primaire constituée par l'Union.

Au point de vue pratique, le C. C. N. conseille aux Fédérations, aux Unions et aux Syndicats de faire signer dès maintenant une déclaration d'adhésion des futurs assurés aux Caisses primaires agréées par l'organisation syndicale.

Cette tâche importante qui appelle un effort soutenu devra être coordonnée et facilitée par un service spécial organisé au sein de la C. G. T. avec le concours de tous les éléments de l'industrie privée ou des services publics qui peuvent lui apporter une utile collaboration.

En éclairant les travailleurs sur les avantages des organisations préconisées par la C. G. T., en favorisant leur recrutement, tous les militants permettront à la loi un fonctionnement normal et avantageux pour tous, en même temps qu'ils accroîtront la force de rayonnement du syndicalisme.

Le vote définitif de la loi sur les Assurances sociales allait réclamer un long effort d'organisation et de défense de la part des Syndicats ouvriers.

La Commission Administrative, en vue de coordonner les efforts de tous, créait un service spécial des Assurances sociales qui maintenant fonctionne normalement.

Elle appelait l'attention des Syndicats sur l'importance de la tâche à accomplir par la circulaire suivante :

La loi sur les Assurances Sociales est maintenant promulguée. Dans vingt-deux mois, elle doit entrer en application.

La Commission administrative de la C. G. T. croit devoir attirer l'attention des syndicats confédérés sur son fonctionnement prochain.

La loi sur les Assurances Sociales donnera aux travailleurs des résultats qui dépendront en grande partie de la collaboration que ceux-ci apporteront à ce fonctionnement. C'est dire que *le devoir des organisations confédérées est de se préoccuper dès maintenant de la gestion des futures caisses d'assurances.*

Les organisations patronales, qui n'ont cessé de combattre la loi et qui au dernier moment essayaient encore de la détruire, s'organisent actuellement pour que la loi sur les Assurances Sociales laisse intact leur privilège de domination. *En maints endroits, elles ont fondé des sociétés mutuelles dans leurs entreprises.* Ces mutuelles doivent se transformer, le moment venu, en caisses patronales d'Assurances Sociales, dans les conditions prévues par la loi.

C'est là un gros danger pour la classe ouvrière. Si elle laisse le patronat mettre la main sur le fonctionnement des Assurances Sociales, cette loi, qui doit être une loi d'émancipation, aura manqué en partie son but.

Le devoir de tous les syndicats, de tous les syndiqués, est de mettre les travailleurs en garde contre ces tentatives.

La Commission administrative demande instamment aux Fédérations et aux Unions départementales d'engager dès maintenant la campagne contre les promesses souvent alléchantes, mais toujours fallacieuses que constituent les Caisses d'entreprises. *Les Assurances Sociales, faites pour les travailleurs, doivent être gérées par eux. La loi le leur permet; c'est à eux, en s'organisant, d'en profiter.*

C'est cette organisation des assurés pour la gestion des Caisses d'Assurances Sociales qui doit maintenant faire l'objet de persévérants efforts des syndicats confédérés, et *c'est plus particulièrement aux Unions départementales que revient l'initiative de cette organisation.* Les Fédérations devront leur apporter le concours d'une propagande active auprès de leurs adhérents. Chaque secrétaire de syndicat, chaque militant, devra se faire le propagandiste de cette organisation.

Nous insistons sur ce fait : c'est dès le début de l'application de la loi, et dans la période qui s'écoule jusqu'à ce début, que doit se faire le maximum d'efforts. *Après il sera trop tard;* les positions qui auront été prises pourront fort difficilement se modifier.

Nous n'ignorons pas que l'effort que nous demandons aux militants est considérable. Nous croyons cependant pouvoir compter sur leur dévouement absolu pour cette tâche, dont chacun aura compris l'extrême importance.

Quelques mots d'explication.

La C. G. T. fera tenir prochainement aux organisations une étude détaillée sur les Caisses d'Assurances Sociales et sur leur fonctionnement.

En attendant, et pour éclairer les syndicats sur l'action que nous leur demandons, contentons-nous de résumer très brièvement la forme d'organisation départementale prévue par la loi pour les caisses d'assurances.

La gestion des Assurances Sociales est confiée dans chaque département à une caisse départementale et à des caisses primaires.

Les caisses primaires peuvent être constituées par des sociétés de secours mutuels ou des unions de sociétés de secours mutuels, par des syndicats patronaux ou ouvriers, ou des unions de syndicats, des caisses d'assurances ou de réassurances agricoles, ou bien par groupement spontané d'assurés.

Il y aura donc dans chaque département une caisse départementale officielle et un certain nombre de caisses primaires.

C'est la caisse départementale officielle qui recevra pour tous les assurés du département la double cotisation qui lui sera envoyée par le patron. Si un assuré appartient à une caisse primaire, la caisse départementale unique devra transférer à cette caisse primaire les cotisations pour cet assuré.

Les risques couverts par la loi des Assurances Sociales sont les suivants : maladie, maternité, décès, invalidité, vieillesse.

Ils sont groupés pour les caisses en deux catégories : 1re catégorie : Maladie, maternité, décès; 2e catégorie : Invalidité, vieillesse.

La caisse départementale unique devra être subdivisée en deux sections, chacune relative à une des catégories ainsi assurées.

De même, une caisse primaire ne pourra assurer que les risques groupés dans une de ces catégories.

Il y aura donc des caisses primaires pour la maladie, maternité, décès, et d'autres caisses pour l'invalidité, vieillesse.

Les caisses primaires maladie, maternité, décès ne sont soumises pour leur constitution à aucun minimum d'adhérents.

Au contraire, pour qu'une caisse invalidité-vieillesse soit reconnue, il lui faudra grouper au moins cent mille adhérents et avoir été constituée au moins six mois avant la mise en application de la loi. Mais ces caisses, pour atteindre les cent mille adhérents exigés, pourront se fédérer et devenir des sections départementales d'une caisse nationale d'invalidité-vieillesse.

Le Conseil d'administration de chaque caisse primaire départementale devra comprendre au moins 18 membres, dont au moins la moitié d'assurés élus, au moins 6 employeurs et 2 médecins. Cependant, les caisses primaires fondées « par groupement spontané d'assurés » ne sont pas obligées à avoir d'administrateurs patrons.

Les Caisses maladie, maternité, décès.

Pour la première catégorie de risques assurés par la loi : maladie, maternité, décès et soins aux invalides, les Unions départementales de syndicats seront sagement inspirées en prenant l'initiative de la création dans leur département d'une *Caisse primaire interprofessionnelle.*

Cette caisse pourrait se subdiviser en sections locales, ayant leur siège au siège des Unions locales de syndicats, et même en sections professionnelles spéciales (au cas où des syndicats importants voudraient avoir leur caisse particulière).

Nous indiquons ici les raisons qui ont inspiré la Commission administrative à leur donner ce conseil.

Ces caisses, constituées sous la forme d'un « groupement spontané d'assurés » sont les seules qui ne soient pas astreintes par la loi à une représentation patronale dans le sein de leur Conseil d'administration. Elles seront donc, suivant la formule : *l'assurance pour les assurés et gérée par les assurés.*

Toutes les autres formes de caisses primaires, qu'elles soient patronales ou mutualistes, devront avoir six patrons au moins au sein du Conseil d'administration.

En dehors de cet avantage, les caisses primaires par groupement spontané d'assurés en présentent un autre : dans les Assemblées générales qui devront élire le Conseil d'administration de la caisse, seuls les assurés auront droit de voter. Dans les caisses mutualistes, les assurés n'ont pas seuls ce droit. Tous les adhérents de la Société mutuelle, qu'ils soient ou non des assurés, qu'ils soient membres participants ou membres honoraires, font partie de l'Assemblée générale. Les membres assurés auront deux voix et les autres membres une voix. Cette disposition de la loi, introduite à la demande de la mutualité, est une dérogation au principe de la gestion par les intéressés. Elle permettra dans ces caisses aux patrons petits ou grands, qui membres honoraires ne paient pas toujours des cotisations régulières, d'intervenir dans le scrutin. Elle rendra difficile, sinon impossible, l'effort que pourraient tenter au sein de ses caisses les assurés qui en sont membres pour assurer une gestion ouvrière.

Cette forme de caisses par groupement spontané d'assurés présente d'autre part sur les caisses syndicales, l'avantage de ne pas limiter le recrutement de la caisse aux seuls membres du Syndicat et de permettre ainsi un plus grand rayonnement.

Nous croyons utile de préciser que, pour créer les groupements spontanés que nous conseillons plus loin, le sorganisations syndicales, c'est-à-dire les Unions départementales en l'espèce, doivent prendre l'initiative de trouver quelques camarades assujettis, qui constitueront le noyau autour duquel viendront s'agglomérer et se constituer, sans contestation possible, le groupement spontané qu'il ne faut pas confondre avec les caisses syndicales.

L'invalidité-vieillesse.

Pour la deuxième catégorie de riques : invalidité-vieillesse, les conditions imposées à la fondation d'une Caisse départementale sont plus grandes. La Caisse doit grouper au moins cent mille membres ou constituer une section d'une Caisse nationale groupant elle-même cent mille membres. La Caisse doit, de plus, fonctionner depuis au moins six mois avant la mise en application de la loi.

L'importance du risque-invalidité qui, dans la loi, se trouve assuré par capitalisation collective, a rendu nécessaire ce minimum d'adhérents imposé par la loi. Ajoutons que dans toutes ses interventions à ce sujet, la C. G. T. s'est constamment prononcée en faveur d'une Caisse départementale unique pour l'invalidité.

La Commission administrative reste sur la même position et conseille aux unions départementales de syndicats d'orienter les travailleurs vers la Caisse départementale unique d'assurance invalidité-vieillesse. Le plus grand nombre d'adhésions à la Caisse départementale unique invalidité-vieillesse est l'indispensable condition pour que cette caisse ne se trouve pas dans une situation financière difficile, qui serait préjudiciable aux assurances sociales.

Nous conseillons.

En résumé, nous conseillons aux Unions départementales de syndicats :

1º La création d'une *caisse primaire départementale interprofessionnelle d'assurances maladie, maternité, décès, soins aux invalides.* Cette caisse, constituée par *groupement spontané d'assurés,* ayant des sections locales et même au besoin des sections professionnelles.

2º Le recrutement des adhérents pour le risque invalidité-vieillesse à la *Caisse départementale unique d'invalidité-vieillesse* (caisse officielle).

3º Une campagne ayant pour but de mettre les travailleurs en garde contre le danger des Caisses patronales.

Quelques observations.

La Commission administrative a jugé urgent de communiquer ces quelques renseignements aux Unions départementales, afin que celles-ci renseignées, puissent se mettre à l'œuvre et orienter dès maintenant leurs efforts.

La Commission administrative, dans l'examen consciencieux qu'elle a fait des diverses situations dans les départements, a bien compris que des difficultés pourraient se présenter.

Ces difficultés qui varient suivant les régions, doivent faire l'objet d'examens particuliers. Nous demandons aux Unions d'examiner ces questions sur les bases que nous leur indiquons et de faire part au Bureau confédéral des observations que la situation de leur département peut leur suggérer.

Ces observations feront l'objet d'études spéciales.

Nous insistons vivement auprès de tous pour que, sans retard, ces problèmes soient envisagés par les Unions et que les premiers efforts de réalisation soient commencés.

D'autre part, nous rappelons aux Unions notre précédente circulaire pour que celles qui ne l'ont point déjà fait encore, se préoccupent de prévoir les administrateurs futurs de Caisses d'assurances auxquels la C. G. T. fera tenir ultérieurement les indications et les renseignements utiles.

LA COMMISSION ADMINISTRATIVE DE LA C. G. T.

La publication du Règlement général d'Administration publique a ensuite amené la C. G. T. à modifier quelque

peu ces premières indications. On avait
pu supposer au début, que les risques de
capitalisation, invalidité et vieillesse,
seraient principalement assurés par les
Caisses départementales uniques.

Mais au moment de la préparation de
la mise en application de la loi, les efforts actifs et soutenus du patronat, du
parti catholique et de la Mutualité, ont
préparé chacun pour ce qui le concerne,
des Caisses primaires vieillesse-invali-
dité. Dans ces conditions, l'exception
prévue par le législateur, devenait la
règle générale et ce qui devait être la
règle, c'est-à-dire la Caisse unique, devenait l'exception, au point que dans
certains endroits, les conditions de fonctionnement de la Caisse départementale
(section de capitalisation), allaient devenir assez difficile.

Cette situation amena la C. G. T. à
décider la préparation d'une Caisse nationale pour les risques invalidité et
vieillesse, avec sections départementales.

Le Comité Confédéral National du
28 mars 1929, adoptait sur ce sujet la
résolution que voici :

*La loi des Assurances Sociales, qui doit
être une loi d'émancipation, risque de devenir un moyen nouveau d'asservissement.*

*Par la création de mutuelles dans les-
quelles il veut incorporer les travailleurs,
le patronat, adversaire de la loi, cherche à
mettre la main sur les caisses d'assurances,
à les utiliser à accroître son autorité et à
consolider son privilège. Par des procédés
semblables, les adversaires de la laïcité veulent, en divisant les travailleurs, employer
les Assurances Sociales aux fins de leur
politique particulière.*

*Ces manœuvres doivent être dénoncées,
ainsi que les complicités qu'elles rencontrent
et les moyens arbitraires d'intimidation mis
en œuvre par les adversaires du mouvement
ouvrier.*

*Le Comité confédéral national rappelle
aux travailleurs qu'il dépend d'eux de faire
que les Assurances Sociales leur donnent le
maximum d'avantages moraux et matériels.*

*Il leur suffit de rallier sans retard les
caisses ouvrières d'assurances, les seules
dont les assurés auront la gestion entière
en dehors de toute ingérence patronale.*

*Le Comité confédéral national demande à
toutes ses organisations et à tous ses militants de consacrer un sérieux effort, jusqu'à
la mise en application de la loi, à la constitution et au recrutement des caisses ouvrières.*

*Aux travailleurs des services publics, non
assujettis à la loi, il demande de continuer
et d'intensifier l'effort de solidarité qu'ils
ont déjà commencé dans cette œuvre, en
accord avec la C. G. T. et les Unions départementales.*

*Tous les travailleurs assujettis à la loi,
soit comme assurés obligatoires, soit comme
assurés facultatifs, ont le devoir de signer
les feuilles d'adhésion aux caisses ouvrières
et de recruter des adhésions dans leur en-
tourage. Le Premier Mai, journée de revendications, les adhésions aux caisses ouvrières devront être recueillies dans toutes
les Bourses du Travail, dans toutes les permanentes syndicales.*

*Les Fédérations d'industrie se doivent
d'intervenir directement auprès de leurs
syndicats pour que ceux-ci inscrivent leurs
adhérents aux caisses primaires d'assurés
spontanés constitués par les Unions départementales.*

Mais en même temps les organisations patronales ou confessionnelles, ont
employé tous les moyens pour attirer à
elles les salariés futurs, assujettis aux
Assurances sociales.

De 1920 au vote de la loi, le patronat
s'est opposé de toutes ses forces à tout
régime légal d'Assurances sociales. Le
vote de la loi a été pour lui un échec
dont il n'a pas encore désespéré de se
rattraper. Mais, par précaution, il a
voulu, en tous cas, s'adapter à la nouvelle situation; et il s'est efforcé, par la
constitution de mutuelles d'entreprises
d'embrigader ses ouvriers. Il compte
ainsi profiter de la clause de présomp-
tion d'affiliation à la mutualité pour
assurer sa domination sur les caisses
primaires dues à son initiative.

Les moyens les plus divers ont été
mis en œuvre pour cette propagande
spéciale, et les procédés habituels de
pression n'ont pas manqué d'être employés.

Par de nombreux appels, la C. G. T.
a mis les travailleurs en garde contre
ces manœuvres, et elle les a invités à
refuser toute signature d'adhésion à ces
caisses particulières.

Elle a également averti les travailleurs du danger que présentaient les mutuelles confessionnelles créées dans tous les départements sur l'initiative de la Fédération nationale catholique de M. de Castelnau.

Elle a constitué une caisse autonome de retraites qui devra, au moment venu, se transformer en caisse d'assurances sociales pour les risques de vieillesse et d'invalidité.

Elle a mis à la disposition des organisations de nombreux tracts, bulletins, études et brochures, leur facilitant dans toute la mesure du possible, la tâche pour la constitution et le recrutement des caisses ouvrières départementales pour les risques de répartition.

Enfin, elle a réalisé avec la Fédération nationale des coopératives de consommation et la Chambre consultative des Associations ouvrières de production, un accord qui permet une action commune pour la constitution et le recrutement des caisses ouvrières.

Cet effort devra être poursuivi avec ténacité jusqu'à la mise en vigueur de la loi. Ainsi, et seulement ainsi, les travailleurs pourront retirer de la loi le maximum d'avantages moraux et matériels et ils en feront un excellent instrument pour leur émancipation.

LES MODIFICATIONS A LA LOI
SUR LES ACCIDENTS DU TRAVAIL

Il est inutile de rappeler combien la Confédération Générale du Travail s'est attachée à la modification de la loi sur les accidents du travail.

Des études furent faites, un projet fut établi, de multiples interventions furent accomplies auprès des Commissions parlementaires compétentes. Ce serait d'ailleurs pour la C. G. T. une grave faute que de se désintéresser des accidents du travail qui, chaque jour, font de nouvelles victimes et contre lesquelles se coalisent aussitôt les Compagnies d'assurances qui exploitent ignominieusement l'ignorance et la crédulité des mutilés sans guide et sans soutien syndical.

On ne peut narrer dans un rapport, les continuelles préoccupations qu'ont provoqué les divers problèmes d'ordre économique et social. Il n'est possible, pour certains d'entre eux, que d'indiquer les efforts essentiels et donner la certitude que l'organisme central a fait, pour ces différentes questions, tous les efforts en leur accordant toute l'attention désirable et l'activité nécessaire.

Les modifications à la loi
sur les accidents du travail.

En décembre 1927, la Chambre des Députés votait après une très courte discussion, le rapport que le citoyen Gros, député de Vaucluse, lui présentait au nom de la Commission d'assurance et de prévoyance sociales de la Chambre sur les modifiactions à apporter à la loi de 1898 sur les accidents du travail:

Le projet, tel qu'il sortait des délibérations de la Chambre des Députés, apportait de grandes améliorations à la loi actuelle, la Commission administrative de la C. G. T. aurait accepté qu'il soit voté sans modifications par le Sénat.

La Chambre des Députés avait porté l'indemnité journalière à 75 % des salaires, plus des indemnités pour charges de famille; elle avait modifié le taux des rentes attribuées aux victimes d'accidents du travail atteintes d'incapacité permanent de travail.

Elle avait maintenu à 25 % du salaire la rente des blessés ayant 50 % d'invalidité, augmentant d'un pour cent le taux de la rente pour chaque point et demi d'invalidité.

Soit, pour une invalidité de :
51 %, rente : 26,5 %;
52 %, rente : 28 %;
53 %, rente : 29,5 %;
60 %, rente : 40 %;
70 %, rente : 55 %;
80 %, rente : 70 %;
90 %, rente : 85 %;

Incapacité totale et permanente, rente : 100 %.

Des rentes étaient accordées aux ascendants pour suite d'accidents mortels de leurs enfants mariés.

La rééducation professionnelle et le renouvellement des appareils de prothèse étaient admis.

Le projet voté par la Chambre fut transmis au Sénat en janvier 1928.

La Commission de l'Hygiène en .fut saisie, et elle désigna son président, le docteur Chauveau, comme rapporteur.

Pour ne pas déroger à ses habitudes, la Commission, qui a déjà examiné la loi sur les Assurances sociales avec une lenteur qui a soulevé maintes fois les protestations de nos organisations, s'est mise à la besogne.

Elle est bien loin d'avoir terminé l'étude du projet, mais déjà nous avons appris que le texte de la Chambre avait été fortement modifié dans les parties relatives aux rentes, aux indemnités journalières et aux secours aux ascendants.

Une action énergique devra être engagée pour que la Haute-Assemblée daigne enfin s'occuper des situations faites aux victimes du travail.

LES MALADIES PROFESSIONNELLES

La question des maladies professionnelles est de celles qui doivent passionner les organisations ouvrières à l'égal de celle relative aux accidents du travail proprement dits.

Bien avant la guerre, la C. G. T. s'est préoccupée du sort des nombreux travailleurs, atteints par ces affections que détermine l'exercice de certaines professions, non seulement en raison des causes qui leur sont particulières, mais surtout de l'incurie des chefs d'entreprises, de leur défaut de précaution, de leur indifférence à l'égard de milliers de malheureux que des mesures de prévention épargneraient.

La C. G. T. a provoqué plusieurs enquêtes auprès des Fédérations d'industrie et elle intervint maintes fois auprès du Parlement à l'effet d'obtenir que les travailleurs fussent mieux protégés.

Une loi est bien intervenue le 25 octobre 1919, assimilant, en principe, la maladie professionnelle à l'accident du travail, mais cette loi, par ses tableaux annexes, ne vise que quelques affections dûes à l'intoxication par le plomb et par le mercure. Depuis dix ans, rien n'a été fait pour l'extension de la dite loi.

Cette question est d'ailleurs à l'étude des organisations ouvrières de toutes les nations et des personnalités compétentes, en dehors du monde du travail, s'y intéressent avec mérite.

C'est sur l'initiative de la Commission Internationale pour l'étude des maladies professionnelles, que s'est tenu à Lyon, au mois d'avril 1929, un Congrès international auquel les organisations ouvrières de nombreuses nations prirent part. La C. G. T. y était représentée, ainsi que 70 Fédérations et Unions départementales.

Nous n'insisterons pas sur l'importance des résolutions adoptées à ce Congrès, la *Voix du Peuple* de janvier 1929, ayant donné en entier le rapport présenté par la C. G. T. au Congrès, et celle d'avril ayant donné, avec les communications des groupements patronaux et des médecins, le compte-rendu de la réunion.

A la suite de ce Congrès, le Ministre du Travail convoqua une réunion où étaient représentés un certain nombre de Syndicats patronaux et la C. G. T.

Cette réunion avait pour but de rechercher un accord entre représentants patronaux et ouvriers, sur un certain nombre de maladies professionnelles qui pourraient être détachées de la proposition de la loi rapportée par le docteur Fie à la Chambre des Députés, et faisant l'objet d'un rapport spécial pouvant être voté assez rapidement.

L'accord a pu se faire sur les points suivants :

1° Vote rapide d'une première partie

du rapport Fie, comprenant une importante révision de la liste des maladies dûes à l'intoxication saturnine et l'adjonction aux tableaux annexés à la loi du 25 octobre 1919, des intoxications professionnelles provoquées par le tétachloréthane, par la benzine brute ou rectifiée et par le phosphore blanc.

Figureront également dans ce projet de loi, les maladies causées par l'action des rayons X, radium et ses sels, uranium et ses sels, ionium, etc., etc.;

2° Examen par une Commission d'études professionnelles et la Commission supérieure des maladies professionnelles, de maladies engendrées par la nitro-benzine et l'aniline, le sulfure de carbone, les vapeurs nitreuses, les gaz chlorés et toutes les maladies, silicose y compris, provoquées par les poussières du charbon et autres produits.

Chacune de ces questions étant examinée, fera l'objet d'un projet de loi spécial.

LES VACANCES OUVRIÈRES

La C. G. T. dans toute la mesure du possible, s'attache à défendre et à développer la revendication ouvrière des vacances payées. Elle estime cette réforme de première importance et considère qu'avec la défense et l'application de la journée de huit heures, elle constitue le principal terrain d'activité et de vigilance des Syndicats ouvriers.

Rien n'est plus obstinément combattu que la limitation des heures de travail qui, pour le patronat, reste une atteinte inacceptée à ses privilèges et contre laquelle il se révolte, et encore avec plus de dépit quand les salariés lui prêtent inconsciemment leur concours.

Ce serait une grave erreur, pour faire respecter les huit heures, de se reposer exclusivement sur la loi au service de laquelle est mise une autorité trop souvent défaillante quand elle n'encourage pas la violation de ses prescriptions essentielles.

Les vacances ouvrières ne sauraient d'ailleurs être comprises comme une réduction du temps de travail, mais comme une période de détente et de régénération des forces de production.

Jusqu'à ce jour la presque unanimité des travailleurs de l'industrie privée n'ont même pas bénéficié de certaines mesures de conservation et de régénérescence, appliquées économiquement aux animaux utiles.

Mais ce qui apparaît plus intolérable encore, c'est la généralisation des vacances annuelles à certaines catégories de citoyens, qui élimine systématiquement les travailleurs manuels, et créée ainsi un sous-prolétariat frustré de toute mesure élémentaire pour assurer le renouvellement de ses forces physiques, le maintien de sa santé, comme les légitimes satisfactions auxquelles tous ceux qui travaillent chaque jour ont droit.

Depuis que la C. G. T. et ses organisations affiliées ont pris en considération cette revendication, la question des vacances payées a considérablement prospéré dans l'esprit public. On peut affirmer que le principe est généralement adopté mais les obstacles restent immenses en raison de la force d'inertie que la moindre réforme sociale rencontre dans les milieux qui lui sont éternellement hostiles.

Depuis des années déjà, des projets furent établis par des membres du Parlement. Le camarade Ponard, le regretté militant de Saint-Claude, s'attacha à ce problème pendant sa courte présence au Parlement, et depuis deux années, malgré l'attention soutenue de quelques parlementaires résolus à obtenir cette réforme, la question attend le débat public sans compter l'approbation du Sénat, où viennent si souvent sombrer et dormir dans l'oubli, les réformes trop attendues par la classe ouvrière.

Pourtant dans les conditions modernes de la production avec son intensité et sa fièvre, les vacances ne sont plus une faveur, mais une nécessité.

Dans les usines où le personnel producteur. est exclu de ces périodes de détente, les vacances sont organisées pour certaines catégories du personnel. Patrons, directeurs, chefs de service, employés de bureau, bénéficient de ces récréations annuelles et salutaires. Plusieurs mois de l'année la vie industrielle, commerciale, est profondée influencée par la généralisation d'un partiel arrêt de l'effort, et pourtant les travailleurs des entreprises privées restent engrenés dans l'immense roue du labeur qui tourne sans cesse indifférente, dévorant la vie sans arrêt, sans compensations, ne ralentissant parfois sa marche que pour créer le chômage et la misère.

Sur ce point, comme sur tant d'autres, la vérité reste entière quand elle affirme que le monde du travail ne peut prétendre bénéficier que du bien-être qu'il sait conquérir par sa conscience et sa collective volonté.

Les vacances ouvrières seront le résultat des efforts persévérants du monde du travail.

Les projets déposés le 11 juillet 1925 par M. Durafour, Ministre du Travail, et au sujet duquel le rapport Ponard fut établi (*Voix du Peuple* janvier-février, pages 23 et suivantes : projet de loi et rapport), fut adressé aux Fédérations en les priant de donner leur avis. Le résultat de cette consultation fut publié dans la *Voix du Peuple*, du mois d'août 1928, pages 514 et suivantes.

Sans doute les modalités d'application de cette réforme sont multiples et doivent présenter une réelle souplesse, mais le problème ne se pose pas d'une façon primordiale sur ces côtés de l'application. D'ailleurs, dans une résolution concrète votée par le Congrès Confédéral de 1925, la question était posée avec toute la prévoyance nécessaire et il n'est pas inutile de rappeler cette résolution.

RESOLUTION DU CONGRES CONFEDERAL DE 1925

Le Congrès national de la Confédération Générale du Travail, réuni à Paris, du 26 au 29 août 1925.

Estimant qu'un repos annuel rétribué est absolument indispensable pour la santé physique et morale des travailleurs de toutes les professions, même saisonnières.

Déclare que ce repos, pour qu'il soit efficace, ne saurait être inférieur à vingt et un jours.

Mais, soucieux des réalités et des difficultés présentes, il ne s'opposerait pas à ce que cette réforme soit réalisée par étapes, sans toutefois que le minimum de durée de ces vacances soit inférieur à douze jours.

Le Congrès déclare que ces jours de vacances doivent être réglés sur le salaire journalier global, suivant les modalités de chaque industrie, et qu'ils ne peuvent être l'objet d'une récupération quelconque.

Il affirme, qu'en aucun cas, les situations acquises dans certaines industries et administrations ne sauraient être diminuées du fait de l'application d'une loi sur le congé annuel payé.

Le Congrès confédéral, prenant acte des déclarations gouvernementales concernant cette question des vacances payées, s'engage à poursuivre, par tous les moyens en son pouvoir, la prompte réalisation de cette réforme sociale, si impatiemment attendue par tous les travailleurs.

LE CONTRAT COLLECTIF

Quel but poursuivent les organisations ouvrières en s'attachant à ce problème, encore si éloigné de l'état d'esprit du patronat français?

Jusqu'à présent, quelques rares industries bénéficient, pour l'ensemble ou une faible partie de leurs salariés, de cette forme de contrat qui donne à la collectivité, sur des points plus ou moins nombreux, un pouvoir de contrôle, compensé il est vrai, par certaines responsabilités.

Dans l'état des choses actuel, il faut reconnaître que l'exercice réel du droit syndical, comme le contrôle ouvrier, ne trouvent guère d'autre forme que celle que peut leur procurer l'établissement du contrat collectif.

Le syndicalisme, par sa seule existence, condamne d'ailleurs le contrat individuel qui correspond à l'isolement et à l'absence de toute solidarité ouvrière. Le Syndicat ne peut trouver sa reconnaissance effective que dans le pouvoir normal de discuter et de traiter les conditions de travail qui intéressent la profession de ses adhérents. La formule patronale qui consiste à traiter individuellement ces intérêts, ou de ne les examiner qu'avec leur propre personnel, ne saurait plus se soutenir avec l'organisation des employeurs qui impose à ses affiliés des obligations et des règles d'exploitation. De plus en plus, l'uniformité des conditions générales se crée dans chaque industrie, et il est de moins en moins possible à un salarié isolé ou au personnel d'une entreprise d'imposer des modifications aux règles établies en commun et dont le respect est contrôlé par l'organisation patronale.

Déjà de nombreuses branches de l'activité économique, qui se trouvent placées sur un plan spécial en raison de leur caractère national, ont abandonné toute tentative pour modifier localement ou régionalement leurs conditions de travail. Les mineurs, les cheminots, ne conçoivent que des règlements collectifs et nationaux des difficultés qu'ils rencontrent comme la réalisation de leurs revendications matérielles et morales.

La grande industrie, par ses ramifications, par l'enchevêtrement des intérêts, par la coalition permanente représentée par ses Associations, se dirige vers des formes d'interdépendance, liée par des conventions, par des intérêts, dépourvue individuellement du pouvoir total de répondre aux revendications ouvrières, sans l'assentiment de son groupement.

C'est en face de ces forces ordonnées et disciplinées que subsiste encore aujourd'hui le contrat individuel, que persiste la prétention des exploitants d'examiner séparément la situation, les réclamations de chaque salarié.

L'organisation ouvrière doit diriger ses efforts vers la fin d'un régime du contrat individuel qui n'existe en réalité que pour ce qui concerne les droits ouvriers, mais qui est collectif pour tout ce qui concerne les obligations des travailleurs : conditions d'embauchage, de salaire, procèdent du contrat individuel, mais les conditions de discipline, règlement d'atelier, horaire du travail, congédiement, tout cela relève de règles générales qui s'appliquent à la collectivité.

L'usine moderne, avec tous ses services, ne saurait plus, avec l'importance numérique du personnel occupé, traiter individuellement les conditions de chaque salarié; mais la pratique du contrat individuel ne subsiste seulement que pour ce qui place l'ouvrier isolé et impuissant en face de l'employeur qui dispose de son travail, de ses moyens d'existence et qui augmente encore sa puissance par sa liaison avec les autres exploitants.

La classe ouvrière doit diriger ses efforts vers la conquête du contrat collectif. Il lui faut conquérir sa place et ses droits dans l'atelier, dans le chantier, dans le bureau et dans le magasin. Il lui faut exercer sa solidarité par l'établissement de règles communes qui reposent d'abord sur les droits et les obligations qui doivent s'appliquer sous le contrôle de ses organisations syndicales et placer ainsi en face de l'exploitant la collectivité ouvrière, seule capable de défendre les conditions contractées avec les pouvoirs ouvriers qu'elles confèrent et les obligations qu'elles imposent.

Le patronat français reste aveuglément réfractaire à cette revendication. Il reste en général sur les positions du patronat primitif luttant pied à pied contre tout ce qui prétend amoindrir son pouvoir absolu.

On peut affirmer que sur ce point notamment, le patronat français paraît le plus rétrograde et le plus hautain comparativement à celui de la plupart des grandes nations industrialisées.

En Allemagne, en Angleterre, en Autriche, en Belgique, dans toutes les nations scandinaves, le contrat collectif s'est largement substitué au contrat individuel. Ce sont des millions de travailleurs qui se trouvent aujourd'hui régis par ces garanties qui assurent, aussi bien aux employeurs qu'aux salariés, une certaine sécurité et les acheminent vers la démarcation logique de leurs attributions, de leurs droits et de leurs responsabilités.

Le Congrès devra donner une vigoureuse impulsion à cette revendication en tenant compte que le contrat collectif augmente la force morale de la collectivité ouvrière, qu'il amoindrit l'omnipotence patronale dans ce qu'elle a de plus arbitraire et de plus humiliant et qu'il constitue les éléments primaires et inévitables du contrôle ouvrier.

LE PROJET DE LOI SUR LA TENTATIVE OBLIGATOIRE DE CONCILIATION DANS LES CONFLITS DU TRAVAIL

La Confédération Générale du Travail a exprimé un avis favorable sur le principe de la tentative obligatoire de conciliation.

En présence des projets gouvernementaux qui, sans porter atteinte au droit de grève, ne garantissaient pas avec assez de précision le respect intégral de ce droit, la C. G. T. s'est attachée à opposer un texte qui ne pouvait laisser aucun doute pour le libre exercice d'un droit qu'elle considère imprescriptible et inviolable.

C'est dans ce but que la Commission Administrative se mit unanimement d'accord pour déposer le texte suivant, qui s'inspirait d'ailleurs, dans la plupart de ses lignes, des textes déposés devant le Parlement.

Projet Confédéral
sur la conciliation obligatoire

ARTICLE PREMIER. — Seront obligatoirement soumises aux procédures de conciliation, les contestations d'ordre collectif survenant dans les établissements commerciaux, industriels ou agricoles, lorsque ces contestations seront susceptibles d'entraîner ou auront entraîné l'arrêt ou la cessation du travail, soit du fait des employés, soit du fait des employeurs.

ART. 2. — Dans chaque contestation d'ordre collectif, que les parties n'auront pu solutionner directement, préalablement à la cessation du travail ou pendant l'arrêt du travail, à la demande de l'une des parties, une entrevue devra avoir lieu entre les parties intéressées, ou entre leurs délégués, dans les conditions prévues ci-après. Si l'entrevue est demandée par l'employeur, la demande en sera valablement présentée par un avis affiché dans les locaux du travail, ou par lettre adressée à l'organisme représentatif du personnel, si le conflit est en cours, et invitant les travailleurs intéressés et leurs organisations syndicales à désigner leurs délégués. Dans les quarante-huit heures, non compris les jours de chômage habituel, qui suivront la réception de la demande d'entrevue qui sera faite par écrit ou par l'affichage de l'avis prévu au paragraphe précédent, les intéressés et leurs délégués devront se réunir pour examiner l'objet du conflit. Si, au cours de cette réunion, il ne peut être immédiatement statué sur la contestation, la réponse ne pourra être différée de plus de quarante-huit heures, à moins qu'un plus long délai ne soit fixé entre les parties. Les parties pourront toujours se faire assister par les représentants des Syndicats ou unions de Syndicats régulièrement constitués auxquels ils appartiennent.

ART. 3. — Si un accord n'intervient pas entre les parties intéressées ou leurs délégués, les parties seront tenues de se prêter à une nouvelle tentative de conciliation si la demande leur en est faite par écrit, soit par le Ministre du Travail, soit par le Préfet du département.

ART. 4. — Dans le cas où les tentatives de concilition prévues par les articles précédents n'auraient pu éviter un arrêt ou une cessation de travail, et dans le cas où cette cessation de travail viendrait à se prolonger, de nouvelles tentatives devant une Commission supérieure de conciliation instituée par le Ministère du Travail ont lieu obligatoirement, à la demande soit de l'une des parties, soit du Ministre du Travail. Si la demande émane de l'une des parties, elle doit être notifiée par écrit, par les soins de celle-ci, à la partie adverse; si elle émane du Ministre, elle est notifiée par écrit aux deux parties.

Art. 5. — Si un accord intervient devant les conciliateurs, il est constaté par une convention collective de travail qui sera déposée conformément aux dispositions de l'article 31 du Livre 1er du Code du Travail. Si l'accord ne se réalise pas, il sera dressé un procès-verbal de non-conciliation et les deux parties pourront faire appel à l'arbitrage. Si les parties ne recourent pas à l'arbitrage, le procès-verbal de non-conciliation est notifié au Maire de chacune des communes où s'étend le différend et il est affiché dans chaque Mairie à la place réservée aux publications officielles. L'affichage pourra en outre se faire par les parties intéressée. Les affiches seront dispensées du timbre.

Art. 6. — Toute partie qui refusera de se prêter aux tentatives de conciliation prévue par les articles précédents, ou qui aura soit empêché le libre choix des délégués, soit entravé l'accomplissement de la mission de ceux-ci, toute personne dûment convoquée à l'occasion d'un différend soumis à la conciliation qui ne se présentera pas ou ne se fera pas représenter, sera passible d'une amende, sans préjudice des dommages-intérêts auxquels l'employeur pourra être condamné en cas de renvoi injustifié.

En cas de condamnation prononcée par application de cet article, le tribunal pourra en outre ordonner l'affichage et l'insertion du jugement dans un ou plusieurs journaux de la région, aux frais du délinquant.

Le projet examiné par la Commission parlementaire compétente n'a subi aucune modification qui en atténue le caractère. Mais ce projet, d'aspect inoffensif, envisagé avec inquiétude par certains milieux syndicaux, souleva bien vite contre lui toutes les forces patronales et de conservation sociale. La tentative obligatoire de conciliation ne contient pas seulement la volonté qu'une tentative soit obligatoirement imposée aux parties, tentative qui d'ailleurs n'aboutit pas obligatoirement à la conciliation, mais le principe posé renferme la reconnaissance effective des Syndicats ouvriers et l'obligation d'entendre ses représentants et consacre ainsi le droit de l'organisation ouvrière d'intervenir au nom de la corporation entière dans les différends qui peuvent surgir entre patrons et ouvriers.

C'est cette conséquence indéniable de la réforme qui a soulevé toutes les oppositions, et pour le mouvement syndical, ce sont ces mêmes conséquences qui lui donnent sa principale valeur et provoquent son approbation.

Rien dans le projet ne porte atteinte aux droits syndicaux. L'obligation de tenter la conciliation consiste purement et simplement à imposer aux deux parties de se rencontrer pour discuter les revendications soumises par l'une d'elles. Or, jusqu'à ce jour, les organisations n'ont cessé de réclamer le droit d'intervention et n'ont jamais cessé de protester contre le refus des employeurs de discuter avec les organisations ouvrières.

Le projet indique clairement et sans confusion ni contestation possible, que les exploitants seront tenus de discuter avec les ouvriers et leurs représentants syndicaux avant et pendant le conflit, s'il n'a pu être évité. Cette précision démontre donc que le droit de grève, comme son exercice, ne sont nullement aliénés, et que le conflit lui-même sévissant, la loi projetée continue à jouer pour y rechercher une solution sans aucune contrainte pour les Syndicats ouvriers.

Le projet, après certaines dispositions administratives ou juridiques, prévoit que dans le cas où il y aura conciliation à la suite d'un conflit, il sera établi un contrat collectif.

Cette formule ne peut non plus être de nature à inquiéter les organisations ouvrières. Une grève se termine, soit par une défaite et par conséquent sans conditions, ou alors par la satisfaction totale ou partielle des revendications soumises. Or, dans ce dernier cas, l'accord se produit, soit verbalement, soit par l'échange d'une correspondance, soit par l'affichage dans les ateliers, chantiers ou magasins des conditions nouvelles établies.

Le contrat collectif prévu par le projet de loi ne modifie en rien ces diverses mesures qui mettent parfois fin aux conflits, mais il leur confère force légale et, de plus, confère aux Syndicats signataires un droit de contrôle et d'intervention juridique en cas de violation des clauses de l'accord intervenu.

La Commission Administrative et le Bureau confédéral ont considéré que le projet, tel qu'il est maintenant établi ne pouvait qu'apporter au syndicalisme une autorité plus précise et acheminer les organisations ouvrières vers leur reconnaissance de fait par les droits légitimes qui y correspondent.

LA LOI DU 19 JUILLET RELATIVE A LA RÉSILIATION DU CONTRAT DE LOUAGE DE SERVICE

Toutes les organisations ouvrières ont protesté contre l'odieux abus d'autorité dont usaient encore la généralité des employeurs, en ce qui concerne la rupture du contrat de travail.

Non seulement les exploitants s'opposent à la moindre mesure de nature à donner quelques garanties aux salariés, mais encore ils ont successivement détruit les faibles obligations auxquelles les us et coutumes les contraignaient.

Profitant de la faiblesse des travailleurs à la recherche de travail, ils leur faisaient signer comme condition d'embauchage, la faculté de les congédier à tout instant, sans préavis et sans indemnité.

La Cour de Cassation, par divers arrêts, avait donné force légale à cette loi patronale et avait été jusqu'à préciser que l'affichage dans les ateliers, chantiers ou magasins de cette réglementation patronale, avait une valeur juridique, sans la signature et sans l'assentiment de l'ouvrier.

La Confédération s'est élevée pendant de longues années, contre ce pouvoir inique, et une jurisprudence inspirée par un esprit de classe et de mépris pour les travailleurs.

Les militants confédérés, membres du Conseil supérieur du Travail dénoncèrent à leur tour cet humiliant abus et le Parlement ne put éviter de le proclamer et d'y apporter un premier remède.

La loi du 19 juillet 1928 qui modifie l'article 23 du livre I du Code du Travail stipule que :

Le louage de service, fait sans détermination de durée, peut toujours cesser par la volonté d'une des parties contractantes.

L'existence et la durée du délai-congé sont fixées en conformité des usages pratiqués dans la localité et la profession, ou, à défaut de ces usages, par des conventions collectives fixées par ces usagers.

Toute clause d'un contrat individuel ou d'un règlement d'atelier fixant un délai inférieur à celui qui est établi par les usages ou par les conventions collectives est nulle de plein droit.

La loi précise qu'en dehors du délai-congé normal, la résiliation du contrat par la volonté d'un seul, peut donner lieu à des dommages-intérêts.

Bien entendu, cette législation comme tant d'autres, contient des lacunes, des imprécisions voulues. Elle ouvre la porte à la chicane juridique et certainement à de nombreuses exceptions, mais elle détruit cependant un privilège intolérable dont usait le patronat avec un tel cynisme et une telle malveillance qu'il a fini sous la pression syndicale par soulever la réprobation générale.

Ce n'est certes pas pour la classe ouvrière organisée, une grisante victoire, mais c'est un point qu'elle peut marquer à son actif et qui vient encourager sa persévérance.

LE PLACEMENT

Depuis plus de vingt ans, la C.G.T. et les organisations de l'Alimentation, des Employés, des Coiffeurs, etc., toutes celles qui utilisent les bureaux de placement privés, pour se procurer un emploi, réclamaient que soit modifiée la loi de 1904 sur les bureaux de placement; elles obtinrent en 1925 une première loi, instituant légalement les offices départementaux et municipaux, mais les bureaux privés continuaient leur besogne en opposition avec les règles imposées par les services de main-d'œuvre, surtout pour tout ce qui intéressait la main-d'œuvre étrangère.

En 1927, en accord avec l'Union des Syndicats du Puy-de-Dôme et la Confédération Générale du Travail, celle-ci déposait sur le bureau de la Chambre un projet de loi qui fut d'abord examiné et mis au point par le Conseil National de la Main-d'œuvre, et enfin voté sans discussion par la Chambre et le Sénat, au début de l'année 1929.

RATIONALISATION

Parmi les problèmes posés par la vie économique, et qui tous intéressent certainement la classe ouvrière, ceux qui sont plus étroitement en relation avec le travail restent cependant les plus importants du point de vue des travailleurs. Ce sont, en effet, ceux avec lesquels ils sont le plus immédiatement en contact. Organisation du travail, formation professionnelle, abondance ou pénurie de matières premières, régularité de la production, hygiène et sécurité du travail, règlement des conflits du travail, autant de problèmes divers et interdépendants, dont l'un ou l'autre frappe l'esprit de l'ouvrier, non seulement au cours de sa vie, mais peut-on dire, presque à chaque minute de son travail quotidien.

Depuis plusieurs années, on a donné aux méthodes générales par lesquelles on pense pouvoir apporter de l'ordre dans l'ensemble de ces grandes questions, le nom de rationalisation, et pour beaucoup de personnes mal informées, l'apparition de ce mot nouveau a été comme l'annonce de méthodes et de procédés présentant un caractère inusité.

Or, la vie économique, qui exige par son fonctionnement même une continuité absolue, exclut au contraire toute idée de séparation brusque entre un état de choses et un autre. C'est pour ainsi dire un appareil qu'il est nécessaire de remettre en état sans l'arrêter, et c'est d'ailleurs ce qui accroît la difficulté des transformations fondamentales que l'on reconnaît de plus en plus comme nécessaires.

Si d'ailleurs on se reportait aux délibérations et décisions même de la C. G. T. depuis une dizaine d'années, c'est-à-dire en particulier depuis la fin de la guerre avec toute la situation nouvelle qu'elle a créée, on s'apercevrait facilement que c'est depuis dix ans que la C. G. T. se préoccupe du problème de la rationalisation, c'est-à-dire bien avant qu'on ait songé à inventer ce mot nouveau.

Dans le « programme minimum » qu'elle proclama en 1919 comme la base de son action future, elle disait déjà :

« La réorganisation économique doit avoir pour base le développement ininterrompu de l'outillage national ou industriel, et la diffusion illimitée de l'enseignement général et technique; et, pour but, de permettre l'emploi de tous les talents, de poursuivre l'utilisation de toutes les ressources matérielles et l'application de toutes les inventions et découvertes; de stimuler les initiatives privées en enlevant toute excuse et toute tranquillité à la routine stérile et meurtrière; empêcher toute restriction volontaire de la production et tout surmenage des producteurs dont les conséquences sont nuisibles à la production elle-même. »

On peut dire aujourd'hui qu'il y a

peu de chose de changé dans les problèmes ainsi esquissés, et c'est aussi pourquoi l'on pourrait suivre depuis cette époque, les discussions des Congrès comme celles des Comités nationaux de la C. G. T. sans y trouver autre chose que les traces d'une action continue en faveur des transformations économiques, dont certains ne semblent faire que de découvrir la nécessité, et d'autres le commencement.

Le Congrès de 1929 se trouvera donc placé à peu près dans la même situation que celui de 1927, où, pour la première fois on fit usage du mot de rationalisation. Il pourra constater que depuis cette époque, un certain nombre d'efforts ont été poursuivis, notamment au sein de nos plus puissantes industries, autant par une certaine amélioration graduelle de l'outillage que par un rajeunissement des méthodes de travail. Mais, ce qu'il faudra constater aussi, c'est que la plupart du temps ces changements progressifs n'ont pas amené les avantages positifs que la classe ouvrière n'a cessé de réclamer et sur lesquels elle devra affirmer à nouveau sa volonté. C'est ainsi que si nous nous reportons une fois de plus au programme de 1919, nous y retrouvons ces lignes :

« Estimant que le développement du progrès doit résulter du perfectionnement de l'outillage et des modifications des méthodes de production, la C. G. T. demande que la journée de travail, dans le commerce, l'industrie et l'agriculture ne dépasse pas huit heures par jour; que le travail de nuit dans les boulangeries ainsi que dans les industries insalubres ou à feu continu, soit interdit aux femmes et aux enfants de moins de 18 ans, que la prolongation de la scolarité soit fixée à 14 ans. »

C'est en relisant ces lignes, à dix ans de distance, que nous pouvons le mieux mesurer la force de résistance et la volonté d'inertie de ceux qui nous dénient chaque jour le droit à une vie meilleure. Ainsi, malgré une expérience déjà longue, qui a apporté des démonstrations variées de l'efficacité de la journée de huit heures, pour faire face à tous les besoins de la production, son application se trouve encore entravée en maints endroits par une mauvaise volonté tenace qui s'efforce, par des moyens plus ou moins obliques, de ruiner en pratique un principe auquel on affecte de rendre des hommages théoriques. Quant aux autres questions dont la C. G. T. en 1919 énumérait la suite avec précision, loin de leur assurer une juste solution, on leur oppose toujours une argumentation tendancieuse et des lenteurs calculées.

Même point de vue en ce qui concerne l'organisation du travail. Loin d'admettre, même sous les formes les plus élémentaires, quelques procédés de collaboration ouvrière au fonctionnement intérieur des entreprises, on semble au contraire considérer que toute transformation technique implique la nécessité d'une centralisation sans cesse plus autoritaire, de toutes les formes du commandement. Malgré les conflits auxquels de telles méthodes conduisent, loin d'en atténuer la rigueur, on s'efforce au contraire d'augmenter tout ce qui peut donner aux travailleurs le sentiment d'une absolue dépendance. Au sein même de ce problème, et étroitement lié avec lui, on peut encore apercevoir toutes les questions auxquelles donne lieu la détermination du salaire, et avec les nouvelles méthodes inventées à cet effet, il serait extrêmement nécessaire qu'une certaine collaboration ouvrière vienne apporter un correctif nécessaire à l'application trop rigide des méthodes mathématiques d'après lesquelles on tend de plus en plus à calculer les taux de salaire. C'est encore là un domaine des plus importants dans lequel il faut constater que rien n'a été fait pour observer des règles de justice et sur lequel le Congrès devra affirmer nettement la volonté ouvrière.

Pour obtenir, d'autre part, l'adhésion ouvrière aux nouvelles méthodes de travail, on n'a pas manqué d'exposer qu'elles auraient une répercussion certaine sur un certain bien-être général, et il faudrait trouver là des raisons suffisantes pour accorder cette adhésion. Mais il suffit d'observer la ligne montante du prix de la vie pour donner un démenti à de telles promesses. C'est là un point de vue qui nous amène à considérer avec une conviction renouvelée la nécessité de vastes transformations économiques, non seulement dans l'ordre de la production, mais dans celui de la consommation.

Ce serait en effet une erreur de limiter nos conceptions relatives à la rationalisation aux seuls problèmes de la production, lesquels ne constituent en réalité que la moitié de la vie économique. L'organisation de la consommation importe tout autant que celle de la production, et l'on peut même dire qu'il y règne actuellement un désordre encore plus grand que dans le premier aspect de notre vie économique. Même une mesure aussi élémentaire que la suppression des droits de douane ou d'octroi sur les denrées de première nécessité, déjà réclamée par la C. G. T. en 1919, n'a pas reçu le plus léger commencement d'exécution.

Il semble donc qu'à l'heure présente la classe ouvrière ne peut plus s'en tenir à des considérations purement théoriques, soit sur la nécessité de la rationalisation, soit sur ses avantages ou ses inconvénients. Ce qui s'impose aujourd'hui, ce sont des décisions d'action, capables de répondre à toutes les nécessités sur le large front constitué par l'ensemble de la vie économique.

Déjà le Congrès de 1927 avait indiqué la nécessité d'obtenir des garanties pour la classe ouvrière par le moyen de contrats collectifs à prévoir entre les Fédérations professionnelles, ouvrières et patronales. C'est une nécessité qui reste aujourd'hui entière, et qui nous ramène à un inévitable aspect de toutes les questions dans laquelle la classe ouvrière est appelée à intervenir. Il est en effet évident que ce droit d'intervention, régulièrement enregistré dans les textes de contrats collectifs, ne sera jamais obtenu que par l'influence et l'effort d'une organisation ouvrière constituée, elle aussi, selon quelque méthode rationnelle et dotée par la discipline et la conscience ouvrière d'une puissance que les employeurs n'ont jamais reconnue

que lorsqu'elle s'est manifestée par des actes décisifs. C'est dire qu'à la rationalisation économique doit correspondre quelque rationalisation de l'effort ouvrier, par le développement et le perfectionnement des organisations syndicales.

Pour résumer le caractère de la rationalisation, il faut préciser que ce phénomène normal enregistré depuis que les hommes ne sont attachés à un effort de production, ne trouvera jamais sa solution dans une formule négative.

La vie est sans cesse dirigée vers le perfectionnement. Ses manifestations dans cet ordre sont continues, immenses, incalculables. Aucune industrie ne s'est dérobée à cette ruée vers le plus rapide. Tous les éléments naturels ont été captés pour être associés à la force des hommes, asservis à leurs volontés. L'air, l'eau, le feu, l'électricité, les éléments minéraux qui récèlent de la puissance.

Et alors, si à ces éléments sans lesquels il semble que l'humanité ne saurait plus se suffire par ses propres moyens, on ajoute le machinisme, les méthodes raisonnées d'activité, peut-on songer à se dresser utilement et victorieusement contre des forces supérieures qui sont issues de l'intelligence, de l'initiative et de l'ambition nécessaires et complexes des hommes.

La C. G. T. n'a pas en réalité à appeler la rationalisation ni à la combattre. Elle a, au nom des travailleurs, à constater sa marche invincible, à apprécier les bienfaits sociaux qui peuvent et doivent en découler, et les conséquences funestes qui peuvent en surgir avec un patronat égoïste et inhumain et une classe ouvrière qui persistent à nier la réalité et à se complaire dans des gestes de négation et d'impuissance.

Le syndicalisme n'a jamais suivi cette voie d'immobilité et de suicide. Sa mission fut toujours de servir le progrès et de revendiquer les bénéfices moraux et matériels qu'il comporte.

De plus, peut-on refuser une plus grande productivité en sachant que le prolétariat ne satisfait qu'une trop faible partie de ses besoins, que ses enfants vont au travail à 12 ans, que les vieillards achèvent de consommer leurs dernières forces au labeur ingrat qui les a hapés dès leur enfance, que des millions d'ouvriers et d'ouvrières travaillent encore chaque jour dix et douze heures sans vacances, sans loisirs et auxquels les lois en vigueur n'accordent même pas intégralement le repos hebdomadaire.

Même la journée de huit heures n'est pas un dogme, et si le prolétariat examinait le vaste problème de la production avec la volonté d'exiger sa part des progrès réalisés, pourrait-il vraiment redouter que l'abondance augmente sa détresse?

C'est ainsi que la Confédération Générale du Travail a toujours compris sa mission et son but. Tous ses Congrès en font foi. Jamais non plus elle ne s'est méprise sur la mentalité du patronat qui se considère le créateur et l'héritier direct de tous les progrès.

Suivre pas à pas l'évolution des industries; exiger tous les droits, tous les bienfaits, tous les loisirs que cette évolution permet; conquérir en un mot pour les travailleurs, leur place légitime dans le travail, leur part dans la consommation et toutes les améliorations sociales qui découlent de la productivité en rapport avec le rendement et le temps qu'il exige.

Le syndicalisme, en ce qui concerne son action quotidienne, ne saurait, sans faillir à sa mission, s'engager dans une autre voie.

LE CONSEIL NATIONAL ÉCONOMIQUE

La création du Conseil municipal économique, nul ne songe à le contester, est le résultat d'efforts persévérants inaugurés par la Confédération Générale du Travail au lendemain même de l'armistice.

Le mouvement ouvrier ne peut donc se désintéresser d'un organisme dont il a eu la paternité, aux travaux duquel ses représentants prennent une part active. Il demande aujourd'hui à la fois son développement et son intégration promise dans le cadre constitutionnel. Il veut, pour lui, encore, une légalisation toujours attendue qui le soustraira au régime du provisoire, consolidera une autorité déjà reconnue et donnera une nouvelle valeur à son action.

Cette attitude du syndicalisme est-elle fondée?

Pour donner une réponse à cette question, il suffira sans doute de rappeler l'œuvre accomplie par le Conseil National Economique, au cours de la dernière année de sa jeune existence.

LE PROBLEME

DE L'OUTILLAGE NATIONAL

En 1928, le Conseil National Economique a tenu deux sessions, au cours desquelles l'étude du problème de l'outillage national, commencée en 1927, a été poursuivie.

Dans sa session des 9-10 mars 1928, le Conseil National Economique a approuvé une troisième série de rapports concernant :

1° Les moyens de transport;

2° La force motrice;

3° L'outillage et le développement de l'agriculture.

1° *Les moyens de transports.* — Le rapport adopté sur *les Routes* présente les conclusions générales que voici :

Pour les routes nationales : inscrire au budget tous les ans des crédits suffisants pour, d'une part, maintenir les routes dans leur état actuel, d'autre part, pour faire chaque année des travaux de remise en état assez étendus pour que ceux-ci soient terminés en 1930 sur les routes de grands itinéraires.

Pour les matériaux et l'entretien : Appliquer aux matériaux de réfection et d'entretien des routes, des tarifs de transport plus réduits. Réorganiser les entreprises de matériaux.

Pour les routes autres que nationales : Ecarter les propositions qui ont pour objet de faire passer au budget de l'Etat les dépenses actuellement supportées par les Départements et les Communes, tant que la situation financière reste difficile et incertaine. Tout système de subvention de l'Etat doit avoir pour contrepartie le contrôle de celui-ci sur les projets et l'exécution des travaux.

Pour améliorer l'exploitation du réseau routier par la fusion des services qui s'occupent de la voirie, tant nationale que départementale.

Création de bandes de sécurité pour assurer la protection des piétons.

2° *La force motrice.* — Deux rapports avaient trait aux *combustibles solides (la houille)* et aux *combustibles liquides.*

Leurs conclusions générales seules ont été adoptées par le Conseil National Economique.

a) En ce qui concerne les charbons, après avoir examiné les conditions spéciales des houillères françaises, le Conseil propose de faire examiner, au cours de l'enquête sur les conditions des principales industries nationales, les questions que soulève l'adaptation nécessaire des prix de revient et des prix de vente français à ceux de la concurrence étrangère, notamment pour :

L'organisation technique et commerciale des mines;

Les conditions relatives de production en France et à l'extérieur,

Le régime des transports à grande vitesse;

Le régime douanier.

b) En ce qui concerne les combustibles liquides, après avoir indiqué les besoins de la France et avoir examiné les difficultés d'approvisionnement, le Conseil recommande :

D'une part, de favoriser l'exploitation des gisements français et coloniaux et d'étendre les participations françaises financières dans les pays pétroliers neufs où la production est supérieure aux besoins.

D'autre part, de favoriser la politique de substitution des combustibles liquides indigènes aux produits d'importation.

Enfin, d'adopter les principes d'une politique de distribution.

3° *L'agriculture.* — Le Conseil National Economique a adopté les conclusions suivantes sur le *problème forestier :*

Il lui paraît désirable de poursuivre l'amélioration des forêts existantes et la création de forêts nouvelles sur les meilleures parties des 4 ou 5 millions d'hectares de terres incultes qui existent dans notre pays :

a) En ce qui concerne les forêts domaniales et les forêts communales gérées par l'administration des Eaux et Forêts, les résultats obtenus par cette administration sont la meilleure justification des méthodes mises en œuvre, et des mesures complémentaires sont énumérées;

b) En ce qui concerne les forêts privées, des moyens de propagande, de contrôle et de protection sont prévus en vue de leur amélioration et de leur extension.

Il a d'autre part recommandé une série de mesures destinées à remédier à *la crise de l'artisanat rural* qui entraîne, pour le développement de l'outillage agricole, des difficultés de plus en plus grandes.

Dans sa session des 23, 24 novembre, le Conseil National Economique a approuvé une quatrième série de rapports concernant :

1° Les moyens de transport;

2° Les ressources financières et les moyens de réalisation propres à assurer l'exécution du programme d'outillage national.

.*.

1° *Les moyens de transport.* — En ce qui concerne « l'aéronautique marchande française », le Conseil National Economique a adopté les conclusions suivantes :

Après avoir constaté que l'aviation commerciale française se trouve dans une situation grave due à l'insuffisance de vues d'ensemble, au retard de sa technique, à la médiocrité de sa flotte, à l'imperfection de son organisation commerciale, financière et administrative, recommande, d'une part, l'adoption de mesures techniques et administratives commandées par l'urgence et, d'autre part, le choix entre deux conceptions pour l'organisation financière et l'exploitation commerciale.

Les mesures administratives et techniques sont relatives à la création d'un Conseil supérieur de l'Air, au développement du service aérien et de ses installations, et au choix du trafic. Les bases d'une politique du matériel navigant sont posées et la réorganisation de l'aménagement et des recherches techniques est précisée.

Les mesures financières relatives à l'exploitation des réseaux sont dominées par les principes suivants :

Du fait qu'elle réclame de la puissance publique des interventions diplomatiques, des autorisations administratives, des concours financiers, l'exploitation ne saurait être abandonnée à des initiatives qui échappent à toute règle et à toute sanction.

Au cours de la recherche d'un système d'exploitation, deux thèses se sont opposées sur le rôle de l'Etat dans l'organisation du service.

Dans le premier système, celui présenté par les délégués ouvriers, les puissances publiques dont l'aide financière a été et sera longtemps encore indispensable pour assurer le fonctionnement des services commerciaux, devra participer à leur gestion avec le concours des diverses collectivités publiques et des entreprises de transports intéressées. Une société d'intérêt général, sorte de régie coopérative unique est donc préconisée. À sa constitution et à son administration sont directement associés : l'Etat, les Départements, les Communes, les Colonies, les Protectorats et les entreprises de transports privées (ferroviaires, maritimes, aériennes).

Dans un deuxième système, toute participation de l'Etat à la gestion des services aériens est exclue, et un simple rôle d'appui, de surveillance et de contrôle lui est réservé. La marche de l'entreprise est assurée comme par le passé par des compagnies privées concessionnaires, sous réserve d'une coordination entre leur exploitation.

2° *Les ressources financières*. — Arrivé au terme de son enquête sur l'outillage national, le Conseil National Economique a dressé un inventaire des travaux indispensables au développement de l'outillage et qui nécessitent des capitaux importants. En contrepartie, il a voulu présenter les ressources financières nécessaires à la mise en œuvre du plan ainsi dressé .

Il indique qu'une large politique de l'épargne doit se baser surtout sur les principaux éléments suivants :

a) Rémunération du travailleur suffisante pour lui permettre de faire œuvre de prévoyance et d'épargne;

b) Protection de l'épargne sollicitée par des entreprises insuffisamment étudiées;

c) Effort des organismes publics et des institutions privées qui gèrent des fonds d'épargne pour investir ces capitaux dans les entreprises d'intérêt général;

d) Emploi intensif des prestations en nature.

ENQUETE
SUR L'ECONOMIE NATIONALE

Au cours de la session du mois de mars 1928, le Conseil National Economique a décidé d'entreprendre une vaste enquête sur la situation des principales branches de l'économie nationale en vue de rechercher dans quelles conditions elles pourraient être améliorées et coordonnées dans l'intérêt commun des entreprises, de la main-d'œuvre, des consommateurs et de l'Etat.

Présidant la séance au cours de laquelle furent présentées et discutées les propositions faites par la Commission permanente du Conseil National Economique, le Secrétaire de la C. G. T. en commenta la portée en ces termes :

Il ne s'agit, pour le Conseil, que de prendre à l'heure actuelle la responsabilité d'ouvrir une enquête générale sur les conditions de la production, sur les ressources du pays, sur les possibilités de développer la capacité d'absorption des marchés, sur les modalités du travail.

Ses travaux ne manqueront pas cependant d'exercer une influence sur les conclusions qui pourront intervenir à la suite de cette enquête.

Mais c'est évidemment un grand fait, qui marque une date, que le Conseil décide d'ouvrir cette enquête et de la mener à la fois sur les conditions matérielles et sur les conditions sociales. Et c'est aussi un grand fait d'indiquer par avance que dans les conclusions qui devront intervenir une harmonie devra être réalisée entre les nécessités de développement de la production, les capacités d'achat du marché et le développement du mieux-être et des libertés ouvrières.

C'est dans ce sens que je voudrais, en tant que représentant des organisations ouvrières, situer notre position au moment même où l'enquête va être engagée par le Conseil.

Nous appuyons avec la même énergie la proposition qui tend à faire une enquête sur la situation industrielle en France et celle concernant les contrats collectifs de travail. Aussi bien, ces deux problèmes sont en connexion étroite l'un avec l'autre : impossible de faire un effort sérieux pour assurer la réorganisation, l'essor, la prospérité de l'industrie française sans le concours de la classe ouvrière, et impossible d'obtenir un tel concours sans l'octroi des garanties ouvrières élémentaires qui s'attachent au principe même du contrat collectif.

Depuis toujours, vous le savez, le contrat collectif s'identifie, pour les travailleurs de notre pays, avec la liberté syndicale elle-même, avec le droit syndical. Seuls, des travailleurs, sauvegardés dans leurs conditions de travail, dans leurs conditions d'existence, dans leur vie morale elle-même par le contrat collectif, pourront s'associer délibérément et sans arrière-pensée à un effort général, à un grand effort national de redressement industriel.

En venant ici, nous entendons nous associer à une œuvre collective d'organisation économique. Mais, à la base même de cette œuvre, nous devons sans ambiguïté le proclamer, se trouve la nécessité de la prise en considération très nette des intérêts moraux, comme des intérêts matériels du monde du travail. Sur cette base seule, il sera possible de bâtir une économie meilleure, plus efficiente, plus prospère.

Si, comme nous le souhaitons, les investigations entreprises portent non seulement sur le champ ouvert par les contrats collectifs en France, mais encore sur leur application dans les autres pays, nous sommes convaincus — par l'expérience que nous avons de ces réalités — que l'on constatera que ce sont les pays dans lesquels le contrat collectif est le plus largement pratiqué qui occupent le premier rang dans le développement industriel : Angleterre, Allemagne, Pays Scandinaves, Suisse. On pourrait même aller jusqu'à dire qu'il y a entre les progrès de l'industrie et les progrès des contrats collectifs un véritable parallélisme.

Aussi bien, le contrat collectif n'assure pas seulement aux ouvriers des droits, il les élève au point de vue professionnel. Par là, il contribue au relèvement de leur niveau de vie. Il y contribue ainsi en éliminant les concurrences à vil prix, en prévenant l'avilissement des salaires, en faisant de la force-travail, dans l'économie générale de la production, un facteur respecté, considéré, ayant son droit et sa part indiscutés.

Ce n'est point en m'adressant à ce Conseil que j'ai à insister sur le rôle du relèvement des niveaux de vie des ouvriers dans le relèvement de l'industrie elle-même. C'est dans la mesure où l'ouvrier est mieux payé et où, par là même, son niveau de vie matérielle et de vie intellectuelle s'élève, que ses facultés personnelles s'affinent, que sa capacité professionnelle elle-même, par contrecoup, grandit, et que sa force de production se développe. A mesure que la collectivité ouvrière s'élève, que son niveau monte, le pouvoir d'achat qu'elle représente offre un débouché élargi à l'industrie elle-même, chaque ascension dans les niveaux de vie des travailleurs se traduit ainsi par un développement de la puissance d'absorption des marchés et, ce qui revient au même, par un élargissement de la production.

Il est aussi important de créer des consommateurs que de fabriquer des marchandises.

Nous devons donc créer chez nous un large débouché ouvrier par l'adoption résolue d'une politique de salaires orientée vers plus de consommation. C'est là qu'est le salut. Nous devons, par cette politique, créer un marché intérieur large, capable d'absorber une fraction considérable de nos productions. A cette condition seulement, nous serons en mesure de pousser plus loin et la division du travail et la spécialisation des usines et la rationalisation des établissements, ainsi que la rationalisation des branches entières. Un marché exigu conditionne une industrie retardataire, un marché large appelle une industrie progressive et hautement évoluée.

C'est ainsi que, par le développement de notre marché intérieur, nous nous préparerons à une expansion industrielle méthodique. Nous verrons se réaliser cet apparent paradoxe que notre industrie, payant de plus hauts salaires, aura une situation internationale plus forte.

Au reste, le problème a une autre face.

La politique du relèvement ouvrier que nous préconisons pour la France, ce n'est pas, si je puis m'exprimer ainsi, une politique de vase clos. Il n'y a plus aujourd'hui, en matière économique, ni en aucune matière dans le monde, de politique de vase clos. Les économies se conditionnent les unes les autres. Les économies sont interdépendantes et les politiques économiques des différents pays tendent à suivre les mêmes principes et à s'engager dans les mêmes voies. Le national et l'international s'interpénètrent au point qu'il est souvent impossible de délimiter les concours d'un domaine à l'autre, les actions et réactions se font jour à chaque minute. Ce sont les Conseils économiques nationaux,

créés dans différents pays, que l'on trouve à l'origine du mouvement pour la Conférence économique internationale et pour l'organisme économique international permanent. Maintenant, ce sont ces organes économiques nouveaux, installés au cœur même de la vie internationale, qui provoquent dans une série de pays tout un mouvement en faveur de Conseils économiques nationaux. Hier, c'était la Yougoslavie qui entrait dans le mouvement. Demain ce sera l'Angleterre. Partout, par ces rouages nationaux et internationaux, les initiatives se propagent et les bienfaits des initiatives prises élargissent leur cercle d'action. La hausse des salaires dans un pays donné ouvre un pouvoir d'achat accru, non seulement à la production nationale, mais à la production de tous les pays, et le relèvement des salaires dans l'ensemble des pays ouvre à chacun d'eux des possibilités d'écoulement nouvelles et inattendues.

Là est l'espoir raisonnable. Là est, par une politique de solidarité vraiment large dans la communauté humaine, le salut pour tous. Nos organisations ouvrières sont à l'œuvre en France, mais dans le monde les organisations ouvrières de tous les pays sont aussi à l'œuvre pour cette politique méthodique et universelle de relèvement des niveaux de vie. Les organes internationaux qui siègent à Genève, l'Organisation internationale du Travail comme les nouveaux organes économiques de la Société des Nations ont pour mission de soutenir ces efforts de relèvement général du niveau de la vie.

Que notre Conseil National Economique accommode à son tour le rythme de la vie industrielle française et de la politique sociale française aux exigences de cette grande loi de progrès économique et social. Il aura, à cet égard, rempli la mission en vue de laquelle il a été créé.

**

Tenant compte des préoccupations de notre Economie nationale, le Conseil Economique Nationale a estimé que l'enquête devait porter sur les branches suivantes :

1° La production et le commerce des céréales;

2° La production et le commerce des cultures fourragères;

3° L'élevage et le commerce des animaux (poissons compris);

4° La culture des vignes et le commerce des boissons;

5° Les cultures industrielles;

6° La production et le commerce des bois;

7° Industries et commerces de l'alimentation;

8° Industries et commerces des tissus et matières textiles;

9° Industries et commerces des cuirs et peaux;

10° Industries et commerces du papier, de l'impression et du livre;

11° Industries et commerces du caoutchouc;

12° Industries et commerces des produits chimiques;

13° Industries et commerces des métaux;

14° Industries du bâtiment et des matériaux de construction;

15° Industries extractives;

16° Industries de l'électricité;

17° Industries des transports.

L'enquête prévoit un double but :

1° Dans chacune des industries considérées, on étudiera :

a) Les conditions de production en France et à l'étranger;

b) Les relations entre patrons et ouvriers;

c) Les conditions de vente.

2° De cet examen analytique, on dégagera les questions générales qui se rattachent aux trois grands problèmes suivants :

a) Ressources du pays;

b) Main-d'œuvre;

c) Impôts, Monnaie, Crédit, Echange et Consommation.

Pour mener à bien ce double examen, le Conseil a adopté la méthode de travail suivante :

a) Les enquêtes seront réparties entre trois commissions chargées respectivement d'étudier les branches d'activité ci-après :

1° *Production et commerce des céréales et cultures fourragères. Culture des vignes et commerce des vins. Industries et commerces de l'alimentation. Elevage et commerce des animaux. Cultures industrielles. Production et commerce des bois.*

Quatorze rapports ont été distribués par elle.

2° *Industries textiles. Industries et commerces des cuirs et peaux, du caoutchouc, du papier, de l'impression et du livre, du bâtiment et des matériaux de construction.*

Trois sous-commissions ont été constituées : 1° Textiles, cuirs et peaux et caoutchouc; 2° livre; 3° bâtiment.

3° *Industries chimiques. Industries et commerce des métaux. Industries extractives, des transports et de l'électricité.*

Depuis le mois de mars 1928, ces commissions ont tenu de nombreuses séances et, dès le mois de janvier dernier, elles ont commencé à examiner certaines industries.

L'ENSEIGNEMENT GÉNÉRAL ET PROFESSIONNEL

Les Congrès confédéraux de 1919 1925 et 1927 se sont occupés de la réforme de l'enseignement.

Depuis que le mouvement syndical existe on peut affirmer que l'inégalité scandaleuse qui détermine la part d'instruction qui revient aux enfants selon la classe à laquelle ils appartiennent, a été l'objet de la revendication d'un régime plus équitable, moins arbitraire, pour les enfants du peuple.

En dehors des travailleurs, des personnalités, que ne hante pas un orgueil de classe et de domination, ont dénoncé courageusement cette honteuse injustice sans cependant parvenir à une réforme sérieuse.

L'organisation ouvrière doit apprécier l'intransigeance des forces de conservation qui s'opposent à l'élémentaire égalité lorsqu'il s'agit d'accorder aux enfants l'instruction qu'ils sont aptes à recevoir. Les sociétés actuelles sont bâties sur cette infériorité voulue et organisée d'une classe destinée à rester subordonnée à ceux qui possèdent.

Pour le Congrès de 1927 un important rapport fut établi (*Voix du Peuple,* juin 1927, pages 315-348), fruit du travail d'une Commission composée de militants de la plupart des branches de l'enseignement.

Rien n'est changé depuis cette époque et le Congrès de 1929 pourra reprendre sa virile protestation et formuler la même revendication.

L'ordre du jour qui fut voté à l'unanimité par le dernier Congrès résume d'ailleurs admirablement la pensée du monde du travail organisé et il n'est pas inutile d'en rappeler le texte si concis :

La Confédération Générale du Travail décide de maintenir d'une façon permanente à l'ordre du jour de ses travaux le problème de la réforme de l'enseignement vu sous l'angle de l'éducation ouvrière.

Elle confirme les résolutions prises par ses Congrès de 1919 et 1925 de porter ses efforts vers la réalisation d'un système d'enseignement qui élève les enfants pour le travail et leur assure à tous le droit intégral à l'instruction.

Elle s'engage à soutenir les membres de l'enseignement dans les actions qu'ils sont obligés de mener pour la défense de l'école laïque.

En se prononçant à nouveau pour le principe de l'école unique, la C.G.T. se refuse à reconnaître comme des réalisations de ce principe les tentatives fragmentaires faites par les Pouvoirs publics dans un but d'économie et d'ailleurs sans consultation des organisations ouvrières.

Elle fait confiance aux organisations de l'enseignement confédérées pour poursuivre en commun l'étude du problème de la réalisation de l'économie.

Elle se prononce pour le principe de la nationalisation de l'enseignement qu'elle comprend ainsi : gestion de ce service public par un organisme tripartite à instituer et comprenant des représentants qualifiés, des usagers de l'Etat et du personnel enseignant.

En attendant la réalisation totale de ce programme, la C.G.T. décide de porter des efforts immédiats sur l'amélioration du système actuel d'enseignement dans le sens suivant :

Premier degré. — Fréquentation assurée; prologation de la scolarité; amélioration des méthodes; création de classes d'initiation pratique aux travaux manuels; sélection des mieux doués; enseignement complémentaire et post-scolaire généralisé; application et amélioration de la loi Ader; vote eds lois sur le contrat d'apprentissage obligatoire et sur les chambres d'apprentissage.

Deuxième et troisième degrés réservés aux seuls élèves reconnus aptes; gratuité de ces enseignements.

La C.G.T. considère qu'il est de nécessité immédiate de donner aux adultes une éducation prolétarienne intimement liée au perfectionnement professionnel et à la culture générale, éducation qui fera d'eux des serviteurs dévoués et capables de leurs classes.

RAPPORT

SUR LA GESTION DU JOURNAL "LE PEUPLE"
(1927-1929)

Le dernier Congrès confédéral qui s'est tenu salle Bullier, à Paris, en juillet 1927, après avoir approuvé le rapport du camarade Huyghe sur la gestion du *Peuple* pendant l'exercice écoulé, a adopté unanimement les conclusions que nous reproduisons ci-après :

1° Pour alléger les charges budgétaires du journal, nous croyons devoir demander à toutes les organisations qui pourraient le faire sans inconvénient pour leur trésorerie, l'abandon d'une partie des obligations contractées lors de l'émission faite par le *Peuple*.

Il est bien entendu qu'il ne s'agira que d'un abandon bénévole fait sous la forme d'une souscription volontaire, mais que le droit de toutes les organisations ou des individus détenant des obligations, reste entier de les conserver, si tel est leur désir;

2° De faire des abonnements collectifs dans chaque organisation comprenant au moins un service pour chaque membre du Conseil syndical ou délégué d'atelier. La Commission insiste sur ce point, en réclamant une application aussi complète que possible de cette décision, tant pour assurer la vitalité du *Peuple*, que pour permettre à tous les militants des Conseils syndicaux de suivre de près l'action confédérale;

3° De désigner dans chaque organisation syndicale un collecteur pour recueillir des abonnements mensuels pour le *Peuple*, en choisissant autant que possible pour cette fonction, le trésorier ou le trésorier-adjoint;

4° De créer dans les organisations et dans toutes les localités, des groupes d'Amis du *Peuple*, versant de petites cotisations régulières consacrées à des abonnements de propagande.

La Commission signale au Congrès qu'il suffirait de recruter 25.000 abonnements au *Peuple* pour que la C. G. T. se trouve allégée de toutes charges financières pour faire vivre le journal confédéral. Ce chiffre représente, certes, un effort considérable à réaliser, mais qui n'apparaît pas excessif pour les 3.000 organisations qui composent la C. G. T. Votre Commission vous invite à l'entreprendre sans retard, pour montrer l'effort constructif de la classe ouvrière organisée au sein de la C. G. T.

.*.

Dès le lendemain du Congrès confédéral, l'Administration du *Peuple* s'est efforcée de matérialiser les résolutions prises en multipliant les appels adressés aux organisations confédérales, et en s'efforçant d'encourager les efforts des militants pour faciliter la diffusion du *Peuple* parmi les travailleurs.

Cette action s'est poursuivie sans discontinuer, au cours de ces deux années, par des moyens divers, notamment par des publications et des distributions fréquentes de tracts d'abonnements.

.*.

Quels ont été les résultats des décisions prises par le Congrès et de l'effort de propagande qui a été effectué par l'Administration du *Peuple*?

.*.

Nous n'avons certes pas atteint le but que nous nous étions assigné, et nous avons encore du chemin à parcourir pour parvenir au chiffre de 25.000 abonnés que nous avons indiqué comme nécessaire à l'équilibre complet du budget du journal. Mais nous avons pourtant réalisé un progrès appréciable d'environ 2.000 abonnés depuis juillet 1927. Ce gain est évidemment trop modeste pour les espoirs que nous avons formulés, mais il marque une avance du quotidien confédéral. Cette progression s'est surtout manifestée au cours de la première année qui a suivi le Congrès et s'est un peu ralentie au cours de la seconde. Nous nous sommes efforcés, avec les moyens limités dont nous disposons actuellement, d'améliorer la présentation du quotidien confédéral, mais il nous aurait fallu une augmentation plus importante du nombre des abonnés pour être en mesure de donner au journal de la C. G. T. les moyens lui permettant de rivaliser avec la grande presse bourgeoise.

*
* *

Au cours de cet exercice, nous avons mis en application la première partie de la résolution du Congrès concernant l'amortissement de l'emprunt obligataire, et nous avons eu la satisfaction de pouvoir liquider entièrement cette charge assez lourde pour le budget du *Peuple,* à la date du 31 décembre 1928.

Notre tâche a été largement facilitée par de nombreux abandons bénévoles, qui ont été consentis par des organisations syndicales, au profit du *Peuple.*

Voici un tableau indiquant la charge qu'aurait représentée notre emprunt obligataire pour la trésorerie du *Peuple* et l'avantage qui est résulté de notre amortissement.

EMPRUNT OBLIGATIONS

Capital emprunté pour 20 ans .... Fr.	99.300	»
Intérêts à servir durant ces 20 ans............	88.221	»
Montant de la dette contractée pour 20 ans Fr.	187.521	»

SITUATION DE L'EMPRUNT AU 1er JUILLET 1929

Obligations abandonnées au *Peuple* .... Fr.	45.100	»
Obligations remboursées ..	51.100	»
Obligations restant à rembourser	3.100	»
Intérêts abandonnés au *Peuple*	12.377	50
Intérêts servis	23.944	50

L'emprunt aurait coûté au *Peuple* en 20 ans .. Fr.	187.521	»
Versements du *Peuple* au 30 juin	75.044	50

Economies réalisées par *Le Peuple* .... Fr.	112.476	50

*
* *

Il nous reste à indiquer, après l'expérience de ces deux années d'efforts et de propagande, les moyens qui nous ont paru particulièrement susceptibles de donner de bons résultats pour une plus grande diffusion du *Peuple.*

Deux, surtout, nous paraissent à retenir :

1° Les abonnements collectifs contractés par des syndicats pour les membres de leur Conseil d'administration ou leurs délégués. Un certain nombre d'organisations ont fait un effort remarquable en ce sens, et paraissent disposées à le poursuivre et même parfois à l'étendre. Par contre, il nous faut constater qu'il reste encore des syndicats qui n'ont pas mis en application la décision du Congrès faisant obligation à toutes les organisations confédérées, d'être abonnées au *Peuple;*

2° Le concours des collecteurs chargés de percevoir des abonnements mensuels au *Peuple,* soit au sein des groupements corporatifs, soit dans les ateliers, services, magasins, etc.

Ce dernier moyen, surtout, nous paraît très efficace pour le recrutement d'un grand nombre d'abonnements, la condition qu'il se généralise à toutes les organisations syndicales.

A l'époque du dernier Congrès confédéral, en juillet 1927, nous avions 65 collecteurs apportant au *Peuple* leur concours dévoué.

Actuellement, leur nombre s'est élevé à 104, et certains perçoivent jusqu'à 40 abonnements mensuels. En nous basant sur un chiffre moyen de 10 abonnements par collecteur, nous avons, grâce au concours de ces propagandistes du *Peuple,* plus de 1.000 abonnements récoltés régulièrement par nos collecteurs.

Si ce système de perception des abonnements au *Peuple,* qui donne de grandes facilités à nos lecteurs, était mis en usage par toutes les organisations confédérées, nous pourrions facilement, en nous basant sur le même chiffre de 10 abonnements par collecteur et en le multipliant par 3.000 syndicats confédérés, arriver à un total de :

10×3.000 soit 30.000 abonnés.

Ce résultat qui est parfaitement dans le cadre des possibilités de nos groupements, permettrait d'asseoir solidement et définitivement le *Peuple* sur les bases d'un grand journal susceptible de rivaliser avec la puissante presse bourgeoise.

⁕

Le Congrès confédéral aura nécessairement son appréciation à donner sur les solutions qui sont soumises à son examen. Mais l'importance du rôle que joue la presse à l'heure présente, dans la formation de l'opinion publique, ne peut lui échapper.

De gigantesques entreprises capitalistes se sont édifiées pour créer des organes, dont le rôle détestable consiste à verser chaque jour une goutte de venin dans les cerveaux populaires, et rendre possibles toutes les entreprises de régression, ou tout au moins maintenir un état d'oppression. La lutte contre ces trusts de la pensée n'est possible que si la classe ouvrière est capable elle aussi, d'édifier par ses moyens propres, le grand organe qui, chaque jour, exprimera sa véritable pensée et apportera le contre-poison indispensable pour faire naître et entretenir la lumière dans les esprits prolétariens. Certes, la tâche est difficile, mais l'outil est là, déjà prêt, c'est le *Peuple* quotidien qui a fait ses preuves, et il ne lui faut plus maintenant que l'effort coordonné de toutes les organisations confédérales pour devenir le grand quotidien du Travail.

RAPPORTS INTERNATIONAUX

L'ACTIVITÉ de la FÉDÉRATION SYNDICALE INTERNATIONALE

Un rapport moral sur l'action de la Confédération Générale du Travail implique naturellement un compte-rendu sur son action internationale, en fait sur la part qu'elle a prise à l'activité de la Fédération Syndicale Internationale d'Amsterdam.

L'exposé suivant que nous en donnons ici coïncide d'ailleurs avec la période d'activité sur laquelle s'étend le compte rendu de l'action nationale. Nos camarades savent en effet que le Congrès international de Paris a suivi immédiatement le Congrès de la C. G. T.

La période qui s'est écoulée depuis août 1927 a été marquée, pour la Fédération Syndicale Internationale, par deux faits capitaux : *consolidation intérieure* et aspiration à *l'élargissement de la sphère d'influence*.

Sauf quelques pays (Norvège, Finlande et Russie principalement), l'Internationale Syndicale couvre actuellement l'Europe entière et déborde sur les autres continents, car elle possède également des organisations affiliées en Asie, en Afrique, en Amérique; l'une de ses recrues a été, gain significatif, l'Union sud-africaine des travailleurs indigènes.

On pourrait dire de ces deux dernières années qu'elles ont été des années de pénétration pacifique, de patient et silencieux effort d'expansion morale, de vigilance en éveil, afin que le nom de la Fédération Syndicale Internationale soit connu et pénètre partout.

Il est permis de dire qu'il n'existe plus au monde d'organisations sérieuses avec lesquelles elle ne soit pas en contact et que ses publications ne touchent point.

Pour nombre de mouvements nationaux, parler d'affiliation serait naturellement d'autant plus prématuré qu'ils en sont encore à l'ère des débuts et des premiers essors; mais ils savent — et n'est-ce pas l'essentiel? — qu'ils peuvent trouver un sûr et solide appui dans la Fédération Syndicale Internationale. L'effort principal de celle-ci a porté sur l'Amérique latine et non en vain, car la demande très forte qui est faite d'une brochure espagnole de. propagande récemment éditée témoigne assurément d'un intérêt bien vivant pour elle.

Aussi bien les Conférences internationales du Travail sont là pour établir l'importance des relations entre ces pays et la Fédération Syndicale Internationale. Celle-ci ne chôme pas pour sa part et accomplit une somme énorme de travail pour inciter les camarades des pays éloignés à presser leurs gouvernements d'envoyer des représentants ouvriers à Genève, où le contact se créant entre les représentants de la Fédération Syndicale Internationale resserre à son tour les liens internationaux, organiques et moraux, déjà établis.

L'année dernière a été décidée, en principe, la création d'un bureau syndical permanent pour l'Amérique latine. D'autre part, des délégués du Japon et des Indes britanniques ont convenu la convocation d'une Conférence syndicale asiatique qui s'occupera principalement de questions se rattachant à la législation sociale internationale.

Le mouvement syndical international, qui a eu une si large part à la création du Bureau International du Travail, s'est plus que jamais préoccupé, au cours de ces dernières années, d'assurer l'homogénéité morale de l'action ouvrière à Genève. La F. S. I. prend l'avis des organisations affiliées et amies sur chacun des problèmes qui y sont abordés, les éléments d'appréciation ainsi réunis sont la base d'un rapport sur lequel le groupe ouvrier définit son attitude et précise ses conceptions dans les réunions préliminaires qui se tiennent à la veille de la Conférence annuelle du Travail. Quand l'importance du sujet le justifie, la Fédération Syndicale Internationale n'hésite pas à poursuivre de son côté des études sur telle ou telle question mise à l'ordre du jour de l'Organisation internationale du Travail. La brochure qu'elle vient de publier sur *le travail forcé des indigènes* est une manifestation de cette activité. Pour en rester à cet exemple, elle étudie dans cette brochure le problème du travail forcé avec clarté, confronte les thèses en présence, indique l'importance et la portée de la question. La diffusion de travaux de ce genre dans les métropoles agit incontestablement comme un moyen d'éducation de l'opinion publique et, dans les pays coloniaux, éveille l'intérêt pour l'Internationale.

En ce qui concerne l'action à Genève, rappelons la vaste et vigoureuse campagne des représentants de la Fédération Syndicale Internationale contre les tentatives de revision de la Convention des huit heures.

Pour son action générale, indiquons l'effort accompli par son *Service de Presse*, apportant, semaine par semaine, tant d'informations dans ses communiqués.

Rappelons que, sans les interventions de ses représentants à Genève, réclamant la ratification et l'application des conventions internationales, tout le travail des conférences annuelles serait chose vaine.

Pour le présent, la période d'activité actuelle de la Fédération Syndicale Internationale demeure caractérisée par les préoccupations d'ordre économique.

Déjà son Congrès de Paris avait indiqué les tâches immédiates, en liaison avec la Conférence économique internationale.

La Fédération Syndicale Internationale avait dressé, en 1927, un programme minimum de revendications internationales en vue de la protection de la jeunesse.

Elle vient d'arrêter les lignes générales d'un programme économique international, que nous reproduisons plus loin, et qui concrétise les vœux que le prolétariat formule dans l'ordre économique en présence des tendances nouvelles.

Ensuite, il faut signaler son effort constant de consolidation interne, dont la manifestation la plus nette consiste dans ses interventions pour aboutir à ce que toutes les organisations adhérentes soient affiliées à la fois à leur centrale nationale et à leur internationale professionnelle, réalisant intégralement la double concentration sur le plan vertical et sur le plan horizontal. Déjà d'importants résultats ont été obtenus. Dans le même ordre d'idées, signalons la formation et le rapide développement de l'Internationale des Instituteurs.

Comme il ne s'est pas produit de grands conflits nécessitant son intervention directe, la Fédération Syndicale Internationale n'a pas dû mobiliser, comme dans les années précédant le Congrès de Paris, de fortes sommes, réunies par des actions internationales de secours à des fins de solidarité. Par contre, elle a pu aider matériellement nombre de Centrales nationales dont la réaction entrave l'essor, ou met celui-ci en danger. Rappelons ce qu'elle fit pour le mouvement balkanique, pour celui des pays baltes, pour celui des indigènes sud-africains.

Il faudrait ainsi indiquer les mille activités de la Fédération Syndicale Internationale se rapportant à l'information et aux travaux de recherches. Bornons-nous à rappeler ses statistiques du mouvement syndical mondial, son enquête sur la durée effective du travail dans les différents pays, celle sur les allocations familiales, sur la politique suivie par les Syndicats pour combattre le chômage, sur le problème des fédérations d'industries et n'oublions pas non plus la série de monographies parues et à paraître dans la *Bibliothèque syndicale internationale*, sur l'histoire et l'état présent du mouvement syndical des différents pays.

Rappelons aussi l'activité de son Comité syndical international des Travailleuses et de celui pour la Jeunesse et l'Education ouvrière.

Disons enfin, avec soulagement, que, dans les dernières années, l'agitation communiste a accaparé infiniment moins que naguère l'attention et le temps de notre organisation internationale. D'ailleurs, sauf en Russie, l'influence communiste décroît dans tous les pays et l'hypocrite manœuvre du « front unique » a partout subi un échec.

Pourtant les communistes font dans les pays scandinaves de nouvelles tentatives de dislocation en combinant la conclusion d'accords de réciprocité entre les organisations russes et les secrétariats professionnels inter-scandinaves; on peut prédire à cette tentative le sort de celles qui la précédèrent.

Nous sommes entièrement convaincus que ce résultat favorable est l'effet de la clarté que la Fédération Syndicale Internationale a répandu par ses publications, où elle s'est appliquée à démontrer qu'il n'y a rien à gagner en détruisant et que la collaboration n'est possible que lorsque le but est le progrès, non la ruine

CONTRE LA GUERRE
ET LE MILITARISME

Place spéciale doit toutefois être faite à l'action que la Fédération Syndicale Internationale mène contre la guerre et le militarisme, pour le rapprochement des peuples.

Dans ce domaine, l'effort du prolétariat international ne s'est pas un instant ralenti.

Si la reconstitution de l'Internationale Syndicale a été facile, au lendemain du monstrueux conflit qui avait dressé les uns contre les autres les travailleurs de la plupart des nations, c'est parce que les mouvements ouvriers nationaux se sont rencontrés dans la commune volonté de faire la guerre à la guerre.

Tous les congrès ouvriers internationaux tenus depuis dix ans ont manifesté cette aspiration et montré que, pour le mouvement ouvrier, l'organisation effective de la paix, la défense de l'humanité contre le retour à la barbarie, est un devoir impérieux et sacré.

En dehors de son action directe, de sa propagande, de la coordination des forces pacifiques telle qu'elle s'est traduite par le Congrès mondial de La Haye, en décembre 1923, la Fédération Syndicale Internationale, voulant utiliser tous les moyens d'action, a activement participé, par l'intermédiaire de ses militants, aux travaux des organismes techniques de Genève, à l'action de la Société des Nations.

Ce rapport consacre quelques pages à ces efforts, et indique notamment ce qui a pu être obtenu, ce qui reste à réaliser.

Il nous paraît aujourd'hui que le monde du travail doit préciser et renforcer son attitude, mieux marquer encore qu'il est, sans réserves, opposé à toute entreprise belliqueuse et résolu à employer toutes les forces dont il dispose déjà pour rendre impossible la guerre.

C'est cette conception qui a motivé un projet de résolution, soumis par le Secrétaire de la C. G. T., au Bureau de la Fédération Syndicale Internationale. Il doit être porté à la connaissance du Congrès confédéral. Le voici donc :

Par le Pacte de Paris, les gouvernements déclarent mettre la guerre « hors la loi ». Le devoir des peuples civilisés est donc de supprimer entre les nations les risques de conflagration, de s'opposer à la guerre.

La classe ouvrière organisée dans la Fédération Syndicale Internationale d'Amsterdam est dès maintenant prête à accomplir ce devoir envers l'humanité.

Par la présente Convention, elle réclame des gouvernements et des peuples que l'accomplissement de ce devoir soit reconnu comme un droit.

⁎

Considérant qu'il est indispensable de donner aux pactes intergouvernementaux actuels force d'application par une convention générale entre les prolétariats des divers pays groupés par la Fédération Syndicale Internationale.

Considérant que seront d'une grande valeur collective et individuelle, pour garantir la paix, les engagements pris au nom de la classe ouvrière par les représentants qualifiés des diverses organisations syndicales dont l'activité, dans chaque pays, touche de près ou de loin à la fabrication des engins de guerre, à la menace ou au maintien de l'état de guerre sous toutes ses formes (production générale, crédits, transports, fabrication de matériel terrestre, naval, aérien, explosifs, gaz, microbes, etc.).

Considérant en effet que chaque délégué de ces groupements pourra ainsi confirmer, en vertu du mandat librement consenti par les membres de sa corporation, les engagements mêmes que chacun de ceux-ci aura pris, tant vis-à-vis de sa propre conscience que vis-à-vis du prolétariat international et de l'opinion publique universelle.

Que, dans ces conditions, un pacte solennel interviendra entre des millions d'individus, par la voie des corporations spécialisées et au sein du prolétariat tout entier, en sorte que toutes les collectivités et tous les travailleurs seront responsables les uns vis-à-vis des autres et chacun en particulier des engagements précis qu'ils auront contractés.

Que ces engagements devront être notamment celui de s'opposer, par tous les moyens possibles, sur le terrain corporatif, à toute production ou fabrication susceptible de permettre à un pays d'en attaquer un autre, et ce à partir du moment où une menace de conflagration surgira et jusqu'au moment où elle aura complètement disparu grâce à un arbitrage ou à tout autre procédé de conciliation.

Que toutes les organisations syndicales en général, et leurs membres en particulier, auront ainsi le droit et le devoir, pour respecter les engagements universellement pris, d'arrêter toutes les formes de production susceptibles de collaborer à un état quelconque de guerre.

Que ce droit et ce devoir ne pourront entraîner contre les organisations ni contre leurs membres aucune sanction ni mesure de coercition.

Considérant que le prolétariat international rendra ainsi un service moral et matériel inappréciable à l'humanité tout entière :

Il est indispensable que les gouvernements soient appelés à reconnaître et à sauvegarder la légitimité, la haute valeur et la nécessité de l'intervention du prolétariat telle qu'elle vient d'être définie.

Qu'il est nécessaire que, devant la volonté pacifiste du prolétariat international ainsi exprimée par des engagements solennels, les gouvernements de chaque pays prennent à leur tour l'engagement solennel de respecter le pacte intervenu au sein du prolétariat international et reconnaissent les droits et devoirs collectifs sus-indiqués avec toutes leurs conséquences.

Que les gouvernements devront, en particulier, ratifier expressément le pacte en ce qu'il fait un devoir absolu à tous les syndicats et à tous leurs membres dans tous les pays directement intéressés par une menace de guerre et dans tous ceux qui seraient susceptibles de contribuer à l'approvisionnement de ces pays, de cesser et d'empêcher toute production, fabrication ou travail pouvant permettre l'ouverture des hostilités et, *a fortiori*, leur prolongation.

⁎

Décide :

1° Les conflits entre peuples, de quelque nature qu'ils soient, devant être soumis à la procédure de conciliation et d'arbitrage, les membres des organisations syndicales groupées dans la Fédération Syndicale Internationale prennent l'engagement solennel d'empêcher, par la cessation du travail ou par tout autre moyen approprié, toute conflagration armée entre deux ou plusieurs pays;

2° Les gouvernements seront appelés à reconnaître l'existence et la valeur du pacte du prolétariat contre la guerre;

3° Ils devront prendre l'engagement solennel de sauvegarder entièrement les droits et devoirs des organisations syndicales pour l'action contre la guerre que ces organisations seraient appelées à accomplir;

4° Ce pacte sera porté à la connaissance de la Société des Nations pour que cette dernière, par les moyens les plus rapides, permette au prolétariat international, organisé syndicalement, de manifester sa volonté de paix.

Le programme économique de la Fédération Syndicale Internationale, qui doit être examiné par la réunion du Bureau de juillet prochain et présenté au prochain Congrès international, formule comme suit les revendications essentielles du mouvement syndical international :

a) Abaissement et abolition des tarifs et des barrières douanières;

b) La rationalisation est tolérable à la condition que, par la consultation des Syndicats ouvriers, elle contribue simultanément au relèvement social et économique de la classe ouvrière;

c) Ententes industrielles : création d'offices de contrôle des cartels, de registres publics des cartels ainsi que d'une juridiction des cartels afin de surveiller les consortiums monopolisateurs;

d) Application des décisions de la Conférence économique de Genève, dans la mesure où elles sont adéquates aux objectifs de la Fédération Syndicale Internationale;

e) Etablissement et développement de la législation internationale d'ordre social et économique;

f) Attribution aux ouvriers d'une participation dans la gestion des entreprises;

g) Sauvegarde de la paix par la suppression des causes d'antagonisme économique entre les peuples;

h) Application des résolutions de la Conférence de Gênes (1922) relatives à la monnaie et au crédit.

L'ORGANISATION INTERNATIONALE DU TRAVAIL

Aujourd'hui, l'Organisation internationale du Travail n'est plus guère contestée dans son principe. Ceux-là mêmes qui se seraient volontiers passés d'elle n'osent plus l'attaquer de front. L'idée de législation sociale internationale est entrée dans les esprits et dans les mœurs; les Etats, si jaloux de leur souveraineté, acceptent moins difficilement aujourd'hui qu'on regarde ce qui se passe chez eux au point de vue des conditions du travail. Il y a à cet égard un progrès réel. Est-ce à dire que l'Organisation ait définitivement cause gagnée? Il n'en est malheureusement pas ainsi.

Si personne ne demande plus ouvertement la suppression du Bureau international du Travail, il est encore bien des gens qui ne cherchent qu'à restreindre son activité, à paralyser ses efforts.

Aussi bien aux Conférences annuelles qu'au Conseil d'administration du Bureau, si l'on écoutait les représentants des patrons et les représentants de certains gouvernements, il y aurait peut-être bien encore un Bureau international du Travail, mais qui ne ferait plus rien de ce pour quoi il a été créé. Le refus, par les délégués patronaux et par le gouvernement conservateur anglais, du budget de l'Organisation — pourtant bien modeste si on le compare aux formidables budgets de guerre des Etats — n'est qu'une illustration de ce parti-pris de réduire dans toute la mesure du possible l'action internationale de protection ouvrière.

Une telle attitude est faite pour éclairer les travailleurs. Si ceux-ci n'ont pas obtenu de l'Organisation tout ce que les traités leur donnaient le droit d'en attendre, ils doivent tout de même se dire que, si elle ne servait pas efficacement le progrès social, ses adversaires ne mettraient pas tant d'acharnement à vouloir la brider.

Aussi bien, est-ce un fait que l'activité de l'Organisation internationale du Travail s'est encore développée dans ces deux dernières années d'une manière très sensible, malgré les résistances qu'elle a eues à surmonter. Ce n'est pas par la faute de l'Organisation elle-même si une partie de cette activité a dû être consacrée, d'abord, à la défense de conquêtes ouvrières précédemment acquises mais sans cesse menacées.

Naturellement, c'est encore et toujours la journée de huit heures qui a fait l'objet des plus vives attaques développées sous le prétexte d'une revision.

LES HUIT HEURES
ET LA REVISION DES CONVENTIONS

Toutes les conventions adoptées jusqu'à présent par les Conférences internationales du Travail comportent une clause prévoyant que, au moins une fois par dix années, le Conseil d'administration du Bureau International du Travail présentera un rapport sur leur application et décidera s'il y a lieu d'inscrire à l'ordre du jour de la Conférence la question de leur revision.

La procédure générale de revision n'avait pas été fixée par les traités.

Devait-elle être telle que le seul fait de l'ouvrir impliquerait la possibilité d'un remaniement total de la convention qui en ferait l'objet? Ou devait-elle permettre au Conseil de proposer à la Conférence un ordre du jour limité à certains articles déterminés de la convention, et à ces articles seulement? C'était toute la question.

Bien entendu, les patrons insistaient pour l'établissement d'une procédure de revision totale qui leur eût permis de remettre en cause successivement toutes les conventions. Les représentants des organisations ouvrières, au contraire, ne voulaient admettre qu'une formule laissant la possibilité de modifications précises sur des points nettement spécifiés à l'avance. Ce sont eux qui l'ont emporté. Par 18 voix contre 6 (celles du groupe patronal), le Conseil d'administration du Bureau International du Travail a adopté une procédure permettant de limiter une revision éventuelle à des points précis.

Mais l'affaire n'est pas terminée. Ce premier résultat ne concerne que la procédure à suivre au sein du Conseil; reste à établir une procédure correspondante offrant les mêmes garanties en ce qui concerne la Conférence.

Il n'est pas douteux que, pratiquement, c'est surtout de la convention sur les huit heures qu'il s'agit. C'est pour ou contre elle que se livre la bataille.

En fait, les choses se sont passées ainsi :

En février 1928, le Conseil du Bureau International du Travail était saisi par le gouvernement britannique d'une proposition tendant à inscrire la question de la revision de la Convention de Washington à l'ordre du jour de la Conférence de 1929. Le Conseil n'a pas voulu se prononcer sur cette proposition avant d'avoir établi une procédure générale applicable à toutes les conventions. Cette procédure une fois fixée, il a examiné la proposition britannique et, finalement, il a décidé d'inviter le directeur du Bureau à préparer sur *toutes* les conventions votées à Washington en 1919 — et non pas seulement sur la convention des huit heures — les rapports devant être présentés tous les dix ans au moins, et à les porter devant le Conseil au fur et à mesure de leur achèvement.

C'est dans ces conditions que, à sa première session de 1929, le Conseil a été saisi par le Bureau de deux projets de rapports sur l'application des conventions relatives à la durée du travail dans l'industrie et à l'âge d'admission des enfants au travail dans l'industrie.

Celle-ci n'était l'objet d'aucune attaque. Contre la convention de huit heures, de nouveau, le gouvernement anglais, par l'organe de son Ministre du Travail, a renouvelé sa proposition de revision. Le débat a été ardent. Le groupe ouvrier, unanime, a combattu à fond cette demande qu'il a fait repousser. Il a de même fait écarter toutes les combinaisons tendant, directement ou indirectement, à ouvrir une procédure de revision à son sujet. C'est un succès pour la cause ouvrière, mais l'affaire n'est pas finie : les adversaires des huit heures reviendront à la charge; ils trouveront toujours devant eux tous les représentants de la classe ouvrière.

LA RATIFICATION ET L'APPLICATION
DES CONVENTIONS

Les efforts qu'il a fallu déployer dans l'Organisation internationale du Travail pour simplement défendre le patrimoine des réformes ouvrières patiemment et laborieusement acquises n'ont pas empêché la réalisation de nouveaux progrès dans divers domaines.

Au point de vue législatif, ces deux dernières années ont été marquées par une accélération notable du mouvement de ratification des conventions internationales du Travail. Au 1er janvier 1927, le nombre des ratifications officiellement enregistrées était de 215; il est, à l'heure où nous établissons ce rapport, de 342, soit un accroissement de 127.

Le progrès est manifeste. Mais il est toutefois bien insuffisant. Tous les mouvements syndicaux doivent travailler à imposer aux gouvernements de leurs pays respectifs la réalisation des engagements pris par eux.

On a pu enregistrer également un progrès au point de vue des garanties d'application.

Une procédure nouvelle a été inaugurée en 1927 pour l'examen, par une commission d'experts, des rapports annuels que les Etats doivent fournir sur les mesures prises par eux pour exécuter les conventions auxquelles ils ont adhéré. Elle s'est révélée vraiment efficace et a permis de constater que les rapports reçus étaient, d'année en année, plus nombreux et plus complets.

Ainsi se perfectionne peu à peu le système d'informations réciproques qui doit donner à tous les Etats intéressés la certitude que les dispositions des conventions ratifiées ne restent pas lettre morte.

LES CONVENTIONS NOUVELLES
ASSURANCE-MALADIE
ET SALAIRES MINIMA

Trois conventions nouvelles, adoptées par les Conférences de 1927 et 1928 ont étendu le domaine de la protection ouvrière.

Deux, votées en 1927, concernent l'assurance-maladie obligatoire : l'une s'applique à tous les travailleurs de l'industrie, du commerce et aux gens de maison; l'autre aux travailleurs de l'agriculture.

L'autre, votée en 1928, comporte obligation d'établir des méthodes permettant de fixer des taux minima de salaires pour les travailleurs employés dans des industries ou parties d'industries (et en particulier dans les industries à domicile où il n'existe pas de régime pour la fixation efficace des salaires par voie d'accord collectif ou autrement, et où les salaires sont exceptionnellement bas. L'adoption de telles mesures aidera à relever dans beaucoup de pays la condition de catégories de travailleurs particulièrement intéressants.

LE GRAND PROBLEME
DES ACCIDENTS DU TRAVAIL

D'autre part, à la même session de 1928, la Conférence a discuté également la question de la prévention des accidents du travail qui venait pour la première fois devant elle, en vertu d'une nouvelle procédure suivant laquelle c'est seulement en 1929, après une seconde discussion, que la Conférence pourra prendre une décision définitive. Mais, d'ores et déjà, le débat de 1928 a très utilement préparé cette solution.

Comme conclusion de ses travaux, la Conférence de 1928 a adopté un projet de questionnaire adressé aux gouvernements sur les multiples aspects du problème.

La Conférence a traité spécialement la question de la protection des ouvriers occupés au chargement et au déchargement des navires. Elle a admis en principe la possibilité d'adopter pour cette protection un projet de convention.

Pour la prévention des accidents d'attelage dans les exploitations de chemins de fer, elle a adopté une résolution demandant que l'Union internationale des chemins de fer (groupement des Compagnies ferroviaires) poursuive ses études sur l'attelage automatique et en fasse connaître les résultats au Bureau International du Travail dans le plus court délai possible, et de toute façon, avant deux ans. Cette résolution demande, en outre, l'institution par le Conseil d'administration d'une Commission tripartite de 21 personnes représentant les gouvernements, les employeurs et les ouvriers, en vue d'étudier la question dans son ensemble.

LE TRAVAIL FORCÉ DES INDIGENES
AUX COLONIES

En 1929, il y aura deux sessions de la Conférence, que le Bureau prépare activement depuis plusieurs mois : une session de caractère général et une session spécialement consacrée au travail maritime.

La session générale s'ouvrira le 30 mai. L'ordre du jour comprend les questions suivantes : *la prévention des accidents du travail* (deuxième discussion); *la protection des ouvriers occupés au chargement et au déchargement des navires contre les accidents* (deuxième discussion); *le travail forcé* (première discussion); *la durée du travail des employés* (première discussion). En outre, un rapport général sur le chômage sera présenté par le Bureau International du Travail.

Toutes ces questions sont du plus haut intérêt. Celle du travail forcé marque en outre une date dans l'histoire de l'Organisation, car elle fait pénétrer celle-ci dans un domaine nouveau où les problèmes de tous ordres surgissent à chaque pas : le régime du travail dans les colonies.

Le Bureau International du Travail a préparé sur la question du travail forcé un volumineux rapport. Il faut espérer que la Conférence saura lui donner, la conclusion pratique nécessaire.

LES QUESTIONS MARITIMES

La session maritime de la Conférence s'ouvrira le 10 octobre. L'ordre du jour comporte : la réglementation des heures de travail à bord des navires; la protection des gens de mer en cas de maladie, y compris le traitement des blessés à bord; l'amélioration des conditions de séjour des marins dans les ports; l'institution, par chacun des pays maritimes, d'un minimum de capacité professionnelle exigible des officiers chefs de quart à bord des navires marchands.

Toutes ces questions ont été minutieusement étudiées par le Bureau International du Travail qui a réuni à leur sujet une documentation considérable. Elles ont été, en outre, discutées à fond par la *Commission Paritaire Maritime.*

LES PROBLEMES ECONOMIQUES

Au cours de ces deux dernières années, l'Organisation a accordé une attention de plus en plus grande aux problèmes économiques dans leurs aspects sociaux. Elle a tenu à marquer en toute circonstance l'interdépendance étroite qui existe entre ces problèmes et les problèmes du travail.

Déjà, en 1919, le groupe ouvrier avait soulevé la question de la répartition internationale des matières premières. En 1920, le Conseil du Bureau avait décidé d'entreprendre une *Enquête sur la Production.*

Déjà, en 1927, l'Organisation s'était associée étroitement à la préparation de la Conférence économique internationale de la Société des Nations; les recommandations adoptées par cette dernière ont d'ailleurs eu des répercussions importantes sur les dernières sessions de la Conférence internationale du Travail.

Lors de la constitution du Comité consultatif économique, il a été admis que le Bureau International du Travail proposerait, pour en faire partie, trois de ses membres ouvriers. C'est ainsi que Müller (Allemagne), Jouhaux (France), et Oudegeest (Pays-Bas), ont été désignés par le groupe ouvrier, désignation qui a été ensuite ratifiée par le Conseil de la Société des Nations.

Dans ce domaine, il y a lieu de mentionner également la coopération du Bureau à l'établissement et au fonctionnement de l'Institut international pour l'Organisation scientifique du Travail, dont la mission est de réunir et faire connaître les informations relatives à l'ensemble de questions que l'on désigne sous le terme général de « rationalisation ».

D'autre part, sur la proposition de Jouhaux, la Conférence de 1928 a demandé au Bureau, conformément aux suggestions du Comité consultatif économique, des études concernant les répercussions que les différentes méthodes de rationalisation industrielle peuvent avoir sur les conditions des travailleurs (salaires, durée du travail, chômage, hygiène, sécurité, etc.).

LES TRAVAILLEURS INTELLECTUELS

Pourquoi les travailleurs intellectuels n'ont-ils pas été constitutionnellement associés, dès l'origine, à l'œuvre du Bureau International du Travail? Parce qu'au moment de l'élaboration des Traités de paix, ils ne possédaient aucune organisation susceptible de les représenter. Depuis, les choses ont changé. Les travailleurs intellectuels se sont groupés nationalement et internationalement. Et ces groupements ont exprimé le désir de trouver auprès de l'Organisation internationale du Travail une aide analogue à celle qu'elle assure aux autres catégories de travailleurs. C'est pour résoudre le problème ainsi posé que le Conseil a créé une Commission consultative des Travailleurs intellectuels. Cette Commission a tenu sa première session à Genève, en octobre 1928 et elle a abordé l'étude d'un terrain nombre de questions : indemnisation des journalistes dont le journal change de programme politique, clause de réemploi dans les contrats des ingénieurs quittant une entreprise, placement des artistes de théâtre, droits de l'inventeur salarié, chômage des intellectuels.

L'ŒUVRE SCIENTIFIQUE
DU BUREAU INTERNATIONAL
DU TRAVAIL

Pour assurer à l'œuvre législative la base scientifique nécessaire, le Bureau International du Travail n'a cessé de développer, durant ces dernières années, ses moyens d'information et de documentation.

Il ne se contente pas de tenir à jour sa documentation sur les lois en vigueur dans les divers États en publiant chaque année une *Série législative* en trois langues (anglais, français, allemand) et un *Recueil international de Jurisprudence du Travail*, en enrichissant sa collection des *Conventions collectives;* il a publié aussi un *Recueil de la législation du travail dans les pays de l'Amérique latine;* il poursuit en même temps la publication dans sa forme définitive de son importante étude sur la *Liberté syndicale.*

Le Bureau a édité en 1928 deux ouvrages considérables traitant, l'un de l'*Assurance-Maladie obligatoire*, l'autre de l'*Assurance-Maladie libre.* Il poursuit une étude très délicate sur les charges sociales dans les principaux pays industriels de l'Europe. D'accord avec l'Organisation d'Hygiène de la Société des Nations, il étudie les possibilités de collaboration entre les institutions d'hygiène sociale et les institutions d'assurances.

L'enquête sur les conditions de travail dans les mines de charbon, qui a rencontré tant d'obstacles, est arrivée à son terme et a été publiée en 1928. L'enquête périodique sur le *niveau des salaires réels* de certaines catégories d'ouvriers suit son cours.

En matière de durée de travail, outre

une étude sur les congés payés et un rapport de législation comparée élaborée pour sa Commission des huit heures, le Bureau a achevé une étude sur la durée du travail des employés et le régime des heures d'ouverture et de fermeture des magasins; il prépare une étude sur la durée du travail des chauffeurs, durée du travail des cheminots et une d'automobiles.

Les conditions de vie des travailleurs ont fourni la matière d'études sur les lois concernant le travail des femmes avant et après l'accouchement, sur le travail des enfants dans les studios de cinémas. Une édition nouvelle, fortement accrue, de l'étude sur le *Problème du logement en Europe* est en préparation.

Les méthodes d'orientation professionnelle dans l'industrie, le commerce et l'agriculture, le rôle du médecin dans l'orientation professionnelle font l'objet d'études en cours, ainsi que la formation ou la rééducation professionnelle des estropiés, des arriérés, des anormaux.

En ce qui concerne les conditions économiques de la vie ouvrière, en dehors des nombreuses études faites en vue de la Conférence économique de 1927, il y a lieu de signaler les recherches ayant pour objet la solution des conflits du travail, la conciliation et l'arbitrage dans différents pays, les études sur les relations entre l'évolution du chômage et le mouvement général des prix, sur la statistique des migrations, sur l'histoire des mouvements migratoires depuis leur origine, sur la réglementation des migrations, sur les législations concernant les migrations des peuples de race jaune, sur la couverture des risques professionnels et sociaux du personnel des entreprises d'aviation, sur les maladies professionnelles des artistes et techniciens du cinéma, sur les droits des salariés inventeurs, sur la détermination des maladies professionnelles, industrie par industrie, sur les statistiques des accidents du travail, sur les conditions de vie et de travail des journalistes, etc.

De même, en dehors des mémoires préparés pour la Conférence économique, au point de vue agricole, ce sont les études sur la distribution du travail agricole au cours des différentes saisons, sur la représentation et l'organisation des travailleurs agricoles, sur l'organisation scientifique du travail en agriculture, sur la coopération agricole, sur la nature légale du contrat d'emploi en agriculture, sur l'enseignement professionnel, agricole, etc.

La préparation de la Conférence maritime de 1929 a nécessité des recherches sur la réglementation des heures de travail à bord des navires, sur l'amélioration des conditions de séjour des marins dans les ports.

Le Bureau International du Travail continue d'autre part une enquête générale sur les conditions de travail dans l'industrie de la pêche, des études sur les contrats d'engagement des gens de mer, et notamment des pêcheurs sur la pêche des éponges, des perles, du corail et, en général, des produits sous-marins. Il a publié un recueil des lois du travail maritime et il a étudié les systèmes de protection des marins en cas de maladie et en cas d'accidents. A la demande de la Société des Nations, il a entrepris une enquête sur les conditions de travail dans la navigation intérieure.

Le travail forcé des indigènes a fait l'objet d'un volumineux rapport. Le travail sous contrat est à l'étude. L'enquête asiatique progresse méthodiquement.

Le service d'études sur le travail en Russie a publié un nouveau volume sur *le Mouvement syndical dans la Russie des Soviets*, un second volume sur *la Coopération en Russie*, ainsi qu'une étude sur *les Assurances sociales dans l'U. R. S. S.*

En dehors de ces travaux spéciaux, le Bureau a assuré régulièrement la parution de ses publications habituelles : *Bulletin officiel, Informations sociales, Revue Internationale du Travail, Chronique de la Sécurité industrielle, Bibliographie d'Hygiène industrielle, Encyclopédie d'Hygiène du Travail,* etc.

Cette abondante littérature sociale, remarquons-le ici, trouve une large diffusion. Ces publications se vendent, et se vendent de plus en plus, ce qui prouve qu'elles sont de plus en plus recherchées.

Les publications du Bureau International du Travail sont vendues actuellement dans 61 pays, situés dans toutes les parties du monde. Les chiffres de vente les plus considérables ont été atteints en Allemagne (37.000 francs-or en 1928 contre 8.000 francs-or en 1925), en Grande-Bretagne (25.000 francs-or en 1928 contre 13.000 en 1925). La France et l'Italie viennent ensuite. Les ventes se sont élevés, en 1928, à 20.000 francs-or aux Etats-Unis, 15.000 en Suisse, 13.000 au Japon, 8.000 en République Argentine, etc.

Ces résultats montrent que n'est pas vain l'effort accompli par le Bureau International du Travail pour répandre dans les divers pays du monde une connaissance plus approfondie des faits sociaux et des principes de protection ouvrière.

A LA SOCIÉTÉ DES NATIONS

Nous ne songeons point à passer ici en revue toute l'œuvre, extrêmement variée et abondante, de la Société des Nations, dans les différents domaines de son activité, mais il paraît indispensable de signaler deux aspects de cette œuvre, qui intéressent plus particulièrement le mouvement syndical : ce sont les problèmes du désarmement et l'action économique qui intéressent au plus haut chef nos organisations et répondent aux aspirations les plus profondes du monde du travail; aussi bien montrerons-nous ainsi que l'action ouvrière a imprimé sa marque sur l'activité de la Société des Nations dans ces deux domaines.

LES PROBLEMES DU DESARMEMENT

Voyons d'abord les problèmes du désarmement.

Il serait vain de dissimuler qu'ici la Société des Nations a déçu l'opinion qui attend toujours la réalisation des promesses que les gouvernements lui ont faites et l'exécution des engagements que ces mêmes gouvernements ont pris en signant le Pacte qui, on le sait, prévoit la limitation et la réduction des armements. La Commission préparatoire de la Conférence du Désarmement constituée par la Société des Nations en 1925 n'a pas encore pu achever ses travaux et nul ne peut dire avec quelque précision quand se réunira la conférence qui doit marquer une première étape dans cette voie.

D'autre part, il serait également vain de nier que des efforts ont été faits et même des progrès obtenus au cours des deux années qui viennent de s'écouler.

En quoi consistent-ils?

L'action de la Société des Nations s'inspire toujours de la fameuse trilogie que Herriot et Mac Donald ont, en 1924, lancée du haut de la tribune de l'Assemblée de la Société des Nations : Arbitrage, Sécurité, Désarmement.

En ce qui concerne le désarmement proprement dit, la Commission préparatoire a fait franchir à la préparation de la Conférence une première étape en explorant d'une manière très complète tout le domaine technique de la question. Sans doute, une bonne part de ces travaux techniques, notamment ceux des experts militaires, sont difficilement utilisables; les représentants des états-majors convoqués à Genève n'ont pu se mettre, comme on pouvait s'y attendre, d'accord entre eux pour définir les meilleures méthodes de réduction des armements, mais leurs travaux ont eu au moins ce résultat positif de mettre en lumière les divergences, donc de définir nettement la tâche incombant à la Commission préparatoire elle-même.

L'aspect économique de la question a également été exploré; c'est à la Sous-Commission économique, aux travaux de laquelle le secrétaire de la C. G. T. a pris part, que l'on doit l'idée d'insérer dans la future convention de réduction et de limitation des armements des dispositions analogues à celles contenues dans la charte de l'Organisation Internationale du Travail et relatives à la procédure à suivre en cas de plaintes qui pourraient surgir du fait de l'application et de la violation éventuelles de la convention; la création éventuelle d'un organisme permanent de statistique chargé de concentrer et d'étudier les données relatives à l'application de la convention; la conclusion entre les industries chimiques des divers pays d'ententes qui auraient la sanction des Etats intéressés et qui permettraient de contingenter les fabrications de produits chimiques; l'idée de la limitation des armements par une limitation des budgets militaires comme une conséquence de la délimitation des éléments militaires tels que le matériel et les effectifs, etc.

Munie de tous ces travaux, la Commission préparatoire avait décidé, en avril 1927, de porter son effort sur la préparation d'un texte de convention.

Le représentant anglais, lord Cecil, lui soumit un projet; le représentant français, Paul-Boncour, en déposa un, très complet. Les plus larges espoirs semblaient permis et l'opinion générale, à ce moment, était qu'on arriverait sans trop de peine à une entente. Un point délicat et vital, celui de la délimitation des effectifs, à propos duquel Anglais et Français se heurtaient, les uns défendant la thèse de l'armée de métier, les autres celle du service militaire universel obligatoire et égal pour tous, empêcha la Commission d'aboutir à un accord de même, en matière d'armements aériens. L'échec se produisit sur la question des armements navals.

Les petites marines européennes n'acceptaient qu'une limitation du tonnage *total* de leur flotte et voulaient conserver la liberté de répartir ce tonnage entre les diverses catégories de navires; elles avaient l'appui de la délégation française.

Les grandes puissances navales (Angleterre, Etats-Unis d'Amérique, Japon), au contraire, demandaient qu'on étendît les principes de la convention de Washington de 1922 qui avaient limité deux catégories de navires, les cuirassés et les navires porte-aéronefs et proposaient en conséquence une limitation séparée des croiseurs, des sous-marins, etc.

L'Amirauté britannique se montra intransigeante et la Commission dut se séparer sans avoir pu réaliser l'accord sur ce point principal; depuis lors, cette divergence n'a pu être comblée. Au mois de juin 1927, les Etats-Unis d'Amérique, le Japon et la Grande-Bretagne tinrent en dehors de la Société des Nations une conférence navale qui ne put davantage résoudre les divergences existant, surtout entre l'Angleterre et les Etats-Unis. En 1928, les Français et les Anglais finirent par se mettre d'accord, mais le projet de compromis naval auquel ils étaient arrivés ne fut pas accepté par les Etats-Unis.

On ne saurait dissimuler qu'après ces échecs, la situation se présentait de façon peu favorable.

Cependant, animée du désir d'aboutir, après de longs débats auxquels le Secrétaire de la C. G. T. prit une part active, la dernière Assemblée de la Société des Nations avait demandé une nouvelle réunion de la Commission préparatoire, de manière à mettre enfin sur pied le projet de convention réduisant et limitant les armements en vue d'une réunion aussi rapide que possible — l'Assemblée pensait à l'année présente — de la première Conférence générale du Désarmement.

Retardée sous divers prétextes, la 6ᵉ session de la Commission préparatoire se réunit en avril dernier.

Ses résultats ont été meilleurs qu'on ne l'espérait généralement. Les interventions, notamment du représentant des Etats-Unis, ont permis d'écarter quelques-uns des plus sérieux obstacles qui s'opposaient à de nouveaux progrès, ainsi sur la limitation des effectifs terrestres. Ils ont montré la possibilité d'aboutir enfin à un accord sur la question capitale des armements navals.

La Commission n'a pas conclu. Elle a fait appel à des négociations directes des gouvernements les plus intéressés. Tout en regrettant ce nouveau retard, il faut reconnaître qu'en l'état nouveau des choses il était bien difficilement évitable, qu'au surplus il ne présente pas pas le caractère dilatoire des délais antérieurs.

Mais ce n'est pas à dire que les espérances provoquées par la 6e session doivent dispenser de tout effort, que la réussite est désormais assurée. Tout au contraire, c'est à présent que la pression de l'opinion sur les gouvernements sera la plus utile, tant pour empêcher un nouveau sabotage des promesses faites que pour obtenir — c'est un point sur lequel il nous paraît essentiel d'appuyer — que la convention projetée ne se borne pas à limiter les armements possibles, mais aboutisse à réduire les armements actuels.

Une action vigoureuse doit être entreprise pour imposer aux gouvernements mal informés ou pusillanimes les décisions nécessaires à la réalisation de nos aspirations. La C. G. T., comme toutes les autres Centrales nationales, ne manquera pas de mettre toutes ses forces à l'appui d'un mouvement qu'il appartiendra à la Fédération Syndicale Internationale de coordonner.

Faut-il enfin remarquer, à cette occasion, que la participation des Soviets aux travaux de la Commission préparatoire n'a point contribué à faciliter la solution du problème. Les représentants des Soviets n'ont tout d'abord apporté à Genève qu'une proposition démagogique de désarmement intégral, immédiat et général. Ils étaient sûrs d'avance que cette proposition serait repoussée, mais leur but était bien plutôt de donner un élément nouveau à leur propagande sur les esprits mal informés.

L'ARBITRAGE ET LA SECURITE

Il est d'autant plus urgent et opportun de reprendre une action vigoureuse auprès des gouvernements, que le travail accompli par la Société des Nations dans l'autre direction, celle de l'arbitrage et de la sécurité, a fait un progrès sensible. Les travaux accomplis dans ce domaine par un comité spécial constituent l'un des efforts les plus considérables qui aient été faits jusqu'à ce jour pour organiser la paix. Tout d'abord, ils ont permis d'apprécier à leur juste valeur les éléments de sécurité que contient déjà le Pacte, dont les articles sont en effet susceptibles d'une application telle qu'ils peuvent, dans la plupart des cas, prévenir la guerre, et une évolution se dessine de plus en plus dans le sens des méthodes employées par le Conseil de la Société des Nations dans le cadre du Pacte.

Le Comité d'arbitrage et de sécurité a en outre créé à l'usage des Etats qui estiment insuffisant le degré de sécurité que donne le Pacte, des possibilités supplémentaires sous forme de conventions d'arbitrage et de conciliation qu'il est loisible aux Etats de signer et de traités collectifs ou particuliers de sécurité procédant de l'esprit de Locarno, qu'il est loisible aux Etats de négocier. Le développement de la procédure de règlement pacifique des différends internationaux, qui a pris un remarquable essor depuis 1923, a continué en 1928 sur un rythme accéléré : quinze nouveaux traités d'arbitrage et de conciliation ont été enregistrés au Secrétariat de la Société des Nations au cours de l'an dernier contre six en 1927. Au 31 décembre 1928, le nombre des traités concernant le règlement pacifique des différends, enregistrés à Genève, se montait à 100. En outre, seize Etats ont actuellement reconnu la juridiction obligatoire de la Cour de Justice, ce qui les oblige à accepter la juridiction de la Cour pour tout un ensemble de différends qui pourraient naître entre eux. Il est permis d'espérer que l'année ne s'achèvera pas sans que les EtatsUnis entrent eux-mêmes dans la Cour de Justice.

Au mois de septembre 1928, l'Assemblée de la Société des Nations a adopté un *Acte général pour le règlement pacifique des différends*, proposé à l'adhésion de tous les Etats. Plusieurs gouvernements ont déjà saisi leur Parlement d'un projet d'adhésion à cet Acte général, et quelques ratifications ont déjà été obtenues.

Enfin, c'est pendant l'année 1928 que

fut signé le Pacte Briand-Kellogg de renonciation à la guerre.

Il ne faut pas se dissimuler que, parmi les signataires de ce Pacte, comme parmi les Etats membres de la Ligue, il y a des gouvernements qui continuent d'avoir des arrière-pensées. Sans doute aussi, il reste dans l'Europe telle que l'ont reconstruite les traités de 1919, des sources de conflit, mais il est incontestable, d'autre part, que le réseau des procédures pacifiques s'étend, que les mailles de ce réseau se resserrent et que le gouvernement qui tenterait un effort pour les briser prendrait sur lui une responsabilité formidable.

En prévision d'un événement de ce genre, la Société des Nations a fait d'ailleurs élaborer un projet d'assistance financière qui sera discuté lors de la prochaine Assemblée en septembre. Il s'agit d'une convention par laquelle, en cas de guerre ou de menace de guerre, les Etats contractants s'engageraient à venir financièrement au secours de l'Etat attaqué.

Ainsi, l'organisation de la paix a marqué, au cours des deux années qui viennent de s'écouler, un incontestable progrès; pour la parfaire, il faut que les gouvernements aient le courage de faire le pas décisif dans la voie de la réduction et de la limitation des armements.

LA REORGANISATION
ECONOMIQUE INTERNATIONALE

Il ne suffit pas d'ailleurs de développer et de généraliser la pratique de l'arbitrage ou de réduire les forces armées dans les différents pays pour supprimer toutes les causes de conflit qui peuvent aboutir à la guerre.

Sans une organisation méthodique et rationnelle des rapports économiques entre les peuples, on ne peut espérer assurer définitivement la paix.

C'est pourquoi, il faut le rappeler, dès 1924, le Secrétaire de la C. G. T. lançait, au nom du mouvement syndical et du haut de la tribune de l'Assemblée de la Société des Nations, l'idée de la réunion d'une Conférence économique internationale, réalisée en mai 1927.

Les trois semaines de discussions qui ont réuni à Genève les représentants de cinquante pays en mai 1927, ont prouvé que les organisations ouvrières avaient vu juste et montré le bien-fondé de leur initiative.

Sans doute, tous les résultats souhaités n'ont pas été obtenus, nous ne le dissimulons pas. Il n'en reste pas moins que la Conférence économique internationale a abouti à des conclusions et à des recommandations unanimes que le mouvement syndical avait pendant longtemps été seul, ou à peu près, à défendre.

Ces recommandations visent essentiellement à libérer le commerce international des obstacles traditionnels et des entraves que la guerre a laissées après elle, à introduire plus de méthode dans l'organisation industrielle, à suivre de près le développement des cartels ou ententes industriels, et leur façon d'agir, à accroître l'organisation de la production agricole. En un mot, la Conférence a cristallisé pour ainsi dire une opinion collective sur les conditions, les principes et les garanties susceptibles de servir de base aux améliorations et aux progrès nécessaires pour rendre aux échanges internationaux plus de souplesse et plus de liberté.

En matière industrielle, elle aurait dû aller plus loin qu'elle ne l'a fait. Au lieu de balancer des considérations sur les avantages et les inconvénients des cartels et ententes industrielles internationales, elle aurait dû porter son effort vers l'étude des garanties que réclament les travailleurs et les consommateurs. Cependant, même à cet égard, et malgré toutes sortes de difficultés, la représentation ouvrière à la Conférence a réussi à faire admettre le principe de la publicité. La Conférence a demandé que la Société des Nations suive de près ces formes de coopération industrielle internationale, que sont les cartels et les ententes, ainsi que leurs effets au point de vue du progrès technique, du développement de la production, des conditions de la main-d'œuvre, de l'état des approvisionnements et du mouvement des prix. La Conférence a dénoncé avec vigueur les abus de l'après-guerre; elle a demandé le retour à la liberté effective du commerce international comme une des conditions primordiales de la prospérité mondiale; elle a combattu les abus douaniers, tous les subterfuges sous lesquels s'est dissimulée pendant si longtemps, de la part des gouvernements, une politique restrictive en matière économique; elle a soumis une proposition précise au Conseil de la Société des Nations en matière de tarifs; elle lui a demandé de susciter de la part des Etats à la fois une action individuelle pour l'abaissement de leurs propres tarifs et une action bilatérale pour la conclusion de traités de commerce, sans négliger l'action collective qui doit amener l'avènement d'une nouvelle politique douanière.

LE COMITE CONSULTATIF
ECONOMIQUE

Ce ne sont là que les traits généraux de la vaste consultation que la Conférence a rendue en matière commerciale; ils suffisent pour donner une idée de l'importance des travaux effectués.

D'ailleurs, la réunion de 1927 ne doit pas être considérée comme un événement isolé, mais bien comme une étape dans l'œuvre de collaboration continue entreprise par la Société des Nations qu'elle a été invitée à créer un organisme spécial pour assurer l'application de ses recommandations.

Cet organisme a été créé dès la fin de 1927 et a tenu sa première session au mois de mai 1928; c'est le Comité consultatif économique de la Société des Nations, composé malgré d'âpres oppositions, de manière à satisfaire dans une certaine mesure aux aspirations ouvrières. Mais seulement dans une certaine mesure. Devant la Conférence, le Secrétaire de la C. G. T. avait proposé de créer, au sein de la Société des Nations, un organisme économique autonome conçu un peu sur le modèle de l'Organisation internationale du Travail. La proposition était faite, non pas dans l'espoir qu'elle serait acceptée par la Conférence — on savait d'avance qu'elle se heurterait à des hostilités nombreuses, — mais pour poser la question et préparer l'avenir.

La création du Comité consultatif, composé d'une soixantaine de membres représentant les divers intérêts économiques, a été le résultat de cette initiative ouvrière. Elle n'est nullement négligeable.

Lors de sa première session (mai 1928), le Comité a ouvert de nouvelles voies à la collaboration internationale, notamment en matière d'accord collectif sur les tarifs douaniers et décidé deux enquêtes sur les industries du sucre et du charbon. Ces enquêtes sont actuellement en cours : en ce qui concerne le charbon, l'on peut espérer qu'une conférence réunira prochainement tous les intéressés.

On doit toutefois reconnaître que la seconde session (mai 1929) a paru moins encourageante.

La première avait pu enregistrer nombre d'applications des recommandations de la Conférence économique en matière commerciale. C'étaient — pour ne citer que les principaux — la conclusion, entre la plupart des pays d'Europe, les Etats-Unis d'Amérique, l'Egypte et la Turquie, d'une *convention portant abolition des prohibitions et restrictions à l'importation et à l'exportation*, premier accord bilatéral réglementant les relations économiques entre les Etats; la conclusion, entre les divers pays intéressés, d'*accords sur les peaux et les os* qui, de leur côté, sont les premiers accords sur une matière qui, jusqu'à présent, n'a jamais fait l'objet d'entente internationale, à savoir le taux des tarifs; les travaux sur l'*unification de la nomenclature douanière* sans laquelle il ne peut y avoir d'application équitable des droits de douane ni même de liberté réelle des échanges; la préparation d'un projet de *convention internationale en matière d'établissement des étrangers et des entreprises* étrangères, ainsi que de plusieurs projets de convention qui ont pour but le rapprochement des législations en matière de *lettres de change et de chèques*; l'élaboration, en ce qui concerne les *méthodes contractuelles* et la *clause de la nation la plus favorisée*, d'un corps de doctrine, qui pourra servir ultérieurement de guide aux gouvernements dans leurs négociations commerciales.

Malheureusement, le bilan pour 1929 s'est trouvé beaucoup plus médiocre. On ne peut dissimuler que l'action contre les méfaits du nationalisme économique s'est considérablement ralentie, que les gouvernements ne mettent aucun zèle à appliquer les principes pourtant admis par eux.

L'ŒUVRE A ENTREPRENDRE

Une telle stagnation ne se prolongerait point sans mettre en péril l'œuvre amorcée il y a deux ans et amène à poser de nouveau la question d'une organisation économique permanente de la Société des Nations. C'est ce que le Secrétaire de la C. G. T., membre du Comité consultatif, a montré dans une intervention que nous reproduisons ici parce qu'elle met en regard les résultats et les lacunes, expose les conceptions et les revendications ouvrières, définit l'action que la Société des Nations doit entreprendre dans le domaine économique si elle veut répondre aux espérances nées il y a deux ans.

« Ce ne sont point les bonnes volontés qui sont en cause ici, ce sont les méthodes; ce sont peut-être aussi les moyens. Les organes internationaux disposent-ils vraiment des moyens indispensables à l'accomplissement de leur tâche? Si oui, qu'ils l'accomplissent; sinon, qu'ils déclarent sans ambages que l'on exige d'eux plus que les possibilités mises à leur disposition ne leur permettent de réaliser. Alors, le problème changera de terrain, mais du moins les responsabilités seront nettement fixées, et ceux qui, ayant placé leur confiance dans la Société des Nations sont passionnément attachés à l'efficacité de son œuvre, sauront en quel sens ils doivent diriger leurs efforts immédiats.

« L'an dernier, faisant rapport devant le Comité consultatif réuni pour la première fois, le Secrétariat général l'informait qu'il avait dû concentrer tous ses efforts sur les questions commerciales et ajourner l'étude de celles qui concernaient l'industrie et l'agriculture, les ressources en personnel dont il disposait ne lui permettant pas d'accomplir simultanément sa tâche dans ces trois domaines. Le Comité consultatif a alors émis un vœu pour que les moyens mis à la disposition du Secrétariat général fussent accrus; mais, cette année encore, nous devons constater que, dans l'ordre des questions industrielles, aussi bien que dans l'ordre des questions agricoles, les résultats qu'on nous apporte sont fort restreints.

« Pouvons-nous, du moins, en ce qui concerne la politique commerciale des Etats et les méthodes internationales de coordination des tarifs et d'abaissement des barrières douanières, enregistrer quelques progrès? Il y a les conventions sur les prohibitions, mais on en est encore à attendre les ratifications. Il y a aussi la tentative faite par le Comité économique pour la solution du problème douanier par groupe de produits. C'est là, certes, une méthode intéressante, séduisante même, et il semble bien que l'on puisse s'en promettre des résultats. Mais il paraît évident que les méthodes tarifaires relatives à des produits essentiels, et notamment à tous ceux des industries lourdes aujourd'hui cartellisées dans la plus large mesure, ne peuvent être pratiquées qu'en connexion avec les ententes industrielles intéressées. Or, nous trouvons ici précisément ce grand problème des ententes industrielles internationales dont on ajourne d'année en année l'examen. Si donc, sur ce point même, on veut obtenir à bref délai dés résultats, il importe d'aborder immédiatement la série des problèmes qui se rattachent aux ententes.

« Mais, avant de quitter ce domaine, je voudrais appeler l'attention du Comité sur deux points encore. La Conférence économique internationale avait demandé qu'une enquête internationale fût instituée en vue de rechercher les moyens d'encourager l'équitable traitement du commerce dans le monde. Cette enquête devait être conduite avec la collaboration des milieux autorisés du commerce, de l'industrie, de l'agriculture et du travail. Qu'attend-on pour prendre les mesures nécessaires à l'organisation de cette enquête?

« Elle contribuerait assurément à préparer les esprits à l'idée de l'action collective en matière de politique commerciale; elle pourrait en même temps fournir l'occasion à l'organisation économique de la Société des Nations d'établir une sorte de bilan des résultats de nature diverse qu'offrirait aux différentes nations l'adoption d'une politique d'accords économiques qui abaisserait méthodiquement et graduellement les droits de douane. Si chaque pays pouvait ainsi se rendre compte de tout ce que gagnerait son activité économique générale à une politique solidement organisée de coopération internationale, il n'est pas douteux que bien des résistances que l'on rencontre aujourd'hui dans de larges couches de l'opinion publique perdraient la plus grande partie de leur force.

« Et ceci d'autant plus qu'il ne serait pas impossible au Comité économique, chargé d'étudier les différents aspects de ce problème, de rechercher les modalités de transition qui assureraient la sauvegarde des intérêts essentiels des industries établies dans les différents pays.

« Notre objectif est double. Il est de préparer un nouveau régime dans lequel les industries se développeraient librement, dans chaque pays, en conformité avec les ressources de celui-ci en matières premières, avec ses conditions géographiques, avec les aptitudes de sa population, avec l'ensemble des conditions données; mais il est aussi, d'autre part, de prévenir les perturbations économiques accompagnées de crises violentes sur le marché du travail que provoquerait le passage brusque d'un système de protection douanière à la liberté absolue des échanges. Diverses formules ont été suggérées, par exemple, celle qui consisterait à assurer aux entreprises dès maintenant existantes, sous forme de primes, l'équivalent de la protection douanière dont elles bénéficient actuellement. Il appartiendrait au Comité économique d'examiner ces diverses solutions et de rechercher celles qui concilieraient bien les deux grandes nécessités en présence.

« Il est un point de l'activité de l'Organisation économique de la Société des Nations que je m'en voudrais de passer sous silence. C'est celui qui a trait à l'enquête sur l'industrie des mines. Nous devons nous féliciter des travaux accomplis. Une délégation du Comité économique a entendu, non seulement les techniciens plus particulièrement en relations avec les milieux patronaux, mais encore des experts choisis dans les rangs des travailleurs. Il nous sera seulement permis d'exprimer l'espoir que tous ces travaux, si méthodiquement conduits, achemineront bientôt à des solutions pratiques. A cet égard, je me permets de signaler tout particulièrement à l'attention du Comité consultatif économique le desideratum commun qui a été formulé par tous les experts appartenant au monde du travail, quels que fussent les pays auxquels ils appartinssent; ce desideratum, c'est la création d'un Conseil international du charbon, appelé à veiller aux intérêts de cette industrie dans le monde, en se plaçant à la fois au point de vue de la production elle-même, du travail et de la consommation. La composition même du Conseil proposé fournit la garantie qu'aucun de ces grands intérêts ne sera négligé. Je me permets de demander au Comité consultatif économique s'il n'estime pas devoir, dès maintenant, demander qu'une sanction soit donnée à cet égard aux travaux et enquêtes du Comité et s'il n'estime pas devoir émettre un vœu en faveur de la création d'un tel comité dans le plus bref délai.

« Une décision de cet ordre serait d'excellent augure pour l'examen général du problème des ententes industrielles. On se rappelle les grands débats de la Conférence économique internationale sur ce point. On se rappelle aussi que, l'accord n'ayant pu se faire sur les méthodes d'ordre pratique qu'il convenait d'appliquer immédiatement, on put du moins réaliser l'unanimité sur deux points : 1° il importait de faire la plus grande lumière possible sur l'activité des ententes industrielles et des résultats de cette activité du point de vue de tous les intérêts en cause; 2° pour faire cette lumière, il fallait que la Société des Nations instituât une enquête eu quelque sorte permanente qui porterait, ce sont les termes mêmes de la résolution, sur les effets de ces ententes au point de vue du progrès technique, du développement de la production, des conditions de la main-d'œuvre, de l'état des approvisionnements et du mouvement des prix.

« Qu'est-il sorti de cette résolution jusqu'à ce jour? Rien. Pourtant, c'est un point vital, non seulement pour les masses travailleuses et pour les masses consommatrices, urbaines et rurales, du monde entier, mais encore en ce qui concerne le caractère des relations économiques entre les peuples, de telles ententes, dans certaines conditions données, peuvent constituer, pour certains peuples, un dommage économique si considérable que la paix du monde peut s'en trouver affectée.

« Je sais bien que, conformément à la décision du Comité consultatif, lors de sa première session, la Section économique du Secrétariat a abordé l'aspect juridique de ce problème dans un certain nombre de pays. Mais ce n'est là qu'une partie, essentielle sans doute, du travail qui s'impose. C'est sur les aspects économiques de ce problème que le monde, actuellement, veut être renseigné.

« Qu'en est-il de la politique des prix, qu'en est-il de la politique des salaires?

« Lors de la Conférence économique internationale, on avait, de différents côtés, présenté les ententes industrielles comme une forme de la rationalisation devant profiter à cet égard aussi bien aux ouvriers des industries intéressées et à la large masse, consommatrice qu'aux entreprises elles-mêmes. Or, notamment depuis 1925, la politique des ententes industrielles se développe

dans un certain nombre de pays; des ententes internationales se forment pour ainsi dire chaque jour dans de nouveaux domaines de la production et pourtant, non seulement on ne constate pas un mouvement général de baisse de prix, mais il y aurait plutôt une certaine tendance à la hausse, au moins dans un certain nombre de pays. Quant aux salaires, les statistiques attestent, au cours des dernières années, soit la stabilité, soit, dans quelques cas, une progression qui ne correspond même pas à celle du relèvement des prix et du renchérissement du coût de la vie.

« Les masses ouvrières ne sont-elles pas en droit, dans ces conditions, de penser que la politique des ententes bénéficie surtout au monde des affaires, à ceux qui dirigent et possèdent les grandes industries cartellisées? Ne sont-elles pas orientées vers une telle conclusion lorsque, à la stabilité, parfois même à la régression des salaires réels, ils opposent le mouvement des cours des valeurs mobilières.

« C'est au *Bulletin de Statistique* de la Société des Nations que j'emprunte les chiffres desquels il ressort que l'index de valeurs mobilières est passé de décembre 1927 à décembre 1928, pour les Etats-Unis, de 198 à 281; pour le Canada, de 162 à 228; pour la Grande-Bretagne, de 210 à 239; pour la Suède, de 181 à 252; pour la Suisse, de 223 à 253, etc. Les ententes industrielles sont-elles vraiment d'intérêt général? Si oui, que l'enquête demandée par la Conférence économique internationale, et qui n'a pas encore été entreprise, nous le fasse savoir. Nous demandons la lumière, toute la lumière.

« Mais, en attendant, nous constatons non seulement que les masses ne bénéficient ni de prix plus réduits, ni de salaires nominaux plus élevés, mais encore que parmi elles le chômage continue à faire de terribles ravages.

« Il y avait, en Allemagne, en 1925, fin de l'année, 1.500.000 chômeurs; il y en a, à la fin de 1928, 1.700.000; en Grande-Bretagne, aux deux époques, les chiffres sont : 1.243.000, 1.334.000; en Italie, 122.000, 364.000. Si, à l'époque où l'on demandait la réunion de la Conférence internationale en 1925, si, à l'époque où elle se réunissait en 1927 la gêne sur le marché du monde et les troubles sur le marché du travail nécessitaient un grand effort économique international, le mal est grand encore aujourd'hui; à quelques égards, il est plus grand encore.

« Il faut donc à tout prix que le Comité consultatif économique remplisse toute sa mission, qui est d'assurer l'exécution intégrale du programme de la Conférence. Je le répète, si les moyens manquent, qu'il le dise. J'ai eu l'occasion de citer dans d'autres milieux des chiffres qui me paraissent bien caractéristiques. Pour un ensemble de quinze pays européens, la dépense par tête de population pour la défense nationale est de 2S fr. 91 centimes; pour l'ensemble des organismes internationaux, elle est de 4 centimes 3 millimes. Si vraiment, pour remplir les tâches indispensables à la paix qui lui sont confiées, l'Organisation économique de la Société des Nations ne dispose pas des possibilités d'action indispensables, le devoir est non pas de renoncer à faire son devoir, mais d'assurer les moyens de le faire.

« Mais, cela dit, il y a aussi le problème de la méthode même de notre travail. Nous sommes réunis une fois chaque année. Ce n'est point ainsi que nous serons en mesure d'accomplir dans des conditions vraiment satisfaisantes la tâche qui nous a été confiée. Quelques échanges de vues de caractère général sont possibles dans ces conditions, mais non pas le travail positif et technique qui est indispensable. Des sessions moins espacées doivent être établies; dans l'intervalle de ces sessions, des Commissions de travail doivent pouvoir se réunir pour exécuter certaines décisions du Comité et assurer la continuité et l'efficacité de son œuvre. Nous formulons une proposition précise en ce sens, convaincus que, par ce moyen, les travaux de l'Organisation économique de la Société des Nations seront à la fois précisés, accélérés, conduits dans des délais raisonnables à bonne fin.

« Mais nous demandons autre chose. Il existe dès aujourd'hui, dans un certain nombre de pays, des Conseils nationaux économiques dont la composition correspond approximativement à celle du Comité consultatif et dont l'activité, sur le plan national, est de même ordre que la nôtre sur le plan international. Entre ces organismes et nous, il faut établir une collaboration méthodique par laquelle une véritable communion s'établira entre les efforts internationaux des organismes de Genève et les efforts nationaux des différents pays.

« Mais, ici encore — il faut toujours le redire — le but recherché ne sera atteint que par la pression d'une opinion publique organisée et éclairée par les gouvernements.

« Réorganiser l'économie mondiale, voilà la tâche dont les organisations ouvrières ont les premières compris la nécessité et affirmé l'urgence. Elles ne peuvent pas manquer de poursuivre cette tâche, quelles que soient les difficultés rencontrées aujourd'hui.

L'ENSEIGNEMENT TECHNIQUE

LA PROLONGATION DE LA SCOLARITÉ ET L'ENSEIGNEMENT TECHNIQUE

La prolongation de la scolarité jusqu'à 14 ans, réclamée depuis des années par la C. G. T., est liée très étroitement à l'orientation professionnelle des jeunes gens et à l'enseignement technique.

Cette réforme rencontrera une vive opposition dans les milieux ruraux où, dès l'âge de 12 ans, souvent même avant cet âge, les jeunes gens sont occupés aux champs à partir d'avril jusqu'à novembre, et aujourd'hui la fréquentation scolaire est déjà des plus irrégulières. Il ne paraît pas impossible de trouver des modalités d'application de la loi qui permettraient aux enfants des ruraux de bénéficier de ces menus avantages.

L'ORIENTATION PROFESSIONNELLE

La fréquentation scolaire étant rendue obligatoire jusqu'à 14 ans, les jeunes gens devraient, pendant les deux dernières années, suivre des cours spéciaux qui n'auraient aucun caractère professionnel, où serait enseignée l'utilisation d'un marteau, d'un ciseau, d'un rabot, d'une scie, en un mot de tous les outils dont il est indispensable de connaître le maniement dans la vie.

Pendant ces deux mêmes années, quelques heures devraient être employées chaque semaine à un premier enseignement sur l'histoire des métiers, les matières premières entrant dans la composition des divers produits manufacturés, les styles anciens et nouveaux, etc., etc., leçons de géométrie et de tracé.

Ce premier « dégauchissage » de l'écolier permettrait de l'orienter plus sûrement à la sortie de l'école vers les métiers pour lesquels ses goûts et ses aptitudes semblent le désigner.

Nous sommes d'accord avec les principes sur le problème de l'orientation professionnelle, tels qu'ils sont définis par le Conseil Supérieur de l'Enseignement technique, qui peuvent être résumés ainsi :

Comment choisir la profession?

A la base de la connaissance de la profession, il faut mettre la monographie professionnelle qui renseigne les enfants et les familles, comme pourraient le faire des conseillers de vocation, en ce qui concerne :

La nature exacte de la profession analysée;

Les aptitudes physiques, intellectuelles et morales qui sont nécessaires pour l'exercer convenablement;

Les connaissances scolaires strictement indispensables pour commencer un apprentissage rationnel;

Les conditions locales et générales de cet apprentissage : durée, marché, etc., etc. ;

L'avenir de cette profession et la situation qu'elle peut offrir à tout ouvrier qualifié après l'apprentissage;

Les maladies professionnelles et les accidents du travail auxquels peuvent être exposés ceux qui l'exercent;

Les cours professionnels, examens de capacité professionnelle, cours de perfectionnement, ouvrages professionnels, groupements, etc., qui sont à la portée de ceux qui veulent devenir des ouvriers qualifiés.

Tous ces renseignements, de nature si variée, seront fournis par les professionnels eux-mêmes et par leurs organi-

sations, associations patronales et ouvrières;

Par les maîtres des écoles professionnelles, cours d'apprentissage, etc., qui,
souvent ouvriers eux-mêmes, savent
discerner clairement quelles aptitudes
sont indispensables pour réussir dans
une profession donnée;

Par les Chambres de métiers, Chambres de commerce, Chambre syndicales, etc., qui, la plupart du temps, ont
édicté des prescriptions relatives à
l'apprentissage;

Par les œuvres diverses de protection
et d'assurances sociales spécialement
documentées sur tout ce qui a trait aux
maladies professionnelles et aux accidents du travail.

Ces renseignements pourront être
diffusés par le cinématographe et la radiophonie, ces puissants instruments
d'éducation populaire.

Comment connaître l'enfant ?

L'enfant doit être examiné au triple
point de vue physique, intellectuel et
moral.

Au point de vue physique, il importe
essentiellement de savoir si l'appareil
respiratoire est sain, s'il n'y a pas pré-
disposition à la tuberculose, aux vari-
ces, aux hernies, si la vue, l'ouïe sont
normales, si l'enfant n'a pas eu des
troubles cardiaques prononcés, etc. Autrement dit, il faut que l'enfant soit
examiné à fond par un médecin au moment de choisir sa carrière, et en vue
de ce choix.

L'examen des aptitudes intellectuelles n'est pas moins nécessaire. Il ne
s'agit pas seulement de savoir quelle
somme de connaissances purement scolaires il a acquises, mais aussi de préciser quelle est sa forme d'attention,
son type de mémoire, son aptitude à
combiner, le rythme qu'il sait donner à
ses mouvements volontaires, etc...

Au point de vue moral, s'il est moins
facile de dégager les aptitudes d'un enfant, nul doute cependant que les maîtres puissent nous fournir d'utiles
indications.

La connaissance de ces renseignements si divers exige la collaboration :

Des médecins qui donneront surtout
des contre-indications;

Des maîtres qui traceront la physionomie intellectuelle et morale des enfants qu'ils ont formés;

Des parents qui fourniront leur avis
sur la profession qu'ils désireront voir
embrasser par leurs enfants.

Le choix d'un métier doit être fait après une connaissance exacte du marché du travail.

Les familles doivent être guidées
dans le choix du métier de leurs enfants; elles doivent être mises en garde
contre le danger de la mise en apprentissage dans les professions encom-
brées de main-d'œuvre, celles qui progressivement disparaissent.

Elles doivent être renseignées sur les
industries nouvelles qui sont susceptibles d'accaparer une main-d'œuvre importante, sur l'avenir des différentes
industries.

La création d'offices d'orientation
professionnelle, en relation avec l'office de placement, s'impose donc pour
guider utilement les familles.

LA C.G.T. ET LA VALEUR SOCIALE

DU TRAVAIL

Dans une grande association comme
la nôtre, sur cette question de l'enseignement technique que le Congrès confédéral de 1929 sera le premier à
examiner très sérieusement, diverses
conceptions s'opposent.

Quelques bons camarades nous diront : « Pourquoi vous occuper de ces
questions au moment où la machine réduit l'homme à un travail mécanique
sans intérêt pour lui? Pourquoi voulez-
vous que le travail à la chaîne, en usage
dans nos grands ateliers d'automobiles,
intéresse les ouvriers? »

D'autres craignent que les ouvriers
professionnellement éduqués n'éprouvent de graves désillusions quand ils
ne pourront trouver à utiliser leurs ca-

pacités techniques dans l'industrie où le travail sera spécialisé à l'excès.

Le Congrès leur dira : malgré la multiplicité des manœuvres dans les usines, la machine la plus perfectionnée ne supprime pas la valeur professionnelle.

Le travail le plus simplifié nécessite la connaissance professionnelle qui placera celui qui l'exécute, à un niveau supérieur à celui de la machine qu'il conduit.

L'ouvrier qui travaille à la chaîne doit connaître le rapport qui existe entre sa fonction et celle de son collègue qui le suit ou le précède dans l'exécution d'un travail, aussi divisé et simplifié soit-il.

Dans toutes les professions nous trouvons des hommes ayant l'amour du travail bien fait, bien que cette perfection du travail n'a pas toujours été approuvée et encouragée par les employeurs. N'avons-nous pas constaté la satisfaction du terrassier se plaçant avec orgueil dans le prolongement du talus qu'il dresse pour en vérifier la régularité; le typographe n'est-il pas fier, avec raison, de la belle mise en page d'un journal ou de la composition typographique de livres à laquelle il a participé; le mouleur en métaux jette un regard inquiet sur les fondeurs qui coulent les pièces qu'il a moulées; le charpentier, le serrurier, le forgeron d'art, le menuisier, l'ébéniste, ont plus de joie au cœur quand ils constatent que les travaux aux lignes sinueuses qu'ils ont exécutés, ont retenu l'attention de quelques connaisseurs.

L'enseignement professionnel doit tendre à conserver cet amour du travail exécuté avec goût, qui procure à son auteur la joie et la satisfaction.

Syndicalement, les ouvriers professionnels sont parmi les meilleurs militants, leur autorité à l'atelier est d'autant plus grande que par la supériorité de leurs connaissances techniques, ils peuvent y jouer un rôle des plus importants.

L'APPRENTISSAGE

Les jeunes gens ont atteint l'âge de 14 ans; ils quittent l'école primaire, un certain nombre même l'auront déjà quittée pour entrer dans les diverses écoles d'enseignement; c'est donc les premiers que nous suivrons à l'atelier et aux cours professionnels institués par la loi Astier (25 juillet 1919).

Guidés par l'Office d'orientation professionnelle, les jeunes gens entrent dans les établissements sur lesquels s'est fixé le choix des parents. Légalement, leurs employeurs seront dans l'obligation de leur accorder au moins quatre heures par semaine ou cent heures par an, pour suivre les cours professionnels institués par les communes ou les Associations dont l'existence a été constatée par la loi.

Ces cours devront avoir lieu pendant la durée du travail, même si cette dernière n'excède pas huit heures.

La loi du 30 mai 1929 a supprimé de l'article 44 de la loi Astier, toutes les réserves qui permettaient d'organiser les cours après la durée du travail, quand cette durée n'excédait pas huit heures.

Le législateur a eu une conception heureuse de l'apprentissage.

Comment pouvait-on imposer aux jeunes gens dont les parents habitent la banlieue des grandes villes, de revenir au cours le soir après le repas.

Cette fatigue supplémentaire ne manquait pas d'être souvent exploitée et la fréquentation régulière des cours professionnels était difficilement appliquée.

Aujourd'hui, le jeune apprenti ne peut plus, pour justifier ses absences, arguer de la fatigue, des longues journées, de l'heure de la leçon, de l'éloignement de son domicile.

En Allemagne, l'obligation pour les jeunes gens de fréquenter une école de perfectionnement est depuis longtemps imposée et l'article 120 du Code Industriel allemand, dont les dispositions sont encore appliquées en Alsace-Lorraine, est rédigé ainsi :

« Art. 120. — Les employeurs sont
« tenus d'accorder à leurs employés
« âgés de moins de 18 ans, qui fréquen-
« tent un établissement reconnu par la
« commune ou l'Etat comme école de
« perfectionnement, le temps néces-
« saire à cette fréquentation...

« En tant que l'obligation de fré-
« quenter une école de perfectionne-
« ment n'a pas été introduite par la lé-
« gislation particulière, elle pourra
« être introduite, pour les ouvriers dé-
« signés à l'alinéa 1°, par disposition
« statutaire d'une commune ou d'une
« région administrative.

« L'obligation de fréquenter une
« école de perfectionnement (enseigne-
« ment professionnel post-scolaire)
« pourra être introduite pour une com-
« mune ou une région administrative,
« par ordonnance de l'autorité adminis-
« trative supérieure, lorsque, nonobs-
« tant une sommation adressée à la
« requête d'employeurs ou d'ouvriers
« intéressés par cette autorité à la com-
« mune... le statut n'aura pas été
« édicté. »

L'APPRENTISSAGE A L'ATELIER

Tous les patrons ne veulent ou ne peuvent faire des apprentis; les premiers préfèrent emprunter la main-d'œuvre qualifiée de leurs collègues, les autres parce qu'ils exercent des professions où le travail est par trop spécialisé

Ce sont ces raisons qui ont prévalu pour la rédaction de l'ordre du jour sur cette question, voté par le Congrès Confédéral de 1923, d'où nous extrayons la partie qui nous intéresse plus particulièrement :

« Que pour permettre cette organisa-
« tion (l'enseignement technique), cet
« effort de développement et de régle-

« mentation, il soit institué une taxe
« d'apprentissage.

« Qu'il soit prévu une surtaxe d'ap-
« prentissage applicable spécialement
« aux établissements ne formant pas le
« nombre d'apprentis prévu légale-
« ment. »

Les délégués seront tous d'accord pour constater que l'apprentissage se fait surtout à l'atelier où le jeune apprenti passe par toutes les parties du métier auquel il se destine.

Pour de nombreuses professions, l'apprentissage à l'atelier est plus indispensable que pour d'autres. L'apprentissage à l'école, quelle qu'elle soit, ne saurait suffire aux ouvriers de l'alimentation, bouchers, confiseurs, pâtissiers, boulangers, etc., ni à des travailleurs de la métallurgie ou du bâtiment, charpentiers en bois et en fer, maçons, tailleurs de pierres, etc.

L'apprentissage à l'école ne formera toujours qu'une faible minorité de travailleurs spécialisés qui se classeront en partie dans le personnel de maîtrise.

Les frais d'études sont trop élevés, les bourses d'enseignement distribuées avec trop de parcimonie.

L'apprentissage à l'atelier doit donc être complété par des cours professionnels.

LE CARACTERE
DES COURS PROFESSIONNELS

La Direction de l'Enseignement définit ainsi le caractère des cours professionnels :

« Les cours professionnels, dans leur
« ensemble, doivent s'adresser à toutes
« les activités commerciales, indus-
« trielles et artistiques, de toutes condi-
« tions, de tous âges, de tous degrés
« d'intelligence et d'instruction.

« L'organisation à réaliser doit être
« d'une souplesse extrême, donner tous
« les enseignements demandés par la
« clientèle, s'adapter à tous les besoins
« et à toutes les circonstances, être ac-
« cessible à tous.

« Le but est de ménager à tous ceux
« qui n'ont pas eu la chance de pou-

« voir fréquenter les écoles, les moyens
« d'arriver, par leur propre travail, et
« tout en gagnant leur vie, aux situa-
« tions conformes à leur mérite, à leur
« travail. »

Il ne faut donc pas que l'enseignement des cours techniques soit séparé
des cours manuels, ils doivent être mê-
lés, faire corps ensemble, et, pour que
des résultats sérieux puissent être obtenus, il faut qu'une partie des heures prévues aux cours professionnels soient
employées à l'enseignement général en
rapport avec le métier du jeune apprenti.

Pour le jeune employé de commerce,
de banque, de compagnie d'assurances,
copiant la forme d'enseignement donné
à Vienne (Autriche) : Calcul et comptabilité; calcul professionnel; détermination des prix de revient; comptabilité
industrielle; bilan et inventaire.

Pour les apprentis se destinant aux
corporations industrielles : Provenance
des matières premières utilisées dans
leur profession; transformation de ces
matières; sous-produits; résistance des
matériaux; composition des produits
chimiques; dangers de manipulation;
prévention des accidents du travail et
des maladies professionnelles; étude
des styles; cours de perfectionnement
(géométrie et tracé).

TOUTES LES ECOLES
D'ENSEIGNEMENT TECHNIQUE
DOIVENT BENEFICIER
DE LA TAXE D'APPRENTISSAGE

Déclarations du Comité Confédéral
National, 28 mars 1929 :

*Il demande que toutes les écoles pu-
bliques d'enseignement technique rattachées soit à la direction de l'enseignement technique, soit aux autres directions de l'enseignement, aient au Conseil supérieur et dans les Conseils départementaux de l'enseignement technique leur juste représentation; que toutes
ces écoles participent également aux subventions de l'Etat.*

Sur la dernière question, notre camarade Zoretti, directeur de l'Institut
technique de Normandie, nous a communiqué la courte note qui suit :

« Le produit de la taxe d'apprentissage est actuellement à peu près intégralement versé à la *Direction de l'Enseignement technique* du Ministère de
l'Instruction publique qui répartit, comme elle l'entend, les sommes dont elle
dispose ainsi, entre les écoles *qui relèvent d'elle.*

« En sorte que les *écoles d'enseignement technique* qui relèvent non pas de
la Direction de l'Enseignement technique, mais de la *Direction de l'Enseignement supérieur,* ne peuvent prétendre à
aucune distribution.

« Une partie du produit, très faible,
est cependant réservée à la Direction de
l'Enseignement supérieur. Mais ces
sommes sont destinées, non pas aux
écoles d'enseignement technique, mais
aux *laboratoires de recherches,* sans
distinction entre les laboratoires de
sciences pures et ceux de sciences appliquées.

« De ce chef, les Instituts techniques
des Universités touchent une rétribution, mais *extrêmement minime* (ainsi
l'Institut technique de Normandie touche 20.000 francs). Ces modestes subventions interdisent à ces Instituts toute possibilité d'extension, de
construction, même d'équipement de laboratoire nouveau, etc., car il n'y a actuellement *aucune possibilité* pour eux
d'obtenir des sommes importantes sur le
produit de la taxe d'apprentissage.

« Il faut avouer qu'il est un peu para-
doxal de voir refuser les subventions à
des écoles en pleine prospérité et où se
donne un haut enseignement officiel, où
se forment chaque année plusieurs centaines d'ingénieurs électriciens, mécaniciens, chimistes, comme les Instituts
de Grenoble, Nancy, Toulouse, Caen,
etc., alors que des écoles privées et confessionnelles reçoivent, par le jeu des
exonérations, des subventions indirectes
de l'Etat extrêmement considérables. »

LA FRÉQUENTATION SCOLAIRE

Dans les Congrès des Unions départementales, les Syndicats d'instituteurs ont présenté des rapports sur la fréquentation, l'école unique, etc., qui ont reçu partout l'approbation des congressistes, c'est en s'inspirant de ces divers documents, que le bureau confédéral a rédigé cette partie du rapport à soumettre au Congrès confédéral.

Les examens que subissent à leur entrée au régiment les conscrits qui n'ont pas obtenu le C. E. P., révèlent l'ignorance profonde de la masse des travailleurs manuels.

Dans certains régiments, le nombre des illettrés, c'est-à-dire de ceux qui ne savent pas ou savent à peine lire, écrire, compter, atteint et souvent dépasse le quart de l'effectif.

Le syndicat des instituteurs de la Haute-Marne nous signale qu'au 107° régiment d'artillerie à Chaumont, 27 % des soldats incorporés en avril dernier, seront obligés de suivre les cours d'illettrés.

Les causes. — Les causes principales de ce déplorable état de choses sont au nombre de deux :

1° Pour quelques-uns, la non fréquentation scolaire, et pour le plus grand nombre, une fréquentation irrégulière ou insuffisante;

2° L'inaction intellectuelle dans laquelle se tiennent de 13 à 20 ans la plupart des adolescents d'aujourd'hui, attirés surtout par les sports.

La plupart même des adolescents pourvus du C. E. P., lorsqu'ils atteignent la vingtième année, peuvent être tenus pour illettrés, au sens du mot, s'ils ont cessé toute culture intellectuelle à partir du jour où ils ont quitté les bancs de l'école.

Les remèdes. — Quand on connaît les causes d'un mal, on découvre plus aisément les remèdes.

Ils sont au nombre de deux principaux; le second étant le complément indispensable du premier :

1° Le respect de la loi d'obligation scolaire;

2° L'organisation d'un enseignement post-scolaire rendu obligatoire, aussi bien pour les adolescents pourvus du Certificat d'Etudes Primaires, que pour ceux qui ne le sont pas.

L'OBLIGATION SCOLAIRE

SON RESPECT

La loi du 28 mars 1882 prescrit l'obligation scolaire pour tous les enfants de 6 à 13 ans.

Les Congrès confédéraux se sont prononcés pour la prolongation de la scolarité jusqu'à 14 ans. Ce serait une mesure excellente; de 13 à 14 ans, l'enfant dont l'esprit est plus mûr, peut affermir ses connaissances et faire de nouvelles et précieuses acquisitions; mais l'application de cette mesure rencontre quelques oppositions par ces temps de vie chère où, dans les villes, les familles d'ouvriers attendent avec impatience le moment où les enfants ne seront plus entièrement à leur charge et où, dans les campagnes, la main-d'œuvre agricole fait défaut.

Malgré les résistances qu'on éprouve encore auourd'hui à faire entrer dans les mœurs la loi de 1882, et, d'autre part, les difficultés toujours croissantes de l'existence et de la vie économique, nous croyons que le vote d'une loi qui prolongerait la scolarité jusqu'à 14 ans, ne peut être différée.

En ce qui concerne l'éducation de l'enfant, nous devons borner notre ambition à la recherche des moyens par lesquels on pourrait améliorer cette loi, de façon que les familles d'une part, et les autorités qui sont chargées d'en requérir l'application d'autre part, ne puissent plus trouver de prétextes plus ou moins plausibles, pour manquer à leur devoir.

Les parents qui n'envoient pas régulièrement leurs enfants à l'école, for-

ment deux catégories : les nécessiteux.
et les non nécessiteux.

Les premiers ne peuvent pas toujours donner à leurs enfants les vêtements et les chaussures nécessaires, de plus — et surtout si la famille est nombreuse — ils ont besoin de l'aide des aînés aussitôt que ceux-ci sont en état de travailler.

Les familles de cette catégorie ont évidemment une raison majeure et qui plus est d'ordre social pour ne pas envoyer leurs enfants à l'école aussi régulièrement qu'il le faudrait. Pour être mises sur le pied d'égalité avec les familles aisées, au regard de l'obligation scolaire, il est de toute justice que la société leur accorde d'abord la gratuité des fournitures scolaires, ainsi que cela se pratique dans un certain nombre de villes, à Chaumont, en particulier; et, en outre, une subvention d'entretien assez élevée pour que l'instruction des enfants ne soit pas une gêne pour elles. Ces mesures devraient être complétées par le développement des vestiaires scolaires entretenus aux frais communs de l'État et des communes, ainsi que par la création de crèches dans tous les centres ouvriers un peu importants.

Quant aux parents aisés qui se montrent réfractaires à l'obligation scolaire, ils ne sont guidés que par de misérables motifs : l'égoïsme ou l'appât du gain; ils n'ont donc pas d'excuses valables, et, sans aucun ménagement, ils doivent être contraints d'obéir à la loi d'obligation scolaire.

Il n'en est pas ainsi, malheureusement, dans la généralité des cas. Ce sont, comme on sait, les maires qui, dans leurs communes respectives, sont chargés de veiller à l'application de la loi scolaire, comme de toutes les autres lois. Or, ces magistrats, surtout dans les petites communes, ont trop le souci de leur popularité et de leur réélection, pour risquer, en obligeant les familles au respect de la loi scolaire, de se faire d'elles et de leurs alliées, des ennemis irréductibles. Tous les maires ne sont pas des défenseurs de l'école laïque et la plupart se désintéressent de la fréquentation scolaire.

Aussi longtemps qu'on laissera aux maires des petites communes rurales le soin de requérir l'application de la loi scolaire, aussi longtemps l'obligation scolaire ne sera qu'un vain mot.

La loi scolaire ne sera obéie de tous que si, ayant été complétée d'abord par un article qui accorde des indemnités aux familles nécessiteues, les sanctions qu'elle édicte sont partout et toujours requises sans faiblesse par des autorités nommées par le gouvernement, comme c'est le cas en Alsace où, dans chaque arrondissement, le sous-préfet, après avoir pris l'avis de l'inspecteur primaire, applique lui-même les pénalités, l'amende ou la prison.

EDUCATION POST-SCOLAIRE

Mais l'école primaire la mieux fréquentée ne nous délivrerait pas du mal d'ignorance dont souffre la masse du peuple et par contre-coup la société tout entière, si, dans l'avenir comme aujourd'hui, l'adolescent abandonné à lui-même, devait perdre en quelques années le léger bagage intellectuel qu'il a emporté de l'école.

L'enfant qui sort de l'école primaire, fût-il pourvu du certificat d'études, « est instruisable, il n'est pas cultivé ».

Il a besoin d'un enseignement complémentaire qui fera de lui cet être complet : un travailleur, un citoyen, un homme.

D'où la nécessité d'un enseignement post-scolaire obligatoire pour tous les adolescents.

Cet enseignement doit avoir pour but de perfectionner l'adolescent dans le métier qu'il a choisi; de parachever son éducation générale en le mettant en face des réalités de la vie et des grandes questions économiques et sociales, de lui donner le goût de la lecture et des études; de compléter ses connaissances pour qu'à ses heures de loisir, il trouve plaisir à lire, à apprendre, à s'instruire.

Ce complément d'éducation lui serait donné de 13 à 18 ans à raison de 120 à 160 heures environ par an. Ce nombre d'heures aurait pour avantage d'établir une liaison d'ailleurs indispensable entre la loi d'obligation post-scolaire et la loi Astier.

Pour éviter de grandes dépenses, cet enseignement serait donné autant que possible par les instituteurs.

Les heures d'enseignement post-scolaire ne s'ajouteraient pas aux heures de travail professionnel, car l'étude réclame un gros effort d'attention et de réflexion et l'adolescent, plus encore que l'adulte, ne doit pas être surmené.

Dans les villes ou les centres industriels, les heures d'études seraient réparties sur 10 mois de l'année scolaire (d'octobre à juillet inclusivement); dans les campagnes, sur les 5 mois où les travaux sont en quelque sorte suspendus.

En résumé et pour conclure, l'augmentation toujours croissante du nombre des illettrés, 47 ans après la promulgation de la loi qui a rendu l'instruction obligatoire, pose à nouveau devant le pays le problème angoissant de la fréquentation scolaire : il est nécessaire et urgent de l'exiger et de l'obtenir à tout prix.

Convaincu que ce résultat ne pourra être atteint que par la mise au point de la loi de 1882, nous vous proposons d'émettre le vœu :

1° Que soit complétée cette loi par un article accordant aux familles nécessiteuses, et pendant toute la scolarité de leurs enfants, une allocation à déterminer et prescrivant en même temps la création ou le développement de vestiaires scolaires et de crèches, entretenus aux frais communs de l'Etat et des communes;

2° Que soit retirée aux maires l'attribution de requérir contre les parents récalcitrants, l'application de ladite loi, pour être confiée à des fonctionnaires nommés par le gouvernement, soit aux sous-préfets ou aux secrétaires généraux des préfectures, soit encore aux inspecteurs primaires.

LA LÉGISLATION SUR L'APPRENTISSAGE ET L'ENSEIGNEMENT TECHNIQUE

La loi du 25 juillet 1919, dite loi Astier, a fait obligation aux employeurs de diriger leurs jeunes apprentis vers les cours professionnels, mais aucun budget n'était prévu pour assurer le fonctionnement normal de ces institutions.

La loi de finances du 13 juillet 1925 a institué la taxe d'apprentissage qui a permis de subventionner non seulement les cours professionnels mais aussi d'aider au développement des écoles pratiques d'enseignement technique.

Cette même loi a prévu que les exonérations du paiement de tout ou partie de cette taxe pourraient être accordées aux industriels qui forment des apprentis dans leur établissement.

Ces exonérations ont donné lieu à des abus qui ont été signalés par les protestations de nos camarades dans les Comités départementaux de l'Enseignement technique dont les échos se sont répercutés au sein de la dernière session du C. C. N.

Après discussion, le Comité a adopté l'ordre du jour suivant :

Le Comité Confédéral National réuni le 28 mars 1929 à Paris affirme à nouveau la volonté de la classe ouvrière organisée de participer dans tous les domaines à l'organisation de l'enseignement technique, de l'apprentissage et de l'orientation professionenlle.

Il déclare tout d'abord qu'il ne saurait être question de séparer l'enseignement technique de l'enseignement général, étant donné les rapports étroits qu'il faudra d'ailleurs préciser entre les deux formes de culture. Il demande donc le maintien des services de l'enseignement technique au ministère de l'Instruction publique.

*Il demande que toutes les écoles pu-.
bliques d'enseignement technique rattachées soit à la direction de l'enseignement technique, soit aux autres directions de l'enseignement, aient au Conseil supérieur et dans les Conseils départementaux de l'enseignement technique leur juste représentation; que toutes
ces écoles participent également aux subventions de l'Etat. Il renouvelle également sa demande de voir porter jusqu'à
14 ans la scolarité obligatoire.*

*Le Comité Confédéral National désire
voir modifier les règles de constitution
des Comités départementaux de façon à
y assurer en toutes circonstances une
représentation suffisante et autorisée
des organisations confédérées.*

*Le Comité Confédéral National se
prononce d'une façon catégorique contre
le principe actuel des exonérations de la
taxe d'apprentissage tant que le mouvement ouvrier n'aura pas obtenu une participation et un contrôle effectifs dans la
direction des œuvres d'apprentissage et
d'enseignement technique publiques et
privées institués sous l'égide de la loi
Astier.*

*Il demande que les membres ouvriers
des Comités départementaux soient nommés par le préfet sur désignation des
Unions de Syndicats interprofession-
nels.*

*Les industriels devront accorder aux
membres ouvriers le congé nécessaire
pour accomplir leur mission.*

*Les inspecteurs départementaux de
l'enseignement technique ne doivent pas
être choisis exclusivement parmi les industriels ou les ingénieurs, mais également parmi les ouvriers et les membres
de l'enseignement.*

*Le Comité Confédéral National, une
fois cette garantie obtenue, estime qu'il
est indispensable d'attribuer aux Comités départementaux les possibilités financières nécessaires à leur fonctionnement.*

*Il émet le vœu que soit augmenté le
taux actuel des subventions accordées
aux œuvres d'apprentissage des organisations syndicales ouvrières.*

*Afin de pouvoir utilement orienter et
répartir les jeunes travailleurs vers un
métier, en tenant compte des besoins
exacts des professions, le Comité Confédéral National demande la généralisation
et la création rapides des Offices d'orientation professionnelle dans tous les centres.*

*Le Comité Confédéral National enre-
gistre l'entente intervenue entre le Ministère du Travail et le Ministère de
l'Instruction publique pour l'application
prochaine de la loi du 20 mars 1928 sur
le contrat d'apprentissage.*

*Il demande que, pour l'établissement
des règlements d'apprentissage sur la
base desquels les contrats seront établis,
les organisations professionnelles patronales et ouvrières soient obligatoirement consultées.*

*Les règlements d'apprentissage ainsi
établis par les organisations qualifiées
pourront recevoir un pouvoir d'extension dans une région déterminée.*

*Le Comité Confédéré National de-
mande enfin que les différentes lois sur
l'enseignement technique soient appliquées aux colonies et aux pays de protectorat.*

_

Nous ne publierons pas une fois de
plus dans ce rapport toutes les lois, décrets et circulaires relatifs à l'enseignement technique, à l'orientation professionnelle et à l'apprentissage déjà publiés par *La Voix du Peuple* de novembre 1928.

Il nous suffit de rappeler que le fonctionnement de tous les organismes administratifs et de contrôle de ces lois
ont été institués par décrets.

L'exonération du paiement de cette
taxe seule fait exception à cette règle et
a été prévue par la loi du 13 juillet 1925.

Toutes les modifications d'ordre administratif, fonctionnement des Commissions locales professionnelles, des
Comités départementaux d'enseignement
technique peuvent être faites par simples modifications d'un décret.

Les modifications dans la perception
de la taxe ne peuvent se faire que par
une loi.

Le Congrès Confédéral s'inspirant

des indications qui lui ont été données par le Comité Confédéral National, se trouvera placé en face d'une double alternative, soit qu'il indique les modifications administratives qu'il désire voir apporter administrativement dans le fonctionnement des lois citées plus haut, permettant ainsi aux Comités départementaux de contrôler les demandes d'exonération introduites par les employeurs et que les inspecteurs ouvriers puissent être désignés et puissent contrôler si les exonérations ne sont accordées qu'à des employeurs donnant dans leur établissement un enseignement technique et complet à leurs jeunes apprentis; soit qu'il se prononce contre toute exonération à la taxe d'apprentissage et qu'il accepte ainsi que la loi soit soumise à nouveau au Parlement en indiquant les organismes de contrôle et d'inspection qu'il voudrait voir fonctionner pour que les organisations ouvrières aient leur part de contrôle dans l'enseignement technique donné aux jeunes gens.

OPINIONS PATRONALES

Vœux adoptés à la Conférence Patronale de l'Enseignement Technique de Décembre 1928

Sur l'Orientation professionnelle.

1° Que les organismes d'orientation professionnelle soient destinés à renseigner les familles sur les professions industrielles et commerciales, à déconseiller aux jeunes gens d'embrasser des métiers pour lesquels ils présentent des inaptitudes physiologiques ou intellectuelles, mais qu'ils laissent aux parents l'entière responsabilité du choix du métier de leur enfant;

2° Que ces organismes soient, de préférence, fondés sur l'initiative d'institutions privées, mais dans tous les cas avec la collaboration effective des organisations industrielles et commerciales;

3° Que la création des Offices publics d'orientation professionnelle soit préalablement soumise à l'avis favorable des Chambres de Commerce, Comités départementaux, Commissions locales, unions de Syndicats patronaux et ouvriers du département;

4° Que l'administration des Offices publics soit confiée, dans tous les cas, aux Comités départementaux de l'Enseignement technique; que ces Offices ayant pour objet le recrutement non seulement des ouvriers et employés de l'industrie et du commerce, mais aussi d'autres professions, les frais de leur entretien ne soient pas exclusivement mis à la charge des industriels et des commerçants;

5° Qu'en dehors des Offices publics, l'Etat facilite et encourage par des subventions la création et le fonctionnement des offices privés d'orientation professionnelle.

Sur la formation professionnelle et le contrat d'apprentissage.

La Conférence a émis le vœu suivant :

« Considérant qu'en modifiant le texte de l'article premier du Code du Travail, de la définition de l'apprentissage, le législateur de 1928 n'a pas entendu porter atteinte à la notion traditionnelle de l'apprentissage, qui a pour but essentiel la connaissance pratique du métier;

« Considérant qu'il appartient à la profession, dans l'autonomie de ses usages et coutumes, de déterminer d'une part les méthodes progressives les mieux appropriées à l'enseignement pratique du métier; d'autre part, le complément de notions théoriques adaptées aux conditions propres de celui-ci;

« Que les attributions réglementaires conférées aux Comités départementaux de l'Enseignement technique et aux Commissions locales professionnelles ne sauraient, sans confusion fâcheuse, être étendues à la détermination des règles de l'apprentissage;

« Que la représentation professionnelle étant limitée dans ces Comités et Commissions, cette extension constituerait un empiètement sur les prérogatives naturelles de la profession;

« Considérant que, si le contrat écrit d'apprentissage présente des avantages que les organisations patronales ont toujours reconnus et s'il convient d'en préconiser le plus possible l'emploi, l'obligation légale de l'écrit crée une difficulté nouvelle au recrutement des apprentis;

« Qu'il sera d'ailleurs possible de donner plus de certitude et de précision au contrat verbal de l'apprentissage — par exemple par la mention de l'entrée en apprentissage inscrite sur le livret individuel prescrit par les articles 88 et 89 du livre II du Code de Travail — en renforçant l'autorité des usages et coutumes de la profession qui, en l'absence de stipulations écrites spéciales, devront régir l'exécution du contrat.

« Emet le vœu : 1° Que les organismes représentatifs de la profession soient — à l'exclusion de tous autres, ou, du moins, par préférence aux Commissions administratives — reconnus qualifiés pour définir les règles, répondant aux usages et coutumes de la profession, auxquelles le contrat d'apprentissage doit se conformer;

« 2° Que ces organismes précisent, dans leur intérêt propre, la méthode de formation qu'ils jugent la plus convenable d'appliquer dans leur profession;

« 3° Que l'obligation légale de la rédaction par écrit du contrat soit supprimée. »

Sur la réoganisation du Conseil Supérieur de l'Enseignement technique.

La Conférence a émis le vœu :

« 1° Que le Conseil Supérieur soit modifié dans sa composition, comme le demandait la Conférence de 1925; que, notamment, la représentation de l'industrie et du Commerce, actuellement trop réduite, y soit effectivement organisée, ainsi qu'elle l'a été dans les Co-

mités départementaux par le décret du 20 juin 1928, par la présence d'un nombre de représentants dûment mandatés du patronat et des ouvriers en tout cas supérieur au nombre des représentants des administrations publiques et des parlementaires;

« 2° Que la composition de la Commission permanente soit modifiée dans le même sens;

« 3° Que les sections spéciales instituées près de la Commission permanente par le décret du 18 avril 1928 puissent comprendre, en dehors des inspecteurs de l'Enseignement technique, des techniciens, patrons, ingénieurs, agents de maîtrise ou ouvriers, appelés en raison de leur compétence et choisis après consultation des organisations professionnelles intéressées;

« 4° Que les décisions de la Commission permanente soient rendues publiques;

5° Qu'un secrétariat administratif et contentieux permanent soit organisé auprès de la Commission permanente. »

Sur le fonctionnement des Comités départementaux de l'Enseignement technique.

La Conférence a émis le vœu :

« Que l'article 3, paragraphe 2 du décret soit modifié et complété par un texte précisant que les chefs d'entreprises industrielles ou commerciales désignés par la Chambre de Commerce seront choisis de préférence soit parmi les membres patrons des Commissions locales professionnelles, soit parmi les représentants des Associations ou Syndicats professionnels patronaux ayant créé ou subventionnant des œuvres d'apprentissage ou d'enseignement technique, soit qu'ils soient inscrits ou non sur les listes électorales consulaires. »

Sur l'enseignement ménager.

La Conférence, constatant l'intérêt que présente pour les ouvriers et les femmes et filles d'ouvriers l'éducation ménagère,

Emet le vœu :

« 1° Que l'éducation ménagère soit

l'objet des préoccupations des chefs d'entreprises, que ceux-ci accordent largement leur appui moral et financier aux œuvres d'éducation ménagère et donnent toutes facilités à leur personnel et à leur famille pour suivre les cours organisés à cet effet;

« 2° Que les Comités départementaux admettent de larges exonérations pour les dépenses faites pour l'organisation et le fonctionnemnet d'œuvres d'enseignement ménager; qu'en particulier, dans certaines professions, des exonérations supérieures à 10 % du montant de la taxe puissent être données. »

Sur le recouvrement de la taxe.

La Conférence demande : « Que le produit de la taxe d'apprentissage soit exclusivement affecté à la formation professionnelle et à l'enseignement technique, à l'exclusion de l'enseignement général;

« Que les pourboires reçus de tierces personnes n'entrent en compte pour le calcul de la taxe qu'autant que leur régularité permet de les considérer comme un élément de salaire et dans la mesure fixée d'un commun accord par les Comités départementaux et les professions intéressées;

« Que, de même, par entente entre les Comités départementaux et les groupements professionnels intéressés, soit déterminée la part de la rémunération des ouvriers ou ouvrières travaillant à domicile pouvant être considérée comme salaire;

« Que l'établissement des états matriciels soit confié à l'administration des Contributions directes;

« Que la rédaction des formules de déclaration soit modifiée pour être rendue plus claire et ne pas paraître sanctionner des interprétations contestées;

« Que des renseignements statistiques sur le rendement de la taxe par région et par profession soient réunis par l'administration et fournis aux professions intéressées. »

LES DROITS DE LA FEMME DANS L'ÉCONOMIE MODERNE

De tout temps, la femme a pris sa place dans la production et de tout temps il eut fallu qu'elle s'attache à défendre ses conditions de travail.

Mais, aujourd'hui, la question de la femme au travail a revêtu un nouvel esprit en raison de l'industrialisation, de la multiplicité des branches professionnelles où elle est maintenant pénétrée, de l'importance numérique de la main-d'œuvre qu'elle procure et de l'exploitation dont elle est victime dans certaines régions et dans de nombreuses industries.

Le salaire d'appoint reste une vérité et les professions essentiellement féminines donnent rarement à l'ouvrière un gain qui lui permette de vivre dignement.

Le travail à domicile apporte dans ce grave problème une complexité plus grande encore en raison des obstacles qu'il offre au contrôle des tarifs, des heures de travail et à l'absence de l'hygiène qui règne dans les logements où s'effectuent de nombreux travaux.

La femme, au point de vue économique, est traitée à l'éga lde l'homme en ce qui concerne ses obligations, mais ses droits restent contestés, son salaire souvent arbitrairement inférieur et son esprit encore si peu propice à la cohésion facilite le maintien de ses détestables conditions.

Un vaste effort s'impose pour amener la femme à l'organisation syndicale. So nrôle dans la production est trop considérable pour que l'exploitation dont elle est l'ovjet n'ait pas de répercussion sur l'ensemble des travailleurs et sur les conditions générales de vie de leur foyer.

En mettant la question des droits de la femme dans l'économie moderne, la C. G. T. ne fait que poursuivre son action de toujours. Le syndicalisme français revendiquera constamment pour la femme l'intégralité des conditions faites et des droits accordés aux travailleurs masculins. Jamais elle ne s'est départie de sa conception d'incorporer l'ouvrière au sein même de la C. G. T. en s'opposant à la création d'un mouvement syndical spécial dont l'existence même consacrerait la distinction économique et sociale que les employeurs invoquent et qui favorise l'exploitation de la femme.

« A travail égal, salaire égal » est une formule sans cesse revendiquée et qui est appliquée dans certaines professions grâce à la force et à la vigilance de leur organisation syndicale.

Mais cette formule d'égalité n'est pas toujours contrôlable, car la division du travail dans certaines branches de production ne permet pas toujours une véritable comparaison entre le travail et la rémunération des ouvriers et ouvrières.

En plus de ce principe, il faut donc revendiquer des conditions normales, répondant aux nécessités de l'existence.

Pour le travail à domicile, qui intéresse dans une large mesure le travail féminin, la loi du 10 juillet 1915 permet sans doute pour certains travaux d'exercer un contrôle, mais les commissions départementales ne peuvent utilement être créées et fonctionner que si l'organisation syndicale existe. C'est la plus dangereuse erreur de songer que cette loi possède en elle-même des éléments de propulsion capables d'établir des conditions normales dans les professions féminines dont le salaire est lamentablement insuffisant.

Certains groupements féministes se sont élevés depuis plusieurs années dans des congrès internationaux contre toute légalité de protection concernant le travail de la femme. C'est la revendication d'une égalité absolue qui, politiquement, civiquement, n'est pas contestée par l'organisation syndicale française ; mais peut-on sérieusement soutenir qu'économiquement des considérations muliples et humainement supérieures ne doivent pas intervenir.

Ce n'est pas porter atteinte à la liberté de la femme que de considérer que certaines fonctions correspondent mieux à ses aptitudes, à ses goûts, à sa constiution. Ce n'est pas affirmer son infériorité que de lui garantir son emploi et ses moyens d'existence quand elle doit cesser son travail parce que étant sur le point d'être mère.

Jamais les travailleurs de certaines industries dangereuses ne se sont jugés diminués parce que des lois spéciales imposaient aux chefs d'industrie des mesures de sécurité et d'hygiène les protégeant contre l'insouciance d'une exploitation sans égard.

Le but à poursuivre c'est la pénétration de la femme dans les organisations syndicales, c'est qu'elle y prenne sa place, que se forment des militantes et qu'elles pénètrent dans les postes d'activité, d'administration et de direction.

L'ACTION SYNDICALE CHEZ LES TRAVAILLEURS DE L'AGRICULTURE

En Mai 1928, la Confédération Générale du Travail décida de faire un effort financier pour réorganiser la Fédération Nationale des Travailleurs de l'Agriculture.

Le Comité National de cette Fédération fut chargé de rechercher un camarade qui serait susceptible de remplir la fonction de secrétaire permanent. Son choix se porta sur le camarade Arthur Chaussy qui entra en fonctions le 1er juin 1928.

Les effectifs étaient alors très réduits dans les 68 syndicats qui composaient la Fédération.

Depuis le 1ᵉʳ juin 1928, Chaussy s'est efforcé de réorganiser les principales régions agricoles. Sa propagande a été faite dans 14 départements et tout particulièrement chez les viticulteurs du Midi, les métayers du Sud-Ouest, les bûcherons de la Nièvre, les petits cultivateurs de Gascogne, les ouvriers agricoles de Soissonnais, de la Brie et du Gâtinais.

Dans ces dernières régions, il n'existait plus aucune organisation. En une année, huit syndicats ont été reconstitués. Pour l'ensemble de la France, le nombre des syndicats agricoles est passé *de 68 à une centaine, soit un gain de 30 organisations.*

Le secrétaire fédéral a été tout particulièrement aidé dans sa propagande par les secrétaires des régions et des unions départementales.

LES CONGRES REGIONAUX

La Fédération de l'Agriculture a organisé des congrès régionaux :

1° Chez les viticulteurs du Midi : le 12 août 1928 et le 27 juillet 1929.

2° Chez les bûcherons de la Nièvre : 5 août 1928, 27 avril et 7 juillet 1929.

3° Chez les Métayers du Sud-Ouest et du Bazadais : 3 mars et 11 août 1929.

LES CONFLITS

Il y eut, dans le courant de l'année, quatre conflits. Trois se sont terminés à l'avantage des ouvriers; le quatrième, celui des bûcherons de la Nièvre n'est pas terminé; les coupes n'ont pu avoir lieu et nos camarades de cette région s'apprêtent à signer avec les marchands de bois un contrat collectif de travail s'étendant à l'ensemble du département.

LES REFORMES SOCIALES

La Fédération de l'Agriculture a réclamé le vote des réformes sociales intéressant le monde rural, qui étaient en suspens au Parlement, telles la proposition de loi supprimant le couchage à la paille dans les exploitations agricoles; celle concernant la prud-homie agricole et la réforme de la loi sur le métayage.

Enfin, elle a insisté pour que, en aucune façon, les travailleurs agricoles ne puissent avoir une situation inférieure à celle des ouvriers de l'industrie et du commerce en ce qui concerne la loi sur les assurances sociales.

Après de multiples interventions de la Fédération, le Sénat a inscrit à son ordre du jour et voté la proposition de loi concernant l'hygiène du couchage des ouvriers agricoles. Cette loi va devenir définitive.

LA REORGANISATION
DE LA FEDERATION

Malgré l'augmentation du nombre des syndicats, les ressources financières de la Fédération ne sont pas très élevées car les cotisations payées par les régions faibles, et l'on ne peut penser à les augmenter sans crainte de voir baisser les effectifs.

Le bureau fédéral proposera des modifications aux statuts fédéraux afin de renforcer l'organisation régionale et de créer des sections fédérales qui permettront aux petits cultivateurs travaillant seuls avec l'aide de membres de leur famille de prendre place à la Fédération de l'Agriculture aux côtés des salariés

Lorsque ces modifications auront été définitivement adoptées par les congrès régionaux et le Conseil National, la propagande sera amplifiée régionalement, ce qui permettra à la Fédération de l'Agriculture de grouper les travailleurs agricoles de France par affinités culturales et de prendre une place convenable au sein de la Confédération Générale du Travail.

LA RÉORGANISATION DE L'INSPECTION DU TRAVAIL

La réorganisation du service de l'inspection du travail, qui a fait depuis de longues années l'objet de longues discussions au sein des assemblées ouvrières, n'a pas laissé indifférent le Syndicat National des Inspecteurs du Travail qui vient de rendre public un intéressant rapport, sur lequel la C. G. T. n'a présenté que quelques observations de détail.

Elle demandera à quelques députés sympathisants de soumettre au Parlement une proposition de loi, traduisant les sentiments exprimés par le Syndicat national des Inspecteurs du Travail et la C. G. T. et de la déposer sur le bureau de la Chambre des Députés avant les vacances parlementaires afin que, dès la rentrée d'octobre, la Commission du Travail puisse se saisir de cette question et désigner son rapporteur.

EXPOSE DU SYNDICAT DES INSPEC-TRICES ET INSPECTEURS SUR LA REORGANISATION DES SERVICES DE L'INSPECTION DU TRAVAIL.

I. Nécessité de la réorganisation du service.

La nécessité de la réorganisation du service est une vérité aujourd'hui tellement évidente qu'il suffirait de l'énoncer pour qu'elle apparaisse clairement.

Néanmoins, il est utile de rappeler que notre service est organisé actuellement sur les mêmes bases qu'en 1892.

1° Création. — Le Service de l'inspection du travail, tel qu'il fonctionne actuellement, date de 1892 (décret du 13 décembre 1892).

A. — Ses attributions étaient, alors, limitées au contrôle de l'application de la loi du 2 novembre 1892 sur le travail des femmes et enfants dans les établissements industriels, et du décret-loi du 9 septembre 1848 sur la durée du travail des ouvriers adultes dans les usines et manufactures.

B. — Ses effectifs comprenaient : 11 inspecteurs divisionnaires ; 92 inspectrices et inspecteurs départementaux, au total, 103 fonctionnaires.

2° Situation actuelle. — Attributions. — Elles ont considérablement été étendues depuis 1892. L'inspecteur du travail outre son rôle légal, assume la charge de toutes les missions complémentaires qui en découlent.

I. Rôle légal. — Les Inspecteurs du travail assurent l'application de l'arsenal de plus en plus complet des lois, décrets, arrêtés contenus dans les livres I et II du Code du Travail et annexes, dont les principaux titres ont trait : au contrat d'apprentissage ; aux salaires et cautionnements ; au salaire des ouvrières à domicile dans l'industrie du vêtement ; à la réglementation proprement dite du travail : conditions du travail, durée du travail, travail de nuit, repos hebdomadaire, hygiène et sécurité des travailleurs, accidents du travail, contrôle de l'emploi des travailleurs étrangers, etc...

Ils satisfont en outre à un travail de bureau considérable que l'Inspecteur est seul à exécuter, sans aide ni auxiliaire d'aucune sorte : tenue des fiches d'établissements ; rédaction et copie de rapports de plus en plus fréquents ; établissement et copies multiples des procès-verbaux qu'ils dressent ; volumineuse correspondance avec les industriels, commerçants, ouvriers et employés, organisations syndicales, préfets, sous-préfets, maires, juges, etc..., tenue, classement, mise à jour d'archives et documents de service, réception, classement, décompte des nombreuses déclarations et dérogations reçues en exécution de la loi de 8 heures et de la loi sur le repos hebdomadaire ; préparation et établissement de maintes statistiques, etc...

II. Les missions complémentaires qui leur incombent sont aussi nombreuses que variées. Celles spéciales qu'ils ont remplies durant la guerre dans les services de main-d'œuvre du ministère de l'Armement (maintien de l'activité nationale, recherche des disponibilités pour la guerre, organisation des productions de guerre, contrôle de la main-d'œuvre militaire, service des réfugiés, concours apportés aux intendances, etc...) ont été particulièrement appréciées et leur ont valu éloges et remerciements officiels.

Depuis la guerre, leur rôle social, sur lequel il importe d'insister, n'a fait que grandir. Leur intervention efficace dans les conflits du travail a fait d'eux de véritables agents techniques des conflits, très appréciés des préfets. A de nombreuses reprises, ils furent choisis comme arbitres par les patrons aussi bien que par les ouvriers. Ils se sont révélés comme des fonctionnaires uniques pour la paix sociale.

Ils ont puissamment aidé à l'élaboration de nombreuses conventions entre les syndicats patronaux et ouvriers, conventions dont la conception et la portée dépassent de beaucoup le simple cadre d'application de la réglementation du travail. Ils en poursuivent actuellement l'exécution soit auprès des groupements intéressés, soit au sein des commissions paritaires, créées à leur instigation, facilitant ainsi le passage sans heurt de la période d'après guerre au régime normal. Faut-il rappeler qu'ils ont à se livrer à maintes enquêtes, les unes d'ordre administratif, les autres, d'ordre économique ou social, ainsi qu'à des études techniques (rendement, loi de 8 heures, organisation scientifique du travail, salaires, participation aux bénéfices, chômage et placement des travailleurs, enseignement professionnel, détermination du coût de l'existence, allocations familiales, etc...) et que leurs rapports ou documents offrent un puissant intérêt en ce qui touche la vie économique et sociale du pays.

Enfin, l'Inspecteur du travail siège auprès du préfet comme les autres chefs de services de l'Etat ou du Département dans de nombreuses commissions où, souvent, son rôle est de premier plan :

Commission départementale du travail ;

Conseil d'administration des offices départementaux de placement ;

Commission départementale de chômage ;

Commission administrative des fonds de chômage ;

Comité départemental de l'enseignement technique ;

Comités locaux ou régionaux d'enseignement professionnel ;

Commission départementale administrative des salaires ;

Comité départemental des salaires des ouvrières à domicile du vêtement ;

Comités professionnels d'expertise ;

Comité départemental des pupilles de la Nation ;

Comité départemental des Mutilés et Réformés de la guerre ;

Comité départemental d'hygiène publique ;

Commissions sanitaires ;

Conseil de surveillance des offices publics d'hygiène sociale ;

Commission départementale fixant les indices du coût de la vie ;

Commission des emplois civils et emplois réservés ;

Comité de patronage des apprentis ;

Commission d'orientation professionnelle ;

Mobilisation civile.

En résumé, outre la tâche de contrôle extrêmement lourde qui leur incombe et à laquelle ils satisfont seuls, les inspecteurs du travail ne demeurent étrangers à aucune des manifestations de la vie économique et sociale, et, de plus en plus, par la force même des choses, ils se trouvent appelés à intervenir dans toutes les questions de cette nature.

Il faut souligner ici que, malgré l'extension sans limites pourrait-on dire qu'a prise leur besogne quotidienne et d'ensemble, avec les obligations qu'elle leur crée, et le surmenage intellectuel et physique qu'elle leur impose, les inspecteurs du travail n'ont cependant jamais vu réaliser une extension parallèle de leurs cadres (actuellement 154 inspecteurs : 12 divisionnaires et 144 départementaux assument la charge du service d'inspection pour toute la France, y compris l'Alsace-Lorraine).

En somme, depuis 1892, date de sa création, l'inspection du travail a eu son effectif augmenté de moins de 50 % : 103 en 1892 contre 144 en 1928 (154 moins les 10 inspecteurs d'Alsace-Lorraine), alors que sa tâche a été plus que décuplée. D'autre part, il convient de noter que les moyens matériels de travail mis à la disposition de chaque inspecteur n'ont été d'aucune façon améliorée, il n'y en avait aucun en 1892. Il n'y en a pas plus en 1929.

Le mouvement en faveur de la réorganisation.

La réorganisation du service apparaît tellement urgente que non seulement l'Administration centrale du Ministère du Travail s'en est préoccupée, mais les différentes organisations ouvrières ont demandé à de nombreuses reprises la réforme de l'inspection du travail et sa mise en harmonie avec l'ensemble des lois de protection ouvrière.

L'organisation méthodique de l'Inspection du Travail prend une importance telle que la Conférence internationale du Travail a consacré entièrement sa V° session à l'étude de la question de la « détermination des principes généraux pour l'Inspection du Travail » et cela en conformité du 9° principe inscrit à l'art. 427 du Traité de Versailles.

D'autre part, le Conseil Supérieur du Travail, dans sa 31° session en 1927, a émis les vœux suivants :

Que le nombre des inspecteurs du travail soit augmenté ;

Qu'il soit créé auprès du service de l'Inspection des assistants à compétence limitée, recrutés par un concours adéquat, agissant sous la direction et la responsabilité des Inspecteurs du Travail ;

Que l'Administration prenne les dispositions qui lui apparaîtront les meilleures pour que les Inspecteurs du Travail soient déchargés des travaux du bureau de telle façon qu'ils puissent consacrer plus de temps à l'accomplissement de leur mission essentielle d'inspection.

**

Ainsi donc, si l'on examine ces trois points capitaux : augmentation du nombre des Inspecteurs, création d'assistants, amélioration des moyens de travail qui ont été pris en considération après une longue discussion par le Conseil Supérieur du Travail, l'on se plaît à reconnaître que c'étaient là les bases de la réorganisation posées par le Syndicat des Inspecteurs départementaux dans le rapport Nodot présenté à l'Assemblée générale de 1926. L'accord sur ces trois questions semble donc bien établi, nous allons les examiner successivement, mais dans un ordre un peu différent.

**

Les Inspecteurs et Inspectrices départementaux du Travail, dont le législateur de 1892 a défini la fonction, doivent être en quelque sorte les chefs de service de chaque section d'inspection, avec toutes les attributions que leur confère la loi. Il est donc bien évident que leur nombre est trop restreint, la simple comparaison des chiffres fournis plus haut donne une idée de la pauvreté des effectifs. C'est si vrai qu'une première amélioration vient d'être apportée à la suite du vœu du Conseil Supérieur du Travail. La création de 10 emplois nouveaux d'inspecteurs est chose entendue pour cette année 1929.

Dans ce domaine des réalisations, cette première satisfaction doit être enregistrée comme les prémices de la réorganisation générale.

Mais pour permettre aux inspecteurs et inspectrices départementaux de remplir leur fonction d'inspection utilement, c'est-à-dire consacrer la majeure partie de leur temps aux visites d'établissements, il est indispensable de procéder à l'amélioration de leurs moyens de travail.

*
**

On ne peut concevoir, en effet, aujourd'hui, une organisation aussi insuffisante et périmée que celle du Bureau de l'Inspecteur du travail.

Il ne possède ni téléphone ni machine à écrire. Il doit recopier lui-même et souvent en plusieurs exemplaires, ses rapports, ses notes, ses procès-verbaux. Il doit tenir seul ses archives et fournir de nombreux états statistiques, ainsi que je le disais plus haut, au début de cet exposé.

Son travail de bureau absorbe presque tout son temps et la mission essentielle pour laquelle il a été créé : la visite des établissements disparaît et devient presque l'accessoire.

Des crédits devront donc lui être fournis afin qu'il puisse industrialiser ses moyens de travail. S'il est pourvu du téléphone, il faut que quelqu'un puisse répondre en son absence, durant ses enquêtes et ses visites. C'est donc un bureau bien compris qu'il doit avoir à établir, avec une dactylographe ou un employé qu'il choisira lui-même, emploiera au mieux des besoins du service et qu'il rétribuera avec les frais de bureau et d'auxiliaire qui lui seront alloués.

Ici encore, il ne faudra pas que ces frais de bureau soient parcimonieusement attribués. C'était d'ailleurs la thèse que soutenait la Commission du Travail à la Commission du Travail à la Chambre, par l'organe de son Président, notre ancien Ministre, M. Durafour, à la délégation des inspecteurs du travail en 1924.

Dans certaines sections d'inspection,

pourquoi les enquêtes urgentes ne seraient-elles pas faites en automobile, moyen rapide, pratique et qui répond aujourd'hui à une nécessité?

Mais cette réforme matérielle se lie avec la modification de la fonction en elle-même et la création d'un cadre complémentaire *d'inspecteurs adjoints ou d'assistants.*

*
**

Les inspecteurs adjoints ou assistants (leur dénomination étant déterminée par l'Administration), ainsi que l'énonce le vœu du Conseil Supérieur du Travail, pourraient avoir « les mêmes attributions de principe que les inspecteurs et inspectrices actuels, mais avec *compétence limitée, recrutés par un concours adéquat*, et agissant sous la *direction et la responsabilité des inspecteurs du travail* ».

Cette manière de voir avait été adoptée, je l'ai déjà dit, par l'Assemblée générale de notre Syndicat, en 1925, et il avait même été envisagé que certaines besognes particulières de police pourraient être confiées aux inspecteurs adjoints, notamment le repos hebdomadaire, la vérification des livrets et registres d'inscription, le travail de nuit dans la boulangerie.

Les inspecteurs divisionnaires.

L'assemblée générale de 1926 avait laissé à dessein de côté la question de l'Inspection divisionnaire. Il nous apparait cependant pour que ce travail soit complet, que les inspecteurs départementaux ne peuvent se désintéresser de cette partie.

En effet, l'inspection du travail telle que le législateur de 1892 l'avait envisagée, comprenait des inspecteurs départementaux chargés de visiter les établissements industriels et d'y faire appliquer les lois de protection.

Au chef-lieu de chaque circonscription, on avait mis un inspecteur divisionnaire du travail, chef des inspecteurs départementaux et réglant les rapports du service avec l'Administration centrale. Aujourd'hui, il y a douze inspecteurs divisionnaires.

Dans son exposé à l'Assemblée de 1926, le rapporteur faisait ressortir *que le maintien de cette fonction s'imposait*. D'ailleurs, la majorité des inspecteurs consultés avait répondu en faveur du maintien.

Nous estimons que cette fonction doit subsister. Est-ce à dire que l'organisation du bureau de l'inspecteur divisionnaire ne doit pas subir des modifications dans le sens indiqué plus haut, pour l'amélioration des moyens de travail de l'inspecteur départemental, cela est de toute évidence.

Nous savons qu'une tendance se manifeste pour ramener à Paris les 12 inspecteurs divisionnaires, afin d'augmenter l'unité de vues du service.

Il nous faudrait avoir l'opinion auto risée du syndicat des Inspecteurs divisionnaires en l'occurence, et ce travail ne peut être complet s'il ne présente pas les mesures préconisées sur ce point par le syndicat des inspecteurs divisionnaires régulièrement et loyalement consulté.

Inspecteurs généraux et création d'un bureau technique central au Ministère du Travail.

L'augmentation sans cesse croissante du nombre des lois de protection ouvrière, des procédés nouveaux de travail, de l'emploi de plus en plus répandu de corps dangereux pour la santé de l'ouvrier, nous amène à envisager la création au Ministère du Travail d'un *organisme central composé de techniciens* (légistes, hygiénistes, chimistes) *et d'un laboratoire*.

Le bureau technique, sous la direction d'un ou plusieurs inspecteurs généraux et d'une inspectrice générale choisis parmi les inspecteurs, étudierait avec les 12 inspecteurs divisionnaires et les divers bureaux de l'Administration centrale les questions de législation et de protection ouvrière.

Des vues d'ensemble résulteraient des travaux et l'unité du service y gagnerait.

Des techniciens (hygiénistes, chimistes, mécaniciens), pris plus spécialement parmi les inspecteurs, s'attacheraient à la recherche de procédés de protection, de sécurité et d'hygiène contre les organes dangereux des machines ou les produits nocifs employés dans l'industrie.

Un *laboratoire central* permettrait l'analyse rapide des échantillons prélevés par les inspecteurs au cours de leurs tournées (céruse, pigments plombifères, produits dangereux...) et des mesures d'ensemble seraient ensuite prises par l'organisme central technique après étude approfondie.

Ainsi nous aurions un corps de l'Inspection du travail formant un tout homogène, avec les inspecteurs sélectionnés dans des concours difficiles, répondant aux besoins de la fonction, dont le prinpal but, ne l'oublions pas, est la protection légale du travailleur.

Si l'on veut, en effet, que ce service dispose des éléments nécessaires à l'accomplissement de la tâche de si haute portée sociale qui lui incombe; si l'on veut que les fonctions d'inspection du travail demeurent entre les mains d'hommes ayant les connaissances techniques, les qualités intellectuelles et professionnelles nécessaires pour les bien remplir; si l'on veut que ces inspecteurs, à qui la marche même des événements et les évolutions de la réglementation qui en découlent, confient la délicate mission — que, dans leur dévouement au bien public ils n'hésitent pas à remplir — d'intervenir en agents de concorde sociale entre les patrons et les ouvriers; si l'on veut enfin que, dans les milieux professionnels où ils évoluent journellement, ils puissent agir avec l'indépendance de caractère et toute l'autorité morale qu'exigent les intérêts généraux du pays, il est incontestable qu'il faut que le service de l'inspection du travail redevienne l'objectif de seuls fonctionnaires d'élite et de choix. Et c'est pour cela qu'une réorganisation profonde du service s'impose.

PROJET DE REORGANISATION DU SERVICE DE L'INSPECTION DU TRAVAIL PRESENTE PAR LE SYNDICAT NATIONAL DES INSPECTRICES ET INSPECTEURS DEPARTEMENTAUX DU TRAVAIL DE FRANCE ET DES COLONIES.

Service central.

Il serait créé au Ministère du Travail un service ressortissant à la Direction du Travail et portant le titre de « Service central de l'Inspection du Travail ».

Ce service comprendrait :

Un Conseil technique et un laboratoire.

a) *Conseil technique.* — Ce Conseil technique serait composé de représentants de l'Administration, de représentants des inspecteurs divisionnaires et des inspecteurs et inspectrices départementaux.

Il se réunirait suivant les nécessités. Il aurait pour mission de coordonner l'action du service et d'étudier les questions de réglementation du travail, d'hygiène et de sécurité des travailleurs.

b) *Laboratoire.* — Un laboratoire central d'analyses serait créé à Paris. Il serait chargé notamment d'étudier la composition des produits nouveaux mis en usage dans l'industrie et aussi de déterminer officiellement la nature des échantillons que les inspecteurs lui soumettraient. Les inspecteurs et inspectrices seraient, à ce point de vue, investis des mêmes pouvoirs que le Service des Fraudes pour opérer tels prélèvements qu'ils jugeraient utiles.

Inspecteurs généraux.

Il serait créé un poste d'inspecteur général assisté d'un inspecteur général adjoint et d'une inspectrice générale adjointe. Ces inspecteurs généraux, qui résideraient à Paris, seraient chargés d'assurer l'unité de vues et d'action du service, ainsi que d'établir une liaison permanente entre l'inspection du travail et le service central.

Inspecteurs divisionnaires.

La division du service en circonscriptions serait maintenue et chacune de ces divisions administratives continuerait d'avoir à la tête un inspecteur divisionnaire. Les inspecteurs départementaux ne pourraient être inscrits au tableau d'avancement pour le grade d'inspecteur divisionnaire avant douze ans de services effectifs.

Le bureau de l'inspecteur divisionnaire serait organisé de telle sorte que le travail soit assuré par des rédacteurs et des dactylos d'une façon permanente.

Inspecteurs divisionnaires adjoints.

Les Inspecteurs divisionnaires devant être déchargés de leur travail de bureau par la création de rédacteurs et de dactylos, pourraient se consacrer entièrement à leurs fonctions véritables et les postes d'inspecteurs divisionnaires adjoints ou d'inspecteurs-contrôleurs seraient supprimés.

Inspecteurs départementaux.

Le titre d'inspecteur départemental du travail serait conservé.

Inspecteurs adjoints.

Des inspecteurs adjoints seraient créés.

Ils seraient recrutés par voie de concours.

Ils pourraient, par la suite, concourir pour l'emploi d'inspecteur départemental sous la réserve essentielle qu'ils remplissent les conditions exigées de tous les autres candidats (temps de service dans une administration, diplôme, âge).

Le rôle serait d'assister les inspecteurs du travail dans la besogne d'inspection.

L'inspecteur adjoint aurait les mêmes pouvoirs de visite, de contrôle et de verbalisation que l'inspecteur départemental, mais il serait placé sous les ordres directs de celui-ci qui déterminerait les missions dont il serait chargé et limiterait ainsi, en fait, son pouvoir et sa compétence.

La création des inspecteurs adjoints serait subordonnée à l'organisation préalable du bureau de l'inspecteur départemental.

Organisation des services d'inspection.

Chaque inspecteur serait doté des moyens matériels suffisants pour organiser rationnellement un bureau, séparé ou non du domicile privé de chacun,

ec téléphone, machine à écrire, maté-
l de classement, aménagement, éclai-
ge et chauffage.

Chaque inspecteur serait assisté d'un
crétaire, dactylographe ou employé à
n choix.

oyens de déplacement. — Frais de tournées.

Les inspecteursc départementaux se-
ient, au point de vue du rembourse-
ent des frais de tournées sur états,
ssés dans la catégorie supérieure —
tégorie II — inspecteurs divisionnai-
s.

Les indemnités de séjour seraient mi-
s en harmonie avec le coût actuel de
vie.

Les inspecteurs susceptibles d'utili-
r une automobile pour le service rece-
aient à ce point de vue une indemnité
ffisante.

QUELQUES OBSERVATIONS

L'exposé du Syndicat des Inspecteu
du Travail peut être adopté sans réser
par la C. G. T. qui, maintes fois déj
soit devant les Commissions parleme
taires, soit devant le Congrès nation
des Inspecteurs du Travail, soit
Comité Confédéral National, a fait co
naître sa pensée sur cette question.

Elle réclamera cependant :

Que le contrôle de l'Inspection du tr
vail puisse s'exercer sur tous les établi
sements de l'Etat, même ceux qui dépe
dent de la Marine et de la Guerre.

Que ce même contrôle s'exerce sur to
les chantiers de travaux publics d
Compagnies de chemins de fer.

Enfin, que le Conseil technique, pré
par le projet de réorganisation, soit co
plété par des délégués des organisatio
ouvrière et patronale.

RAPPORT FINANCIER

RAPPORT FINANCIER DE LA CAISSE CENTRALE

Recettes du 1er Avril 1927 au 30 Juin 1929

DATES	TIMBRES		BROCHURES	LABELS	DIVERS	ADHÉSIONS AU CONGRÈS CONFÉDÉRAL 1927	TOTAUX
	FÉDÉRATIONS	UNIONS					
1927							
Avril	39.101 10	30.460 60	2.023 40	60 »	3.060 »	—	74.645 10
Mai	45.186 »	31.612 »	922 10	28 »	—	—	77.748 10
Juin	31.630 50	55.914 50	1.902 80	14 »	90 »	—	89.551 80
Juillet	31.030 »	26.165 »	502 60	—	2.876 25	—	60 573 85
Août	49.065 »	23.168 40	654 10	28 »	60.746 25	40.820 »	174.481 75
Septembre	27.850 »	29.943 70	5.748 15	—	—	—	63.541 85
Octobre	41.450 40	39.650 »	4.663 70	22 »	—	—	85.786 10
Novembre	27.616 »	38.966 80	2.113 65	52 »	—	—	68 748 45
Décembre	56.070 90	59.262 20	1.572 45	—	34.991 32	40 »	151.936 87
1928							

Mars	164.848 65	105.800 40	2.226 65	28 »	—	—	272.903 70
Avril	74.980 10	36.024 05	636 10	46 »	—	—	111.686 25
Mai	123.450 40	90.322 80	2.552 25	—	—	—	216.325 45
Juin	34.630 20	55.689 75	1.371 05	—	—	—	91.691 »
Juillet.	106.118 »	65.689 70	460 50	—	—	—	172.268 20
Août	41.400 »	58.600 »	204 85	—	3.063 60	—	103.268 45
Septembre.	57.005 65	32.969 25	912 10	4 »	—	—	90.891 »
Octobre	63.924 70	57.696 50	456 25	63 »	—	—	122.140 45
Novembre.	44.725 50	59.304 10	641 10	13 35	—	—	104.684 05
Décembre	47.943 60	61.976 »	1.233 65	32 »	74.375 80	—	185.561 05
1929							
Janvier	123.069 45	134.330 90	1.093 55	—	—	—	258.493 90
Février	69.885 »	106.856 45	2.466 90	95 »	—	—	179.303 35
Mars	119.447 10	79.461 25	4.934 25	14 »	—	—	203.856 60
Avril	78.168 45	82.534 70	9.365 15	—	—	—	170.068 30
Mai	86.111 »	52.017 90	5.671 10	32 »	—	—	143.832 »
Juin.	143.244 »	68.528 95	1.001 75	32 »	21.926 35	—	234.733 05
TOTAUX	1.830.525 30	1.653.756 »	57.338 10	597 35	216.404 57	40.860 »	3.799.481 32

RAPPORT FINANCIER DE LA CAISSE CENTRALE

Dépenses du 1ᵉʳ Avril 1927 au 30 Juin 1929

DATES	CORRESPON-DANCE	IMPRESSIONS	FRAIS DE BUREAU ET GÉNÉRAUX	DÉLÉGATIONS	APPOINTEMENTS	VIATICUM ET COTISATIONS INTERNATIONALES	CHAUFFAGE LOYER ÉCLAIRAGE	DIVERS	PRÉLÈVEMENTS POUR " LE PEUPLE "	TOTAUX
1927										
Avril.....	919 95	11.540 05	2.264 90	48.456 55	16.550 »	2.260 75	2.002 15	16.602 10	24.346 60	124.943 05
Mai	654 50	3.364 90	5.288 13	20.129 85	15.550 »	2.495 90	6.553 90	810 70	26.879 30	81.727 18
Juin......	362 30	9.748 50	1.634 60	6.447 40	14.050 »	2.845 20	—	744 »	30.640 75	66.472 75
Juillet....	643 25	—	1.538 70	9.525 20	14.050 »	1.858 80	3.153 70	46.193 »	20.018 25	96.980 90
Août	218 75	186 »	1.163 10	11.843 65	14.050 »	2.347 55	—	84.868 32	25.281 70	139.959 07
Septembre	1.082 60	13.190 80	1.263 75	9.267 95	14.800 »	1.878 30	224 95	3.016 50	20.227 80	64.952 65
Octobre ..	483 10	507 »	2.607 75	11.430 80	14.800 »	2.635 75	3.138 25	137 »	28.385 15	64.124 80
Novembre	455 75	1.360 25	1.542 40	9.159 60	14.700 »	2.163 90		37.000 »	23.304 »	89.685 90
Décembre	720 95	22.437 49	5.151 18	12.412 95	14.700 »	3.748 30	633 10	75.250 05	40.366 60	175.420 62
1928										

Mois										
[illegible]	593 50	36.840 [illegible]	4.402 75	35.846 85	16.400 »	8.798 10	1.707 30	29.179 80	94.727 15	238.293 45
Avril.....	522 75	36.943 50	1.600 »	9.243 45	17.900 »	28.607 65	4.435 95	16.949 70	38.851 40	155.054 40
Mai	344 40	8.929 50	5.846 32	22.595 40	17.450 »	6.947 65	6.482 60	20.055 »	74.820 60	163.471 47
Juin......	572 75	5.488 75	2.613 75	11.485 15	15.950 »	42.935 40	225 65	10.329 35	31.612 »	121.212 80
Juillet...!	648 60	9.126 85	1.348 65	8.704 45	15.950 »	5.583 80	4.128 95	49.626 »	60.132 70	155.250 »
Août	786 90	387 »	1.448 35	7.451 70	15.950 »	3.250 »	846 49	2.883 »	35.000 »	68.003 44
Septembre	493 35	1.925 »	4.186 85	12.085 05	15.950 »	22.924 20	125 30	3.784 75	31.491 20	92.965 70
Octobre..	356 50	228 35	1.474 90	54.913 35	16.200 »	3.952 70	4.252 »	3.284 90	42 567 40	127.230 10
Novembre	1.029 90	256 »	2.727 55	14.161 85	15.950 »	3.381 »	—	6 175 »	36 410 30	80.091 60
Décembre	867 65	19.380 80	3.953 68	10.208 »	17.450 »	7.674 05	4.813 85	178 692 90	38.471 85	281.512 78
1929										
Janvier...	485 35	1.675 80	4.712 »	17.421 20	16.800 »	8.365 »	4.049 80	41.514 40	90.090 10	185.113 65
Février...	1.977 55	40.001 05	4.285 65	9.145 65	16.800 »	5.744 10	—	6.158 »	61.859 50	145.971 50
Mars.....	488 »	36.554 30	3.892 75	12.595 40	16.800 »	46.464 50	464 25	10.300 »	69.617 90	197.177 10
Avril.....	739 25	14.078 »	2.158 95	58.283 10	16.800 »	5.222 90	4.049 80	49.138 »	56.246 10	206.716 10
Mai	1.240 45	4.276 05	2.208 10	24.224 25	16.800 »	32.309 85	530 50	15.328 50	48 345 10	145.262 80
Juin	257 »	519 40	2.909 80	13.914 80	16.800 »	6.882 65	263 05	149.708 60	74.120 55	265.375 85
TOTAUX	19.119 40	285.231 74	77.672 61	508.718 95	432.000 »	270 161 »	55.784 59	916.514 07	1.219.498 30	3.784.700 66

BILAN DE LA CAISSE CENTRALE
du 1ᵉʳ Avril 1927 au 30 Juin 1929

RECETTES		DÉPENSES	
Timbres :		Correspondance.........	19.119 40
Fédérations	1.830.525 30	Impressions.............	285.231 74
Unions départementales	1.653.756 »	Frais de bureau et généraux................	77.672 61
Brochures diverses	57.338 10	Délégations.............	508.718 95
Labels............	597 35	Appointements..........	432 000 »
Divers	216.404 57	Viaticum et cotisations internationales........	270.161 »
Adhésions au Congrès		Chauffage, loyer, éclairage	55.784 59
Confédéral 1927.......	40.860 »	Divers.................	916.514 07
		Prélévements pour " Le Peuple "..............	1.219.498 30
	3.799.481 32		3.784.700 66
En caisse au 31 mars 1927.	93.111 45	En caisse au 30 juin 1929.	107.892 11
Total....	3.892.592 77	Total....	3.892.592 77

1° RECETTES

Détails du Chapitre " Divers "

Subventions pour Congrès Syndical International............... .... 15 000 »
Virement.. 60.000 »
Ventes de matériel et fournitures de bureau..................... 3.884 25
Vente de vieux papiers....................................... 287 »
Remboursements pour chauffage............................... 4.491 20
Intérêts sur compte courant Banque des Coopératives 14.179 52
Main-d'œuvre étrangère ; recettes du Bureau Polonais................. 118.562 60

Total...... 216.404 57

2° DÉPENSES

Détails du Chapitre " Frais de bureau et généraux "

Assurances : Accidents, Incendie	7.772 40
Abonnements téléphone	8 488 80
Contributions	5.515 50
Fournitures papeterie et entretien machines à écrire	14.597 15
Abonnements Journaux et Revues	3.703.70
Nettoyage et entretien des bureaux	23.072 75
Frais d'expéditions	10.266 25
Frais de banque et impôt sur intérêts	2.113 01
Divers	2.143 05
Total	77.672 61

Détails du Chapitre " Délégations "

Frais des Comités Confédéraux	183.855 10
Frais délégations diverses	324 863 85
Total	508.718 95

Détails du Chapitre " Viaticum "

Versements à la caisse du Viaticum	113.238 65
Cotisations internationales	156.922 35
Total	270.161 »

Détails du Chapitre " Chauffage, Loyer, Eclairage "

Chauffage	18.641 10
Loyer	31 456 69
Eclairage	5.686 80
Total	55.784 59

Détails du Chapitre " Divers "

Subvention à la " *Voix du Peuple* "	197.500 »
— au Conseil Judiciaire (année 1927)	12.000 »
— à Mme Vve Dumercq	2.700 »
— à la Fédération de l'Agriculture	26.000 »
— à la Fédération de l'Alimentation	6.000 »
A *reporter*	244.200 »

	Report.	244.200 »
Subvention à la Fédération des Syndicats Maritimes		5.000 »
—	à la Fédération des Ports et Docks	5.000 »
—	aux Bas-Rhin, Haut-Rhin et Moselle	15.300 »
—	au Comité Sacco-Vanzetti	1.500 »
—	à l'Operaïo Italiano	38.000 »
—	au délégué italien mineur du Bassin de Briey	4.300 »
—	au Groupement ouvrier Russe	6.700 »
Frais pour Main-d'œuvre étrangère (Bureau Italien)		41.269 95
—	— — (Bureau Polonais)	230.803 35
—	Congrès Syndical International	42.071 37
—	Congrès Confédéral 1927	41.742 90
—	Procès du Syndicat du Bâtiment du Haut-Rhin	1.314 60
—	Procès de la Fédération de l'Alimentation	800 »
—	Adhésions diverses (Congrès, Conférences, etc.)	1.270 60
—	Achats de Couronnes pour Obsèques	1.800 »
—	Tombe Calveyrach (solde)	1.173 80
—	Achat de livres	8.395 85
—	Achats et entretien mobilier	66.036 25
—	Travaux de peinture, menuiserie, électricité, etc.	55.199 25
—	Versements pour Retraites	99.385 »
Divers		5.251 15
	Total.	916.514 07

RAPPORT FINANCIER DU "CONSEIL JUDICIAIRE"
du 1er Avril 1927 au 31 Décembre 1927

RECETTES		DÉPENSES	
Subvention de la C. G. T.	12.000 »	Frais de bureau.........	273 25
Abonnements au " Droit Ouvrier "..............	861 50	Appointements.........	13.500 »
		Impress. "Droit Ouvrier".	10.290 »
		Expédit. "Droit Ouvrier".	67 60
		Abonnements aux journaux de Jurisprudence.	71 90
	12 861 50		24.202 75
En caisse au 31 mars 1927	12.677 90	Virement de la caisse " Voix du Peuple ". ..	1.336 65
Total......	25.539 40	Total......	25.539 40

BILAN DE LA "VOIX DU PEUPLE"
du 1er Avril 1927 au 30 Juin 1929

RECETTES		DÉPENSES	
Subvention de la C. G. T.	197.500 »	Frais de bureau.........	117 85
Virement de la Caisse du " Viaticum "..........	10.000 »	Appointements.........	73.250 »
		Impressions............	144.355 50
Virement du " Conseil Judiciaire "..........	1.336 65	Expéditions............	11.959 70
Abonnements..........	9.766 40	Achat de livres de droit et abonnements aux journ. de Jurisprudence	488 75
Ventes au bureau.......	897 80		
	219.500 85		230.171 80
En caisse au 31 mars 1927	28.053 35	En caisse au 30 juin 1929	17.382 40
Total......	247.554 20	Total......	247.554 20

BILAN DE LA " CAISSE DU VIATICUM "
du 1ᵉʳ Avril 1927 au 30 Juin 1929

PRÉLÈVEMENTS SUR LES COTISATIONS		REMBOURSEMENTS ET VIREMENTS EFFECTUÉS	
Deuxième trimestre 1927..	7.601 85	Deuxième trimestre 1927.	20 95
Troisième trimestre 1927.	6.084 65	Troisième trimestre 1927[1]	60.160 »
Quatrième trimestre 1927	8.547 95	Quatrième trimestre 1927.	177 35
Premier trimestre 1928....	17.681 10	Premier trimestre 1928....	409 95
Deuxième trimestre 1928.	13.490 70	Deuxième trimestre 1928[2]	10 036 60
Troisième trimestre 1928.	11.758 »	Troisième trimestre 1928.	190 45
Quatrième trimestre 1928.	10.906 05	Quatrième trimestre 1928.	65 60
Premier trimestre 1929...	20.573 60	Premier trimestre 1929....	200 55
Deuxième trimestre 1929.	16.594 75	Deuxième trimestre 1929.	45 »
	113.238 65		71 306 45
En caisse au 31 mars 1927.	98.306 20	En caisse au 30 juin 1929..	140.238 40
Total.....	211.544 85	Total....	211.544 85

(1) Y compris virement de 60.000 fr. au profit de la " Caisse Centrale ".
(2) Y compris virement de 10.000 fr. au profit de la " Caisse de la Voix du Peuple ".

RAPPORT FINANCIER DE LA " CAISSE DES GRÈVES "
du 1ᵉʳ Avril 1927 au 30 Juin 1929

RECETTES		DEPENSES	
Souscriptions reçues	36.938 45	Versements aux Grèves...	54.420 »
En caisse au 31 mars 1927.	27.631 50	En caisse au 30 juin 1929.	10.149 95
Total.....	64 569 95	Total.....	64.569 95

RAPPORT FINANCIER
DES SERVICES DE "MAIN-D'ŒUVRE ÉTRANGÈRE"
du 1er Avril 1927 au 30 Juin 1929

1° — BUREAU ITALIEN

RECETTES		DÉPENSES	
Versé par la C. G. T. . . .	41.269 95	Frais de bureau	5.601 25
		Délégations	1 918 70
		Appointements	33.750 »
Total.	41.269 95	Total.	41.269 95

2° — BUREAU POLONAIS

RECETTES		DÉPENSES	
Subvention Centrale Polonaise.	4.800 »	Correspondance.	2.832 25
Ventes du journal *Prawo-Ludu* :		Impressions *Prawo-Ludu*.	116.745 80
		Expéditions *Prawo-Ludu* .	27.183 65
Du 1er avril au 31 décembre 1927	28.754 40	Frais de bureau	3 979 85
		Délégations	17 061 80
Du 1er janvier au 31 décembre 1928.	63.081 85	Appointements	63 000 »
Du 1er janvier au 30 juin 1929	21.926 35		
	118.562 60		
Déficit. . .	112.240 75		
Total. . . .	230.803 35	Total.	230.803 35

RAPPORT DE LA COMMISSION DE CONTROLE

Les camarades Berthoux, des Travailleurs municipaux; Lesouple, des Transports; Daveau, des Employés de la Région Parisienne, membres de la Commission de Contrôle, se sont réunis au siège de la C. G. T., le samedi 6 juillet 1929, aux fins d'examiner et vérifier les comptes pour les mois de février, mars, avril, mai et juin 1929.

Ils ont en outre procédé à un examen de la situation financière depuis le dernier Congrès confédéral.

Les comptes des mois précités ont été reconnus exacts, les recettes et dépenses toujours en concordance avec les pièces comptables les justifiant.

La vérification n'ayant donné lieu à aucune réserve, les livres comptables ont été signés par les membres de la Commission de Contrôle.

La situation générale s'est améliorée et fortifiée chaque mois. Les effectifs de la vieille C. G. T. ont progressé dans une proportion imprévisible lors du dernier Congrès confédéral.

Sans engager l'avenir et sans gêner la Trésorerie, cette dernière a pu faire face à toutes les dépenses.

La lecture des tableaux publiés d'autre part confirmera les déclarations précitées sur la situation toujours meilleure de la C. G. T.

Au 31 décembre 1927, il avait été perçu : 1.110.729 fr. 70, représentant 10.799.830 timbres, soit une moyenne mensuelle de 449.993 timbres.

Au 31 décembre 1928, il avait été perçu : 1.656.483 fr. 05, représentant 11.244.586 timbres; soit une moyenne mensuelle de 468.524 timbres.

AU 30 JUIN 1929.

Il a été perçu 7.625.967 cotisations au lieu de 6.569.260 cotisations pendant la période correspondante de l'année 1928. Soit une augmentation mensuelle de 88.059 adhérents à 2 timbres par mois, l'un pour la Fédération, l'autre pour l'Union.

En 1927, la Trésorerie a encaissé : 593.256 cartes.

En 1928, elle a encaissé : 644.337 cartes.

En 1929, au 30 juin, elle a encaissé : 339.748 cartes, et il en est dû 413.000.

MAIN-D'ŒUVRE ÉTRANGÈRE.

Bureau Polonais :

Recettes du 1er avril 1927 au 30 juin 1929.....Fr.	118.562	60
Dépenses du 1er avril 1927 au 30 juin 1929........	230.803	35
Déficit......	112.240	75

Bureau Italien :

Recettes du 1er avril 1927 au 30 juin 1929... Fr.	néant	
Dépenses du 1er avril 1927 au 30 juin 1929........	41.269	95

Déficit complet.

SITUATION DES CAISSES.

Caisse Centrale.......Fr.	107.892	11
Voix du Peuple	17.382	40
Grèves	10.149	95
Viaticum	140.238	40
Total......	275.662	86

RÉPARTITION.

Banque des Coopératives..	152.001	20
Chèque postal............	110.319	81
En Caisse..............	13.341	85
Total......	275.662	86

JOURNAL « LE PEUPLE ».

Il a été versé par la C. G. T. :

Du 1er avril 1927 au 30 juin 1929......Fr.	1.385.000	»
Le produit des 35 % ayant donné	1.219.498	30
Le dépassement a donc été de	165.501	70

Soit donc, par mois : 6.130 francs.

La Commission de Contrôle, depuis le dernier Congrès confédéral et au cours de ses différentes réunions, s'est élevée contre la modicité des appointements des secrétaires confédéraux et de certains fonctionnaires de l'organisation.

CONCLUSION

L'effort, commencé dès 1923, poursuivi depuis avec continuité et opiniâtreté pour l'assainissement et le redressement de la situation financière de la C. G. T., est maintenant couronné de succès et tous les militants doivent être fiers des résultats obtenus.

La Commission de Contrôle, dont la tâche a toujours été facilitée par la clarté de la comptabilité, demande au Congrès d'approuver les comptes; d'autre part, elle adresse au trésorier et au comptable ses félicitations sincères pour la gestion et la parfaite tenue des livres.

Paris, le 6 juillet 1929.

Pour la Commission de Contrôle,

Le Rapporteur,
Léon DAVEAU.

XXe CONGRÈS CONFÉDÉRAL

Paris 1929

MARDI 17 SEPTEMBRE

Séance du Matin

JOUHAUX. — Camarades, si vous voulez bien prendre vos places, nous allons pouvoir commencer.

Comme à tous les Congrès, et si vous n'y voyez pas d'inconvénient, le Bureau de cette journée sera constitué par les représentants de l'Union départementale de la Seine.

Nous vous proposons notre camarade Guiraud, comme président; le camarade Blute, des Instituteurs, et le camarade Froideval, du Bâtiment, comme assesseurs.

S'il n'y a pas d'opposition, je demanderai à ces camarades de prendre place au Bureau.

GUIRAUD. — Camarades, depuis 1923, Paris étant le lieu de réunion des Congrès nationaux confédéraux, c'est notre Union qui a la charge d'en assurer l'organisation et de recevoir fraternellement les congressistes.

Qu'il me suffise de vous dire que vous êtes les bienvenus, étant certain que vous serez unanimes à m'épargner les congratulations à répétitions inutiles.

Nous sommes particulièrement heureux, en saluant les délégués étrangers, de leur faire remarquer combien la C. G. T. a grandi depuis le Congrès de 1923, où les préparatifs funéraires étaient réglés par un ordonnateur, devenu depuis colonel des Cosaques.

Notre Union ne saurait trop se vanter de ses 100.000 adhérents qui constituent, dans une région importante comme la région parisienne, un nombre peu élevé.

En 1921, nous étions 40.000; la scission nous avait réduits à l'état d'enfance; en 1925, une légère fièvre de croissance nous fit grandir pour atteindre les 55.000; en 1927, les breuvages empoisonnés n'ayant pas eu d'effet sur notre carcasse récalcitrante, nous nous toisons et atteignons 75.000.

Aujourd'hui, devenus de bons adolescents, nous attendons sans prétention d'être des adultes vigoureux, auxquels une bonne santé permettra de mieux servir encore le syndicalisme.

Voyez-vous, camarades de province, qui avez aussi reçu des horions, ces assises nous réconfortent. Le nombre des délégués mandatés régulièrement pour venir discuter les problèmes économiques d'avenir vous obligera à établir un parallèle entre notre Congrès et un autre qui se tient dans cette région et dont les figurants sans mandats représentent soi-disant des inorganisés. (On appelle cela des délégués d'usine!!!)

Notre Congrès est dans la tradition syndicaliste; l'autre dans la négation syndicaliste.

Notre fierté, et ce qui fait l'honneur de la C. G. T., c'est de n'avoir jamais eu besoin de recourir à des expédients pour donner l'illusion d'exister.

Continuons donc et, selon notre habitude, faisons que nos discussions se déroulent dans la courtoisie, sans se départir de la sincérité qui anime les militants confédérés.

Je déclare ouvert le 26° Congrès confédéral et vous invite à vous mettre au travail. (*Applaudissements.*)

Le Président. — Camarades, permettez-moi d'utiliser le haut-parleur. Je vous informe que du point de vue matériel, vous remarquerez qu'un service postal est à votre disposition; c'est un bureau temporaire qui se livrera à toutes les opérations postales. Par conséquent, les camarades n'ont pas besoin de se déranger; le départ et l'arrivée du courrier auront lieu ici; les lettres, dépêches, pneumatiques seront placés sur une table, où un commissaire mettra votre correspondance à votre disposition.

Il y a un appareil de projection qui doit répercuter sur l'écran le nom des camarades qui sont demandés, soit à la porte, soit au téléphone. Nous n'avons pas jugé utile de mettre une sonnette pour attirer votre attention, étant donné que tous les camarades ont les yeux fixés sur la tribune et qu'ils verront bien lorsque l'écran s'allumera. Les commissaires sont à votre disposition; je répète, comme nous l'avons écrit sur les pancartes, que ce sont des militants, ils sont cordialement à la disposition des congressistes; en conséquence, si nous leur avons demandé à eux d'être courtois, nous vous demandons la réciprocité; nous estimons d'ailleurs que ces recommandations sont superflues. Je demanderais également, si cela est possible, car il faut parler même des choses les plus matérielles, qui paraissent enfantines, mais qui ont cependant leur importance, je demanderais aux congressistes qui sont plus particulièrement placés sur des endroits où il y a des tapis qui n'ont pas été posés par esprit de luxe, mais simplement pour assourdir les pas et ne pas gêner les orateurs, je leur demanderais de bien vouloir jeter leurs cendres de cigarettes dans les cendriers placés à cet effet sur les tables; les commissaires passeront les vider de temps à autre. Je compte donc sur la bonne volonté de tous les congressistes pour nous aider, afin de ne pas passer aux yeux de l'installateur pour des goujats.

Jeudi soir, il y aura une séance gratuite au théâtre de l'Odéon. Des cartes numérotées conformément au plan seront distribuées à chaque secrétaire de Fédération. A cet effet, nous leur avons remis un questionnaire afin qu'ils nous répondent sur le nombre de places qui leur seront nécessaires pour les distribuer aux congressistes de leur propre Fédération. Il va sans dire que cette soirée est réservée d'abord à nos camarades étrangers, ensuite aux congressistes, et aux amis s'il en reste. Je vous déclare qu'on n'invite pas sa concierge ni sa voisine; il serait en effet désagréable que des camarades prennent plusieurs places et que des congressistes restent à la porte. Là encore, la Commission d'organisation se permet de compter sur la conscience de tous. Nous sommes, je le répète, à votre disposition, par les commissaires, pour toutes explications ou renseignements utiles.

Ceci dit, je donne la parole à notre camarade Jouhaux.

JOUHAUX. — Camarades, je veux vous donner les noms des délégués des organisations-sœurs représentées à notre Congrès :

Eggert, de la Confédération générale du Travail d'Allemagne;
Bondas, de la Centrale Syndicale de Belgique;
Nygaard, de la Centrale Syndicale du Danemark;
Andersen, de la Centrale Syndicale du Danemark;
Caballero, de l'Union générale des Travailleurs d'Espagne;
Buozzi, de la Confédération générale du Travail d'Italie;
De la Bella, de la Centrale Syndicale de Hollande;
François Neu, de la Commission Syndicale du Luxembourg;
Znadowski, de la Centrale Syndicale de Pologne;
Schurch, de la Commission Syndicale Suisse;
Bergmann, de la Centrale Syndicale de Suède;
Mertens, représentant la Fédération Syndicale Internationale d'Amsterdam;
Albert Thomas, Directeur du Bureau International du Travail;
Dumoulin, du Bureau International du Travail.

Sont également présents à nos assises :

Bernhardt, Président de l'Internationale des Travailleurs du Bâtiment;
Wohlgast, Président de la Fédération des Charpentiers d'Allemagne;
Ilg, Secrétaire de l'Internationale des Métaux;
Van der Haag, Secrétaire de l'Internationale de l'Habillement;
Galgot, des Mineurs de Belgique;
Staub, Secrétaire de l'Internationale de la Chapellerie;
Van der Wahl, Secrétaire général de la Fédération du Bâtiment de Hollande. (*Applaudissements.*)

A tous ces camarades, je souhaite la bienvenue. Nous les recevons comme des frères; ils sont ici chez eux et doivent se considérer à égalité de droit avec les congressistes eux-mêmes.

J'ai été saisi d'une résolution dont je vais vous donner lecture :

Le Congrès de la C. G. T., à l'ouverture de ses travaux, douloureusement ému en apprenant la nouvelle de la terrible catastrophe survenue aux mines de Forbach, dans laquelle douze mineurs ont trouvé la mort, adresse son salut respectueux et l'expression de ses condoléances attristées aux familles des malheureuses victimes.

La Fédération du Sous-Sol et ses délégués au Congrès.

Je pense que le Congrès ne peut que s'associer à cet ordre du jour.

LE PRÉSIDENT. — Camarades, je vais donner lecture d'une motion qui vient d'être déposée par un délégué du Syndicat de la C. P. D. E.

Le Congrès confédéral ayant eu connaissance que la Compagnie parisienne de distribution d'électricité, concessionnaire de la ville, a refusé d'accorder l'autorisation d'absence nécessaire à un de ses agents désigné par ses camarades pour assister au Congrès confédéral, proteste contre cette violation du droit syndical, acte de provocation d'un patronat de combat.

Que ceux qui sont partisans de voter cette motion le manifestent en levant la main. (*Adopté à l'unanimité.*)

Je donne la parole au rapporteur de la Commission de vérification des mandats.

Gourdon (U. D. Drôme), *Rapporteur*. — Camarades, la Commission de vérification des mandats ayant travaillé toute la journée d'hier, j'ai le plaisir de vous annoncer qu'à l'heure actuelle elle a validé plus de 1.700 mandats, représentés par environ 1.200 délégués.

Le Président. — J'inviterais les camarades qui ont des communications de ce genre à faire au Congrès à parler devant le haut-parleur. Pour les camarades qui ont des discours à faire, des points de vue à défendre ou des rapports à expliquer, nous avons pensé qu'il n'était pas nécessaire de les faire parler devant le haut-parleur, considérant que nous avions suffisamment essayé d'apporter des modifications à l'acoustique.

Gourdon. — Je répète donc, camarades :
La Commission des mandats, ayant travaillé hier toute la journée, m'a désigné comme rapporteur. A l'heure actuelle, j'ai le plaisir de vous annoncer qu'elle a validé plus de 1.700 mandats; le Congrès peut donc siéger valablement. Il est encore des mandats qui n'ont pu être validés par suite du manque de l'apposition du timbre de l'Union départementale.

Il est un seul mandat contesté, c'est celui du Syndicat des Employés et Contremaîtres des secteurs électriques de la région parisienne. Les camarades Biot, secrétaire de la Fédération de l'Eclairage, et Aragon, secrétaire du Syndicat, sont donc priés de se rendre à la salle de la Commission des mandats, ainsi que les Fédérations des Unions départementales que je vais appeler.

Le Président. — Ces camarades sont donc priés de se rendre à la Commission des mandats, dans la salle qui lui est réservée.

Je donne la parole au camarade Lenoir pour quelques explications utiles.

Lenoir. — Camarades, nous avons pris l'habitude, dans les derniers Congrès, de procéder à la nomination de Commissions au cours de la première séance. En raison des résultats obtenus jusqu'à présent, nous allons donc procéder, comme aux derniers Congrès, à la nomination des Commissions. A cet effet, chaque délégué trouvera dans son dossier une formule pour la constitution de ces Commissions; il suffira à chacun de mettre son nom et d'indiquer le numéro de la Commission à laquelle il veut appartenir. Dans le cas où un délégué voudrait faire partie de plusieurs Commissions, il n'aura qu'à remplir deux formules ou trois formules, selon le nombre de Commissions auxquelles il veut participer. Dans les huit Commissions indiquées, n'est pas comprise celle relative au journal *Le Peuple*. Il s'agira ici, pour le Président, de faire nommer tout à l'heure une Commission d'un nombre de membres déterminé, pas trop importante cependant, environ une quinzaine et nous pensons qu'il serait préférable que cette Commission soit surtout désignée parmi les membres des unions départementales.

Lorsque les camarades auront rempli leurs bulletins, les commissaires passeront les prendre. Nous pourrions donc procéder maintenant à la nomination de la Commission du journal *Le Peuple*, que nous proposons de quinze membres.

Le Président. — Il est bien entendu que les camarades inscriront sur leurs bulletins déposés dans les dossiers, à cet effet, les Commissions qu'ils auront choisies; les commissaires passeront ensuite avec des corbeilles pour ramasser ces bulletins qui seront dépouillés; après, l'on désignera les rapporteurs.

Jouhaux. — Camarades, pour la simplification des travaux de notre Congrès et pour ne pas être dans l'obligation d'interrompre les discussions qui vont s'établir, nous pensons qu'il serait bon que les camarades se mettent d'accord entre eux sur les Commissions qu'ils choisissent dès ce matin, pour que ce travail puisse être fait très rapidement, que les commissaires puissent ramasser les bulletins et que le Bureau confédéral puisse indiquer, au début même de cet après-midi, la liste des membres des différentes Commissions. Nous pourrions ainsi, le Congrès étant définitivement constitué, dans son ensemble et dans ses Commissions, passer à l'examen du rapport moral, essayer de le finir très rapidement pour ensuite apporter sur les questions inscrites à l'ordre du jour, les décisions et les solutions que vos mandants attendent.

Le Président. — Est-ce qu'il y a des objections sur cette question? Y a-t-il des camarades qui ont des observations à présenter?

Dumontier. — A quel moment les Commissions se réuniront-elles?

Le Président. — Demain après-midi.

Camarades, je crois que nous pouvons ouvrir la discussion sur le rapport moral. Je prie les camarades qui ont l'intention de participer à ce débat de se faire inscrire. Y a-t-il un premier orateur sur le rapport moral?

La parole est à Joly.

Joly (U. D. de Saône-et-Loire). — Camarades, je m'excuse d'avoir eu la priorité pour aborder la discussion du rapport moral à ce Congrès. Je n'ai pas l'intention d'apporter des critiques au rapport moral adressé par la C. G. T., et encore moins à nos camarades placés à la tête du Bureau confédéral et qui se dispenseront, je crois, de billet de satisfaction, puisque ces camarades ont, comme vous le savez, un long passé de lutte derrière eux et la satisfaction du devoir accompli.

Ce que je veux faire à cette tribune et à l'ouverture de ce Congrès, c'est formuler certaines observations qui paraissent avoir leur place dans la discussion sur le rapport moral et que j'intitulerai : la Confédération générale du Travail en présence des réformes sociales. Et j'ajoute, pouvons-nous, en matière de revendications sociales, continuer d'être ou de paraître tributaires d'un gouvernement ou d'un parlement rétrograde en partie sur des lois insuffisantes, incomplètes; ou devons-nous, en certaines circonstances, apporter des solutions d'action que réclame la situation? Nous ne pouvons pas ignorer, camarades, qu'aujourd'hui il y a une thèse qui a pris un certain crédit auprès des masses populaires et qui tend à faire croire que la C. G. T. n'a su qu'adopter ou paraît accepter ce qu'un gouvernement ou un parlement a bien voulu réaliser en ce qui concerne les réformes sociales.

La vérité, c'est peut-être que trop souvent nous paraissons accepter des lois qui sont insuffisantes pour les besoins de la classe ouvrière. Aujourd'hui, cette classe ouvrière doit, à l'issue de ce Congrès, se déterminer; elle ne doit plus, comme par le passé et en certaines circonstances, n'apporter que des formules sèches, mais se déterminer sur des formules d'action.

La classe ouvrière réclame aujourd'hui une considération matérielle et morale à laquelle elle a droit. Et, camarades, qu'avons-nous fait en présence de cette situation? Je ne reproche pas à la C. G. T., parce que trop confédéré, parce que tout de même j'ai des références, et je ne voudrais pas qu'on interprète mon intervention comme une intervention visant, déterminant des critiques apportées au Bureau confédéral ou à la C. G. T. elle-même; je le répète, ce ne sont que des observations. Camarades, qu'avons-nous fait depuis deux ans en présence de cette situation, en présence du vote de lois étriquées?

Nous avons, ou nous avons paru, comme je le disais tout à l'heure, protester ou n'apporter qu'un sentiment exprimé verbalement. Nous avons, au moment des élections législatives, fait connaître dans les réunions publiques organisées par les partis, le programme minimum de la Confédération Générale du Travail. Nous avons, avec le bon sens que l'on nous connaît, essayé d'attirer l'attention des futurs élus et attiré aussi l'attention du gouvernement sur nos légitimes revendications. Avons-nous été entendus et notre action ne doit-elle se borner qu'à ces interventions verbales? Je dis non, nous n'avons pas été entendus, et parfois même des promesses ont été faites qui n'ont pas été tenues. J'ai aimé, à une certaine époque, l'intervention de notre camarade Jouhaux qui résumait, en quelque sorte, les affirmations que j'apporte aujourd'hui et qui disait : Nous avons à une certaine époque fait connaître le programme minimum de la C. G.T.; un parti ou même la totalité des élus ont donné leur adhésion à ce programme, mais nous n'avons attaché qu'une importance très relative à l'affirmation de ces élus, et nous disons qu'il est facile d'accepter un programme quand l'on sait que l'on peut, après l'avoir adopté, le renier. Et Jouhaux poursuivait : Ce programme est dans l'ordre de l'évolution des faits et il faudra bien qu'il se réalise; mais nous ne devons pas, la classe ouvrière ne doit pas demander aux autres ce qu'elle ne serait pas à même de pouvoir obtenir par ses propres moyens. Et notre camarade disait : Ce programme a été accepté à un moment où l'on ne savait pas où l'on allait, à un moment où il fallait parler une langue pas encore apprise. Après, les réflexions sont nées, les promesses que l'on avait faites n'ont pas été exécutées, et c'est ici, camarades, que se détermine mon intervention, c'est pour connaître, en présence de ces affirmations, quelle sera l'attitude future de la C. G. T., quelle sera l'attitude qu'elle entend adopter à l'égard de ceux qui ne réalisent pas les revendications exprimées par la C. G. T. et aussi par la classe ouvrière organisée dans cette C. G. T.?

Camarades, excusez-moi si je m'en vais quelque peu dans des revendications sociales; si je les aborde, c'est pour qu'au moment où notre camarade Jouhaux viendra répondre à ceux qui se seront succédés à cette tribune, notre camarade puisse, avec l'élévation de pensée que nous lui connaissons, apporter et essayer de donner des indications pouvant faire déterminer ce Congrès. Nous avons, à certaines époques, réclamé pour nos camarades mutilés du travail, une législation sociale qui ne soit pas en quelque sorte le vote d'une loi étriquée et douloureusement mal faite. Qu'a-t-on fait et que demandions-nous? Nous avons demandé à ce que nos camarades mutilés du travail puissent au moins être considérés comme les mutilés de la guerre. Nous avons dit : Il faut donner la possibilité aux mutilés du travail, par un vote, par un vote de crédits surtout, il faut par un vote de quelques millions donner à nos camarades la possibilité de vivre dignement dans un pays démocratique, comme on l'appelle. Et alors, camarades, qu'avons-nous vu? Nous avons assisté à ce spectacle, c'est que le gouvernement s'est, en partie, refusé à accorder satisfaction à nos camarades mutilés du travail.

Qu'est-ce que la C. G. T. a fait en cette circonstance? Elle a, je sais, protesté contre l'insuffisance du traitement accordé à nos camarades mutilés du travail. Mais j'estime qu'à l'heure actuelle, ces protestations ne sont pas suffisantes; elles ne sont pas suffisantes non plus quand il s'agit du respect du droit syndical; quand il s'agit de donner la possibilité à nos camarades ouvriers de pouvoir au moins, comme on vous le disait tout à l'heure, comme Guiraud le déclarait en parlant de nos camarades de la région parisienne, exercer une action sur le terrain syndical. Et camarades, là encore la C. G. T. doit indiquer par quels moyens nous allons nous déterminer.

Il y a aussi la question des assurances sociales. Il y a en ce moment, et vous pouvez le voir tous les jours, des attaques dirigées contre cette réforme qui, en quelque sorte, est l'honneur de la Confédération Générale du Travail. En ce moment, l'on cherche, par des correctifs successifs, soit à retarder l'application de la loi, soit aussi pour en modifier les avantages. Aujourd'hui, et puisque nous l'avons à maintes fois affirmé, puisque la C. G. T. possède une puissance, non pas peut-être numériquement, mais moralement, nous avons le devoir d'agir et de dire : Nous exigeons aussi des modifications à cette loi d'assurances sociales, nous exigeons aussi que cette loi soit appliquée à l'heure dite, c'est-à-dire au 5 février 1930.

L'on nous dira : si vous réclamez, vous aussi, des modifications à la loi d'assurances sociales, vous vous verrez dans l'obligation de remettre cette question en discussion et d'en retarder l'application. Je dis que c'est une erreur; nous avons pour devoir, à la C. G. T., de réclamer des améliorations à cette loi qui comporte un grand nombre de lacunes. C'est une erreur que de dire : nous acceptons cette loi et il vaut mieux l'accepter telle qu'elle nous est présentée, que de la voir remettre aux calendes grecques. Je sais trop qu'accepter une loi imparfaite, c'est donner une possibilité d'application qui excède quelquefois une ou deux générations, sans avoir apporté à cette génération qui en est l'auteur, les satisfactions que l'on en attendait.

C'est sur tous ces points que la C. G. T. a à se déterminer et par une formule d'action contre les pouvoirs publics, et nous devons agir.

En ce qui concerne les vacances payées, il n'y a pas de loi non plus et est-ce que nous devons toujours compter sur les pouvoirs publics et sur les gouvernements pour arriver à arracher une réforme? Nous avons la loi, nous avons un projet de déposé depuis cinq années en ce qui concerne les vacances payées. Que nous a-t-on dit? Les gouvernements qui se sont succédés depuis cinq ans nous promettent le vote de cette loi sur les vacances payées; mais nous sommes encore là à attendre cette loi. Tout le système parlementaire est en vacances, et je me demande s'il ne serait pas possible, s'il ne serait pas urgent de ne plus attendre le bon vouloir de ces messieurs pour faire aboutir cette réforme. Aujourd'hui, et c'est un fait, la C. G. T. possède une influence morale formidable; aujourd'hui, nos camarades ouvriers, ceux même qui sont en dehors de cette organisation syndicale, ont les yeux tournés vers l'action de la C. G. T. Aujourd'hui, nous sommes en présence de faits, nous sommes en présence d'une situation qui réclame une action. Eh bien, camarades, il faut que le Congrès et le Bureau confédéral nous donnent les indications nécessaires à une action à engager pour arriver à arracher les réformes attendues par la classe ouvrière. (*Applaudissements.*)

Le Président. — Je donne la parole à Milan, de la Fédération de la Chapellerie.

Milan. — Camarades, je ne savais pas trop à quel moment placer mon intervention, car elle revêt un caractère un peu spécial. Vous pensez bien, ou ceux qui me connaissent pensent bien que je ne suis pas à cette tribune pour apporter des critiques à l'action confédérale passée. Je suis si intimement mêlé à elle que ce serait me dénigrer, me diminuer moi-même que de prendre une telle attitude aujourd'hui; il ne s'agit pas de cela.

Si au cours de cet exposé, je suis obligé d'excursionner dans le passé, ce ne sera que pour en tirer les leçons que j'y ai puisées. Le passé appartient à l'histoire. Cependant, c'est dans l'histoire d'hier que nous écrivons à la suite l'histoire d'aujourd'hui, que s'inscrira celle de demain.

La C. G. T. occupe actuellement, dans l'ensemble des forces organisées, une place, je ne dirai pas prépondérante, mais une place très importante.

Cela comporte des devoirs et comporte aussi et surtout pour les militants qui expriment cette puissance des obligations de prudence.

Guiraud, tout à l'heure, dans son discours, nous disait que le Congrès actuel avait des problèmes économiques d'avenir à résoudre. Je reprendrai cette formule heureuse, en l'amputant cependant d'un mot, du mot « économiques ». Je dis, moi, que ce Congrès a des problèmes d'avenir sinon à résoudre, en tout cas à envisager.

Nous occupons, dis-je, une position importante, je pourrais dire une position unique, non seulement dans ce pays, mais dans l'ensemble du monde ouvrier international. La C. G. T., tout en affirmant qu'elle est un organe économique, expression des besoins de la classe ouvrière, n'en apparaît pas moins, dans certaines de ses manifestations, comme une puissance proprement politique.

Évidemment, nous contenons en nous, nous devons contenir une puissance politique. Ce que je vous demanderais d'examiner, c'est comment cette puissance politique peut et doit être exprimée par la C. G. T. Tout le problème sur lequel je vous demande de vous pencher est contenu dans ce point : comment la C. G. T. peut-elle s'exprimer politiquement?

Camarades, je veux faire un retour en arrière; cela me rajeunira un peu et j'en ai besoin pour supporter ce débat. Je vais faire un retour en arrière pour fixer nos origines. Oh! heureusement, nous n'avons pas besoin de remonter bien haut dans l'histoire pour aller jusqu'aux origines de ce que l'on appelle le syndicalisme, car avant qu'il y ait un syndicalisme tel qu'il s'entend aujourd'hui, il y avait des syndicats tout court; ces syndicats ont donné naissance au syndicalisme et l'on peut dire que le syndicalisme est né avec la C. G. T. La Confédération générale du Travail, à ses origines, a affirmé quelques idées, quelques principes qu'il serait peut-être bon aujourd'hui de passer au crible de la critique, d'une critique bienveillante et sympathique. On a cru dur comme fer — j'ai cru dur comme acier — j'ai cru longtemps que le syndicalisme suffisait à tout et à autre chose encore; en dehors de lui, il n'y avait rien; nous ne comptions, sinon pour les briser, avec aucune autre force sociale ou politique organisée. Je crois que c'est là une de ces erreurs de vision communes à l'enfance ou tout au moins à la jeunesse. On est plein de vigueur, plein de fougue, plein d'illusions et on croit que cela est un moteur suffisant pour instaurer ce que l'on croit être la vérité totale, la justice sociale et l'équité. Et l'on part, et l'on se heurte... à la guerre, croyant pourtant l'avoir rendue impossible. L'on s'est heurté à la guerre! La Charte d'Amiens n'a pas constitué, avec tout son antimilitarisme courageux et truculent, un rempart efficace contre la guerre...

Voilà le syndicalisme d'avant-guerre! Il ne s'agit pas de le renier. Qui voudrait, parmi nous, renier sa jeunesse, les plus beaux de ses ans, l'époque des fortes croyances, des douces illusions? Il ne s'agit pas ici de renier; il s'agit de nous pencher sur nos rêves d'antan, non pas pour nous décourager quand nous nous serons aperçus qu'ils se sont évanouis, mais pour puiser dans l'évanouissement de nos rêves une autre foi, une autre croyance : la croyance que la réalité comporte d'égales beautés à celles que nous voyions autrefois dans les seuls mirages sociaux.

Eh oui, la réalité! Et qu'est la réalité au fond, si ce n'est un idéal déjà réalisé ou en voie de réalisation? Je pense que les camarades qui m'écoutent n'ont pas besoin, pour continuer leur action, pour rester les fidèles soldats du syndicalisme, de croire au miracle social, de croire à ce que nous avons cru jadis : qu'il suffirait d'une bousculade, à un moment donné un peu plus forte pour faire table rase de tout le passé, de tout le présent, et pour faire surgir des ruines de ce passé un édifice idéal.

Vraiment, si les institutions sociales auxquelles nous aspirons étaient si faciles à réaliser, s'il suffisait de se faire tuer à l'occasion pour qu'elles fleurissent, il est certain que nous serions bien coupables de ne pas les avoir déjà réalisées. Hélas, le cheminement social, l'évolution, le progrès nécessitent d'autres efforts, et il faut voir aujourd'hui que nous sommes à la fin d'une expérience, de plusieurs expériences, il faut voir où le syndicalisme que nous représentons en est réellement pour pouvoir déterminer demain la route sur laquelle nous devrons nous engager pour aller plus loin.

J'ai dit que le syndicalisme d'avant-guerre, avec son absolu, ses outrances et sa puérilité avait été une nécessité. Mais lorsque les choses, les événements vous ont fait voir que l'on ne détenait pas la vérité totale et absolue, est-ce que ce n'est pas faire preuve de courage que de se pencher ensuite d'une façon plus sûre sur le chemin qui nous conduit vers nos espoirs?

Il s'agit donc de savoir si l'action d'hier est la meilleure des formes d'action.

Je crois, sauf erreur, que parmi ceux qui m'écoutent, beaucoup ont reconnu dans leur for intérieur ce que je viens de reconnaître publiquement moi-même : l'insuffisance de conceptions et de tactique du syndicalisme d'avant-guerre. Oh! évidemment, quand on s'en tient aux formules que nous avions adoptées alors, il est certain que ces formules sont assez vastes pour contenir tout : mais c'est justement cette ampleur démesurée et trop schématique qui fait notre propre faiblesse.

Syndicalisme d'avant-guerre exprimé par la Charte d'Amiens? Certes, la Charte d'Amiens, tout le monde l'a plus ou moins adorée, adulée, aimée. C'est une personne aimable qui s'en laisse conter facilement. On l'a aimée dans un autre lieu; on s'en est réclamé jusqu'hier; je reconnais qu'on a eu le courage et la franchise de l'abandonner à son destin depuis quelque temps. Il n'est pas à dire que nous dussions, nous, l'abandonner à son destin entendu au sens d'abandon ingrat, en la laissant lamentablement finir dans l'oubli méprisant qui donne à l'agonie des choses tant de tristesse.

La Charte d'Amiens doit être considérée comme la charte première du syndicalisme. Comme toute charte, comme toute constitution, elle n'est pas définitive, immuable. Le mouvement des choses en a rendu la révision nécessaire, sinon la révision, du moins la nécessité d'y apporter quelques précisions, ne serait-ce que pour la débarrasser des pléonasmes. C'est un primaire qui s'est aperçu que la Charte d'Amiens contenait même des pléonasmes! Que ne contient-elle donc pas pour ceux qui sont autre chose que des primaires? Hélas! la Charte d'Amiens, on pourrait dire qu'elle est elle-même primaire. Elle conçoit l'évolution humaine sous un aspect, selon des modes un peu simplistes, simplifiés, pourrait-on dire. La vérité nous oblige à reconnaître qu'elle est en tout cas devenue tout à fait insuffisante comme expression du syndicalisme que nous devons pratiquer. Voilà, en un mot, le premier point sur lequel je voudrais attirer l'attention du Congrès.

Premier point qui nous conduit à un deuxième : leçon que nous devons tous avoir reçue de la guerre et de l'après-guerre. Certes, il semble au premier abord, quand on ne regarde les choses qu'en surface, il semble que nous continuions d'être dans la vraie tradition, la vraie tradition n'est-elle pas toujours la tradition que l'on suit? L'on a continué d'agir comme si l'histoire avait continué à s'écrire sur le mode paisible, avait continué à s'écrire au ralenti, alors que les événements nous disent et nous ont fait sentir, nous font encore sentir que nous vivons une histoire tragique, une histoire où les événements se précipitent avec une vitesse qui donne le vertige à ceux qui veulent en tirer quelque chose, à ceux qui vivent vraiment leur époque, à ceux qui la vivent dans ses affres et aussi dans les espoirs qu'elle contient.

La route que nous suivons? Je dis tout de suite que jusqu'aujourd'hui, elle m'a paru comme la seule possible. Je la considère comme la route où nous avons été poussés par la fatalité. Fatalité de la guerre!

La guerre a hissé la C. G. T. sur une sorte de rocher du haut duquel on put organiser les œuvres nécessaires à la durée du syndicalisme et à son développement. Il faut reconnaître que la position que nous avons prise alors a contribué largement à faire de la C. G. T. ce qu'elle est aujourd'hui, c'est-à-dire une force avec laquelle on compte de plus en plus. Il serait donc ingrat de reprocher à la C. G. T. l'attitude qu'elle a prise hier et qu'elle continue à garder aujourd'hui. Voilà pour la guerre. Il ne faut pas oublier en effet, camarades, que la C. G. T. est à l'origine non du traité de Versailles, car ce ne serait pas un compliment à lui faire, mais à l'origine du peu de bien que contient le traité de Versailles, de sa partie XIII, en un mot que la C. G. T. a été l'un des meilleurs ouvriers — ou plutôt, pour ne pas lui enlever son sexe — une des meilleures ouvrières de la réconciliation internationale pendant la guerre et après la guerre; ce sont des choses que l'on ne doit pas oublier, car elles sont tout à son honneur, à l'honneur de ses militants.

Voilà donc esquissée notre physionomie d'avant-guerre et de guerre. Il reste à examiner, avant de conclure, l'après-guerre. Cette période n'est pas la partie la moins tragique de la vie confédérale; comme les deux autres, elle mérite de fixer l'attention sympathique de tous les esprits sérieux qui travaillent au sein du syndicalisme.

Au point de vue tactique, la conduite de la C. G. T. n'a pas été, hélas! toujours telle que nous l'aurions voulue. Nous avons été bien souvent empêchés de déterminer librement la meilleure méthode, car nous étions bousculés brutalement par certains événements, par les circonstances tragiques que nous vivions. Nous sommes sur une route. Mais qui oserait affirmer ici que cette route a été librement choisie par nous?

Eh! oui, la scission, l'erreur de la scission qui est devenue le crime de la scission en se prolongeant. Eh! oui, c'est la scission qui nous a portés sur le point où nous sommes, qui nous a fait nous engager peut-être plus avant qu'il n'aurait été dans nos intentions sur la voie où nous cheminons actuellement. Camarades, comme beaucoup d'entre vous, je viens de terminer un Congrès corporatif. Petit Congrès corporatif, qui réunissait une vingtaine de camarades, dans lequel nous avons pris des décisions d'ordre professionnel qui n'intéressent qu'une partie infinitésimale du monde ouvrier, mais dans lequel nous nous sommes tout de même penchés sur les problèmes d'intérêt général, d'intérêt général ouvrier — je tiens à marquer cette restrictriction au sens du mot « général » —. Dans ce Congrès, pour amener mes camarades, qui n'avaient pas besoin de beaucoup d'efforts pour y être amenés, pour amener mes camarades à mon point de vue, j'ai employé une figure que je vous demande la permission de reproduire.

Voici comment je voyais, et vois encore, notre C. G. T. C'était un bel arbre, ayant de fortes ramures, bien équilibrées autour de son fût robuste. Quelques fleurs éblouissantes étoilaient sa riche frondaison digne d'être chantée par le poète. Cet arbre a été assailli brusquement par une bourrasque, par une tempête formidable, tempête venue de lointains confins, car notre météorologie occidentale tempérée ne produit heureusement pas de tels cyclones dévastateurs!

Un Délégué. — Abrégez.

Le Président. — Je crois qu'il n'est pas besoin de dire à un camarade d'abréger au début d'une discussion. Laissez donc le camarade Milan terminer son exposé; il nous en a annoncé la conclusion et je suis certain qu'il y arrive.

Par conséquent, l'effort qu'il vient de fournir est suffisant pour inviter les congressistes à la tolérance.

Milan. — Camarades, je pensais que le problème dont je viens de poser les données était suffisamment important pour justifier quelques instants d'attention. (*Très bien.*) Si je me suis trompé, si je ne suis qu'une vieille barbe de... tribune (*protestations*), je ne vous importunerai pas davantage, en regrettant toutefois de constater que d'aucuns se croient toujours détenteurs de la vérité totale, tactique et doctrinale, qu'il n'y a rien à modifier ni à la conception, ni aux formes d'action confédérale. (*Protestations nouvelles.*)... J'ai compris, je vais donc continuer. (*Applaudissements.*)

J'ai une consolation : il n'y a qu'un congressiste que j'importune; c'est peu pour une réunion aussi nombreuse. Et ma foi, je n'en étais pas encore à ma conclusion. J'y arriverai, ce sera d'ailleurs la partie la plus courte, comme dans tous les discours du reste : la conclusion tient généralement dans une phrase.

Je reprends. J'étais sous un arbre, l'arbre confédéral. Je suis allé jusqu'aux tropiques, aux tropiques de la température révolutionnaire s'entend, et, par ce temps de canicule, je comprends que cela ait pu effrayer quelques camarades.

L'arbre était bien d'aplomb, disais-je : l'orage est venu qui l'a foudroyé, qui l'a amputé de tout un côté, du côté gauche si vous voulez. Et, camarades, lorsqu'un corps a perdu un des éléments de son équilibre, tout naturellement il penche du côté opposé. Oh! n'allez pas croire que je vais taxer notre C. G. T. de « droitisme », mais je constate, et vous le constaterez avec moi, que nous avons été entraînés tout naturellement, les uns et les autres, à suivre une route qui semble s'infléchir quelquefois d'une façon trop inquiétante du côté qu'il est convenu d'appeler la droite.

Eh bien, c'est vrai, et c'est ce que j'appelais tout à l'heure le fatalisme qui nous tient courbés là. Nous sommes sur un point où nous avons été jetés presque malgré nous.

Où sommes-nous? Quel est ce point?· Je reviens à ce que je disais tout à l'heure : syndicalisme suffisant à tout, cela veut dire qu'il prolongera, qu'il projettera ses manifestations sur tous les terrains. Le syndicalisme d'avant-guerre porte en lui, qu'on le veuille ou non, cette nécessité de se projeter sur tous les terrains : professionnel d'abord, cela va sans dire, économique ensuite, social et surtout politique, car le politique, je ne dis pas la politique, car le politique est bien comme une sorte de généralisation, de synthèse de toutes les autres formes d'activité. Si le syndicalisme doit projeter ses activités sur tous les terrains, et j'en reste convaincu, devons-nous donner à notre action la forme nominalement politique? Nous mêler directement aux jeux des partis, c'est-à-dire devenir un parti?

C'est tout le problème que je voulais soumettre à votre jugement.

Vous allez me dire : Mais la C. G. T., jusqu'à maintenant, ne s'est jamais exprimée politiquement comme tu sembles le craindre.

A la C. G. T., c'est vrai, nous n'avons jamais fait de la politique militante. Et je me rappelle même certain Comité confédéral National, certaine polémique amicale parue dans le *Peuple*, où je me suis fait le champion (si j'ose employer ce mot pour ma personne), contre mon ami Lenoir, d'une forme indirecte d'action politique en proposant, ce qui, du reste, a été suivi par la suite, de jeter dans la circulation électorale le programme de la C. G. T. Jeter le programme confédéral dans la circulation électorale, c'est une chose; être candidat confédéral à une élection ou à un mandat purement politique, c'est une autre chose.

 · Eh bien, camarades, ceci traduit parfaitement mon opinion. Nous avons des intérêts sociaux à défendre. Pour les défendre, il est évident que nous ne devons pas limiter notre action à la seule forme corporative. Il faut bien que nous prolongions cette action, mais le tout est de savoir, et c'est sur cela que je pose le point d'interrogation, il s'agit de savoir jusqu'où il nous est permis d'aller syndicalement dans l'expression politique de notre activité.

Je ne pense pas qu'actuellement le problème de la participation directe du syndicalisme à la lutte électorale se pose. Mais il y a d'autres problèmes qui doivent être posés ici. Syndicalisme, force politique? D'accord. Mais si nous ne devons pas prendre part à certaines formes d'activité, il serait peut-être nécessaire de préciser, de limiter, ou plutôt de délimiter le champ d'action de ceux d'entre nous qui détiennent un mandat syndicaliste, ou pour mieux dire confédéral.

Vous pensez bien, et je dis cela pour tranquilliser ceux qui pourraient croire que ma conclusion va s'opposer aux personnes, que mon intervention n'est pas spontanée, inopinée. J'ai prévenu le Bureau confédéral de mon intention. Je suis donc à cette tribune pour accomplir un devoir. J'y suis, je vous le répète, non pas en accord avec le Bureau confédéral, mais l'ayant averti que j'ouvrirais un débat sur certains points de doctrine.

Eh bien, j'arrive à la conclusion. J'avoue que l'interruption de tout à l'heure m'a enlevé un peu de mes moyens et me fait abréger, comme le désirait l'interrupteur. Vous vous en réjouissez sans doute, et vous pensez que j'en ai assez dit pour les conclusions que je vais, non pas déposer — nous ne sommes pas devant le tribunal — mais que je vais tirer de mon intervention soient suffisamment motivées pour retenir l'attention du Congrès.

Je résume :

Nous sommes à un point de la route non librement déterminée par nous; nous avons été bousculés, portés sur des lieux que d'aucuns peuvent estimer dangereux. Nous y sommes, que devons-nous faire?

Si on s'en tenait à certaines formules, il est certain qu'il n'y a rien à dire, qu'il n'y a rien à reprendre, qu'il n'y a aucun danger visible menaçant la C. G. T. sur le terrain qu'elle occupe. Il est certain que si on s'en tient à des généralités, comme celle-ci par exemple : « que l'atelier remplacera le gouvernement », nous sommes dans la bonne voie. Mais je crois, moi, que notre syndicalisme, s'il doit s'occuper de l'avenir, c'est de l'avenir immédiat. En d'autres termes, il devrait borner son ambition à agir sur le présent et à amorcer l'action de demain, laissant l'après-demain aux amoureux des constructions purement spéculatives. C'est le présent qui nous préoccupe, c'est aujourd'hui et demain.

Comment pourrons-nous le mieux servir nos intérêts présents auxquels sont liés les intérêts de demain de la classe ouvrière?

Eh bien, je suis convaincu personnellement que nous sommes, par quelques côtés, dans une position qui pourrait bientôt se révéler comme dangereuse pour la force du mouvement syndical. En effet, avec votre approbation, notre camarade Jouhaux, secrétaire de la C. G. T., a accepté certains mandats d'ordre politique, à des périodes qui pouvaient expliquer cette participation de la C. G. T., à un organisme international chargé de construire la Paix. Entendez par là le mandat gouvernemental que notre secrétaire général avait à la Société des Nations. Vous savez à la suite de quelles circonstances notre camarade fut appelé à se démettre de ce mandat. Aujourd'hui, la question se pose de savoir, si, demain, le cas échéant, notre camarade Jouhaux devrait accepter une autre mandat de cette sorte.

C'est le premier point sur lequel j'attire votre attention, et si j'attire votre attention sur ce point, camarades, c'est que vous sentez bien, comme moi, que si vous répondez par l'affirmative, si vous dites que, demain comme hier, notre général, sollicité par un gouvernement, peut accepter un mandat de nature spécifiquement politique, vous sentez bien que vous ouvrez la voie à des investitures autrement dangereuses qu'un mandat à la Société des Nations.

Quelles raisons de principe pourrions-nous opposer, en effet, si nous acceptions sans réticence, sans réserve, que de tels mandats fussent détenus par nos meilleurs militants? Quelles raisons opposerions-nous si les mêmes personnalités étaient sollicitées par des équipes gouvernementales d'accepter alors, non pas des mandats à la Société des Nations, mais d'accepter des mandats ministériels, par exemple? Vous me dites : Impossibilité? Ceux qui pensent cela ne sont pas au courant sans doute des petites querelles de ménage qui, quelquefois, surgissent entre nous dans les organismes intérieurs de la C. G. T.; ils ne sont pas au courant non plus du mérite qu'a notre secrétaire général — ça n'est pas un secret d'Etat que je vais divulguer, je pense — d'avoir su se défendre d'un maroquin ministériel. Eh bien, toute la question est là. Jusqu'où, dans cette voie, devons-nous aller? Sur quel point devons-nous nous arrêter?

Examinez ce problème, camarades; examinez-le froidement, examinez-le sans parti-pris de polémique; faites un examen de conscience et de doctrine comme celui auquel je me livre devant vous en ce moment et je suis sûr que votre réponse sera conforme à mes conclusions. Vous direz : la C. G. T., organisation économique et sociale, ne doit pas aller là, elle doit s'arrêter.

Si vous savez fixer des limites précises à notre action, si vous savez la circonscrire, la rendre moins ambitieuse, mais plus pratique et plus concentrée, si vous savez faire cela, je crois n'être pas un mauvais prophète en vous prédisant qu'alors, lorsque vous l'aurez dégagée, je ne dirai pas des équivoques, mais du clair-obscur qui la borde politiquement, lorsque vous aurez fait le grand jour sur ces points doctrinaux, nous atteindrons à un syndicalisme de masse, car la masse ouvrière ne peut être organisée que sur le vaste terrain des réalités immédiates. Le nombre ne peut pas atteindre les sommets. L'adhésion de l'ensemble de la classe ouvrière ne peut être acquise qu'à des revendications pratiques, qu'à un syndicalisme plus concentré, à un syndicalisme que vous me permettrez d'appeler « minimum ». Concentrant ses efforts sur des buts limités, notre C. G. T. aurait beaucoup plus d'influence sur les partis qui travaillent à côté de nous qu'elle n'en a réellement aujourd'hui.

Je termine en disant qu'il faudra que vous envisagiez si ces délégations possibles ne risquent point de nous mettre en difficulté avec des mouvements politiques sympathiques, et si ces oppositions, d'autre part (c'est leur côté le plus dangereux) ne s'aggraveront pas en des compétitions de personnes? Ainsi, la C. G. T. pourrait apparaître, par certaines de ses manifestations, comme étant l'antagoniste d'organisations politiques, alors que nous sommes et devons rester une force indépendante mais qui, naturellement, est sympathique aux groupements qui marchent parallèlement à elle.

Je le répète, si vous donnez au problème que j'ai posé la solution que je sollicite, vous aurez ainsi renforcé la position confédérale et nous n'apparaîtrons plus comme pratiquant une tactique que nous reprochons à l'autre C. G. T. de pratiquer. Je ne fais la cour à personne, ni aux « unitaires », ni aux puissances politiques auxquelles je fais allusion. Nous devons rester un syndicalisme, non pas neutre, mais indépendant, et plus notre indépendance sera affirmée dans les faits, plus notre influence se fera sentir fortement sur la politique générale de notre pays. (*Applaudissements.*)

Le Président. — Camarades, si vous le voulez bien, nous allons lever la séance et la reprendrons à deux heures précises.

La séance est levée à midi 10.

Séance de l'Après Midi

Même bureau que le matin.

Le Président. — Camarades, nous allons ouvrir la séance.
Je donne la parole au camarade Bousset, des pipiers de Saint-Claude.

Bousset. — Camarades, il n'est pas dans mon intention de différer le cours normal de ce Congrès. Mais il est un devoir indispensable à remplir au nom du Syndicat « Le Travail » des Pipiers de Saint-Claude, c'est celui qui consiste à remercier la Confédération Générale du Travail, la Fédération du Bois et l'ensemble des organisations syndicales qui ont apporté, au cours de nos deux mois de grève, une solidarité effective et merveilleuse à nos camarades en lutte.

Je tiens particulièrement également à remercier la Fédération du Bois d'Allemagne et l'Internationale du Bois, qui nous ont apporté une solidarité effective, ainsi que le Bureau confédéral, qui a apporté sa solidarité morale aux grévistes de Saint-Claude. Soyez assurés que nos camarades pipiers vous en seront reconnaissants. Encore une fois, merci à tous. (*Applaudissements.*)

Le Président. — Camarades, nous allons continuer la discussion sur le rapport moral.

Des camarades se sont fait inscrire, il y a une liste assez longue. Nous n'en sommes pas encore au cinquante-cinquième orateur inscrit, j'espère que nous n'y arriverons pas.

Je donne la parole au camarade Le Pen, des Monteurs-Electriciens de Paris.

Le Pen. — Camarades, à vouloir user du droit de critique, peut-être risque-t-on une certaine impopularité, mais comme nous ne cherchons point de succès, comme nous pensons qu'il est du devoir de tous les délégués d'user de ce droit, comme nous pensons qu'à se taire, à rester inertes devant un état de choses que nous ne trouvons pas convenant aux faits, ce n'est pas une solution, nous apportons, pour notre part, des observations.

Ce matin, Guiraud, dans son discours d'ouverture, a indiqué que la C. G. T., aujourd'hui très prospère heureusement, avait, à un moment donné, été dans une situation difficile. Il faut donc que ce qui a créé ces difficultés soit un enseignement pour l'avenir.

Il serait évidemment trop facile, et trop souvent on a cette habitude, de vouloir faire porter à d'autres toutes les responsabilités, dont une partie incombe à soi-même.

Au moment où le mouvement syndical semble retrouver un peu de sa confiance et de sa stabilité, il importerait, dans un but utile, indispensable, de tenir compte de ces faits; sans vouloir faire de retour en arrière, les choses que l'on veut éluder sur le dos d'autres pourraient, si je tiens compte du discours de Milan, apparaître demain encore sous une autre forme. Prévenus, peut-être n'accomplirions-nous point certains gestes, ce qui serait au mieux.

Mais je demande au Congrès de se dire qu'il y a eu autre chose que de l'irréflexion, que de l'entraînement sous une influence extérieure. Il y a eu une attitude qui a fait se diviser les travailleurs.

Pensons à l'avenir et ne retombons pas dans ce même travers.

Au moment où l'organisation d'à côté est livrée à la division, au moment où, comme les scorpions, elle porte en elle le germe de sa destruction, on pourrait peut-être se dire : « Elle se suffit à elle-même ». Cependant, sans tomber non plus dans le travers d'une union impossible, sous une certaine forme, il faut se dire que le premier remède, le principal remède aux difficultés du mouvement syndical, c'est surtout son impuissance. Et sa puissance peut se retrouver demain si ceux qui, ne pouvant plus tenir dans un organisme totalement inféodé aux influences politiques, tournent les yeux vers la C. G. T.

Certes, pour ma part, je ne trouve pas que tout y est pour le mieux, mais je pense, contrairement à certains bons amis, que c'est là que doit se résumer la synthèse du mouvement syndical, du mouvement révolutionnaire des travailleurs organisés. (*Applaudissements.*)

Je voudrais que, faisant taire certaines rancunes, tout en prenant des précautions pour éviter des confusions, la porte soit largement ouverte à ceux qui viennent, animés d'intentions généreuses, désintéressées, qui ne sont point sous l'influence de je ne sais quel parti, mais qui considèrent que le syndicalisme est la meilleure arme des travailleurs pour réaliser l'idéal des exploités. Je pense qu'il serait bon de leur ouvrir largement la porte, et surtout de ne point tomber dans l'erreur qui fait se diviser ceux-là.

Il m'indiffère que les partis politiques agissent sur le terrain législatif, il importe que sur le terrain économique l'indépendance du syndicalisme reste absolue.

Alors que souvent nous avons été, au point de vue conceptions, doctrines, dressés contre les politiciens de tous les partis sans aucune exception, on verrait cette chose assez singulière que ceux contre qui nous adressons quelques reproches ne trouveraient point de meilleurs défenseurs que nous pour se dresser contre les politiciens, quels qu'ils soient. Je dis que le syndicalisme, s'il ne suffit point à tout, doit se suffire à lui-même. (*Applaudissements.*)

Pour ma part, aucune arrière-pensée ne m'incite à apporter quelques objections sur la propagande et sur l'action menées par la C. G. T., mais simplement le désir de la voir plus active, plus agissante, apporter des réalités.

Mais je suis un peu pris par la thèse développée par notre camarade Milan, qui me fait me demander si un nouveau danger ne va pas se manifester au sein de la C. G. T.

Pour notre part, nous pensons que la C. G. T. doit se suffire à elle-même. Les conditions économiques sont les mêmes, le patronat et le capitalisme sont aussi intransigeants, ils n'entendent point laisser toucher à leurs prérogatives. Les méthodes adoptées sont venues de certaines circonstances, mais elles ne sont pas dictées par une réflexion. Je pense qu'à l'avenir, il faudrait s'arrêter à certaines mesures et éviter de tomber dans cette erreur qu'il faut pénétrer partout auprès des organismes gouvernementaux et patronaux pour le bien de la classe ouvrière. Notre pensée, c'est qu'on y passe un temps très précieux, qu'on est tenu, par l'ambiance, à des réserves auxquelles on ne serait pas tenu si ce rapprochement, cette collaboration avec les Pouvoirs publics et le capitalisme ne se produisaient pas.

En tous les cas, nous disons que c'est cette chose qui a été le principal facteur de la division ouvrière. Prenons garde à l'avenir. Et s'il était vrai que certains gouvernants songent à nouveau à lier davantage le sort de la C. G. T. par un portefeuille, nous devrions nous dresser et dire : « Non, pas de cela. » Les destinées ouvrières ne peuvent être suspendues à la bonne volonté des représentants capitalistes; la classe ouvrière seule sera sa propre libératrice.

Nous voudrions le retour à une action plus vive que l'on trouve périmée. En jetant tout à l'heure un coup d'œil sur les tableaux, vieux cependant, mais toujours actuels, parus dans *L'Assiette au Beurre,* où les dessinateurs

Steinlein et Luce reproduisaient des scènes bien vivantes, nous disons :
« Comment, ces dessins d'événements sociaux, de la marche des hommes,
sont encore réels et vivants et aujourd'hui on nous dit que les méthodes
d'avant-guerre sont périmées! Non! » On a adopté ces méthodes parce qu'elles
correspondaient à des périodes où il y avait moins de difficultés. Tenons-nous
en là, camarades, n'allons pas plus loin, sinon ce serait dangereux!

Que l'on ne dise pas que les délégués des Monteurs-Electriciens sont
contre les partis politiques. Pour ma part, je ne discute point de leur utilité,
mais ce que je demande c'est que la même erreur que celle qui se commet
chez les communistes ne vienne pas, sous le nom du parti socialiste ou de
n'importe quel parti, se produire ici. Que ce parti fasse sa besogne, sa propagande, mais en dehors du syndicalisme. (*Applaudissements.*)

Un des reproches que nous avons adresser à la C. G. T. tient à une
situation excessivement grave. A notre Congrès fédéral nous y avons apporté
une solution qui, je pense, sera également prise au Congrès confédéral. Je le
souhaite, mais cependant, il nous est profondément pénible d'avoir constaté
que depuis plus de deux années la C. G. T. n'a rien dit à un système qui,
sous le nom de rationalisation, est imposé à la classe ouvrière; système qui
l'écrase de difficultés, qui, dans les usines Citroën, Renault, Ford, donne
aux formes d'exploitation une allure de maison centrale, où, si le garde-
chiourme s'appelle un surveillant et n'a point le revolver, le reste, même le
matricule, subsiste. Nous aurions voulu que la C. G. T., par son Conseil
Economique, apportât depuis longtemps la résolution qui vous sera présentée.
En tout cas, nous aurions voulu, sachant comme nous que le système employé
sous ce nom n'était qu'un odieux procédé de « négriers modernes », que des
protestations s'élevassent de la Confédération Générale du Travail.

Il n'en a pas été ainsi. On a laissé confondre le système que la C. G. T.
voulait intimement avec celui qui se pratiquait couramment. Et une certaine
partie de l'opinion publique disait : « Mais la C. G. T. laisse faire, elle est
d'accord avec le capitalisme pour laisser employer ces procédés. » Hélas! le
silence de la C. G. T., son inertie devant ces conditions, semblaient donner
raison trop facilement à ceux qui pensaient de cette façon.

Pour notre part, nous considérons que le sentiment exact qui a fait agir
la C. G. T. et concevoir une transformation dans les méthodes de production,
avait pour but d'accorder aux travailleurs des moyens de consommation plus
grands. Cependant, nous ne croyons pas que plus que nous la C. G. T. puisse
s'illusionner sur les sentiments de générosité de nos exploiteurs. Alors que
devant chacune des revendications les plus légitimes, le patronat oppose un
refus formel, on prétend espérer que demain il sera convaincu de son ignomi-
nie et reviendra à une conception meilleure des rôles sociaux? Je ne le
crois pas.

Aujourd'hui il faut que la C. G. T., publiquement, tardivement peut-
être, — mais il n'est jamais trop tard pour bien faire, — dénonce, comme
l'a fait la Fédération du Bâtiment, ce procédé employé sous le nom de rationalisation. Si elle ne le faisait point, ce serait ce procédé qui se continuerait avec
un acquiescement tacite de la Confédération Générale du Travail.

Nous croyons facilement que la meilleure façon d'élaborer une règle nouvelle, conçue dans le sens le plus large, profitable à la classe ouvrière, ne
sera pas appliquée facilement. Il y a, en tous les cas, utilité urgente à ce
que cette démarcation soit faite dès aujourd'hui, pour que les ouvriers ne
disent pas comme ceux qui sont descendus au fond des enfers : « Nous
sommes enfermés là, nous avons perdu toute espérance de nous libérer, de
nous défendre », puisqu'un organisme qui s'est donné la tâche de nous
libérer reste muet, et par ce mutisme marque son impuissance.

Cette décision prise, le texte d'élaboration d'une règle nouvelle établi, il restera à ne pas trop s'illusionner sur les possibilités d'application. Mais il faudra à plusieurs reprises que cette décision soit publiée, qu'une campagne soit faite, parce que je crains que le patronat, étant donné le but poursuivi dans ses nouvelles méthodes d'exploitation sous le nom de rationalisation, entièrement à l'encontre des désirs et des intérêts ouvriers, ne continue et ne se laisse point influencer par la juste demande de la C. G. T.

Le grand moyen, celui qui résoudra, dans l'avenir certainement, les problèmes sociaux, qui réalisera l'idéal des producteurs, ce sera la conscience et la force, et c'est ce moyen qui nous manque.

On nous dira : « Vous êtes partisans du tout ou rien et vous ne voulez rien faire que si vous avez tout. » Non, mais nous n'abandonnons point non plus le tout pour le peu. Pour nous, chaque amélioration est un point marqué, mais nous ne nous contentons point de cela. Pas de promesses ! Agissons toujours, comptons sur nous-mêmes ! Disons-nous que dans l'avenir la force syndicale, la force ouvrière doit s'affirmer et ne s'affirmera qu'autant qu'elle sentira qu'une C. G. T. a repris confiance en elle-même, a abandonné certaines de ses erreurs, a changé certaines de ses méthodes.

Ah ! je sais bien, la vie est ainsi faite, les individus sont « flemmards ». A côté, on dénigre la classe ouvrière parce qu'on dit qu'elle est paresseuse et passive. C'est une constatation, mais ce n'est pas une solution.

Il est exact en effet que la classe ouvrière est passive, inerte. Qu'on ne dise pas : « On l'a trompée toujours, on ne lui a point donné satisfaction. » Elle n'a pas vraiment fait d'efforts pour l'obtenir et pour modifier l'état de fait.

Si, dans l'avenir, le retour à des méthodes plus actives s'opérait, soyez tranquilles, avant peu de temps la C. G. T. serait plus combattive, plus puissante à travers le monde, et c'est à souhaiter.

Je dis donc qu'en ce qui concerne la rationalisation, il est certain que, considérée sous l'angle d'une possibilité plus grande de satisfactions, nul ne peut se dresser contre cette méthode.

Qu'on ne laisse pas supposer, parce que nous combattons un système mauvais, que nous sommes adversaires du progrès, que nous sommes des rétrogrades qui se plaisent aux méthodes d'hier par paresse d'essayer les nouvelles ! Non. Nous ne confondons point l'illusion avec la réalité. Nous voulons que le machinisme serve l'homme, mais qu'il ne l'asservisse point. Or, à nos yeux, il apparaît comme une aggravation de la situation particulière. D'ailleurs, l'ensemble de ceux qui sont partisans de la véritable rationalisation le reconnaîtront également, ils sont d'accord avec nous, mais ils ne l'ont pas manifesté publiquement. Aujourd'hui c'est un fait, et nous pensons que cela ne se passera pas sans difficultés.

Evidemment, une plus grande production, logiquement, dans une société raisonnable, avec une classe ouvrière forte, consciente, devrait donner des moyens plus grands de satisfaction, une amélioration des conditions d'existence. Mais comme dans la production, il n'y a aucune répartition sérieuse, comme le capitalisme a imposé ses méthodes, comme les mercantis s'en vont, en dehors de toutes considérations, vers des buts d'enrichissement, on peut se demander si ce plan de production ne sera pas réalisé demain. Ceci pourrait combattre cela.

Ne nous illusionnons point, ceci ne sera acquis que par une constance des efforts, par une volonté persévérante dans l'action.

En effet, il nous est donné de constater que malgré l'abondance des produits, contrairement à l'époque d'avant-guerre où la loi de l'offre et de **la demande jouait sur le marché**, la loi des mercantis a démoli ce système logique et normal. Et nous pouvons nous demander si demain ce plan établi, plan d'une rationalisation raisonnée et normale quant aux besoins d'améliorer le sort de l'ouvrier, donnera les résultats escomptés. Nous ne le pensons pas.

Nous pensons que le capitalisme use d'un néo-malthusianisme dans sa production lorsqu'il voit ses prix diminuer et lorsque son intérêt est en jeu.

Nous pensons qu'une production ainsi faite par le procédé de rationalisation, dans l'extraction du charbon, la production métallurgique, automobile, si elle a pu donner des avantages au patronat, n'a pas bénéficié aux consommateurs. Ceci indique bien que malgré ce qui peut sembler normal une grande production doit donner des prix meilleurs et des conditions plus avantageuses, les manœuvres de spéculation, d'agiotage du capitalisme, les barrières économiques font que nous aurons beaucoup de mal, lorsque nous aurons élaboré une résolution sérieuse devant faire se réaliser ce que nous pensons être quelque chose de mieux en face de ce qu'il y a de pire.

Non, la classe ouvrière n'a pas le droit de se dresser contre le progrès, mais ne baptisons pas du nom de progrès ce qui n'est qu'une aggravation des conditions de travail. Le progrès doit aider l'homme, le libérer. Est-ce cela qui se passe? Non.

Alors que le perfectionnement du machinisme qui diminue la main-d'œuvre devrait avoir comme corollaire la diminution des heures de travail, nous voyons qu'une loi de huit heures est violée et que l'on fait quelquefois dix ou douze heures. Il y a là une contradiction entre ce qui devrait être fait par rapport aux méthodes appliquées et ce que nous désirons, et ce qui se réalise actuellement.

Je ne partage point l'optimisme d'une partie peut-être du Bureau confédéral qui, dans l'élaboration de ce plan au Congrès de Bullier, disait : « Les inconvénients de la rationalisation ne sont que momentanés. » Je pense qu'ils dureront autant que le système, parce que tel est le but recherché par le capitalisme dans sa méthode d'intensification de la production.

Ne comptons que sur nous-mêmes, ne nous illusionnons pas.

Nous avons lancé dans la circulation cette formule, par nous élaborée, et qui doit être dans l'avenir la règle d'une production selon les besoins. Faisons-le d'une façon sérieuse en nous disant que les efforts doivent être constants. Ne nous en tenons pas à des illusions.

Je demande surtout que dans le « Peuple » on ne continue pas d'appeler de ce nom une œuvre que nous allons être obligés de condamner. Une distinction nette, absolue doit être faite, parce que les ouvriers, dans les usines, ne feraient pas non plus de distinction avec le système qui leur est imposé.

On a également lancé dans la circulation cette appréciation : « Mais ceux qui subissent cette méthode en se plaignant devraient s'élever contre elle ! » C'est difficile, étant donné l'état d'incohérence et de division de l'organisation d'à côté, qui s'élève contre la rationalisation mais qui n'apporte pas de plan d'une rationalisation plus conforme aux besoins et aux désirs de la classe ouvrière.

Un autre point du rapport moral a attiré notre attention et nous amène à apporter des objections. C'est en ce qui concerne la conciliation obligatoire. Vous le savez, cette décision n'a pas été examinée en Congrès, c'est une initiative du Bureau confédéral et du Comité National. Nous pensons tout de même, en raison de la gravité de cette question, qu'on aurait pu la soumettre au préalable à l'approbation des organisations ouvrières. Parce qu'aujourd'hui, si le Bureau confédéral pense qu'il s'en tient uniquement à la conciliation obligatoire, il a donné le moyen au gouvernement d'y adjoindre l'arbitrage obligatoire. Et c'est à nos yeux une grave atteinte au droit de grève.

Les deux questions sont intimement liées. Il est en effet difficile de concevoir uniquement la conciliation obligatoire sans y adjoindre l'arbitrage obligatoire. Et, comme en Allemagne, on verra sans doute dans les moments difficiles, dans les crises économiques, la bourgeoisie violer la loi à son gré, comme cela se fait pour la loi de huit heures. Et par le fait même qu'on aura voulu trouver une solution, apporter un mieux-être dans la conciliation obligatoire, on en aura diminué la portée par cet arbitrage qui sera imposé. Car vous le savez, presque toujours, pour ne pas dire toujours, l'intérêt capitaliste sera d'abord pris en considération par les arbitres, en face de celui de la classe ouvrière.

Nous pensons que ce moyen, parmi les nombreux autres pris dans les méthodes nouvelles de propagande et d'action, est mauvais. Il permet un rapprochement, mais un rapprochement, lorsqu'il ne comporte point derrière lui d'influence, de contrainte, n'a pas de valeur!

A Paris, nos camarades du Bâtiment se sont trouvés devant la Chambre patronale du Bâtiment en but à l'irréductible refus de discuter. Le cynisme ou l'audace du patronat a été jusqu'à dire : « Entre vous et nous c'est une question de force. » La vieille formule de Clemenceau leur servait et ils n'ont point hésité à ajouter : « Vous ne représentez pas grand'chose, votre influence ne compte pas. » Ainsi, jamais ces hommes, aux heures les plus difficiles de la bataille, n'oublient leur rôle et ne laissent point porter atteinte à leur autorité et à leurs prérogatives.

Et nous penserions qu'il est possible, parce que nos revendications sont justes, parce que nous apportons un peu de conciliation dans les rapports pour éviter des heurts inutiles, de les amener à composition? Non. Et là encore, pour aussi simpliste que peut paraître la solution que nous apportons, nous proposons de nous en tenir toujours à la puissance et à la conscience ouvrières. Ceci n'empêche pas de faire du réformisme, de tenter des démarches auprès du patronat, c'est normal. Ce qui peut être différent c'est qu'on élabore en commun des règles concernant l'avenir, le développement de la vie sociale et économique. En ce qui concerne les revendications, je dis que c'est un moyen que l'on doit adopter, mais qui ne peut donner de résultats que lorsqu'il y a derrière soi une puissance, une force.

Nous ne sommes pas dans ce cas. Est-ce à dire que nous resterons toujours impuissants? Que, prenant cette voie largement ouverte, sincère d'action pour le monde ouvrier, cette puissance ne s'obtiendra point? Est-ce que cet ouragan empoisonné ne disparaîtra pas un jour? Nous devons l'espérer. Et à ce moment, ne devons-nous pas prévoir que cette action consciente puisse avoir son utilité et qu'elle sera le meilleur moyen d'apporter une solution aux problèmes économiques et sociaux?

L'action pacifique a attiré aussi notre attention. En examinant le problème complexe de la paix, nous nous sommes mis à songer que, là encore, bien que ne possédant point cette puissance, il fallait cependant agir contre la guerre, pour la paix.

La Confédération Générale du Travail a employé le moyen de participer aux travaux de la Société des Nations. A priori, on peut déclarer que cette œuvre est inutile, nuisible, mais en l'examinant de plus près, on peut modifier sa pensée. Néanmoins, nous pensons que si elle a quelque utilité, elle doit être renforcée, car elle n'est qu'une amorce. Nous n'oublions pas qu'en dehors de quelques représentants ouvriers la Société des Nations est l'expression du capitalisme international, représenté par des dirigeants gouvernementaux, par des actionnaires, par des délégués du capitalisme.

Lorsqu'on songe au scandale des armements américains, lorsqu'on songe que des manœuvres peuvent troubler la paix, empêcher des réunions, faire avorter des conférences qui ont pour but d'établir la paix, on peut se dire qu'elle n'est pas complète. D'ailleurs le président du Conseil, vieux roublard politicien, qui connaît bien le mouvement social, a été obligé de revenir à la conception que nous continuons de lancer dans l'opinion : le retour à l'éducation du peuple.

Je me souviens de cette admirable Séverine qui, en différentes réunions, disait : « Les mères doivent être les meilleures éducatrices de leurs enfants; elles doivent être le facteur qui empêchera la possibilité de conflits sanglants, et la première des choses à faire, c'est que les mères fassent la guerre aux soldats de plomb, aux panoplies. » (*Applaudissements.*)

Séverine avait raison, et aujourd'hui, s'il nous est donné la joie d'avoir près de nous les instituteurs, nous pouvons tourner les yeux vers eux et dire : « Voilà ceux qui, dans l'avenir, seront les meilleurs éléments d'éducation èt qui donneront véritablement à la paix des bases solides. »

Nous pensons que la paix ne sera véritablement établie et solide que lorsque la conscience du peuple l'imposera à ceux d'en haut. (*Applaudissements.*)

Des pacifistes, il en surgit toujours — comme les champignons après l'orage — plus ou moins sérieux. Il en est qui, au moment de la tourmente, ont clamé les bienfaits de la guerre et qui, aujourd'hui, sont pacifistes. Ils manifestent une bonne intention, tant mieux, mais comptons surtout sur nous-mêmes qui sommes des pacifistes et des antimilitaristes de toujours.

La paix, évidemment, est basée sur le désarmement, parce que tant qu'il y aura des armées, des hommes poussés par l'ambition et l'intérêt seront toujours portés à s'en servir. On ne comprend pas qu'un homme, ayant dans les mains une arme, ne soit, à un moment donné, poussé à s'en servir.

Notre question dépasse donc celle de la paix proprement dite. Jouhaux disait hier que si les hommes n'avaient point eu d'armes, animés d'un esprit stupide, ils se seraient battus avec leurs poings. C'est possible. C'est pourquoi nous disons que la meilleure propagande, la plus utile, la plus indispensable, c'est l'éducation du peuple. Et s'il n'est pas possible d'espérer que les vieux voient définitivement s'établir l'ère de paix, on peut songer que, par une volonté ferme, par une propagande intense à travers le pays, la haine des peuples disparaisse et que, même si des armements subsistent, ils ne doivent servir qu'à faire des charrues. La volonté des fabricants de canons doit s'arrêter devant les hommes qui diront : « Nous ne nous servirons point de cela. » On ne verrait pas cette chose paradoxale : des hommes qui, sous couvert de gagner leur vie, tout en se déclarant antimilitaristes, contribuent à la construction d'armes de guerre, d'armes de mort.

On ne doit pas revenir, dit-on, aux méthodes d'avant-guerre, vieilles, inopérantes? C'est possible. Mais il est cependant une nécessité urgente de dénoncer, chaque fois que l'occasion nous en est donnée, et c'est souvent, les méfaits des crimes de l'armée. Des événements sont encore présents à votre pensée, l'action ignoble de ce major Léon. Est-ce qu'il n'y aurait pas eu lieu, dans un organe comme le *Peuple*, de dénoncer ces faits avec plus de véhémence, comme certains journaux socialistes, et c'est à leur honneur, l'ont fait eux-mêmes !

Là, je reproche de ne s'en tenir qu'à une seule mesure, celle d'en haut, qui consiste à envoyer un délégué et à lui laisser la charge de pouvoir débattre les conditions d'établissement de la paix, en lui accordant des possibilités qu'il n'a pas en réalité.

Il faudrait que dans les Syndicats on en vienne à une certaine propagande, non pas pour faire tomber quelques malheureux. Non, mais une propagande utile, instructive. Je sais bien que le militarisme est puissant. Quand je songe que sur la place Saint-Augustin on a élevé un Temple de la Mort, alors que le lycée Condorcet tombe en ruines, alors que les hôpitaux sont trop petits ! C'est encore pour le militarisme qu'on construit un palais. Ce sont des faits probants qui méritent d'être signalés et qui ne le sont pas suffisamment.

Il ne s'agit pas de donner des conseils à d'autres, de les envoyer, comme on l'a fait dans certains milieux, là-bas dans des bagnes pour de nombreuses années. Je ne dirai pas : « Déserte ! » C'est stupide, cela regarde simplement l'homme. Mais on a le droit de dire que l'armée est l'instrument de conquête, de rapine du capitalisme et il faut amener l'opinion publique à la suppression de ces germes de mort et de servitude. Parce que pas plus au Maroc qu'en Syrie nos guerriers ne se sont comportés autrement et les ambitions de nos gouvernants ne sont pas différentes de celles des autres gouvernements capitalistes. (*Applaudissements.*)

Il convient donc, tout en maintenant cette forme d'action, que l'on peut estimer insuffisante d'après les faits eux-mêmes, que la Confédération Générale du Travail organise par son organe, « Le Peuple », par des réunions, par des brochures, l'appel à la paix, aiguille l'esprit de la masse des travailleurs vers une pensée pacifique pour empêcher le retour des crimes que nous avons connus.

J'arrive maintenant, parlant de propagande, à la gestion du journal le *Peuple*. Nous avions, au dernier Congrès confédéral, estimé les uns et les autres l'insuffisance, non point littéraire, mais de forme du journal. Une Commission avait été nommée pour porter remède à ces inconvénients et nous avons malheureusement constaté qu'elle n'avait pas été opérante. Je vous assure, sans acrimonie, sans arrière-pensée, que parfois le *Peuple* me semble plat. Les faits sont racontés dans leur nullité, diminués même dans leur actualité, à tel point que vraiment on ne leur trouve point d'utilité.

D'autres journaux en dehors, je ne fais pas de réclame pour eux, mais le *Soir*, par exemple, m'offre un régal à lire certains articles critiques sur les faits, sur les brutalités policières, l'arbitraire de cette police à l'égard des citoyens. Je ne trouve point chez nous, dans le *Peuple*, ce même esprit qui serait un moyen d'éducation et qui donnerait un plaisir à lire un organe qui nous appartient. Je demande donc qu'on apporte des méthodes nouvelles, qu'on cherche le moyen de modifier le journal. Pour certains faits, on trouve le moyen d'apporter de l'ironie, pourquoi n'en ferait-on pas autant pour les faits sociaux ? On est gêné par des considérations d'opportunisme ! Alors si le mouvement syndical s'en tient à cela, si on prend les faits de la vie sous leur angle brutal et vif, c'est l'abandon des principes et c'est en tous les cas donner à un organe un autre sens que celui que nous concevons nous-mêmes d'un organe syndicaliste de combat. Je pense que dans l'avenir cela servira, qu'on le modifiera, et je le souhaite, parce que, prenez garde, on ne lit le *Peuple* qu'un peu contraint, et si vous n'apportez pas de modification on s'insurgera contre l'obligation, alors que le journal pourrait être une arme solide et puissante de propagande en faveur de la C. G. T. Si vous ne le modifiez pas, le *Peuple* disparaîtra parce qu'il aura créé l'ennui chez ceux qui attendent de lui un esprit de combat.

Un point encore a attiré notre attention dans le rapport moral en ce qui concerne la main-d'œuvre étrangère. Il y a, paraît-il, en France 2 millions et demi de travailleurs étrangers. Combien y en a-t-il d'organisés ? Quelques milliers seulement. On constate à la lecture des dépenses engagées par la C. G. T. pour la propagande en faveur des étrangers que les résultats ne récompensent point les efforts. Que les camarades ne se figurent pas que je suis un chauvin, moi qui me déclarerais, si ce n'était pas pompier, citoyen du

Monde. Je n'ai pas de prévention contre le travailleur parce qu'il est de l'autre côté des Alpes, des Pyrénées ou de l'Océan. Seulement je me souviens que dans un organisme également nous avons dépensé des sommes assez élevées en faveur de nos camarades et que nos efforts n'ont pas été récompensés.

Nous avons été amenés à examiner, étant donné le peu de résultats de la propagande, s'il n'y aurait pas lieu de modifier la forme de cette propagande. Il y a certainement un fond d'égoïsme chez les hommes, mais tout de même nous pouvons déduire que peut-être les camarades chargés de cette propagande n'ont pas l'oreille, ou qu'ils ne donnent pas à leur propagande toute la mesure nécessaire dans la crainte d'une expulsion possible de la part des gouvernants.

S'il se peut que les fascistes, que les réactionnaires, de quelque pays qu'ils soient, se livrent à leur propagande impunément, il faut, hélas! constater que lorsqu'il s'agit des organisations ouvrières la plupart du temps le gouvernement n'a point la même mansuétude et prend des mesures de rigueur. Il faudrait envisager si un camarade français, parlant une langue étrangère, et échappant aux rigueurs, à l'expulsion, ne pourrait pas mieux faire la propagande; si, à certaines époques, on ne pourrait arrêter la propagande qui ne donnerait aucun résultat. Par exemple, en ce qui concerne le bâtiment, la propagande l'hiver n'est guère opportune. Ceux qui échappent au contrôle syndical, même au devoir syndical sont répartis chez eux et on conserve cependant un service qui n'a pas d'utilité.

C'est une suggestion que je soumets au Congrès. Il lui donnera la solution qu'il convient.

Que l'on n'accorde pas à notre intervention un esprit systématique. Non, mais voyant quelques faits qui, selon nous, ne sont pas en conformité avec les possibilités, nous apportons quelques critiques, des observations. Encore une fois, se taire n'est pas une solution, car les hommes les mieux doués peuvent, même animés de bonnes intentions, commettre des erreurs, et ce serait aller à l'encontre du but recherché de ne pas, lorsqu'on voit un défaut, le dénoncer.

Pour conclure, je pense que les circonstances économiques prouveront un jour, si aujourd'hui on ne le reconnait pas, que les observations que nous avons apportées avaient tout de même un sens, et que l'action qu'on a menée devra être modifiée. Ce jour-là nous serons heureux.

En attendant, nous disons : dans son esprit et dans sa lettre, observons la Charte d'Amiens, ne la dépassons pas, elle est toujours vivante, elle convient toujours aux faits de la vie.

Que pour arriver au but qu'elle s'est proposé la C. G. T., chaque jour, améliore le sort des travailleurs, oui, mais la libération des individus ne se fera que par la conscience et par la lutte. Le capitalisme ne s'inclinera pas de bonne grâce. C'est pourquoi je dis que pour qu'il y ait des réalités tangibles, palpables, il ne faut pas s'en tenir à des considérations d'opportunisme, de collaboration, d'intérêt général. Tenons-nous en aux intérêts de la classe ouvrière que la C. G. T. s'est chargée de défendre. La libération des indivi dus, la satisfaction des besoins ne se feront que par la conscience et par l'action. Faisons-le, et la Confédération Générale du Travail aura le rayonnement qu'elle mérite d'avoir à travers le monde. (*Applaudissements.*)

Le Président. — Je vous informe qu'il y a dix orateurs inscrits. Pour la bonne marche des travaux de ce Congrès, il serait absolument nécessaire que le Bureau confédéral puisse répondre dès demain matin. Dans l'après-midi les Commissions se réuniront, par conséquent pas de séance plénière, et nous avons ensuite neuf questions à examiner.

Je demande aux orateurs inscrits un peu de bonne volonté. Qu'ils abrègent leur intervention sur le rapport moral, de façon que nous puissions terminer ce soir la séance réservée — en termes parlementaires — aux interpellations. Le Bureau confédéral répondra demain matin et ainsi nous aurons deux jours pleins pour discuter les travaux qui seront présentés par les Commissions.

Je vous demande de clôre la liste des orateurs. Ceux qui en sont partisans sont priés de le manifester en levant la main. (*Adopté*.)

Un Délégué. — Qu'on limite le temps de parole !

Le Président. — Il y a une proposition de limitation du temps de parole. Certains camarades demandant un quart d'heure. Je retiens cette proposition, ceux qui en sont partisans sont priés de le manifester en levant la main. (*Adopté*.)

Granoux (Gaz de Paris, employés). — Je demande la parole sur la proposition. A tous les Congrès, c'est la même chose, certains peuvent causer pendant une heure et après on ferme le robinet aux autres. On devrait faire cela au début !

Le Président. — Je fais remarquer aux camarades que dans tous les Congrès la limitation du temps de parole vient toujours lorsque des orateurs ont déjà pris la parole. On ne peut pas faire cela dès le début. Ce qui fait limiter le temps de parole, c'est la liste des orateurs qui s'allonge.

La parole est au camarade Durel, de Tunis.

Durel. — Camarades, je ferai le possible et l'impossible pour ne pas excéder le délai réglementaire.

Mon intervention a un double but. Je voudrais, au nom de l'Union Départementale de Tunisie, faire non pas des critiques, certes, mais quelques remarques sur l'orientation générale et l'esprit de la C. G. T. ; et ensuite, une fois encore, proposer à votre approbation une résolution concernant ce malheureux pays.

Pour la première partie, en ce qui concerne ce que j'appellerai l'esprit général de la C. G. T., je ne dissimulerai pas que ce qui m'a en partie décidé à intervenir, c'est la lecture de certains articles dans certains journaux — ce ne sont pas des journaux strictement corporatifs — et je sais qu'il ne saurait être question de rendre responsable le Bureau confédéral de la teneur de ces articles. Mais enfin, ces articles attestent quand même l'existence, à côté de la C. G. T., hors de la C. G. T., et qui sait, peut-être dans la C. G. T. elle-même d'un esprit qui ne cesse pas d'être assez inquiétant. Je lisais avant-hier soir, à Paris, dans un journal, l'annonce joyeuse que la C. G. T. allait enfin modifier ses méthodes, qu'elle allait rompre avec un passé chimérique et embarrassant; que le recours à la grève était considéré comme une illusion et comme une duperie; que l'on s'acheminait vers la voie de la politique de productivité. Et puis j'ai vu aussi signaler certaines autres promesses qui m'ont paru assez inquiétantes, et j'ai entendu aussi, au commencement de nos débats, le camarade Milan, pour lequel je professe le plus fraternel respect, parler d'un ton assez désabusé d'un passé syndical d'avant-guerre. Ces conseils de prudence, ces avis de sagesse m'ont paru un peu importuns, et en tout cas assez pénibles. C'est parce que nous avons lu et médité les vaillantes campagnes basées, vous le savez, sur l'idéalisme révolutionnaire de la première C. G. T., que nous avons senti véritablement en nous le courage et la foi de nous dévouer pour cette cause. C'est parce que nous avons goûté jusqu'au bout, ou plutôt jusqu'à la lie ce que vous appellerez peut-être le poison de l'idéologie de la grève générale, la sottise de l'action directe, que nous sommes venus à la C. G. T. Nous sommes venus à la Confédération Générale du Travail pour tout ce qu'elle contenait d'idéalisme intransigeant, parce qu'elle est fondamentalement lutte de classes, parce que dans la lutte de classes nous avons senti que notre cœur et la dignité même de la classe ouvrière tout entière étaient engagés.

J'avoue que lorsque des lèvres les plus chères tombent des paroles de demi-déception, lorsque des vieux militants nous paraissent désabusés sur la valeur de cette mystique révolutionnaire, nous éprouvons quelques déceptions. Lorsque nous faisons des rapprochements, quand nous voyons, par exemple, la rationalisation passer au premier plan, alors qu'il y a quelques années la grande grève fut essayée et manquée, je le sais, sur un autre problème qui était celui révolutionnaire de la nationalisation — une lettre changée, mais aussi tout un programme changé — nous éprouvons quelques déceptions et un peu d'amertume.

Camarades, nous sommes de ceux qui croyons que la Confédération Générale du Travail doit épouser tous les mouvements de la vie; nous sommes de ceux qui pensons qu'elle doit être réformiste, aussi longtemps qu'il est nécessaire de l'être, mais qu'elle doit être aussi autre chose que cela.

Sur ce point, je voudrais plus particulièrement m'expliquer. Il y a deux façons, camarades, de réclamer l'amélioration immédiate, au jour le jour. On peut réclamer en fermant, en quelque sorte, l'horizon de son esprit sur cette unique revendication quotidienne, mais on peut aussi réclamer avec, au fond de la tête, une pensée révolutionnaire. On peut croire, sinon à l'urgence et à la possibilité de la grève générale, mais à la haute moralité lointaine de la grève générale et à la nécessité de la catastrophe sociale tout entière, tout en réclamant la réforme de chaque jour. C'est justement là qu'on hésite, ajoutant à un esprit d'application à la besogne quotidienne, cette fidélité à l'idéal lointain qui doit faire, véritablement selon soi, l'essent'el et la formule d'une vie complète.

Au fond, comment est née la C. G. T.? Ah! je ne veux pas faire d'histoire, je ne veux pas excéder le quart d'heure. Je me sens talonné par le scrupule que je sens derrière moi du scrupuleux Président de séance. Mais il est un souvenir de lecture que vous me permettrez d'évoquer devant vous. C'est la lettre d'un homme, mort jeune et plein de génie, en 1907 ou 1908, un garçon de 22 ans, Henri Frank, l'un des plus brillants élèves de l'Université française, une des gloires et des promesses de la littérature. Il écrivait à un de ses amis la phrase suivante, après une page consacrée au syndicalisme que venait de créer ceux qu'il appelait les militants obscurs : « Je crois au syndicalisme, parce que j'espère de lui une réforme ou plutôt une révolution, aussi durable, aussi profonde que la révolution chrétienne elle-même qui a transformé le monde. » Voilà ce qu'était à ce moment-là le syndicalisme, remarqué du dehors par les spécialistes de l'intelligence. Ils ont vu naître véritablement cette chose neuve, quelques-uns, parmi le peuple, s'apercevant que la vie du monde repose dans la production, les maîtres seuls de la production devaient être les maîtres du monde, affirmant la nécessité d'un groupement sur un terrain nettement opposé à tout parasitisme capitaliste et économique. Sur cette affirmation d'opposition et de lutte, ils ont jeté les bases de l'organisme dont nous voyons aujourd'hui le magnifique épanouissement.

Tout le monde vient à la C. G. T. maintenant, et c'est tant mieux. Cette prospérité débordante est aussi peut-être la menace d'un danger. Il est à redouter que la C. G. T. se fortifiant, ce que l'on peut appeler sa mystique révolutionnaire, l'affirmation fondamentale sur laquelle elle est établie, cette nécessité d'une transformation radicale et complète du monde, cette lutte de classes de laquelle elle est sortie, ne s'évanouisse et disparaisse.

C'est le danger que les meilleurs amis de la classe ouvrière lui font voir, c'est le danger que nous trouvons indiqué dans le livre admirable du socialiste De Man, qui s'appelle « Au-delà du marxisme » et que je prends la peine de conseiller à vos lectures. De Man, après avoir indiqué que dans les trente dernières années, le monde a assisté à la plus formidable révolution qu'il soit, à savoir l'accession de millions et de millions d'êtres de l'état de brute à l'état de dignité humaine; après avoir constaté que la conquête du bien-être matériel ouvrier est une manifestation extraordinaire, De Man signale le danger qui l'accompagne. Il dit qu'il faut craindre maintenant que lorsque cette classe ouvrière aura trouvé le bien-être immédiat, elle ne s'en satisfasse et ne s'en contente. « Ce qui est à craindre maintenant, dit De Man, c'est l'embourgeoisement de la classe ouvrière. » Par les mille et mille tentations que la vie de chaque jour propose à la misère, il est à craindre que ne se perpétue cette société qui est fondamentalement mauvaise et que l'esclavage ouvrier ne se prolonge sous une autre forme.

La rationalisation, c'est l'Amérique. Et en Amérique, tout au contraire, semble nous prouver que c'est loin d'être le paradis ouvrier organisé; tout semble établir que le haut salaire entraîne l'acceptation de l'ordre des choses; qu'en tout cas s'il est un pays dans le monde où l'oppression, non seulement matérielle, mais surtout morale et intellectuelle, est accomplie, c'est bien l'Amérique. L'Amérique où a été possible le scandale idéologique de Sacco et Vanzetti. Il est difficile de la proposer en modèle à la classe ouvrière pour sa complète libération. (*Applaudissements.*)

Voilà pourquoi nous voudrions — je parle ici au nom des camarades de Tunisie et peut-être au nom d'autres — que l'on s'en tienne à la mesure du possible, sans aucune espèce de profanation et d'ironie sur cette ancienne mystique révolutionnaire. Nous voudrions que l'antimilitarisme d'avant-guerre, que l'antipatriotisme d'avant-guerre, l'action directe, les vieilles formules : « Rappelle-toi que l'on n'obtient que ce que l'on impose », tout ce qui est affirmation de force et de lutte gardât toute notre vénération.

Nous voudrions que chaque syndiqué pût dire : « Oui, je suis pour l'action immédiate, pour toutes les démarches que l'on voudra, pour le travail quotidien, mais je dirai toujours non à cette société capitaliste, dont, fondamentalement, je n'admets pas le principe. Je ne serais satisfait que lorsque le travail aura repris dans le monde sa place, la vraie, la première. »

Si vous le permettez, j'ai deux mots à ajouter pour la Tunisie. Je dépose sur le bureau une motion résumant les revendications tunisiennes :

Les travailleurs tunisiens réclament la liberté syndicale, le bénéfice de la loi de 1884. Les Syndicats ne sont encore que tolérés, leur existence soumise à l'arbitraire de la bureaucratie et de la police du Protectorat, opérant derrière l'alléatoire souveraineté du Bey.

Ils demandent l'application à la Tunisie de la loi sur la journée de huit heures, en vigueur seulement dans les corporations ayant pu l'imposer par leur force, par exemple les Syndicats du Bâtiment. Les autres corporations font encore dix et onze heures.

Ils s'élèvent contre les décrets scélérats qui menacent toujours la liberté politique et toute action collective des travailleurs.

Je vous demande la permission de dire un mot. Je n'excéderai pas cinq minutes. Vous n'êtes pas obligés de connaître nos décrets, puisque vous ne les subissez pas, mais ils n'ont pas le droit de vous laisser indifférents pour la seule raison que vous n'en supportez pas le poids. Les décrets scélérats ont été pris par l'Administration tunisienne en janvier 1926. C'est un cadeau de Nouvel An aux termes duquel le gouvernement a toutes espèces de pouvoirs pour empêcher, non seulement les crimes contre la sûreté de l'État,

mais encore les cessations partielles et concertées de service; non seulement
les délits de presse, mais ce qu'on appelle là-bas le délit de murmure, c'est-
à-dire que celui qui aura murmuré contre le gouvernement, qui aura dit que
le gouvernement de la Tunisie n'est pas impeccable, sera passible de prison;
qu'il soit indigène ou français, c'est absolument indifférent.

Ceci peut particulièrement vous intéresser : ces mêmes décrets prévoient
un emprisonnement de trois mois à deux ans contre deux fonctionnaires, le
mari et la femme, qui auront décidé une cessation de travail, c'est-à-dire que
le droit de grève, même comploté à deux ou trois, vous rend passible de ces
décrets.

Dernièrement, le Syndicat National des Instituteurs ayant envoyé
l'ordre d'abstention aux examens du certificat d'études et des brevets, le
Syndicat de l'Enseignement primaire avait décidé de se conformer à l'ordre
de grève, et le Syndicat de l'Enseignement secondaire avait dit qu'il appuierait
le mouvement; tous les membres désignés des Comités d'examen ont reçu du
directeur de l'Enseignement un petit papier dans lequel, confidentiellement,
on les avertissait que s'ils abandonnaient le travail ils seraient passibles, non
seulement des mesures prévues par le Ministère en France, mais encore sup-
plémentairement, des petites mesures en question, c'est-à-dire trois mois à
deux ans de prison.

Les syndicats ne sont pas encore reconnus légalement en Tunisie. On
demande depuis longtemps l'application de la loi en Tunisie, nous ne désespérons pas de l'obtenir un jour. En attendant, à la suite d'une grève dans
les tramways, la Compagnie a congédié ceux des grévistes qui étaient
membres du Bureau syndical et nous n'avons pas pu en obtenir la réintégration. Le Résident général qui s'est adressé à la Compagnie s'est entendu
répondre, une fois de plus : « La Compagnie est maîtresse de faire ce qui
lui plaît. »

Le droit syndical n'est pas reconnu en Tunisie, il ne l'est pas davantage
non plus au Maroc.

La journée légale de travail en Tunisie, c'est dix heures; la journée
effective de certains, c'est onze heures. Certaines corporations, comme le
bâtiment, à coups de grèves qui ont duré consécutivement trois mois, deux
mois, un mois sur l'échelle de deux ans, ont fini par imposer les huit heures;
mais en fait, ce n'est pas officiellement reconnu.

Les Conseils de Prud'hommes, les Assurances sociales, et, d'une façon
générale, toutes les lois sociales protectrices du travail, nous les demandons
pour la Tunisie.

Notre camarade Dahli-Yahia a eu la bonne fortune d'assister à la Conférence Internationale du Travail. Une résolution a été votée, qui demande à
tous les pays l'application du droit syndical aux indigènes. Nous espérons que
la pression de Genève, du B. I. T., l'article 13 du Traité de Versailles, auront
leur poids et leur efficacité.

Mais nous vous en prions, lorsque nous voulons grouper les travailleurs,
laissez-nous le loisir d'exposer devant eux la vieille théorie révolutionnaire
intégrale du syndicalisme, sans quoi ils ne nous comprendront pas. Hors du
syndicalisme, révolutionnaire dans ses affirmations, et opportuniste tant qu'il
veut dans son action de chaque jour, il n'y a véritablement pour nous aucune
espèce de salut. (*Applaudissements.*)

Le Président. — Je vais vous donner connaissance d'une proposition
de Granoux, du Gaz de Paris employés :

« Une séance de nuit sera tenue pour permettre à chaque orateur de
s'exprimer pendant un laps de temps supérieur à un quart d'heure. »

Impartialement, je dois mettre cette proposition aux voix. Ceux qui en sont partisans sont priés de le manifester en levant la main. (*La proposition est repoussée.*)

J'invite les secrétaires des Unions départementales des Basses-Alpes, Ardennes, Creuse, Eure et Gironde de se rendre à la Commission de vérification des mandats.

Je donne la parole au camarade Bageot, de Metz.

BAGEOT. — Milan, ce matin, employait fréquemment des images pour nous faire comprendre ce qu'il ne devait pas expliquer clairement. Puis, dans sa conclusion qui ne devait comprendre qu'une seule phrase, mais qui fut bougrement longue — elle dura vingt minutes — il nous dit qu'il n'y avait qu'à se reporter à ses sous-entendus.

Alors, pourquoi Milan n'a-t-il pas fait sortir son gros poisson tout de suite et nous a-t-il tendu l'épuisette pour le sortir?

A moins que sa subtilité ordinaire dépasse mon entendement, ou que ce soit une manœuvre *a contrario,* voilà ce que j'ai cru comprendre dans l'exposé de Milan : 1° le camarade Jouhaux a, sans être mandaté explicitement par un Congrès, accepté un mandat gouvernemental à la Société des Nations; 2° ce mandat lui fut très agréable à remplir tant que ce fut un gouvernement cartelliste qui était au pouvoir; 3° mais lorsqu'un parti politique retira à un de ses députés l'autorisation d'aller à Genève, Jouhaux fit de même, en vertu du principe qu'à la C. G. T. on ne fait pas de politique.

Cela, c'est la première partie de l'exposé de Milan. Si vous aimez mieux, c'est l'amorçage pour faire entrer le Congrès dans cette combinaison, puisqu'aussi bien Milan dit qu'il n'était pas mandaté, mais qu'il était mandaté quand même, que ce n'était pas une combine, mais que c'était concerté.

La deuxième partie de l'exposé de Milan consistait à nous laisser entendre ce qu'à la C. G. T. on avait trouvé de nouveau pour arracher les réformes sociales.

Je vois ici des députés du parti socialiste qui rient, c'est leur affaire, c'est tout simplement un fauteuil ministériel pour Jouhaux et des mandats électoraux pour les fonctionnaires syndicaux de province. (*Rires.*)

Quelle terrible preuve cela serait de la faiblesse que la C. G. T. aurait pour faire marcher les élus des partis politiques! N'a-t-on pas dit autrefois que si les réformes ont été votées par les élus politiques, c'est sous la pression de la classe ouvrière? Est-ce que maintenant on voudrait nous faire admettre que nos syndicats n'auront plus comme besogne à accomplir que le rôle de l'agent électoral?

Seulement cette petite opération présentait deux dangers. Le premier, Milan l'a vivement écarté, en tranquillisant pour la forme la majorité de ce Congrès auquel un parti politique est cher...

VIVIER. — Tu es de la minorité alors!

BAGEOT. — Je pourrai expliquer, par la suite, les raisons pour lesquelles je suis amené précisément à venir ici combattre l'intervention de Milan. C'est cela qui crée un malaise dans le Syndicat que je dirige, qui avait 500 membres il y a deux mois et qui est maintenant en train de péricliter parce qu'on y a introduit de la politique.

Je combats actuellement la proposition de Milan. Qu'elle ne soit pas exactement ce que Milan voulait, si c'est une manœuvre qui avait pour but de vouloir limiter le rôle que pouvait prendre Jouhaux avec tel ou tel gouvernement, j'ai bien le droit de la combattre. Cela amènera Milan à préciser ou le Bureau confédéral à dire ce qu'il pense du concert combiné de Milan.

Il a eu soin d'indiquer, pour rassurer la majorité qui est intéressée à un parti politique, que l'action des élus confédéraux se feraient parallèlement à un parti et pas en opposition avec. Milan n'avait pas besoin de dire cela, tous les membres de ce parti le pensaient bien.

En effet, c'est parallèlement à ce parti qu'on a dirigé notre action et compris comme la C. G. T. U. agit parallèlement au parti communiste.

Ah ! mes amis, sommes-nous ici pour préparer les élections de 1932 ! On n'a pas osé recommencer, en 1928, la farce de 1924, parce qu'en 1928, on a simplement, pour les besoins des partis politiques de gauche, osé introduire un programme minimum électoral dont se servirent les partis de gauche pour piper les voix de la classe ouvrière. Maintenant, on voudrait recommencer, avec les moyens de Milan, à duper les électeurs en 1932 et cela avec le concours avoué des syndicats confédérés.

Voilà une manœuvre de grande envergure que je crois devoir dénoncer.

Vous savez que dans nos syndicats toutes les tendances politiques sont permises, mais quand on ne pourra plus faire voter sur un programme poli-tique, on fera voter pour des élus confédéraux qui viendront combler la majo-rité qui s'était gonflée en 1924.

Eh bien ! camarades, je fais une proposition de modification aux statuts pour que les incidents qui se sont produits dans un syndicat qui m'est cher ne se renouvellent plus. Il faut qu'on dise franchement dans les statuts ce qu'on pense à l'égard de la neutralité politique et qu'on ne vienne pas, à propos de la candidature de tel ou tel camarade, sur telle ou telle liste, trouver les solutions pour les cas d'espèces.

Il n'y a qu'à mettre dans les statuts que tout militant confédéral qui se placera sur une liste politique devra démissionner immédiatement. C'est net, c'est clair. (*Applaudissements.*)

Un Délégué. — C'est dans lès statuts !

Bageot. — Il est dit dans les statuts qu'on n'a pas le droit d'avoir de mandat. Dire qu'il faut se démettre, c'est plus simple. Vous avez peur des solutions énergiques. Pour les fonctionnaires, vous le verrez, camarades, on vous proposera une solution qui donnera satisfaction en maintenant les statuts, mais qui sera poivre et sel.

Cette résolution que j'ai développée en ce qui concerne la démission lorsqu'on se présente sur des listes électorales, va à l'encontre de celle de Milan et rappelle aux élus de toutes tendances que c'est sous la pression constante et consciente de la classe ouvrière qu'ils doivent voter les réformes sociales. (*Applaudissements.*)

Le Président. — Je consulte le Congrès. Le camarade Milan a demandé de répondre quelques instants. (*Protestations dans la salle.*)

Milan y renonce, l'incident est clos.

Je félicite l'orateur précédent pour la brièveté de son discours.

La parole est à Jeannin, de l'Union départementale du Doubs.

Jeannin. — Camarades, je voudrais tout d'abord qu'on ne se méprenne pas dans ce Congrès sur les intentions des camarades qui éprouvent le besoin d'intervenir à cette tribune pour apporter les critiques qu'ils estiment indis-pensables.

Depuis la scission et du fait de l'opposition apportée par certains délé-gués, opposition qui ne pouvait toujours se réclamer des principes qu'elle prétendait défendre, opposition, bien souvent apportée par des éléments n'agissant que sous l'influence de groupements extérieurs, opposition aussi qui ne visait pas seulement à redresser une attitude, à corriger et à éviter certaines erreurs préjudiciables pour notre mouvement, mais cherchait plutôt à le discréditer, depuis quelques années, s'est créée dans nos Congrès une atmosphère de suspicion, de méfiance, à l'égard de quiconque fait figure d'opposant.

Nous pensons aujourd'hui que, débarrassés des éléments qui avaient rêvé un instant de domestiquer le syndicalisme, nous devons, dans nos Congrès, retrouver cette camaraderie et cette confiance réciproque qui en faisaient la beauté autrefois.

Nous pensons aussi qu'il est bon de ne plus voir dans ceux qui ne sont pas toujours satisfaits, qui ne viennent pas toujours apporter des louanges, des critiqueurs de principe, des démolisseurs introduits dans la place, mais plutôt et toujours des camarades aimant leur C. G. T., profondément attachés à elle, la voulant plus forte, plus puissante et n'hésitant pas à dénoncer ouvertement, mais aussi sans crainte, sans haine, ce qu'ils estiment être des erreurs dangereuses pour la vie de notre mouvement.

Peut-être est-il de notre devoir de congressistes de nous occuper de l'action de demain et par là, de ne pas jeter un regard par trop long sur le chemin parcouru au cours de ces deux dernières années. Cependant, nous pensons que c'est toujours dans l'action d'hier que nous devons aller rechercher les enseignements, les leçons qui nous permettront d'éviter le renouvellement de ce que nous pensons être des erreurs.

Un point particulier a retenu notre attention, c'est au sujet de l'attitude adoptée par la Confédération Générale du Travail en face des manœuvres gouvernementales qui, selon nous, se répètent d'une façon inquiétante.

Nul, je pense, ne saurait dans ce Congrès, nier la volonté des gouvernants de combattre sans arrêt, sur tous les terrains, sous toutes ses formes, le mouvement ouvrier lui-même; non pas seulement certains partis, mais le mouvement dans son ensemble. Depuis quelques temps, les arrestations se multiplient, le droit de réunion n'existe qu'autant que les gouvernants veulent bien l'accorder; le droit de manifestation n'existe qu'autant que ces mêmes gouvernants jugent que ces manifestations ne sont pas de nature à troubler ce qu'il est coutume d'appeler l'ordre public.

Nous pensons qu'il serait bon, devant de telles manœuvres, de réagir énergiquement. C'est la liberté de pensée, c'est la liberté de la presse aussi qui sont en danger, et vous constatez qu'il suffit qu'un journal soit de nature à créer des troubles pour qu'immédiatement il soit suspendu. D'ailleurs, nos camarades ne s'y sont pas trompés. Ce n'est pas sans une certaine émotion qu'ils ont vu appliquer un programme qui peut-être aujourd'hui cherche à atteindre un certain parti, mais qui demain, suivant les circonstances, suivant les difficultés avec lesquelles seront aux prises les gouvernants, peut s'étendre, s'amplifier et atteindre le mouvement ouvrier dans son ensemble.

Le monde ouvrier n'a pas vu sans une certaine indignation s'appliquer ce programme et nous aurions aimé que la Confédération Générale du Travail prenne la tête d'un vaste mouvement de protestations, car s'il est dans notre pays une organisation qui, par sa puissance, par les moyens d'action dont elle dispose, par l'influence qu'elle a sur l'ensemble de la population, semble être celle derrière laquelle s'abritent les libertés ouvrières, c'est bien la Confédération Générale du Travail. Et nous regrettons, pour notre part, qu'on se soit contenté, à la Commission administrative, de protester contre ces mesures par un timide ordre du jour. Nous disons timide, car celui-ci semblait vouloir méconnaître l'importance de ces mesures, la gravité de l'heure. Nous pensons que cet ordre du jour n'aurait pas dû être la seule manifestation, mais que la C. G. T. aurait dû prendre la tête d'un vaste mouvement de protestation.

Je ne viens pas ici, camarades, je tiens à le préciser, prendre la défense des éléments communistes. Nous sommes de ceux qui les connaissons et nous estimons qu'il n'est point de notre devoir de prendre leur défense. Nous sommes de ceux qui savons trop aussi combien ils sont nombreux ceux qui redorent leur blason au moyen de quelques jours de prison pour que nous puissions les plaindre. (*Applaudissements.*)

Nous sommes de ceux qui savons juger, à leur juste valeur, leurs appels à la violence et nous pensons que si, aujourd'hui, ils peuvent faire figure de victimes, ils n'ont, en somme, que la juste récompense qu'ils attendaient. (*Applaudissements.*)

Il est bien certain que si les gouvernants ont pu se permettre de tels abus, si on a pu employer des manœuvres réactionnaires à tel point qu'il faudrait remonter au Second Empire pour trouver de semblables exemples, cela n'est en somme que le fait de la dispersion des forces syndicales et de l'affaiblissement de la classe ouvrière tout entière. (*Applaudissements.*)

Mais par-delà les communistes, par-delà les démolisseurs, par-delà ceux qui n'emploient que le mensonge et la calomnie, il y a la liberté et les libertés ouvrières qui sont menacées. Et si, pour les uns, nous pensons que nous ne pouvons faire le moindre geste de solidarité, pour la défense de nos libertés qui sont sérieusement menacées, la Confédération Générale du Travail ne doit pas hésiter à faire appel à l'ensemble de ceux qui la composent.

Par-delà les arrestations, par de-là la lutte contre un soi-disant communisme dont les gouvernants n'ont pas grand'chose à craindre, il est à redouter que d'ici peu nous puissions voir se dessiner autre chose que cette prétendue lutte et dont nos organisations et nos militants pourraient être les victimes.

Nous aimerions voir notre organisation répondre à ces attaques, répondre à ces manœuvres avec plus d'énergie, avec plus d'activité. Il nous semble que dans notre Confédération, nous n'avons personne à ménager. L'avenir de notre mouvement ne peut être que dans la liberté la plus complète; nos revendications n'ont de chances de voir le jour qu'autant que nos militants n'auront pas à redouter les conséquences de leur action. C'est pourquoi nous demandons que ce Congrès donne mandat au Bureau confédéral que si, à l'avenir, de semblables mesures sont employées, il n'hésite pas à faire appel à l'ensemble de ses organisations pour créer le courant d'opinion publique devant lequel les plus réactionnaires seront obligés de s'incliner.

Maintenant, nous pensons aussi que ces manœuvres réactionnaires ne sont pas seulement le sujet de quelques manifestations d'ordre gouvernemental. D'autres camarades ont dénoncé avant moi cette réaction que nous sentons dans les ateliers. Nous pensons que là, aussi, il serait peut-être utile de faire plus souvent appel à l'action de la classe ouvrière.

Le capitalisme a pu, peut-être au lendemain de la guerre, être quelque peu ébranlé. Le capitalisme a pu être menacé par ce flot qui aurait été redoutable et que constituaient nos organisations ouvrières. Mais depuis il s'est ressaisi, il a retrouvé son assise, il a fait face à toutes les difficultés et nous pouvons considérer que le moment des grandes crises est maintenant terminé pour ce même capitalisme. D'ailleurs, il s'affirme de plus en plus puissant et depuis quelques mois, nous avons constaté une recrudescence dans la lutte; nous avons constaté une recrudescence dans le nombre des grèves et il est à prévoir que plus nous irons de l'avant, plus la résistance capitaliste s'affirmera.

Il serait bon de songer aux méthodes à employer pour endiguer ce flot de réaction. Il est une chose que les uns et les autres avons constatée. Les mouvements de grèves qui ont été déclenchés un peu partout et en maintes circonstances, ont été dirigés par les éléments communistes et unitaires. Faut-il déduire par là que la puissance de ces gens est si grande qu'ils peuvent entraîner les masses ouvrières derrière eux? Je ne le crois pas. Je pense simplement que le prolétariat souffre, qu'il traverse une période de difficultés que certains ont su, dans une certaine mesure, exploiter.

Certains camarades pourront regarder d'un œil indifférent ces mouvements dirigés de plus en plus par les éléments communistes. Ils pourront les regarder en souriant. Nous pensons qu'il y a là un danger que nous ne saurions négliger. Danger tout d'abord, parce que ces mouvements laissent dans l'esprit de ceux qui en ont été les victimes, un profond dégoût de l'organisation; danger ensuite, parce que ces mouvements sont dirigés bien plus contre notre mouvement que contre le patronat lui-même et qu'exploités par une presse qui n'hésite pas à se servir du mensonge et de la calomnie, par une presse à laquelle nous ne pouvons que répondre difficilement du fait que les moyens nous manquent; ces mouvements, à un moment donné, peuvent laisser croire que la Confédération Générale du Travail ne trouve plus le crédit nécessaire auprès de la classe ouvrière elle-même.

L'action de la C. G. T. n'est peut-être pas assez apparente. Les camarades ne se rendent pas toujours compte des efforts qu'il faut fournir pour arracher la moindre amélioration et il serait peut-être bon de rectifier quelque peu l'attitude de notre Confédération et d'essayer de donner un autre sens à notre action. Bien souvent, nous l'avons constaté, on ne se rend pas compte de son importance.

Que partout la Confédération Générale du Travail envoie des délégués, que dans toutes les Commissions où il est nécessaire de faire entendre les solutions ouvrières, elle soit représentée, nous sommes d'accord, mais sous cette réserve qu'on ne donne à cette action que l'importance qu'elle doit avoir.

Pour terminer, nous voudrions que l'on considère que si certains d'entre nous, à force de travail, du fait aussi de leurs fonctions, ont pu s'élever, aborder des problèmes que le commun des travailleurs ne peut aborder, notre action doit surtout être orientée en tenant compte de l'évolution lente des camarades des ateliers.

Nous regrettons, pour notre part, que pendant les deux années qui viennent de s'écouler, années au cours desquelles la C. G. T. a eu à faire face à de nombreuses difficultés, années pendant lesquelles nos plus chères revendications ont été sérieusement en danger, l'on n'ait pas songé à faire appel plus souvent à la classe ouvrière. Nous souhaitons que dans l'avenir, si à nouveau les méthodes employées par les gouvernants et par le patronat se renouvellent, on songe à faire plus souvent appel au prolétariat, à la classe ouvrière et que l'on essaye de créer des courants d'opinion publique devant lesquels quelquefois la puissance, les réactions seront obligées de s'incliner. (*Applaudissements.*)

Vivier-Merle (U. D. Rhône). — Mes camarades, tout en regrettant de ne pas avoir plus de temps, je tiens à déclarer qu'il me semble que dans ce Congrès l'on oublie quelque peu les difficultés vécues depuis la scission. Il y a tout de même ici une manifestation qui doit nous faire nous reporter au Congrès du Palais d'Orléans 1923.

En 1923, il ne s'agissait pas de l'idéologie d'avant-guerre; il ne s'agissait pas d'un sentimentalisme comme en a fait Durel. Il s'agissait de savoir si nous aurions la force de conserver à ce pays un mouvement syndical indépendant.

Aujourd'hui, nous pouvons faire l'heureuse constatation que ceux qui sont nés de la scission vont mourir demain assassinés par la scission (*applaudissements*) et qu'aujourd'hui, c'est ici devant des forces syndicales reconstituées que nous avons à examiner le programme d'avenir du monde du travail.

Le rapport moral qui nous a été distribué contient l'ensemble des revendications auxquelles s'est attachée la Confédération Générale du Travail. Mais j'ai un reproche à faire au rédacteur du rapport moral, c'est d'être toujours trop modeste (*très bien*) et de faire oublier aux syndicats ce qu'ils doivent à la C. G. T.

On parle de réalisation dans les organisations syndicales. Mais examinons donc la réalité. Le rapport, ce n'est pas simplement la matière qu'il y a dedans qu'il faut voir, c'est l'idée de cette matière. Si nous avons des possibilités pour réaliser dans nos syndicats de modestes ou de grosses augmentations de salaires, c'est parce que la C. G. T., le mouvement syndical français a fait pénétrer cette idée dans l'opinion publique du droit à la vie le plus complet pour les travailleurs; c'est qu'aujourd'hui, il n'est plus admis dans l'opinion qu'un ouvrier ne doive pas avoir un horizon plus étendu et plus complet.

Mes camarades, je crois aussi que ce serait restreindre l'activité de notre C. G. T. si, comme Milan, nous ne pensions qu'à aujourd'hui et un peu à demain. J'aurais été inquiet si je n'avais lu une phrase de Milan; il a parlé de déviation à droite, mais Milan a écrit — ce qui vaut mieux — qu'il se considérait à la gauche de Monmousseau, mais à la droite de Jouhaux. En conséquence, nous sommes tranquilles sur la position confédérale.

Pour nous, il y a surtout, dans les idées qui ont germé, dans les délibérations de notre C. G. T., des possibilités de force nouvelle, des possibilités de croissance, des possibilités de réalisation. On a dit aussi aujourd'hui qu'on parle de notre Congrès dans la presse; mais alors, que dirions-nous si l'on ne parlait plus de nous? Est-ce que nous existerions, est-ce que nous serions une matière que l'on pourrait considérer?

Si l'on parle de nous, si l'on se préoccupe de nos débats, de nos résolutions, c'est qu'il y a quelque chose qui compte. C'est que ces résolutions contiennent quelque chose pour l'avenir économique de ce pays et par conséquent pour l'avenir de la classe ouvrière.

On a dit que l'activité de la Confédération Générale du Travail n'était pas suffisante. J'ai relevé, pour ma part, quelques notes de cette activité : dans le domaine de la main-d'œuvre étrangère, c'est la C. G. T. française qui a eu l'œuvre la plus considérable à accomplir de protection pour les millions de travailleurs qui restent encore loin d'elle et ne viennent pas seconder son effort. Son activité s'est encore démontrée dans d'autres domaines : accidents, maladies professionnelles, et les délégués qui étaient présents au Congrès de Lyon ont pu constater, comme moi-même, que c'est la délégation confédérale qui s'est imposée à ce Congrès, que c'est la résolution ouvrière qui est sortie à l'unanimité de ce Congrès, que c'est la pensée confédérale qui a dominé les débats du plus puissant patronat et des représentants de la science du monde entier.

Pour démontrer cette activité, nous n'aurions qu'à prendre acte du vote de la loi des Assurances sociales; nous n'aurions qu'à jeter les yeux sur l'activité déployée par la C. G. T. depuis deux ans pour faire front à l'attaque patronale et à l'attaque de la mutualité, pour dire qu'elle a accompli une besogne sérieuse qui mérite notre approbation.

Il y a aussi, dans d'autres domaines, l'idéologie, le sentimentalisme. J'en suis imprégné, mais je n'oublie pas qu'il a fallu peiner en gagnant deux francs par jour, et c'est parce que j'ai eu cette douleur, ces fatigues morales et matérielles que je dis que lorsque la C. G. T. se préoccupe de l'enseignement technique, de l'organisation professionnelle, elle sert l'évolution et l'idée de révolution qui est en elle. (*Applaudissements.*)

On a dit aussi : la C. G. T. ne s'est pas prononcée contre la rationalisation.

La rationalisation est un mot qui désigne une organisation générale du travail; la rationalisation n'est pas le mot qui désigne les méthodes patronales appliquées dans la région parisienne ou ailleurs; la rationalisation, c'est de l'ordre dans la production, dans la répartition; c'est le minimum de travail pour le maximum de gain dans le minimum de temps; c'est l'idée confédérale en puissance. Si on condamne l'idée « parce que les patrons la font leur », est-ce que nous sommes logiques avec nous-mêmes? Il faut donc, à côté de l'idée patronale, dresser notre conception de l'organisation du travail à l'intérieur de l'usine, de l'indépendance de l'ouvrier à l'intérieur de l'usine et aussi de son droit à une élévation totale matérielle et morale, et la C. G. T. pose à la base de cela, quoi? : le contrat collectif de travail. Révolutionnaires soi-disant, il y en a qui le sont plus que nous en image peut-être, ou au figuré. Le contrat collectif, c'est le droit syndical; le contrat collectif, c'est le nouveau droit ouvrier. Hier, c'était la servitude; demain, c'est l'ouvrier qui discute d'égal à égal avec son patron. Cela contient tout l'avenir du monde du travail. Le contrat collectif, c'est le contrôle sur la production, c'est la défense journalière, heure par heure, de nos camarades de travail et c'est aussi la démonstration pour les inorganisés qu'il y a un syndicat qui a pu leur faire inscrire des droits et qu'en raison même de ce phénomène, ils doivent venir à l'organisation. Se nourrir de sentimentalisme, revenir aux vieilles formules avec lesquelles on prône la misère révolutionnaire; dire, comme Durel, qu'il ne faut pas que les masses s'élèvent, quand lui-même est défenseur de l'augmentation des salaires dans le domaine des fonctionnaires, lui qui certainement mieux protégé que l'ouvrier de l'usine, que l'ouvrier du chantier, vient dire aux autres qu'ils n'ont pas à se préoccuper des conditions de travail et de la vie matérielle.

Pour nous, la vie ouvrière est faite de multiples difficultés et par conséquent, le syndicalisme est fait de tâches multiples. C'est tous les jours que nous devons batailler et lutter; c'est en le faisant, en construisant notre maison pierre à pierre que nous arriverons à la faire solide et durable.

On a dit qu'il fallait aussi pousser la C. G. T. à faire voter certaines lois; et les mêmes employés de l'Etat ou employés de l'industrie qui sont venus ici, dire qu'il fallait pousser la C. G. T. pour faire réaliser ces lois, sont à douter d'elle lorsqu'elle se prononce ou lorsqu'elle va vers ceux qui sont appelés à faire voter ces lois. Il faut avoir l'honnêteté de le dire : ou nos camarades ont notre confiance, et ils peuvent aller discuter de nos intérêts dans tous les milieux; ou retirons-leur notre confiance et qu'ils n'aillent à aucun endroit. (*Applaudissements.*)

On nous a dit que l'action de la C. G. T. pour la paix était une action insuffisante; qu'il fallait faire germer l'idée pacifiste dans le cœur des hommes. Ce sont des phrases que nous avons entendues bien souvent et j'ai plaisir à lire le *Bulletin des Instituteurs et de l'Internationale de l'Enseignement*; ils font un travail qui est le leur : défricher les cerveaux, rapprocher les cœurs, faire connaître aux enfants, citoyens de demain, qu'il n'y a pas des hommes différents au-delà des frontières, La C. G. T. a-t-elle une besogne d'enseignement, a-t-elle une besogne d'éducation à faire? Doit-elle laisser discuter seuls le patronat et les gouvernants de l'organisation de la paix? Doit-elle participer à cette discussion? Serions-nous des pacifistes de deuxième zone? Est-ce que nous ne devons pas être là pour démontrer aux gouvernements, ou à leurs représentants et aux représentants patronaux qu'ils n'agissent pas réellement en faveur de la paix?

Action pour le désarmement? Voilà ce qui est utile. L'action de rapprochement des peuples, voilà ce qui est nécessaire. Et j'approuve Jouhaux quand il dit que l'idée de Fédération européenne peut venir d'un ministre, qu'importe; elle est bonne, nous devons l'adopter.

Depuis la guerre, on oublie, et Milan a abordé légèrement cette question, que la C.·G. T. a fait réaliser ce qu'il y a de meilleur dans le Traité de Paix : la partie XIII, c'est-à-dire la partie intéressant le monde du travail. Toute l'activité confédérale — et je mets au défi quiconque d'en apporter une preuve contraire — a évolué dans le champ de l'application de la partie XIII. Ou cette partie XIII contient quelque chose qui vaut pour nous, ou alors, si elle ne contient rien, les Congrès, en approuvant le Bureau confédéral, ont mal agi. Ou alors il faut continuer à actionner en faveur de l'application intégrale des conceptions qu'elle contient. La partie XIII du Traité de Versailles, c'est la reconnaissance confédérale, c'est la participation de l'Internationale à tous les débats internationaux; c'est le Bureau International du Travail et tout le puissant travail qui s'y opère. On peut, dans certains milieux, se moquer de certaines discussions que l'on dit par trop académiques; mais le même camarade qui vient déclarer cela à la tribune, dans son Syndicat ou dans son Conseil syndical, s'en va à l'Assemblée générale du Syndicat et revendique l'application intégrale des huit heures. Nous sommes, comme Monmousseau aujourd'hui, pour la ratification de la Convention; nous sommes pour ce qui a été fait hier par la C. G. T., parce que la masse n'est pas simplement idéaliste, elle est réaliste : elle veut des revendications, elle veut les voir réaliser. C'est donc dans le sens de la réalisation de ces revendications que joue l'activité syndicale française, c'est dans le sens d'un progrès continu. Il ne faut pas, à l'heure où nous sommes, au moment où s'affirme la puissance effective et morale de la C. G. T., puissance qui n'a été acquise que par la pression que nous avons opérée sur le monde ouvrier, auprès de l'opinion publique, il ne faut pas que nous nous laissions détourner de notre tâche. Il ne faut pas, parce que des soubresauts de mort se font sentir autre part, que l'on revienne aux discussions qui mirent la mort dans notre mouvement ouvrier.

Mes camarades, nous avons à conclure. Pour nous, l'action de la C. G. T. a donc trois aspects : action qui consiste à dresser des revendications; action qui consiste à réaliser ces revendications, et enfin action qui consiste à veiller au maintien et à l'application de ces revendications. C'est un ensemble au maintien et à l'application de ces revendications. C'est un ensemble de travail, une nécessité de progrès technique et administratif dans nos syndicats. Nous ne nous occupons pas suffisamment de développer la puissance administrative, la puissance technique de la C. G. T. Nous demandons tout aux Fédérations et à la C. G. T.; nous oublions que dans la multiplicité des problèmes, la complexité des questions posées, il est besoin aujourd'hui d'un autre système d'action: Aujourd'hui, le syndicalisme est à pied d'œuvre, il se met à construire la maison. Ayons le courage d'être forts et persévérants; il n'y a rien sans persévérance, sans volonté, et il n'y a rien sans cela, au-dessus de cela, sans amour, bonté et fraternité. (*Applaudissements.*)

LE PRÉSIDENT. — La parole est au camarade Thévenon, de l'Enseignement de la Loire.

THÉVENON. — Camarades, je serai très bref, je vais simplement apporter ici une impression d'ensemble du rapport moral. Je ne reviendrai pas sur ce qu'ont dit les orateurs qui m'ont précédé ici.

J'ai lu attentivement le rapport moral. Mon impression qui s'en dégage, c'est que notre Bureau confédéral a fait un travail très important. Le Bureau confédéral a fait un travail formidable. Ce travail, en quoi consiste-t-il? Eh bien, si on lit attentivement le rapport moral, on s'aperçoit qu'il a consisté surtout en l'élaboration de nombreux projets de lois sur le terrain national et international, pour l'élaboration de nombreuses conventions d'arbitrage ou de désarmement.

D'autre part, notre camarade Jouhaux, qui est notre délégué dans les différents organismes auxquels collaborent la C. G. T., a fait de retentissants discours. Mais, dans tout ce rapport, nous avons regretté qu'il y ait une lacune que nous jugeons formidable. Cette lacune, c'est qu'on ne parle pas, dans le rapport moral, de l'action syndicale, de l'action directe à la base dans les syndicats. L'action confédérale semble se borner à la participation à des groupements extérieurs; la C. G. T. semble n'agir que par des organismes extérieurs à l'organisation syndicale. Eh bien, on s'aperçoit qu'en haut il y a un travail positif d'élaboration, mais qu'en bas c'est la passivité complète; la classe ouvrière n'a rien à faire; elle est dispensée d'efforts et n'a qu'à attendre les résultats des démarches de ses chefs.

Pour nous, syndicalistes, le principal but du syndicalisme, c'est d'élever le niveau moral des travailleurs et d'élever chez eux la conscience de classe, en appelant la classe ouvrière à agir elle-même et à ne compter que sur elle-même pour faire aboutir ses revendications. Car l'essentiel, pour nous, pour les revendications immédiates, pour la préparation de l'évolution sociale, c'est d'avoir une classe ouvrière éduquée, consciente de sa force et de sa valeur.

Un reproche que nous faisons encore au Bureau confédéral, c'est d'abandonner les méthodes d'action directe; c'est de cultiver dans la masse des travailleurs la confiance dans des organismes extérieurs, la confiance dans la bonne volonté patronale pour accorder des revendications et dans le parlementarisme qui a fait preuve, jusqu'à maintenant, d'impuissance. Le reproche que nous avons à formuler, c'est de substituer au syndicalisme agissant d'action directe, le syndicalisme d'une élite dirigeante qui, par la discussion, par la persuasion arrachera les réformes nécessaires au patronat et aux gouvernants.

Les résultats de ce syndicalisme ne sont pas brillants, car si nous lisons le rapport moral, nous y voyons que sur le terrain national, on a élaboré quantité de projets de lois : assurances sociales, par exemple, mais quant aux grandes revendications posées par la classe ouvrière, les résultats sont à peu près nuls, sauf pour les Assurances sociales, je le répète; mais, actuellement, on ne peut pas en obtenir l'application : ceux qui l'avaient votée sont en train de la saboter.

Internationalement, ce sont des conventions multiples, mais les résultats positifs, là encore, sont à peu près nuls. Et il y a un résultat de cette action qui est encore beaucoup plus mauvais à notre avis : c'est que la classe ouvrière, avec ces méthodes, est dispensée d'agir; elle devient de plus en plus passive; elle manque de plus en plus de confiance en elle-même, dans son rôle et dans sa mission. Si bien qu'avec ces méthodes, si un jour nous avons besoin de vaincre l'hostilité parlementaire, comme le laisse entrevoir le rapport moral, si nous avons besoin de la classe ouvrière pour résister à la guerre, nous n'aurons rien. La classe ouvrière qui aura pris l'habitude de laisser faire ses affaires par ses propres dirigeants sera incapable d'efforts, et le patronat pourra accentuer sa répression, il pourra déclarer la guerre et il n'aura devant lui aucune résistance notable pour arracher des réformes ou empêcher la guerre. Nous estimons qu'il n'y a qu'un seul moyen : c'est la pression ouvrière consciente de ses devoirs et de ses droits.

Dans notre Société — comme le disait Jouhaux autrefois, lorsqu'il était syndicaliste révolutionnaire — il y a deux intérêts opposés inconciliables, et les avantages à obtenir doivent l'être par la victoire d'un des deux belligérants. Le patronat a consenti les huit heures quand il a craint la poussée ouvrière; de même il hésitera à déclancher la guerre quand il sentira que la classe ouvrière ne marchera pas. Aussi tous nos efforts doivent-ils tendre à développer la conscience de la classe ouvrière, l'appeler à agir directement, à la rendre prête à résister aux attaques patronales et à passer à l'offensive lorsque la situation le permet, et non pas à éteindre la conscience de classe.

Si le patronat et l'Etat sentent les ouvriers sommeiller, ils se rient de tous nos projets et l'Etat se rit même de ses propres lois, il ne les applique pas. D'autre part, s'il veut faire la guerre, il se rit également de toutes les conventions, car elles ne sont pour les exploiteurs que des chiffons de papier. Mais du jour où ils les gêneront — on s'en est rendu compte avec Mussolini, lors du conflit de Corfou — ils n'en tiendront pas compte. Donc, pour faire céder le patronat et les gouvernements, pour empêcher la guerre, tenons la classe ouvrière en éveil, développons sa conscience de classe, habituons-la à avoir confiance en elle-même, éduquons-la.

Voilà ce que nous attendons du Bureau confédéral; voilà ce que doit être l'essentiel de sa tâche : efforçons-nous de rendre possible l'action directe.

Nous estimons que cette tâche n'a pas été remplie et voilà pourquoi mon Syndicat votera contre le rapport moral.

LE PRÉSIDENT. — La parole est au camarade Granoux, du Gaz de Paris.

GRANOUX. — La limitation du temps de parole à un quart d'heure qui nous a été imposée ne me paraît pas permettre de développer des considérations générales sur l'ensemble d'un rapport qui doit englober l'activité confédérale. Aussi bien, je me bornerai à présenter quelques observations sur quelques points qui me paraissent mériter une insistance particulière.

L'impression générale que m'a laissée une lecture attentive du rapport moral, contrairement à ce qu'a exprimé ici l'avant-dernier orateur qui est venu à cette tribune, c'est une impression générale de mollesse; on n'a pas l'impression, quoi qu'il en ait dit, que la C. G. T. vive beaucoup, vive très fort. On a été obligé de retourner pour trouver dans son action quelque chose de solide, quelque chose d'important. A une période qui a précédé la scission, en un temps où la C. G. T. n'était pas la même parce qu'elle était renforcée d'éléments aujourd'hui disparus, d'éléments qui lui donnaient une vitalité plus grande... (Protestations). Camarades, je n'exprime pas votre opinion, c'est la mienne que j'exprime. Les méthodes de collaboration sont de plus en plus contestées...

CAPOCCI. — Et au Gaz?

GRANOUX. — Comme au Gaz, me dit-on, encore que je n'aime pas beaucoup les obstructions de ce genre. Un Syndicat n'a pas, pour se défendre, la même capacité de combat qu'une C. G. T. et il ne faut pas chercher dans l'action propre d'un Syndicat auquel appartient un délégué qui vient ici s'exprimer, un raisonnement qui tende à démontrer que si ce Syndicat ne fait pas la révolution, la C. G. T. ou une Fédération importante ne peut tout de même pas agir autrement, voyons!

Puisque c'est contesté, si vous voulez vous reporter au texte, nous pouvons lire, au début du rapport moral, ceci, par exemple :

« Sur toutes les questions qui ne sauraient être résolues sans l'intervention législative — les autres, on n'en parle pas : tout est résolu de cette façon-là maintenant — on ne saurait trop récriminer contre une lenteur qui ne peut être imputée qu'à l'indifférence, à la mauvaise volonté et même à l'hostilité parlementaire. »

Et lorsque les délégués qui se heurtent continuellement à l'indifférence, à la mauvaise volonté et à l'hostilité parlementaire viennent ici préconiser la continuation de pareilles méthodes, croyez-vous qu'ils sont logiques avec eux-mêmes? C'est votre droit, mais il appartient à mon Syndicat de faire entendre le sien et il estime qu'ils ne sont pas logiques avec eux-mêmes.

Que nous donne-t-on en conclusion?

« Ce sont des questions qu'il faut poser et reposer sans cesse jusqu'à ce qu'elles aient reçu une solution plus ou moins définitive. »

Ça pourra durer combien d'années comme cela, camarades? C'est écrit dans le rapport moral, ce n'est pas moi qui le dis, ce sont vos secrétaires.

Un Délégué. — Les tiens aussi !

Granoux. — Aussi bien, Milan a résumé tout à l'heure la position en disant que l'on doit tenir au présent et ne plus penser à l'avenir. Et, pour parler de l'avenir, il faudrait parler du but que nous poursuivons. Quel but poursuivons-nous? Celui d'arracher quelques améliorations de détail; nous poursuivons le but d'améliorer la loi, sept heures au lieu de huit heures; des salaires un peu plus hauts. L'application de la loi des Assurances sociales, sans doute, camarades. Et la prise de possession des moyens de production? Est-ce que nous la poursuivons encore? J'aurais voulu en trouver l'affirmation dans le rapport, je ne l'ai pas trouvée. Mais j'ai entendu Milan venir expliquer ici, que la Charte d'Amiens ne comptait plus, et si j'ai bien compris ce qu'il a dit, cela veut dire: la conquête des moyens de production? N'y pensons plus, occupons-nous du présent, occupons-nous de revendications importantes en elles-mêmes, mais peu importantes si on les compare au mouvement révolutionnaire.

Voilà ce que je lis dans le rapport moral.

Je suis obligé de me limiter et je le regrette. Je ne veux pas critiquer d'une façon systématique des choses que je juge excellentes, encore qu'il me paraîtrait extrêmement utile qu'elles aient été développées un peu plus et complétées. On a parlé, par exemple, de l'organisation d'une documentation à la C. G. T. Je suis heureux qu'on y soit arrivé; je l'ai déjà demandé autrefois, mais nous aimerions bien connaître comment fonctionnera ce service que l'on prévoit. On a dû envisager son fonctionnement, comment les Syndicats, les Fédérations se procureront cette documentation qu'on rassemble pour eux, je crois. Voilà des points sur lesquels je demande au Bureau de répondre. Il eut été très utile qu'ils soient consignés dans le rapport lui-même.

En ce qui concerne les maladies professionnelles et les modifications à la loi sur les accidents du travail, que je ne devrais pas mélanger, mais que le manque de temps m'oblige à traiter ensemble, nous lisons deux choses intéressantes, mais la conclusion me sembla insuffisante.

Une action énergique devra être engagée pour que la Haute-Assemblée daigne enfin s'occuper des situations faites aux victimes du travail.

Qu'est-ce que cela veut dire? Des visites chez les sénateurs? Si on appelle cela une action énergique, c'est entendu, mais il faudrait le préciser. Si ce n'est pas de cela qu'il s'agit, s'il ne s'agit pas de photographies de quelques... (*Brouhaha et protestations dans la salle.*)

Je demande des précisions, on me répondra tout à l'heure, on me les donnera ou on ne me les donnera pas. Mais j'aurais voulu, en ce qui concerne les maladies professionnelles, voir un chapitre qui s'occupe de l'hygiène des travailleurs en général. Il n'y a pas que des maladies professionnelles; la plupart des maladies ne sont pas d'origine légalement professionnelle. Que fait-on pour l'hygiène générale des travailleurs? J'en suis réduit à poser des questions, le développement m'étant interdit par l'avance de l'heure.

Il est également quelque chose que je trouve extrêmement important, qui a été abordé par un des délégués qui m'ont précédé : c'est la lutte contre la guerre. Dans le chapitre qui concerne l'action de l'Internationale Syndicale, nous lisons qu'un projet de résolution doit être déposé auprès des divers gouvernements. Et qu'est-ce que nous y voyons encore? Nous y voyons ceci :

> Les gouvernements seront appelés à reconnaître l'existence et la valeur du pacte du prolétariat contre la guerre.
>
> Ils devront prendre l'engagement solennel de sauvegarder entièrement les droits et devoirs des organisations syndicales pour l'action contre la guerre que ces organisations seraient appelées à accomplir.
>
> Ce pacte sera porté à la connaissance de la Société des Nations pour que cette dernière, par les moyens les plus rapides, permette au prolétariat international, organisé syndicalement, de manifester sa volonté de paix.

Qu'est-ce que cela veut dire, camarades? Et d'abord, qui est-ce qui la fait la guerre, sinon les gouvernements bourgeois? Et nous allons leur demander de voter un texte qui permettra, le jour où ils voteront la guerre, de nous tenir de côté, de dire : Nous ne marchons pas, nous ne la ferons pas. Quel sera le gouvernement qui va accepter une pareille chose? Est-ce sérieux, camarades, de présenter quelque chose comme ça à un Congrès. Le jour où des gouvernements accepteront cela, la révolution sera faite, on n'aura plus besoin de leur proposer des résolutions.

Il faudrait qu'on se préoccupe davantage, sur le plan national et international, de lutter contre la guerre. On publie des articles qu'on attend beaucoup de ces organismes. Tout le monde en attend beaucoup; nous ne pouvons que féliciter les hommes de bonne foi — ils ne le sont pas tous — qui se consacrent à abattre les frontières entre les nations. Mais que font-ils lorsqu'ils sont à Genève? Ils ont si peu confiance dans le succès immédiat que, sitôt de retour, ils font voter des budgets de guerre, ils font aiguiser des baïonnettes, préparer des gaz asphyxiants; et les mêmes qui affirment l'omnipotence des décisions de Genève, font augmenter les budgets militaires de 2 ou 3 milliards chaque année. Quand on leur demande des explications, ils disent : On ne sait jamais ce qui peut arriver.

Serons-nous plus naïfs, camarades, nous qui avons la charge de défendre ceux qui se sont confiés à la clairvoyance de la C. G. T., serons-nous plus naïfs que ceux qui nous gouvernent? Est-ce que nous nous en rapportons à des protocoles? Nous avons le devoir de lutter dès maintenant contre la guerre, et la C. G. T. a le devoir de proclamer en tous lieux, en toutes occasions et partout qu'elle est contre la guerre. Les délégués doivent dire : le jour où la guerre se fera, nous ne dirons pas « je suis de ceux qui partiront demain », nous dirons : « Je suis de ceux qui ne partiront pas ». (*Applaudissements.*)

Dernièrement, la presse nous a apporté l'écho d'une parole qui a été prononcée par un illustre mathématicien qui disait à quelqu'un qui l'avait interrogé : je considère qu'il est de mon devoir, non seulement de ne pas partir le jour de la déclaration de guerre, mais de conseiller encore de ne pas partir non plus.

Nous, militants syndicalistes; nous, C. G. T., il est de notre devoir de dire : le jour de la déclaration de guerre, nous ne nous baserons pas sur un protocole, nous ne partirons pas et nous inviterons nos camarades à ne pas partir. Et si, comme on a voulu le faire il y a deux ou trois ans, mettre au secrétaire du Syndicat un képi pour les décider à rester à leur poste, nous, nous déchirerons ce képi.

Voilà ce que je voudrais voir dans un rapport moral et ce que je n'y vois pas.

Je voudrais dire un dernier mot sur le départ de Jouhaux de la Société des Nations. Un camarade a déjà parlé sur ce point tout à l'heure, et mon opinion se rencontre à peu près avec la sienne, en ce sens, que s'il est vrai que Jouhaux, comme le politicien qui l'a précédé dans cette voie, s'est retiré de la délégation parce que ses vues ne concordaient plus avec celles du nouveau gouvernement, cela laisserait entendre que les vues du précédent gouvernement concordaient avec les siennes. Nous sommes quelques-uns qui voudrions bien savoir si le secrétaire de la C. G. T. a le droit, sans consulter un Congrès, de recevoir des directives qui sont celles d'un gouvernement quelconque.

Je conclus. Le camarade Milan tout à l'heure (je n'ai pas fait plaisir à tout le monde, d'autres se rattraperont, soyez tranquilles); Milan, tout à l'heure, parlait, et il nous l'a détaillé avec beaucoup d'à-propos, d'un arbre gigantesque qui avait été amputé par l'orage; quand toutes les branches penchent d'un côté, l'arbre s'incline, et il serait absolument nécessaire, si nous nous inclinions à droite, de mettre des tuteurs sérieux pour que cet arbre n'aille pas plus bas. Lorsqu'il a suffisamment penché, que ce soit à droite ou à gauche, il finit par se déraciner tout à fait. Nous ne le voudrions pas. Il est donc indispensable de dénoncer continuellement la guerre et de préparer dès aujourd'hui les manifestations qui devront se produire le jour où, malgré les protocoles, cette guerre serait déclarée. Il faut dénoncer la rationalisation capitaliste et l'exploitation capitaliste, et reprendre notre marche vers la prise de possession des instruments de travail et des moyens de production.

Le Président. — La parole est au camarade Nicolas, de l'U. D. de l'Hérault.

Nicolas. — Camarades, ce matin, le camarade Guiraud, et puis cet après-midi le camarade Vivier nous ont indiqué la force, l'extension qu'avait prise la C. G. T. Nous l'avons heureusement constaté et nous savons que l'action qui a été faite depuis la scission a contribué largement à remédier à cette crise.

Et j'ai été étonné ce matin, lorsque j'ai entendu le langage du camarade Milan, avec son esprit d'à-propos que nous lui connaissons tous, venir nous indiquer ici que, ma foi, il ne reniait pas tout à fait les méthodes d'avant-guerre, mais que tout au moins elles devaient se terminer. Je ne sais pas, mais je crois qu'il y a pas mal de militants ici qui se rappellent des méthodes d'avant-guerre et qui ne les ont pas oubliées. Nous savons que l'action d'aujourd'hui a contribué à relever la force de la C. G. T. Et le camarade Milan allait plus loin, écornant un petit peu la Charte d'Amiens et la reconnaissant comme vieillie, il avait tout au moins l'idée de l'abandonner dans son chemin et d'oublier à quoi elle avait servi.

La Charte d'Amiens, il faut bien nous le rappeler, c'est avec elle que nous avons pu faire une large propagande, c'est avec elle que nous avons pu aller dans tous les milieux ouvriers réclamer l'indépendance du syndicalisme et il conviendrait peu aujourd'hui, alors que nous avons récupéré des forces, alors que nous avons donné à la C. G. T. une vraie figure, de venir renier cette Charte d'Amiens, alors qu'au contraire nous devons toujours l'adorer.

Il poursuivait encore, toujours dans une nuance qui nous échappait un peu, il avait l'air de nous laisser croire qu'il y avait une tactique nouvelle qui était dans l'ombre, qui viendrait remplacer celle qui était du passé. Eh bien, non, camarade Milan, nous n'abandonnerons pas la Charte d'Amiens; nous nous maintiendrons au contraire à côté d'elle et nous tâcherons qu'on la préserve toujours et qu'on ne l'attaque pas. C'est avec elle que nous irons dans les prochaines batailles et je ne suis pas de ceux qui renient non plus le travail que nous avons fait. Je ne suis pas de ceux qui mélangent la politique avec l'action économique. Je ne suis pas de ceux qui peuvent dire que collaborer dans des Commissions, c'est collaborer avec le patronat ou le gouvernement. Mais tout de même, il faut bien que nous nous présentions toujours avec cette vieille figure syndicaliste, et si nous venons tous les deux ans ici prendre des directives ou donner des directives; si nous venons ici rechercher les moyens les meilleurs, c'est pour toujours grandir et grossir la force syndicale et aller vers l'avenir et aller toujours vers ceux que nous voulons amener à notre but : vers la transformation de la société.

Certes, je ne serais pas venu à cette tribune, cet après-midi, si je n'avais eu quand même une question à poser. Chargé d'une mission, je l'accomplirai tout de suite, parce que je sais que les heures passent et qu'il ne s'agit pas de venir ici à cette tribune pour y demeurer ou pour se faire valoir. Je demanderai pourquoi nos camarades se sont émus justement quand ils ont vu dans des journaux de province, depuis longtemps, l'article-leader signé par le camarade Jouhaux, et ils m'ont demandé de porter cette question à la tribune, pour en demander les raisons. J'espère qu'il nous sera répondu. Les journaux de notre province, comme de toutes les provinces, les journaux à base capitaliste, nous font la guerre tous les jours, et nous avons vu, pour les Assurances sociales, le combat qu'ils viennent de livrer; ils ont pris constamment position pour les Chambres de Commerce, pour le patronat, pour la mutualité contre la C. G. T. Et il est malheureux, regrettable, lorsque nous voyions la campagne qui était menée contre nous, qu'il y ait un article de Jouhaux, auquel nous ne pouvons rien reprocher, mais qui venait donner une force à cette presse capitaliste dont les dirigeants, ne l'oublions pas, sont toujours des marchands de papier.

J'en aurai terminé après avoir posé cette question à Jouhaux.

Je répète en concluant qu'il faut rester fidèles à la Charte d'Amiens et tâcher de la conserver toujours. (*Applaudissements.*)

Le Président. — Je donne la parole au camarade Ranc, du Syndicat des Correcteurs de Paris.

Ranc. — Camarades, mon Syndicat m'a mandaté pour défendre à ce Congrès la motion d'unité que nous avons déposée ce matin sur les tables des congressistes.

J'aurais eu l'intention de la lire, afin que tous les congressistes puissent en avoir connaissance, mais le temps de parole limité m'oblige à la développer immédiatement.

D'ailleurs, il a déjà été question de cette motion d'unité. Elle a été présentée par notre Syndicat au Congrès de Toulouse.

Le Peuple a largement reproduit la discussion qu'elle a suscitée, mais il n'a pas reproduit la motion, ce dont nous protestons énergiquement.

Je ne reviendrai pas sur les questions qui ont été soulevées à Toulouse, ni sur le texte même. Je voudrais simplement, pour le Congrès, apporter le but, l'esprit dans lequel le Syndicat des Correcteurs a déposé cette motion.

Son but marquait simplement qu'au sein de la C. G. T., il y avait des camarades encore partisans de l'unité, c'est tout. Nous savons, en effet, que l'unité, à l'heure actuelle, est impossible. Depuis que la motion a été votée par notre Assemblée générale, d'une part la C.G.T., d'autre part la C.G.T.U. ont confirmé notre certitude. A notre Congrès fédéral du Livre, le Secrétaire Fédéral du Livre, le camarade Jouhaux, ont répondu à notre motion en disant : L'unité se fera par la dissolution de la C. G. T. U. A un Congrès fédéral, la C. G. T. U. a dit : L'unité se fera par la rentrée des éléments révolutionnaires confédérés au sein de la C. G. T. U.

Pour nous, ni l'une ni l'autre n'ont la solution. Pour nous, les raisons qu'ont fait valoir les camarades et confédérés et unitaires sont bien moins fortes que les raisons de la classe ouvrière pour réclamer l'unité. Ces raisons? La classe ouvrière les trouve dans l'examen de toute la situation, de tous les échecs qu'elle a subis depuis la scission, que ce soit au moment de la crise du chômage, que ce soit sur les salaires; la classe ouvrière trouve des raisons d'unité dans la lutte qu'elle est appelée à mener en ce moment contre les attaques et du capitalisme et de l'Etat. La classe ouvrière en trouvera encore de plus fortes dans l'avenir, dans les luttes qu'elle aura à soutenir pour défendre ses conditions de vie.

Tout à l'heure, le camarade Jeannin vous a dit combien le capitalisme avait repris de force, combien en face d'une classe ouvrière désunie, il devenait puissant, combien aussi, afin, déclare-t-il, de concurrencer ses rivaux sur le marché mondial, il n'hésitera pas à attaquer la classe ouvrière.

Des raisons d'unité? La classe ouvrière en trouvera d'autres encore dans les faillites inévitables de toute tactique complète de collaboration de classes. En effet, les patrons ne lâchent, au sein de commissions paritaires, que lorsqu'ils savent les délégués syndicaux appuyés par une force ouvrière capable d'engager la lutte.

Eh bien, toutes ces raisons qui ne sont pas encore mûres, à l'heure actuelle, qui mûrissent, exigeront de la classe ouvrière la réalisation de son unité. En face d'un patronat fort, uni, qui ira à la lutte, pour pouvoir être victorieux, pour pouvoir se défendre efficacement, la classe ouvrière sera obligée aussi de répondre par un front uni.

Ces raisons, ce sont celles de notre Syndicat, les seules qui soient déterminantes pour lui. Voilà l'esprit dans lequel nous avons rédigé cette motion.

Un camarade a demandé à Toulouse pourquoi notre motion, au contraire de celles qui avaient été précédemment votées et déposées à des congrès de la C. G. T., ne comportait pas de conditions de réalisation. Notre motion n'en contient pas parce que nous les savons impossibles, encore plus aujourd'hui. Pour nous, il est impossible de faire dans un congrès, sur une motion, d'une manière formelle, l'unité. Pour nous, l'unité se fera dans la lutte de la classe ouvrière. C'est pourquoi, et c'est là le point central de notre motion, nous proclamons notre attachement au front unique. Le front unique, sur des revendications précises des ouvriers, est la meilleure manière de travailler à l'unité. Le front unique, sur des questions précises, sur des revendications précises du mouvement ouvrier est le moyen le meilleur pour arriver à la victoire.

Cette pratique du front unique, elle est condamnée ici; elle est condamnée également de l'autre côté, à la C. G. T. U. Ce n'est pas une raison pour ne plus l'appliquer, au contraire, toutes les fois qu'elle sera nécessaire; cet effort devra être fait.

Je voudrais dire, puisqu'il y a eu un exemple récent de front unique — les dockers de Nantes — quelle est la pensée de notre Syndicat en face de cet exemple précis. Le texte de la motion est suffisamment clair pour que je ne revienne pas sur les manœuvres qui ont entouré le front unique à Nantes, nous les désapprouvons. Mais dans le compte rendu qu'on a lu dans le *Peuple* du Congrès de la Loire-Inférieure, il est des points que nous ne pouvons pas non plus ne pas dénoncer. Des camarades militants de la Loire-Inférieure ont avancé que le front unique n'était pas possible, n'était pas conciliable avec les décisions et le programme de la C. G. T. Ils ont, à des grévistes, demandé de choisir entre l'une ou l'autre C. G. T.

Nous pensons, nous, que le front unique est conciliable, doit être conciliable avec le programme de la C. G. T., car il n'a pour but que de défendre les intérêts ouvriers. C'est pourquoi nous sommes pour le front unique. Nous regrettons cependant le geste des dockers de Nantes, ils n'auraient pas dû aller à la C. G. T. U., ils auraient dû rester à la C. G. T., et là je ne pense pas qu'ils aient pu figurer comme des éléments immoraux; ils auraient dû rester ici et venir défendre leur point de vue, comme le secrétaire des dockers l'a fait, au Congrès, les ouvriers de ma corporation ont exigé le front unique et nous aurions été de tout cœur avec eux.

Voici comment nous avons compris la question de l'unité et voici ce que le Syndicat des Correcteurs m'avait mandaté de vous dire.

Le Président. — Le camarade Aragon s'est fait inscrire. Je lui demande si son intervention portera sur le rapport moral ou sur la contestation de son mandat.

Aragon. — Sur le rapport moral.

Le Président. — Je demande cela pour qu'après Bastien, le rapporteur de la Commission de vérification des mandats fasse connaître les conclusions de la Commission. Ce n'est pas par ironie que j'ai fait cette demande.

La parole est à Bastien, du Textile d'Amiens.

Bastien. — Camarades, je suis le premier à regretter de n'avoir qu'un quart d'heure pour causer, bien que j'aie l'intention de ne pas excéder ce temps. On reprochera peut-être plus tard à ceux qui font certaines critiques sur l'action du Bureau confédéral de ne pas pouvoir opposer un plan d'action, mais il faudrait tout au moins le temps de pouvoir le faire.

Ce matin, le camarade Milan et d'autres orateurs ont interprété d'une façon assez fantaisiste l'action de la C. G. T. d'avant-guerre. J'ai le plaisir et l'honneur d'être un des vieux militants d'avant-guerre et même un des signataires de la Charte d'Amiens. Cela m'émotionne toujours un peu quand j'entends traiter d'illusions (pour être courtois et poli) ce qui a été fait avant-guerre par nos camarades fondateurs de la C. G. T. Certes, c'était peut-être des illusions de jeunesse; la jeunesse a des illusions, mais elle a aussi la foi juvénile et l'enthousiasme, l'ardeur et l'énergie qui sont capables de créer quelque chose. (*Applaudissements.*)

Ces camarades avaient tellement d'illusions qu'ils ont fondé la maison dans laquelle nous sommes actuellement. Car n'oubliez pas que ce sont ces camarades partisans d'action directe, de boycottage, de sabotage, d'antimilitarisme, d'antipatriotisme, qui ont été assez réalistes pour bâtir la maison dans laquelle nous sommes aujourd'hui ! (*Applaudissements.*)

Je demanderai aux camarades plus nouveaux dans le mouvement de relire l'histoire des Bourses du Travail de Pelloutier. Ils verront le programme d'action réformiste — je suis réformiste aussi à ma façon, tout le monde est réformiste, puisqu'on veut des améliorations pour la classe ouvrière. — Ce programme consistait à créer des Bourses du Travail, des Unions locales de Syndicats, des Services judiciaires, des Offices de placement, des Universités populaires, des cliniques, une quantité d'œuvres sociales ouvrières qui n'apparaissent pas révolutionnaires, mais qui, comme le disait Pelloutier, avaient pour but de dresser, à la place des organismes politiques que la bourgeoisie dirige et dirigera toujours en régime capitaliste, des organismes ouvriers.

Camarades, je n'ai pas le temps de vous dresser tout un plan de ce que j'oserais affirmer être le vrai réformisme, être l'organisation directe pour des réformes. N'oubliez pas que la Charte d'Amiens était aussi réaliste que tous vos programmes; elle comportait des luttes pour des améliorations immédiates. Elle avait aussi un idéal qui disait : « Lorsque la classe ouvrière sera assez forte, assez organisée, assez consciente, lorsque ses organismes seront devenus suffisamment énergiques et nombreux, ils balayeront la société bourgeoise et prendront sa place dans l'organisation du travail de la société future. » (*Applaudissements.*)

Voilà, camarades, ce que disait la Charte d'Amiens. Seulement, à cette époque, on ne comptait que sur l'action, éducatrice et réformiste aussi bien que directe et révolutionnaire, des ouvriers. Tous les tempéraments, toutes les énergies, celui qui bataille par le coup de poing aussi bien que celui qui crée, patiemment, dans un bureau, pouvaient œuvrer au sein de la C. G. T., avec leurs instincts, leurs intelligences différentes, pour travailler à l'œuvre collective d'émancipation de la classe ouvrière.

Vous avez dit que vous vouliez substituer à cela une tactique nouvelle. Quels résultats nous a-t-elle apportés? Il serait bon de les éplucher les uns après les autres. Comme dit l'Evangile (j'ignore si c'est vrai ou faux) : « On juge l'arbre d'après ses fruits. » Comme fruits, pouvez-vous nous apporter quelque chose de meilleur, quelque chose de plus concret, de plus matériel, de plus tangible, que ce que nous ont apporté ceux que vous critiquez pour leur action d'avant-guerre? Non.

Les assurances sociales! Voyez, elles vont être enlevées à tout le monde de l'agriculture. Près de 4 millions de salariés, près de la moitié du prolétariat de ce pays, n'en bénéficieront pas. Pour les travailleurs de l'industrie! Je ne fais pas de défaitisme, j'ai lutté, j'ai fait plus de vingt conférences dans la Somme en faveur des caisses primaires « Le Travail », mais je suis obligé de constater que nous sommes handicapés, surtout dans le textile, par le patronat qui nous enlève au moins les neuf dixièmes des adhérents. Vous aurez créé quelque chose qui, je le crains, viendra consolider la puissance de pression de la classe capitaliste. Non pas que le principe des assurances sociales soit mauvais! Je ne voudrais pas qu'on se méprenne et qu'on crée un malentendu sur ce que j'exprime. Nous n'avons pas su faire appel aux masses; nous n'avons pas su parler aux ouvriers, parce que, partout, la tactique confédérale consiste à essayer de créer une législation du travail, des réformes purement législatives, à aller à la Société des Nations que vous avez dû quitter parce que vous vous êtes aperçus que, probablement, vous n'aviez pas grand'chose de bien à y faire.

En allant dans un tas d'organismes, en vous infiltrant dans les organismes politiques de la société bourgeoise, il faut le dire, vous avez négligé le travail auprès du peuple.

La législation ouvrière! vous l'avez dit, Jouhaux, en maintes réunions, quand elle n'est pas appuyée par un mouvement populaire, quand il n'y a pas une masse d'énergie derrière pour faire obligation, on ne l'applique pas. On n'applique pas les huit heures dans beaucoup d'industries, on supprime le repos hebdomadaire dans beaucoup de villes; les lois sur l'hygiène des ateliers sont aussi inopérantes et si nous ne sommes pas suffisamment forts, les assurances sociales se tourneront contre nous.

A un certain moment, avant le ministère Poincaré, vous avez fait toute une campagne en faveur de la stabilisation du franc. Pouvez-nous me dire maintenant quel a été le résultat de cette campagne de la C. G. T.? Certes le franc est stabilisé, pour les spéculateurs qui achètent de la marchandise à l'étranger, la payent en dollars ou en livres avec l'argent converti à la Banque de France. Pour l'ouvrier, pour le consommateur, pour le grand public, est-ce que l'on peut dire que la stabilisation existe, alors que le coût de la vie augmente continuellement?

C'est une de vos erreurs, c'est une de vos gaffes.

Pour la rationalisation, c'est la même chose. Certes, je reconnais que votre théorie de la rationalisation, qui est un peu plus d'ordre dans l'économie sociale, est juste et logique, mais le patronat applique la rationalisation par la journée de huit heures continues, afin de pouvoir n'utiliser qu'une machine pour deux ouvriers, par le travail à la chaîne et par bien d'autres méthodes de travail. C'est au détriment de la classe ouvrière que la bourgeoisie fera sa rationalisation.

Au lieu de faire purement et simplement de l'action dans des Comités officiels, on aurait dû expliquer au prolétariat que la rationalisation était indispensable, qu'on ne pouvait pas l'éviter, parce qu'on n'arrête pas la marche du progrès, mais qu'on arriverait, par des méthodes de travail plus rationnelles, à diminuer l'effort humain, qu'il était juste que nous exposions des revendications : vacances, diminution des heures de travail, afin que nous profitions, nous aussi, de cette rationalisation.

On n'a pas fait suffisamment cette propagande. Croyez-vous que la seule action auprès des Comités officiels porte auprès du peuple? Le peuple ne vous suit pas, le peuple ne comprend pas. Il n'y a que ses chefs, là-haut, au Comité confédéral, qui peuvent travailler pour lui. On ne fait pas assez appel à son énergie, à sa conscience, et peu à peu il se désintéresse, il ne vient plus aux réunions syndicales, il fuit notre mouvement syndical, notre belle C. G. T.

Voilà l'effet moral, l'effet psychologique de la pratique qui consiste à vouloir tout faire par en haut sans faire appel aux forces d'en bas.

J'ai peur qu'en continuant cette tactique vous ne suiviez l'exemple des camarades travaillistes d'Angleterre.

Ce matin, pendant l'exposé de Milan, je me demandais s'il n'allait pas conclure en demandant la formation d'un parti travailliste en France qui ne serait ni socialiste, ni communiste, mais qui ferait quand même de la politique.

Eh bien! camarades, le jour où le mouvement ouvrier et ses syndicats s'orienteront dans cette voie, ils n'auront plus l'oreille du peuple. Le mouvement ouvrier sera délaissé par le véritable peuple, le seul qui puisse faire son émancipation par lui-même.

La vraie méthode syndicaliste, c'est encore l'ancienne, adaptée aux circonstances, bien entendu. Les anciens militants aussi l'adaptaient, ils ne jetaient pas, comme les fous de la rue Grange-aux-Belles, des mots d'ordre de grève générale pour un tas de motifs stupides et grotesques, pour je ne sais quelles manœuvres diplomatiques, eux aussi savaient faire de l'action quand il le fallait. Nous vous demandons de revenir, non pas exclusivement à leur tactique, mais à cette méthode qui consiste à dire et à croire que rien ne se fera sans le peuple.

Puisque j'ai parlé une minute des communistes, permettez-moi de conclure par cette réflexion que j'ai souvent faite en moi-même. Là-bas, en Russie, lorsque la révolution s'est déclenchée, si au lieu d'une masse amorphe et inorganisée, il y avait eu des syndicats conscients et puissants s'occupant de la production, et d'un autre côté des coopératives fortes et puissantes, il n'y aurait eu aucun parti politique capable d'imposer la dictature sur la classe ouvrière organisée dans ses syndicats et coopératives, instaurant le nouvel ordre social.

Vous voulez lutter contre la dictature! Moi aussi, je veux lutter avec vous, mais par un autre système. Il n'y a qu'un moyen de lutter contre toutes les dictatures, contre toutes les réactions, c'est de faire appel au peuple, parce que lui seul fera régner la devise de la C. G. T. : « Bien-être et Liberté. » (*Applaudissements.*)

LE PRÉSIDENT. — « Le Syndicat des Tramways de Roubaix-Tourcoing, en grève de solidarité depuis dimanche, regrette ne pouvoir être représenté au Congrès. Signé : Molard, secrétaire du Syndicat. »

Il va sans dire que les congressistes adressent, à l'unanimité, leurs sentiments de solidarité aux grévistes et font des vœux pour la réussite de leur mouvement.

Je donne la parole à Aragon, du Syndicat des Employés et Contremaîtres des Secteurs électriques, dernier orateur inscrit.

BIOT. — Je demande la parole sur la question et non sur le rapport moral.

LE PRÉSIDENT. — Biot a la parole.

BIOT. — Il va sans dire que je ne m'oppose pas à ce que le camarade Aragon puisse, devant le Congrès, librement s'exprimer. Toutefois, la Commission de vérification des mandats qui a été saisie d'une contestation dans laquelle le Syndicat que représente le camarade Aragon est intéressée, attendu que celui-ci semble être inscrit au nombre des orateurs intervenant sur le fond du rapport moral, c'est une question de loyauté à l'égard du Congrès que de lui demander s'il considère que l'intervention du camarade Aragon, sur le rapport moral, puisse se produire avant que le Congrès n'ait été appelé à invalider le mandat, comme le propose la Commission de vérification des mandats, ou au contraire, comme le réclamera notre Fédération, à le valider.

CHEVALME. — Il ne saurait en être autrement, car si le Congrès ne pense pas devoir valider le mandat du Syndicat intéressé, son représentant ne pourra être appelé à prendre la parole sur l'un des points figurant à l'ordre du jour et, en cas d'invalidation du mandat du Syndicat qu'il représente, il devra se contenter de suivre les travaux à titre auditif.

LE PRÉSIDENT. — En pareille circonstance, c'est au Congrès, je crois, que je dois obéir.

Le camarade Biot, secrétaire de la Fédération de l'Eclairage, pose la question à savoir si le rapporteur de la Commission des mandats ne doit pas intervenir avant le camarade Aragon, en raison même que celui-ci est doté d'un mandat étant contesté, sachant que devant la Commission compétente, la Fédération a plaidé pour la validation, alors que la Commission elle-même a décidé de soumettre le différend à la sanction du Congrès.

DANS LA SALLE. — Oui, la parole doit être au rapporteur.

LE PRÉSIDENT. — Biot a la parole.

BIOT. — Il n'appartient pas à une Fédération d'absorber les instants d'un Congrès comme celui-ci, sur une question de contestation de mandat. Si je me permets de poser la question au Congrès, c'est que ce matin, devant la Commission de vérification des mandats, nous avons fait connaître — c'est-à-dire confirmer la note jointe au mandat du Syndicat intéressé — les raisons qui, pour la Fédération, ont semblé un empêchement à l'apposition du cachet de validité du point de vue fédéral sur le mandat du Syndicat des Employés et Contremaîtres des Secteurs Electriques de la Région Parisienne, parce que n'étant pas en règle avec les statuts fédéraux et aussi, considérons-nous, avec les statuts confédéraux. C'était pour nous — la note jointe au mandat — une question de loyauté, que de signaler la situation de ce Syndicat à la Commission de vérification, en lui donnant communication de la situation de cette organisation (Syndicat des Employés et Contremaîtres des Secteurs Electriques) par rapport à certaines dispositions des statuts fédéraux et confédéraux et je conclus en lui demandant d'apprécier le cas.

Je dois vous dire que le Syndicat dont il s'agit, pour des raisons qui absorberaient trop de temps s'il nous fallait les expliquer toutes, se trouve présentement dans une situation financière très difficile qui explique le retard motivant le refus par la Fédération d'avaliser son mandat représentatif dans ce Congrès.

C'est pour ces considérations que, devant la Commission de vérification, ce matin, notre Fédération a plaidé en faveur de la validation du mandat.

La Commission, loin de nous suivre, nous fit cette réponse :

Le Syndicat dont il s'agit n'étant pas en règle avec les statuts tant fédéraux que confédéraux, la Commission se refuse à valider d'elle-même et par conséquent fera le Congrès juge.

En conséquence de cette réponse de la Commission de vérification des mandats, pour ne pas absorber vos instants, attendu que l'un des représentants de cette organisation a, je crois le savoir, des critiques assez sérieuses à articuler contre l'activité confédérale, que ce matin il prit lui-même la précaution de nous souligner, au cours de notre premier contact, que l'on entendait, au début de ce Congrès, brimer l'opposition dans laquelle du reste il se classe.

Comme cela n'a jamais été dans les intentions de notre Fédération, que nous croyons savoir que ce n'est pas non plus dans celle du Congrès lui-même, ma conclusion sera pour vous demander, en raison des considérations qui expliquent la position présente du Syndicat, votre acquiescement à une dérogation aux statuts, en prononçant unanimement la validation du mandat que nous ne pouvions, sans déloyauté, accorder nous-mêmes.

Le Président. — En raison des explications données par Biot et qui semblent avoir reçu l'approbation du Congrès, je vais donner la parole au rapporteur de la Commission de vérification des mandats et, selon la décision que j'ignore et que vous ignorez, nous ferons parler notre camarade Aragon sur le rapport moral.

Ceux qui sont partisans de cette procédure sont priés de le manifester en levant la main. (*Adopté à l'unanimité.*)

La parole est au rapporteur de la Commission, le camarade Gourdon.

Gourdon. — Camarades, nous nous excusons de ne pouvoir vous dire ce soir le nombre total des mandats validés. La faute en incombe aux Unions et aux Fédérations pour manque d'apposition du timbre. Ce matin nous avons déclaré que nous avons validé 1.700 mandats. Nous pouvons affirmer que 2.100 le sont dès maintenant et que même il y en aura au moins 2.200.

Il y a trois mandats contestés : ceux des Agents des P. T. T. de la Haute-Savoie, des Cheminots d'Annecy et celui qui nous intéresse à l'heure présente. En ce qui concerne ce dernier mandat, malgré l'insistance de la Fédération, la Commission ne veut valider ce mandat, le Syndicat en question ayant violé les statuts fédéraux.

Voici la lettre de la Fédération. (*Lecture.*)

Paris, le 12 septembre 1929.

Le Syndicat des Employés et Contremaîtres des Secteurs Electriques de la région parisienne est présentement redevable à la Fédération de 7.782 timbres.

Si nous considérons que l'effectif réel accusé par cette organisation est de 1.500, nous déterminons :

7.782 : 1.500, *soit plus de cinq mois de retard.*

D'où il résulterait que ce Syndicat n'est pas en règle avec les dispositions de l'article 39, dernier paragraphe, des statuts confédéraux, non plus avec celles de l'article 18 des statuts fédéraux.

En conséquence de ce qui est exposé ci-dessus, la Fédération n'a pas cru devoir régulariser le mandat ci-annexé et dont la validité lui semble être du ressort de la Commission de vérification qui, le cas échéant, pourra entendre les intéressés.

L'un des Secrétaires.

Nous faisons juge le Congrès et nous demandons à Biot et à Aragon de s'expliquer.

Le Président. — Est-ce qu'il y a des camarades qui auraient des observations à formuler sur cette question?

Michaut, des Travailleurs de l'Etat, a la parole.

Michaut. — Je crois que nous ne pouvons qu'entériner la proposition de la Commission de vérification des mandats. Biot nous a dit qu'en raison de la situation particulière de nos camarades nous devions leur accorder la parole. C'est très simple, en vertu de cette proposition nous nous verrions dans l'obligation de refuser la parole à des camarades qui ne seraient pas en règle, mais partisans d'un point de vue conforme à celui de la majorité, et sous le prétexte que nos camarades vont se placer, paraît-il, dans la minorité, on leur donnera un tour de faveur. C'est un précédent dangereux que d'accorder à un Syndicat des droits qu'il n'a pas puisqu'il ne remplit pas ses obligations fédérales et confédérales. (*Applaudissements.*)

Le Président. — Je donne la parole à Biot.

Biot. — Quand j'ai parlé de certaines considérations, je n'ai pas voulu faire allusion à l'appréciation à donner à l'activité fédérale. Je veux éviter, au contraire, d'avoir à expliquer quelles sont les raisons qui ne permettent pas au Syndicat d'être à jour. C'est pour cela que je demande au Congrès de prononcer la validation du mandat.

Le Président. — La parole est à Cancouet, des Cheminots de Paris-Etat rive gauche.

Cancouet. — Camarades, il y a une chose frappante. Biot ne peut pas trancher la question, il peut faire œuvre de générosité s'il le veut, mais il y a un règlement qui est pour tout le monde et je m'étonne qu'on ait passé dessus avec une telle légèreté. Il est inadmissible qu'un camarade, pour des raisons qu'il ne veut pas développer au Congrès et qui nous paraissent un peu suspectes, puisse imposer au Congrès une perte de temps. (*Applaudissements.*)

Le Président. — La parole est à Morel, des Travailleurs municipaux de Paris.

Morel. — Une simple question : quelle est la situation du camarade des Secteurs électriques vis-à-vis de l'Union départementale?

Le Président. — Je n'ai pas les chiffres exacts en tête, mais le retard n'est pas aussi grand que pour la Fédération. Il y a quelques jours le secrétaire du Syndicat est venu s'acquitter d'une dette assez importante, il est possible que s'il n'avait pas accompli ce geste il y aurait eu, non pas analogie avec la Fédération, mais une situation tout de même assez grave.

L'Union départementale ne peut pas apporter de contestation. Le Syndicat se trouve simplement en faute vis-à-vis de la Fédération.

Il y a deux courants : celui du camarade Biot, représentant l'état d'esprit de la Fédération de l'Eclairage et qui tend à valider le mandat et celui du camarade Michaut qui a fait une proposition.

Je suis obligé de consulter le Congrès.

La parole est à Jouhaux.

(A l'arrivée de Jouhaux à la tribune, des coups de sifflet sont lancés des tribunes, les commissaires expulsent le perturbateur.)

Le Président. — Je vous demande de ne pas vous énerver. Des militants qui ont des responsabilités, qui sont à la tête de l'organisation, ne doivent pas, par leur manque de sang-froid, jeter la panique. Nous ne tolérerons pas cependant aux camarades de siffler et nous les prierons sans violence de sortir. Il est inadmissible que vous soyez émus pour si peu de chose, je vous assure que Jouhaux ne l'est pas.

Jouhaux. — Je voudrais que vous n'accordiez pas d'importance plus grande à des événements de cette nature et que nous venions à l'objet qui nous intéresse.

Le Bureau confédéral, gardien de la constitution confédérale, devrait être le premier à réclamer l'observation stricte des statuts confédéraux. Il aurait dû faire la proposition avant notre camarade Michaut. Pourquoi n'est-il pas intervenu? Parce que si nos statuts indiquent des règlements, la pratique a apporté à l'application de ces règlements une large tolérance.

Nous pensons, après les déclarations du secrétaire de la Fédération, — déclarations que nous devons enregistrer et qui nous disent que le Syndicat est, à l'heure actuelle, en retard de cotisations, que l'engagement doit avoir été pris de se mettre à jour des cotisations arriérées, — devoir demander au Congrès de valider ce mandat, comme de valider les deux autres qui sont en suspens. Ici, 2.200 Syndicats sont représentés. Il n'y en a que trois qui ne sont pas absolument en règle, par un vote unanime, validons les trois mandats contestés. (*Applaudissements.*)

Le Président. — Après l'intervention de Jouhaux, je vais consulter le Congrès.

Jeannin demande la parole avant, je lui donne.

Jeannin. — Je suis de ceux qui seraient satisfaits de voir Aragon prendre la parole, mais je dois rappeler que nous sommes peut-être certaines Unions départementales qui ont dû prendre position devant des Syndicats qui n'ont pas accompli leurs devoirs fédéraux et confédéraux. Si vous donnez satisfaction à un Syndicat qui n'a pas accompli tous ses devoirs, dans quelle situation allez-vous nous mettre? Personnellement, dans notre département, certains Syndicats ont envoyé leur mandat en demandant d'apposer le timbre de l'Union. Ces Syndicats, d'accord avec la majorité confédérale, n'étaient pas en règle, nous avons dit : « Vous n'êtes pas en règle, vous ne participerez pas au Congrès. » Aujourd'hui, nous sommes devant un Syndicat qui, nous le savons, à certains moments, était loin de faire de la propagande à notre organisation. Irons-nous dire : « Toi qui poignardes quelquefois dans le dos, qui n'es pas en règle, malgré tout, nous t'admettrons. » Moi qui déclarais tout à l'heure que nous ne voulions plus de suspicion dans nos Congrès, je déclare cependant que si la camaraderie doit rester entre nous, il n'en est pas moins vrai qu'il y a un règlement et que nous devons l'appliquer. (*Applaudissements.*)

LE PRÉSIDENT. — Vous avez entendu plusieurs opinions. Aragon veut parler sur la question. (*Protestations.*)

DANS LA SALLE. — Non, non.

LE PRÉSIDENT. — Je crois que l'on peut mettre le rapport de la Commission de vérification des mandats aux voix. Ceux qui sont partisans d'approuver ce rapport sont priés de le manifester en levant la main. (*Adopté.*)

MICHAUD. — Il faut préciser la position de la Commission, elle est contre.

LE PRÉSIDENT. — Je viens de mettre aux voix le rapport de la Commission, le vote est acquis. Par conséquent le rapport est adopté et les trois Syndicats sont invalidés. (*Brouhaha dans la salle.*)
(Aragon veut prendre la parole.)

ARAGON. — Je ne veux pas revenir sur votre décision, mais on a fait allusion à certains faits... (*Protestations.*)

LE PRÉSIDENT. — Roux a la parole.

ROUX. — Je crois qu'il y a eu une confusion dans le vote parce que le secrétaire de la Commission des mandats a dit au Congrès de se prononcer. Le rapporteur n'ayant pas apporté une décision nette permettant au Congrès de se déterminer, après l'intervention de Jouhaux concluant à la validation des trois Syndicats dont les mandats étaient en suspens, c'était sur cette procédure, à mon sens, que devait se produire le vote.
Le vote a eu lieu sur la position prise par la Commission et c'est ce qui a créé la confusion.
Je demande qu'on tienne compte des explications de Jouhaux et que ce soit sous cette formule que le Congrès se prononce.

DANS LA SALLE. — C'est voté !

MICHAUD. — Dans cette question, il y a quelque chose que l'on n'a pas dit. Beaucoup de camarades, et moi le premier, ont la conviction que dans cette histoire la position prise par la Fédération de l'Eclairage est une position de sentimentalité, parce que le délégué du Syndicat en question a une position contre la position confédérale...

PRIEUR. — On n'a pas touché notre rappel depuis huit mois !

MICHAUD. — Ce que nous voudrions savoir pour déterminer notre position de façon sérieuse, c'est si le retard apporté par le Syndicat dans le payement de ses cotisations est un retard excusable et loyal.

BIOT. — Très excusable et très loyal; financièrement, il lui est impossible de se mettre à jour.

MICHAUD. — De cette façon, s'il n'y a pas de sentimentalité dans la position de la Fédération de l'Eclairage, je vote pour la validation du mandat.

LE PRÉSIDENT. — Un président de Congrès a le droit, j'imagine, d'apporter une simple observation, en son nom personnel, en se dépouillant de ses fonctions de président?

DANS LA SALLE. — Oui, oui!

LE PRÉSIDENT. — Je n'aurais rien dit dans ce débat et quand tout à l'heure Morel m'a demandé dans quelle situation était le Syndicat des Secteurs électriques vis-à-vis de son Union, on ne me reprochera pas de ne pas avoir répondu loyalement à cette demande. J'étais intimement d'accord avec Biot pour la validation du mandat, mais Prieur a commis une maladresse en prenant la parole. Dans une simple interruption, il a dit que la cause du retard c'était le non-payement du rappel à ses camarades. Permettez, Prieur, ce n'est pas un argument et ce n'est pas à vous qu'il appartenait de dire cela, lorsque dans votre dernier Conseil syndical, discutant des dettes, vous avez dit : « Après tout, nous en avons assez de donner 30.000 francs par an aux fainéants et aux ronds de cuir qui sont à la Fédération et à l'Union! »...

MICHAUD. — Alors je vote contre!

PRIEUR. — C'est des boniments de concierge!

LE PRÉSIDENT. — Lorsqu'on n'est pas en règle, on a le droit de ne pas être d'accord avec la tactique de la Confédération Générale du Travail et j'imagine qu'il y a au sein de votre Conseil des hommes qui ne sont pas d'accord et qui critiquent à chaque instant; c'est leur droit, mais ils ne se livrent pas à l'insulte, à la calomnie sur les militants. Mais toi Prieur, tu es un champion de la médisance et de la calomnie. (*Applaudissements.*)

ARAGON. — Je demande la parole, il y a des affirmations inexactes qui ont été produites!

LE PRÉSIDENT. — Je consulte le Congrès : Etes-vous partisans de donner la parole à Aragon?

DANS LA SALLE. — Non, non. (*Brouhaha.*)

LE PRÉSIDENT. — Le Congrès, dans sa majorité, refuse la parole à Aragon. Le président doit suivre les congressistes, en conséquence, ce débat pénible est terminé. Le vote acquis tout à l'heure donnait raison au rapporteur de la Commission de vérification des mandats, tendant à l'invalidation des trois Syndicats.

(Aragon veut toujours prendre la parole. Les délégués protestent.)

GRANOUX. — Il est tout de même assez inélégant que des militants ne puissent pas se justifier.

LE PRÉSIDENT. — Le débat sur cette question étant terminé, je vais vous donner connaissance du Bureau de la séance de demain : *président* : Savoie, de l'Alimentation; *assesseurs* : Dasse, de l'Union de la Gironde; Ehlers, des Inscrits Maritimes.

Nous convions les congressistes demain matin à 9 h. 45. Nous donnerons un quart d'heure pour que la séance commence à 10 heures précises.

(La séance est levée.)

MERCREDI 18 SEPTEMBRE

Séance du Matin

Président : Savoie (Alimentation). — *Assesseurs :* Dasse (Gironde), Ehlers (Marins de Dunkerque).

LE PRÉSIDENT. — Camarades, la séance est ouverte. Nous allons vous donner connaissance des lieux où vont se réunir les Commissions cet après-midi, à 3 heures, ce qui veut dire que cet après-midi il n'y aura pas de séance plénière pour le Congrès.

(Lecture des lieux de réunion des diverses Commissions.)

Dans quelques instants, c'est-à-dire avant de lever la séance de ce matin, nous ferons paraître à nouveau sur l'écran lumineux les lieux de réunion des Commissions, de façon à ce que les camarades qui n'étaient pas ici au moment où nous en avons fait l'appel soient néanmoins informés à ce sujet.

Nous allons maintenant donner la parole au camarade Jouhaux qui, au nom du Bureau confédéral, va répondre aux différentes observations qui ont été formulées au sujet du rapport de la Confédération Générale du Travail.

La parole est au camarade Jouhaux.

JOUHAUX. — Camarades, vous nous avez invités hier à être francs, ce que nous avons toujours été. Nous essaierons aujourd'hui de l'être encore plus et si cette franchise vient quelque fois vous frapper brutalement, il ne faudra pas vous en plaindre.

Tout d'abord, une constatation : ici, pas de politique, harro contre la politique. Il semble que les uns et les autres aient la phobie de la politique, et cependant que faites-vous? Vous pratiquez purement et simplement les mœurs parlementaires. Vous interpellez le gouvernement, vous mettez le Bureau de la Confédération Générale du Travail sur le même plan que le Gouvernement d'un pays et vous lui reprochez à la fois ce qu'il a fait et ce qu'il n'a pas fait.

Vous oubliez que la Confédération Générale du Travail, ce n'est pas seulement un Bureau confédéral. La C. G. T., ce n'est pas la dictature s'imposant par la tête. C'est un grand corps social dont la pensée doit rayonner à travers le pays selon l'activité de tous ses membres. Et si cette activité n'est pas assez grande, ce n'est pas vers le Bureau confédéral qu'il faut vous retourner, c'est vers vous-mêmes et vous devez vous poser la question à savoir si vous avez fait tout le nécessaire pour que cette pensée puisse rayonner. (*Applaudissements.*)

Je sais bien qu'il est profondément humain de se décharger de ses propres responsabilités sur les épaules des autres. On ne veut jamais reconnaître qu'on a failli soi-même. On ne veut jamais reconnaître ses torts; il faut bien que d'autres les supportent et n'y a-t-il pas là un moyen commode de se donner à soi-même satisfaction en s'adressant au Bureau confédéral?

Camarades, que ces pratiques cessent! Non pas que nous voulions éluder aucune des responsabilités qui peuvent se poser. Nous voulons bien les assumer toutes. Nous les avons assumées depuis toujours, nous continuerons à les assumer. Mais il ne faut pas que vous croyiez avoir fait œuvre utile,

avoir accompli votre devoir lorsque vous êtes venus ici à cette tribune, critiquer le Bureau confédéral.

Votre devoir, il consiste d'une part à dire d'une façon plus précise
quelles sont les tâches que le Bureau confédéral devra mener à bien, par
quels moyens il devra les mener. Votre devoir, c'est d'apporter tous vos
efforts, non pas des efforts spasmodiques, mais des efforts continuels à la
réalisation de la tâche que vous aurez vous-mêmes tracée. (*Applaudissements.*)

Je n'ai pas l'intention de répondre particulièrement à chacun des reproches qui nous ont été faits, ce serait beaucoup trop long et beaucoup trop
fastidieux. Je veux essayer, moi aussi, d'être le plus court possible et de ras-
sembler ma pensée pour qu'elle soit la plus claire, la plus compréhensive et
qu'à la suite les uns et les autres sachent quelle est la pensée du Bureau
confédéral et sur quel principe repose l'action de la Confédération Générale
du Travail.

On nous a fait le reproche de n'être pas assez actifs. Nous ne parlerions
pas assez souvent aux masses. Il faut conquérir le peuple.

Est-ce que le Bureau confédéral doit faire face à toutes les tâches. Est-ce
lui qui doit répondre à toutes les nécessités de la propagande, ou n'est-ce pas
au contraire les Fédérations, les Unions départementales et plus particulièrement les Syndicats qui doivent parler au peuple, se mettre en contact
avec les masses pour leur faire comprendre le but visé et les résultats à
obtenir?

Est-ce que vous auriez la naïveté de considérer avoir rempli votre devoir
en venant ici critiquer le Bureau confédéral parce que dans vos réunions
vous avez éprouvé quelque déception parce que les masses ne sont pas venues
aussi nombreuses que vous l'auriez désiré, vous allez prétendre que c'est la
responsabilité du Bureau confédéral. (*Applaudissements.*)

Et puis, syndicalisme de masses! Par quels moyens? Par le roman-
tisme social dont nous avons eu hier quelques échos à cette tribune? Les
mots, ils ont une valeur; les formules, elles provoquent de l'enthousiasme.
Mais valeur et enthousiasme ne valent que pendant quelques instants. Notre
mouvement n'est pas l'effort de quelques instants, il n'est pas l'effort d'une
année, il est un effort continuel. Et il faut, pour attacher ces masses à cet
effort continuel, autre chose que des mots, autre chose que des formules,
fussent-elles les plus flamboyamment idéalistes.

Quoi, vous êtes des militants, esprits avertis, votre fonction c'est de
regarder la réalité et n'en pas avoir peur; votre devoir c'est de connaître ou
d'essayer de connaître la véritable psychologie des masses populaires, c'est
de savoir quels sentiments sont en elles et quels sont ceux qui, le plus
généralement, les déterminent et les conduisent.

Le peuple est bon, nous sommes du peuple, et nous entendons rester avec
le peuple. Le peuple n'a pas toutes les qualités, il a aussi bien des défauts
et ce sont ces défauts qui, très souvent, rendent notre propagande stérile,
ce sont ces défauts qui créent l'indifférence dans les masses populaires, contrairement même à leurs intérêts immédiats à leurs intérêts d'avenir.
(*Applaudissements.*)

Vous êtes-vous demandés pour quelles raisons les travailleurs ne venaient
pas aussi nombreux aux organisations syndicales que nous le désirions?
Vous êtes-vous demandés pourquoi ils allaient aussi facilement aux institutions patronales?. Et si vous vous le demandez seulement pendant quelques
secondes, vous aurez trouvé immédiatement la réponse. Ils vont aux institutions patronales parce qu'il y a là moins de forces à dépenser, moins de sacrifices à faire, moins de risques à assumer. (*Applaudissements.*) Et c'est la

raison pour laquelle ils y vont. Et est-ce que vous allez méconnaître cette loi du moindre effort! Est-ce que vous allez passer silencieusement sur elle et encourager les masses à continuer dans cette voie dangereuse, non pas pour nous, mais pour elle. (*Applaudissements.*)

Ah! oui, nous nous sommes demandés souvent ce qu'il fallait faire pour essayer d'atteindre les sentiments intimes des masses, les amener à nous et les conserver. Satisfaire leurs intérêts nous apparaît chose indispensable. Leur donner satisfaction dans la plus large mesure est chose nécessaire. Cela, nous l'avons fait dans la mesure de nos moyens, dans la limite de vos forces, car les revendications obtenues sont en fonction même dé votre effort à leur application et en rapport direct avec votre vigilance. Cela, nous l'avons fait. Est-ce que cela nous a donné les résultats espérés. Non. Il faut avoir le courage de le dire. La majorité des travailleurs sont indifférents à l'organisation syndicale. L'organisation syndicale leur demande trop d'efforts, trop de sacrifices, et ils ne sont pas encore disposés à faire ces efforts, à faire ces sacrifices.

Il ne dépend pas des vieilles formules ou des formules nouvelles pour que le résultat soit obtenu; il dépend d'une éducation nouvelle, d'une mentalité nouvelle. Il dépend que les travailleurs comprennent mieux la réalité en face de laquelle ils se trouvent et la nécessité de réagir sur cette réalité. Et c'est pourquoi le Bureau de la Confédération Générale du Travail essaiera de trouver dans une réorganisation profonde de ses méthodes d'organisation et de ses méthodes de propagande la possibilité de porter remède à cette situation désavantageuse. Comment peut-il le faire? Je voudrais en quelques phrases indiquer quelle est notre opinion sur le sujet. Loin de nous la pensée de vouloir toucher aux organismes constituant à l'heure actuelle la Confédération Générale du Travail. Fédérations, Unions de Syndicats et Syndicats doivent rester les bases constitutives de notre Confédération Générale du Travail. Mais l'évolution ne nous indique-t-elle pas que telles et telles modifications doivent être apportées dans l'ordre de l'organisation. Il est certain que si les Unions départementales doivent être en rapports directs avec la C. G. T., si les Unions départementales sont les représentantes directes de la Confédération Générale du Travail dans chaque département, la liaison n'est encore à l'heure actuelle qu'une liaison théorique parce qu'elle est trop disséminée. Il n'est pas douteux que si les Unions doivent aider les Fédérations dans leur besogne de recrutement syndical, il n'est pas douteux non plus que les rapports entre les Fédérations et les Unions ne sont pas aussi étroits qu'ils devraient l'être pour que cette besogne puisse se réaliser pleinement (*Applaudissements.*)

Et alors, que convient-il de faire? Eh! bien, il convient après avoir constater cette chose de vouloir y porter remède; mais de le vouloir sincèrement, non pas seulement de le dire et puis ensuite de s'ingénier à le rendre irréalisable, mais ayant constaté cette utilité, s'appliquer à la transporter dans la réalité.

Nous pensons, nous, qu'il est indispensable de créer des centres régionaux. C'est une idée qui n'est pas nouvelle, c'est une idée qui a été souvent discutée, mais c'est une idée qui n'a pas encore été réalisée parce qu'elle avait soulevée trop d'appréhension chez les militants du mouvement confédéral, et parce que ces appréhensions ont été plus fortes que les nécessités, il s'agit de savoir si, aujourd'hui, ces appréhensions continueront à mettre en échec ce qui est indispensable, non pas, je le répète, que nous ayons dans l'idée de faire disparaître les Unions départementales pour les fondre en je ne sais quel creuset régional. Notre idée est plus simple : elle veut constituer simplement un lien entre les Unions départementales des différentes régions et avoir à ce centre régional un représentant direct de la Confédération Générale du Travail (*applaudissements*), représentant dont la besogne ne sera pas seulement besogne de propagande verbale.

Oui, dans notre pays, la parole vaut et j'aurais pour ma part mauvaise grâce à dire le contraire. Mais elle n'est pas le seul moyen de propagande, il en est d'autres, et à nos yeux, plus effectifs. Il ne suffit pas de faire dans un centre une ou deux réunions, d'avoir appelé l'attention des camarades sur la nécessité de l'organisation; il faut encore que l'organisation puisse se constituer, il faut poursuivre cet effort jusqu'à la constitution, il faut prendre tous les moyens qui rendront cette constitution possible. Et alors, le représentant de la C. G. T. dans la région, ce ne doit pas être seulement l'homme qui s'en va porter la parole, mais c'est l'homme qui, avec le concours des secrétaires d'Unions départementales, apprend à connaître la région dans laquelle il se trouve, les possibilités de recrutement qu'elle contient en elle, l'état de développement des industries et, fait important, les personnalités sur lesquelles peut reposer l'organisation syndicale.

Il faut éviter, dans la plus large mesure, que la constitution d'une organisation syndicale soit, dès le lendemain, détruite par les coupes sombres du patronat. Il faut éviter, dans une certaine mesure, que jusqu'au moment où le Syndicat constitue une force capable de défendre ceux qui sont dans son sein, la direction de cette organisation syndicale ne repose pas sur quelques personnalités, mais que l'organisation syndicale puisse trouver les possibilités d'aide, de collaboration pour son propre développement de façon que l'organisation créée puisse vivre, prospérer et que contre elle, le patron n'ait pas, dès sa naissance, des possibilités de la détruire. (*Applaudissements.*)

D'autre part, le Bureau confédéral voudrait donner à notre Confédération Générale du Travail les outils et les matériaux qui lui sont nécessaires pour un travail utile.

Ces outils, ces matériaux, c'est la documentation.

On nous a dit hier : « Qu'est-ce que sera cette documentation? » La documentation que nous voudrions établir au sein de la Confédération Générale du Travail et pour le service du mouvement syndical est une documentation qui doit être spécifiquement syndicale, mais qui cependant, ne peut pas ignorer les grands faits économiques, les grands problèmes économiques, car, les intérêts de la corporation, les intérêts professionnels dépendent de l'influence qu'exerce sur eux le développement des industries et de l'économie générale.

Nous voudrions aussi que cette documentation soit scientifique et nous entendons par documentation scientifique la recherche de la plus grande vérité. Mais d'une vérité simple, rendue compréhensible pour tous et surtout pour nous. Une vérité débarrassée de tous les voiles dont on l'affuble pour la faire servir à la défense des intérêts particuliers.

Voilà, en quelques mots, quelle est la pensée du Bureau confédéral sur les efforts de modification qu'il convient d'apporter à notre mouvement. Vous l'avez toute nue, toute simple, à vous de dire si non seulement vous l'approuvez, mais si vous serez capables d'aider à sa réalisation.

On nous a dit : « Vos réformes ne valent. Elles ne sont pas appliquées comme elles devraient l'être ».

Encore une fois, est-ce la Confédération Générale du Travail qui en est responsable ou les travailleurs qui sont indifférents pour faire respecter les réformes qu'ils ont eux-mêmes réclamées? (*Applaudissements.*)

Nos réformes ne valent! Mais dites donc, ces réformes, c'est vous qui les avez décidées. Ce n'est pas la Confédération Générale du Travail qui les a lancées dans la circulation, du fait de la décision du Bureau confédéral, c'est vous qui, dans vos Congrès, avez tracé le programme de revendications de la Confédération Générale du Travail. Et si les réformes inscrites à ce programme ne vous donnent pas satisfaction, prenez-vous-en à vous-mêmes et n'essayez pas de rejeter la responsabilité sur d'autres épaules !

Nos réformes ne valent parce qu'elles ne reçoivent pas une application intégrale ! Est-ce que les huit heures ont perdu de leur signification sociale, de leur sens profond de transformation sociale, parce qu'il y a un peu dans tous les pays et dans le nôtre, plus particulièrement, des gens qui ne se rendent pas compte de l'importance de la réforme acquise et qui se soucient très peu du respect de son application?

Quoi ! Pendant des années et des années, marchant à la bataille, illuminés par cette revendication, les travailleurs auraient sacrifié leur liberté, leur vie pour la conquérir et elle ne vaudrait plus le jour où elle aurait été conquise? Illogisme de l'esprit humain, inconséquence de ceux qui viennent soutenir ici une telle thèse !

La réforme vaut, elle vaut, vous entendez-bien, non pas seulement par la somme de libertés supérieures qu'elle apporte à la classe ouvrière; elle vaut par ce qu'elle contient en elle de facteurs de transformation, parce qu'elle est elle-même un des animateurs de l'évolution et du triomphe de la justice sociale. (*Applaudissements.*)

On nous a reproché de ne pas être assez idéalistes ! D'autres nous ont demandé de penser surtout au présent et à l'avenir immédiat.

Au présent, nous voulons constamment y penser, d'ailleurs nous ne saurions exister si nous n'y pensions pas. L'avenir immédiat, l'avenir de demain, mais il est fonction du présent !

De l'attitude que nous saurons prendre, de la lutte que nous mènerons, des revendications que nous formulerons, dépend la constitution de l'avenir immédiat, comme de l'avenir lointain.

· Est-ce que jamais à la Confédération Générale du Travail on ait pu faire le reproche d'abandonner son idéalisme, de ne plus croire à la force des idées? Ah ! camarades, non, la classe ouvrière ne s'embourgeoise pas parce qu'elle conquiert des libertés plus grandes, parce qu'elle vit mieux ! Non, il n'est pas vrai de dire que la force de l'idée disparaît devant la cristallisation des conquêtes !

Ce sont des formules littéraires, ce ne sont pas des formules de vie. (*Applaudissements.*)

La vie, elle, nous commande d'agir, de conquérir et puis de stabiliser pour conquérir de nouveau. (*Applaudissements.*)

Quoi ! Est-ce que notre mouvement reposerait sur un sable mouvant faisant disparaître l'effort d'hier, laissant espérer la disparition de l'effort d'aujourd'hui?

L'idée pour nous reste toujours l'idée. Quand nous collaborons dans notre pleine indépendance, dons notre complète liberté, nous n'oublions pas un seul instant que nous sommes les représentants de la classe ouvrière et, qu'elle le veuille ou non, la classe ouvrière est, dans la situation économique actuelle, une classe spéciale dont les intérêts sont, par la volonté de ceux qui jouissent, en opposition avec les intérêts des autres classes.

Lutte de classe ! Mais non, la formule est ancienne. Est-elle une formule révolutionnaire en elle? Elle est une simple constatation, et avant même que les moyens de lutte ne surgissent dans le monde, les penseurs avaient déjà constaté cette situation. Ils l'avaient dit parce qu'elle était une vérité et tant que le milieu social ne se modifiera pas, elle restera une vérité.

Mais, est-ce que notre effort est de perpétrer éternellement cette situation, ou bien n'est-il pas de faire disparaître cette situation dans l'avènement à l'égalité, à la justice, à la liberté de ceux qui, jusqu'ici, ont été des opprimés. (*Applaudissements.*)

C'est en raison de cette conception que nous agissons au Bureau confédéral. C'est pour la réalisation de cette conception que nous réclamons toutes les revendications qui sont inscrites à notre programme. Il en est qui donneront de simples satisfactions matérielles, il en est d'autres, au contraire, qui apporteront au monde ouvrier, même indifférent, des possibilités de se transformer, de devenir meilleur.

Vacances payées! satisfaction indispensable, devenue nécessaire pour ceux qui peinent pendant toute l'année, et nous considérons qu'il ne suffit pas seulement que les vacances soient inscrites dans un texte de loi, il faut encore que les travailleurs puissent en bénéficier, et pour cela il faut que, comme dans les pays voisins, il y ait pour les travailleurs des possibilités de réduction de chemins de fer qui leur permettent à eux aussi d'aller vers la mer, vers la montagne, sanatorium temporaire dont ils ont besoin pour réparer leurs forces. (*Applaudissements.*)

Mais quand la Confédération Générale du Travail inscrit à son programme la réforme de l'enseignement. Quand elle réclame que l'enseignement primaire soit obligatoire jusqu'à l'âge de 15 ans, au minimum jusqu'à l'âge de 14 ans, est-ce qu'elle ne fait pas là un acte social d'une grande portée?

Quand elle réclame, avec les instituteurs, que les lois scolaires soient mieux respectées, que la fréquentation scolaire soit obligatoire, est-ce qu'elle ne fait pas là, œuvre utile?

Camarades instituteurs, qui êtes venus hier interpeller le Bureau confédéral, est-ce que vous allez rendre celui-ci responsable de ce que, dans les campagnes, les enfants ne fréquentent pas vos écoles? Parce qu'en retour, nous pourrions alors, avec la même logique dire que si les écoles ne sont pas fréquentées, la faute en est aux instituteurs. Nous ne le pensons pas, et nous ne le dirons pas. Nous ne ferons pas chorus avec ceux qui mènent la campagne contre l'école laïque.

Mais je vous en prie, à vous surtout qui pouvez raisonner avant de monter à cette tribune, réfléchissez, discutez avec vous-mêmes, comprenez les difficultés en face desquelles nous sommes et alors, c'est le langage de la raison qui sortira de votre bouche. (*Applaudissements.*)

Quand nous réclamons l'école unique, est-ce que la Confédération Générale du Travail n'accomplit pas là un acte révolutionnaires par les transformations qu'il veut apporter dans les méthodes actuelles d'enseignement? Révolutionnaire, parce qu'il fera que demain, seuls n'aient pas accession au patrimoine commun de la science ceux qui peuvent payer leurs études!

Demain, quand la Confédération Générale du Travail, la Fédération de l'Enseignement, toutes les organisations de la C. G. T. auront imposé cette réforme essentielle, demain, alors, vraiment sera matérialisée la pensée du grand Michelet : alors le peuple pourra monter à la connaissance. (*Applaudissements.*)

Nous transportons notre activité dans des organes extérieurs au mouvement syndical! De quoi avez-vous voulu parler? Des Commissions paritaires existant dans les différentes industries, des Commissions du coût de la vie pratiquées par tous les militants du mouvement ouvrier, du Conseil National Economique, du Conseil National de main-d'œuvre? Et vous avez cité à l'exemple de votre thèse le souvenir de Pelloutier.

Pelloutier fut un des premiers parmi les militants ouvriers qui comprit la nécessité d'organiser les migrations ouvrières pour donner plus de stabilité et pour apporter plus de sécurité dans la situation des travailleurs. C'est pour cela qu'il constitua les Bourses du Travail. Et c'est pour cela qu'il se tourna, lui aussi, vers l'Etat et qu'il lui demanda son concours pour réaliser cette grande œuvre de salubrité sociale.

Et permettez-moi d'ajouter, comme un souvenir ému à sa mémoire, que c'est aussi pour cela qu'il fut combattu et que c'est de cela qu'il mourut. (*Applaudissements.*)

Et alors, aujourd'hui, quand nous participons au Conseil National de la Main-d'Œuvre pour parfaire l'œuvre esquissée par Pelloutier, nous avons tort? Nous sommes condamnables?

Un peu de logique, camarades, un peu moins de sentiment!

Rappelez-vous 1920, avant la scission : « Pas de collaboration. Nous sommes contre vous parce que vous êtes dans les Commissions paritaires, parce que vous discutez avec les représentants du patronat, parce que vous vous asseyez aux mêmes tables que les représentants du capitalisme. Cela, c'est de la déviation révolutionnaire. Nous sommes contre vous pour cela et pour réagir contre cela, nous ferons la scission. »

Et puis, aujourd'hui, où sont-ils ceux qui sont partis pour ce motif? S'ils ne sont pas tous dans les Conseils paritaires, s'ils ne sont pas tous autour de la table verte, à côté des représentants du capitalisme, ce n'est pas parce qu'ils ne le demandent pas, c'est parce qu'ils ne le peuvent pas. (*Applaudissements.*)

On demande d'agir. Comment lutter si les conversations, si les discussions ne peuvent avoir lieu?

Nous avons déserté les vieilles méthodes! Qu'est-ce que les vieilles méthodes? Qu'est-ce que l'action syndicale? Revendications, discussions, luttes. Voilà les formules de l'action syndicale. Est-ce qu'elles ont changé? Est-ce qu'aujourd'hui on ne pose plus de revendications? Est-ce qu'aujourd'hui on ne discute plus? Est-ce qu'aujourd'hui on ne lutte plus?

Nous ne faisons pas assez de grèves! Est-ce que c'est la Confédération Générale du Travail qui détermine les grèves? Est-ce que c'est elle qui commande les grèves? Les grèves ne doivent-elles pas être le fait de la volonté des travailleurs eux-mêmes? (*Applaudissements.*)

Et si, aujourd'hui, il y a moins de grèves, c'est que les situations se sont modifiées. C'est que la grève n'apparaît plus aujourd'hui aux yeux des travailleurs comme un geste héroïque d'une durée de quelques jours, mais comme un épisode de la bataille sociale qu'on ne doit engager qu'après avoir réuni 90 % des chances de succès. (*Applaudissements.*)

Hier, on vous a apporté la sympathie et les remerciements de camarades ayant lutté pendant des mois contre un patronat coalisé internationalement. Les pipiers de Saint-Claude, mus non seulement par leurs intérêts professionnels, mus non seulement par leurs intérêts individuels, mais défendant l'intérêt général de l'industrie, ont mené la bataille pendant des semaines et ont enfin obtenu satisfaction. (*Applaudissements.*)

Ah! cela jure un peu avec les grèves déclanchées sur des mots d'ordre politique et sans aucune préparation dans les milieux ouvriers. Oui, là, la formule crée de l'enthousiasme, elle idéalise la bataille pour quelques instants, pour quelques minutes, et ensuite c'est la défaite, c'est l'impuissance, c'est la mort désespérante, c'est l'indifférence à l'organisation syndicale, à ses revendications et à son idéal.

Vous l'avez condamnée, cette méthode. Vous continuerez à la condamner.

Indépendants, nous l'avons toujours été et nous continuerons de l'être. C'est dans notre indépendance que nous puisons notre force.

Est-il besoin pour cela de toujours évoquer la Charte d'Amiens, dont l'esprit est en nous, mais dont la lettre peut avoir changé. (*Applaudisse-ments.*) Sommes-nous donc attachés à cette lettre? Sommes-nous des révo-lutionnaires incapables de comprendre les modifications apportées par le temps? Est-ce qu'il est en nous impossible de comprendre la nécessité non pas de nous adapter, mais de comprendre pour mieux réagir contre cette nécessité? (*Applaudissements.*)

Adaptation au régime actuel? Ceux qui nous combattent ne s'y trompent pas. Mais quand on nous distribue la louange, il y a malgré tout derrière cette louange, l'appel à la vigilance, l'appel à la concentration des forces conservatrices et réactionnaires, l'appel à la lutte contre l'expansion de la Confédération Générale du Travail.

Oh! dans les organes auxquels nous participons ce n'est pas une pensée d'adaptation que nous portons. C'est une pensée de transformation selon la loi de l'évolution. Ce que nous voulons, c'est que l'économie se transforme. Ce que nous voulons, c'est que la direction de l'économie ne soit plus le fait de quelques-uns à l'exclusion du grand nombre, mais que le grand nombre ait aussi le droit de donner son avis, ait aussi le droit de contrôler l'évolution au milieu de laquelle il est appelé à vivre. C'est cette pensée-là qui nous guide dans notre action, et ce n'est pas seulement en pensant au présent, mais c'est aussi en pensant à l'avenir que nous agissons. Si nous ne pensions qu'au présent, la lutte serait presque impossible. Si nous ne pensions qu'au présent, si nous ne voulions voir que le présent, nous risquerions, par cette méconnaissance de l'avenir, de voir détruire ce que nous construisons actuel-lement.

Quand nous parlons d'assurances sociales, est-ce que nous pensons seu-lement au présent? Est-ce que c'est seulement pour le présent que nous réclamons cette réforme?

On est venu nous dire que la réforme ne valait parce qu'on en avait exclu deux millions de travailleurs agricoles. Est-ce la responsabilité de la Confédération Générale du Travail qui est en cause en cette question? Est-ce que la C. G. T. n'a pas toujours réclamé et ne réclame pas encore le bénéfice des assurances sociales pour les travailleurs des villes et des campagnes? Et si les travailleurs des campagnes sont à l'heure actuelle en voie d'être exclus de la loi des assurances sociales, n'est-ce pas parce que eux-mêmes ont été indifférents à la réforme, que dis-je, n'est-ce pas parce qu'une certaine fraction d'eux-mêmes s'est dressée contre la réforme? (*Applaudissements.*)

On leur a menti, aux paysans. On continue à leur mentir. Nous essayons de leur parler raison, de leur faire entendre la vérité. Nous ne sommes pas écoutés. Est-ce que cela diminue la valeur des assurances sociales?

Les assurances sociales, elles, n'ont pas seulement de valeur pour les améliorations, les garanties, les sécurités qu'elles apporteront aux travail-leurs et aux familles des travailleurs. Elles ont aussi une valeur, parce qu'elles posent avec elles et pour la première fois dans ce pays, la nécessité d'une politique d'hygiène sociale. Elles ont une valeur parce qu'elles exigent, non pas à parler dans des discours officiels, de l'édification de quelques sanatoria, mais parce qu'elles obligent à des mesures préventives qui, seules, seront capables de faire reculer les fléaux qui déciment ce peuple, qui plus particulièrement déciment la classe ouvrière. Avec les assurances sociales, c'est notre capital santé que nous défendons, et c'est aussi le capital santé de ce pays.

N'est-il pas humiliant de penser que dans l'Europe nous sommes le dernier pays qui arrive à la matérialisation de cette idée d'assurances sociales? (*Applaudissements.*) N'est-il pas humiliant de penser que c'est dans ce pays qu'existe la plus forte proportion de mortalité infantile? N'est-il pas humiliant de penser que dans ce pays l'homme adulte continue de disparaître parce qu'il n'y a pas, pour le défendre contre les maladies, de mesures d'hygiène sociale? (*Applaudissements.*)

Et ne faut-il pas réclamer avec force que l'on mette un terme à cette situation douloureuse?

Les assurances sociales, nous les avons défendues de tous nos efforts, à chaque instant; nous avons été dans la lutte pour empêcher que quelques traquenards ne réussissent pour faire reculer quelques velléités réactionnaires. Nous y sommes arrivés dans une certaine mesure; notre effort n'est pas terminé. Mais si nous avions tenu le langage que l'on nous tint hier, si nous nous étions désintéressés de la réforme, où serait-elle à l'heure actuelle? Ah! ce ne sont pas seulement les travailleurs agricoles qui risqueraient d'être exclus de son bénéfice, c'est la classe ouvrière toute entière. (*Applaudissements.*)

Et aujourd'hui même, il nous faut encore faire effort de vigilance pour empêcher que nous soyions frustrer du bénéfice de la gestion de cette loi.

A l'heure actuelle, il y a, déposé au Parlement, un rectificatif. Rectificatif portant plus particulièrement sur les travailleurs agricoles, mais contenant la phrase suivante : la gestion des assurances sociales en matière agricole sera confiée aux mutualités.

Attention! et dès aujourd'hui dénonçons le traquenard possible. Que les parlementaires, que les gouvernants ne croient pas un seul instant que nous accepterons qu'un petit amendement soit apporté à la loi, amendement par lequel toute la gestion des assurances sociales irait aux mains des mutualités. Demain, peut-être s'apprête-t-on à déposer un amendement déclarant que pour éviter la disparité des régimes, la gestion des assurances au monde industriel soit mise sur le même plan que la gestion des assurances au monde agricole.

C'est là le piège, et je suis assez informé pour savoir que l'amendement sera déposé. Eh bien! dès aujourd'hui, au nom des deux mille deux cents syndicats représentés dans ce Congrès, au nom de la classe ouvrière, nous dénonçons ce traquenard, nous nous dressons contre lui et nous déclarons que ceux qui prendront cette attitude prendront la responsabilité de l'échec de la loi elle-même. (*Applaudissements.*)

Et maintenant, camarades, passons à un autre ordre d'idées et venons-en à notre camarade Milan, qui a eu le malheur, ayant voulu interpeller le Bureau confédéral, de se trouver à son tour et à la suite de son interpellation, interpellé lui-même. Milan nous a dit quelques vérités; il nous a dit que très souvent nous n'avions pas été déterminés par notre volonté seule, mais également par les faits.

C'est vrai, et pourrait-il en être autrement? Est-ce que notre mouvement se détermine seulement en raison d'une théorie préconçue, ou, au contraire, n'est-il pas déterminé par la vie elle-même, par les faits eux-mêmes? Est-ce que nous pouvons, mouvement syndical, nous évader de la vie, monter sur quelque mont Aventin et dans une attitude superbe regarder les humains se déchirer entre eux? Ce n'est pas là l'attitude que peut prendre le mouvement syndical. Il est obligé d'être dans la vie, au milieu de la bataille, dans le tumulte des hommes et des événements. Ce qu'il lui faut, c'est essayer de grandir sa personnalité au milieu de ce tumulte pour essayer de diriger lui-même les événements et non d'être dirigé par eux.

Il faut revenir à une foi nouvelle? Pourquoi? Pourquoi une foi nouvelle? La foi d'hier a-t-elle donc fait faillite? Est-ce que nous ne croyons plus aujourd'hui à ce qui était notre raison d'être hier? Est-ce que nous ne marchons plus vers la même réalisation de notre idéalisme? Est-ce que nous avons besoin de nous constituer une religion nouvelle, quand nous en portons une en nous, plus forte que celle que nous pourrions construire, car c'est la religion du cœur et la religion de l'amour.

Non, il n'est pas nécessaire que nous ayions une foi nouvelle. Il est seulement nécessaire que nous ayions la foi, car c'est souvent la foi qui nous manque. L'on ne fait rien si l'on n'a pas la foi. Si l'on n'a pas confiance en soi, comment peut-on réaliser? Il faut avoir confiance en soi pour que la force puisse se développer et pour que les réalisations puissent intervenir.

Mais s'il n'est pas nécessaire d'avoir une foi nouvelle, tout au moins est-il indispensable de comprendre que les situations se sont modifiées et qu'à l'heure actuelle il n'est plus possible que les organisations syndicales limitent leurs efforts, limitent leurs responsabilités au cadre étroit professionnel ou industriel. Il faut aujourd'hui déborder de ce cadre; il faut aujourd'hui embrasser le problème en général; il faut aujourd'hui vouloir voir les incidences de cette vie professionnelle dans le domaine économique général comme les incidences du domaine économique général dans la vie professionnelle. Et c'est pourquoi nous n'avons pas le droit de méconnaître ces nécessités et de passer à côté d'un de ces problèmes.

C'est la raison pour laquelle il est nécessaire d'être au Bureau International du Travail, comme il est nécessaire d'être à la Société des Nations. (*Applaudissements.*)

Le Bureau International du Travail, que je n'ai pas à défendre, il est notre création. C'est nous qui l'avons voulu et il est à l'heure actuelle en correspondance directe avec les forces de production que nous sommes capables de mettre à sa disposition.

Il y a, dites-vous, beaucoup de conventions internationales qui ne sont pas ratifiées et, par conséquent, pas appliquées, à qui la faute? Au Bureau International du Travail ? A l'action de la Confédération Générale du Travail? ou à l'incompréhension des intéressés eux-mêmes?

Les conventions internationales du travail, pour entrer dans le domaine de l'application, doivent être ratifiées par les Parlements. Si les Parlements ne ratifient pas, si les parlementaires se montrent réfractaires à cet acte indispensable, c'est parce que l'opinion publique en général, et l'opinion ouvrière en particulier n'agit pas sur eux avec assez d'énergie.

On a parlé d'action directe. Mais, dites-moi donc, en voilà une action directe. L'action des travailleurs directement exercée sur les parlementaires, en vue de la ratification des conventions internationales du travail, est-ce qu'il y a eu à aucun moment donné de notre histoire syndicale, une meilleure compréhension de l'action directe et une possibilité plus complète d'application de cette action directe que celle que je viens d'indiquer tout à l'heure?

Et alors, partisans de l'action directe, au lieu de critiquer, au lieu de vous plaindre, au lieu de vous retourner constamment vers le passé, essayez donc de vouloir, essayez d'imposer, essayez de prouver votre force. (*Applaudissements.*)

Durel a parlé de la Tunisie. J'entends bien qu'il n'a pas voulu limiter ses revendications à la seule Tunisie, il a voulu parler de l'ensemble du problème colonial et de la nécessité d'apporter dans les problèmes sociaux des colonies et pays de protectorat le même sentiment de liberté et de justice sociale que nous essayons d'apporter dans l'examen de notre situation.

Avec lui, contre les décrets scélérats, tous les décrets scélérats, avec lui, pour déclarer que la colonisation sans la civilisation, ce n'est que l'esclavage, et que la colonisation ne vaut qu'autant qu'elle élève les hommes à un niveau supérieur et qu'elle leur donne la possibilité de se diriger eux-mêmes. (*Applaudissements.*)

C'est pour cela qu'à Genève, nous avons bataillé contre les négriers du monde entier pour faire entendre cette revendication élémentaire. Cette besogne, nous la poursuivrons, apportant toujours plus d'énergie à sa réalisation parce que nous considérons qu'elle est une des conditions de possibilité et d'émancipation du monde; parce qu'il n'est pas possible que nous pensions à notre émancipation en voulant laisser dans l'esclavage, dans l'asservissement, des millions et des millions d'êtres humains.

Mais il ne suffit pas de protester contre les décrets scélérats. Il ne suffit pas de demander l'application des lois syndicales aux colonies au pays de protectorat. Il faut avoir la force de l'imposer aux Parlements; c'est des Parlements que dépend cette extension de la loi pour la liberté syndicale aux colonies et pays de protectorat.

Nous avons fait, nous, l'effort nécessaire. Je ne voudrais pas critiquer, mais je suis bien obligé de dire que nulle voix ne nous a répondu du sein du Parlement pour poser la question et essayer de la faire aboutir.

Nous la posons aujourd'hui encore. Nous réclamons du Parlement, du sein de ce Congrès, qu'il donne aux indigènes de nos colonies et de nos pays de protectorat, le droit syndical, liberté élémentaire.

Mais il ne suffit pas que nous fassions cet acte. Il faut encore que vous disiez les uns et les autres que vous serez avec nous pour appuyer cette revendication, pour faire sentir aux parlementaires et au Gouvernement que leur inertie est coupable. (*Applaudissements.*)

On a dit qu'il faut tracer les limites dans lesquelles doivent se mouvoir les militants responsables de la C. G. T. C'est votre droit. Tracez les limites, mais si vos limites sont trop étroites, si elles ne répondent pas au sentiment que nous avons des nécessités de la situation, alors considérez que nous aurons à notre tour le droit de les examiner et d'apporter sur elles telles conclusions que notre jugement et notre conscience nous dicteront.

On a évoqué je ne sais quels dangers. Danger de ministérialisme, danger de constitution d'un parti politique.

Le jour où nous aurons à accomplir un acte dans ce sens — si ce jour vient jamais — c'est devant vous que nous viendrons, et clairement, avec précision, avec netteté, nous dirons notre pensée et nous vous appellerons à répondre sur elle. (*Applaudissements.*) Jusqu'à ce moment, nous vous défendons de nous suspecter. (*Très bien! Applaudissements.*)

Et je ne dis pas cela pour Milan, mais je dis cela pour ceux qui, s'étant servis de l'argumentation de Milan, ont laissé entendre à cette tribune qu'il pouvait y avoir danger à laisser les militants sur la déclivité actuelle qui pourrait les faire rouler jusqu'à un maroquin ministériel.

Milan. — Je te remercie pour moi.

Jouhaux. — Maroquin ministériel! Objet des vanités humaines!

Il fut des heures où il aurait été possible que le militant que je suis accepte un poste de responsabilité. Il ne l'aurait accepté que d'accord avec vous, en plein accord avec vous, pour des besognes déterminées et pour des possibilités de réalisation. (*Applaudissements.*) Il n'était pas venu à vous, il ne vous a pas posé la question parce qu'il estimait que la question ne se posait pas. Il a lui-même répondu aux propositions qui lui ont été faites, comme il saura, demain, dans la plénitude de sa conscience, répondre aux propositions qui pourraient lui être faites.

Non, il n'y a pas de danger de voir le ministérialisme s'installer dans la C. G. T. Mais il y a une nécessité, c'est que la C. G. T. soit présente partout où se discutent les intérêts matériels et moraux de la classe ouvrière. (*Vifs applaudissements.*)

Oui, hier, avec votre assentiment, j'ai accepté un mandat gouvernemental à la Société des Nations, parce que ce mandat ne limitait en rien ma liberté d'action, parce que la besogne que l'on me demandait de faire était en concordance avec les décisions que vous aviez prises, avec le programme que vous aviez adopté. Et je suis allé à Genève pour essayer de les réaliser. Ah! on apporte comme un reproche et comme un argument contre cette action le fait que les budgets militaires augmentent chaque année. Mais si les budgets militaires augmentent, c'est parce que les Parlements y consentent; et si l'opinion publique continue à envoyer dans les Parlements les hommes qui consentent à augmenter les budgets militaires, c'est parce qu'elle-même est conséquente de ces augmentations. (*Applaudissements.*)

Les protocoles et les conventions ne sont pas appliqués? Mais, là encore, c'est parce que ces protocoles et ces conventions sont en avance sur l'évolution de la mentalité humaine. Mais il n'y a pas seulement que les protocoles et les conventions qui restent sans application. N'y a-t-il pas des pays qui, après avoir réclamé de participer à un pacte général de garantie contre la guerre, ont eux-mêmes déclaré la guerre à d'autres pays et ont refusé de se retourner vers la conciliation. (*Applaudissements.*) Ceux-là nous disent aujourd'hui qu'ils sont attaqués, que c'est la vague d'impérialisme capitaliste qui déferle sur eux.

Attention, à force de crier au loup, Jeannot, un jour le vit devant lui. A force de mentir, les peuples se retourneront contre les menteurs. (*Applaudissements.*)

On est venu ici railler le pacte que nous avions proposé à la Fédération Syndicale Internationale de discuter. On nous a dit, d'une petite voix fluette et sceptique : un pacte de plus s'ajoutant aux autres pactes; est-ce là une attitude révolutionnaire que de demander aux gouvernements la permission de ne pas faire la guerre?

Evidemment, si notre pacte contenait une telle demande, nous serions des imbéciles. Et je ne pense pas que nous soyions encore devenus des imbéciles.

Que disons-nous? Nous disons aux gouvernements : vous avez signé le pacte de Paris par lequel vous avez déclaré mettre la guerre hors la loi; vous avez indiqué que tous les conflits entre les peuples, de quelque nature qu'ils soient, devaient venir à la conciliation, rechercher la solution de l'arbitrage; vous avez signé solennellement ces déclarations, la classe ouvrière en prend acte, elle vous déclare internationalement qu'elle met ses forces, tous ses moyens à défendre cette thèse; elle vous demande de le reconnaître et de dire si vous être conséquents dans vos actes avec vos paroles. (*Applaudissements.*)

Est-ce que cela est demander la permission aux gouvernements d'agir contre la guerre? Est-ce que cela ne vaut pas mieux que de dire simplement : nous sommes contre la guerre?

On a lancé ici, dans ce Congrès, la parole autorisée devant laquelle, dans le domaine scientifique, je m'incline, celle d'Einstein, mais Einstein lui-même ne s'est pas figuré un seul instant qu'il suffisait de dire : je n'irai pas à la guerre pour que la guerre ne soit pas.

Il faut empêcher la guerre, et il faut construire la paix, la construire politiquement, la construire économiquement.

On nous a demandé, pour réagir avec plus de vigueur contre les dangers possibles de guerre, de revenir aux vieilles méthodes d'hier. Est-ce que les vieilles méthodes d'hier ne se trouvent pas inscrites dans les méthodes d'aujourd'hui, est-ce que, lorsque nous combattons pour obtenir la diminution des armements, le contrôle sur la fabrication des armes et des munitions de guerre, est-ce que ce n'est pas là de l'antimilitarisme pratique? Est-ce que lorsque nous demandons le vote d'une convention internationale qui limite les armements, qui limite les effectifs, qui limite la durée du service militaire, qui limite les dépenses, est-ce que ce n'est pas là une action contre la guerre, est-ce que ce n'est pas préparer le désarmement général? Est-ce que ce n'est pas faire œuvre utile?

Cette bataille, nous la menons depuis des années. Depuis dix ans, nous essayons d'aboutir sur ce terrain. Parce que nous n'y serions pas arrivés, nous aurions tort?

Camarades, s'il n'y avait qu'à crier « à bas la guerre » pour que la guerre ne soit pas, il y a longtemps qu'elle serait disparue des mœurs des humains. Mais il faut contraindre la guerre à ne plus être, il faut l'enfermer dans le droit international pour l'empêcher d'en sortir. (*Très bien.*) Il faut déclarer que l'arbitrage est le seul moyen de résoudre les conflits entre les peuples; il faut que les peuples acceptent cette loi morale et qu'ils s'inclinent devant l'arbitrage.

Il faut aller plus loin. Il faut vouloir que l'arbitrage soit imposé à celui qui voudrait s'y soustraire. Il faut, avec ce droit international nouveau, les sanctions qui s'y attachent. Il faut vouloir cela, le vouloir avec conscience, le vouloir avec force; il faut faire admettre par tous les peuples que cela n'est possible qu'à la condition que l'on construise une souveraineté internationale faite de parcelles de souveraineté nationale. (*Applaudissements.*)

Et il faut enfin que les causes économiques ne soient plus des facteurs possibles de guerre. Il faut organiser la paix économique comme nous voulons organiser la paix politique, et c'est dans ce sens général que nous entendons le mot de « rationalisation ». Rationalisation de l'économie générale, rationalisation des rapports économiques entre les peuples, cela veut dire constitution et développement des économies nationales en harmonie les unes avec les autres; cela veut dire collaboration de l'humanité non pas pour tel ou tel intérêt particulier, mais pour l'intérêt général de l'humanité elle-même.

Oui, il faut construire les Etats-Unis du monde. Oui, il faut procéder par étapes, il faut réaliser les Etats-Unis d'Europe, mais il faut les réaliser dans le cadre universel de la Société des Nations. Il ne faut pas que ces Etats-Unis d'Europe, indispensables à la vie de l'Europe elle-même et à celle du monde, semblent dirigés contre quelque autre continent. Il faut, au contraire, que, de même que les intérêts nationaux s'harmoniseront dans ces Etats-Unis d'Europe, les intérêts des Etats-Unis d'Europe s'harmonisent dans l'ensemble des intérêts économiques du monde entier.

Voilà ce qu'il faut faire, mais cela ne sera pas l'œuvre d'un jour. Ce sera une œuvre de longue haleine et qui ne se réalisera qu'autant que nous y aurons apporté nos forces, toutes nos forces; qu'autant que nous aurons haussé à la hauteur des circonstances la conscience de la classe ouvrière; qu'autant que nous lui aurons donné une connaissance exacte de ses responsabilités; qu'autant que nous lui aurons mis en mains la force nécessaire pour réaliser ses grandes idées.

Camarades, je ne suis pas pessimiste. Malgré les brumes du temps présent, malgré les dangers qui, encore, sont à l'horizon, je crois en la paix. J'y crois fermement, j'y crois avec toute mon âme, de tout mon cœur. Et il suffira que la classe ouvrière le veuille pour que la paix soit dans le monde.

Déjà, nous montons lentement, douloureusement, mais sûrement les pentes qui nous mènent vers la lumière, vers la vérité, vers la raison. L'aube des temps meilleurs luit à l'horizon. Et si la classe ouvrière, ayant acquis le savoir, sait vouloir, les cloches du Temple du Travail — travail seul fécond, seul pacificateur — annonceront au monde l'ère de la paix universelle. Les forces ouvrières ayant matérialisé le rêve millénaire de l'humanité auront brisé la foudre. (*Applaudissements.*)

LE PRÉSIDENT. — Camarades, je crois qu'après le discours du camarade Jouhaux nous pouvons passer au vote sur le rapport du Bureau confédéral. La discussion est épuisée, il reste à chacun maintenant la possibilité de faire connaître son opinion par le vote qu'il va émettre.

Les commissaires vont distribuer des cartes qui vous permettront d'exprimer votre vote.

UN DÉLÉGUÉ. — Votons à mains levées.

LE PRÉSIDENT. — Il y a des camarades qui proposent de faire un vote à mains levées. Est-ce qu'il y a des camarades qui s'opposent à cette manière de procéder?

Comme il y a des oppositions, nous devons procéder au vote par mandats.

Je donne maintenant la parole à Chéreau, de l'Union départementale d'Ille-et-Vilaine, pour une communication.

CHÉREAU. — Camarades, à travers toutes nos luttes, nos batailles, il ne nous est pas toujours loisible, comme nous le désirerions, de manifester notre sympathie à ceux d'entre nous synthétisant plus particulièrement notre mouvement d'idées et de revendications syndicalistes et corporatives.

C'est pourquoi il nous a paru nécessaire, indispensable, de marquer à notre camarade Jouhaux les vingt années de secrétariat à la Confédération Générale du Travail. Vingt années consacrées exclusivement à la défense des intérêts ouvriers et à l'idéal de la classe ouvrière.

Marquer ces vingt années de services rendus au mouvement ouvrier par un souvenir, c'est lui manifester toute la sympathie, l'amitié que les travailleurs, tous les salariés groupés au sein de la C. G. T. lui ont consacrées.

C'est donc au nom des Unions départementales, des Fédérations, que j'ai l'agréable mission, mon cher camarade, de t'offrir le souvenir qui sera pour toi, nous en avons le sentiment profond, un réconfort en même temps qu'un encouragement personnel aux efforts considérables que tu t'es imposés pour obtenir, apporter aux travailleurs les améliorations immédiates : jalons plantés pour leur émancipation totale.

Le souvenir que nous offrons à notre secrétaire général à l'occasion de vingt années de fonction est l'œuvre du grand artiste Niclause, auteur du buste de notre grand Jaurès, qui s'offre à tous les regards dans la Salle Ferrer de la Bourse du Travail de Paris, et des médaillons de Pelloutier et de Griffuelhes, nos précurseurs.

Nous remercions ce grand artiste d'avoir bien voulu fixer les traits de l'homme qui consacre le meilleur de lui-même à la classe ouvrière qu'il aime, et dont il fait lui-même partie.

Nous remercions aussi notre camarade Léon Jouhaux d'avoir apporté à la classe ouvrière, non seulement tout son talent, toutes ses connaissances, mais aussi sa magnanimité et sa grandeur d'âme qui lui font excuser toutes les injures, toutes les violences qui lui ont été lancées par des hommes de sa classe, trompés odieusement par des spéculateurs de la bonne foi et des misères humaines.

Nous manifestons également la place immense que son action et son dévouement ont pris au sein de la Fédération Syndicale Internationale, de la Société des Nations et du Bureau International du Travail, à la Conférence du Désarmement, dont il fut l'un des protagonistes et le principal rapporteur de la question.

Au nom des Unions départementales, des Fédérations, je te remets, mon cher Jouhaux, ce buste marquant tous nos vœux pour que, longtemps encore, tu restes le vaillant pilote que tu fus jusqu'ici de notre Confédération Générale du Travail. (*Vifs applaudissements.*)

(Les délégués, debouts, acclament Jouhaux et entonnent l'*Internatio-nale.*)

Jouhaux. — Mes amis, n'attendez pas de moi un grand discours. Les idées sont difficiles à venir lorsque le cœur est rempli de reconnaissance.

Laissez-moi vous dire que je vous remercie tous et que ce que j'espère, ce que je vous demande, ce que je veux, c'est que ce soient, non pas les traits de l'homme qui restent dans votre souvenir, mais les idées qu'il a si souvent défendues devant vous. (*Applaudissements.*)

Le Président. — Pour passer au vote, je vous rappelle que vous devez employer une carte pour chaque Syndicat que vous représentez en y indiquant le nombre de voix de chaque organisation.

Les délégués sont priés d'envoyer des noms pour la Commission du scrutin. (Sont désignés : Leymarie, Laurent, Vandenbossche, Delame, Imhoff, Dieux.)

Voici la proposition de Bureau pour demain : *Président* : Roux, des Cuirs et Peaux; *Assesseurs* : Marie Langlois, de l'U. D. du Calvados, et Marie Laugier, de Marseille.

Séance demain matin, à 9 h. 45.

(La séance est levée à midi 20.)

JEUDI 19 SEPTEMBRE

Séance du Matin

Président : Roux, Fédération des Cuirs et Peaux. — *Assesseurs* : Marie Langlois, U. D. du Calvados; Marie Laugier, Habillement de Marseille.

LE PRÉSIDENT. — Camarades, nous allons ouvrir la séance.

Le secrétaire de la Commission de vérification des mandats m'informe qu'il y eut 2.207 mandats validés pour les Syndicats, 80 pour les Unions départementales et 36 pour les Fédérations.

Je donne la parole à notre camarade Laurent, du Gaz de Banlieue, secrétaire de la Commission du scrutin, qui va vous donner les résultats du vote sur les rapports moral et financier.

LAURENT. — Camarades, la Commission du dépouillement du vote sur les rapports moral et financier s'est réunie après-midi. Elle a eu à prendre connaissance des votes émis par 2.037 Syndicats représentant 4.758 voix. Les résultats que je vais donner ne sont donc que provisoires, puisque plus de 100 Syndicats n'ont pas encore fait connaître leur vote.

Se sont prononcés pour : 2.009 Syndicats, représentant 4.667 voix; contre : 21 Syndicats, représentant 55 voix; se sont abstenus : 7 Syndicats, représentant 36 voix.

En conséquence, et sous réserve de modifications ultérieures, la Commission vous propose de valider les opérations du vote sur les rapports moral et financier qui sont adoptés. (*Applaudissements.*)

LE PRÉSIDENT. — Je pense qu'il n'y a aucune opposition à accepter les opérations faites par nos camarades scrutateurs et que le Congrès peut enregistrer avec une vive satisfaction les résultats du vote sur le rapport moral. Cela nous fait comprendre que la C. G. T. est en bonne santé et qu'il n'y a pas besoin de faire appel, pour obtenir une semblable majorité, aux représentants des inorganisés. (*Applaudissements.*)

Nous allons maintenant donner la parole aux représentants des organisations syndicales sœurs.

La parole est au camarade Bondas, représentant la Confédération Générale du Travail de Belgique.

BONDAS. — Camarades, en apportant aux représentants du syndicalisme français, groupés au sein de la C. G. T. sur laquelle ont déjà passé tant d'orages et de tempêtes, le salut du mouvement syndical belge, je n'entends pas faire un discours pour gaspiller le temps que vous avez à consacrer à votre ordre du jour.

En saluant le Congrès, je songe au travail considérable qui a été posé à cette assemblée et au travail plus considérable encore de propagande, de défrichement et d'éducation que vous aurez à poursuivre demain avec plus d'intensité que jamais.

Sans doute le mouvement syndical français a fait face à d'énormes difficultés, mais lorsqu'on a suivi votre action depuis dix ans, on est particulièrement heureux de retrouver les représentants du mouvement syndical plus nombreux que jamais et, semble-t-il, bien plus décidés que jamais à poursuivre la lutte pour l'émancipation du prolétariat.

« L'avenir ne s'attend pas, il se prépare », a dit Michelet. Et sans vouloir le moins du monde tenter d'influencer vos jugements, je vous signale qu'en Belgique nous avons concrétisé l'action du mouvement syndical autour des organisations françaises, pensant qu'il importait moins d'être en état d'abattre le capitalisme que d'être en mesure de le remplacer. C'est imbu de cette pensée que le mouvement syndical belge agit depuis qu'il est constitué; c'est ce qui explique son souci d'éducation et de propagande auprès des masses ouvrières.

S'il est vrai qu'on ne peut aboutir à rien, que les solutions les meilleures qui sont prises ne peuvent aboutir que dans la mesure où les organisations sont puissantes pour imposer leur volonté, vous penserez peut-être que si les camarades belges n'ont pas toutes les qualités, loin de là, l'action qu'ils ont menée peut être prise en exemple, tout au moins dans certaines de ses parties. Et s'il n'est pas exact de dire que l'action véritable est simplement celle qui est faite de violences et de heurts brutaux trop souvent sans lendemain, le syndicalisme français travaillera demain plus qu'hier à l'éducation et à la propagande; c'est encore le meilleur moyen d'assurer l'émancipation du prolétariat. (*Applaudissements.*)

Le Président. — La parole est au camarade Caballero, de la C. G. T. espagnole.

Caballero. — (Discours en espagnol.)

Le Président. — La parole est au camarade Nygaard, de la C. G. T. danoise.

Nygaard. — Monsieur le Président, très honoré Congrès ! Au nom des organisations ouvrières du Danemark, mon confrère et moi vous remercions de votre aimable invitation à votre Congrès.

Nous venons vous saluer de la part d'un petit pays qui ne compte qu'un peu plus de 3 millions d'habitants, mais dans les petits pays la lutte entre le capital et le travail existe comme dans les grands pays. Chez nous, comme chez vous, nos organisations doivent veiller sans cesse, travailler toujours pour sauvegarder les intérêts des ouvriers.

Notre organisation nationale comprend 55 Syndicats, avec 242.285 membres. Nous avons été exposés à de grandes commotions économiques avec beaucoup de chômage. Il paraît, toutefois, que, récemment, la lumière commence à poindre, au moins en partie. Depuis peu, nous avons remporté la victoire aux élections parlementaires : un gouvernement réactionnaire a été remplacé par un gouvernement travailliste.

Encore une fois : merci de votre invitation.

Les échanges de visites à nos Congrès nous rapprochent et font avancer notre collaboration internationale.

Nous vous souhaitons un vif succès pour votre Congrès. (*Applaudissements.*)

Le Président. — La parole est au camarade Eggert, de la C. G. T. allemande. (*Vifs applaudissements.*)

Eggert. — Cher camarade Jouhaux, chers camarades congressistes ! Le Bureau de la Confédération Générale du Travail d'Allemagne m'a fait l'honneur de me charger de remercier bien cordialement le Bureau confédéral français de son aimable invitation d'assister à votre Congrès et de vous apporter son fraternel salut.

En même temps, je vous transmets les salutations de nos diverses Fédérations professionnelles dont les représentants ont assisté à l'ouverture de votre Congrès. Je vous apporte en outre le salut de l'ensemble de la classe ouvrière organisée dans notre Confédération Générale du Travail d'Allemagne. (*Applaudissements.*)

Je suis très heureux de pouvoir assister à votre Congrès et j'ai le vif désir que vos discussions contribuent, dans une large mesure, à augmenter le bien-être des camarades syndiqués en France.

Ainsi que j'ai pu le constater par l'ordre du jour et aussi par les débats de votre Congrès, vos préoccupations vont aux mêmes problèmes importants que ceux qui nous préoccupent en Allemagne. L'assurance-chômage, le rajustement des salaires à la production de plus en plus croissante, la question de la durée du travail, celle de l'éducation ouvrière et des procédures d'arbitrage en cas de conflits du travail, tout cela constitue également pour notre C. G. T. allemande d'importantes questions d'actualité et aussi de controverse.

Le processus du capitalisme privé dans l'économie suit des lois de développement toutes particulières. Autrefois ce capitalisme fut contraint, dans une large mesure, à ne se mouvoir qu'entre ses frontières propres, mais la guerre terminée, il a de plus en plus étendu son champ d'action aux cadres de l'économie mondiale. Cela trouve son expression, non seulement dans l'importation et l'exportation sur le marché mondial, ainsi que dans la constitution de cartels et de trusts internationaux, mais encore, et cela dans une mesure particulièrement importante au cours des derniers temps, par l'investissement de capitaux internationaux dans les ateliers de production et dans les organismes de répartition des différents pays. Nous ne nous opposons nullement à ce développement, nous le considérons plutôt comme étant une étape toute logique dans l'histoire du capitalisme privé.

Mais ce contre quoi nous nous élevons systématiquement et véhémentement, c'est contre les inconvénients sociaux causés à la classe ouvrière par le capitalisme. Nous combattons ces désavantages dans le but de conquérir et d'assurer à la classe ouvrière le produit complet de son travail. C'est dans la conviction que seule cette lutte pourra relever le standard économique de la classe ouvrière que nous la menons à la fois pour permettre aux travailleurs l'accès aux beautés de la civilisation et pour consolider la paix tant désirée par nos peuples sur une base d'une démocratie économique et sociale.

Nous nous trouvons, par cela même, en harmonie avec les idées politiques et économiques qui trouvent leur expression dans la politique de Locarno et dans la Conférence Internationale économique de Genève. Ces opinions sur la politique et l'économie mondiale, nous les trouvions également dans la Conférence des Puissances de la Haye. L'entente à laquelle celle-ci a abouti sur les bases du plan Young, en relation avec l'évacuation des territoires occupés, signifie un nouveau pas de fait dans le rapprochement de nos deux peuples. (*Applaudissements.*)

Le plan Young part du désir de nettoyer définitivement la mauvaise politique mondiale et de frayer une libre voie à l'essor économique mondial.

Cependant, nous savons que les ouvriers de tous les pays trouvent dans le capitalisme international un adversaire commun.

Il est des moments où nous pouvons à peine comprendre le développement tumultueux économique, néanmoins, nous devons apprendre à le comprendre et nous devons l'approfondir. Nos efforts tendent à saisir et à approfondir, d'une façon objective, les problèmes économiques que nous rencontrons dans notre lutte. C'est ainsi que nous nous trouvons en face d'un développement économique semblable au vôtre. En conséquence, votre Confédération et notre Confédération, ainsi que l'ensemble de l'Internationale d'Amsterdam, poursuivent toutes le même but. Nous menons de front la même lutte, vos succès sont les nôtres et inversement. Et les conquêtes des organisations syndicales, dans les divers pays, ont leurs répercussions internationales.

Chers camarades français, c'est de tout mon cœur que je souhaite à votre Congrès d'aboutir à des résultats fructueux pour la classe ouvrière française. Encore une fois, je vous salue en tant que combattants dans la lutte commune pour le bien-être de la classe ouvrière, pour sa libération et pour la paix des peuples. (*Vifs applaudissements.*)

Le Président. — Avant de donner la parole à nos camarades étrangers, je donne la parole à Jouhaux, pour fournir quelques explications sur le discours de notre ami Caballero, qui n'a pu être traduit en temps opportun.

Jouhaux. — Ne croyez pas, surtout, que je sois un traducteur espagnol. Je le comprends un peu, à la façon dont beaucoup de nos camarades le comprennent également.

Notre camarade Caballero a salué la Confédération Générale du Travail et fait des vœux pour le développement de notre organisation. Il a affirmé les principes de solidarité qui liaient l'organisation ouvrière espagnole à l'organisation ouvrière française.

Il vous a parlé, en quelques mots, de la situation spéciale existant en Espagne, situation assez difficile à comprendre, mais situation au milieu de laquelle la C.G.T. espagnole a conservé toute son indépendance, n'a voulu se lier, en aucune manière, avec la dictature pour conserver à la classe ouvrière espagnole tous ses moyens d'action en vue de lutter pour ses revendications propres et surtout pour l'idée de liberté. (*Applaudissements.*)

Le Président. — La parole est à Buozzi, de la C.G.T. italienne.

Buozzi. — Camarades, vous comprendrez que le salut que j'apporte à votre superbe Congrès va être différent de celui de mes autres camarades étrangers.

Je ne peux pas vous apporter ici le salut de centaines de milliers ou de millions de membres. Je ne peux pas non plus vous exposer les conquêtes du prolétariat italien. Nos cadres ont été détruits, nos adhérents ont été dispersés. Nos conquêtes s'arrêtent à l'année 1922.

Au nom de la C.G.T. italienne, je crois pourtant vous apporter également le salut fraternel du prolétariat italien. Car si le fascisme a anéanti matériellement nos forces, il n'a pas anéanti le souvenir qui reste vif dans la mémoire des ouvriers italiens. Ce souvenir est une humiliation et un avertissement pour ceux qui les poursuivent.

Des années de travail patient, opiniâtre et difficile ne peuvent être facilement anéanties.

Si l'on veut remonter très très loin dans les siècles, l'Italie n'a pas les traditions d'indépendance et de liberté des autres pays. Son unité nationale ne date que de 1570. Ses industries sont nouvelles.

Quand se forma notre mouvement syndical libre, le peuple italien se trouvait dans la misère la plus dure.

Trente années de travail l'élevèrent au rang des peuples des pays les plus civilisés.

En 1919 et 1920 nous avions déjà acquis, par une action directe, sans l'aide d'aucune loi : la journée de huit heures; les minima de salaires; les vacances payées; les indemnités de renvoi; les comités de fabrique.

Vous savez que de telles réalisations sont encore à l'état de projet dans beaucoup de pays. Mais la réaction nous attendait. Elle nous surprit au moment même où notre mouvement commençait à se consolider.

Et aujourd'hui, nos meilleurs éléments sont surveillés par la police comme des coupables, ils sont en prison, ils sont déportés aux îles maudites, ils sont exilés à travers le monde.

Et malgré tout, nous ne désespérons pas, camarades. Pour me servir d'une image expressive, je voudrais dire que notre mouvement a été rasé du sol mais que ses racines sont profondes et vives.

Notre mouvement, le libre mouvement syndical italien, saura vivre un jour à nouveau et profiter des expériences douloureuses du passé. Ce jour, quand viendra-t-il? Je ne veux pas être prophète. La France, qui avait déjà fait deux révolutions, a eu besoin de vingt années pour se délivrer du Second Empire, qui a tant de ressemblance avec le fascisme.

Nous espérons faire plus vite. « La justice ne peut être éteinte », a dit un jour notre cher ami et frère Jouhaux. Et nous croyons à la justice, nous travaillons activement pour son triomphe.

L'étoile du fascisme, peut-être, est près de son déclin. Maintes personnes qui, en dehors de nos rangs, espéraient quelque chose du fascisme, ne croyent déjà plus à l'efficacité durable des méthodes fascistes. Mais il faut veiller. Par conséquent, c'est à vous, nos camarades français, et c'est à nos amis de tous les pays, que nous demandons surtout votre solidarité morale.

Le fascisme doit être vaincu en Italie par les Italiens. Ce jour viendra d'autant plus tôt que le fascisme sera le plus tôt écarté et isolé dans le monde. C'est pour cela que vous devez augmenter votre propagande antifasciste.

Aidez-nous à isoler le fascisme comme une nouvelle peste de l'humanité et de la civilisation. C'est au nom des Italiens que je vous le demande, c'est au nom des poursuivis de tous les pays.

Quant à vous, camarades français, vous avez déjà bien mérité de notre bataille. Beaucoup d'entre nous ont trouvé dans votre pays un asile, des réconforts et une solidarité fraternels. C'est de tout notre cœur que nous vous remercions de cette assistance.

Quand nous rentrerons librement en Italie, nous ne pourrons vous quitter sans en être émus, mais notre émotion sera alors compensée par le fait que le mouvement syndical français aura son frère en Italie aussi, par la certitude que deux peuples, faits pour s'entendre — le Français et l'Italien — pourront alors atteindre librement cette entente souhaitée. (*Applaudissements.*)

Le Président. — La parole est à De La Bella, de la C. G. T. des Pays-Bas.

De La Bella. — Chers camarades, représentant d'un petit pays, je n'abuserai point de votre temps; permettez-moi donc d'être bref pour cette considération.

Tout d'abord, je me fais une joie et un honneur de vous transmettre le salut fraternel et cordial des travailleurs syndiqués néerlandais. Je suis heureux de pouvoir vous indiquer que notre mouvement syndical connaît une période de magnifique essor. Il y a plus : en dépit de l'état de division, d'ordre confessionnel surtout, du syndicalisme néerlandais, notre mouvement détient, de façon générale, une position singulièrement forte dans la vie économique.

Sur toute la ligne, ou à peu de choses près du moins, nous avons pu abandonner le rôle de défensive pour passer à l'attaque. Aussi bien les salaires pratiqués dans mon pays se rangent-ils parmi les plus favorables dans le cadre international.

Pour donner une idée des progrès enregistrés par notre mouvement, il me suffira bien de dire que généralement nos effectifs ont augmenté d'en moyenne 5 à 7.000 par an.

Cette avance, cependant, fut de 15.000 membres nouveaux en 1928; durant le premier semestre de 1929, un nouveau contingent de 22.000 adhérents est venu grossir nos rangs et à présent, nous groupons près d'un quart de million d'affiliés.

De tradition, nous nous sommes toujours souciés vivement d'assurer notre capacité de résistance par une solide base financière. Et dans cet ordre d'idées, il me paraît intéressant de vous indiquer que notre mouvement dispose actuellement d'environ quatorze millions de florins ou cent quarante millions de francs, résultat d'une solidarité durable.

Pourtant, bien que nos forces s'accroissent, tant par rapport aux effectifs que par rapport à nos réserves financières, nous n'oublions pas que le relèvement de la classe ouvrière ne pourra se faire durablement que sur le plan international, à peine d'être caduque ou de ne point aboutir.

Et, en effet, à considérer les choses d'un peu près, nos revendications essentielles ne sont réalisables qu'internationalement. Pour être durable, tout relèvement du niveau d'existence ouvrière doit réaliser des conditions d'universalité.

De même, la journée de huit heures demeurera précaire tant qu'elle ne sera pas fermement établie et fixée dans tous les pays civilisés.

C'est une victoire des pacifiques armées prolétariennes qui, seule, peut assurer le triomphe définitif et stable dans la lutte contre le militarisme et pour la paix mondiale.

Aussi, les idées et les sentiments internationalistes constituent-ils nos mobiles dominants, la fraternisation universelle notre plus grand souci et le degré maximum de solidarité internationale notre aspiration la plus profonde.

C'est pour cette même raison que nous avons tenu à nous faire représenter à votre Congrès et que nous suivons vos travaux avec l'intérêt le plus grand.

Permettez-moi de formuler le vœu que ce Congrès contribue à la consolidation interne et à l'essor du syndicalisme français.

Nous espérons que ces assises resserreront les liens internationaux; nous souhaitons qu'avec un redoublement de vigueur, le mouvement ouvrier français poursuivra son ascension; nous voulons que, d'un commun effort, vous en France, nous dans notre petit pays, œuvrions sans lassitude et sans fléchissement à la libération de la classe ouvrière et au triomphe du prolétariat.

Tels sont l'espoir, le souhait et la volonté dont j'ai tenu à me faire l'interprète au nom des camarades syndiqués de Hollande.

Vive la Confédération Générale du Travail de France !

Vive le mouvement syndical international !

Le Président. — La parole est au camarade Krier, de la C. G. T. luxembourgeoise.

Krier. — Chers camarades, la Commission syndicale de Luxembourg remercie la C. G. T. pour la cordiale invitation d'assister à son XXᵉ Congrès. Je suis délégué pour apporter au Congrès les salutations les plus fraternelles.

Peut-être y a-t-il parmi les délégués certains camarades qui connaissent la mentalité luxembourgeoise? Ils savent que ce petit pays regarde vers la France pour connaître les grands événements qui se passent. Si cela se fait par les politiciens, soyez convaincus que les ouvriers syndiqués de Luxembourg regardent aussi vers cette France et suivent avec le plus grand intérêt le mouvement syndical français.

Plus fort le mouvement syndical sera en France, plus grande sera aussi la force syndicale dans le Luxembourg.

Dans ce sens, chers camarades, acceptez nos salutations fraternelles et nos meilleurs souhaits pour le plus grand succès du mouvement syndical de la France. (*Applaudissements.*)

Le Président. — La parole est à Zdanowsky, de la C. G. T. polonaise.

Zdanowsky. — Chers camarades, au nom des ouvriers polonais syndiqués, je salue le plus cordialement votre XX⁰ Congrès et je vous présente les amitiés les plus sincères de la part de la C. G. T. de Pologne.

Je regrette infiniment de ne pas pouvoir présenter mes salutations dans votre langue, mais malgré les différentes langues, il y a des liens communs d'intérêt des classes qui unissent les ouvriers polonais au prolétariat français.

La collaboration entre les travailleurs polonais et français s'est traduite par le développement des sections polonaises organisées au sein des syndicats locaux. Les sections se sont faites l'interprète des besoins et des revendications corporatives et économiques.

La collaboration entre les ouvriers polonais et vous, camarades, a confirmé en pratique que les principes de la lutte internationale sont réalisables et elle a renforcé notre foi dans la solidarité de notre mouvement. Nous n'avons qu'à souhaiter le développement de cette collaboration et nous souhaitons aussi que tous les ouvriers polonais travaillant en France se trouvent syndiqués dans les rangs communs. Faut-il remarquer que cette activité provoque des inquiétudes des éléments nationalistes et cléricaux polonais qui voudraient bien voir les ouvriers polonais dans les rangs des associations étrangères et hostiles au mouvement des classes. D'un effort commun, nous sommes obligés de faire face à ces éléments réactionnaires et d'engager la lutte efficace contre eux.

L'organisation syndicale en Pologne vit actuellement dans une période de lutte acharnée contre les ennemis de classe. Depuis quelques années, nous sommes obligés de combattre les menées gouvernementales qui sont dirigées très nettement contre nous. En dépit de toutes ces difficultés et entraves, qu'il ne faut pas méconnaître, notre organisation syndicale se développe constamment, et depuis dix ans, moment de la création de notre mouvement, nous comptons maintenant 282.000 syndiqués. Nous nous rendons compte tout de même que l'évolution sociale et économique de notre pays nous donnera enfin raison et que c'est nous qui triompherons.

Je souhaite encore une fois que vos débats soient du plus grand profit, non seulement pour la C. G. T. française, mais aussi pour le prolétariat international. (*Applaudissements.*)

Le Président. — Notre camarade Church, représentant la Confédération Générale des Travailleurs de Suisse, ayant dû repartir inopinément dans son pays, je demande au Congrès de vouloir bien l'excuser et je donne la parole au camarade Bergman, de la C. G. T. suédoise.

Bergman. — Camarades, je salue le Congrès au nom de la C. G. T. de Suède, qui englobe actuellement un demi million de travailleurs. Pour notre petit pays, c'est une certaine force, mais nous avons le sentiment que c'est une force qui oblige avant tout. Il y a 90 % des ouvriers des grandes industries dans nos organisations, mais quand même nous avons toujours le sentiment d'avoir besoin de forces nouvelles pour avancer et faire mûrir notre mouvement. Nous avons toujours de plus en plus le sentiment de la nécessité absolue, d'une forte base économique qui est la condition préalable du succès de notre mouvement.

Je peux vous dire qu'il y a en Suède des cotisations hebdomadaires qui vont de 1 à 3 couronnes suédoises, ce qui fait jusqu'à 21 francs par semaine. Loin d'avoir affaibli notre mouvement, cela n'a fait que de le faire progresser, nos cadres se sont augmentés, parce que nous avons cette grande force économique dans la lutte contre le patronat.

À l'heure actuelle, les deux tiers des ouvriers suédois voient leur situation réglée par le contrat collectif. Ce contrat est devenu dans notre pays presque un droit de caractère public et il est généralement reconnu dans l'industrie entière. Néanmoins, il y a de fortes résistances dans certaines branches, surtout à la campagne. Précisément, à l'heure actuelle, il s'est engagé en Suède une bataille très dure pour obliger les patrons de l'agriculture à reconnaître le contrat collectif.

Je ne veux pas abuser de votre temps pour parler de la situation générale de mon pays. Tout ce que je peux dire, c'est que nous sentons toute la valeur, pour notre pays entier, des relations internationales à Amsterdam. Et nous avons le sentiment de servir notre mouvement chaque fois que nous avons l'occasion de rencontrer des camarades des autres pays dans les différents Congrès.

Je veux profiter de l'occasion pour vous saluer, vous, délégués français, et vous, camarades étrangers, et vous souhaiter la bienvenue à Stockolm en 1930, parce que nous aurons la joie et l'honneur de recevoir l'année prochaine l'Internationale ouvrière dans notre pays. Je vous souhaite de tout mon cœur une cordiale bienvenue et que vous veniez très nombreux dans notre pays pour renforcer les liens de solidarité ouvrière internationale.

Je termine en vous demandant de crier avec moi : « Vivent l'organisation française et l'Internationale d'Amsterdam. » (*Applaudissements.*)

Le Président. — La parole est à Nemecek, de la C. G. T. tchécoslovaque.

Nemecek. — Chers camarades, au nom de la Confédération Générale du Travail de Tchécoslovaquie, j'apporte à votre Congrès le salut et les meilleurs vœux de réussite.

Nous avons accepté l'invitation, non seulement parce que des liens de fraternité nous unissent avec le prolétariat français, mais aussi parce que la situation du mouvement syndical semble prendre en France la même tournure qu'en Tchécoslovaquie.

Jusqu'en 1920, notre mouvement était florissant, mais les dissidents sont venus et d'un coup ils ont démoli l'unité et la solidarité ouvrières. Il nous appartient maintenant de les convaincre que c'est dans l'unité ouvrière nationale et internationale que nous pourrons arriver à défendre efficacement leurs intérêts. J'ai le vif désir que votre Congrès aussi contribue à frayer en France cette route, pour que le prolétariat international ait un avenir plus heureux. C'est dans ce sens que je salue votre Congrès au nom de la classe ouvrière tchécoslovaque. (*Applaudissements.*)

Le Président. — Je vais vous donner lecture d'un télégramme adressé par la C. G. T. autrichienne :

« Eu égard aux conditions actuelles extraordinaires d'Autriche qui nous empêchent de pouvoir assister à votre Congrès, nous adressons à nos frères de travail français notre meilleur salut.

« Puissent vos décisions aider au développement du mouvement syndical français, ainsi que de celui de tous les pays, constituant ainsi le rempart de la classe ouvrière contre la réaction menaçante. » (*Applaudissements.*)

Un télégramme de notre camarade Albert Thomas :

« Je suis désolé. Tout à fait impossible quitter Genève. Discussion sur proposition d'enquête de nos organisations, vient demain. Mes très vifs regrets, à tous camarades, amitiés. — Albert Thomas. » (*Applaudissements.*)

Je donne la parole à notre camarade Dumoulin, représentant le B. I. T.

Dumoulin. — Camarades, j'ai l'impression qu'à ma place vous ne pourriez pas vous défendre d'une certaine émotion. Je pense que vous m'aiderez à refouler en moi ces sentiments, je ne dirai pas de timidité, mais qui tiennent à certains souvenirs de vie commune, d'existence fraternelle.

Je crois utile, par conséquent, de vous dire que je salue fraternellement le XXVI⁰ Congrès de la Confédération Générale du Travail au nom du Bureau International du Travail. Je peux vous dire en quelques mots que j'ai été hier encouragé à pouvoir me substituer quelques instants à la personnalité d'Albert Thomas qui avait assumé la tâche de remplir lui-même cette mission. Empêché par les nécessités de sa charge, il n'est pas ici, je le remplace humblement, et j'en suis encouragé par les déclarations très nettes qui ont été faites hier par notre camarade Jouhaux.

« Le Bureau International du Travail, a-t-il dit, c'est nous, c'est quelque chose de nous, c'est une institution que nous avons voulue, une institution à laquelle nous sommes attachés et à l'œuvre de laquelle nous collaborons à chacun de nos instants. »

Ainsi, je n'ai aucune raison de me sentir dépaysé parmi vous et je puis vanter les mérites d'une institution à laquelle je travaille tous les jours.

Mérites de cette institution! Ils ont été révélés hier par le caractère des décisions que prennent les conférences de Genève. Conventions internationales du travail, ratification et application de ces conventions; Jouhaux a tracé, à cette occasion, le devoir de la classe ouvrière internationale. Aux plaintes qui s'étaient manifestées, il a répondu par des Conseils d'action en disant que c'était la classe ouvrière elle-même qui devait contribuer à la ratification et à l'application du contenu de ces conventions.

Je n'y insisterai pas, je n'énumèrerai pas, à des militants avertis et informés, le nombre et le caractère de chacune de ces conventions. Je tiens à marquer simplement la nature des relations établies, durables, entre l'organisation de Genève et le mouvement ouvrier international.

Un à un, les secrétariats internationaux défilent à Genève, ils collaborent, placent leurs espérances dans l'activité de l'institution internationale du travail. Un à un, les secrétariats professionnels des mineurs, du textile, des transports, de la métallurgie, dirigent vers Genève leurs espoirs d'améliorations professionnelles.

Chaque année, par des enquêtes, par des questions inscrites à l'ordre du jour, des intérêts corporatifs internationaux de chacune de ces professions sont discutés, examinés et suivis de décisions prenant un caractère législatif international.

Notre tâche modeste, personnelle, particulière, consiste à entretenir et à étendre ces relations, à nous tenir en contact permanent, non seulement avec la Fédération syndicale internationale d'Amsterdam, mais encore avec tous les mouvements ouvriers qui n'ont pas encore pris, ni connu la voie de l'affiliation internationale.

Nous sommes là à une grande école d'internationalisme ouvrier nous permettant de connaître l'existence professionnelle, à la fois des travailleurs asiatiques, des travailleurs des pays de l'Amérique du Sud, des contrées les plus lointaines, des régions les plus arriérées, de pénétrer profondément dans tous les domaines de l'existence ouvrière.

C'est notre tâche personnelle, tâche qui nous place devant une sorte de laboratoire sociologique, de documentation scientifique, de laquelle nous essayons de tirer profit à l'avantage des organisations syndicales.

Abondante richesse documentaire sortant à chaque moment de ce laboratoire sociologique, documentation qui parfois apparaît pesante, lourde, trop objective, trop purement scientifique aux militants qui la reçoivent, mais documentation de laquelle ils peuvent extraire la substance nécessaire à la propagation des revendications ouvrières.

Jouhaux l'a souligné hier dans le désir qu'il a manifesté de réorganiser à la fois la structure organique du mouvement ouvrier, ses méthodes de propagande et de vulgarisation documentaire.

J'aimerais à vous dire, sous forme d'une suggestion fraternelle, qu'une documentation toujours riche s'inspire d'objectivité et de science; on ne peut, en vérité, que la puiser aux sources scientifiques elle-mêmes, dans des laboratoires comme ceux du Bureau International du Travail, dans les organismes scientifiques de chacun des pays, dans les institutions annexes aux services gouvernementaux de chacun des pays. J'aimerais à vous faire, à ce propos, une suggestion utile en toute fraternité.

Une documentation vaut, non pas tant à cause des vérités totales qu'elle contient, non pas parce qu'elle est construite sur de la science, sur de l'objectivité, mais elle vaut par son interprétation. De tous les endroits où la classe ouvrière est appelée à recueillir des informations documentaires, elle a pour devoir de faire passer sa pensée à travers cette documentation pour lui donner l'interprétation ouvrière.

Je n'ai rien d'autre à ajouter pour marquer l'utilité de notre présence parmi vous. Si Thomas avait été là, nous dépassant tous en connaissance et en éloquence, il aurait certainement été charmé de vous dire combien il appréciait l'effort contenu dans l'un des points de votre ordre du jour qui porte sur l'enseignement, sur la scolarité, sur ces soucis de pédagogie ouvrière; il aurait été charmé de pouvoir vous dire combien il appréciait ces efforts tendus vers l'élévation de l'esprit de la classe ouvrière.

Peut-être à sa place pourrai-je en conclure qu'en effet, c'est toujours une question d'éducation; peut-être oserai-je dire que les réformes, les conquêtes, aussi étendues soient-elles, telles que nous les apercevons du sommet de Genève, à travers l'immensité de tous les territoires, ne valent qu'en fonction de l'éducation elle-même. (*Applaudissements.*)

Elles sont de nature à être vraiment comprises quand ceux qui sont appelés à en bénéficier les méritent par l'élévation de leur effort. La réforme, la plus modeste et la mieux méritée, le congé ouvrier, est en quelque sorte tributaire de l'élévation des cœurs et de la culture des esprits ouvriers.

C'est sans doute ce que vous aurait dit Thomas, épris d'enseignement, cultivé lui-même aux sources les plus profondes, les plus belles de la culture de l'esprit. Il vous aurait dit par là combien lui-même et l'institution qu'il dirige étaient près de la classe ouvrière que vous représentez. (*Applaudissements.*)

LE PRÉSIDENT. — La parole est à notre ami Mertens, représentant de la Fédération syndicale internationale. (*Applaudissements.*)

Mertens. — Camarades, après avoir été plus d'une fois le délégué des organisations syndicales de mon pays, j'ai aujourd'hui, non seulement le grand plaisir, mais aussi l'insigne honneur d'avoir été chargé par la Fédération syndicale internationale de vous apporter le salut le plus sincère, le plus fraternel et les vœux de réussite de vos travaux, au nom des quinze millions de travailleurs groupés sous la bannière de la Fédération syndicale internationale.

Camarades, ce plaisir est d'autant plus grand, qu'après le recul momentané qui a suivi le grand afflux vers l'organisation syndicale après la guerre, aujourd'hui nous voyons, dans la plupart de nos pays affiliés, que l'organisation reprend en vigueur et en puissance, qu'il y a un progrès très marquant à constater à travers le monde parmi les organisations syndicales.

Partout, on s'efforce de perfectionner l'organisation; partout, on s'efforce de s'adapter aux circonstances et de servir les intérêts de la classe ouvrière.

Aujourd'hui dans votre Congrès, comme hier dans les Congrès d'Allemagne, de Hollande et des autres pays, le mouvement syndical cherche à définir la politique qui doit le guider à travers les difficultés de la bataille quotidienne. Il faut que notre politique soit une politique réelle, mais pour cela nous n'avons pas à renier le passé. Nous pouvons, chacun dans notre pays, être fiers de ce qui a été réalisé par la classe ouvrière, mais il faut maintenant, parce que les circonstances sont autres, parce que les problèmes qui se posent sont différents, que notre mouvement s'adapte à ces circonstances, à ces problèmes et cherche les solutions en faveur de la classe ouvrière dont nous défendons les intérêts.

Lorsque nous voyons les ordres du jour des différents Congrès, lorsque nous voyons celui de votre Congrès d'aujourd'hui, nous constatons que c'est partout la même série de revendications qui se pose avec plus d'acuité devant vous. Nous constatons, par exemple, que partout on discute les vacances ouvrières, les assurances sociales, on discute l'organisation de l'enseignement et en particulier l'enseignement professionnel. Nous voyons que de tous côtés c'est dans un même but, dans un même ordre d'idées que la classe ouvrière, à travers le monde, cherche à savoir, non seulement pour développer sa puissance, son pouvoir, mais également pour aboutir au but que nous nous sommes assigné tous.

Nous constatons également qu'à travers le monde et dans les différents pays, si le mouvement syndical, il y a quelques années encore, était un mouvement essentiellement manuel, aujourd'hui les circonstances amènent les éléments intellectuels en plus grand nombre vers notre organisation commune et nous constatons que par cette collaboration, enfin, nous pouvons envisager des grandes réalisations, des grandes réformes.

La Fédération syndicale internationale, depuis sa reconstitution en 1919, a essayé de servir la cause de l'ensemble des pays affiliés. Elle a, à chaque instant, dans toutes les circonstances difficiles, essayé de définir la politique qui pouvait convenir à notre mouvement, qui pouvait accueillir l'adhésion de l'ensemble des pays affiliés, en servant les intérêts de la classe ouvrière.

Aujourd'hui, en vue de notre prochain Congrès international qui va se tenir en 1930 à Stockholm, l'Internationale essaye de définir sa politique économique adaptée aux circonstances et aux nécessités du moment.

Même dans la partie qui concerne l'action sur le terrain national, ces problèmes se posent également dans votre Congrès et à travers le monde avec plus d'âpreté devant la classe ouvrière. En ce qui concerne la rationalisation, nous savons, certes, que les travailleurs eux-mêmes n'ont pas encore tous l'idée bien claire de ce qu'est cette rationalisation. Beaucoup en sont encore adversaires, parce qu'ils ne savent pas, mais le mouvement syndical des différents pays s'en occupe, tenant compte qu'il n'est pas possible pour la classe ouvrière de s'opposer à une meilleure organisation du travail, à une organisation scientifique du travail. Le temps est révolu où les camarades typographes s'opposaient à l'introduction des machines à composer dans leurs ateliers; le temps est révolu où les ouvriers tisserands dans les différents pays brisaient les métiers qui venaient de s'introduire dans les ateliers. Aujourd'hui, il faut se rendre compte que c'est le progrès technique, le progrès scientifique qui doit servir, non pas l'intérêt capitaliste, mais la classe ouvrière qui produit dans le monde.

Il faut que dans ces circonstances, la Fédération syndicale internationale définisse la politique qui peut être acceptée par ses pays affiliés pour qu'enfin les bénéfices du progrès, réalisés par le concours de la science et de la classe ouvrière, n'aillent pas à ceux qui détiennent les moyens de production, mais que ces bénéfices aillent à la classe ouvrière.

Camarades, sur le terrain international, dans son domaine, il faut que la classe ouvrière organisée puisse également définir sa politique. Je sais bien qu'il n'est pas facile d'arrêter un programme qui puisse être accepté sans réserves par l'ensemble des pays affiliés.

Les mœurs, les coutumes, la mentalité sont telles dans les différents pays qu'il est assez difficile de se comprendre, mais il est quand même à l'honneur de la Fédération syndicale internationale d'avoir fait l'effort nécessaire depuis ces dix dernières années pour essayer d'effacer autant que possible ces divergences et définir une politique qui puisse grouper sous une seule bannière l'ensemble des classes ouvrières organisées à travers le monde.

C'est, se rendant compte de ces difficultés, que la Fédération syndicale internationale vient d'arrêter ses directives pour une politique économique, directives qui doivent être discutées dans l'ensemble des organisations affiliées. Et lorsque l'année prochaine nous serons tous réunis à Stockholm, lorsque les représentants de tous les pays affiliés seront là pour définir la politique économique de la Fédération syndicale internationale, j'ai la conviction que nous pourrons élaborer un programme qui sera en faveur de la classe ouvrière dans son ensemble.

Camarades, même à Amsterdam, même dans les Congrès internationaux, même dans des organismes comme le B. I. T., même si nous parvenons à imposer la création de ces offices économiques internationaux, il faut que dans chaque pays nous puissions compter sur une classe ouvrière bien organisée, une classe ouvrière puissante et en même temps sur une classe ouvrière consciente. Parce que de tous les programmes que nos organisations internationales peuvent élaborer, il n'y a rien à faire si dans chaque pays les travailleurs ne sont pas conscients de leurs droits et ne font pas le nécessaire pour avoir une organisation syndicale qui puisse se dresser avec force pour imposer enfin la réalisation du but que nous poursuivons.

C'est parce que nous connaissons la vitalité du mouvement syndical français et aussi ses idées internationalistes, la sympathie que vous avez marqué, à travers les années, à la Fédération syndicale internationale, que nous renouvelons les vœux les plus sincères pour que les travaux de votre Congrès aboutissent. Je suis sûr que les camarades français, dans ces grands problèmes qui se posent sur le terrain international, feront comme ils ont fait dans le passé, c'est-à-dire collaboreront avec nous pour l'agrandissement, l'augmentation de la force de notre organisation syndicale internationale, parce que de cette façon nous travaillerons tous ensemble à la réalisation de la paix dans le monde. (*Applaudissements.*)

Le Président. — La parole est à notre camarade Jouhaux.

Jouhaux. — Je ne veux dire que quelques mots pour exprimer en votre nom, nos remerciements aux délégués des organisations sœurs et aux représentants du B. I. T. et de la Fédération syndicale internationale.

Nos sentiments internationalistes se sont affirmés en toutes occasions. Nous sommes indéfectiblement attachés à l'unité internationale et prêts à la réaliser demain, même avec ceux qui ne pensent pas comme nous, considérant que l'internationalisme doit être universel et que la libération de la classe ouvrière ne saurait être qu'autant que les nations qui peuplent le monde seront soudées indissolublement les unes aux autres.

Mais je veux ici adresser quelques paroles particulières à nos camarades représentant et le prolétariat espagnol et ce qui vibre encore au nom de liberté du prolétariat italien. (*Applaudissements.*)

Je veux leur dire que s'ils doivent compter sur l'Internationale, que si c'est un devoir pour l'Internationale de défendre les principes de liberté à travers le monde, ils peuvent avoir l'assurance qu'ils trouveront dans notre pays, non seulement la sympathie la plus fraternelle, mais l'aide la plus efficace pour que la liberté ne sombre pas définitivement devant la dictature. (*Applaudissements.*)

Camarades délégués étrangers, camarades frères, recevez nos remerciements et emportez dans votre esprit l'idée que quoi qu'il arrive et quels que soient les coups du sort, la Confédération Générale du Travail ne cessera jamais d'être avant tout de sentiments internationalistes. (*Applaudissements.*)

Et maintenant, camarades, avant de quitter cette tribune, je voudrais vous demander de marquer, par un geste unanime, vos sentiments de solidarité, non seulement à l'égard des représentants des organisations ouvrières des autres pays, mais aussi, par la même occasion, à l'égard de ceux des nôtres qui sont tombés au cours de nos batailles, frappés par l'arbitraire patronal ou par l'arbitraire gouvernemental et qui ne sont pas encore, eux aussi, rétablis dans leurs droits imprescriptibles. La Confédération Générale du Travail et la Fédération des Cheminots se sont constamment soucié depuis 1920 d'agir auprès du gouvernement pour la réintégration de tous ceux qui avaient été frappés au lendemain de cette bataille.

Nos efforts n'ont pas été complètement réalisés; nous n'avons pas encore obtenu le résultat auquel nous visions. Nous devons continuer nos efforts et aujourd'hui, je demande au Congrès de se lever tout entier pour que, par ce geste, mandat soit donné au Bureau confédéral de poursuivre tous ses efforts et plus particulièrement de porter devant le Président du Conseil français la volonté de la classe ouvrière de voir réintégrer tous les cheminots. (*Applaudissements prolongés.*) (*Les délégués, debout, chantent l' « Internationale ».*)

Le Président. — Avant de se séparer pour reprendre les travaux à deux heures, je dois vous donner lecture d'une lettre que je viens de recevoir :

A Monsieur le Président du Congrès de la C. G. T.,

Monsieur le Président, nous sommes un groupe d'inorganisés, écœurés de voir comment est compris le syndicalisme. Dans ces conditions nous serions désireux d'être reçus à votre Congrès pour expliquer notre point de vue syndicaliste. (*Rires.*)

Connaissant votre esprit à ce sujet, nous espérons que vous voudrez bien nous entendre et nous nous tenons à votre disposition.

Ayant assisté au Congrès de la C. G. T. U. où nous avons été très bien reçus, nous pensons que vous nous réserverez le même accueil.

Pour le Comité des inorganisés : *Dupont, Trissot,* etc... (*Protestations dans la salle. Sifflements.*)

Le Président. — Je crois que nous n'avons pas besoin de perdre notre temps. Quand les inorganisés auront compris que pour critiquer le syndicalisme il faut d'abord payer des cotisations, peut-être que dans deux ans nous les recevrons. (*Applaudissements.*)

La séance est levée.

Séance de l'Après-Midi

La séance est ouverte à 2 h. 45.

Président : Roux (Cuirs et Peaux); *Assesseurs* : Marie Langlois (Calvados) et Marie Laugier.

Le Président. — Camarades, la séance est ouverte. Je donne immédiatement la parole au camarade Buisson, rapporteur sur les Assurances sociales.

Buisson. — Camarades, le rapport moral paru dans la *Voix du Peuple* a suffisamment indiqué quel avait été l'effort de la Commission administrative confédérale au cours de l'exercice dernier sur le problème des Assurances sociales pour que je n'aie pas besoin d'apporter ici sur ce point une paraphrase.

Je voudrais simplement, avec vous, examiner où nous en sommes : faire en quelque sorte le point.

Lorsque le 29 juillet 1927, à la Salle Bullier, le Congrès de la Confédération Générale du Travail examinait le problème des Assurances sociales, le Sénat venait de voter la loi (7 juillet 1927).

Le Congrès de Bullier, sans cacher les imperfections et les lacunes de cette loi, en les signalant au contraire par le détail, avait cependant considéré que la loi, malgré ses insuffisances, réalisait un progrès certain et il demandait au Parlement, pour éviter de nouveaux retards, qui auraient laissé plus longtemps des vieillards sans pain et des malades sans soins, d'adopter sans retouches le texte sénatorial.

L'appel de la C. G. T. a été entendu; la Chambre a voté la loi qui a été promulguée le 5 avril 1928.

A ce moment-là, au lendemain du vote, la situation paraissait favorable. On comptait sur une application complète de la loi pour le 5 février 1930. Le ministre du Travail annonçait sa volonté, en attendant l'application définitive, de « faire fonctionner la loi à blanc »; il commençait à constituer les organes techniques indispensables pour la préparation de la réforme. Il semblait, à ce moment, que le haut patronat français qui, par ses Chambres de Commerce, par ses Syndicats et par sa presse, avait mené une véhémente campagne pour empêcher le vote de la loi, se soit enfin résigné à l'application de la réforme.

Une seule modification paraissait alors être réclamée par les groupements patronaux : c'était la représentation paritaire dans les Caisses d'assurance, et le *Temps* du 9 janvier 1929 disait :

Le monde patronal n'est pas sans préoccupation sur la suite donnée à ses désirs. Il n'a pas protesté contre les surcharges effroyables impliquées par la création des Assurances sociales. Du moins, souhaiterait-il qu'elle ne fut pas transformée en arme contre lui ou en marque de défiance à son égard.

A ce moment, tout l'effort patronal va consister à préparer les différentes sociétés mutuelles qui vont lui permettre, espère-t-il, de mettre la main sur les organismes d'assurance. Le directeur du Comité des allocations familiales, M. Bonvoisin, une personnalité représentative du monde patronal (à la Conférence internationale du Travail de Genève de 1927, il était le conseiller technique du représentant patronal), écrivait dans une circulaire .

Autant nous nous sommes associés aux réserves qu'a suggérées au patronat français un texte dont il était permis d'attendre une meilleure adaptation aux nécessités de l'équilibre économique et social, autant il nous paraîtrait imprudent aujourd'hui, pour le patronat, de se cantonner dans une résistance passive désormais sans portée.

Faute par les employeurs de préparer pour leur personnel, ainsi que la loi le permet, les cadres d'une organisation offrant les garanties désirables, les salariés assujettis seront dans quelques mois inscrits d'office sur le contrôle des Caisses d'Etat, s'ils ne préfèrent constituer eux-mêmes des Caisses à leur usage.

Rappelons que dans le premier cas, il s'agit de Caisses dont le Conseil sera en majorité composé de salariés, dans le second de Caisses à gestion purement ouvrière.

Les Caisses mutuelles patronales se constituent avec tout l'ensemble des offres séduisantes et des moyens de pression habituels.

Suivant qu'on lise les communications qui sont adressées par les Syndicats patronaux aux employeurs ou qu'on lise les communications des mêmes adressées aux salariés, on se rend compte tout de suite de la différence de langage et des préoccupations particulières qui animent cette grande opération.

Voulez-vous, camarades du Bâtiment, que nous prenions deux petits textes de votre organisation patronale? Lorsqu'elle s'adresse aux ouvriers, dans les circulaires où elle les invite à rallier les mutuelles patronales du Bâtiment, elle dit :

Les Assurances seront gérées ou par des Caisses d'Etat, ou par des Caisses mutuelles; les Caisses de l'Etat seront confiées à des fonctionnaires, les Caisses mutuelles *seront gérées par les assurés eux-mêmes, c'est-à-dire par vous.*

Mais, au moment où l'on vous écrit ainsi, avec une proposition aussi alléchante, voici ce qu'une circulaire voisine émanant de la même organisation, s'adresse aux entrepreneurs de votre profession :

Si les patrons restent inactifs, les assurés seront inscrits d'office aux Caisses de l'Etat où les patrons ne seront qu'une minorité, ou bien ils s'inscriront aux Caisses syndicales *où les patrons ne seront pas représentés du tout.*

Vous sentez à la différence de langage quelle peut être la préoccupation patronale sur ce point.

Au reste, sans vouloir m'attacher longtemps à démêler le secret des intentions du haut patronat de combat d'aujourd'hui, je voudrais simplement prendre un texte, édifiant entre tous, que j'extrais d'un compte rendu très confidentiel d'une réunion tenue dans le département de la Loire à la Chambre de Commerce de Saint-Etienne, le 26 juin 1928, entre les Chambres patronales et les Caisses de compensation. Là, le rapporteur, M. Sierro, directeur de la *Caisse familiale de Saint-Etienne-Annonay,* invitant les employeurs à constituer leur mutuelle et à faire tout pour attirer les ouvriers dans ces mutuelles, même les frais supplémentaires nécessaires, disait :

En somme, c'est un effort supplémentaire que nous demandons de faire aux maisons adhérentes. Ce serait un effort limité à dix ou onze mois au maximum. C'est une dépense, mais les *dépenses de préservation* sont souvent de réelles économies et d'excellents placements.

Dépenses de préservation! Tel est tout le motif des dépenses d'argent qu'aujourd'hui le haut patronat français engage pour essayer d'attirer, par tous les moyens, dans ses mutuelles patronales, les travailleurs qu'il trompe. Et, pour ceux qui pourraient être tentés de croire encore à l'esprit généreux qui a animé la grande idée patronale d'aujourd'hui de constitution des Comités d'allocations familiales, écoutez ce que dit M. Sierro :

Nous, techniciens, nous vous disons que votre intérêt est de faire partie aussi de l'ancienne organisation générale des allocations familiales. Notamment pour les raisons suivantes : une fois la loi appliquée, *il faudra posséder une monnaie d'échange,* c'est-à-dire pouvoir offrir au monde ouvrier un supplément d'avantages. C'est le seul moyen que nous aurons de conserver notre influence sur nos salariés.

Voilà, vous le sentez, le problème éclairé de ce côté, et vous ne serez point surpris si la C. G. T. a mis nos amis en garde contre les promesses, si séduisantes qu'elles puissent être, qui leur étaient prodiguées du côté des Comités d'allocations familiales.

Puis, en même temps que se préparaient dans une atmosphère de sérénité les Caisses patronales, les mutuelles patronales, la mutualité libre elle-même organisait ses Caisses d'assurances sociales, ou plus exactement se préparait à transformer ses groupements en Caisses mutualistes d'assurances sociales.

Je voudrais ici parler librement de la position que nous occupons vis-à-vis des différentes sociétés de secours mutuels. Je suis de ceux qui n'entendent, ni défendre la mutualité, ni lui déclarer la guerre. C'est un organisme qui existe, qui s'administre à sa guise. L'opinion que je conserve vis-à-vis de ce problème particulier, c'est celle que notre camarade Rey formulait dans le rapport qu'il publiait dans la *Voix du Peuple,* en octobre 1923. Rey se demandait quelle allait être la position de la mutualité libre en face des tentatives patronales d'accaparement de l'assurance sociale :

Les mutualistes libres favoriseront-ils, par une incompréhensible solidarité, des œuvres qui n'ont été que des institutions patronales et jamais des entreprises de libre mutualité? Participeront-ils à une formidable entreprise de consolidation et d'extension de la domination patronale?

Eh bien, au moment où il s'organisait pour mettre la main sur l'assurance sociale, le patronat s'est efforcé de prendre le paravent de la mutualité. Je sais que dans quelques départements, les Sociétés de secours mutuels ont résisté; je sais que dans un certain nombre, les tentatives et manœuvres patronales ont échoué; mais, hélas! dans un trop grand nombre d'autres l'accord a été consommé entre les dirigeants mutualistes et les grands dirigeants du patronat de combat.

J'ai cité, qu'on me permette de le rappeler, comme exemple-type de ces accords, celui qui s'était conclu dans le département du Nord entre M. Georges Petit, président de la Mutualité, et M. Désiré Ley, que vous connaissez tous, l'homme du Consortium textile de Roubaix-Tourcoing. Chacun de leur côté, M. Georges Petit et M. Désiré Ley, s'applaudissent de l'accord qu'ils ont conclu; l'un et l'autre ont l'impression qu'ils ont tiré du marché le meilleur des résultats. Mais je ne puis, connaissant l'esprit machiavélique du directeur du Consortium, m'empêcher tout de même d'indiquer de quelle manière M. Désiré Ley apprécie les accords qu'il a passés. C'est le 11 décembre 1928, dans une réunion de l'Association des Fabricants de tissus pour ameublement de Roubaix-Tourcoing, que M. Désiré Ley indique :

Actuellement, et par l'accord conclu en janvier 1927, le Consortium collabore avec l'Union départementale des Sociétés de Secours mutuels.

Dans l'application de la loi, cet accord sera très efficace pour permettre *aux industriels de conserver des contacts directs avec les assurés.*

En principe, c'est l'Union qui créera les Caisses d'assurances et chaque patron sera le correspondant local de ces Caisses. *Rien ne sera changé à ce qui se passe actuellement dans les usines. Les déclarations de maladie et le paiement des prestations s'y feront.*

Si bien que le brave camarade membre d'une Société de secours mutuels, si avancée qu'elle puisse être, et qui restera soumis à la combinaison résultant de cet accord, risquera d'être obligé d'aller, casquette à la main, mendier les prestations de l'assurance au guichet de son employeur.

Mais M. Désiré Ley pense que ça ne marchera peut-être pas aussi bien qu'il l'espère, et il prend par avance ses précautions.

Il ne serait pas sage pour l'organisation patronale de créer une Caisse d'assurances dont elle n'aurait que la responsabilité morale, sans aucun moyen de l'administrer selon les principes d'économie et d'organisation moderne.

Il faut laisser essuyer les plâtres par ceux qui ne voient dans l'application de la loi qu'un moyen de recrutement ou d'influence religieuse, politique ou syndicale.

Alors, M. Ley se prépare dès maintenant à rouler le camarade avec lequel il a passé contrat et il indique :

Au bout des deux premières années d'application de la loi, les assurés pourront faire choix d'une nouvelle Caisse d'assurances sociales; ce sera le moment de faire entrer dans les caisses-types, dont nous avons parlé tous les ouvriers et ouvrières de nos usines, pour autant que nous ne soyons pas satisfaits des Caisses d'assurances de l'Union départementale.

L'accord réalisé dans le Nord, nous le voyons se reproduire dans le Rhône, entre M. André, président de la Mutualité, et le *Comité pour l'Hygiène de l'Enfance.* Nous le voyons se répercuter dans le plus grand nombre des départements de notre pays.

La mutualité peut organiser ses affaires à sa guise. C'est son affaire et nous n'avons pas l'intention de nous en mêler. Mais c'est notre devoir de mettre en garde les travailleurs mutualistes contre les tractations qui se sont engagées entre leurs dirigeants et les pires de leurs employeurs. S'ils consentent à se laisser tromper, ce ne sera pas faute d'avoir été renseignés.

En même temps, toujours dans la même sérénité, car tout le monde à ce moment pense que la loi va être appliquée sans à-coups, ce sont en face les groupements catholiques, c'est la Fédération nationale Catholique de M. le général de Castelnau, qui sentent, dans l'assurance sociale, le moyen d'organiser une croisade contre la laïcité et qui s'efforcent de constituer les mutuelles paroissiales qui assureront, espère-t-on, la direction catholique sur les Caisses d'assurances sociales.

Parlant de la loi sur les assurances sociales, M. l'abbé Merklen écrit dans *La Croix* :

Du mode de son application dépend manifestement l'avenir de la cause catholique en France.

Si nous n'arrivons pas à créer nos Caisses d'assurances sociales indépendantes des Caisses officielles, ce sera la porte ouverte à la laïcisation intégrale.

Renchérissant, Mgr Rumeau, évêque d'Angers, dit de la loi :

Ce sera la laïcisation complète de toutes ces œuvres sociales, ce sera l'hôpital à direction laïque et sans prêtre, la colonie scolaire sans maîtres chrétiens, la maternité ou les mères et les nouveaux-nés seront exposés à mourir sans sacrements, sans baptême.

Il cite les groupements organisateurs de la nouvelle croisade : la Fédération nationale Catholique, la Ligue Patriotique des Françaises, les Secrétariats sociaux, la Confédération Française des Travailleurs Chrétiens, l'Association Catholique de la Jeunesse Française, la Jeunesse Ouvrière Chrétienne, etc...

L'action de ces groupements n'est d'ailleurs pas trop en désaccord avec l'action patronale elle-même. Et, dans la *Vie Intellectuelle* de février 1929, M. Georges Viance indique les alliés sur lesquels on peut compter et déclare .

L'avenir ne tardera pas à montrer que la triple armature des Caisses professionnelles agricoles, des Caisses industrielles et des Caisses d'inspiration chrétienne sera de taille à empêcher toute tentative de laïcisation nouvelle

Sous couleur d'engager ainsi cette campagne pour la contre-laïcisation, on divise les ouvriers; on les divise là comme on les divise ailleurs par les Syndicats chrétiens, pensant qu'ainsi on pourra plus facilement exercer toutes les emprises et toutes les dictatures sur un prolétariat divisé.

Parmi les Caisses qu'on ne prépare pas, et qui semblent cependant devoir jouer demain un rôle important dans le fonctionnement même de l'assurance sociale, figurent les Caisses départementales uniques; les Caisses officielles, comme on dit.

Ah ! celles-là, elles sont l'objet de toutes les attaques venues de toutes parts. La Caisse officielle, dit-on, c'est la Caisse de l'État et elle sera gérée par les fonctionnaires; elle coûtera des sommes fabuleuses, les assurés y seront mal soignés. Disons tout de suite que, pour notre part, nous ne partageons aucunement cette hostilité. Disons que si la loi des assurances sociales avait été réalisée entièrement selon nos vues, il n'y aurait pas eu dans la même localité une multiplicité de Caisses pour diviser et amoindrir les efforts; il n'y en aurait eu qu'une gérée par les assurés eux-mêmes, et ainsi il eût été plus facile d'organiser sur des bases rationnelles la prophylaxie, la défense contre les fléaux sociaux et de faire véritablement de l'assurance sociale scientifique.

Mais notre préoccupation, en présence de la Caisse départementale unique, elle a été constante et elle s'est traduite par une intervention de notre ami Liochon devant la Commission spéciale des assurances sociales. Nous avons cherché, Liochon particulièrement a cherché à faire que les assurés qui seront inscrits dans la Caisse départementale unique puissent avoir, eux aussi, la possibilité de gérer leur propre patrimoine, et, malgré les hostilités de certains représentants, comme M. Raoul Péret, la thèse que défendait notre ami Liochon a triomphé, non seulement devant la Commission, mais également devant le Conseil d'État. La Caisse départementale unique sera, d'après la loi et d'après le règlement d'administration publique, gérée comme le seront toutes les Caisses mutualistes qui fonctionnent dans le pays.

Les Caisses ouvrières.

Une seule catégorie de Caisses fera exception à la règle générale : les Caisses constituées par groupement spontané d'assurés, celles-là n'ayant qu'une représentation ouvrière. C'est la raison, *la seule raison*, pour laquelle nous avons demandé à nos amis de s'orienter vers la constitution, dans chaque département, de Caisses constituées par groupement spontané d'assurés.

Il faudra, il n'y a pas d'illusions à se faire, encore un gros effort de propagande et d'action dans chaque centre, dans chaque localité, pour amener les travailleurs vers la Caisse d'Assurance sociale « Le Travail ».

C'est un peu le rôle des secrétaires d'Unions départementales d'impulser au maximum la propagande dans ce sens, et c'est beaucoup le devoir de chaque secrétaire de Syndicat d'indiquer à tous les syndiqués, qu'ils soient ou non membres d'une société de secours mutuels, leur devoir syndical de rallier la Caisse « Le Travail », la seule qui sera constituée par les assurés eux-mêmes, la seule dans laquelle on pourra préparer, dans des conditions normales et régulières, une première accession des travailleurs à la gestion des choses.

Il faut dire aussi, comme la *Fédération du Livre* n'a pas manqué de le dire à ses syndiqués mutualistes : le mutualiste qui adhère à la Caisse « Le Travail » ne diminue pas les forces de sa société de secours mutuels; mais le syndiqué qui refuse d'entrer dans la Caisse « Le Travail » diminue les forces et l'autorité morale de la C. G. T.

Premières difficultés.

Nous en étions à ce moment où, je le répète, chacun pensait que la loi des Assurances sociales allait pouvoir s'appliquer tranquillement; mais voilà que les difficultés commencent.

A la Commission spéciale chargée de préparer le règlement d'administration publique, au moins dans la première Sous-Commission, les ententes s'établissent, les accords se font. Mais dans les deux autres et notamment dans la troisième chargée de régler l'application à l'agriculture, les difficultés deviennent insurmontables.

Vous vous rappelez qu'au moment de la discussion de la loi devant la Chambre des Députés, à la séance du 15 mars 1928, un amendement dangereux était présenté par M. Marin-Quilliard et un certain nombre de ses collègues : About, Bosquette, Coucoureux, Albert Meunier, de Monicault, Général de Saint-Just, etc... Cet amendement demandait « que la présente loi (la loi des Assurances sociales) ne s'applique pas à l'agriculture, pour laquelle un statut spécial sera établi avant le 1er janvier 1929, en collaboration avec les Chambres d'Agriculture et les représentants qualifiés des Associations professionnelles et des mutualités agricoles ».

Et M. Marin-Quilliard, pour bien illustrer le fond de sa pensée, concluait son retentissant discours en disant aux députés :

Vous obéirez aux injonctions impératives de la Confédération Générale du Travail ou aux revendications légitimes des agriculteurs. A vous de choisir.

L'amendement avait été repoussé par 375 voix contre 125. Mais le Ministre de l'Agriculture d'alors, M. Queuille, avait été obligé de promettre qu'un projet rectificatif pourrait être examiné pour retoucher la loi dans le sens de quelques-unes des revendications agricoles.

A la Commission chargée de préparer le règlement d'administration publique, le ministre du Travail, M. Loucheur, a fait, il faut le dire, des efforts sérieux pour essayer, en donnant quelque satisfaction à certaines demandes légitimes des agricoles, d'éviter le projet rectificatif. Il n'y est pas parvenu, d'où obligation du dépôt d'un premier projet rectificatif.

Mais alors que ce projet ne devait viser que quelques points de l'agriculture, le ministre du Travail eut le tort, selon nous, d'écouter un peu trop *les bruits du dehors*, d'écouter notamment quelques-unes des revendications des Chambres de Commerce relativement à la gestion paritaire de toutes les Caisses d'assurance; et, dès que les adversaires de la loi ont senti le ministre prêt à leur faire des concessions, dès qu'ils ont senti que l'application de la loi ne serait point quelque chose de certain, parce que voulue par le pouvoir, alors l'offensive a recommencé.

Les adversaires.

Voici que les *Comités d'allocations familiales* se transforment en un grand *Comité des Assurances sociales* qui va s'entendre avec tous les belligérants et engager contre l'application de la loi la grande bataille. Et nous allons entendre les Chambres d'Agriculture, les Chambres de Commerce, le Corps médical, le *Temps*, l'*Animateur des Temps Nouveaux*, de M. Louis Forest, M. Coty, l'*Ami du Peuple*, le *Figaro*, le *Salut Public*, toute cette grande presse spéciale donner de la voix contre la loi des Assurances sociales.

Ah! cette loi qui doit être la grande loi sociale et humaine, elle est durement qualifiée dans ces feuilles-là!

C'est, dit M. Forest dans l'*Animateur des Temps Nouveaaux*, la loi folle. Comment, dit-il, une monstruosité pareille a-t-elle pu être votée?

Et M. de Launay, de l'Académie des Sciences, écrit :

Ce sera une servitude et un impôt de plus.

Le *Temps* conclut :

Le pays aspire à tous les dégrèvements. Commençons par lui donner celui-ci : le dégrèvement des Assurances sociales.

Et, naturellement, comme il faut bien une fois de plus, être d'accord avec tous les éléments réactionnaires de la nation, voici que le journal des masses radicalisées et inorganisées écrit, sous la plume de M. Henri Raynaud :

Accentuons la lutte contre la pernicieuse loi d'Assurances sociales.

M. Raynaud et *L'Humanité* sont en excellente compagnie.

Derrière tout cela : une formidable coalition des éléments de droite. Ce sont les éléments les plus réactionnaires du patronat, ceux qui seront représentés par M. Mathon ou par M. Bonvoisin; ce sont les éléments les plus réactionnaires de l'agriculture! ce sont les éléments les plus réacteurs du Corps médical et c'est toute la presse fasciste de notre pays.

A la rentrée des Chambres, j'imagine que le ministre du Travail, s'il le veut, n'aura pas beaucoup de peine pour tenir la promesse qu'il a faite au Parlement le 25 juillet 1929.

Nous ne manquerons pas, disait-il, de dénoncer des campagnes qui ont été faites contre la loi dans un but qui n'a rien à voir avec la question sociale elle-même.

La besogne lui sera évidemment facile. Mais nous pensons, nous, que plus d'énergie et plus d'enthousiasme chez ceux qui sont appelés de par leurs fonctions à appliquer la loi, et chez les principaux collaborateurs du ministre auraient évité, plus facilement que tout le reste, le développement des campagnes perfides et dangereuses qui se mènent aujourd'hui contre la loi.

Ah! cependant, soyons tranquilles, tous les adversaires de la loi rendent hommage au principe. La *Confédération des groupements commerciaux* de M. de Palomera :

Fermement résolue à donner un concours loyal à l'application de la loi sur les

Assurances sociales et désireuse de voir son fonctionnement établi sur des bases susceptibles d'en assurer le succès, demande...

Nous ne sommes pas opposés au fond à la loi, dit M. de Garcin, des *Agricoles du Sud-Est*, mais...

Nous ne sommes pas les adversaires des Assurances sociales, dit l'*Animateur des Temps Nouveaux*. A notre époque, tout homme doit prévoir dans les bons jours qu'il en aura de mauvais. Il est naturel qu'un travailleur qui n'a que ses bras pour vivre songe, par exemple, à la maladie qui lui enlèvera son pain. Il est juste qu'on le gare et qu'il se gare de soucis de ce genre, mais...

Et la *Chambre d'Agriculture du Gard* affirme, elle aussi, sa volonté inébranlable de voir améliorer le sort de tous les travailleurs de la terre et surtout de les mettre à l'abri du besoin dans leur vieillesse, l'ouvrier agricole n'ayant actuellement aucun espoir pour ses vieux jours, mais...

Les médecins ne sont nullement opposés au principe des Assurances sociales dont ils approuvent les intentions de justice et de solidarité, dit le Syndicat des Médecins de la Seine, mais...

La Confédération des Syndicats médicaux ne discute en aucune façon le principe d'une loi sur les Assurances sociales, mais...

Tout cela, ce sont des précautions de style. Elles nous montrent qu'il faut vraiment que le principe des Assurances sociales soit solide pour que tous les adversaires de la loi soient obligés ainsi, avant toute attaque, de commencer par lui rendre hommage.

Le vrai sentiment, la vraie conception sociale de l'adversaire, nous allons la trouver dans un rapport d'une haute personnalité scientifique, M. Le Chatelier, rapport qui a été publié par presque tous les journaux patronaux.

M. Le Chatelier, après avoir indiqué quels sont les animateurs d'énergie qui lui semblent devoir être des modèles pour le monde : Saint-Bernard, Saint-François d'Assise, Jeanne d'Arc, Napoléon, Cavour, Foch, Hoover, Mussolini et Pie XI, parle enfin des Assurances sociales et dit :

Les Assurances sociales, ce sont des institutions nécessaires que le sentiment tolère, que le bon sens réprouve. Elles sont la conséquence de nos vices et tendent à les encourager.

L'idéal serait de voir tous les hommes s'habituer à l'épargne, mettre de côté une partie de leurs salaires en prévision de leur vieillesse, souscrire des Assurances mutuelles pour le cas de maladies. En un mot : aide-toi, le ciel t'aidera. Ne compte pas sur la charité publique pour adoucir les maux causés par ton imprévoyance.

Cette théorie de l'épargne, qu'il faut autant que possible généraliser, nous allons, comme par hasard, la voir reparaître dans nombre de projets qu'on va lancer comme des torpilles pour essayer de détruire la loi des Assurances sociales. Cela va être le projet d'épargne individuelle obligatoire de M. Verdavaine, le délégué général de la Ligue de *Salut Public*, projet qui va être repris par les Chambres d'agriculture, au moins au début. Ça va être le projet du Dr Specklin, de Mulhouse, un médecin de Caisses dont l'idée a fait grand tapage.

Je crois que notre ami Voegtlin, président de la Caisse des malades de Mulhouse, qui est ici, pourrait dire que peut-être le tumulte fait autour de ce grand projet n'a pas été autre chose qu'une manifestation faite en catimini entre une douzaine d'amis médecins, réunis autour d'un demi de bière.

M. Le Chatelier pense que cette épargne obligatoire remplaçant l'Assurance sociale, c'est quelque chose de possible. Cela, ajoute-t-il, se fait bien aux Etats-Unis.

Ecoutez comment M. Le Chatelier va nous présenter le programme d'avenir qu'il rêve pour notre Société, comparativement à celui des Etats-Unis :

Aux Etats-Unis, l'ouvrier paie son hôpital lorsqu'il est malade; le pat.on s'arrange seulement pour lui en fournir un qui soit bien tenu. C'est un des points sur lesquels Ford insiste dans son organisation du travail.

En cas de chômage, l'ouvrier ne reçoit pas de subvention de l'Etat; il se débrouille et vit facilement à crédit, parce qu'il est connu pour payer facilement ses dettes.

Nous ne discuterons pas ici cet individualisme forcené. Nous pensons, au contraire, que l'Assurance sociale doit avoir pour but essentiel de prélever une fraction de la rémunération du travail qui sera gérée collectivement, payée au travailleur atteint par le risque ou à sa famille et qui représentera en quelque sorte l'amortissement du facteur humain dans l'organisation de la production et la garantie indispensable de sécurité qui doit être offerte aux salariés tant que le salariat subsistera.

Mais que vaut, au fond, l'expérience américaine en ces matières?

Jamais, aux Etats-Unis — constatait, il y a quelque temps, le directeur du Bureau international du Travail, — jamais le mouvement vers les Assurances sociales n'a été aussi fort qu'au cours de ces dernières années.

Ce sont, organisés par certaines entreprises, des services d'assurances populaires à primes réduites hebdomadaires, que des Compagnies commerciales privées essaient de mettre debout. Ce sont des Caisses d'assurance-maladie et des fonds de pensions créés par les employeurs dans leurs usines en vue d'arriver à une plus grande stabilité du personnel, ce qui est considéré par l'employeur américain comme un élément de « personal management », quelque chose qui rentre dans les frais généraux de l'administration d'une entreprise. Et c'est enfin, chez les organisations ouvrières américaines, l'effort pour résister à cette opération particulière, qu'elles considèrent déjà comme un danger, et qui constituent leurs Caisses syndicales d'assurance-maladie ou d'assurance-vieillesse.

Certes, à l'heure actuelle, aux Etats-Unis, le mouvement d'assurance, dans ce pays où l'individualisme semble primer, n'est pas encore développé. On ne compte encore que trois millions d'assurés c'est-à-dire environ 10 % de la population ouvrière, mais le seul fait que le développement peut être constaté d'année en année nous montre que, là, encore, l'idée de l'assurance sociale, particulièrement de l'assurance-maladie gagne du terrain.

L'opposition agricole.

On a rendu hommage à la loi, mais on va la combattre dans tous ses articles et dans toutes ses dispositions. Lorsqu'on a appris le dépôt du projet correctif du gouvernement, on a commencé à engager la campagne avec fureur et aussi avec une certaine habileté.

Dans le monde agricole, on ne va pas se contenter facilement des promesses qui ont été faites par le ministre.

Le rectificatif — il s'agissait du premier projet — le rectificatif indique seulement le but à poursuivre, dit l'*Union des Syndicats agricoles du Sud-Est*, de M. Garcin, mais est très loin du but à atteindre.

Cette opposition agricole qui va commencer, impulsée par ceux qui, en France, semblent avoir le désir de constituer à l'instar de certains autres pays d'Europe Centrale, un parti nouveau agraire, essentiellement conservateur, cette campagne-là, va être poussée dans toutes les campagnes avec le maximum de moyens de publicité possibles. « Les organisations d'agriculteurs, les Chambres d'Agriculture, les Syndicats agricoles ont étudié — écrit l'*Animateur des Temps Nouveaux* — la loi avec un sérieux dont n'a pas donné l'exemple le Parlement lancé à l'aventure dans l'aventure. »

J'ai entendu parler de ces réunions des Présidents de Chambres d'Agriculture, et si les renseignements qu'on m'a donnés sont exacts, la discussion a été fort courte et a consisté surtout en un long exposé théorique de M. Garcin, des Agriculteurs du Sud-Est, qui semble être un peu l'animateur de toute cette affaire. Les Présidents de Chambres d'Agriculture, dont beaucoup, j'imagine, comme pas mal de parlementaires, ne connaissent pas grand chose aux Assurances sociales, se sont contentés de voter les propositions qui leur ont été faites.

Il y avait tout de même différents courants. La *Chambre d'Agriculture* du Gard, celle qui chantait les louanges du grand principe sur lequel est basée l'Assurance sociale, la Chambre d'Agriculture du Gard a inondé le pays d'une petite brochure sous la signature de M. Veyssières, son président, dans laquelle elle expose tout un programme d'assurance sociale. Ah ! c'est très simple, elle réclame la suppression totale de la loi, la suppression de tout prélèvement sur le salaire, l'application des Assurances sociales aux seuls célibataires, la couverture, des risques par des taxes sur l'importation des produits coloniaux.

Cette théorie, naturellement, risquait de n'être pas beaucoup écoutée par des gens sérieux. M. Garcin, lui, plus habile, ne s'est pas posé en adversaire ; il s'est présenté au contraire en ami de la loi, demandant que des aménagements interviennent pour qu'il soit plus facile de l'appliquer à l'agriculture. Et ainsi il va devenir non seulement le grand chef de l'hostilité agricole contre la loi, mais aussi, hélas ! je le crains, le grand conseiller en matière d'assurance sociale dans certaines autres sphères.

L'Assemblée des Présidents des Chambres d'Agriculture, le 4 juin 1929 : Ah ! on va en chanter les louanges. *Le Temps,* un ami, vous le savez, de l'Assurance sociale, constate : « *Elle a procédé à la démolition en règle de la la loi* ».

Et, en effet, l'Assemblée des Présidents des Chambres d'Agriculture réclame :

1º L'application par paliers strictement déterminés et suffisamment espacés suivant les possibilités, en commençant par l'assurance-vieillesse, avec au début un prélèvement total de 2 % au maximum sur les salaires.

Or, pour constituer une retraite normale, on a calculé, vous le savez, qu'il fallait au minimum un prélèvement de 3,50 %. Si on tient compte que chez les ouvriers agricoles, le plus grand nombre ont une part importante de rémunération en espèces — logement et nourriture — et si on tient compte de ce fait que dans l'application agricole, le plus souvent le prélèvement pour l'assurance sera fait seulement sur la rémunération en argent, malgré que la loi fixe le contraire, on arrive à des retraites qui — on l'a affirmé — ne pourront pas dépasser 300 ou 350 francs par an au bout de trente années de versements.

Mais il y a mieux, les Présidents des Chambres d'Agriculture demandent :

L'étude de la faculté à donner aux assujettis d'opter pour *l'épargne individuelle obligatoire* avec participation graduée à un fonds de solidarité.

Le fameux projet Verdavaine ! Et le *Temps,* lui-même, est obligé de se dire : « L'épargne obligatoire ! Qu'est-ce que c'est que ce monstre ? »

Eh bien, ce monstre-là, M. Garcin n'a pas hésité à le proposer et les Présidents des Chambres d'Agriculture, sans le connaître, bien entendu, n'ont pas hésité à le voter. Ils demandent en même temps :

Que la mutualité soit seule investie de la mission de gérer les Assurances sociales, les administrations se bornant à exercer les contrôles.

Ici, les Agricoles du Sud-Est font une double manœuvre : favoriser les Caisses mutuelles confessionnelles et patronales; et, d'autre part, acquérir ainsi le concours et la sympathie de certains hauts fonctionnaires qui voient un peu sous cet angle la gestion et l'organisation des Assurances sociales. Et, comme M. Viance l'avait dit, « la triple armature des Caisses professionnelles agricoles, des Caisses industrielles et des Caisses d'inspiration chrétienne sera de taille à empêcher toute tentative de laïcisation nouvelle. » Ça n'est pas, vous le pensez bien, pour déplaire à M. Garcin.

Puis, « dans un but de simplification et d'économie », naturellement, on demande la suppression des comptes individuels en matière de retraite, c'est-à-dire, comme il faudrait bouleverser complètement pour le faire tout le système sur lequel repose l'organisme-retraite de la loi, un renvoi aux calendes grecques. Et enfin, un régime préférentiel au profit des anciens combattants.

Ah ! le *Temps* avait raison de dire : *C'est la démolition en règle de la loi.*

Que va faire le ministre? Résister, imposer la loi malgré ces hostilités véhémentes? Non, il va céder ! Et, le 22 juin, une nouvelle réunion des Présidents des Chambres d'Agriculture avec le ministre du Travail aura lieu. Là, l'Assemblée semble se mettre d'accord. « Elle désire organiser, dit-elle, en premier lieu l'assurance-vieillesse avec une cotisation de 2 % du salaire dont la moitié à charge de l'employeur, moitié à charge du salarié. — Elle demande que soit ajournée l'assurance du risque invalidité, et elle accepte que si le salarié cotise pour la maladie, pour lui ou sa famille, à une société de secours mutuels, l'employeur devra verser de son côté une cotisation égale à celle du salarié, sous réserve d'un maximum de 5 francs par mois. »

Notez que dans les calculs qui ont été établis, on a pensé qu'il faudrait au moins 2,82 % du salaire pour arriver à assurer d'une façon à peu près régulière les prestations de l'assurance-maladie. Les employeurs agricoles pensent qu'avec la cotisation de 10 francs par mois, on devra quand même s'en tirer !

Et enfin, dans le nouveau projet, on réclame aussi cette fois la suppression des offices d'Assurance sociale.

Ah ! les agriculteurs ont fait une concession : ils ont lâché « le monstre », ils ont lâché le projet d'épargne individuelle obligatoire. Il restera à la *Caisse de compensation du Bâtiment du Nord,* la ressource de pouvoir en tenter l'expérience pour son propre compte dans la Caisse qu'elle prépare aujourd'hui pour son personnel d'encadrement, exclu de la loi par le salaire-limite.

Je pense bien que les Présidents des Chambres d'Agriculture représentent, en cette matière, l'opinion du plus grand nombre des gros employeurs agricoles. Mais tout de même la loi des Assurances sociales doit s'appliquer aux ouvriers de l'agriculture, aux salariés agricoles, et je me demande à quel moment le ministre a consulté les représentants des organisations ouvrières agricoles. Il a bien consulté les employeurs; il n'a jamais consulté les ouvriers. Il était normal qu'il obtient la réponse qu'il a, car fort justement, il y a quelque temps, alors qu'on discutait ce problème au Sénat, M. Reboul classait les gens en deux catégories en matières d'assurance agricole : les gros employeurs, qui ne veulent pas de la loi; et tous les ouvriers qui la réclament.

N'obéissant qu'aux suggestions de leur égoïsme et de leur routine, les grands propriétaires agricoles qui se plaignent par ailleurs de la désertion des campagnes refusent de comprendre que la cause principale de cette désertion est le sort misérable et sans garanties qui reste celui des travailleurs de la terre.

L'opposition des Chambres de Commerce.

Cette campagne des Agricoles va permettre aux opposants des Chambres de Commerce de reprendre espoir et courage.

Le même jour, au même moment, les Présidents des Chambres de Commerce vont se réunir et ils vont présenter, eux aussi, des revendications de même nature.

L'Assemblée du 4 juin 1929 demande « que les Assurances sociales ne soient réalisées qu'avec la plus grande prudence et par étapes successives. »

Ah! la théorie des étapes successives, nous allons la rencontrer maintenant un peu partout. Le gros problème; ce n'est pas, vous le pensez, les difficultés que l'application de la loi pourrait apporter dans l'économie; le gros problème, c'est de reculer autant qu'on le peut l'échéance de la loi, et à chaque palier, à la veille de l'application d'un palier nouveau, l'espérance de pouvoir recommencer une nouvelle campagne et d'arriver enfin, de campagne en campagne, à tourner le pays ou les Pouvoirs publics contre cette loi dont on ne veut à aucun prix.

Naturellement, les Présidents des Chambres de Commerce vont demander qu'il soit fait « la plus large part à la collaboration des institutions existantes déjà créées par l'initiative privée ». L'initiative privée, vous savez ce que cela veut dire quand cette parole est prononcée par les représentants patronaux : cela veut dire, les Caisses d'usines et les Caisses d'entreprises.

Enfin, on reprend aussi le principe de la parité dans les Caisses d'assurance, principe qui a déjà été repoussé une première fois par le Sénat lors de la discussion de la loi; principe qui a été repoussé une deuxième fois à la Chambre, lors de la même discussion; principe que la Commission sénatoriale a dû repousser lorsqu'il était inscrit dans le rectificatif de M. Loucheur; principe que le ministre, lui-même, a dû enfin abandonner.

Dans sa revue l'*Economie nouvelle*, juillet 1929, *la Fédération des Industriels et des Commerçants français* résume ainsi ses prétentions : 4 % pour la maladie et la vieillesse; pas de fonctionnaires; exécution par les mutuelles et l'initiative privée. Ce sabotage de la loi, c'est ce qu'elle appelle « la solution libérale et progressive ».

L'opposition du Corps médical.

Au moment où s'organise parallèlement la campagne des Présidents des Chambres de Commerce et des Chambres d'Agriculture, voici qu'un nouvel adversaire entre dans la bataille. Cet adversaire, c'est la *Confédération des Médecins français.*

La Confédération des Médecins français est de création assez récente; elle est née postérieurement au vote de la loi des Assurances sociales. Avant, il y avait un certain nombre de Syndicats médicaux qui avaient, en matière d'assurance sociale, des théories un peu différentes. Avant de rédiger son texte, M. Chauveau, le rapporteur, les avait réunis et après ces entrevues il leur avait fait des concessions et avait obtenu leur acquiescement à la loi des Assurances sociales.

Ce n'est qu'une fois la loi votée et ces concessions — qui ne sont pas minces, d'ailleurs — obtenues, que les différents Syndicats médicaux se réunissent et qu'ils recommencent une campagne, formulant des exigences nouvelles.

Le forfait, que nous persistons à considérer comme la meilleure forme d'organisation dans les Caisses d'assurance, avait été abandonné. Le tiers-payant, commençait, d'après le texte même de la loi, à ne pas être absolument nécessaire. Et maintenant, les représentants du corps médical mènent la bataille pour l'interdiction absolue du tiers-payant, pour ce qu'ils appellent « la liberté de *confiance* », pour la suppression de toute espèce de tarif médical dans les Caisses d'assurance, et enfin pour ce qu'ils appellent la liberté de prescription, c'est-à-dire pour le droit au médecin de prescrire toutes les spécialités pharmaceutiques qui lui plaisent et l'obligation, naturellement, pour les Caisses d'assurance, de les payer. Ils disent : « Nous ne voulons pas d'une médecine pour pauvres; nous voulons une médecine normale et rationnelle. »

Sur ce point, je m'empresse de dire que nous sommes ici, à la C. G. T., entièrement d'accord sur le principe : pas de médecine pour pauvres; pas de médecine comme celle de l'assistance médicale obligatoire, bien entendu. Mais pas non plus de médecine fantaisiste, pas de médecine pour nouveaux riches. Quand on parle de la liberté absolue des prescriptions médicales, je ne peux pas manquer d'être quelque peu effrayé lorsque je lis dans un Bulletin pharmaceutique, une petite circulaire adressée par une société médicale à l'ensemble des médecins d'une région. Une Société qui s'appelle le *Laboratoire des Produits Rolland*, écrit aux médecins :

Mon cher Docteur,

Nous vous communiquons à titre confidentiel notre dernière circulaire à nos actionnaires docteurs. Vous savez que nous sommes une société dont tous les actionnaires sont docteurs et que nous réalisons progressivement et sûrement la spécialité pharmaceutique au médecin, œuvre juste et saine.

Au cours de ces années, nous avons accompli la tâche laborieuse de grouper près de 1.500 médecins sur notre idéal Nous sommes déjà une grande force, bientôt nous serons une majorité dans le Corps médical.

Alors les vingt millions que gagnent par an les spécialités pharmaceutiques en France, ou plutôt les vingt millions que vous leur faites bénévolement gagner, concourront au bien-être de votre famille, à la sécurité de vos vieux jours. Voulez-vous être des nôtres, etc...?

En présence de procédés de ce genre, — je veux bien admettre qu'ils sont une exception dans la pratique médicale — je pense qu'il est indispensable que les Caisses d'assurance puissent avoir un contrôle suffisant pour limiter les abus dont on se plaint par ailleurs et qui ne viennent pas toujours, comme on le dit, du côté du malade, mais quelquefois aussi du côté du docteur. Donc, nécessité d'un contrôle, et pour aboutir au contrôle le plus pratique, je persiste encore à croire que le mode de rémunération le meilleur, c'est le tiers-payant.

A la Confédération des médecins français ou aux autres, je veux dire : ou bien le Corps médical dans son ensemble collaborera loyalement avec les Caisses d'Assurances sociales; et alors il pourra trouver dans les contrats avec les Caisses la satisfaction des revendications qu'il présente. Il sera possible, s'il veut organiser lui-même, par son Conseil de famille, un contrôle *sérieux* du Corps médical, il sera possible, sans modifier la loi, de lui donner dans les contrats avec les caisses, des avantages et des garanties professionnelles. Mais si, au contraire, le corps médical persiste dans l'opposition tenace et un peu têtue, qui peut-être bien n'est faite que jusqu'au moment où définitivement la loi sera votée, s'il persiste dans l'opposition qu'il a aujourd'hui, il faudra bien que la loi des Assurances sociales s'applique quand même, et elle s'appliquera par la volonté des Caisses qui sauront bien s'organiser pour cela. Mais alors, le contrôle des Caisses sera peut-être plus sévère et plus absolu que les Médecins eux-mêmes peuvent le craindre.

Les charges sociales de l'Assurance.

Les arguments des conjurés, qui, maintenant, s'unissent contre la loi des Assurances sociales? Mais, est-il besoin de les reprendre tous? Ils sont ceux que nous rencontrons un peu partout depuis qu'a commencé la discussion du premier projet de loi d'Assurances sociales. Ils sont ceux qu'on répète maintenant dans presque tous les pays d'Europe où la même coalition se noue; dans des pays comme la Belgique, où n'est pas encore organisée l'assurance-maladie; dans des pays comme l'Allemagne et l'Autriche où fonctionne depuis longtemps cette assurance et, dirais-je, à la satisfaction des intéressés, mais où certains intérêts particuliers d'une petite minorité de médecins grossissent systématiquement quelques abus qu'on signale ça et là.

On vient nous dire (c'est l'argument des industriels et les médecins qui sont incompétents en cette matière le reprennent), la loi va créer au pays des charges telles que toute son économie va en être renversée.

Ah! cet argument-là, il me semble que ce n'est pas la première fois que nous l'entendons! Chaque fois qu'on a parlé d'une loi sociale, quand il s'est agi des huit heures, du repos hebdomadaire, de la loi sur les accidents du travail, toujours nous avons entendu le même argument : cette loi va, dit-on, ruiner l'économie de notre pays; il n'y aura plus de possibilité d'exportation; l'industrie française va être en péril.

Eh bien, qu'on me permette sur ce point de rappeler que la France, qui reste un des rares pays d'Europe à n'avoir pas une loi d'Assurance sociale, est l'un des pays d'Europe qui connaît actuellement les charges sociales les moins importantes, et que, demain, quand la loi des Assurances sociales entrera en application, les charges sociales causées par cette loi seront encore inférieures aux charges sociales causées à l'industrie allemande, anglaise ou autrichienne. Voulez-vous quelques chiffres? En Allemagne, en 1927, la loi des Assurances sociales a coûté 4 milliards et demi de marks-or. En Grande-Bretagne, elle a coûté plus de 150 millions de livres, et en France, quand elle entrera en application en 1930, elle ne coûtera encore, d'après les chiffres qui ont été établis, que 4 milliards et demi à 6 milliards de francs, soit beaucoup moins par tête d'assuré.

Nous sommes de ceux qui pensent que si dans le combat industriel, les industries nationales peuvent s'efforcer d'être, comme on dit, bien placées sur le marché, c'est en réorganisant leurs méthodes, c'est en adaptant leur outillage et leur industrie aux progrès techniques, à la science; ça n'est pas en faisant supporter leur concurrence industrielle et commerciale aux ouvriers, aux producteurs.

C'est une doctrine que les employeurs français ont signée il y a deux ans, à la Conférence Internationale Économique. Avec elle, ils ont dit : *Pas de dumping social.* Eh bien, nous nous retournons vers eux aujourd'hui et nous leur disons : la campagne que vous menez contre la loi des Assurances sociales n'a d'autre but que d'essayer, au moyen d'un dumping social à votre profit, de vous permettre de faire une concurrence sordide aux industries étrangères. Nous ne pensons point que ce soit une politique d'avenir et que, pour l'avenir, ce puisse être une politique profitable, même à l'industrie française.

Et puis, les industriels viennent nous dire : Nous ne pourrons pas payer la charge d'assurance sociale; cela va nous empêcher d'équilibrer notre industrie; et ils disent cela au moment où eux-mêmes, de leur propre initiative, sans invite d'aucune sorte de l'extérieur, se préparent à augmenter leurs propres charges d'assurance.

Ils les augmentent en vue, naturellement, de conquérir certains privilèges, certaine autorité morale nouvelle sur leur personnel; mais ils les augmentent tout de même!

Dans l'*Information,* du 31 juillet 1929, la *Société de l'Air liquide* publie un communiqué dans lequel on lit :

Nous envisageons l'institution d'un organisme au profit de la partie de notre personnel à laquelle n'est pas applicable la loi des Assurances sociales.

Comme l'organisme à créer ne pourrait produire son plein effet qu'au bout d'un temps assez long, nous avons cru devoir créer un fonds destiné à servir, le cas échéant, des allocations tenant compte du nombre d'années passées à notre service. Ce fonds a été doté d'une somme de six millions de francs.

Au *Syndicat des Industries métallurgiques et minières,* M. Lambert-Ribot dit dans un rapport :

Les agents de maîtrise, une partie même des ouvriers spécialistes n'auront droit à aucune des prestations qui profiteront au personnel placé sous leurs ordres ou qui est moins qualifié qu'eux-mêmes.

Cette limitation qui a été faite pour ménager les intérêts du Corps médical risque de créer des inégalités qui peuvent devenir des causes de mécontentement regrettable dans les cadres même de l'industrie. Aussi, un certain nombre d'établissements ont-ils demandé s'il ne serait pas possible, en dehors bien entendu de la loi, et par l'initiative privée de garantir aux agents dont il s'agit et qui le désireraient, le bénéfice d'une situation analogue.

Même préoccupation dans le Bâtiment. Le *Consortium textile* de Roubaix-Tourcoing s'oriente aussi dans la même voie. Là, M. Désiré Ley, va plus loin; il envisage :

Une prime de stabilité dans toutes les usines faisant partie du Consortium et qui serait égale à 25 % de la cotisation ouvrière pour les Assurances sociales, payable après une année de présence ininterrompue dans l'usine. Cette prime serait égale à 50 % de la cotisation pour deux années de présence et à 100 % pour trois années.

Les clauses habituelles au règlement du Consortium seraient appliquées : perte de la prime en cas de départ volontaire de l'usine, en cas de grève, etc. (*Assemblée du textile ameublement,* 11 décembre 1928.)

Les industriels français, au moment où ils préparent volontairement une surcharge pour leur industrie, mènent une campagne pour que la loi soit appliquée par paliers afin, disent-ils, de pouvoir adapter plus facilement les industries aux charges qui vont venir.

L'application par paliers ne peut que compliquer la mise en train de la loi. Elle a pour but de créer chaque fois, dans le pays, le renouvellement d'une campagne d'hostilité contre les Assurances sociales.

Aucun argument sérieux ne peut l'excuser.

Dépenses productives.

Les adversaires feignent aussi de s'inquiéter de l'incidence de la loi sur le coût de la vie. Là les estimations diffèrent. Les plus modestes, sans tenir compte du fait que le prix de main-d'œuvre n'entre que pour partie dans le prix de revient des produits disent : la vie sera augmentée de 10 %. Elle le sera de 15 à 20 %, dit M. de Launay. Elle le sera de 25 % *au minimum,* dit l'*Animateur des Temps Nouveaux.*

La relation entre les charges de l'assurance et les salaires ne saurait cependant être assimilé à la relation entre ces charges et le coût de la vie. Une charge de 10 % sur les salaires ne représente pas un accroissement de 10 % du coût de la vie. Une enquête officielle de Grande-Bretagne établie d'après les chiffres des employeurs a montré que pour 1924-1925 les dépenses d'assurances n'ont représenté que de 1/2 à 3 et 4 % sur la production.

Il faut dire aussi que le poids de ces charges n'est pas entièrement nouveau. Devant la Commission parlementaire, M. Robert Pinot, combattant la loi, estimait déjà à 8 % les charges assumées par le Comité des forges. Depuis 1921, nous avons ainsi dépensé plus de 25 millions de francs, dit le *Bâtiment du Nord.*

Il s'agit d'un nouvel aménagement de ces dépenses.

Puis, il faut répéter qu'il ne s'agit pas là de dépenses stériles qui peuvent être classées en déficit dans la balance des comptes sociaux du pays.

Les dépenses d'assurances sociales, a dit justement Albert Thomas, sont dans une large mesure des dépenses de remplacement qui devraient être faites, même si l'assurance n'existait pas. Ce sont, au premier état, des dépenses productives.

Elles sont restituées entièrement à l'économie nationale sous forme d'accroissement de la capacité d'achat et de consommation des assurés, et d'amélioration de la santé et de la capacité de production des travailleurs.

L'assurance sociale est un placement à long terme, gagé sur les résultats de l'activité professionnelle et du rendement des générations d'assurés, qui rendront en santé et en travail autant et sinon plus qu'ils n'ont reçu.

En définitive, l'assurance sociale aboutit surtout à une modification et à une meilleure répartition du revenu national pour le plus grand bien de chaque pays.

Le coût de l'assurance-maladie.

Puis, on épluche les chiffres du rapporteur. On dit : la ventilation des cotisations est mal faite, cela ne marchera pas bien. On a prévu pour l'assurance-maladie, par exemple, 2,82 % du salaire, mais, disent les adversaires, quand on regarde les Caisses d'Alsace-Lorraine, on s'aperçoit qu'il y en a qui coûtent beaucoup plus cher; alors la loi d'Assurance sociale ne va pas pouvoir fonctionner; on va être obligé de demander des cotisations supplémentaires, peut-être aux employeurs, et aux ouvriers.

On oublie d'abord — on oublie volontairement — que dans la loi allemande, qui est celle actuellement appliquée en Alsace-Lorraine, il y a d'abord un délai de carence en cas de maladie, moins long que celui qui est fixé par la loi des Assurances sociales françaises, et nous le regrettons pour la France. D'autre part, on oublie également volontairement de signaler que dans les dépenses d'assurance de Caisses alsaciennes, lorraines, ou allemandes, entrent en compte les dépenses de l'accident de travail, alors qu'en France l'accident de travail restera sous l'application de la loi du 5 avril 1898 qui fonctionne actuellement.

Mais je voudrais indiquer que la ventilation même des cotisations n'est pas encore chose définitive; elle doit être fixée chaque année par décret. Les actuaires ne sont pas tous d'accord sur les modes de ventilation des cotisations. Par exemple un actuaire d'une valeur reconnue, M. Emile Fleury, pense, lui, que 2,82 % à la maladie, ce sera quelque chose d'insuffisant; mais il pense que l'assurance-invalidité pour laquelle on a prévu une ventilation de 2 % du salaire pourrait très facilement fonctionner avec une cotisation de 1,30 % seulement; on trouverait ainsi, par conséquent, en liant les deux systèmes, la possibilité d'assurer, dans l'avenir, un fonctionnement normal de la loi.

L'exemple allemand.

Mais la grande campagne, la campagne la plus forcenée, c'est celle qui est basée sur un ouvrage allemand traduit en français ces temps derniers, l'ouvrage du docteur Liek : *Les méfaits de l'assurance sociale en Allemagne*. On indique, derrière le docteur Liek, que l'Assurance sociale a l'inconvénient considérable de développer les abus, de faire fructifier le régime des carotteurs, et l'*Animateur des Temps Nouveaux* s'empresse de faire des calculs mirifiques dans lesquels il indique qu'en Allemagne, il y a 54 % de carotteurs.

Nous n'ignorons pas qu'il y aura des abus, comme il y en a aussi dans tous les pays, mais il n'est peut-être pas suffisant de se saisir de quelques exemples particuliers et de les généraliser pour montrer que la loi d'assurance sociale va être un véritable danger moral pour le pays.

Si les adversaires de la loi ont mené grand tapage autour de l'ouvrage du Dr Liek, il faut dire qu'il n'en a pas été de même en Allemagne où ce livre a paru au milieu de l'indifférence générale. On savait à quoi s'en tenir !

On nous annonce qu'il a provoqué le mécontentement d'un certain nombre de médecins de Caisses d'assurances allemandes, et, ajoute-t-on, « le contraire eut été étonnant ». Eh bien, c'est dans l'ouvrage du Dr Liek, lui-même, que je trouve les chiffres suivants : Sur les 43 ou 44.000 médecins en Allemagne, il y en a 42.414 qui sont plus ou moins dépendants des Caisses d'assurances sociales. L'ouvrage du Dr Liek, ça n'est pas autre chose que l'expression du mécontentement des quelques centaines de médecins qui ne sont pas rattachés à l'assurance sociale et qui voudraient bien qu'un autre régime accrut leurs possibilités de clientèle. Ce n'est pas avec des arguments de ce genre que l'on pourra pourfendre utilement la loi des assurances sociales.

Les fonctionnaires.

Autre argument : celui des fonctionnaires ! La loi va coûter des sommes fabuleuses; on va être obligé, dit-on, de créer une armée de fonctionnaires : il y aura 60.000 fonctionnaires publics, plus 30.000 fonctionnaires privés, cela fait 90.000 fonctionnaires nouveaux. Et cela va coûter, ajoute-t-on, environ 1 milliard, alors qu'on a prévu seulement 300 millions.

Il suffit de prendre l'étude extrêmement consciencieuse et désintéressée faite par M. Emile Fleury, qui a serré de près le problème, pour se rendre compte que les chiffres astronomiques qu'on a indiqués sont loin, bien loin de la réalité. Il faut penser que l'organisation rationnelle de l'assurance va être faite par des moyens modernes. Il faut penser qu'on va pouvoir utiliser, dans les offices, dans les Caisses départementales, en raison du grand nombre de comptes qui y seront tenus, des moyens plus modernes que ceux qui sont habituellement employés dans une petite société de secours mutuels. Et déjà, on se préoccupe de l'acquisition des machines électriques : perforatrices, trieuses, tabulatrices qui vont réduire, dans des proportions considérables, la quantité de main-d'œuvre occupée dans ces offices et qui réduiront, par conséquent, dans des proportions sérieuses, les dépenses générales.

Mais au fond, pourquoi cette campagne contre le développement des fonctionnaires? Je sais bien, c'est la campagne habituelle. On a l'habitude, dans le *Temps* et dans certaine presse conservatrice, de dauber sur le fonctionnaire. Mais au fond de l'histoire, il n'y a pas que le désir d'esquinter un peu nos camarades fonctionnaires; il y a le désir de tuer les offices d'assurance sociale, de tuer les Caisses départementales uniques. Et nous allons voir poindre de tous les côtés, soit dans le projet rectificatif de M. Loucheur, soit dans certains projets émanant de l'initiative parlementaire, l'idée de la disparition des offices, de la réduction de l'autorité ou des prérogatives de la Caisse départementale. La grande pensée, c'est d'essayer par tous les moyens de mettre l'assuré en contact direct avec sa Caisse d'assurance et de faire envoyer les cotisations directement si possible à la Caisse d'assurance.

Devant la grande armée des Caisses patronales ou mutualo-patronales, quelle est aujourd'hui la suprême ressource pour l'assuré de conserver la liberté de faire choix de la Caisse qui lui plaît? C'est que précisément les cotisations de l'employeur n'étant pas envoyées directement à cette Caisse, étant envoyées à l'Office départemental, l'assuré est sûr d'une certaine sécurité pour la discrétion qui sera observée quant au choix de la caisse qu'il aura fait. Le jour où l'on mettra ainsi le rapport direct entre l'employeur et la Caisse d'assurance, on aura supprimé effectivement le libre choix de l'assuré et augmenté, dans des proportions considérables, l'autorité patronale sur l'ensemble de l'assurance sociale.

Ce sont les raisons pour lesquelles votre Commission, après avoir examiné le problème, m'a chargé de vous présenter un projet de résolution qui va réclamer, pour la sauvegarde des assurés, le maintien des organismes qui sont à l'heure actuelle menacés.

Pour protéger la santé publique.

Enfin, je voudrais dire que l'assurance sociale n'est pas, dans notre esprit, seulement un organisme qui devra distribuer des prestations, payer des pensions d'invalidité, de vieillesse ou des allocations en cas de maladie. Ce doit être un organisme qui pourra, si les ouvriers le veulent, remplir un double but : d'abord permettre aux travailleurs la gestion d'une part de leur salaire; ça pourra être, d'autre part, si l'ensemble de la classe ouvrière le veut, la préparation rationnelle dans notre pays d'une grande campagne méthodiquement et scientifiquement organisée pour la défense de la santé publique.

Jouhaux le disait avant-hier, la France est le pays dans lequel la mortalité sévit le plus. En 1925, on comptait sur 10.000 habitants : 98 décès aux Pays-Bas; 116 en Angleterre; 118 en Allemagne; 131 en Belgique où il n'y a pas d'assurance-maladie; 165 en Italie où il n'y a qu'une caricature d'assurance-maladie facultative, et 175 en France.

La politique de prévention nécessaire, elle sera puissamment aidée par les Caisses d'assurances sociales, particulièrement par les Caisses de capitalisation.

Or, que nous propose-t-on actuellement? D'enlever l'assurance-capitalisation aux Caisses départementales uniques — qui grouperont au moins 60 % des assurés — pour la confier à la *Caisse Nationale des Retraites.* Je connais suffisamment les usages de cette administration pour dire que les deux milliards de versements ainsi immobilisés chaque année seront perdus pour la lutte que nous souhaitons contre ces fléaux qui atteignent si dangereusement notre race. D'autre part, je ne puis faire autrement que m'étonner en voyant ceux qui font si volontiers étalage d' « anti-étatisme » accepter si facilement pareille conception.

La législation nouvelle nous crée à la fois des devoirs et des droits. Des droits? Jusqu'ici la protection de la santé du travailleur était l'objet de règlements de police ou de mesures d'assistance, mais l'ouvrier restait étranger à l'administration sanitaire. Désormais, avec la sécurité financière que seule permet l'obligation de l'assurance, le travailleur participe à la gestion du patrimoine sanitaire de la classe ouvrière, il devient l'artisan de sa propre santé. Il y a là-la consécration d'un droit nouveau qui marque une étape décisive dans la conquête de la santé par le travailleur. Désormais, la maladie du chef de famille ne sera plus l'injuste catastrophe que l'on sait. Grâce aux prestations en espèces, les siens ne seront plus condamnés à la misère, grâce aux prestations en nature, il pourra être soigné sans voir fondre ses économies et tomber dans l'indigence.

Nous avons le devoir de défendre cette loi de protection de la santé ouvrière et d'en assurer le succès. Nous avons le devoir de l'améliorer et d'en faire disparaître les imperfections. Nous avons le devoir d'en tirer dès l'application le meilleur parti possible et de ne pas la laisser saboter. Nous avons la lourde responsabilité de la conservation et de l'amélioration du capital santé de la classe ouvrière. Il nous faut veiller à ce que dans l'application la loi ne dévie pas de l'économie sanitaire vers le gaspillage.

, Or, ni le législateur, ni les Pouvoirs publics, ni le Corps médical ne semblent avoir compris toute la portée sanitaire et sociale de la loi qui a été surtout envisagée comme l'extension d'un service assez analogue à l'assistance médicale gratuite. Ce n'est pas cela que nous avons voulu. Nous n'avons pas lutté et nous n'avons pas consenti de lourds sacrifices pour un aussi piètre résultat. Pour nous la loi sur les assurances sociales est essentiellement une loi de protection de la santé ouvrière, ou, pour mieux dire, de la santé publique. Elle marque l'intervention active de la classe ouvrière dans la politique sanitaire du pays. Et nous devons nous demander quel rôle nous pouvons et nous devons jouer, en collaboration avec les Pouvoirs publics, les groupements intéressés et les compétences techniques, dans la rénovation sanitaire de la France.

La mortalité en France.

Quelle est la situation démographique de la France et suivons-nous une politique propre à remédier à cette situation?

Alors que les Français maintiennent péniblement leur population stationnaire et ont dû faire appel à deux millions et demi d'étrangers sans réussir à fixer la main-d'œuvre dans nos campagnes désertées, les nations voisines voient s'accroître considérablement le nombre de leurs habitants.

Entre 1919 et 1927, l'Allemagne passe de 59.780.000 à 63.250.000 habitants. La population de l'Angleterre et du pays de Galles passe de 36.800.000 habitants en 1915 à 39.290.000 en 1927. L'Italie voit augmenter sa population à raison d'un taux qui oscille entre 420.000 et 450.000 habitants par an !

Cependant, si le taux de la natalité reste en France, bien inférieur à celui de l'Italie, il n'est guère plus défavorable que dans les autres nations : il reste supérieur à celui de l'Angleterre ou de la Suède et sensiblement égal à celui de l'Allemagne, de la Belgique ou de la Suisse.

Mais si dans les autres pays, la baisse de la natalité est compensée par la baisse de la mortalité, il n'en est pas de même en France. Notre pays conserve, dans l'Europe occidentale, la mortalité la plus élevée après l'Espagne.

, Prenons l'exemple de l'Angleterre et du Pays de Galles. En 1927, il est né dans ce pays 654.172 enfants, c'est-à-dire moins qu'en France, où l'on enregistrait 741.708 naissances vivantes. Mais tandis que l'on dénombrait pendant cette même année 484.609 décès outre-Manche, on en comptait chez nous 676.666. Conséquence immédiate, un excédent de naissances sur les décès de 169.563 chez nos voisins et de 65.042 chez nous ! Enfin, pendant cette année 1927, nous perdions 61.817 enfants de moins d'un an, tandis qu'en Angleterre, il n'en mourait que 45.610.

Ainsi, pour une population sensiblement égale, notre natalité est supérieure à celle de l'Angleterre, mais malheureusement notre mortalité générale et notre mortalité infantile sont anormalement élevées par rapport à ce pays qui bénéficie d'une sage politique sanitaire.

Ce retard sanitaire de la France par rapport aux autres nations civilisées est très éloquemment exprimé par les statistiques de mortalité générale. C'est ainsi qu'*en 1926 on comptait sur dix mille habitants* : 98 décès aux Pays-Bas, 116 en Angleterre, 118 en Allemagne, 131 en Belgique, 165 en Italie, 175 en France.

L'on a dit avec quelque raison que ces chiffres n'étaient pas exactement comparables parce que la composition de la population par groupes d'âge n'était pas la même dans ces différents pays. C'est ainsi que la mortalité française serait lourdement chargée en apparence à cause de sa forte proportion de vieilliards due à l'action prolongée d'une faible natalité. Sait-on, par exemple, que la France, avec ses 41 millions d'habitants, compte en nombre absolu, davantage de vieillards ayant dépassé l'âge de 70 ans, que le Reich avec ses 63 millions d'habitants? Et la composition de notre population riche de vieillards, pauvre d'enfants, insuffisante en adultes, n'est rien moins que rassurante au point de vue de notre puissance économique. La vie humaine devrait nous sembler d'autant plus précieuse, et cependant nous restons le seul des pays civilisés qui n'ait pas appliqué un programme systématique de politique sanitaire.

Pour éliminer la cause d'erreur apportée par les différences de la composition de la population, on a calculé la mortalité à chaque âge de la vie. Ce calcul de la mortalité par âge a été fait en France pour les années 1920-23, en Allemagne pour les années 1924-26 et en Angleterre pour les années 1920-23.

Il en résulte que dans l'ensemble la mortalité est inférieure en France. Cependant, si à partir de l'âge de 65 ans pour les hommes et de 55 ans pour les femmes, les taux de mortalité sont assez voisins dans les trois pays, ils diffèrent grandement à l'âge de la production, et particulièrement entre 20 et 45 ans. En comparaison avec les deux grands pays qui bénéficient des assurances sociales, les Français sont, à cet âge, très lourdement atteints.

C'est ainsi que pour 1.000 individus de même âge, du sexe masculin, la mortalité est à l'âge de 25 ans égale à 6,50 en France, alors qu'elle tombe à 4,39 en Allemagne et 3,98 en Angleterre. A l'âge de 35 ans, nous trouvons 7,54 en France, 4,25 en Allemagne et 5,53 en Angleterre.

Au-dessous de 15 ans, le taux de mortalité, dans son ensemble, est également défavorable à la France, par rapport à l'Angleterre et à l'Allemagne.

Mais alors que dans ces pays, *en raison de l'existence des assurances sociales et de la participation directe de la classe ouvrière à la gestion de la santé publique,* l'opinion s'intéresse passionnément aux questions de politique sanitaire, chez nous une situation démographique très alarmante, telle que la révèle la statistique du premier trimestre 1929, passe inaperçue dans l'indifférence générale.

C'est ainsi que le *Journal officiel* du 27 juin nous apprend que, loin d'avoir un excédent de naissances pendant le premier trimestre 1929, nous avons eu un excédent de décès qui équivaut à la perte d'une ville de 70.000 habitants !

Au reste, voici les chiffres comparés du premier trimestre 1928 et du premier trimestre 1929 :

	1928	1929
Mariages	67.921	61.295
Naissances	197.229	188.467
Mort-nés	7.821	7.360
Décès	189.496	258.672
Décès de moins d'un an	16.373	21.016
Excès des naissances sur les décès	+7.733	—70.205

Ces chiffres ont leur éloquence et se passent de commentaires. Ajoutons cependant qu'en Alsace-Lorraine, région où les assurances sociales sont appliquées, la situation démographique est moins défavorable que dans le reste de la France. Que fait-on pour remédier à une telle situation qui commande une action urgente et énergique? Est-ce que l'on pense sérieusement que le vote du projet Gadaud sur la réforme de la loi sanitaire de 1902 suppléera à l'instauration d'une véritable politique sanitaire comparable à celle des autres pays? Le 22 mars, à la tribune du Sénat, le ministre du Travail déclarait qu'il était possible d'abaisser le taux de la mortalité française et de gagner ainsi 180.000 existences par an : dans le trimestre où nous entendions cette remuante déclaration, nous en perdions 70.000 !

Il est temps d'agir. Il ne s'agit pas de transplanter brutalement et aveuglément les procédés qui ont fait leurs preuves à l'étranger et qui peuvent ne pas s'adapter à notre pays, encore convient-il de les étudier, et cette étude montre que partout une politique sanitaire efficace repose sur une solide organisation technique centrale. Or cette organisation technique nous fait actuellement défaut et rien ne nous fait prévoir sa création. Et devant la carence des Pouvoirs publics, la classe ouvrière sera obligée de créer l'organe d'assistance technique nécessaire à l'application économique et rationnelle de la loi sur les assurances sociales.

Pas de statistique.

Actuellement, nous ne pouvons même pas tenter une analyse sérieuse des causes de cette mortalité qui pèse si lourdement sur la population de notre pays. Si nous consultons les statistiques officielles, nous constatons que les deux grandes causes de mortalité sont en France la sénilité et les maladies mal définies ou de causes inconnues. Et d'après les statistiques, on meurt de sénilité à partir de 40 ans.

Jusqu'en 1927, la cause sénilité tenait la tête, et les décès de causes inconnues atteignaient dans quelques départements 50 à 80 % du total des décès. Combien de cas de tuberculose, de syphilis, de cancer, de maladies contagieuses aiguës se dissimulent sous ces deux rubriques? Nous l'ignorons.

Tandis que les pays scandinaves, anglo-saxons et de langue allemande se sont efforcés d'avoir, depuis longtemps, des statistiques sincères en vue d'orienter leur action sanitaire, nous ne pouvons même pas savoir où nous en sommes! Nous constatons cette situation absurde d'une administration qui réclame au médecin traitant de déclarer la cause du décès alors que la loi lui interdit cette déclaration! Les Suisses sont sortis avec élégance de cette absurdité, tout en conservant le secret médical; chez nous, aucun effort sérieux n'a été tenté et nous devons enregistrer un recul avec la suppression des statistiques cantonales.

La mortalité infantile.

Cependant, un premier examen de ces statistiques montre quelle est la situation défavorable de la France au point de vue de la mortalité des enfants de moins d'un an, de la mortalité infantile.

Entre 1913 et 1921, cette mortalité tombait en Angleterre de 108 à 65 pour 1.000 naissances; en Suède, elle descendait de 70 à 60, aux Pays-Bas de 91 à 51, en France de 112 à 85. Dans les pays scandinaves, la mortalité infantile oscille entre 50 et 60.

Alors que chez nous la mortalité des enfants assistés est encore de 19 %, dans certains districts allemands (Dusseldorf) il est démontré que la mortalité des enfants illégitimes efficacement protégés n'est pas plus élevée que la mortalité des enfants légitimes.

Les techniciens affirment et l'exemple de l'étranger prouve que l'abaissement de la mortalité infantile autour de 7 % et même jusqu'à 5 % est une mesure économique, facilement et rapidement réalisable. En Angleterre et dans les pays scandinaves, l'impulsion est partie d'un organisme central, la lutte a été rationnellement et techniquement organisée. Dans l'Europe centrale, l'action des institutions d'assurance-maladie et maternité a été admirable. Qu'avons-nous fait? Par quel effort d'ensemble tentons-nous d'abaisser la mortalité infantile : avons-nous un programme d'action? Avons-nous seulement repéré les points les plus menacés et ceux sur lesquels il conviendrait d'agir d'urgence? Allons-nous continuer à distribuer des miettes d'allocations aux mères et à doser les subventions selon le degré de faveur politique du moment?

Nous avons dit combien il était difficile d'analyser les véritables causes de la mortalité d'après nos statistiques officielles. La statistique des causes de décès en 1927 vient d'être publiée et en fournit un exemple. Voici pour 100.000 habitants le nombre de décès imputables à quelques causes :

Sénilité (?)	210
Autres maladies (?)	218
Tuberculose	178
Maladies non spécifiées (?)	172
Maladies du cœur	147
Autres maladies respiratoires	140
Cancer	95

La tuberculose.

Malgré l'insuffisance éloquente d'une telle statistique, on note immédiatement l'importance considérable de la tuberculose qui tue, bon an mal an, 70.000 habitants en France. Encore ce chiffre correspond-il à un minimum (combien de cas se dissimulent sous les rubriques mal définies?)

Nous savons que la tuberculose tue au moins 16 ou 17 habitants sur 10.000 dans notre pays, alors qu'en Angleterre, en Belgique, en Allemagne, au Danemark, aux États-Unis, elle n'en tue que 10 ou 11. Or, notre effort contre la tuberculose n'est pas comparable à celui qui a été fourni rationnellement et systématiquement par ces différents pays qui ont réussi à vaincre le fléau qui se place au premier rang des fléaux sociaux. En effet, la tuberculose frappe le travailleur en pleine période de production; elle atteint le chef de famille alors que, le plus souvent, ses enfants ne peuvent encore subvenir à leurs besoins. La tuberculose tue la moitié de ses victimes entre 20 et 45 ans, alors qu'à cet âge le cancer n'en a tué qu'un dixième! Or, la valeur économique et sociale du travailleur en pleine force, du chef de famille est, en moyenne, supérieure à celle de l'enfant ou du vieillard.

Considérons les chiffres de l'année 1927 : nous constatons que les pertes de la France, perte en vie humaine et perte économique, sont, du fait de la tuberculose, sensiblement deux fois plus grandes qu'en Angleterre.

Décès par tuberculose toutes formes pour 1.000.000 d'habitants :

Angleterre 972
France 1.751

Décès par tuberculose pulmonaire pour 1.000.000 d'habitants :

Angleterre 791
France 1.494

Nous pourrions multiplier les constatations analogues. Nous préférons montrer en quelques mots quel fut l'effort considérable opposé par quelques-uns de ces pays au fléau tuberculeux.

L'effort sanitaire à l'étranger.

C'est ainsi qu'en trente-cinq ans l'Allemagne réussit à abaisser de moitié sa mortalité tuberculeuse? L'effort antituberculeux fut surtout l'œuvre des institutions d'assurances-maladie et invalidité. Il est ainsi rappelé par l'éminent hygiéniste que fut le professeur lyonnais Jules Courmont :

Cet exemple de l'Allemagne est frappant, quant aux résultats obtenus dans la lutte antituberculose et nous pouvons le chiffrer par des marks et par des pfennigs.

Au moment où commença la lutte, les Caisses d'assurances fléchissaient sous le poids des charges dues à la tuberculose. On dépense des millions pour créer des sanatoriums. En quelques années, cette dépense est couverte, les Caisses peuvent suffire annuellement à leurs dépenses; un fonds de réserve commence à se constituer qui est en partie utilisé à des œuvres sociales qui, à leur tour, luttent contre la tuberculose.

On comprend qu'une telle organisation ne peut se faire sans beaucoup d'argent : seule, l'assurance obligatoire peut le procurer.

Ce mouvement, commencé en 1896, n'a cessé de se développer et de s'étendre. En 1925, les caisses d'invalidité ont assuré le traitement de 47.608 malades atteints de tuberculose pulmonaire; en 1926, les mêmes institutions ont traité 43.810 tuberculeux pulmonaires et 1.991 suspects. Les communes et les caisses maladies collaborent activement à la lutte et remboursent une partie des dépenses engagées par les caisse d'assurance-invalidité.

En Angleterre, en dehors de l'activité spécifiquement antituberculeuse (dispensaires et sanatoriums), nous devons signaler une politique de l'habitation de grande envergure. C'est ainsi que depuis l'armistice jusqu'au 31 mars 1928 il a été construit 1.105.056 maisons, dont 723.869 correspondent à des projets subventionnés par l'Etat. Dans la même période, on compte 118 projets d'amélioration de secteurs insalubres. En 1926, on compte 1.164.875 maisons inspectées, 13.200 ont été déclarées impropres à l'habitation et 352.643 ont dû être réparées ou améliorées en cours d'années, sous l'injonction des autorités sanitaires.

Est-il utile d'insister et de montrer quel contraste existe entre tous les pays abondamment pourvus de lits pour tuberculeux et notre pénurie de moyens d'hospitalisation. Est-il utile de rappeler ce scandale permanent des malades qui attendent en vain pendant des mois, des années, jusqu'à l'aggravation fatale et jusqu'à la mort leur placement au sanatorium?

Pour toute la France, dit le Professeur Léon Bernard, il nous faudrait 40.000 lits de tuberculeux. Or, nous ne possédons actuellement que 17.000 lits, c'est-à-dire un lit pour 2.300 habitants, au lieu d'un lit pour 1.000 habitants, comme il faudrait avoir. Il y aurait donc à créer 22.000 lits.

La tâche est énorme. Encore ne se résume-t-elle pas dans la construction de sanatoria. Le sanatorium est simplement un maillon dans la chaîne des mesures protectrices contre le fléau. Quelle doit être en cette affaire l'attitude de la classe ouvrière et des institutions d'assurances sociales? L'exemple de l'Allemagne démontre qu'il y a là de lourdes responsabilités à prendre : les prendrons-nous sans nous entourer de toutes les garanties techniques désirables? Et puisque la législation et les Pouvoirs publics ont négligé d'organiser ce corps technique, ne devons-nous pas le créer de toutes pièces?

Autres fléaux.

Après la tuberculose, le groupe des maladies de l'appareil circulatoire est celui qui pèse le plus lourdement sur notre mortalité, suivi de près par l'ensemble des maladies respiratoires (tuberculose exceptée) et d'assez loin par le cancer, qui fait chaque année une quarantaine de milliers de victimes.

La lutte contre le cancer s'ébauche à peine, et les assurances sociales, grâce à leurs possibilités de diagnostic précoce et d'intervention chirurgicale rapide, y contribueront puissamment.

Les maladies respiratoires autres que la tuberculose dissimulent certainement nombre de cas de tuberculose pulmonaire et comprennent les pneumonies et broncho-pneumonies, qui compliquent si souvent les maladies infectieuses aiguës. C'est là un large groupe de maladies en grande partie évitables contre lesquelles on luttera grâce à un service social approprié et à une réorganisation hospitalière que seule peut nous donner l'assurance-maladie et invalidité.

Les maladies contagieuses aiguës causent environ 15.000 décès par an à la France. C'est ainsi que le taux de mortalité par les fièvres typhoïdes et paratyphoïdes est de 5 pour 100.000 habitants en France, alors qu'il oscille entre 1,5 et 2 pour l'Angleterre, l'Allemagne et les pays scandinaves. On se souvient de la grave épidémie de typhoïde de Lyon, et un journal médical prétend que Paris ne serait pas à l'abri d'une telle catastrophe.

Enfin, les maladies de l'appareil circulatoire ont elles-mêmes donné lieu à quelques mesures d'ordre préventif, surtout dans les pays anglo-saxons (lutte contre le rhumatisme articulaire aigu). Signalons que certaines Caisses allemandes ont institué l'examen médical périodique de l'assuré, permettant ainsi le diagnostic, le traitement et l'hygiène précoce des malades de l'appareil circulatoire et le changement éventuel de leur genre de travail. Il y a là une mesure préventive très efficace, parfaitement applicable dans notre pays, et les assurances sociales peuvent réaliser en France, grâce à ce procédé, cette inspection médicale scolaire que les Pouvoirs publics n'ont pu généraliser chez nous, mais qui existe dans tous les pays civilisés.

Rien n'a été tenté chez nous dans cet ordre d'idées. Peut-être, objectera-t-on que par la lutte contre la syphilis l'on assure la prévention d'un grand nombre des maladies de l'appareil circulatoire. Là aussi nous manquons d'éléments d'information précis. L'on ne sait rien du chiffre dont la syphilis affecte notre mortalité. Officiellement, on parle de 140.000 victimes par an; officiellement également, on prononce des paroles rassurantes sur les résultats de la lutte engagée. La syphilis augmente-t-elle ses ravages; est-elle en régression? En vérité, il est difficile de le dire. Cependant, deux éminents spécialistes, les docteurs Gougerot et Burnier, viennent de présenter à la Société de Dermatologie et de Syphiligraphie une communication sur l'augmentation constante de la syphilis dans la région parisienne.

Propagande et éducation.

Les causes sont indiquées par les auteurs : ignorance et négligence des malades; ignorance des médecins. Nous en déduirons les remèdes à opposer au mal : éducation du public, sanctions en cas de négligence du malade, formation spéciale du médecin. Là encore ce sont les institutions d'assurances sociales qui sont appelées à jouer le plus grand rôle.

Faut-il rappeler ici l'action formidable des caisses allemandes en matière d'éducation sanitaire populaire. Action de propagande générale : exemple, le Comité de propagande populaire créé par le Comité d'action en commun des Caisses de Rhénanie; autre exemple : le journal *Santé* tirant à 500.000 exemplaires, édité par la Fédération des Caisses maladies allemandes. Action d'éducation au dispensaire ou à domicile; exemple : les centres de consultation sont devenus des centres de prévoyance sociale; autre exemple : en 1925, les inspecteurs-visiteurs des Caisses locales de Dresde, Leipzig et Nuremberg ont effectué respectivement dans chacune de ces villes plus de 123.000, 300.000 et 284.000 visites !

Cette action de propagande et d'éducation est d'autant plus efficace qu'elle est faite dans le milieu ouvrier par ceux-là même qui ont la confiance de la classe ouvrière.

C'est pour la même raison et parce qu'elles sont prises dans l'intérêt général du groupement des assurés que les sanctions sont facilement appliquées et que les membres de la Caisse les observent volontiers et tendent à les faire observer par leurs camarades.

La médecine sociale.

Enfin, il n'est pas jusqu'au problème de la formation du médecin que les Caisses allemandes n'aient été amenées à envisager : créant des cours de perfectionnement, distribuant des bourses d'études, cherchant à créer leurs cadres de techniciens.

Chez nous, rien n'a été prévu dans cet ordre d'idées : *on continue à donner aux médecins la même orientation vers la médecine individuelle, alors qu'il conviendrait avant tout de former des praticiens de la médecine sociale.* Et le jour où les Pouvoirs publics voudront réorganiser l'administration de l'hygiène en France, ils ne pourront trouver les fonctionnaires de médecine sociale qui leur seront nécessaires, puisque jusqu'ici aucun établissement n'a pour fonction de former professionnellement les ingénieurs sociaux, les médecins sociaux, les administrateurs de Caisse et tous ceux qui sont nécessaires pour collaborer techniquement au relèvement sanitaire de la France.

Mais l'analyse des causes de mortalité donne une image inexacte de l'état de santé d'un pays. Il conviendrait d'étudier les statistiques de morbidité. Seules les assurances sociales peuvent nous permettre de les établir et de les analyser en vue d'orienter notre politique d'économie sanitaire. Ces statistiques ont été étudiées en Allemagne, en Angleterre, en Pologne. Il a été reconnu que les maladies qui pèsent le plus lourdement sur le budget des Caisses et sur l'industrie nationale ne sont pas toujours les plus meurtrières. La répartition et la fréquence des maladies entraînant l'incapacité du travail diffère profondément de la répartition et de la fréquence des causes de décès. Il y a là des maladies sociales importantes par les dépenses qu'elles entraînent par leur fréquence et non plus par leur gravité. Fait constaté aussi bien en Allemagne qu'en Angleterre et en Pologne, beaucoup de ces maladies sont évitables. Une économie sanitaire nationale doit tenir compte de ces faits qui ne sauraient être révélés et mesurés sans le fonctionnement des assurances sociales.

Comment recueillir et interpréter scientifiquement ces faits? Par quel point doit-on commencer la lutte? Quelle est la hiérarchie des problèmes? Quels sont les modes de prévention qui « paient » le mieux et qui permettent de réaliser le maximum d'économie sanitaire? Autant de questions que nous ne pouvons résoudre sans le secours d'un organisme technique non encore créé.

Ce qu'il faut faire.

Dans une première période, l'assurance se bornait à la *compensation* du risque; des prestations en espèces compensaient l'incapacité de travail résultant de la maladie.

Puis, tout naturellement, on s'est attaqué à la cause de l'incapacité de travail, c'est-à-dire à la maladie : l'on a cherché à guérir le malade, à raccourcir la durée de l'incapacité de travail par des prestations en nature, des prestations médicales. A la compensation est ainsi venue s'ajouter la *restauration*, qui a fait de l'assurance une institution sanitaire.

Aujourd'hui, devant les tendances qui se manifestent à l'étranger, étant donné les progrès de la médecine préventive, nous voulons aller plus loin : nous voulons nous attaquer à la cause même de la maladie et que l'on supprime dans la plus large mesure l'incapacité de travail grâce à l'application des méthodes de *prévention*. Pour nous, l'assurance-maladie et invalidité est un instrument de protection de la santé publique, de politique sanitaire.

Rien n'a été prévu dans la législation pour que nous participions effectivement à la lutte contre les grands fléaux sociaux et contre la maladie évitable, et nous reconnaissons que, jusqu'ici, nous ne sommes pas techniquement préparés pour une telle lutte. Nous ne pouvons nous appuyer sur l'organisation technique de l'Etat, puisqu'elle fait également défaut.

C'est donc à nous de prendre l'initiative de créer l'organe nécessaire à l'exercice de la fonction que nous voulons exercer, si nous voulons empêcher la législation d'assurances sociales de dévier vers le gaspillage pour réaliser ce que nous avons voulu : la conservation et l'amélioration du capital-santé de la classe ouvrière, base de toute politique d'économie sanitaire nationale.

C'est un large effort qui s'impose à nos organisations : défendre la loi contre tous les adversaires coalisés, préparer les caisses ouvrières, et enfin participer de toute notre ardeur à la grande œuvre d'amélioration de la santé publique.

Je voudrais que la C. G. T., en attendant que les Pouvoirs publics veuillent bien penser à cette idée, prenne les devants, comme elle les a pris jusqu'à présent dans tous les grands problèmes qui intéressent notre pays. Hier, nous réclamions le Conseil National Economique; nous avions fait avant notre Conseil Economique du Travail. Aujourd'hui, nous voudrions un grand organisme officiel qui prépare la lutte pour la prévention des maladies; par nos moyens, avec les techniciens que nous réunirons : techniciens du Corps médical et de l'assurance, préparons pour demain la grande politique humaine, et nous aurons fait notre devoir. (*Applaudissements.*)

Camarades, voici les deux projets de résolutions qu'à l'unanimité la Commission vous propose d'adopter.

En garantissant la famille ouvrière contre les risques de maladie, de maternité, de décès, d'invalidité et de vieillesse, la loi du 5 avril 1928 constitue, pour les travailleurs de l'industrie, du commerce et de l'agriculture un progrès certain.

La *Confédération Générale du Travail* ne méconnait pas les imperfections et les lacunes de cette loi. Elle a été la première à les signaler; elle ne renonce à aucune des améliorations à lui apporter. Mais, de même qu'elle s'est prononcée pour l'adoption de son texte afin de doter le monde du travail de cette indispensable réforme sociale, elle réclame maintenant l'application de la loi sans mutilation ni atténuation à la date fixée, c'est-à-dire au 5 février 1930.

Le *Congrès* considère que la parole donnée par le Parlement aux travailleurs de l'industrie, du commerce et de l'agriculture ne saurait être reprise, l'effort du gouvernement devant consister à préparer activement et sans retard une application loyale et complète de la réforme solennellement promise aux travailleurs.

En présence de la véhémente campagne menée actuellement contre la loi par tous ses adversaires coalisés, le *Congrès* rappelle les engagements pris et demande à ses syndicats d'agir de toute leur activité pour la défense de la réforme menacée.

Le *Congrès* se déclare fidèlement attaché au principe d'unité d'assurances et résolument opposé à tout projet d'application de la loi par paliers, de tels projets, sans aucun avantage pour les travailleurs, n'ayant pour conséquence que de compliquer l'application de la loi et de permettre, à la veille d'application de chaque palier nouveau, le renouvellement de dangereuses campagnes des adversaires de la loi.

Considérant que les Offices départementaux et interdépartementaux chargés de l'immatriculation des assurés et de la ventilation des cotisations, restent, en présence de tous les moyens de pression ou d'intimidation exercés par les employeurs, la dernière garantie pour la liberté du choix de leur caisse par les assurés, le *Congrès* s'élève contre les campagnes d'où qu'elles viennent, qui tendent à la suppression de ces organismes.

Il se prononce également contre toute proposition tendant à réduire, à limiter l'action des caisses départementales uniques, en leur enlevant soit la fonction de réassurance, soit l'organisation des risques de capitalisation pour leurs adhérents.

Fonctionnant comme caisse primaire pour ceux des assurés qui lui seront directement 'affiliés, la caisse départementale devra comprendre à l'administration de sa section d'assurés la représentation des assurés directement élus par les affiliés de cette section.

Le *Congrès* se prononce contre tout privilège nouveau ajouté à ceux déjà excessifs que contient la loi en faveur des caisses d'entreprises.

Le *Congrès* déclare faire sienne la protestation de la Fédération des Travailleurs de l'Agriculture en ce qui concerne l'application de la loi au monde agricole. Réduction à un taux dérisoire du versement retraite obligatoire, abandon de l'assurance invalidité, suppression de l'obligation en matière d'assurance-maladie, restriction au libre choix des caisses pour les assurés agricoles, toutes ces propositions aboutissent à l'exclusion des salariés de l'agriculture de l'application des assurances sociales.

S'il comprend que des clauses particulières viennent protéger les assurés facultatifs de l'agriculture, le *Congrès* ne saurait admettre un régime infériorisé pour les assurés obligatoires agricoles. Il proclame au contraire la nécessité d'une complète équivalence de régime pour tous les travailleurs et réclame, dans ce but, le relèvement du salaire limite qui exclut de la loi de nombreux salariés.

Le *Congrès* adresse un chaleureux appel à tous les travailleurs pour qu'ils rallient les caisses ouvrières « Le Travail » dans leur département. Il estime que l'adhésion à ces caisses est pour les syndiqués, qu'ils soient ou non mutualistes, un devoir et que refuser son adhésion à ces caisses, c'est diminuer l'autorité syndicale.

Le *Congrès* demande à tous les syndicats confédérés, y compris ceux qui groupent des travailleurs non assujettis, d'apporter jusqu'à la mise en vigueur de la loi le maximum de leur activité pour la défense des assurances sociales et le recrutement des caisses ouvrières.

A ce texte s'ajoute le suivant :

Le *Congrès* considère que l'assurance-maladie et invalidité est essentiellement un instrument de la santé ouvrière et de la santé publique;

Qu'elle ne doit pas être une caricature de l'assistance médicale gratuite, mais être orientée vers la conservation et l'amélioration du capital-santé.

Que cette orientation ainsi que la gestion rationnelle des institutions d'assurances sociales en vue du rendement maximum impliquent une organisation essentiellement technique;

Qu'en vue de prévenir le gaspillage, il y a lieu d'établir également sur des bases techniques une coordination entre les efforts des institutions d'assurances, des services d'assistance, des services d'hygiène;

Qu'il y a lieu de pourvoir d'une formation professionnelle sérieuse et solide tous les administrateurs, fonctionnaires et agents qui, à quelque degré, collaborent à la protection de la santé publique;

Constate la nécessité et l'urgence de la réorganisation sanitaire de la France; l'absence de tout organisme central de coordination et d'études, associant les compétences techniques et les groupements intéressés en vue d'étudier cette réorganisation sanitaire; l'absence de tout organisme central de formation professionnelle; l'existence des organismes centraux précités dans la plupart des nations civilisées; que la création de tels organismes est à la base de la réforme sanitaire.

Charge la Commission administrative de préparer la réalisation de tels organismes en instituant un comité technique d'études susceptible d'apporter son aide aux organisations ouvrières et éventuellement aux Pouvoirs publics.

Le Président. — La parole est à Chaussy, de la Fédération de l'Agriculture.

Chaussy. — Je ne retiendrai pas longtemps l'attention du Congrès. Je viens, au nom des organisations agricoles que je représente ici, élever du haut de cette tribune une véhémente protestation contre le projet de loi rectificatif de M. Loucheur, ministre du Travail, qui tend à retirer aux travailleurs agricoles les avantages de la loi sur les Assurances sociales.

Je profite de cette occasion pour protester également contre une coutume qui s'est instaurée au Parlement et qui consiste à n'accorder les lois sociales aux ouvriers agricoles que longtemps après les travailleurs de l'industrie et du commerce.

Rappelez-vous que la loi sur les accidents du travail, votée en 1898 pour les ouvriers de l'industrie, étendue en 1906 au commerce, en 1914 aux bûcherons, n'était étendue aux travailleurs agricoles que le 16 décembre 1922 seulement, pour être appliquée définitivement le 1er septembre 1924.

Il y a d'autres réformes qui sont en souffrance au Sénat, telle celle concernant la prud'homie rurale dont le premier projet de loi date de 1876. A cette époque, le rapporteur qui était M. Armand Fallières, qui devait devenir par la suite Président de la République, s'effrayait de la prud'homie rurale. Il avait peur de bouleverser les justices de paix et de faire un saut dans l'inconnu. Cependant, la loi sur la prud'homie, reprise par la suite, a été votée pour les ouvriers de l'industrie et du commerce en 1907, avec une promesse formelle qu'elle serait étendue le plus prochainement possible aux travailleurs agricoles. En effet, le 6 décembre 1910, la Chambre des Députés étendait aux salariés agricoles les avantages de la loi sur la prud'homie, mais depuis dix-neuf ans, le Sénat n'est pas encore parvenu à voter cette loi. Il y a quelques années cependant, en 1925, les sénateurs se décidèrent à inscrire cette réforme à leur ordre du jour. Au cours de la discussion, certains sénateurs prétendirent que la proposition de loi était trop ancienne et qu'il fallait l'abandonner; d'autres prétendirent au contraire que malgré qu'il y ait quarante-neuf ans qu'elle fut déposée sur le bureau de la Chambre et du Sénat, elle devait être renvoyée à la Commission pour étude. Si bien que le Sénat vota la réforme en première lecture seulement et qu'il attend probablement encore un demi-siècle avant de la voter en deuxième lecture.

Une autre réforme qui a attendu également longtemps pour être votée, est celle concernant l'hygiène du couchage des travailleurs agricoles, déposée en 1917, votée par la Chambre en 1924 et qui, après de multiples interventions de la Fédération de l'Agriculture et de la Confédération Générale du Travail, vient d'être votée définitivement et promulguée le 31 juillet dernier. Cette réforme ne nous donne pas encore entière satisfaction, car ni les inspecteurs du travail, ni les officiers de police judiciaires n'ont droit de verbaliser en cas d'infraction à la loi.

J'en arrive à la loi sur les Assurances sociales. Lorsqu'en 1924, la Chambre, appelée à se prononcer sur cette importante réforme, vota, sans débats, les 195 articles, il n'était pas question que les travailleurs agricoles ne bénéficieraient pas de ses avantages. D'ailleurs, la Chambre de 1919 avait pris le soin d'inscrire dans la loi un article qui disait qu'elle ne pourrait être appliquée que cinq années plus tard.

En 1928, lorsque la loi est revenue du Sénat, ce n'était plus la même chose. Les Fédérations de gros exploitants agricoles avaient commencé leurs manœuvres et leur porte-parole, M. Marin-Quilliard, demandait que la loi ne soit pas étendue à l'agriculture.

Vous savez quel fut le sort de l'amandement Marin-Quilliard, il fut rejeté par la Chambre à une très grosse majorité. Mais au lendemain des élections de 1928 une campagne fut menée à travers le pays par les Chambres d'Agriculture et les Fédérations d'exploitants agricoles. C'est ainsi que l'on prétendait que les ouvriers agricoles n'étaient jamais malades, qu'en donnant 5 % de leurs salaires, ils allaient payer pour les travailleurs de l'industrie. On essayait de mettre ainsi en opposition les ouvriers des champs avec ceux des villes.

Remarquez que lorsqu'il s'agissait de la loi sur les accidents du travail, les mêmes Fédérations agricoles disaient tout le contraire et prétendaient que ce serait ruineux pour l'agriculture française, parce que les frais médicaux et pharmaceutiques seraient trop élevés.

Je suis obligé de constater que cette campagne a porté ses fruits. Mon camarade Buisson vous a énuméré tout à l'heure les revues dans lesquelles on attaque la loi. Je ne ferai donc pas de redites. Les protestations des Chambres d'Agriculture ont été entendues par M. Loucheur qui, ne voulant pas avoir de notes discordantes, s'est bien gardé de demander aux représentants des Syndicats d'ouvriers agricoles quel était leur point de vue sur cette importante question. Et c'est ainsi qu'est né le projet de loi rectificatif dont vient de vous parler mon ami Buisson.

C'est en somme, sous une forme hypocrite, l'abandon complet de la loi pour les travailleurs agricoles. L'assurance-maladie et l'assurance-invalidité n'existent plus, pour ainsi dire. En ce qui concerne l'assurance-retraite, avec 1 % des versements patronaux et 1 % des versements ouvriers, comme le prévoit le rectificatif, vous vous rendez compte que, après trente années de versements, l'ouvrier agricole aura une retraite d'environ 300 francs par an. C'est-à-dire qu'en ce qui concerne la maladie, il sera encore obligé d'avoir recours à l'assistance médicale. Sur ses vieux jours il devra tendre la main et demander le bénéfice de la loi sur l'assistance aux vieillards.

C'est contre cela que je tiens à m'élever. Je dis que les Chambres d'Agriculture, dans leur égoïsme aveugle, n'ont certainement pas pensé aux conséquences de ce projet de loi rectificatif.

S'il était adopté par le Parlement, que se produirait-il? L'ouvrier agricole, à juste titre, se dirait : « Comment, je fais des longues journées pour gagner des bas salaires, je ne suis pas garanti en cas de maladie, ni en cas d'invalidité et je n'aurai qu'une poussière de retraite pour mes vieux jours. Aussi, poussé par un sentiment bien humain, il serait porté à aller vers les villes ou de solliciter un emploi dans les administrations. Cet exode des ouvriers des campagnes vers les villes, dont on parle si souvent dans la presse patronale, irait en s'accentuant. Il y aurait là un véritable danger, car dans les régions de grande culture, comme la Brie, par exemple, il y a déjà

8/10ᵉ de travailleurs étrangers d'employés dans les grandes exploitations agri-coles. Si le projet de M. Loucheur est voté, ce sera la totalité.

J'ajoute que si une tension diplomatique venait à se produire, si la Pologne ou la Tchécoslovaquie venaient à rappeler leurs nationaux, il y aurait impossibilité, dans ces régions de grande culture, de faire aussi bien les semailles que la moisson. Ce serait un véritable péril, non seulement pour l'agriculture française, mais pour l'ensemble de notre pays. (*Applaudissements.*)

Je demande donc au Congrès qu'il fasse sienne la motion qui a été votée au Conseil national de la Fédération de l'Agriculture et qui indique que nous voulons que la loi sur les Assurances sociales soit appliquée à la date fixée à tous les ouvriers ou employés sans exception, aussi bien aux agricoles qu'à ceux de l'industrie et du commerce. Nous voulons que tous les travailleurs agricoles puissent en bénéficier, que les métayers qui sont, en somme, des salariés en nature, soient classés dans la catégorie des assujettis obligatoires.

Mes derniers mots seront pour dire que nous ne permettrons pas au Gouvernement et au Parlement, comme ils l'on fait jusqu'à ce jour, de considérer le prolétariat agricole, les travailleurs des champs comme des bâtards, des parias de la classe ouvrière. (*Applaudissements.*)

Le Président. — La parole est à Durel, de Tunisie.

Durel. — Camarades, je viens demander au Congrès de décider l'impression en brochure du discours de notre camarade Buisson. Nous sommes venus ici d'un peu partout et quelquefois d'un peu loin pour nous documenter et chercher des armes. J'estime que l'admirable exposé de Buisson est l'arme la meilleure que nous puissions avoir. Dans la mesure où il résume toute la situation, il nous fournit des arguments; il nous donne jusqu'à la forme même du discours et de la leçon que nous devrons inlassablement répéter autour de nous. En même temps, cette brochure est de lecture facile et on peut, en y consacrant quelques heures dans une journée, s'en pénétrer.

Nous avons intérêt à diffuser cela, à le faire lire pour dissiper certainès équivoques. Nous sommes continuellement gênés dans notre action de propagande syndicale et — pardon, je ne veux pas faire ici de politique — dans d'autres actions par les résistances que nous trouvons chez ceux, trop nombreux, qui sont pris au filet des mutuelles. Nous avons à lutter contre ces organisations, nous avons à montrer la déviation et le danger pour la classe ouvrière d'abandonner son organisation propre de lutte et de s'engager dans des associations douteuses. Mais nous manquons d'arguments pour le dire, nous manquons d'armes et le discours de Buisson nous fournit tout cela, tout ce dont nous avons besoin pour la lutte immédiate, tout ce qui est nécessaire pour alimenter une campagne de meeting et de propagande.

Je demande que le Congrès décide l'impression en brochure du discours de notre camarade Buisson.

Je demanderai ensuite — pardon si je soulève quelque ironie — que lorsque la loi sur les Assurances sociales intégrale et complète et comme nous la voulons, sera appliquée à la France, vous·fassiez quelques efforts aussi pour en demander et en obtenir l'application à la Tunisie, dont je m'excuse de parler encore une fois. (*Applaudissements.*)

Le Président. — Si personne ne demande la parole, je consulte le Congrès d'abord sur les deux résolutions lues à la tribune par notre camarade Buisson.

Ceux qui en sont partisans sont priés de le manifester en levant la main. (*Adopté à l'unanimité.*)

Je crois que le Congrès sera également unanime à adopter les suggestions de notre ami Chaussy demandant l'adoption de la résolution du Comité fédéral de l'Agriculture, qui réclame, dans l'application future de la loi des Assurances sociales, l'obligation de considérer les travailleurs agricoles au même titre que les autres. (*Adopté à l'unanimité.*)

Enfin, en troisième lieu, vous avez entendu les explications de notre camarade Durel. Le Congrès accepte-t-il de faire éditer en brochure l'exposé de notre ami Buisson? (*Adopté à l'unanimité.*)

Ensuite vient le vœu émis par Durel, que le Congrès réclame l'application de la loi des Assurances sociales à l'Algérie, à la Tunisie et aux pays de protectorat. (*Adopté à l'unanimité.*)

Nous continuons la discussion. Notre camarade Jeannin m'informe que la Commission des modifications aux statuts a terminé ses travaux.

La parole est à Jeannin.

Jeannin. — Camarades, la Commission de révision des statuts n'a eu à discuter qu'une question, celle concernant l'institution du timbre unique.

Je dois vous dire tout de suite que l'unanimité s'est faite sur cette question. L'ensemble des camarades de la Commission sont d'accord pour inviter le Congrès à apporter cette modification aux statuts. Cela est d'autant plus compréhensible que nous avons été chercher nos arguments en faveur de cette institution dans les expériences du passé.

Avec le système actuel, c'est-à-dire la prise du double timbre, des irrégularités se commettent constamment, sans qu'aucun contrôle soit possible. Ces irrégularités atteignent aujourd'hui des chiffres presque astronomiques.

Je ne sais si un certain nombre de camarades ont étudié le rapport financier, mais il est facile de constater qu'il y a, à l'égard des Unions, des fautes si considérables qu'il ne peut être question aujourd'hui de tolérer de tels écarts. Il faut se rendre compte que l'on vole les Unions départementales, c'est le seul mot qu'on peut employer, on vole en même temps la Confédération Générale du Travail et on la limite dans son action.

En regardant ce rapport financier on s'aperçoit qu'il y a une différence de 176.769 francs entre la prise des timbres aux Fédérations et aux Unions départementales, ce qui fait une prise de timbres inférieures pour les Unions de 1.165.125 timbres. Admettons encore que les Unions départementales, dans une certaine mesure, n'aient pas réglé la totalité de leurs dettes à la C. G. T.

Il y a là une faute que le Congrès, nous voulons le croire, ne saura tolérer plus longtemps.

Puis, il y a une autre question. Nous pensons qu'à l'heure actuelle, au moment où la C. G. T. envisage la réorganisation de son système de propagande, réorganisation que vous avez adoptée puisque vous avez adopté le rapport moral, il serait regrettable que le Congrès se refusât à donner à la C. G. T. les moyens pour augmenter cette propagande, pour l'alimenter. Nous voulons croire que le Congrès sera d'accord avec nous pour adopter le système que nous lui proposons.

Car nous n'avons pas voulu seulement adopter le principe et demander au Congrès d'adopter le principe; il se pourrait que par la suite cela se transforme en enterrement de 1re classe. Il est préférable que le Congrès donne un mandat ferme à ce sujet et adopte, tout au moins, une idée générale sur le système.

Nous en avons envisagé plusieurs et il en est un seul qui a retenu notre attention. En quelques mots je vais l'expliquer et ensuite je laisserai la place aux camarades qui voudront me succéder.

Voici le fonctionnement du système que nous pourrions substituer à celui dont nous nous servons aujourd'hui. Les Syndicats pourraient commander leurs timbres à la Fédération, et, comme cela se pratique aujourd'hui, payer les cotisations fédérales. Les Fédérations, au lieu d'envoyer directement les timbres aux Syndicats, les enverraient aux Unions départementales, qui, à leur tour, pourraient les renvoyer aux Syndicats et faire payer leurs cotisations.

Comme vous le voyez, ce système n'infirme en rien ce qui existe aujourd'hui. La structure de la C. G. T. est exactement la même et nous ne voyons pas que l'indépendance des Fédérations soit quelque peu en danger, pas plus que celle des Unions départementales. Nous pensons que le Congrès, devant l'unanime décision de la Commission, sera d'accord pour ratifier cette décision.

Depuis déjà un certain nombre d'années on s'est rendu compte que le timbre unique ne répondait pas aux espoirs. Depuis 1925, dans les deux Congrès qui ont précédé celui-ci, la question a été à l'ordre du jour et si le timbre unique n'a pas été adopté c'est parce qu'on n'avait pas encore trouvé un système qui puisse répondre aux espoirs des uns et des autres.

Nous ne voulons pas dire par là que le système que nous apportons est parfait. Nous ne voulons pas dire qu'il n'y a pas peut-être des modifications à y apporter; mais nous l'avons accepté parce qu'il ne modifie en rien le système d'organisation actuelle.

Nous vous demandons une bonne fois de ne pas hésiter à apporter quelque chose de nouveau dans notre Confédération, ce qui nous permettrait en même temps de lui donner un peu plus de force et un peu plus d'activité.

Le Président. — La parole est à Blanchard de la Fédération des Métaux.

Blanchard. — Je demanderai au camarade Jeannin de bien vouloir nous expliquer, avec le timbre unique, comment il comprend le jeu de dépôt que nous faisons à la Fédération des Métaux. Pour faciliter nos Syndicats, nous donnons un nombre X de timbres en dépôt. Lorsque le Syndicat paye ses cotisations, nous renvoyons autant de timbres qu'il a payé de cotisations, ce qui lui fait un dépôt continuel qu'il règle à la fin de l'année.

Les U. D. ne font pas de dépôt. Comment allons-nous faire? D'autre part, à la Fédération des Métaux, nous avons la Caisse de chômage, ceci ne regarde pas l'Union départementale. Lorsque des camarades sont chômeurs ils demandent l'exonération, la Fédération envoie le timbre, l'Union ne l'envoie pas. Comment pourrons-nous faire avec le timbre unique?

Le Président. — Pour faciliter le débat, comme il y a d'autres camarades inscrits, Jeannin prendra les notes nécessaires et répondra en bloc aux différents orateurs.

La parole est à Biot, de la Fédération de l'Eclairage.

Biot. — Camarades, tous les partisans d'un changement de système dans les moyens de perception des cotisations ont sans doute, comme moi, entendant les explications du camarade Jeannin, ressenti un plaisir infini quand il a affirmé qu'une solution était trouvée et qu'elle était préconisée à l'unanimité des membres de la Commission chargée de cette recherche.

Toutefois, en ce qui me concerne, cela résulte peut-être d'un manque de compréhension de ma part, ce fut une grande déception quand notre camarade Jeannin a expliqué le système auquel la Commission s'était arrêtée.

Aucun changement profond : les Unions départementales, les Fédérations pourront continuer, comme par le passé, à peine si elles s'apercevront du changement qui serait la conséquence de l'acceptation du système que l'on apporte.

Très bien pour les Unions départementales qui, hélas ! ne sont pas tellement nombreuses, qui ont à leur disposition un certain nombre de Syndicats numériquement assez puissants pour leur permettre d'avoir un permanent nécessaire au fonctionnement de l'administration, pour que ce camarade puisse répondre, sans retard, à toutes les correspondances qu'il reçoit.

Mais, en limitant son activité à l'acheminement des timbres qui lui seront parvenus par le canal des Fédérations, je me demande si le camarade, retenu sur le lieu de son travail, ne donnant que sous forme de complément d'activité, son dévouement à la cause syndicale, pourra encore trouver le temps nécessaire pour, de-ci, de-là, tenter dans une réunion syndicale de dégrossir les rangs des travailleurs. Non !

Voyez-vous, quand on y réfléchit, la solution que vous apportez, loin d'être idéale, aura comme conséquence ce premier point de compliquer la tâche de chacun. Si nous sommes en face de difficultés pour réaliser ce que, tous, nous sentons être un besoin, c'est en raison même que lorsque nous parlons de cette question de timbre unique, nous agitons la question de la nécessité d'apporter dans le rouage confédéral de profondes modifications.

Pour qu'il puisse y avoir un timbre unique, il faudrait que les Unions départementales soient ce que les statuts de la C. G. T. veulent qu'elles soient en fait : des succursales de la Confédération Générale du Travail. Il faudrait bouleverser notre structure à un tel point que l'organisme central reçoive directement les ressources nécessaires pour assurer, par lui-même, le fonctionnement absolu du Syndicalisme à travers le pays, même dans ses rouages administratifs. Il faudrait pouvoir dégager des contingences locales, régionales ou départementales le représentant de la C. G. T. C'est la seule solution d'aboutir à la solidarité nécessaire entre les Unions départementales pauvres en ressources et les Unions départementales riches en ressources.

Propagande active, recrutement assez large là où la puissance syndicale est numériquement forte, parce que ressources existantes; à côté, syndicalisme ne vivant pas assez parce que manquant de ressources devant lui permettre d'assurer sa publicité.

Vous sentez bien que si dans le passé cette question du timbre unique a été déjà agitée de multiples fois, si, à chaque fois qu'elle fut agitée, les camarades qui s'étaient chargés de rechercher une solution n'ont pu la trouver, c'est parce qu'il ne peut pas y avoir de solution qui ne soit pas complète pour résoudre un tel problème.

En conclusion, je veux attirer l'attention des congressistes en leur demandant de bien réfléchir à la solution qui est préconisée. Si, véritablement, une fois encore, la Commission chargée d'examiner cette question n'a pu aboutir qu'à une telle proposition, mieux vaut encore dire que le fruit n'est pas assez mûr et reporter à une date ultérieure notre décision, plutôt que d'en prendre une que les faits d'avenir marqueront comme étant inefficace et irréalisable. (*Applaudissements.*)

LE PRÉSIDENT. — La parole est à Liochon, de la Fédération du Livre.

LIOCHON. — Camarades, j'ai peur de n'avoir pas bien compris le mécanisme exposé, d'ailleurs, d'une façon trop sommaire par notre excellent camarade Jeannin.

Il nous a présenté une solution très simple. Il a même la certitude que cette solution n'apportera aucun changement dans les méthodes administratives actuelles. Je ne connais pas encore assez bien ce mécanisme pour avoir une opinion définitive, mais cette façon sommaire de l'exposer m'incite tout de même à faire quelques réflexions au Congrès.

La Fédération prendra le timbre unique à la C. G. T., puis l'enverra à chacune des Unions départementales. Sans doute qu'en prenant le timbre à la C. G. T. la Fédération payera la double cotisation, Fédération et Union? Sans doute, en échange des timbres que chaque Fédération pourra envoyer à l'Union, celle-ci lui remboursera sa part de cotisations confédérales? C'est une hypothèse. Je ne sais pas, Jeannin ne nous a rien expliqué.

En tout cas, si c'est cela, je tiens à vous dire que pour une Commission qui a désiré ne rien changer, ne rien compliquer dans l'administration syndicale, elle a commis une erreur formidable.

En ce qui nous concerne, si, en plus de la comptabilité trimestrielle que nous sommes obligés de contrôler et pour laquelle nous sommes astreints déjà à une correspondance assez minutieuse, nous sommes obligés d'établir une comptabilité pour toutes les Unions départementales, à condition qu'il n'y ait qu'un Syndicat du Livre dans chaque département et il y a des départements où il y en a plusieurs, je trouve, pour ce qui nous concerne, une comptabilité considérablement augmentée, sur laquelle je fais les plus expresses réserves.

Maintenant, je comprends bien la pensée à laquelle les membres de la Commission se sont arrêtés. J'ignore quelle fut la composition de cette Commission, mais je soupçonne fort qu'elle ne comprenait pas beaucoup de représentants de Fédérations. En somme, la conclusion de la Commission, c'est, sous cet aspect de simplicité admirable, la manifestation du simple désir de voir les cotisations des Unions départementales assurées par les Fédérations.

Je pourrais retourner la proposition et demander à la Commission qu'elle charge les Unions départementales de payer les cotisations des Fédérations, et vous pourriez vous rendre compte si le mécanisme envisagé est aussi simple que le suppose le camarade Jeannin.

En tout cas, tel qu'il nous est exposé — est-ce parce qu'il nous est exposé trop sommairement — j'avoue, pour ce qui nous concerne, que ce mécanisme est absolument inapplicable, compliqué et susceptible de provoquer entre les Syndicats, les Unions départementales et les Fédérations des discussions infinies.

Un Délégué. — Pourquoi?

Liochon. — Vous en ferez l'expérience si vous le voulez. Je vous signale ces difficultés. Je considère que c'est peut-être peu sérieux de la part des représentants d'U. D. de ne plus se charger eux-mêmes de percevoir les cotisations des Syndicats et de demander aux Fédérations qui siègent presque toutes à Paris, de payer les cotisations des Unions départementales.

C'est un peu la maison à l'envers.

On a signalé des différences entre les cotisations des Fédérations et les cotisations des Unions départementales. Evidemment, c'est très difficile d'établir une balance exacte. Puis, en somme, il n'est pas certain que toutes les Fédérations apportent exactement, à un élément près, leurs cotisations à la C. G. T.

Au surplus, dans les U. D. il y a des lacunes. Est-ce la faute des Fédérations? C'est, je crois, plutôt la faute des Unions départementales, parce qu'en somme une Union départementale ou une Union locale doit être avant tout, au point de vue syndical, un centre d'attraction, et si vous ne comptez, pour votre activité et pour vos besoins matériels pour faire rentrer les cotisations, que sur le concours des Fédérations c'est là une théorie de moindre effort contre laquelle on doit s'élever.

En tout cas, je considère le mécanisme absolument inacceptable. (*Applaudissements.*)

LE PRÉSIDENT. — La parole est à Bidegarray, des Cheminots.

BIDEGARRAY. — Je ne viens pas pour critiquer le principe du rapport de Jeannin. J'ai toujours été de ceux qui ont dit qu'un syndiqué devait avoir ses deux timbres. Seulement la proposition qui nous est faite prévoit, pour nous, des difficultés incomparables. Dans certains départements nous avons 5, 8, 10 Syndicats, soit 5, 8, 10 comptabilités différentes pour la même U. D. et 80 pour chacun des départements.

Ce n'est pas régler les difficultés actuelles que d'accepter intégralement le rapport de Jeannin. J'aurais compris qu'il aille jusqu'au bout de la réforme et qu'il demande le timbre unique et le prix unique du timbre pour toutes les Unions départementales.

C'est cela qu'il faut envisager. Nous ne pouvons admettre que constamment, chaque année, automatiquement, on augmente le prix du timbre de l'Union, car la conséquence directe, c'est le syndiqué qui la subit.

Pour ma part, je serais partisan du prix unique du timbre. Si, par la suite, les Unions départementales ont besoin des concours particuliers, suivant leurs institutions, Unions locales ou régionales, qu'elles créent une cotisation supplémentaire, avec l'autorisation de leurs adhérents dans les Congrès départementaux.

Si vous voulez faire une réforme, faites le prix unique. Que la C. G. T. vende aux Fédérations des timbres à prix identiques pour tous et là, vous aurez la simplification et la certitude que tous les syndiqués auront le double timbre, puisqu'il n'y en aura qu'un et que les Fédérations auront garanti d'avance le payement de la cotisation.

UN DÉLÉGUÉ. — Et les Unions de Réseaux !

BIDEGARRAY. — Ne cherchons pas à compliquer quand on veut simplifier. Les Unions départementales se plaignent, avec juste raison, qu'il y a des syndiqués qui n'ont pas le double timbre. C'est une protestation sur laquelle nous devons être unanimes. (*Applaudissements.*)

L'objection, c'est que dans la pratique, c'est permettre aux Unions départementales une constante hausse du prix de la cotisation qui peut être aussi bien dangereuse pour les Fédérations que pour la C. G. T. C'est l'impossibilité du recrutement et de la vie des Syndicats locaux.

C'est pour cela que je vous demande d'étudier cette question avec cette opinion, si vous la partagez, du prix unique déterminé par la C. G. T. dans ses Congrès. Les Unions n'auront qu'à recueillir le fruit de l'ensemble de l'action syndicale.

LE PRÉSIDENT. — La parole est à Bard, de la Fédération du Sous-Sol.

BARD. — Camarades, j'étais un représentant des Fédérations à la Commission qui avait charge de discuter de la question du timbre unique.

Je dois vous avouer tout de suite que dans notre Fédération, le timbre unique est institué depuis deux années pour un de nos importants Syndicats, celui des Mineurs du Pas-de-Calais qui groupe 35.000 membres.

Il est évident que lorsqu'on a affaire à une seule U. D., la situation n'est pas très compliquée, car la Fédération peut faire la ristourne de la cotisation de l'U. D. sur le prix du timbre payé à celle-ci. Il n'en est pas de même lorsqu'il s'agit de s'adresser à 90 ou 92 Unions départementales.

Vous devez bien penser que la Commission a envisagé cela et je dois dire que c'est très amicalement que nous avons déclaré que notre proposition ne manquerait pas de faire intervenir notre camarade Liochon sur la question. C'est ce qu'il a fait d'ailleurs.

Quand nous avons eu envisagé toutes les modalités d'application du système, nous nous sommes arrêtés au moindre mal.

Nous avons commencé à envisager la possibilité que les Fédérations d'industrie fassent la ristourne de la cotisation aux Unions départementales. Mais nous avons compris ce que Bidegarray vient de dire, il n'y a pas uniformité de cotisation dans les diverses Unions départementales. Alors cela créerait, pour chaque Fédération, une comptabilité, comme l'indiquait Liochon, que je ne me charge pas d'assurer.

Il fallait que la Commission rapporte une conclusion, admise ou rejetée par le Congrès, celle que Jeannin vous a exposée consiste à dire au Syndicat : « Tu commandes des timbres à la Fédération d'industrie à laquelle tu appartiens; tu payes ta cotisation fédérale au prix où elle est établie, puis la Fédération adresse les timbres à l'U. D. à laquelle le Syndicat est adhérent et l'Union fait parvenir les timbres commandés par la Fédération au Syndicat. »

Par ce moyen, l'Union départementale a un contrôle exact sur la prise de timbres faite par le Syndicat à sa Fédération.

Nous avons encore envisagé un autre système. Je tiens à vous dire que nous n'étions pas nombreux à la Commission. C'est profondément regrettable. Nous avons envisagé le cas des camarades qui commandent, par coup de téléphone ou par télégramme, des timbres à leur Fédération en disant : « Veuillez m'envoyer par retour du courrier tant de timbres, mes cotisations syndicales ont lieu tel jour. » Une Commission de Congrès peut-elle retenir cela? Je dis non, car cela dénote une mauvaise gestion et une mauvaise administration de la part des Syndicats qui agissent ainsi.

Blanchard. — Pas toujours !

Bard. — Toutes ces éventualités ont été examinées par la Commission. Nous savons bien que là encore il y a un inconvénient. Il y a des Syndicats qui ont des militants avertis à leur tête et qui commandent les timbres à la dernière minute aux Fédérations d'industrie. Et pour apporter une atténuation à tout cela, nous nous sommes arrêtés à la formule que préconisait Jeannin tout à l'heure.

Evidemment, il y a un autre point qui mérite d'être examiné, c'est le payement du timbre par la Fédération ou par l'Union à la C. G. T. De ce côté il faut également prendre des précautions, autrement il arriverait que certaines Fédérations d'industrie, payant le timbre complet à la C. G. T., ne seraient pas remboursées par certaines Unions départementales. C'est ce qui est arrivé d'ailleurs à la maison d'en face lorsqu'ils ont institué le timbre unique, avec lequel ils ont eu pas mal de déboires. Mais tout de même il fallait bien venir devant le Congrès avec quelque chose et pour éviter qu'il y ait tout ce que je viens d'indiquer, nous nous sommes arrêtés à ce qu'a exposé Jeannin tout à l'heure, comme rapporteur de la Commission.

Ce n'est peut-être pas parfait, ce n'est peut-être pas cela qui donne toutes les garanties, qui solutionne la question d'une façon équitable, mais enfin, quand on a examiné tous les moyens à employer, c'est encore le moindre mal.

Je le répète, le timbre unique existe pour une organisation, il peut parfaitement être adapté demain pour l'ensemble des organisations.

Je sais très bien qu'il y a peut-être de la part de quelques Fédérations une question d'amour-propre. Cela peut exister, mon cher Blanchard, si on ne le dit pas publiquement, on le pense dans son for intérieur.

Nous vous proposons quelque chose pour résoudre la difficulté dont vous parlait Jeannin tout à l'heure, la différence entre les timbres pris par les Fédérations et les Unions départementales. La Commission n'a peut-être pas fait un gros effort pour vous présenter cela, mais elle a cependant attiré l'attention du Congrès sur la question et une fois les explications données par les uns et par les autres, vous pourrez prendre une décision qui donnera à la Confédération Générale du Travail une nouvelle charte à ce sujet.

Nous n'avons pas examiné les professions, nous n'étions pas assez nombreux.

Jouhaux vous a parlé de la modification du système de propagande de la C. G. T. ; il a parlé de la concentration de plusieurs Unions départementales, à la tête desquelles serait placé un ressortissant de la C. G. T. qui aurait à agir en son nom et pour elle. Tout cela fait que la question qui nous occupe présentement doit être examinée par le Congrès avec impartialité et dégagé de tout parti-pris, afin de donner à la C. G. T. une nouvelle armature qui corresponde à ses besoins et à son action de propagande dans le pays.

Le Président. — La parole est à Hoppe, du Finistère.

Hoppe. — Camarades, je faisais partie de la Commission concernant la révision des statuts et j'étais adversaire du timbre unique parce que dans notre département du Finistère, à l'unanimité, pour ainsi dire, les camarades s'étaient prononcés contre.

Nous considérions que le timbre, tel qu'il est actuellement, permettait de faire exister les Unions locales qui sont nécessaires à la constitution de nouveaux Syndicats. Nous avons accepté la résolution présentée par Jeannin, parce que, telle qu'elle est applicable, elle ne gêne en rien les organisations, sauf celles qui ne payent pas les deux timbres. Et cela ne devrait pas exister à la C. G. T. Il n'y a rien de changé dans le système qui existe à l'heure actuelle, qu'un morceau de papier. Actuellement, le timbre est coupé en deux, une partie est remise par la Fédération, c'est cette partie que nous supprimons.

Le camarade, chargé de distribuer la deuxième partie du timbre qui est le timbre départemental, n'aura pas un travail plus compliqué en donnant deux parties de timbres au lieu d'en donner une. Nous ne voyons pas la complication d'écritures.

C'est une solution viable pour permettre le contrôle de la distribution des timbres et pour permettre que tous les Syndicats payent les mêmes cotisations, comme le font ceux qui ont des principes syndicalistes.

Le Président. — La parole est à Blanc, des Cheminots Paris-Etat rive droite.

Blanc. — Camarades, je dois immédiatement vous dire qu'aujourd'hui je viens accepter le timbre unique, bien que par le passé j'étais pour le maintien du *statu quo*. Mais les chiffres apportés cette fois-ci font, qu'ayant les mains libres, j'accepte le timbre unique.

Il ressort des explications données par les différents camarades qui m'ont précédé que c'est la procédure à suivre qui nous divise.

Actuellement, un Syndicat qui veut des timbres écrit à son Union départementale qui lui envoie le nombre de timbres demandé, même s'il n'est pas conforme à celui demandé à la Fédération. Une correspondance, aller et retour, s'échange.

On a parlé de la maison d'en face. Ils ont des mauvaises choses, mais il y en a peut-être des bonnes. Quel est le système qui sévit en ce moment? Le Syndicat qui veut des timbres confédéraux envoie, en même temps, une lettre à son Union et à sa Fédération et de chaque côté il lui arrive un reçu et des timbres.

Pourquoi ne pas envoyer à l'Union l'argent ou la demande de timbres à crédit? Et l'Union enverra l'argent ou la lettre à la Fédération en lui disant d'envoyer le même nombre de timbres. Là nous aurons l'assurance qu'il n'y aura pas moins de timbres pris pour les Unions que pour les Fédérations.

C'est le meilleur système, cela ne complique rien et cela permet aux Unions départementales de conserver leur mode actuel de fixation de cotisation. Car, il faut le dire, les besoins ne sont pas les mêmes dans toutes les U. D. Libre à elles de décider. Je crois que lorsque les Syndicats décident d'augmenter le timbre à l'Union, ils savent si dans leur milieu cela gênera pour le recrutement. Si cela doit gêner, ils sont contre.

Voilà pourquoi, je demande à la Commission de bien vouloir examiner ma proposition. Au lieu que l'argent soit envoyé à la Fédération qui ristournera à l'Union, on pourrait procéder ainsi : la demande de timbres allant à l'Union, celle-ci enverra un bordereau qui permettra à la Fédération d'envoyer le nombre de timbres correspondants. Il n'y a, dans le système, aucune complication, aucun frais supplémentaire.

Puisqu'un secrétaire d'Union départementale, même de faible importance, a le temps d'établir le reçu et de l'envoyer aux Syndicats avec les timbres, il pourra aussi bien envoyer le bordereau que je demande au lieu d'envoyer les timbres.

Voilà le système que je considère comme le plus pratique. Comme tous les systèmes, il se heurtera peut-être à l'incompréhension des copains ou à la mauvaise volonté, ou à l'idée de truquer. Nous n'y pourrons jamais rien, si un copain a ça dans le sang, il demandera moins de timbres, mais nous serons sûrs que le nombre de timbres sera égal des deux côtés (*Applaudissements.*)

Le Président. — Il y a encore des orateurs inscrits sur la question et Jeannin répondra ensuite. Je demande au Congrès de prononcer la clôture de la discussion après les 5 orateurs inscrits : Vivier, Dumon, Chereau, Jarrigion et Decostère. (*Adopté.*)

La parole est à Vivier, du Rhône.

Vivier. — Camarades, je veux d'abord faire une petite réponse très courtoise à notre camarade Liochon et, je pense, au nom de mes camarades des Unions départementales.

Evidemment, beaucoup d'Unions départementales n'ont pas la possibilité de faire, sur les adhérents des Syndicats, une attraction égale à celle faite par la Fédération. Elles n'ont pas non plus la possibilité, comme la Fédération qui leur envoie des cartes, de contrôler les prises de timbres. Mais je veux dire à Liochon que ce n'est pas parce qu'un organisme a plus de difficultés que l'autre qu'il ne mérite pas, comme l'autre, d'avoir la même considération et des ressources égales.

En tout cas, je considère que la question du timbre unique n'est pas celle d'un morceau de papier à coller sur une carte.

Jouhaux a parlé, au cours de son exposé, et c'est inscrit dans le rapport moral, de la réorganisation confédérale. Eh bien! je considère que le débat actuel vient trop tôt. Il n'y a que, lorsqu'on aura examiné les conditions de la réorganisation confédérale qu'il faudra que nous nous fixions sur les modalités de cotisations pour payer par les Syndicats aux Unions départementales.

Pour ma part, je crois qu'à la base de la réorganisation confédérale, et non du timbre unique, il y a un minimum de cotisation qui devra être imposé à tous les syndiqués dans tous les départements, minimum, non pas dû à l'Union départementale, mais à la Confédération Générale du Travail.

Par conséquent, à mon avis, il serait prématuré de conclure dans la voie indiquée par notre camarade Jeannin. Il a dit qu'il fallait une solution parce qu'il y a un million de timbres de moins pour les Unions que pour les Fédérations. On ne peut pas exactement fixer la différence. Elle tient déjà, en partie, à la rentrée d'un certain nombre de Syndicats de fonctionnaires, non habitués au payement des cotisations départementales. Certains sont même venus à notre Union dire : « Mais nous avons nos timbres ! » Et ils n'avaient que le demi-timbre.

Qu'est-ce qu'il y a pour les amener à payer la cotisation à l'Union départementale? Il y a le jeu de leur Fédération leur indiquant que lorsqu'ils commandent des timbres à la Fédération, ils doivent, le même jour, sous peine d'avoir des sanctions ou des reproches de la part de la Fédération, faire le payement du demi-timbre à l'Union départementale. C'est une éducation syndicale à faire chez des gens qui n'ont pas encore compris nos rouages confédéraux.

Puis, il y a une autre éducation à faire, c'est celle qui doit être faite par le Bureau confédéral à nos camarades secrétaires de certaines Fédérations; c'est de dire à ces secrétaires qu'ils ne doivent pas considérer un des organismes confédéraux comme inutile, et par conséquent ne pas se préoccuper si leurs adhérents payent leurs cotisations à l'Union départementale. Le jour où la bonne foi existera, le jour où le syndicalisme confédéré sera uniforme, c'est-à-dire, dans ma pensée, lorsqu'il n'y aura pas dualité ou indifférence des organismes, les uns envers les autres, les timbres seront pris, de façon uniforme, aux Fédérations et aux Unions départementales. Et cela, en attendant la réorganisation confédérale indispensable.

Il n'est pas possible, en effet, que des Unions ne puissent vivre parce qu'ayant trop peu de cotisants, ne puissent faire de la propagande et aboutissent à manger le peu d'argent qu'elles reçoivent inutilement.

Il faut que la propagande confédérale soit unifiée. Et demain, au Comité confédéral, peut-être que ce n'est pas simplement le domaine de la propagande, mais celui de l'organisation générale qu'il faudra examiner. Il faut créer à la C. G. T. des services de contentieux, des services de renseignements, des services de documentation sérieux. Nous sommes une maison qui s'agrandit plus vite que ses moyens administratifs et ses moyens de développement. Si nous voulons faire bonne figure au point de vue syndical dans ce pays, si nous voulons suivre la révolution mécanique qui nous dépasse, suivre la transformation des méthodes de production et des méthodes administratives du patronat, commençons, révolutionnaires que nous sommes, à faire la révolution chez nous; ayons le courage de dire à nos camarades qu'il y a une somme à donner, égale pour tous les syndiqués, que cette somme est d'ordre confédéral et disons que c'est la C. G. T., demain, qui fera vivre tous ses services. (*Applaudissements.*)

Le Président. — Dumon, des P. T. T., renonce à la parole.

Je la donne à Chéreau, d'Ille-et-Vilaine.

Chéreau. — Camarades, dans la discussion que nous avons entamée pour le timbre unique, ce qui m'étonne, c'est qu'on n'a pas parlé des Bourses du Travail, ni des Maisons du Peuple. Et, pour notre part, nous sommes inquiets, avec le timbre unique, sur le fonctionnement de nos Bourses du Travail, de nos Unions locales.

Il est bien entendu que si les Syndicats n'ont qu'à écrire à la Fédération, à l'U. D. pour recevoir les timbres, je me demande comment vivront les Unions locales qui n'ont aucune subvention. Si vous dispensez le Syndicat de passer par le canal de son Union locale, on en perdra vite l'habitude.

Il y a des exemples, camarades. Je ne veux pas dire cela pour nos camarades instituteurs, mais tout de même, en toute franchise, nos camarades instituteurs qui sont des Syndicats départementaux, pourraient se dispenser de faire vivre les Bourses du Travail de leur département. Ils n'ont plus qu'à commander leurs timbres à leur Fédération, l'Union départementale leur enverra et la Maison du Peuple ne pourra avoir aucune ristourne pour assurer sa vitalité.

Si vous estimez que les Unions locales, les Bourses du Travail ne servent plus à rien, vous le direz. Pour ma part, je considère que c'est un danger. La question n'est pas assez mûre, il faut l'examiner d'une façon plus sérieuse.

Nous voterons le *statu quo* et pas encore le timbre unique.

Le Président. — La parole est à Jarrigion, de la Fédération des Cheminots.

Jarrigion. — Nous serions partisans, plus que quiconque chez les Cheminots, du timbre unique et de la cotisation unique dans la C. G. T., si les modalités qu'on nous propose étaient pratiques dans leur réalisation.

Mais nous constatons que la proposition faite par notre camarade Jeannin, qui apparaît très simple au début, est une proposition qui, au contraire, complique très dangereusement la situation dans les Syndicats. D'abord il ne peut pas être question, puisqu'on ne change rien avec la proposition de Jeannin, que les Fédérations payent à la C. G. T. le demi-timbre actuellement payé par l'Union départementale. Mais il ne faut pas oublier que les secrétaires de Syndicats ne sont pas des permanents, ils font la correspondance de leur organisation quand ils le peuvent et quelquefois les commandes de timbres sont faites dans les derniers délais pour les recevoir à temps pour percevoir les cotisations.

Je n'ai pas l'assurance que demain, quand un Syndicat qui n'a pas son siège dans la ville où se trouve l'Union départementale demandera des timbres d'urgence et qu'il faudra que la Fédération les fasse parvenir à l'Union, ces timbres parviendront au Syndicat dans les délais voulus.

Même dans les Unions départementales il y a des camarades qui ne sont pas permanents, dit-on, et alors ce seront des délais d'une semaine entre la demande et la livraison. Vous prendrez aujourd'hui la responsabilité des retards et des cotisations non perçues. Je tenais à signaler cette situation afin que les Syndicats sachent bien ce qu'ils vont voter.

D'autre part, je ne veux pas tirer du rapport financier les mêmes conclusions que notre camarade Jeannin; en effet, il y a une différence de 76.000 francs, seulement la trésorerie confédérale ne nous a pas indiqué quelles sont les sommes qui peuvent être dues à la C. G. T. par les Unions départementales, celles qui peuvent être dues par les Fédérations. Pour avoir la balance exacte et complète il faudrait que nous connaissions le nombre de timbres délivrés aux Unions et aux Fédérations.

C'est une indication qu'autrefois l'on nous donnait; on nous disait même lorsqu'une Fédération avait quelques difficultés pour s'acquitter de ses dettes. Cela a disparu, mais pour tirer des conclusions semblables à celles de Jeannin, il faudrait que ces renseignements soient donnés et nous ne les avons pas.

En conclusion, je pense qu'il serait utile que ce soit le Comité national confédéral qui soit chargé de trouver des modalités plus parfaites que celles qui sont proposées et qui se montreront, demain, inapplicables. (*Applaudissements.*)

Le Président. — La parole est à Decostère, de l'Union du Nord.

Decostère. — Nous pouvons être d'accord pour reconnaître la nécessité de la réorganisation. Mais il m'apparaît que la Commission, chargée d'examiner cette question, n'a pas approfondi suffisamment le problème.

Dans le département du Nord, il y a 210 organisations, 18 Unions locales et nous avons affaire à 30 ou 40 Fédérations. Je voudrais qu'un camarade vienne expliquer cette situation et demande la disparition des Bourses du Travail, simplement parce qu'à l'aide d'un bout de papier, on aura transformé la situation.

Je demande simplement qu'on reste dans le « statu quo » et qu'on examine cette question de façon plus sérieuse. (*Applaudissements.*)

Le Président. — La parole est à Jeannin.

Jeannin. — Camarades, je ne regrette qu'une chose, c'est que les conseils qui ont été apportés à cette tribune n'aient pas été apportés à la Commission de révision des statuts. (*Applaudissements.*)

Il y a des lumineuses idées qui se sont fait jour dans ce Congrès, il eût été préférable qu'elles soient apportées hier à la Commission, alors que nous n'étions qu'une demi-douzaine.

Il est facile d'apporter des critiques, il est peut-être plus difficile d'apporter des réalisations.

A part quelques camarades qui réclament le « statu quo » et qui, sans doute, m'apparaissent comme un peu plus réactionnaires que ceux qui le combattent et qui ont peur de tout ce qui est nouveau, il apparaît certain que les uns et les autres sont partisans d'une organisation nouvelle donnant aux Unions départementales le contrôle auquel elles ont droit et à la Confédération Générale du Travail les ressources que doivent lui fournir les syndiqués.

Il se peut que le système que nous avons proposé ne soit pas parfait, mais nous estimons que ce que nous apportons est peut-être meilleur que ce qui existe aujourd'hui, et rien que pour cela nous avons raison.

Je ne relèverai pas les paroles de certains camarades qui sont montés à la tribune et qui, suivant leur habitude, ont mis quelque peu en boîte les secrétaires d'Unions départementales, parce que ceux-ci n'ont pas la possibilité de faire payer à certains adhérents les cotisations qui doivent être payées régulièrement. Je pense qu'il y a de la part de certaines Fédérations un abandon de l'autorité qu'elles doivent avoir sur leurs adhérents. Il serait bon, une fois pour toutes, qu'on se rappelle que le mouvement confédéral est un tout, qu'il doit y avoir entre les Unions et les Fédérations une solidarité qui doit s'exprimer un peu mieux qu'elle ne s'est exprimée jusqu'à présent. (*Applaudissements.*)

Je ne répondrai pas à toutes les questions; certains camarades l'ont fait pour moi et m'ont facilité le travail, mais Blanchard, par exemple, a demandé : « Comment allez-vous contrôler les prises de timbres des Syndicats, lorsque nous ferons des dépôts? » Nous avons envisagé cette question et j'ai pu le faire d'autant mieux que je fais partie des Métaux.

Vous faites un dépôt, vous serez obligés de le faire passer par le canal de l'Union départementale. Lorsque le Syndicat règlera 200 ou 300 timbres, comme il est habituellement coutume de renvoyer immédiatement des timbres correspondant à ceux payés, tu feras passer cela par le canal de l'U. D. qui aura le contrôle sur les timbres payés.

BLANCHARD. — L'Union fera-t-elle le dépôt?

JEANNIN. — Jusqu'à présent, j'ai la certitude que la majorité des Unions le font. Chez nous, c'est ce qui se passe, il n'y a pas de raison que cela ne se fasse pas ailleurs.

D'autres camarades ont apporté des explications d'ordre un peu particulier. Je ne veux pas entrer dans l'administration des Syndicats...

LIOCHON. — C'est dommage!

JEANNIN. — Il en est qui ont l'habitude de commander leurs timbres par dépêche. Il y a un manque d'organisation et c'est à nous de les inciter à organiser un peu mieux leur Syndicat.

Je le répète, il se peut que le système préconisé ne soit pas parfait, mais néanmoins il y a tout de même pour nous la certitude qu'il y aura un contrôle certain de la part des Fédérations, puisque les timbres leur seront commandés en premier lieu.

Le payement de la cotisation à la Confédération, le contrôle de la Confédération, ce sont des modalités d'application qui peuvent se trancher entre les organisations départementales, fédérales et confédérales. Il n'y a pas de grosses difficultés, il suffit d'un peu d'entente. Il est bien certain que les cotisations rentreront à la C. G. T. comme elles rentrent aujourd'hui.

Ce que je voudrais, c'est que ce Congrès ne se sépare pas sans avoir donné une indication précise. Je le répète, nous avons envisagé tous les systèmes possibles. Nous n'avons pas voulu aller juqu'à la centralisation comme le préconisait Bidegarray. Nous pensons que notre mouvement confédéral n'est pas encore mûr pour engager une telle discussion. Il n'est pas possible aujourd'hui, avec la diversité des cotisations, d'envisager la concentration; nous l'avons tellement peu envisagée que nous avons regardé par quels moyens il serait possible de laisser vivre et faire vivre, comme aujourd'hui, les Unions locales, les Bourses du Travail.

Quelle complication trouvez-vous là encore? Sera-t-il difficile à l'Union départementale d'envoyer les timbres qui lui seraient parvenus par le canal de la Fédération à l'Union locale au lieu de les envoyer directement aux Syndicats? Ou alors, aux Unions départementales de prendre elles-mêmes la cotisation et d'en faire la ristourne aux Unions locales, qu'y aurait-il de changé? Je ne crois pas qu'il y aurait de grosses complications. Ce sont des relations qui sont nécessaires.

J'insiste à nouveau pour que le Congrès se prononce nettement, tout au moins contre le « statu quo », qu'il n'accepte même pas que le Comité national tranche la question, parce que je sais par expérience, comme celle-ci pourrait être enterrée.

Que le Congrès nomme, si c'est nécessaire, une Commission qui sera chargée d'étudier et de mettre la question au point et qu'il donne des directives précises. (*Applaudissements.*)

LE PRÉSIDENT. — La parole est à Jouhaux.

JOUHAUX. — Camarades, je n'adresserai pas, pour ma part, de griefs aux camarades de la Commission. Ayant à examiner une question, hors de son contexte général, ils ont, en réalité, apporté la meilleure des solutions qui se présentaient à eux.

Je ne veux pas discuter, ni la valeur en soi de cette proposition, ni les difficultés de son application. Mais je pense cependant que le Congrès ne peut pas se prononcer par oui ou par non sur une question de cette importance.

Nous l'avons indiqué dans le rapport moral : la question est à l'ordre du jour; elle est dans les préoccupations du Bureau de la Confédération Générale du Travail; elle est dans les préoccupations de sa Commission administrative, de son Comité national, et le Congrès doit, aujourd'hui, inviter le Comité national à examiner cette question et à rapporter devant le prochain Congrès une solution conforme aux désirs de tous.

Dans la salle. — Très bien, très bien !

Le Président. — Je demande au rapporteur s'il se rallie à la proposition de Jouhaux?

Jeannin. — Je réunirai la Commission; elle discutera.

Le Président. — La parole est au camarade Ponard, des Diamantaires de Saint-Claude.

Ponard. — Le camarade Jouhaux vient de demander au Congrès de renvoyer au prochain Congrès confédéral la solution de cette question du timbre unique, liée à la réorganisation de la Confédération Générale du Travail.

En attendant, il me semble tout de même que le Congrès de ce jour pourrait condamner les Syndicats qui ne font pas la prise de timbres aux Unions départementales comme ils devraient la faire, et, qu'ayant prononcé cette condamnation, il cherche tout de même, en attendant le prochain Congrès, à y apporter un remède.

Je crois que sans rien changer à ce qui existe actuellement, on pourrait demander aux Fédérations de faire le nécessaire à cet effet.

On constate qu'il existe une différence extrêmement importante entre le nombre des timbres pris aux Fédérations et le nombre des timbres pris aux Unions. Nous avons un chiffre global approximatif, ce que nous ne savons pas, c'est quels sont les Syndicats qui ne font pas cette prise de timbres et nous n'avons aucun moyen de le savoir. Il y aurait un moyen simple qui ne nécessiterait qu'un peu de bonne volonté de la part des Fédérations.

Je demande au Congrès de dire qu'il charge la Confédération Générale du Travail de munir toutes les Fédérations d'imprimés. Lorsqu'une Fédération recevra une demande de timbres, en même temps qu'elle adressera les timbres aux Syndicats, elle enverra l'imprimé dont je parle à l'Union départementale, se contentant d'indiquer qu'elle vient de recevoir une demande de timbres de tel Syndicat.

Il y aurait là un minimum de travail matériel. Qu'on ne dise pas que c'est impossible. Il y a des Fédérations qui comptent de nombreux Syndicats, c'est entendu, mais en même temps elles ont un nombreux personnel pour faire le travail.

Je crois que cette suggestion pourrait être acceptée et si les Fédérations y mettent un peu de bonne volonté, la prise de timbres pourrait être influencée favorablement. (*Applaudissements.*)

Le Président. — Comme il faut conclure, après les explications de notre ami Jouhaux et de l'orateur qui lui a succédé, je rappelle pour ce camarade que maints Conseils nationaux et différents Congrès ont engagé les Unions départementales et les Fédérations à échanger leur bilan financier, afin d'établir une comparaison judicieuse.

Galantus. — C'est la seule solution.

Le Président. — Je crois que le Congrès peut renouveler ce vœu en insistant et en invitant les Unions et les Fédérations à échanger un relevé des timbres semestriellement.

Reste la proposition de notre camarade Jouhaux : le Congrès invite le Comité confédéral national à étudier la question du timbre unique, liée à celle de la réorganisation de la propagande confédérale pour faire rapport au prochain Congrès.

Je consulte le Congrès sur cette proposition. (*Adopté.*)

Jeannin. — Il ne faudrait pas enterrer cette question. Tout à l'heure on a parlé du contrôle que l'on peut obtenir par l'échange des bilans. Je n'ai pas voulu signaler à la tribune de quelle façon quelquefois les Syndicats reçoivent les Unions départementales. Je pourrais citer le cas de Syndicats qui devraient prendre dans certaines Unions près de 4.000 timbres par année. Les Fédérations ont fait savoir à ces Syndicats qu'ils devaient se mettre en règle, ils ont répondu : « Nous ne payerons pas les cotisations. » Alors, qu'est-ce que tu veux que cela nous fasse d'avoir des bilans !

Le Président. — Nous n'oublions pas les observations faites par Jeannin. Les camarades qui se trouveront à nouveau devant cette situation refuseront le visa pour les Syndicats qui ne seront pas en règle.

Vous savez que l'Union de la Région Parisienne offre aux congressistes une soirée à l'Odéon. Comme nous pouvons disposer de quelques minutes et que des camarades m'ont confié un rapport, je vais vous le soumettre, de façon à liquider une partie du travail qui restera assez nombreux pour demain.

Je me donne la parole.

Camarades, à la Commission des vacances payées, nous n'avons pas examiné ce qui, déjà, dans des précédents Congrès, avait permis aux congressistes de prendre une décision. Inutile de revenir sur le principe et de faire perdre des instants au Congrès.

Nous n'avons pas voulu établir le parallèle, retenu par le Congrès de 1925, sur l'application des vacances dans les pays étrangers. Nous avons pensé qu'il était inutile de rappeler à nouveau que nos camarades fonctionnaires, que nos camarades des services publics bénéficiaient d'un régime de vacances payées et que le personnel de direction et le personnel administratif dans de nombreuses industries bénéficiaient aujourd'hui de vacances payées, qu'il était donc tout à fait normal que le personnel travaillant à la base, soit dans les ateliers, soit dans le commerce, soit dans l'agriculture, bénéficie aussi d'un régime de vacances payées.

D'autre part, nous avons nettement écarté l'opinion de camarades qui venaient dire qu'il fallait déterminer le temps des vacances par le nombre de mois passés à l'usine. Avec ce système, cela permettait aux ouvriers licenciés, quelquefois au bout de deux ou trois mois, de se faire payer deux ou trois jours correspondant à leurs vacances, mais au moment des vacances ces camarades n'avaient plus la possibilité d'en bénéficier.

D'autre part, nous estimons que les camarades qui doivent bénéficier des vacances doivent pouvoir le faire en s'éloignant des grands centres. Or le payement tout simple des vacances ne donne pas toujours les facilités de déplacement aux travailleurs intéressés comme à leur famille. Souvent des camarades se trouvent dans l'obligation, tout en bénéficiant de leurs vacances, de les passer dans leur taudis, sans pouvoir se permettre d'aller à la mer ou à la montagne.

Nous avons donc pensé que dans notre résolution nous devions inclure, par l'action syndicale, par les démarches faites auprès des parlementaires, l'obtention, pour les bénéficiaires des vacances, de la gratuité d'un voyage dans un endroit déterminé par les intéressés.

Certes, c'est une grosse revendication qui prend jour. Quotidiennement des conflits surgissent pour que les travailleurs obtiennent les vacances payées. D'autre part, il ne faut pas s'illusionner, le patronat n'accordera pas une revendication de cet ordre sans que l'on mène un dur combat.

Nous souhaitons et nous ne négligeons pas les possibilités d'intervention auprès des législateurs, mais nous savons aussi que les législateurs ne sont pas toujours mus par la rapidité à laquelle nous devrions avoir droit en matière de législation sociale. C'est pourquoi nous estimons qu'avec les interventions d'ordre parlementaire, il faut que tous les Syndicats, de l'agriculture, du commerce, de l'industrie, fassent figurer dans leur cahier de revendications en premier lieu les vacances payées.

Comme il n'y a pas à revenir sur les discussions des précédents Congrès, voici la résolution qui a été votée à l'unanimité :

VACANCES PAYEES

Le XX° Congrès de la Confédération Générale du Travail, ayant eu à nouveau à examiner la revendication des vacances payées, prend acte du projet de loi en instance devant le Parlement.

Considérant qu'une partie des salariés de la métropole et de ses colonies bénéficie des congés annuels payés;

Que, d'autre part, le personnel directorial et administratif de l'industrie privée, du commerce et de l'agriculture bénéficie d'un régime de vacances payées, dont la portée sociale n'est plus contestable;

Le Congrès estime que les ouvriers et ouvrières travaillant à la base de toutes entreprises, doivent également bénéficier des mêmes avantages leur permettant un délassement nécessaire et le remembrement de leurs forces perdues au service du patronat.

Tout en considérant que ce projet de loi n'apporte pas tous les avantages indispensables à la classe ouvrière, le Congrès en demande le vote rapide, se réservant de poursuivre la réalisation des revendications du monde du travail en précisant :

Que les congés annuels payés seront accordés à tous les salariés de l'industrie, du commerce et de l'agriculture, quelle que soit la durée de leur emploi.

Que la durée annuelle des congés payés ne soit pas inférieure à douze jours et qu'en aucun cas les interruptions de travail, pour quelque cause que ce soit, ne devront entrer en ligne de compte pour la détermination de la durée annuelle des congés payés.

D'autre part, confirmant la résolution du Congrès de 1927, les employeurs, occupant un personnel instable devront s'affilier à une caisse de compensation ou tout autre institution agréée à cet effet dont le fonctionnement sera déterminé par un règlement d'administration publique, et dont les modalités d'application seront élaborées par profession et par les soins des fédérations ouvrières et patronales.

Le Congrès, considérant que l'institution des vacances payées doit nécessairement permettre aux salariés et à leurs familles les possibilités d'un déplacement profitable à l'application de cette revendication, mais que les dépenses excessives de tels déplacements ne peuvent être supportées par les budgets ouvriers.

Demande à ce que des facilités de voyage et de séjour soient accordées à toute famille ouvrière bénéficiant d'un régime de vacances payées..

Le Congrès, tout en invitant les organisations ouvrières à faire l'action nécessaire pour que le Parlement vote rapidement le projet de loi et les amendements précités, demande également à tous les syndicats confédérés d'inscrire en tête de leur cahier de revendications la conquête d'un régime de douze jours de vacances payées et de faire l'agitation indispensable à la réalisation de cette revendication ouvrière.

Je n'ajouterai aucun commentaire, hormis les demandes d'explications ou les précisions que pourraient demander les congressistes, je demande au Congrès d'adopter la résolution sur les vacances payées. (*Applaudissements.*)

LIOCHON. — Un simple mot. Je désirerais que dans la résolution on ne donnât pas le conseil aux patrons de s'organiser en caisses de compensation. Je crois que c'est un conseil inutile dans une résolution de cette nature.

LE PRÉSIDENT. — Le Congrès de 1927 avait eu à examiner la situation des instables, ceux dont les difficultés de travail font des nomades et qui, en tenant compte du projet de loi, ne sont pas appelés à bénéficier des vacances payées. C'est la raison pour laquelle le Congrès de 1927 a introduit cet alinéa qui a été retenu, à la demande de certains camarades de la Commission, pour le Congrès de 1929.

LIOCHON. — C'est fâcheux.

LE PRÉSIDENT. — Je consulte le Congrès. Ceux qui sont partisans d'adopter la résolution sur les vacances payées sont priés de le manifester en levant la main. (*Adopté à l'unanimité.*)

Avant que nous nous séparions, je rappelle que la réunion de la Commission du « Peuple » aura lieu demain matin, à 9 h. 30, dans la salle du Congrès.

J'ai reçu un vœu qui doit être soumis au Congrès.

« Conformément à la décision du Congrès de procéder au vote par mandat sur le rapport moral, le Syndicat des Ouvriers des P. T. T. de la Gironde demande que soient insérés dans le journal *Le Peuple* les noms des Syndicats qui se sont abstenus ou qui ont voté contre le rapport moral. »

Pour donner satisfaction à tout le monde, je rappelle que la nature des votes paraîtra dans la brochure relatant les travaux du Congrès.

Pour demain, j'ai reçu deux propositions de bureau, je vais vous les soumettre par ordre d'arrivée.

Président : Michaud, des Services publics. — *Assesseurs :* Decostère, de l'Union du Nord, et Colombani, de l'Algérie.

Second bureau : *Président :* Bidegarray, des Cheminots; *Assesseurs :* Renne, de la Seine-Inférieure, et Guyat, de la Fédération des Fonctionnaires.

Puisqu'il s'agit d'une question de priorité, je mets le premier bureau aux voix. Ceux qui sont partisans de l'adopter sont priés de le manifester en levant la main. (*Adopté.*)

La majorité s'étant prononcée, le camarade Michaud est invité à prendre demain matin ses fonctions de président.

La séance est levée.

VENDREDI 20 SEPTEMBRE

Séance du Matin

Président : Michaud, de la Fédération des Services publics. — *Assesseurs* : Decostère, Union du Nord; Colombani, Agents des Lycées d'Alger.

LE PRÉSIDENT. — Je donne la parole au camarade Jaccoud, rapporteur de la Commission sur la législation sociale.

JACCOUD. — Camarades, la Commission de législation sociale, qui m'a chargée de rapporter en son nom, a eu à examiner une quantité de questions plus complexes les unes que les autres, mais intéressant particulièrement le mouvement ouvrier.

Il y a parmi ces questions des projets de loi déposés qui dorment au Parlement; il y a des rapports qui ont été également déposés dans les Commissions et qui ne voient pas le jour. Enfin, il y a une série de revendications dont on ne semble pas se préoccuper.

La Commission, après un large débat, s'est mise d'accord, unanimement, pour que je soumette au Congrès le rapport dont je vous donne lecture :

De nombreux projets ou propositions de lois sont actuellement soumis à l'étude du Parlement, les uns sont depuis des années inscrits à l'ordre du jour des Commissions parlementaires. Parmi eux figurent *la réforme de l'inspection du travail, les modifications à apporter dans le fonctionnement des Commissions départementales du travail; la prud'homie agricole.*

Pour d'autres, les rapporteurs ont déposé leur rapport depuis des mois : *vacances ouvrières, maladies professionnelles, délégués à la sécurité.*

Depuis près de deux ans, la Commission d'hygiène du Sénat examine un projet de loi tendant à modifier celle du 9 avril 1898 sur les *accidents du travail,* voté par la Chambre des députés, fin de l'année 1927.

Enfin un projet de loi sur la *réforme du métayage,* dont l'importance n'a pas échappé aux travailleurs des champs et qui fut sérieusement étudié par nos camarades métayers de la Gironde et des Landes, a été retiré de l'ordre du jour de la Commission de l'agriculture à la Chambre des députés.

Quelques amis dont nous escomptions l'appui se tinrent éloignés des travaux de la Commission le jour où cette dernière devait se prononcer sur les conclusions du rapporteur.

Contre une telle indifférence parlementaire, la Confédération Générale du Travail doit faire entendre sa protestation. A ses amis comme à ses adversaires, elle doit dire toutes ses pensées et les causes de son mécontentement. Par des meetings, par la presse, elle doit préparer l'opinion publique à une vive agitation dans le pays afin que gouvernement, sénateurs et députés sachent bien que la classe ouvrière ne saurait tolérer plus longtemps que la réalisation du programme de revendications immédiates de la C. G. T., sur lequel le pays s'est prononcé, soit écarté des discussions parlementaires.

Le Congrès confédéral, interprète du mécontentement des masses populaires contre l'indifférence de ce gouvernement et des parlementaires à l'égard des lois sociales, donne mandat à sa Commission administrative d'organiser, courant novembre, une semaine de propagande afin de faire connaître aux travailleurs les lois sociales qui doivent être votées sans retard par le Parlement.

Cette manifestation sera organisée avec le concours des Fédérations nationales et des Unions départementales et locales.

Les premières mettront leurs orateurs à la disposition de la C. G. T. et recommanderont, par les moyens en leur pouvoir, à tous leurs syndicats de participer effectivement à l'action engagée.

Les Unions départementales et locales auront la charge d'organiser avec soin les réunions projetées et seconderont les propagandistes mis à leur disposition.

Le Congrès rappelle aux organisations confédérées qu'elles doivent poursuivre sans relâche l'action en faveur des réformes ouvrières.

C'est par une action permanente de ses organisations que le prolétariat provoquera dans le pays un courant d'opinion favorable aux revendications ouvrières.

ACCIDENTS DU TRAVAIL

Un rapport présenté par le Bureau de la Confédération Générale du Travail au XX⁰ Congrès national mentionne l'état des travaux législatifs concernant les modifications à apporter aux lois sur les accidents du travail et les maladies professionnelles.

Il appert que le projet voté depuis près de deux ans par la Chambre des députés attend encore que le Sénat le ratifie.

L'organisme central est intervenu maintes fois pour faire hâter cette ratification, mais on peut penser que le silence des organisations a laissé croire à la Chambre Haute que les travailleurs se trouvent satisfaits des modestes indemnités qu'accordent les lois actuelles aux victimes d'accidents et à leurs ayants droit.

Les démarches et délégations auprès des Commissions parlementaires sont choses insuffisantes pour l'obtention de résultats positifs et d'avantages réels.

Si les travailleurs, dont plus d'un million dans notre pays sont chaque année victimes d'accidents ou de maladies consécutifs à l'accomplissement de leur tâche, contribuent à l'enrichissement de la société en général et de leurs employeurs en particulier et veulent voir aboutir leurs légitimes revendications, il faut qu'ils démontrent autrement que par les démarches de leurs représentants auprès des Pouvoirs publics qu'ils sont las de patienter.

Les victimes de la guerre ont été mieux servies que celles du travail, parce qu'elles étaient légion et qu'elles pouvaient menacer sérieusement les dispensateurs des réparations auxquelles elles avaient droit.

Le Congrès confédéral rappelle aux Unions départementales, locales et Bourses du Travail, que la défense des victimes du travail fait partie de leurs attributions et qu'elles ne sauraient s'en désintéresser et se reposer sur d'autres groupements pour cette action, mais qu'elles doivent, au contraire, accentuer la défense des intérêts et des revendications des victimes du travail;

A cet effet, le Congrès demande au Bureau confédéral de fournir aux Unions départementales et locales toutes indications utiles et invite, dès maintenant, ces dernières à s'inspirer des renseignements déjà publiés dans La Voix du Peuple.

Il insiste pour qu'une activité permanente et vigoureuse soit déployée dans les départements pour obtenir du Sénat un vote rapide de la proposition de loi déjà votée par la Chambre.

MALADIES PROFESSIONNELLES

Les travailleurs atteints par les poisons industriels dont le nombre va croissant en raison des nouveaux produits chimiques employés, ceux qui, à la suite de l'intensité toujours accrue des moyens de travail et de la rationalisation, sont frappés parfois encore jeunes de tares professionnelles que ne répare pas la loi sur les accidents du travail, toutes ces victimes des maladies professionnelles, sauf quelques intoxiqués par le plomb et le mercure dont les cas ont été prévus, il y a dix ans, attendent trop patiemment que le législateur daigne s'intéresser à leur sort.

Le Congrès approuve sans réserve la résolution présentée par les délégués de la C. G. T. au Congrès des maladies professionnelles de Lyon en avril 1929 et il demande que les organismes administratifs de la C. G. T. s'en inspirent pour l'action à suivre dans le pays.

TENTATIVE OBLIGATOIRE
DE CONCILIATION DANS LES CONFLITS DU TRAVAIL

La pensée de la C. G. T. sur cette question a été complètement dénaturée par nos adversaires de tendance. Leur mauvaise foi coutumière a voulu faire croire que notre organisme central cherchait à établir ce que les Congrès d'avant-guerre ont condamné : l'arbitrage obligatoire dans tous les conflits du travail, tandis que la proposition sur laquelle le Comité confédéral s'est prononcé ne vise que la *tentative obligatoire de conciliation dans les conflits du travail.*

Le Congrès confédéral confirme les décisions prises à ce sujet par le Comité confédéral et il réclame de ce dernier l'action nécessaire pour faire aboutir devant le Sénat la proposition de loi votée par la Chambre des députés.

LE CONTRAT COLLECTIF

En conclusion du rapport présenté sur cette question au Congrès par le rapport administratif :

Les délégués des syndicats confédérés, réunis en Congrès à Paris, du 17 au 21 septembre,

Considérant que la classe ouvrière doit diriger ses efforts vers la conquête du contrat collectif qui lui permettra de revendiquer sa place et ses droits dans les exploitations commerciales et industrielles en opposant à l'exploitant la collectivité ouvrière seule capable de faire respecter les droits du travail avec les pouvoirs ouvriers qu'ils confèrent et les obligations qu'ils imposent;

Le Congrès se déclare en complet accord avec les services administratifs de la C. G. T. pour demander la mise en pratique du contrat collectif, en précisant que cet accord entre groupements patronaux et ouvriers doit augmenter la force morale de la classe ouvrière organisée, amoindrir l'omnipotence patronale dans ce qu'elle a de plus arbitraire et de plus humiliant et préparer l'institution du contrôle ouvrier.

LES ALLOCATIONS FAMILIALES

Le développement des caisses d'allocations familiales et la position prise par elles dans l'organisation administrative des assurances sociales ont attiré de nouveau sur elles l'attention des organisations ouvrières.

Déjà au Congrès de 1923, notre camarade Georges Buisson avait présenté au Congrès un important rapport dont les conclusions ont été adoptées à l'unanimité par le Congrès.

Depuis ce vote, rien n'a été fait du côté patronal pour modifier la conception des syndicats ouvriers sur ce point.

Le Congrès ne peut que confirmer la position prise par le Congrès de 1923 et le projet de résolution adopté dont il rappelle les termes :

Le Congrès considère que l'aide aux familles nombreuses, l'institution d'allocations en cas de naissance et pour l'allaitement constituent des services sociaux que la collectivité a le devoir d'organiser au même titre que la protection contre le chômage, la maladie, l'invalidité ou la vieillesse. Le recours systématique à la charité privée ou à la philanthropie est incapable d'apporter sur ces questions les solutions convenables et risque de favoriser les plus dangereuses servitudes.

Le Congrès met les travailleurs en garde contre la pratique de sursalaire familial.

Inventé par le patronat au cours de sa lutte contre les organisations syndicales ouvrières, le sursalaire constitue un danger. Il aide, par incidence, à l'avilissement des salaires et risque d'opposer dans leurs revendications les ouvriers chargés de famille à leurs autres camarades.

Pratiqué isolément par le patron, il risque d'inciter ce dernier à évincer du travail les ouvriers chargés de famille pour diminuer les charges de son entreprise.

Pratiqué avec le concours des caisses de compensation, il met aux mains du patronat un dangereux système de fiches; il lui permet une ingérence inadmissible dans le foyer ouvrier; il est un moyen de maintenir par des réglementations abusives les travailleurs en tutelle et de contrecarrer tous leurs efforts d'émancipation.

D'une façon comme de l'autre, son organisation actuelle constitue en fait un accroissement des moyens de réaction et de domination dont le capitalisme dispose.

A l'encontre de cette fausse et dangereuse philanthropie dont les travailleurs font tous les frais, le Congrès réclame l'application des salaires minima syndicalement déterminés.

Il réclame l'organisation, par la collectivité nationale, de l'aide efficace aux familles nombreuses, sous la forme d'allocations familiales, d'allocations à la naissance et de primes d'allaitement.

Les charges résultant de ce service devront être couvertes par des contributions obligatoires des employeurs et des contributions de la collectivité. La gestion de ces fonds et la répartition des allocations devront être confiées à des comités officiellement désignés et comprenant des représentants élus par les différents intérêts en présence.

Ces allocations, qui constituent un droit social, doivent être complètement indépendantes du travail. Elles ne doivent pas être soumises à ses fluctuations; la maladie, le chômage sous toutes ses formes ne doivent pas avoir pour conséquence d'en priver la famille bénéficiaire.

Par cette affirmation, le Congrès précise que le mouvement ouvrier ne saurait se trouver associé à tous projets législatifs visant à l'élargissement de telles pratiques.

IMPOT SUR LES SALAIRES

En ce qui concerne l'impôt sur les salaires, si des modifications relatives aux exonérations à la base des salaires, la hausse constante du coût de l'existence doivent à nouveau attirer notre attention.

Le Congrès prend acte des modifications apportées au taux de l'impôt sur le salaire par suite de l'action menée par la C. G. T.

Il demande que cette action soit poursuivie à l'effet d'obtenir à nouveau un relèvement sur les salaires non imposables.

LE LOGEMENT OUVRIER

Parmi les questions importantes intéressant les travailleurs, il en est qui doivent attirer l'attention des organisations ouvrières. Celles-ci devront s'efforcer de les résoudre, soit au moyen de conventions collectives, lorsque leur force le leur permet, ou en réclamant au Parlement une législation ayant pour objet de donner, sur ce point, satisfaction à la classe ouvrière.

La question du logement d'employés ou d'ouvriers, accessoire au contrat de louage de services, en est une des plus importantes. Certains emplois comportent le logement en outre des autres conditions du contrat écrit ou verbal, formé entre l'employeur et le salarié, tels ceux de directeurs d'usines ou de magasins, surveillants, gardiens; il en est de même pour certains ouvriers.

Cette situation complique considérablement la vie de ces travailleurs, car s'ils perdent leur emploi pour une cause quelconque, ils sont, par voie de conséquence, privés de leur foyer. Dans certains cas, un ouvrier se voit sans travail et il est dans l'obligation de quitter les lieux qu'il habite avec sa famille dans le délai de huitaine. Il peut, il est vrai, se pourvoir en référé — ce qui lui coûte assez cher, alors qu'il ne touche plus de salaire — mais c'est un expédient qui ne lui fera accorder qu'un répit de courte durée.

La crainte de ces conséquences enlève à celui qui est logé par son patron toute liberté de discussion et l'oblige à accepter tout ce qu'il plaît au dit patron de lui imposer.

Il faut que des dispositions effectives soient prises pour obvier à ce grave inconvénient. Il est urgent d'examiner, en outre, les mesures qu'il y a lieu de prendre en faveur des nombreux travailleurs logés, en vertu d'un contrat de location, par certaines entreprises qui ont fait édifier, à l'usage de leur personnel, des habitations dans le voisinage des mines, des usines et autres établissements. Ces locataires ne sont guère plus libres que les personnes logées dans l'entreprise même, accessoirement à emploi. Ils ont eux aussi les mains liées; ils redoutent d'être mis dehors de leur logis s'ils cessent d'être occupés par l'employeur qui leur a concédé « bienveillamment » un logement sous condition. Pour ceux-ci également, un régime de liberté doit être substitué au quasi-esclavage existant.

Le Congrès confédéral demande que la question du logement fourni par les industriels à leur personnel soit mise à l'étude des syndicats et fasse l'objet d'une enquête sur laquelle le Comité confédéral pourra prendre une décision;

Il réclame dès maintenant que les salariés logés par l'employeur bénéficient des délais de prorogations dont bénéficient les autres locataires.

GARANTIE DES OBJETS ET VETEMENTS DEPOSES
DANS LES LOCAUX PATRONAUX

Enfin, les conditions de travail actuelles, si différentes de celles qui existaient il y a une cinquantaine d'années, rassemblent parfois des milliers de travailleurs dans de vastes établissements. Le personnel de ces établissements, demeurant souvent à une distance assez éloignée du lieu de travail, se trouve dans la nécessité d'employer des moyens particuliers de transport : bicyclettes, motos et aussi voiturettes, en ce qui concerne les mutilés si nombreux aujourd'hui.

Les travailleurs, plus soigneux dans leur tenue de nos jours, sont dans la nécessité d'avoir des vêtements de travail qu'ils échangent chaque jour contre leurs vêtements de ville. Des garages, des vestiaires doivent être, par la force des choses, mis à la disposition de ceux qui viennent travailler, mais ces lieux sont éloignés de l'endroit où leur besogne les retient. Logiquement, on pense que le chef d'entreprise doit être obligé de faire surveiller les objets obligatoirement déposés et que si des ouvriers ou des employés sont dépossédés de leur bien pendant la durée de leur travail, ils devraient être dédommagés du préjudice éprouvé.

Il n'en est rien, *en droit*. Une jurisprudence existe qui, s'appuyant sur le Code civil, rédigé il y a plus d'un siècle, décide qu'il n'y a pas en l'occurence « dépôt nécessaire » et qu'à défaut d'engagement du patron de garantir les objets déposés il n'en est pas responsable en cas de perte ou de vol, si une faute n'est pas prouvée qui lui soit imputable.

Le Congrès confédéral demande que cette question soit mise à l'étude de la C. A., afin qu'au plus tôt solution lui soit trouvée.

L'APPLICATION DES LOIS SOCIALES A TOUS LES SALARIES

La Commission, en présence des faits qui lui ont été signalés, a jugé indispensable de demander au Congrès de s'affirmer une fois de plus sur la nécessité de voir appliquer les lois sociales à tous les salariés sans distinction.

A cet effet, elle demande au Congrès de voter la résolution suivante :

Le Congrès confédéral, considérant qu'il ne saurait être admis plus longtemps que certaines catégories de travailleurs soient mises hors les lois sociales et de protection du travail;

Réclame une fois de plus et avec insistance que celles-ci soient appliquées à tous les salariés sans distinction;

En ce qui concerne particulièrement l'Algérie, la Tunisie, les colonies et pays de protectorat;

Le Congrès, rappelant que des lois et décrets existant n'ont pas encore reçu leur application, s'affirme à nouveau pour l'application intégrale à ces pays de l'ensemble de la législation sociale de la métropole.

SUR LE DROIT SYNDICAL ET LE LIBRE EXERCICE
DU DROIT SYNDICAL

La Commission, appelée à examiner la situation créée à certains travailleurs victimes de la répression patronale pour avoir voulu user du droit syndical en conformité de la loi de 1884, a estimé qu'il appartenait au Congrès d'affirmer une fois de plus la volonté de la classe ouvrière organisée de voir conférer à tous les salariés le droit syndical et de s'élever contre l'attitude patronale qui consiste à frapper les ouvriers qui entendent exercer leur droit syndical. Elle demande au Congrès de voter la résolution suivante :

Le Congrès affirme une fois de plus sa volonté de voir accorder à tous les travailleurs sans distinction, qu'ils appartiennent à l'industrie privée, aux services publics ou à l'Etat, le droit syndical;

Il s'élève contre la répression exercée par le patronat contre les travailleurs usant du droit syndical dans le cadre de la loi de 1884 et déclare qu'il ne saurait admettre que de telles pratiques puissent subsister.

CONCLUSION

La Commission saisit l'occasion qui lui est offerte pour, en matière de garanties prud'homales, rappeler aux syndicats isolés, Bourses du Travail et Unions départementales, qu'il existe à la C. G. T. un Conseil juridique particulièrement compétent pour leur fournir tous renseignements.

Le Président. — La parole est à Merma, secrétaire de la Fédération des Services de Santé.

Merma. — Camarades, mon intervention à cette tribune sera très brève. Elle a simplement pour but d'attirer l'attention du Congrès sur une des motions déposées, c'est-à-dire celle qui tend à accorder à tous les travailleurs, sans distinction, l'application des lois sociales.

Il n'existe, à ma connaissance, qu'une seule loi qui s'applique, sans distinction, à tous les travailleurs, c'est la loi sur le repos hebdomadaire; toutes les autres sont limitatives dans leur article premier, elles ne s'adressent qu'au commerce et à l'industrie.

Or, il y a de nombreux travailleurs qui n'appartiennent pas au commerce et à l'industrie. Prenons, par exemple, notre profession, les hospitaliers de toutes catégories. Lorsque la loi sur les assurances sociales va entrer en application, vous vous apercevrez que ni l'Etat, ni le Département, ni la Commune, dans notre pays, n'administre l'établissement hospitalier; il le subventionne quelquefois, mais il ne l'administre pas. Il est autonome et fait fonction d'établissement public. Le personnel n'est pas considéré comme fonctionnaire, même dans les établissements qui ont le titre d'établissements nationaux; il est considéré, tantôt comme domestique, tantôt comme ouvrier et ne bénéficie d'aucune loi.

J'ai là sous les yeux un rapport déposé au Conseil supérieur d'assistance, la plus haute Commission en matière d'affaires hospitalières, où M. Brelet, maître des Requêtes au Conseil d'Etat, a déposé un rapport qui a été approuvé par le Conseil supérieur, émettant l'avis qu'aucune loi sociale, y compris le repos hebdomadaire, n'était applicable aux hospitaliers.

Et au moment même où notre règlement d'administration publique sur la journée de huit heures vient devant le Conseil d'Etat, la question se pose de savoir si les lois sociales sont applicables.

Voilà donc, camarades, une première raison pour laquelle il faut obtenir, et tout de suite, que les lois déjà existantes soient applicables, sans distinction, à tous les prolétaires.

Examinons maintenant nos camarades de l'industrie privée. Car nous avons aussi des camarades infirmiers, petits façonniers, ou travaillant dans des maisons privées. Prenons, par exemple, un infirmier ou un mécanicien-dentiste travaillant au cabinet de son patron. Si le mécanicien-dentiste est victime d'un accident dans le laboratoire, accident du travail; s'il est victime du même accident dans le cabinet du patron, à l'endroit où ce dernier arrache les dents, il n'y a plus accident du travail parce que le mécanicien se trouve dans le local où son patron exerce une profession libérale.

La situation est grave pour nous. Nous allons l'examiner à notre prochain Congrès, mais nous demandons au Congrès d'affirmer aujourd'hui sa volonté de voir les lois sociales applicables à tous, tout particulièrement pour nos camarades d'Algérie.

Le hasard m'a fait trouver il y a quelques jours, dans l'*Officiel*, une loi qui vient d'être promulguée et qui indique dans quelles conditions la femme indigène, musulmane, peut acquérir la qualité de femme française. A la base de la législation algérienne il y a le sénatus-consulte de 1865 qui détermine les conditions dans lesquelles nos camarades indigènes peuvent devenir français. La loi dont je viens de parler fait appel aux articles 3, 4 et 5, mais le décret de 1888 sur la nationalisation des indigènes en Algérie a abrogé l'article 4 et 5 dont il est question, de sorte que cette loi qu'on vient de promulguer est parfaitement inapplicable puisqu'elle est basée sur des textes qui ont cessé d'exister.

Voilà ce que j'avais à vous dire. J'appuie donc, au nom de ma Fédération, le rapport présenté par le camarade Jaccoud, pour que les lois sociales soient applicables à tout le prolétariat. (*Applaudissements*.)

Le Président. — La parole est à Vatin, de l'Aube.

Vatin. — Mes chers camarades, je n'aurais certainement pas pris la parole à cette tribune si dans le brillant exposé fait par le rapporteur des lois sociales il n'y avait pas quelque chose qui me tient véritablement à cœur : la question de la loi sur les accidents du travail. Il y a dans cette loi quelque chose qui n'est pas encore suffisamment compris par la généralité des travailleurs. Et si je prends la parole ici, c'est parce que, comme beaucoup d'autres peut-être dans ce Congrès, nous avons eu à souffrir des vicissitudes de l'accident du travail.

Le rapporteur vous disait tout à l'heure que la loi de 1898 sur les accidents du travail est une loi qui ne répond plus aux besoins des travailleurs. On vous a dit aussi que notre C. G. T. avait fait élaborer un projet. Immédiatement, d'autres organisations ont, elles aussi, élaboré des projets, et la Fédération Nationale des Mutilés du Travail, à laquelle j'appartiens, a élaboré un projet. Si à ce moment il y avait eu cohésion des efforts, si toutes les organisations s'étaient mises d'accord pour présenter un projet, il est bien certain qu'à l'heure actuelle, non seulement ce projet ne serait pas périmé, ne serait pas mis dans les dossiers poussiéreux du Sénat, mais peut-être pourrions-nous avoir actuellement une nouvelle législation du travail.

Je sais aussi que peut-être la Fédération des Mutilés du Travail n'a pas reçu l'approbation des organisations ouvrières. Je sais qu'il est très difficile de concevoir que pour une question d'une telle importance on ait vu, à ce moment, se créer une organisation. Mais vous admettrez qu'il y a des gens qui souffrent depuis de longues années des accidents du travail, et hier à cette tribune, un camarade vous disait quelle était la situation faite à nos malheureux camarades de l'agriculture.

Ne croyez pas que je vienne faire ici l'apologie de la Fédération des Mutilés du Travail. Si j'en parle ici, c'est que je suis obligé de la citer.

Mon exposé sera très bref, il se résumera en quelques mots. Actuellement il y a un projet de refonte de la loi de 1898 qui est au Sénat. Il faut donc que dès demain, non seulement les organisations ouvrières, mais aussi tous les ouvriers en général, répondent aux appels qui seront lancés, pour que cette loi, tant attendue, sorte enfin, malgré certains parlementaires qui ont intérêt à ce qu'elle ne paraisse pas. (*Applaudissements.*)

Le Président. — La parole est à Durel, de Tunisie.

Durel. — Je voudrais seulement attirer l'attention du Congrès sur l'un des paragraphes de fin de la résolution qui vous est présentée, et qui parle de l'application des lois aux colonies et pays de protectorat.

Le vote de cette formule n'implique pas du tout l'application à la Tunisie. Si vous voulez qu'une loi, quelle qu'elle soit, soit appliquée à la Tunisie, il faut demander que dans le dernier article figure la précision nominative de la Tunisie.

Je m'explique, la Tunisie n'est pas considérée comme pays de protectorat, elle n'est pas considérée comme colonie, elle est, effectivement, considérée comme pays étranger. Elle ne dépend pas du ministère des Colonies, elle dépend, pour son malheur, du ministère des Affaires étrangères. Aucune loi française n'est applicable à la Tunisie, pas même aux Français. Nous ne connaissons comme vieille loi française applicable à la Tunisie qu'une ordonnance royale de 1778 aux termes de laquelle il est possible au Gouvernement de se débarrasser des Français quand il lui plaît. Voilà la seule loi française dont je connaisse l'applicabilité à la Tunisie, si je puis ainsi m'exprimer.

Pour qu'une loi française soit applicable à la Tunisie, il faut que le président de la République le dise par décret ou il faut que le Parlement l'exprime formellement. Jusqu'à maintenant le Parlement s'est peu soucié de rendre applicables à la Tunisie quelques lois françaises.

Je demande que dans la résolution qui nous est proposée on ajoute : Algérie, colonies, pays de protectorat et la Tunisie. (*Applaudissements.*)

Bidegarray. — Permettez-moi de vous poser une question, elle n'est pas inscrite dans votre rapport, mais elle peut tout de même s'y introduire. Par son action passée, la C. G. T. a obtenu un dégrèvement sur l'impôt sur le salaire en augmentant la somme qui devait être exclue de l'impôt.

Nous avons constaté tous dans les journaux que les plus-values dans la perception des impôts se chiffraient par des milliards. Croyez-vous possible d'introduire dans votre rapport un paragraphe demandant à la C. G. T., à la Commission administrative de poursuivre le dégrèvement de l'impôt sur le salaire en fixant un taux : 15.000, 20.000 par exemple? Je pose la question pour que vous y répondiez si vous le pouvez.

Le Président. — La parole est à Jaccoud, rapporteur.

Jaccoud. — Sur l'intervention du camarade Merma je n'aurai rien à répondre si ce n'est que dans mon rapport, en précisant certains faits portés à la connaissance de la Commission, il est indiqué que l'on demande l'application des lois sociales à tous les travailleurs sans distinction. Par conséquent, Merma a satisfaction. Je suis heureux qu'il soit venu à cette tribune faire ressortir les anomalies flagrantes et les injustices dont sont victimes les hospitaliers, tant de la métropole que de l'Algérie et des autres pays.

En ce qui concerne les accidents du travail, si le camarade était venu à la Commission il aurait vu le large débat qui s'est engagé sur cette question concernant l'action à engager pour faire sortir du Sénat la nouvelle loi sur les accidents du travail.

Nous n'avons pas voulu embarrasser le Congrès de détails et la résolution présentée donne satisfaction aux camarades. Les Unions départementales, locales, les Bourses du Travail doivent faire le plus grand effort pour imposer au Sénat le vote du projet de loi, voté par la Chambre il y a deux ans.

En ce qui concerne l'intervention de Durel, nous sommes d'accord, en raison de la particularité dont il vient de nous entretenir, pour ajouter la Tunisie au paragraphe cité.

La question soulevée par Bidegarray n'a pas fait l'objet d'un débat à la Commission parce que, comme il vient de l'indiquer, la Commission administrative, le Bureau confédéral, les Comités nationaux n'ont cessé de se préoccuper de cette question. Déjà les efforts de la Confédération Générale du Travail ont été couronnés de succès dans une certaine mesure. Evidemment, le Congrès sera unanime pour demander au Bureau confédéral de poursuivre ses efforts pour établir un nouveau barème de dégrèvements, dont le taux pourra être fixé, soit par la C. A., soit par le Comité national. Je crois être l'interprète du Congrès pour demander au Bureau d'agir en ce sens. *(Applaudissements.)*

Le Président. — Je vais mettre le rapport de Jaccoud aux voix. Ceux partisans de l'adopter sont priés de le manifester en levant la main. *(Adopté à l'unanimité.)*

La parole est à Boulanger, rapporteur de la Commission de l'enseignement.

Boulanger. — Le Congrès a été saisi par la *Voix du Peuple* d'un rapport concernant l'enseignement, et la Commission qui s'est réunie a décidé d'abord de se scinder en deux sous-commissions chargées, la première d'étudier la question de l'enseignement général, la seconde celle toute particulière de l'apprentissage et de l'enseignement technique. C'est donc la première partie du rapport que je vais développer devant vous.

Nous avons cru nécessaire de ne pas nous borner à l'adoption pure et simple des vœux qui nous étaient présentés, mais de produire, d'une façon plus large, une sorte de déclaration de principe qui affirmerait la continuité de l'action de la C. G. T. dans les questions concernant l'enseignement.

Vous retrouverez, dans la résolution dont je vais donner lecture, les principes qui ont déjà été adoptés par nos Congrès précédents, les résolutions qui ont été présentées par les Syndicats universitaires et notre Fédération générale de l'Enseignement, lors de la dernière réunion du Secrétariat professionnel international.

Nous disons :

L'ENSEIGNEMENT GÉNÉRAL

La C. G. T.,

Considérant que l'enseignement national doit être réorganisé en vue d'assurer à l'enfant l'éducation rationnelle et libre à laquelle il a droit, de garantir à chaque individu le plein épanouissement de sa personnalité et de donner à la collectivité la possibilité de recevoir de tous ses membres le maximum de services,

Rappelant les décisions de ses Congrès antérieurs,

Décide à nouveau de maintenir d'une façon permanente à l'ordre du jour de ses travaux le problème de la réforme de l'enseignement vue sous l'angle de l'éducation ouvrière,

Et de porter ses efforts vers la réalisation d'un système d'enseignement qui élève les enfants pour le travail et leur assure à tous le droit intégral à l'instruction;

A cet endroit, en raison de la bataille qui se renouvelle contre l'institution de l'école laïque, nous avons cru indispensable d'introduire un paragraphe spécial, déterminant la position de la C. G. T. vis-à-vis de la laïcité scolaire. La laïcité, pour nous, est certainement la forme la plus compréhensive et la plus claire de la tolérance, mais elle est davantage que cela. Certes, elle impose aux éducateurs le respect des convictions des enfants; elle leur commande la neutralité absolue, mais elle leur permet aussi de dégager l'enseignement de la discipline étroite des dogmes et de l'orienter vers la seule lumière de la raison.

C'est pourquoi nous pensons que l'enseignement laïque est seul capable d'assurer l'émancipation des travailleurs en les habituant à ne pas se contenter d'accepter passivement les formules des puissants.

Nous définissons ainsi ce paragraphe :

Elle s'engage à soutenir les membres de l'enseignement dans l'action qu'ils sont obligés de mener pour la défense de l'école laïque, persuadée que la nation républicaine « ne peut vivre que par la liberté et progresser que par la science », et qu'un enseignement conforme aux principes de la liberté et aux données certaines de la science est seul capable d'éveiller les esprits à la justice, de faire un appel incessant à la réflexion personnelle et à la raison et de poursuivre ainsi la libération totale des travailleurs en harmonie avec les progrès de la pensée moderne.

Ici nous rappelons la position de la C. G. T. vis-à-vis du problème de la réforme complète de l'enseignement et tout particulièrement de l'école unique.

Déjà nos Congrès antérieurs ont pris position sur la question et nous avons à répondre maintenant à ceux qui sont nos détracteurs. Nous avons à montrer aux uns qu'il ne faut pas faire preuve d'un excès d'optimisme en niant l'effort des privilégiés contre cette réforme de l'école unique. Il ne faut pas dissimuler non plus aux autres les difficultés que nous aurons à surmonter pour la réaliser.

D'accord avec la Fédération de l'Enseignement qui a posé ces principes, nous reproduisons ainsi la définition très sommaire que nous en faisons :

En se prononçant à nouveau pour l'école unique, système réalisant effectivement l'égalité des enfants devant l'instruction, la C. G. T. ne veut céder ni à l'excès d'optimisme qui sous-estimerait la résistance des privilégiés, ni à un sentiment qui nierait la possibilité de toute tentative de réforme. Elle fait confiance aux organisations de l'enseignement confédérées pour poursuivre en commun l'étude du problème de la réalisation de l'économie, marquant dès maintenant que la réforme envisagée doit aboutir à l'émancipation de la classe ouvrière :

a) Par l'accroissement de liberté qui découle nécessairement pour chacun de l'élévation de son niveau de culture physique, intellectuelle et morale;

b) Par l'égalité absolue de tous devant l'instruction, par la suppression en cette matière de tout privilège de classe.

Le syndicalisme français considère que la rationalisation de l'enseignement s'impose au moins autant que celle de la production en ce sens que :

a) Chaque individu doit recevoir la culture qui correspond à ses aptitudes, de façon à occuper dans l'organisation sociale le poste qui lui convient;

b) Les services de l'enseignement doivent être harmonisés de façon à éviter les doubles emplois, les manques de liaison, les divergences de toutes sortes;

c) D'une façon générale, la gestion des services publics d'enseignement doit être confiée à des conseils à représentation tripartite : personnel, Etat, usagers.

Cette gestion de l'enseignement public par des conseils tripartites, que la C. G. T. a déjà adoptée dans ses précédents Congrès, et qu'a étudiée plus particulièrement le Syndicat national des Instituteurs, porte le nom de nationalisation de l'enseignement.

Nous confirmons notre position vis-à-vis de cette réforme.

La C. G. T. confirme donc son opinion en faveur de la nationalisation de l'enseignement, persuadée que ces principes garantissent à la fois le libre développement des consciences enfantines, le respect de la liberté de penser des usagers, l'indépendance des éducateurs, et assurent à tous le maximum d'avantages,

Ici elle répond à l'appel des organisations universitaires, en particulier à celui du Syndicat des Instituteurs, pour décider d'entreprendre, devant l'opinion publique, la large campagne de diffusion nécessaire pour faire comprendre la nécessité de cette réforme.

Elle répond favorablement à l'appel du Syndicat National des Instituteurs, se déclarant prête à seconder toutes les organisations universitaires confédérées dans l'effort de propagande qu'elles tentent pour la diffusion de ces principes et la création du mouvement d'opinion nécessaire à l'obtention des réformes envisagées.

A cet égard, elle fait appel à tous les dévouements syndicaux pour étudier l'institution :

1° Des organismes d'étude qui doivent rechercher les bases rationnelles d'un enseignement populaire et étudier le problème de la formation des militants syndicaux;

2° Les œuvres d'éducation qui contribueront au relèvement intellectuel et social des travailleurs.

Ces principes posés, nous avons cru utile de revenir sur les deux questions spéciales qui vous avaient été présentées dans le rapport que vous avez sous les yeux, à savoir : l'obligation de la fréquentation scolaire et la nécessité d'une éducation post-scolaire.

Nous éprouvons quelque embarras et aussi quelque humiliation à constater dans quel état d'infériorité se trouve l'école française, en présence de l'effort considérable fourni par d'autres peuples. Nous éprouvons un vif regret aussi à constater qu'un projet de loi voté par le Sénat depuis 1922, concernant l'obligation de la fréquentation scolaire, se trouve encore en instance devant la Chambre des députés, est déposé à nouveau à chaque législature, et n'a pas encore été discuté! Nous pensons qu'il est nécessaire que cette fréquentation scolaire soit assurée de façon effective, et nous en établissons la nécessité en reprenant, dans l'énumération très rapide des réformes que nous envisageons, des vœux qui ont été apportés par des camarades des organisations ouvrières, par la Fédération générale de l'Enseignement, ou le Syndicat des Instituteurs, sur lesquels se sont mis d'accord, à l'unanimité, tous les membres de la Commission. Ces vœux mettent en relief les initiatives locales qui ont pu être conduites dans certaines communes, mais déclarent formellement que nous ne pouvons pas nous contenter de ces initiatives, que nous voulons un projet d'ensemble national.

La C. G. T.,

Considérant que tous les esprits avertis sont unanimes à reconnaître les insuffisances et les injustices de notre système d'éducation et à déplorer le retard de notre pays en matière d'enseignement,

Que le Parlement se trouve en présence de projets divers qui n'ont encore abouti à aucune discussion d'ensemble, alors que l'inapplication des lois cependant en vigueur concernant l'obligation scolaire risque de mettre en péril le régime démocratique lui-même;

S'élevant contre l'apathie des Pouvoirs publics, l'indifférence coupable de certains parents et l'exploitation patronale de l'enfance;

Persuadée par ailleurs que l'influence éducative de l'école doit se poursuivre au delà de cette institution et pénétrer aussi l'enseignement post-scolaire capable de développer la conscience professionnelle, solidaire de la conscience civique,

Décide de porter ses efforts immédiats sur l'amélioration du système actuel d'enseignement dans le sens suivant :

Ici nous insistons non seulement en ce qui concerne l'enseignement public, mais encore à l'égard de l'enseignement privé, puisque, dans la législation actuelle, ces deux enseignements existent.

1° En ce qui concerne l'enseignement public :

De prendre les mesures nécessaires pour assurer une fréquentation régulière et convenable, de hâter dans ce but le vote des projets de lois actuellement soumis aux Chambres;

D'accorder largement le bénéfice des lois d'assistance aux familles nécessiteuses, avec la complète obligation de se conformer à la loi scolaire;

D'examiner toutes mesures susceptibles de favoriser une meilleure fréquentation (cantines, fournitures gratuites, horaires des classes, transport des élèves en commun, époque des vacances, etc.);

D'envisager les mesures de répression rapide et efficace à l'égard de tous ceux, parents et employeurs, qui seraient responsables de la mauvaise fréquentation comme de ceux qui tenteraient de l'entraver d'une manière quelconque;

Nous faisons allusion par là à la situation pénible et souvent difficile de nombreuses écoles de la région de l'Ouest, par exemple, où les adversaires de l'école laïque s'ingénient à trouver toutes sortes de procédés pour empêcher la bonne fréquentation de l'école publique laïque.

De consentir des crédits suffisants pour remédier d'urgence à l'insuffisance actuelle des locaux scolaires et doter toutes les écoles d'un matériel convenable d'enseignement;

De parfaire ces mesures par l'application de la loi sur l'inspection médicale, la création du livret de scolarité;

Voici donc l'énumération, très rapide, des réformes qui pourraient être envisagées immédiatement.

Mais nous ne limitons pas notre action à demander l'adoption de ces réformes. Nous estimons que la C. G. T. doit aussi défendre contre l'ignorance les enfants qui fréquentent les écoles privées, puisque cet enseignement existe d'après la loi actuellement en vigueur. Elle doit donc, dans les dispositions suivantes, affirmer le droit de l'enfant à disposer des moyens d'instruction offerts à tous :

2° En ce qui concerne l'enseignement privé, et en attendant la réalisation des projets à l'étude sur l'école unique nationalisée,

D'assurer avec la même rigueur que pour l'école publique la fréquentation scolaire, d'appliquer toutes les mesures de surveillance et de contrôle (tant au point de vue des maîtres qu'à celui de l'enseignement) prévues pour l'enseignement public, et de s'opposer, pour la sauvegarde des droits de l'enfant, à ce que des intérêts de parti puissent le priver des moyens d'émancipation que la communauté met à la disposition de tous;

Ici, pour amener la résolution que vous présentera la sous-commission concernant l'apprentissage et l'enseignement technique, nous faisons allusion à la nécessité de l'organisation effective d'un enseignement post-scolaire. Cet enseignement existe dans beaucoup de nations voisines, il existe même dans une province de France, où il a été maintenu tel qu'il était sous la législation allemande.

Si cet enseignement post-scolaire est réalisable à l'étranger, s'il peut continuer à exister en Alsace et en Lorraine, nous estimons qu'il est nécessaire de l'instituer également dans le reste de la France. Et nous disons :

Puis, s'acheminant vers un enseignement post-scolaire obligatoire dont la réalisation apparaît urgente et dont l'exemple des nations voisines et d'institutions en vigueur en Alsace révèle la généralisation possible, — de prolonger la scolarité obli-

gatoire au moins jusqu'à quatorze ans (en tenant compte des besoins saisonniers des régions), de créer des classes d'initiation pratique aux travaux manuels, d'appliquer et d'améliorer la loi Astier, conformément aux vœux déjà émis par la C. G. T.

Ici se placera le développement que j'ai annoncé tout à l'heure pour la Commission de l'apprentissage. Nous ne voudrions pas que notre discussion sur l'enseignement restât lettre-morte et soit consacrée simplement par un ordre du jour, dont la publication serait faite par la presse. Nous voudrions attirer l'attention du Parlement sur la nécessité impérieuse d'aborder enfin et dans son entier, le problème de la réforme de l'enseignement, en collaboration avec les Syndicats universitaires et avec l'ensemble de la C. G. T., et aussi d'accepter lui-même ses responsabilités et de prendre les décisions que commande la situation. Pour cela, nous savons qu'il est nécessaire que la C. G. T. elle-même entreprenne une vaste et vigoureuse campagne pour faire comprendre à l'opinion publique la nécessité de cette réforme.

C'est pourquoi nous allons appeler les Unions départementales à l'action, dans le sens des résolutions que je viens de vous lire, et nous donnerons mandat au Bureau confédéral d'intervenir lui-même auprès de l'opinion publique pour déterminer le courant nécessaire, favorable à la réalisation de ces réformes auprès des Pouvoirs publics.

Notre résolution se termine donc par ce paragraphe :

La C. G. T. appelle l'attention du gouvernement et du Parlement sur l'absolue nécessité d'aborder. délibérément et dans son ensemble, autrement que par des mesures fragmentaires et des améliorations timides, souvent inopérantes, l'étude du vaste problème de la réforme de l'enseignement, si important pour la préparation civique du citoyen, l'orientation rationnelle de l'école et l'affranchissement définitif du prolétariat.

Le Congrès,

Appelle dès maintenant à l'action les organisations départementales et les syndicats confédérés dans le sens de la résolution ci-dessus et donne mandat au Bureau confédéral pour déterminer dans l'opinion publique de vastes courants favorables à la réalisation de ces réformes essentielles et intervenir d'une façon pressante auprès des Pouvoirs publics afin d'en obtenir l'application.

Le Président. — La parole est à Vardelle, du Papier-Carton de Limoges.

Vardelle. — Camarades, sur une question aussi grave et aussi importante que celle de l'enseignement, il apparaîtrait, à mon sens, véritablement impérieux et peu courageux également de ne pas dire nettement quel est notre sentiment et de laisser marcher tout seul l'enseignement dans une bataille qui concerne au premier chef la classe ouvrière.

Nous n'avons qu'à examiner autour de nous et à constater que d'un point de départ pour l'organisation de l'enseignement qui pourrait s'appeler Ferry et d'un point d'arrivée qui pourrait s'appeler De Monzie, c'est un recul perpétuel de l'école publique, de l'école laïque et c'est une marche en avant perpétuelle de l'école confessionnelle, des écoles de réaction.

. Si nous en doutions, il y a quelque chose de particulièrement significatif, c'est une note parue dans le journal le *Temps,* en date du 30 juillet dernier, où il est question de la composition d'une Commission qui a pour mission de contrôler et de faire une enquête sur le surmenage scolaire. C'est une question importante, des médecins se sont émus, et on a constaté dans certains endroits que ce surmenage, ce bourrage, cette sorte d'éducation sans direction et sans technique, amènent les effets les plus déplorables. Il apparaîtrait donc qu'il faut des hommes du métier ou des représentants des usagers, intéressés au premier chef. Qu'y voyons-nous mettre? MM. Cazals, Léon Bérard, etc.; en suivant la liste, vous verrez quantité de personnalités éminemment représentatives qui ont pour mission de ne pas causer la peine la plus légère au gouvernement qu'ils ont mis au pouvoir, et qui vont à la Commission d'enquête avec l'intention bien arrêtée de ne rien faire du tout et de permettre qu'on continue de gaspiller la santé de nos petits.

A la vérité, si on avait voulu faire quelque chose, est-ce qu'il n'y aurait pas une représentation de médecins, au lieu de prendre un vague Monsieur, secrétaire de je ne sais quelle organisation, dont la mission consiste à donner un satisfecit absolu à chacune des demandes du gouvernement? Est-ce que l'on n'aurait pas choisi, dans le personnel enseignant, ceux qui pouvaient contrôler, renseigner ceux qui pouvaient faire quelque chose? Cette indication, je le répète, est significative.

N'est-il pas nécessaire que du haut de cette tribune, nous disions, nous les manuels, ce que nous pensons de la direction de l'enseignement à l'heure actuelle?

L'école est livrée au hasard. Regardez pendant une minute, ce sont les bataillons scolaires, plus tard ce seront les mutualités scolaires, les coopératives scolaires; à l'heure actuelle, c'est le scoutisme. Et l'instituteur qui a l'intelligence pratique de se livrer à ce jeu facile de céder à la mode, sera bien marqué pour le tableau d'avancement, il recevra faveurs et rubans. (*Applaudissements.*)

Nous disons qu'il faut qu'il y ait une autre méthode, une autre direction. Nous entendons bien que cette politique, si nous ne la dénonçons pas, peut servir admirablement bien les puissances capitalistes de ce pays. Séparer, par exemple, l'enseignement technique de l'enseignement général, et former des contremaîtres, des gardes-chiourmes, et bien récompenser cette petite sélection, en laissant la grande armée sans connaissances, ne pouvant pas faire grand'chose, parce que lorsqu'on n'a pas le cerveau meublé, on ne peut pas arriver.

Voici que nos camarades de l'enseignement, pour arriver à des résultats pratiques, nous disent : « Rien de possible sans la nationalisation de l'enseignement! » Et lorsque je lisais leur résolution, moi qui suis placé là-bas à côté de nos camarades cheminots, je songeais que l'histoire à d'étonnants retours, une logique implacable. Je voyais, il y a de cela quelques années, nos camarades cheminots, dans un fracas de bataille, se lançant contre quelque chose de sacré, de divin, pour le régime de la propriété. Ils avaient parlé de nationalisation industrialisée et immédiatement les appétits s'émeuvaient, les consciences s'inclinaient. Ils furent battus, mais non vaincus, car hier encore notre camarade Jouhaux rappelait que la bataille ne serait pas terminée tant qu'un seul cheminot resterait dehors.

Voici qu'aujourd'hui, ce sont nos camarades de l'enseignement qui disent : « Pas de possibilité de développement de la culture générale en France sans cette nationalisation industrialisée! » Elle nous apparaît comme la sauvegarde et l'avenir pour la classe ouvrière qui veut son émancipation.

Nous disons : culture générale plus étendue; culture professionnelle et harmonie entre ces deux formes de l'instruction, seule façon d'arriver à des résultats tangibles.

Je suis bien certain que tout à l'heure le Congrès saluera cette résolution, non pas seulement en l'acclamant et en disant : « Nous sommes d'accord avec elle », mais demain en allant aux masses, en allant expliquer ce que nous voulons faire pour nos petits, en montrant que nous sommes fidèles aux idées qui nous ont amenés. A ceux qui parlent de monopole, nous dirons non, monopole le « moi », nationalisation le « nous ». Voilà quel sera notre langage et avec cela je n'ai pas peur, la classe ouvrière viendra à nous, si nous en avons le courage et l'énergie. (*Applaudissements.*)

Le Président. — La parole est à Leymarie, de Périgueux.

Leymarie. — Je demande si la Commission ne verrait pas d'inconvénient à inclure dans le rapport l'organisation des colonies scolaires. Cela n'existe pas d'une façon nationale et les colonies sont insuffisantes. Elles sont nécessaires aux enfants de travailleurs qui vivent dans des maisons où ils manquent d'air et d'hygiène. Il me semble qu'on pourrait prévoir une organisation meilleure des colonies scolaires.

Le Président. — La parole est au rapporteur.

Boulanger. — Je suis d'accord avec le camarade; la réalisation que nous entrevoyons a déjà reçu un effet d'application. Dans notre rapport, nous n'avons pas fait l'énumération strictement limitative; nous acceptons cette suggestion.

Le Président. — Le rapporteur est d'accord. Je mets le rapport aux voix; ceux qui sont partisans de l'adopter sont priés de le manifester en levant la main. (*Adopté.*)

La parole est à Froideval pour l'enseignement professionnel et l'apprentissage.

Froideval. — Notre camarade Boulanger, du Syndical national des Instituteurs, a fait savoir que la Commission générale de l'enseignement avait divisé son travail en deux parties. Nous avons donc aujourd'hui à rapporter sur la question de l'enseignement professionnel et de l'apprentissage.

Je dois indiquer au Congrès que nous avons été heureux de constater que les travaux de notre Commission d'enseignement professionnel ont été suivis par des camarades des Syndicats de l'industrie privée et des Services publics, et, pour la première fois, des membres de l'enseignement public et technique professionnel.

Nous entendons rappeler que l'évolution des méthodes industrielles de travail ne saurait, en aucune façon, porter préjudice à l'éducation professionnelle des jeunes travailleurs. Nous affirmons dans ce Congrès notre opposition énergique aux méthodes de dressage et de spécialisation de la jeunesse ouvrière. Il faut que le Congrès affirme sa volonté de voir former des ouvriers professionnellement et civiquement qualifiés.

Ces affirmations, contenues dans notre résolution, précisent que nous voulons donner aux travailleurs une culture générale égale à leur culture professionnelle.

Dans la résolution que nous allons vous présenter et que certains congressistes pourront trouver quelque peu longue, nous avons cru devoir faire entrer tous les problèmes de l'enseignement technique et de l'apprentissage.

A ce sujet, on me permettra de rappeler qu'il y a quelques mois, s'est tenue à Paris une conférence patronale qui a eu un certain retentissement. Il s'agit de la Conférence interprofessionnelle qui a exprimé ses volontés et ses désirs. Nous entendons, représentants du mouvement syndical ouvrier, opposer aux thèses patronales les thèses ouvrières.

Je n'ai pas du tout l'intention de commenter les différents points de notre résolution. Cependant, je crois devoir indiquer que, notamment pour ce qui concerne le contrat de travail, nous devons dire à nos camarades des Fédérations qu'ils ont pour devoir d'établir dans un temps assez rapide des contrats-types d'apprentissage qui pourraient permettre d'orienter les Syndicats professionnels dans la voie de la réalisation du contrat d'apprentissage obligatoire.

D'autre part, nous apportons des indications qui, espérons-le, seront retenues. Dans tout le problème de l'apprentissage, nous entendons que la classe ouvrière pénètre dans tous les rouages administratifs et de contrôle. En conséquence, nous demandons la modification de la composition du Conseil supérieur de l'Enseignement technique. Nous entendons voir entrer dans ce Conseil des représentants de la classe ouvrière et des représentants de tout le corps enseignant, de toutes les écoles pratiques et de toutes les écoles professionnelles.

En ce qui concerne un point qui a déjà été controversé avec intensité dans notre dernier Comité confédéral national, la taxe d'apprentissage, je dois indiquer que nous avons condamné dans la résolution les méthodes actuelles de perception de cette taxe. Nous ne prétendons pas que la résolution concernant la taxe d'apprentissage va résoudre tout le problème. Cependant, ce que nous voulons dire à nos camarades, membres des Commissions locales, départementales d'enseignement technique, c'est qu'ils doivent exercer un contrôle rigoureux pour que l'on n'accorde pas l'exonération de la taxe d'apprentissage à des œuvres professionnelles qui ne seraient pas strictement neutres et laïques.

A ce sujet, des camarades nous ont fait savoir que l'on avait accordé dans certains départements des subventions de l'Etat, des versements prélevés sur le produit de la taxe, à des œuvres qui revêtaient un caractère confessionnei caractérisé.

Le Congrès devra dire que nous entendons que l'enseignement professionnel soit, comme l'enseignement public, complètement neutre et laïque.

Enfin, pour terminer, nous avons voulu donner à notre C. G. T. un outil de travail par l'institution d'une Commission permanente d'études qui nous permettra de donner sur toutes ces questions de l'enseignement professionnel et technique, tous les renseignements à nos camarades des Syndicats de province, ce qui permettra de défendre la jeunesse et le mouvement ouvrier tout entier. (*Applaudissements.*)

Voici la résolution :

L'ENSEIGNEMENT PROFESSIONNEL ET L'APPRENTISSAGE

Le Congrès national de la C. G. T. déclare qu'il ne saurait être question de séparer l'enseignement technique de l'enseignement général, étant donné les rapports étroits qui existent entre ces enseignements.

Il affirme l'indispensable nécessité de maintenir les services de l'enseignement technique et professionnel au ministère de l'instruction publique.

ORIENTATION PROFESSIONNELLE

Le Congrès précise que la prolongation de la scolarité obligatoire doit être consacrée à la culture générale et que durant les deux dernières années de scolarité primaire les programmes comportent particulièrement et dans la plus large mesure l'enseignement des notions élémentaires pratiques des principaux métiers et l'étude des éléments des sciences appliquées aux profssions.

Le Congrès manifeste son désir de voir constituer dans toutes les localités des offices d'orientation professionnelle prévus par le décret du 26 septembre 1922 et avec une participation effective des organisations syndicales ouvrières.

L'ENSEIGNEMENT PROFESSIONNEL

L'enseignement professionnel ne doit pas avoir pour but de préparer pour les employeurs une main-d'œuvre dressée pour une opération industrielle ou commerciale, mais de donner aux travailleurs une préparation professionnelle qui leur permettra de pouvoir s'adapter aux différentes spécialités du métier, selon les transformations techniques qui peuvent s'opérer dans l'industrie où ils sont employés.

Le Congrès confédéral ne reconnaît comme apprentissage méthodique et complet que celui qui est donné soit dans les écoles pratiques ou de métiers et primaires supérieures professionnelles, soit dans les ateliers d'après un programme d'apprentissage établi par les Conseils de métiers composés de délégués des syndicats ouvriers et patronaux et approuvés par les Comités départementaux de l'enseignement technique, complété par la fréquentation des cours professionnels prescrits par la loi du 25 juillet 1919, sanctionné par le certificat d'aptitude professionnelle.

LE CONTRAT D'APPRENTISSAGE

Le Congrès affirme la nécessité absolue de voir appliquer la loi du 20 mars 1928 rendant obligatoire le contrat d'apprentissage.

Pour cela, il demande que soit appliquée la circulaire ministérielle qui prévoit, ainsi que la loi elle-même, l'élaboration, la rédaction des contrats et la surveillance des apprentis avec le concours des organisations ouvrières dans le sein des Comités départementaux de l'enseignement technique.

A ce sujet, le Congrès rappelle que les Fédérations nationales d'industrie ont pour devoir d'établir des contrats types d'apprentissage par profession, qui seraient applicables dans toutes les localités sur les mêmes bases générales.

CONSEIL SUPÉRIEUR DE L'ENSEIGNEMENT TECHNIQUE

Le Congrès confédéral considère que la composition du Conseil supérieur de l'enseignement technique comprenant des membres de droit, des membres nommés et des membres élus, doit être modifiée et que celui-ci doit être composé par tiers de représentants de l'administration, du Parlement et du personnel enseignant de toutes les écoles publiques d'enseignement technique, des représentants patronaux et des organisations syndicales ouvrières.

Pour chaque catégorie devra être désigné un nombre égal de délégués suppléants.

LES COMITÉS DÉPARTEMENTAUX

Le Congrès, désireux de donner aux Comités départementaux de l'enseignement technique des moyens de contrôle, de surveillance et d'organisation pour tout ce qui concerne l'apprentissage, demande que la personnalité civile leur soit accordée pour qu'ils puissent se transformer au moment opportun en Chambres d'apprentissage sur la base des Conseils de métiers composés de représentants des syndicats patronaux et ouvriers.

Le Congrès demande en outre que les préfectures fournissent aux membres des Comités départementaux un état complet des institutions d'enseignement technique existant dans le département : écoles pratiques ou privées, cours professionnels publics et privés.

D'autre part, de faire procéder sans aucune dérogation dans toutes les communes au recensement des apprentis, prescrit par la loi du 25 juillet 1919.

Il sera ainsi possible aux Comités départementaux de déterminer les communes dans lesquelles la création de cours professionnels obligatoires est nécessaire et où, en conséquence, la constitution de Commissions locales professionnelles sera rendue obligatoire.

L'INSPECTION DE L'ENSEIGNEMENT TECHNIQUE

Le Congrès demande que pour permettre un réel contrôle des œuvres d'apprentissage, l'article 8 du décret du 17 février 1921 soit complété pour permettre la désignation d'inspecteurs départementaux ouvriers présentés par les organisations syndicales ouvrières dans une proportion égale à celle des inspecteurs patrons.

INDEMNITES ET JETONS DE PRESENCE

Pour permettre une participation effective et réelle des représentants des organisations ouvrières à tous les organismes suivants : Commissions locales, Comités départementaux, inspection, etc., le Congrès demande que leur soient accordés des indemnités pour perte de temps et frais divers sous la forme de jetons de présence, prévus par une circulaire ministérielle.

TAXE D'APPRENTISSAGE

Le Congrès,

Considérant que le système institué pour le recouvrement de la taxe d'apprentissage constitue une dérogation extrêmement grave aux principes généraux qui régissent la perception et l'emploi des impôts;

Qu'il est inadmissible que des assujettis à un impôt public puissent eux-mêmes effectuer l'emploi de cet impôt selon leurs conceptions particulières;

Affirme sa volonté de voir rentrer la taxe d'apprentissage dans le cadre général des impositions publiques;

Et qu'en conséquence les états matriciels soient établis par le soin du Ministère des Finances qui, seul, possède des fonctionnaires spécialement recrutés pour un travail de cette nature, possédant les éléments permettant de démasquer les nombreux assujettis, qui, actuellement, échappent à la taxe;

Le Congrès tient à spécifier d'autre part que la perception de la taxe d'apprentissage doit permettre aux divers organes administratifs et de contrôle (Conseil supérieur, Comités locaux, Commissions départementales, inspection) d'être pourvus de moyens financiers leur permettant d'assurer leur fonction.

EXONERATION DE LA TAXE

Le Congrès confédéral émet le vœu qu'un avis défavorable soit donné à toute demande d'exonération de la taxe d'apprentissage dont le dossier ne contiendrait pas :

Un état budgétaire de l'école ou des cours professionnels devant bénéficier de l'exonération;

Un rapport sur le fonctionnement de ces institutions indiquant le nombre et les titres du personnel enseignant, l'état du matériel mis à la disposition des élèves, les programmes et horaires des cours, ainsi que le nombre des élèves fréquentant les cours et de ceux qui ont obtenu le certificat d'aptitude professionnelle à la fin de l'année scolaire précédente.

Il tient à affirmer sa volonté de s'opposer à l'exonération des subventions attribuées directement par les assujettis à la taxe d'apprentissage, aux établissements d'enseignement professionnel qui ne revêtiraient pas le caractère de stricte neutralité.

En tout cas, les exonérations à accorder, le cas échéant, ne pourront dépasser le pourcentage sur la taxe brute déterminée par les Comités départementaux d'enseignement technique.

Et le Congrès confirme les déclarations du Comité confédéral national du 28 mars 1929 :

« Il demande que toutes les écoles publiques d'enseignement technique rattachées soit à la direction de l'enseignement technique, soit aux autres directions de l'enseignement aient la possibilité de recevoir des versements prélevés sur la taxe d'apprentissage, suivant les pourcentages établis par les Comités départementaux.

« Que soient modifiés les décrets du 1er octobre 1926 qui s'opposent à la réalisation du principe ci-dessus indiqué. »

GESTION DES ORGANISMES D'ADMINISTRATION
ET DE CONTROLE DES INSTITUTIONS
D'ENSEIGNEMENT TECHNIQUE ET PROFESSIONNEL

Fidèle à l'idéal maintes fois affirmé sur la gestion des services publics, le Congrès estime que le rôle des délégués des organisations ouvrières ne saurait se borner à une participation plus ou moins officielle aux divers organismes participant, soit à la gestion administrative, soit au contrôle des institutions d'enseignement technique et professionnel.

Il demande que dans tous ces organismes la représentation tripartite, administration, personnel, organisations patronales, organisations ouvrières, soit assurée.

BOURSES D'APPRENTISSAGE

Le Congrès estime que des crédits doivent être affectés à l'attribution de bourses en faveur des élèves suivant les écoles publiques d'enseignement technique et professionnel régulièrement constituées et reconnues par le Comité départemental.

LE CONTROLE DES ECOLES PRIVEES PAYANTES

Le Congrès demande qu'une prescription législative interdise l'ouverture d'écoles professionnelles payantes privées qui n'auraient pas reçu une autorisation après avis favorable du Comité départemental de l'enseignement technique et dont la nécessité ne serait pas démontrée.

Il demande que les écoles professionnelles payantes privées existant actuellement soient soumises au contrôle de l'enseignement technique, que leurs programmes concordent avec ceux en application dans les écoles publiques analogues, et que les élèves soient mis dans l'obligation, en fin d'études, de passer le certificat ou le brevet d'aptitudes professionnelles délivrés par l'enseignement technique.

CREATION D'UNE COMMISSION PERMANENTE D'ENSEIGNEMENT PROFESSIONNEL A LA C. G. T.

Le Congrès confédéral,

Estimant que l'application des divers lois et décrets concernant l'enseignement technique et professionnel, ainsi que la participation de nombreux militants aux organismes de gestion et de contrôle de cet enseignement, rendent nécessaire la mise en œuvre de moyens propres à assurer une documentation aussi complète que possible, susceptible d'être mise à la disposition de ces militants et des groupements syndicaux;

Qu'il doit d'autre part être recherché les moyens d'assurer une unité de vues et d'action entre tous les rouages départementaux;

Décide la création au sein de la C. G. T. d'une Commission d'enseignement professionnel qui aura pour mission de réunir toute la documentation sur cette importante question, et d'en extraire l'essentiel qui sera porté à la connaissance des militants syndicaux par l'intermédiaire de la *Voix du Peuple*.

Cette Commission aura également pour mission de se saisir des différents problèmes se rattachant à cette question, et d'accord avec la Commission administrative de la C. G. T. d'arrêter les directives à porter à la connaissance des organisations syndicales.

LE PRÉSIDENT. — Leymarie, de Périgueux, a la parole.

LEYMARIE. — Notre camarade Froideval a indiqué la façon dont sont désignés les membres ouvriers aux organismes supérieurs. Il a oublié de noter dans sa résolution de quelle façon sont désignés les membres ouvriers aux Commissions locales. A l'heure actuelle, ces délégués sont élus sous le mode des élections prud'homales. Il y a là quelque chose de dangereux pour nous. Il arrive souvent, dans des petites localités, qu'on peut créer des Commissions cantonales. On fait élire des non-syndiqués au sein des Comités départementaux. On devrait introduire dans la résolution que pour les Commissions locales seront représentées : les Chambres de Commerce, les organisations patronales, les organisations ouvrières, sans qu'il y ait lieu de passer au vote.

LE PRÉSIDENT. — La parole est à Decostère, de l'Union du Nord.

Decostère. — Camarades, je regrette de n'avoir pu participer aux travaux de la Commission, étant retenu à celle des Assurances sociales. Si je suis d'accord, dans les grandes lignes, avec les conclusions du camarade Froideval, j'aurais voulu qu'on en revienne tout de même au dernier Comité confédéral national au sujet de la taxe d'apprentissage, et particulièrement au sujet des exonérations.

On avait décidé, en principe, au dernier Comité, que l'impôt était quelque chose qui devait être appliqué à tout le monde et on n'a jamais compris qu'on ait inséré dans cette loi les exonérations.

Si, dans d'autres régions, les camarades ont trouvé un patronat avec lequel on pouvait composer, je dois vous dire que dans notre département, il n'en est pas de même et la taxe d'apprentissage, et surtout les exonérations, ont produit simplement un aliment aux industriels pour créer des écoles confessionnelles.

Il faudrait savoir, camarades, si vous allez continuer cette faveur à ces pauvres industriels du Nord. La taxe d'apprentissage a été créée pour élever un peu le niveau moral de la classe ouvrière dans la liberté et l'indépendance. Il faudrait savoir si vous êtes disposés à suivre le chemin qui est indiqué par les industriels du Nord qui veulent simplement se servir des exonérations de la taxe pour créer partout des écoles confessionnelles !

Ici, évidemment, vous avez peut-être des patrons plus généreux. Il faut dire tout de même que dans notre département, les jeunes gens qui sortent des écoles pratiques de commerce et d'industrie sont contraints de passer une année à l'école confessionnelle pour trouver un emploi. Croyez-vous que nous devions nous associer au ministre qui a cru devoir obtempérer aux désirs exprimés formellement par les industriels? Nous ne le croyons pas. Nous estimons que la taxe d'apprentissage doit être imposée à tous, qu'il ne peut plus s'agir de question d'exonération. Nous avons, dans les Comités départementaux d'enseignement technique, les moyens d'encourager les industriels qui, réellement, s'occupent de l'apprentissage.

Si vous permettez à nos industriels, comme ceux du Nord, de se servir de la taxe pour combattre l'enseignement technique et par surcroît l'école laïque, il faudra voir si vous allez vous laisser faire, simplement parce qu'avec les exonérations on peut, paraît-il, pénétrer dans certains établissements, on peut se rendre compte. Voyez-vous, c'est un contrôle fictif. Une Commission s'est rendue dans le Nord; elle a examiné, avec les camarades Dubreuil, Quintin et un autre dont je ne me rappelle plus le nom, si réellement on faisait de l'apprentissage méthodique et complet dans ces écoles. Cette Commission est revenue avec un rapport négatif. Malgré cela, on a tout de même accordé la taxe aux industriels.

Nos industriels sont parfois plus révolutionnaires que les ouvriers, dans le Nord. Ils s'insurgent contre la taxe et pendant cinq années, ils se sont refusés de payer la taxe d'apprentissage. Savez-vous comment M. Poncet, notre ministre républicain de l'Instruction publique, a résolu le problème. Voici la lettre qu'il a adressée au Président du Groupement des Industriels du Nord :

Paris, le 18 mai 1929,

Monsieur le Président,

Le Comité départemental de l'enseignement technique du Nord, dans sa dernière réunion, a laissé en suspens la question de savoir s'il ne conviendrait pas de comprendre dans un rôle supplémentaire les assujettis à la taxe d'apprentissage qui avaient obtenu, pour 1925, décharge de leur imposition, par arrêté du Conseil de préfecture.

J'ai l'honneur de vous informer que je viens de faire connaître mon avis sur ce point à M. le Préfet du Nord. J'ai décidé de renoncer à l'établissement du rôle supplémentaire.

Ce n'est pas que la question de droit m'ait paru douteuse, l'administration des finances, que j'ai consultée, a été formelle. Les assujettis à la taxe pour le rôle de 1925, même si le Comité départemental a dressé des états matriciels dans des conditions défectueuses restent débiteurs envers le Trésor du montant de leur taxe et, une fois rectifiées les erreurs commises, en doivent effectuer le paiement.

Mais, plus qu'à cette question de droit, j'attache de l'importance à la question de fait et de sentiment.

Je voudrais éviter que des controverses relatives à un épisode déjà vieux de quatre ans ne fissent tort, en se prolongeant, à la politique de collaboration loyale, d'entente et de concessions mutuelles qui, dans la région du Nord, comme dans le reste de la France, doit présider à l'activité de l'enseignement technique pour le bien de nos enfants et le profit général de l'industrie et du commerce.

Je souhaite que mon attitude, conforme à ce que j'ai déclaré aux Chambres et à vous-même, lorsque vous avez bien voulu me rendre visite, soit comprise de tous vos collègues et que les travaux du Comité départemental du Nord se poursuivent dans une atmosphère de bonne volonté et de confiance réciproques.

Veuillez agréer, Monsieur le Président, l'assurance de ma considération la plus distinguée.

Le sous-secrétaire d'Etat de l'enseignement technique;

Signé : A.-F. PONCET.

On fait un petit cadeau aux industriels de deux à trois millions et on s'étonne que dans le Nord on ne soit pas satisfait de cette solution. Les ouvriers nous ont fait remarquer : « Il faudrait voir, si on refusait de payer l'impôt sur les salaires, si c'est une lettre du ministre que nous recevrions; c'est l'huissier qu'on nous enverrait. »

Camarades, vous ne pouvez pas donner raison à ce ministre qui a capitulé devant les industriels. Vous avez le droit absolu de dire que l'impôt doit être égal pour tous et que les industriels du Nord, qui ont déjà une trop grande puissance, n'ont pas à jouir encore de privilèges particuliers.

Si vous vouliez vous associer à cela, camarades, je vous demanderais de vous refuser de vous occuper encore de l'enseignement technique. On a parlé de l'école laïque, mais l'enseignement technique, c'est aussi l'école laïque. Et nous voyons des enfants quitter l'école professionnelle, obligés d'aller passer une année dans l'école confessionnelle de M. l'abbé Hiyet (?) pour trouver un emploi.

Nous tenons à nous élever contre cela et nous disons que la taxe d'apprentissage ne peut, en aucun cas, servir contre nous, contre les enfants de la République. (*Applaudissements.*)

LE PRÉSIDENT. — La parole est à Gras, des Bouches-du-Rhône.

GRAS. — Il me paraît nécessaire d'insérer dans la résolution quelque chose concernant la taxe d'apprentissage.

La taxe d'apprentissage rapporte dans notre pays environ 100 millions. 30 millions servent aux exonérations diverses; sur les 70 millions qui restent, il y a 8 millions exactement qui vont à la direction de l'Enseignement technique. Le reste rentre dans le budget national. Je demande à la Commission de bien vouloir insérer dans la résolution quelque chose à ce sujet.

LE PRÉSIDENT. — La parole est à Froideval, rapporteur.

FROIDEVAL. — Pour répondre à l'idée émise par notre camarade Leymarie, je dois dire que nous sommes complètement d'accord. Si dans la résolution que nous avons présentée au Congrès, il n'a pas été question de la nomination des délégués aux Commissions locales, nous devons dire ici que nous sommes d'accord avec Leymarie. Je crois qu'il serait bon, puisque nous avons prévu la nomination d'une Commission de l'enseignement technique et de l'apprentissage, que nous donnions mandat aux camarades chargés de faire fonctionner cette Commission, de soumettre à la Direction générale de l'Enseignement technique, la résolution votée par ce Congrès, en y adjoignant l'indication donnée par Leymarie.

D'autre part, en ce qui concerne la taxe d'apprentissage, nous sommes complètement d'accord avec Decostère. Nous l'avons d'ailleurs affirmé au début de notre exposé. Nous considérons que ·le système institué pour le recouvrement de la taxe d'apprentissage constitue une dérogation extrêmement grave aux principes généraux qui régissent la perception et l'emploi des impôts.

Je n'ai pas très bien saisi l'intervention de Gras. Je pense qu'il a voulu dire qu'on demande l'augmentation du budget de la Direction générale de l'Enseignement technique.

Je ne sais pas si c'est de la compétence du Congrès. En tout cas, pour ma part, je crois que nous pourrions rester sur le *statu quo*, sur la question de savoir si la taxe d'apprentissage doit continuer à alimenter des œuvres de différentes tendances ou si, au contraire, elle doit rester un impôt qui doit alimenter les œuvres d'enseignement technique, neutres et laïques.

LE PRÉSIDENT. — Je mets le rapport présenté par Froideval aux voix. (*Adopté à l'unanimité.*)

Voici une communication :

Le Congrès invite d'une façon pressante le Bureau confédéral à instituer, d'accord avec le Syndicat national des Instituteurs et ses sections départementales, une campagne de meetings et de presse destinée à dénoncer à l'opinion publique les gaspillages consentis au budget de la Guerre et les restrictions imposées au budget de l'Instruction publique.

Cette proposition émane des instituteurs de la Nièvre.

Zoretti a la parole.

ZORETTI. — On pourrait dire : « D'accord avec la Fédération de l'Enseignement ! »

JOUHAUX. — Je ne veux pas m'opposer, pour ma part, au vote de l'ordre du jour, quels que soient les termes dans lesquels il sera conçu, mais je tiens simplement à indiquer que cet ordre du jour ne contient, en réalité, qu'une argumentation possible à faire valoir dans la campagne générale que nous avons à mener.

LE PRÉSIDENT. — Tout le monde est d'accord ? (*Adopté.*)

La parole est à Chevalme, rapporteur de la Commission de la classe ouvrière et la production.

CHEVALME. — La Commission, au nom de laquelle je rapporterai une résolution, avait à examiner la question de la classe ouvrière et la production. Ayant à faire valoir son appréciation sur cette question, elle avait à examiner tout ce qui touche les conditions générales du travail, c'est-à-dire : contrat collectif, salaires en fonction du développement de la productivité, la femme dans l'économie moderne, la durée du travail, etc...

En ce qui concerne les questions féminines, la Commission a cru devoir laisser, à nos camarades femmes déléguées à ce Congrès, et qui participaient à la Commission, le soin de déterminer elles-mêmes les points sur lesquels elles devaient attirer l'attention du Congrès. Une sous-Commission a été constituée qui rapportera une résolution en ce qui concerne les questions d'ordre féminin. .

Nous devons pourtant affirmer, au nom de la deuxième Commission, que si une Sous-Commission féminine a été nommée, cela n'enlève rien des affirmations qu'a toujours apportées la C. G. T. dans l'égalité des droits de la femme avec ceux de l'homme.

Examinant la question des salaires, nous avons été tous d'accord pour reconnaître que l'activité syndicale devait se déployer pour obtenir le relèvement des salaires. Diverses suggestions ont été apportées quant à la forme sous laquelle devait se déployer l'activité syndicale pour obtenir les réalisations matérielles. Plusieurs représentants d'organisations fédérales ont fait valoir les moyens qu'ils utilisaient personnellement pour obtenir les satisfactions qu'ils réclamaient.

La Commission a toutefois considéré que son attention ne devait pas s'arrêter exclusivement à la question du relèvement nominal des salaires et que le problème de la rémunération du travail devait être examiné dans un sens plus large.

Tout en retenant les moyens divers utilisés par les organisations syndicales dans leur action pour le relèvement des salaires, comme les bases sur lesquelles elles s'appuient dans leur activité, la Commission a cru devoir reconnaître que l'augmentation nominale du salaire ne solutionnait pas le problème posé à la classe ouvrière. Le renchérissement constant du coût de la vie, les contingences économiques et industrielles font que les améliorations de salaires obtenues n'ont qu'une valeur toute relative.

La Commission a considéré que le problème des salaires était aujourd'hui étroitement lié à la question de l'organisation générale de la production.

Dans toutes les industries, mais plus particulièrement dans les industries maîtresses, on a apporté, surtout depuis la guerre, de grosses transformations dans les méthodes de production. Sous le nom de rationalisation, on recherche l'accroissement de la production sans trop se préoccuper des conséquences que peuvent avoir pour la classe ouvrière les transformations apportées, et sans autre souci que la défense d'intérêts particuliers au détriment même des intérêts de la collectivité.

C'est pourquoi, la Commission a cru devoir porter sur ce point son attention.

Comment se pose le problème de la rationalisation?

Je n'ai pas l'intention de vous faire sur ce point un long exposé.

Depuis toujours, on a poussé par le progrès, recherché l'amélioration de la production. Mais, depuis la guerre, les industriels, poussés par les nécessités économiques, aiguillonnés par la concurrence internationale, ont été amenés à rechercher plus activement l'amélioration de la production.

Si nous examinons la situation industrielle dans notre pays, il est facile de constater que les industriels sont dans l'obligation, en raison de la limitation des marchés économiques intérieurs, de rechercher la réduction des prix de revient pour pouvoir se maintenir sur le marché extérieur.

La situation est sensiblement la même dans les autres pays industriels. La production s'est accrue surtout depuis ces dernières années, dans de très fortes proportions et sans trop tenir compte des possibilités de consommation.

Les transformations apportées dans les méthodes de production l'ont été sans tenir compte des conséquences qu'elles pouvaient avoir pour la classe ouvrière.

Devons-nous pour cela être contre la rationalisation?

Nous ne pouvons que confirmer les appréciations de la Confédération Générale du Travail qui, soucieuse de l'amélioration des conditions d'existence de la classe ouvrière, soucieuse du bien-être collectif, s'est déclarée partisante de tout progrès et de toute amélioration dans la production, devant permettre l'accroissement des possibilités de consommation.

Sur ce point, la Commission a été unanime.

Est-ce à dire que nous n'avons rien à dire contre les formes dans lesquelles sont appliquées les nouvelles méthodes de travail?

Du côté patronal, la réorganisation industrielle est envisagée sans aucune préoccupation des conséquences que cela peut avoir pour la classe ouvrière; l'accroissement de la production n'est recherché que pour des profits particuliers et sans aucun souci de l'intérêt général.

C'est ce que la Commission a tenu à dénoncer.

Les industriels préconisent pour la réduction des prix de revient, la réduction des salaires. Ils considèrent que c'est le meilleur moyen de pallier aux difficultés commerciales qu'ils rencontrent. La Commission a été unanime pour protester contre cette conception patronale. C'est que l'on doit constater que l'application de celle-ci est contraire au but recherché. S'il y a crise générale dans l'économie nationale et internationale, cela découle pour une grande part, d'une crise de sous-consommation générale, qui ne peut être qu'aggravée par la réduction de la puissance d'achat dont disposent les travailleurs.

A la thèse patronale de la réduction des prix de revient par la réduction des salaires pour rétablir une situation normale dans l'économie, nous opposons cette thèse, que dans l'augmentation des salaires, dans l'augmentation de leur puissance d'achat, dans une meilleure organisation de la production et de sa répartition à la consommation, se trouve la solution du problème posé. L'accroissement des possibilités de consommation et du bien-être collectif étant dépendant de l'application de ces mesures.

C'est la thèse à laquelle s'est rangée la Commission.

Nous avons cru aussi devoir faire ressortir les garanties que devaient obtenir les travailleurs dans l'application des nouvelles méthodes de travail. En effet, l'application de la rationalisation, telle qu'elle est comprise par le patronat, a pour effet d'imposer aux travailleurs un surmenage nuisible au point de vue physique, et d'engendrer le chômage et la réduction des salaires. Sur ces points, la Commission a cru devoir préciser la position de la C. G. T.

Nous affirmons, dans notre résolution, que la C. G. T. n'a pas à appeler la rationalisation, ni à la combattre, en raison même de l'attitude prise par les industriels à l'égard des organisations syndicales, et nous réclamons les garanties indispensables pour assurer la sauvegarde des intérêts ouvriers.

Nous ajoutons encore que doivent être garantis les intérêts de la collectivité et demandons que s'exerce le contrôle de celle-ci.

Dans le cadre national, nous avons pu obtenir la constitution d'un organisme qui doit être à même de donner son appréciation sur les problèmes économiques qui se posent. Le Conseil national Economique doit avoir les moyens de faire valoir son appréciation et d'exercer son contrôle sur les réorganisations qui s'imposent dans le cadre économique et industriel.

Nous demandons l'élargissement de cette institution pour qu'elle soit à même de répondre au rôle qui lui est dévolu.

Nous devons enregistrer les résultats obtenus à ce jour sur ce point, mais nous n'en devons pas moins poursuivre de tous nos efforts le renforcement de cet organisme.

C'est sur ces bases que la Commission a déterminé la résolution que je vais soumettre à votre approbation. (*Applaudissements.*)

LES CONCLUSIONS

Le vingtième Congrès confédéral, appelé à déterminer l'attitude de la classe ouvrière vis-à-vis du problème de la production, considère que ce problème est actuellement dominé par les expériences de rationalisation qui se poursuivent et se généralisent dans toutes les industries.

Le Congrès rappelle les affirmations antérieures de la C. G. T. sur cette question, affirmations par lesquelles elle s'est toujours déclarée en faveur de toutes améliorations techniques destinées à vaincre la routine stérile et à servir le progrès.

En conséquence, le Congrès confirme l'interprétation déjà donnée en ce qui concerne les nouvelles méthodes de production désignées sous l'appellation générale de rationalisation.

La rationalisation, méthode expérimentale apparaissant actuellement comme un nouveau développement de la science économique, doit être envisagée sous deux aspects bien distincts :

1° L'aspect industriel, révélé par les efforts d'organisation scientifique du travail au sein des entreprises, dans le but d'accroître leur productivité;

2° L'aspect commercial révélé par les tentatives de concentration industrielle visant à discipliner la production pour éviter les concurrences stériles et aboutissant ainsi au partage des marchés au moyen des cartels, comptoirs de vente, et autres ententes industrielles nationales aussi bien qu'internationales.

L'ASPECT INDUSTRIEL DE LA RATIONALISATION

Examinant tout d'abord les résultats des nouvelles méthodes d'organisation du travail, le Congrès élève une véhémente protestation contre les abus croissants qui résultent de leur application par le patronat dans un esprit égoïste et inhumain.

Envisagée sous ce premier aspect, la rationalisation comporte, pour la classe ouvrière, des risques graves : chômage, surmenage, avilissement des salaires.

Ces risques sont d'autant plus graves que le patronat, dans la plupart des cas, persiste à refuser toutes suggestions émanant des syndicats confédérés pour atténuer et conjurer les conséquences dangereuses qui peuvent en résulter.

Le Congrès déclare que les syndicats confédérés conscients des légitimes intérêts dont ils ont la charge, doivent lutter avec la plus grande énergie contre les abus résultant de la rationalisation par tous les moyens compatibles avec les méthodes et l'esprit du syndicalisme.

Ils doivent revendiquer l'institution de contrats collectifs de travail comportant toutes garanties contre les risques énoncés plus haut.

Pour la conclusion de ces contrats, les syndicats devront tenir compte des considérations suivantes :

Le Congrès précise que c'est avant tout dans la diminution de la durée de travail que réside la meilleure sauvegarde des travailleurs contre les dangers du chômage et du surmenage.

Quant aux salaires, le Congrès dénonce le taux moyen actuellement en vigueur dans presque toutes les industries comme le témoignage irrécusable de l'exploitation dont sont particulièrement victimes les travailleurs de ce pays.

Affirmant le droit absolu des travailleurs à un niveau d'existence supérieur, le Congrès invite les syndicats à déployer les efforts nécessaires pour obtenir le relèvement des salaires actuels en fonction des progrès constants accomplis par la productivité des différentes industries. En premier lieu, le Congrès insiste sur la nécessité d'un salaire vital déterminant un standard de vie plus élevé, comportant l'intégration des multiples primes et allocations instituées à l'époque de la dévalorisation monétaire et au moyen desquelles le patronat a, jusqu'à présent, morcelé la rémunération du travail : les primes dites de production devant être déterminées au-dessus et indépendamment de ce salaire de base.

Ainsi, la généralisation des contrats collectifs amènerait les syndicats à pied d'œuvre pour revendiquer le contrôle s'appliquant en premier lieu à la surveillance de l'exécution des clauses de ce contrat de travail.

L'ASPECT COMMERCIAL DE LA RATIONALISATION

L'aspect commercial de la rationalisation incite le Congrès à préciser sur un plan plus vaste les responsabilités du mouvement syndical.

L'effort de concentration industrielle aboutissant au partage des marchés pour restreindre la concurrence doit être soumis au contrôle étroit du Conseil national économique.

Le Conseil national économique doit, notamment, s'efforcer d'orienter cet effort dans le sens du développement du marché intérieur.

En conséquence, pour que l'organisation économique de la nation, aujourd'hui encore embryonnaire, puisse exercer le contrôle avec le maximum de vigilance, il importe de la perfectionner suivant les suggestions déjà formulées par la C. G. T. en adjoignant au Conseil national économique des filiales régionales chargées de faciliter ces moyens d'investigations.

Toutefois, la participation des représentants du mouvement syndical aux travaux de ces organismes nationaux et régionaux n'aura sa pleine efficacité qu'autant que la généralisation des contrats collectifs aura abouti à la reconnaissance pratique des syndicats confédérés par le patronat.

****

En conclusion, le Congrès tient à préciser que la C. G. T. n'a pas à appeler la rationalisation ni à la combattre.

Elle doit, en raison de la résistance patronale à toute reconnaissance effective des syndicats ouvriers, se borner à constater son développement.

Elle continue à réclamer pour les syndicats le droit de participer à la détermination des nouvelles méthodes de travail.

Elle revendique le droit de gestion et de contrôle qui doit, légitimement, revenir à la classe ouvrière organisée.

Dans le présent, elle engage les travailleurs à l'action pour résister d'abord aux abus qui peuvent découler de la rationalisation, et ensuite pour que soient obtenues au bénéfice des travailleurs les améliorations matérielles et morales qui devraient résulter d'une production plus abondante, production devant aboutir à l'amélioration du bien-être collectif.

Le Président. — Nous allons lever la séance, nous continuerons la discussion à 2 h. 30 précises, personne n'a demandé la parole.

La parole est à Jouhaux.

Jouhaux. — Camarades, nous pensons que sur cette question les représentants des différentes organisations syndicales ici présentes, ont bien quelques observations à faire valoir.

Il y a eu tellement de polémiques sur la question elle-même que nous ne pensions pas, *a priori*, qu'une résolution de cette nature puisse être acceptée unanimement par le Congrès, sans aucune discussion.

Si, contrairement à nos prévisions, il en est ainsi, il en sera en même temps acquis que la position prise par le Bureau confédéral, la Commission administrative, le Conseil national, a été, durant toute cette période, conforme aux indications incluses dans la résolution qui vous a été déposée. C'est-à-dire, que ce soit à Genève, que ce soit au Conseil National Économique ou que ce soit dans la propagande générale, l'attitude des organes responsables de la Confédération Générale du Travail a été conforme aux indications que le Congrès ratifiera tout à l'heure.

S'il en est ainsi, j'accepte, pour ma part, que l'on passe au vote immédiatement. (*Applaudissements.*)

Le Président. — Y a-t-il des camarades, dans le Congrès, qui demandent la parole sur la résolution proposée par la Commission?

Le Pen a la parole.

Il n'y a pas d'autres camarades après Le Pen?

Le Pen. — Je ne serais vraisemblablement pas intervenu après l'énoncé du rapport de la Commission, bien qu'il y avait un point qui me paraissait quelque peu contradictoire, si, dans le développement fait par Jouhaux, un point n'avait émergé.

Il ne s'agit pas là d'une querelle stupide, mais il apparaît bien tout de même que la Commission a déterminé l'élaboration de ses décisions sur des suggestions, sur des critiques apportées. Jouhaux ne semble pas le dire. Il dit : « Le Bureau confédéral, le Comité national ont agi ainsi et la Commission a rapporté sur le travail fait hier. »

Non, ce n'est pas exact. Jusque-là des critiques ne sont pas élevées par la C. G. T. dans son organe contre les méthodes d'application patronale, sous le nom de rationalisation; elles sont contenues dans la motion élaborée par la Commission. Il semble bien qu'il fallait apporter cette affirmation, non point pour dire que le travail qui a été fait n'a pas bien été fait, mais il y a eu une lacune qui vient d'être comblée par la Commission. C'est un hommage que je lui rends; il devait être rendu.

Un point, à mes yeux, semble contradictoire. Nous sommes unanimement d'accord pour nous élever contre les inconvénients que donne la forme d'exploitation actuellement pratiquée par le patronat, et cependant un passage dit dans la résolution que la C. G. T. n'a pas à prendre position pour ou contre la rationalisation. Je sais bien que sous cette forme, on voit la rationalisation que pense la C. G. T., mais il ne semble point qu'il y ait une détermination suffisante entre la condamnation du procédé contre lequel nous nous élevons, et la rationalisation telle que nous la concevons.

Toutefois, pour ne point modifier une résolution qui comporte en elle-même une condamnation des procédés que nous dénonçons, je pense qu'il faut s'en tenir à la motion élaborée par la Commission. (*Applaudissements.*)

Le Président. — La parole est à Vigne, de la Fédération du Sous-Sol.

Vigne. — Je veux donner une simple explication.

Je faisais partie de la Commission de rédaction de la résolution qu'a commentée et dont a donné lecture notre camarade Chevalme. C'est en plein accord que la résolution a été rédigée.

Pour marquer le scrupule de notre camarade Jouhaux qui se demande si, véritablement, il y a liaison entre l'action d'hier et celle d'aujourd'hui, je déclare être parfaitement d'accord, il y a liaison entre l'action d'hier et celle d'aujourd'hui sur le problème qui nous préoccupe. Mais la Commission a tenu surtout à préciser certains points restés obscurs. Hier, nous élaborions surtout des principes concernant l'attitude de la C. G. T. devant le problème de la production. Aujourd'hui, nous sommes placés devant une situation nouvelle et il est indispensable que les organisations, et en particulier la C. G. T., donnent des directives à chacun, à telle enseigne et de telle façon que chacun puisse engager une action sur le contrat collectif, sur l'attitude et la façon dont sont traités les ouvriers à l'usine et à la mine. Et cela, je le répète, Jouhaux, correspond avec les principes généraux élaborés par les résolutions antérieures. (*Applaudissements.*)

Le Président. — Jouhaux a la parole.

JOUHAUX. — Camarades, je ne veux pas intervenir longuement, surtout après les explications que notre camarade Vigne vient de fournir au Congrès. Mais je suis, pour ma part, heureux de marquer d'une façon toute spéciale qu'il ne saurait rester dans l'esprit d'aucun délégué que la Confédération Générale du Travail ait, par un de ses militants ou par un de ses organes responsables, accepté l'idée de rationalisation, entendu dans son sens particulier industriel, sans que les travailleurs aient obtenu toutes les garanties indispensables, garanties de présent et garanties d'avenir.

Ce que je veux dire, c'est que lorsque la question a été posée sur ce point de vue des faits et non pas sur le point de vue théorique, lorsqu'au Conseil National Economique, celui-ci a pris la décision de mener une enquête générale sur l'état industriel, sur les ressources en matières premières, sur les possibilités de transformation, de modification de transport pour mettre notre économie au niveau de l'évolution, les représentants de la Confédération Générale du Travail ont déclaré qu'ils s'associaient à cette enquête, à la condition essentielle qu'il y ait en même temps une partie de cette enquête dirigée sur les conditions sociales des travailleurs et que, d'autre part, par cette enquête, le Conseil National Economique soit amené à se prononcer sur la reconnaissance des organisations syndicales par la pratique du contrat collectif.

D'autre part, lorsque du point de vue international, la question du charbon nous a été posée — car elle aussi est une question de rationalisation industrielle — les représentants qualifiés responsables du mouvement ouvrier, ont agi en la circonstance en complet accord avec la Fédération internationale des Mineurs et avec les différents représentants des Fédérations nationales des Travailleurs du Sous-Sol. Et si, aujourd'hui, une solution paraît possible au problème charbonnier, tant dans l'intérêt général que dans l'intérêt particulier des mineurs, c'est grâce à cette action, c'est grâce à la position prise par les représentants du mouvement ouvrier.

Ceci doit être maintenant acquis pour tous et qu'il n'y ait plus à cet égard aucune polémique. (*Applaudissements.*)

LE PRÉSIDENT. — En conclusion, je mets donc le rapport présenté par Chevalme aux voix. Ceux partisans de l'adopter sont priés de le manifester en levant la main. (*Adopté à l'unanimité.*)

Séance de l'Après-Midi

LE PRÉSIDENT. — Je donne la parole à la camarade Chevenard, qui va rapporter sur la femme dans l'économie moderne. Je vous demande le plus grand silence.

CHEVENARD. — Camarades, je tiens d'abord à faire une constatation heureuse, c'est qu'au XX⁰ Congrès de la C. G. T., les femmes sont en plus grand nombre qu'habituellement; plus grand est aussi le nombre des mandats qui leur sont confiés. Cela prouve que la question des droits de la femme dans l'économie moderne n'a fait que suivre l'action de la C. G. T.

Puis, je vous donnerai quelques noms à l'appui de ce qui précède. On dit quelquefois que la Confédération Générale du Travail a fait quelque chose de nouveau en appelant les femmes. Je rappellerai au Congrès que nous avons eu, bien avant nous, des camarades femmes au sein du mouvement confédéral.

Notre amie Jacobit commença. De 1890 à 1919, secrétaire adjointe de la Fédération des Tabacs, secrétaire de Syndicat, propagandiste à la Confédération Générale du Travail, elle a fait une œuvre que nous sommes obligés de signaler ici. Nous avons la camarade Delabit, qui lui a succédé à la Fédération, et qui fait également, je crois, une œuvre utile que tout le monde connaît.

Nous avions hier, au Bureau de ce Congrès, des militantes devant lesquelles je m'incline aussi, notre camarade Laugier, des Bouches-du-Rhône, secrétaire du Syndicat des Sucreries depuis 1917; à côté d'elle, nous avions notre amie Langlois qui, malgré son poste d'institutrice, assure les fonctions de secrétaire de l'Union du Calvados depuis 1917. Nous pourrions en citer encore.

Je tenais à le déclarer à ce Congrès pour faire taire des critiques tendant à affirmer qu'il y a quelque chose de nouveau dans la Confédération. Non, on précise simplement à la C. G. T. Des millions d'hommes ont été fauchés par la guerre, l'entrée plus active de la femme dans la vie économique semble faire percevoir que la Confédération Générale du Travail met quelque chose de nouveau dans son programme.

Je regrette simplement, et je tiens à le signaler, que l'élément féminin n'ait pas encore répondu à tous ces efforts qui m'ont précédée et que peut-être tous nous n'avons pas fait le nécessaire pour leur faire comprendre qu'elles devaient être enrôlées dans la grande famille syndicale.

La Commission s'est réunie hier; elle était composée d'éléments de plusieurs Fédérations, de plusieurs Syndicats, de plusieurs départements : travailleurs manuels et intellectuels. Nous avons étudié le problème tel que le pose la Confédération. Le salaire d'abord, le surmenage aussi. Nous sommes obligés aujourd'hui de parler, pour l'élément féminin, de surmenage; pour la femme qui assume le triple rôle, la triple vie maternelle, domestique et industrielle.

Tous ces problèmes, camarades, ne peuvent pas être résolus avec des formules absolues. Je sais peut-être que nos solutions vont soulever dans certains groupements des critiques. Mais nous avons l'habitude, nous, Confédération Générale du Travail, de discuter avec les éléments travailleurs que nous avons à défendre.

Le salaire? Vous me permettrez, sans rester trop longtemps à la tribune, de m'y arrêter quelques minutes, de demander à tous de faire tomber la formule que nous employons trop souvent en parlant du salaire féminin : du salaire d'appoint.

Aujourd'hui, je ne crois pas que la vie et ses difficultés puissent permettre à quelqu'un de dire qu'il ne faut qu'un salaire d'appoint, ou alors ces femmes ne nous intéressent pas; elles doivent se retirer du monde du travail. (*Applaudissements.*)

Nous estimons qu'il faut à tout le monde — c'est la thèse de la C. G. T. — un salaire vital, qu'il soit attribué à la femme ou à l'homme.

Le travail à l'usine provoque un surmenage. C'est le problème de la femme, mère de famille, que nous serons obligés d'étudier bien des fois avant de le résoudre. Le travail à domicile reste une source honteuse d'exploitation que nous pouvons dénoncer dans ce Congrès.

Au cours de mes tournées, j'ai pu constater qu'il y avait encore des industries où l'on gagne 60 centimes de l'heure. On se demande s'il est encore possible que des industries puissent vivre sur de pareilles misères. Nous pouvons citer la confection, la lingerie, l'alimentation. Nos camarades de la Dordogne en savent quelque chose; il y a des femmes qui décortiquent la noix et qui gagnent des salaires atteignant 4 et 6 francs par jour.

Dans le travail à domicile, il y a quelque chose qui est une erreur sociale et que nous voulons combattre de toutes nos forces. La résolution vous le dira tout à l'heure. La loi qui est modifiée à présent peut apporter des résultats, si nous la faisons fonctionner, Unions départementales et syndicats, nous aurons tout de même l'avantage de nous rencontrer en face d'industriels et nous pourrons leur demander s'il est possible de concevoir de pareils salaires. Nous leur demanderons s'ils ont une corrélation quelconque avec les bénéfices qui sont faits dans leur industrie. Je crois que c'est une action utile et que nous arriverons, par ce moyen, à faire modifier cet état de choses.

Voici la résolution à laquelle la Commission s'est arrêtée. Elle ne peut contenir rien d'absolu dans ce problème qui demande une immense étude.

L'EXPOSE DE JEANNE CHEVENARD SUR LA SITUATION DE LA FEMME DANS L'ECONOMIE MODERNE

Considérant que la femme prend de jour en jour une place plus importante dans tous les domaines de la vie économique et sociale;

Que le progrès de la technique facilite son entrée dans toutes les branches de l'industrie;

Que malgré ce progrès, le travail à domicile subsiste et prend même de l'extension par suite de la diffusion de la force électrique dans bon nombre de petites communes environnant les grands centres industriels;

Que malgré les services importants que rend la main-d'œuvre féminine, ses salaires restent d'une infériorité lamentable;

Que pour une grande partie d'entre elles, les ouvrières supportent le surmenage intensif et anormal d'une triple vie maternelle, domestique et industrielle.

Après toutes ces constatations, le Congrès déclare :

Que le progrès ne consiste pas simplement dans le perfectionnement du machinisme et de l'outillage permettant de jeter hommes, femmes et enfants dans une lutte de concurrence redoutable à l'usine;

Le progrès, pour être réel, doit apporter aussi une transformation efficace et analogue dans les conditions sociales des travailleurs et travailleuses;

Le Congrès estime en outre que l'importance numérique prise par la femme dans la vie économique pose des problèmes et des améliorations urgents à résoudre :

1º Les salaires, en atelier et à domicile, salaire vital, c'est-à-dire en rapport avec la production de chacun et donnant satisfaction aux nécessités et à tous les besoins normaux de la vie. Application effective de notre principe : « A travail égal, salaire égal », le travail ayant sa valeur en lui-même et non pas suivant la main-d'œuvre qui l'exécute;

2º Un contrôle plus sévère sur toutes les lois de protection ouvrière, de l'hygiène, des heures de travail, de la sécurité dans les usines;

3º Pour parer au surmenage, que soit obtenue par la réalisation d'un large programme de construction, une nouvelle installation des logements ouvriers comprenant : le chauffage central, buanderie, ainsi que tout le confort moderne, facilitant la mère de famille dans sa vie domestique;

4º Que soit étudiée afin d'y apporter des améliorations, la situation faite à l'enfant par l'obligation pour les parents de déserter le foyer pour l'usine;

Que le nécessaire soit fait pour la mise en application des conventions de Washington, principalement celle concernant le repos de la femme en couches et le travail de nuit des femmes;

Le Congrès estime que la maternité doit être reconnue comme fonction sociale et rétribuée comme telle;

La C. G. T. rappelle au Congrès que les Comités de salaires doivent fonctionner régulièrement dans chaque département avec le concours des Unions et des syndicats;

Le Congrès demande que les inspecteurs du travail soient désignés spécialement au contrôle du travail à domicile;

La Commission préconise l'étude du travail à mi-temps dans l'industrie, c'est-à-dire le matin disponible, pour la vie domestique, l'après-midi pour la vie industrielle;

La Commission demande également que, tenant compte de la convention et recommandation de Genève 1928, une étude soit faite pour la constitution d'une Commission dont une partie des membres serait prise parmi les Comités de salaires départementaux, Commission qui ferait une étude de la situation actuelle et un travail de cohésion, afin d'apporter au plus vite une amélioration du travail à domicile par la fixation des salaires minima;

La Commission demande au Congrès de décider sa participation à la Semaine de propagande internationale pour le recrutement de la main-d'œuvre féminine.

Je vous ai dit qu'il ne pouvait y avoir rien d'absolu. Je ne voudrais pas, parce qu'à la Commission, des débats se sont engagés à ce sujet, que vous pensiez que nous nous sommes arrêtés à cette question du travail à mi-temps. Nous avons simplement étudié le problème de la femme, celui de la famille qui se pose avec acuité, multiples problèmes qu'on ne peut résoudre ni dans une Commission ni dans un Congrès, ni dans un an ni dans deux ans.

Nous avons pensé qu'il serait bon d'essayer d'établir ce travail à mi-temps pour celles qui le voudraient, estimant que la liberté reste à chacune, comme à chacun, de disposer de sa vie comme de son temps.

La mère de famille qui fait quelquefois 8 ou 10 heures de travail chez elle à des salaires comme nous en avons cités tout à l'heure. Croyez-vous qu'il ne serait pas préférable qu'elle consacre la matinée à sa famille et que, l'après-midi, elle aille sur des machines modernes, avec une installation complètement nouvelle, pour faire en quatre heures ce qu'elle fait chez elle en deux ou trois jours?

Cela, c'est une proposition. Elle a du bon, elle a peut-être du mauvais. C'est à vous de l'étudier, de voir par la suite ce que nous en ferons.

Nous estimons tout de même que ce triple surmenage est quelque chose d'insensé qui paralyse le bonheur humain, que l'enfant lui-même en pâtit. Tout à l'heure, on a parlé de l'école et du surmenage. Le surmenage à la maison existe aussi, je ne le reproche pas aux femmes, mais bien souvent elles demandent à l'enfant de sacrifier le temps de l'étude à aider au ménage, parce qu'elles ne peuvent pas faire autrement. Cela est anormal.

Il faut que nous pensions que le travail apporte le bonheur. Il faut que la femme puisse consacrer le temps nécessaire à ce soin, qu'elle fasse de son enfant un être non surmené. Il faut que partout nous cherchions la possibilité d'améliorer le sort des travailleurs dans leur ensemble et de la femme en particulier, puisque jusqu'à ce jour, nous devons dire que les intéressées elles-mêmes ne se sont pas souciées de leur situation.

Je terminerai en vous demandant de bien vouloir faire l'impossible pour faire comprendre aux femmes que la Confédération Générale du Travail est le seul organisme où elles trouveront une réalisation de leurs désirs, une amélioration à leur situation. Nous pourrons, par ce moyen et avec leur appui, arriver au but poursuivi par la Confédération Générale du Travail : une transformation sociale, pacifiste, une transformation sociale de la famille où l'on pourra rencontrer la paix, le bonheur, l'amour et la fraternité. *(Applaudissements.)*

Coulmy (Fédération de l'Habillement). — Camarades, je vous demande la plus grande attention parce que vous savez que les femmes ne sont pas douées d'un organe vocal très puissant, et si vous n'entendez pas, ma foi je prendrai le microphone, qui est au service des faibles voix.

Je voulais attirer votre attention sur une phrase que nous avons incluse dans la recommandation de la Commission que vient de vous lire notre camarade Chevenard. On nous accuse bien souvent, notre C. G. T., les organisations, d'oublier d'être révolutionnaires. Eh bien, camarades, croyez-moi, si nous arrivons à mettre la maternité fonction sociale, ce sera une véritable révolution.

Et, en attendant cette révolution qui ne peut pas être faite du jour au lendemain, parce que une révolution c'est renverser la marmite, c'est démolir la maison, et les travailleuses ne veulent pas renverser la marmite ni démolir la maison, parce que ce serait les petits enfants qui, les premiers, en souffriraient. Cela ne veut pas dire que nous ne sommes pas capables de construire la maison nouvelle, plus belle, plus grande, plus confortable où, les uns et les autres, nous aurons plus de joie et de bonheur avec plus de bien-être matériel.

La maternité, fonction sociale, eh bien, cela veut dire que plus nous irons en avant, plus la charge de la maternité sera impossible à soutenir par le seul couple humain. Et puis, est-ce qu'il y a plus beau travail que d'élever un enfant? Est-ce que, vous tous, mes camarades, hommes et femmes, est-ce que ce n'est pas la joie de votre foyer quand vous rentrez chez vous, quand vous avez pu garder votre femme à élever son enfant, et qu'en rentrant vous voyez cet enfant bien portant, que vous l'amenez sans heurts, sans maladie jusqu'à la croissance, et est-ce que ce n'est pas pour vous la plus grande peine quand vous êtes obligés, surtout pour la mère, de mettre ce petit enfant en nourrice ou de le confier à une autre femme qui ne peut pas être aussi maternelle, qui le laisse mourir quelquefois, faute de soins?

Eh bien, camarades, la maternité fonction sociale, c'est, pour nous, la maternité rétribuée et la maternité rétribuée par la collectivité, non pas seulement six mois, non pas seulement trois mois, mais aussi longtemps qu'il sera nécessaire pour les femmes qui doivent rester à la maison à élever leur enfant.

Cela ne veut pas dire que nous entendons demander à la collectivité de payer les femmes qui voudront rester indéfiniment à la maison. Ce n'est pas cela; c'est seulement pour les tout petits enfants et c'est une chose à étudier; c'est une chose tellement révolutionnaire qu'il faut en avoir fait l'étude. Je voulais seulement attirer votre attention sur ce point pour que vous y réfléchissiez.

On vous a dit ici que nous étions le pays où la mortalité infantile était la plus grande. Eh bien, la mortalité infantile est la plus grande en France parce que nous, femmes ouvrières, ne pouvons pas élever nos enfants dans les conditions de salubrité et d'hygiène nécessaires à la santé de ces enfants.

Je veux attirer votre attention aussi sur un deuxième point. Nous avons posé à votre étude cette création du travail à demi-temps. Nous pensons, nous, les travailleuses, que cela peut être une aide efficace aux mères de famille, et d'autres organismes avant nous s'en sont déjà occupés. Et si nous laissons ces autres organismes s'en occuper avant nous, quand nous voudrons y apporter notre voix, il sera trop tard parce qu'il y a alors à ajouter des réformes, et les réformes sont plus difficiles à faire admettre quand il y a déjà quelque chose qui fonctionne.

Je relève dans un journal que, pour la France, nous rencontrons beaucoup de bonne volonté de la part des patrons. Quelques essais heureux, en effet : la Société Amieux, de Nantes, laisse aux ouvrières toute liberté d'opter pour le travail à demi-temps dans ses maisons. La Chambre des Métiers de Bordeaux a créé récemment un bureau de placement pour le travail à demi-temps qui avait reçu, au 3 janvier dernier, 280 demandes d'emploi à demi-temps, toutes formulées par des mères de famille, dont elle s'occupe d'ailleurs exclusivement. Les emplois offerts se trouvent principalement dans les bureaux, dans quelques usines, confiseries, sucreries notamment.

Vous pensez bien, camarades, que vous aurez beau faire toute l'action syndicale que vous voudrez, si vous laissez vos femmes aller l'après-midi ou la journée dans des organismes institués par les Chambres de Métiers patronales, vous aurez dans votre intérieur, quand vous rentrerez chez vous, deux courants d'influences contraires.

Il faut que ce travail à demi-temps, ce soit nous qui l'étudions, en parfait accord avec nos camarades hommes, et que ce travail à demi-temps ne soit institué véritablement dans toute la France que si nous en jugeons l'utilité pour nos camarades travailleuses femmes.

Par conséquent, nous vous prions, camarades des Unions départementales, des Fédérations et camarades secrétaires de Syndicats, quand vous recevrez le questionnaire que nous avons l'intention de demander de dresser pour vous et de vous envoyer à la Confédération Générale du Travail, nous vous demandons de ne pas en faire lettre-morte, parce que ce n'est pas seulement deux ou trois bonnes volontés qui peuvent faire quelque chose. C'est la bonne volonté de tous et de toutes qui nous est nécessaire pour la réussite. (*Applaudissements.*)

Je veux encore attirer votre attention sur un troisième point. Chaque jour et par tous les militants qui viennent travailler avec vous, on se voit lancer à la tête, quelquefois presque comme une injure : Ah ! vous êtes des féministes. Eh bien, qu'est-ce que vous voulez que nous soyions autrement puisque nous sommes des femmes ? Est-ce que cela veut dire, parce que nous réclamons des revendications spécialement pour les travailleuses, que nous sommes des féministes. Si nous étions des féministes intégrales, nous ne serions pas parmi vous et nous n'y ferions pas la propagande que nous désirons qui soit intensifiée.

Nous voulons la propagande féministe, parce que nous sentons qu'elle est nécessaire, mais il nous importe peu que notre propagande soit faite par un homme ou par une femme. La propagande féministe doit être faite, parce que les femmes ne viennent pas volontiers à nos groupements et parce qu'il faut leur faire entendre, comprendre et admettre qu'elles ne pourront rien sans nous, et qu'elles entravent le mouvement des hommes quand elles ne veulent pas se mettre avec eux.

Nous avons eu cette joie, nous, les femmes travailleuses de l'habillement, d'entendre à notre Congrès fédéral corporatif, ces mots qui nous ont encouragées, qui nous remplissent de joie : « Nous sommes, depuis que nous nous occupons particulièrement des femmes, devenus de plus en plus féministes, et nous faisons notre *mea culpa* de ne pas l'avoir été assez dans le passé: Et malgré le découragement que nous trouvons, malgré le manque de compréhension, malgré l'ignorance des femmes, nous nous sentons devenir tous les jours de plus en plus féministes, parce que si les femmes ne sont pas avec nous, c'est notre faute. »

Voilà ce que les hommes de notre Fédération nous ont dit. Eh bien, camarades hommes des autres Fédérations, vous pouvez aussi faire le même *mea culpa*, parce que chaque fois que vous avez obtenu une augmentation de salaire ou des améliorations à vos conditions de travail pour vous, neuf fois sur dix, c'est sur le dos de vos femmes qu'on les a rattrapées. Ce que vous gagniez de la main droite vous le perdiez de la main gauche immédiatement.

J'attire donc votre attention sur cette propagande, sur cette semaine de propagande internationale que nous avons l'intention de faire ; et, dans tous les syndicats, nous espérons et nous attendons de vous que s'il n'y a pas de femmes capables de prendre la parole, nous trouverons parmi nos compagnons et parmi nos camarades, des hommes assez dévoués pour joindre leur action à la nôtre.

C'est quand nous aurons tous compris combien cette action est nécessaire que nous arriverons, tous ensemble, au bonheur de la classe ouvrière tout entière. (*Applaudissements.*)

Le Président. — La parole est à Merma, de la Fédération des Services de Santé.

Merma. — Camarades, mon intention n'était pas d'intervenir dans le débat si un mot ne m'avait rappelé à la réalité : Maternité, fonction sociale, a-t-on déclaré à cette tribune. Oui. Mais immédiatement, cela m'a rappelé quelque chose sur lequel j'attire particulièrement l'attention des secrétaires d'Unions départementales. C'est qu'il est dans le programme d'hygiène du gouvernement d'instituer des maisons maternelles pour la protection de la femme et de l'enfant des travailleurs dans chaque département.

Dans quelles conditions conçoit-on présentement les maisons maternelles, et comment, nous, à la Fédération des Services de Santé, entendons-nous la création d'une maison maternelle et la protection de la mère et de l'enfant?

Les maisons maternelles, selon nous, doivent comprendre trois sections : une pour les femmes en état de gestation, c'est-à-dire les femmes enceintes, avec deux sous-sections : une pour les femmes tuberculeuses et une pour les femmes atteintes de maladies spécifiques; puis, la maternité proprement dite, où la femme accouchera, et enfin la maison maternelle, c'est-à-dire celle qui permet à la mère d'allaiter son enfant autant qu'il est possible, pendant une durée aussi longue que possible, car rappelez-vous, camarades, que c'est des premiers jours de l'enfance que découle bien souvent toute la santé de l'individu. Un enfant mal nourri à sa naissance ne fera jamais un individu bien solide.

Actuellement, et qu'il me soit permis du haut de cette tribune d'adresser au Professeur Pinard nos remerciements; il s'est adressé surtout, dans sa conception de création de maisons maternelles, à une catégorie de travailleuses, aux femmes privées d'aide et de ressources. C'est à celles-là que doit aller d'abord, dans ce gros problème de la protection de la femme et de l'enfant, toute la sollicitude : la nôtre et celle des pouvoirs publics.

Nous avons, dans la région parisienne, une maison maternelle; elle n'est pas encore cette maison maternelle qu'elle devrait être, mais elle est spécifiquement réservée aux femmes privées d'aide et de ressources.

Je voudrais, pour mon compte, voir ces maisons maternelles un peu dans le genre de celles de la région lyonnaise, car, que nos camarades lyonnais le sachent bien, c'est dans leur région que sont les plus belles organisations sanitaires et morales sur ce terrain.

Que doit être une maison maternelle? Je l'ai dit, elle doit comprendre trois sections et elle doit s'adresser d'abord aux femmes privées de ressources. Pourquoi et quelle est l'erreur que commettent nos dirigeants à l'heure actuelle dans leur constitution de maisons maternelles? C'est qu'ils les destinent aux femmes mariées, ayant leur foyer. Erreur profonde, et je le leur ai dit déjà. Erreur profonde car croyez-vous qu'une mère de famille ira s'enfermer dix-huit mois, abandonnera son foyer un mois, deux mois, trois mois pour aller s'enfermer dans une maison maternelle? Non.

Mais, voyez-vous, camarades, ce qu'il faut nous aider à faire rayer du dictionnaire, c'est ce mot : fille-mère.

Dans les maisons maternelles, il n'y a pas de filles-mères, il y a des mères non-mariées, mais il n'y a pas de filles-mères. (*Applaudissements.*) Et nos maisons maternelles doivent surtout être réservées à celles-là. Pourquoi? Parce que — bien que cela disparaisse de plus en plus — dans nos campagnes, dans nos villes, disons-le, même dans nos milieux ouvriers, quand cet accident arrive à l'une de nos camarades, elle est immédiatement vouée à la vindicte publique; elle est pourchassée de partout, le patron n'en veut plus, parce que, comme l'on dit vulgairement, elle a sa butte. Et alors, à ce moment, qu'en faire? Dans une administration publique, on ne les accepte pas, parce que la maternité est une fonction naturelle, ce n'est pas une maladie; on vous prend un mois avant, le patron vous refuse au quatrième mois; jusqu'au neuvième mois, quoi faire? C'est la rue, c'est la misère, c'est tout ce que l'on voudra.

Donc, pour ne pas être trop longuement à la tribune, je vais simplement vous dire ce que je conçois comme maison maternelle. Trois sections, rappelez-vous bien cela, camarades des Unions départementales, trois sections : femmes en état de gestation, avec deux sous-sections : femmes tuberculeuses et femmes atteintes de maladies spécifiques, c'est-à-dire atteintes de syphilis, lâchons le mot, et qui ont besoin d'être soignées; car il faut le dire du haut de cette tribune : un enfant procréé par une femme syphilitique, si, pendant la gestation, la mère subit un traitement anti-syphilitique, l'enfant vient au monde sans tare. Donc, par conséquent, nécessité absolue de soigner ces gens-là. Je disais donc : deux sous-sections; puis la maternité proprement dite où la femme accouchera, car l'Etat prévoit bien des maisons à deux sections : femmes en état de gestation et mères nourrices, mais il ne prévoit pas où les femmes en état de gestation accoucheront, par conséquent œuvre incomplète.

Et puis, camarades, si j'ai fait allusion à la fille-mère, ou à la mère non-mariée, à la femme mariée privée d'aide et de ressources, c'est qu'il y a quelque chose qu'il faut que nous fassions disparaître : c'est les secours qu'adorent les administrations publiques. Femme accouchant, nécessité de nourrir son enfant, de donner le sein à son enfant aussi longtemps que possible. Il faut que les maisons maternelles soient doublées d'un bureau de placement et, grave question, d'un ouvroir où cette femme sera payée au tarif syndical, où elle pourra faire des économies et, par conséquent, accumuler un pécule qui lui permettra à sa sortie d'avoir quelque chose qu'elle ne détiendra que de son travail. Inutile de vous dire que nous pensons que ce qui honore l'être humain, c'est le travail.

Il faut donc, je vous le répète, trois sections dans les maisons maternelles : femmes en état de gestation, maisons d'accouchement, section des mères nourrices, doublée d'un ouvroir et d'un bureau de placement qui permettent qu'à la sortie de la maison maternelle, la femme puisse trouver du travail.

Camarades des Unions départementales, j'attire votre attention sur ce point qu'il est dans le programme du gouvernement d'ouvrir des maternités avec les prestations en nature, dans tous les départements; que le travail est commencé devant certains Conseils généraux. A vous d'ouvrir l'œil pour que l'action se fasse dans le sens que j'ai indiqué. Notre intention, à la Fédération des Services de Santé, est de publier dans le *Peuple* une série d'articles qui exposeront plus longuement et mieux notre conception sur ce terrain, et qui vous donneront des directives, mais je tenais à intervenir pour attirer votre attention, du fait que cela se discute en ce moment devant vos Conseils généraux. (*Applaudissements.*)

Le Président. — La parole est à notre camarade Jeanne Chevenard, pour une courte déclaration.

JEANNE CHEVENARD. — Camarades, la question que vient de soulever Merma n'a pas figuré dans le rapport, parce qu'elle n'avait pas lieu d'être, ayant les droits de la femme dans l'économie moderne à l'ordre du jour. Je rappelle néanmoins que l'avant-dernier Congrès a exprimé l'opinion de la C. G. T. sur cette question, puisqu'il y a eu un rapport tout à fait spécial pour examiner justement ce délicat problème que vient de soulever le camarade Merma, problème qui, une fois de plus, se résout dans le travail.

A Lyon, nous avons une maison maternelle; je m'occupe beaucoup des femmes qui y entrent, que je respecte comme toutes mères. Elles viennent au Syndicat et elles me disent : Chevenard, c'est beau, mon gosse a quatre mois, mais je n'ai pas de travail et par conséquent pas le nécessaire pour vivre.

Je le répète une fois de plus pour que le Congrès en soit bien convaincu, et ceux qui pourront en avoir les échos, la C. G. T. est qualifiée pour étudier tous ces problèmes. Qu'elle les étudie et que les femmes comprennent — et je demande aux camarades de le leur faire comprendre dans la semaine internationale que nous allons organiser — ce qu'elles trouveront chez nous, que c'est un organisme pour elles. Toutes les solutions que posent aujourd'hui la situation lamentable et le nombre incalculable de femmes en surnombre aux hommes, le nombre de femmes seules qui se débattent dans l'existence, c'est là le problème douloureux que nous sommes obligés d'étudier. Celles qui ont un soutien, qui ont un salaire tous les jours, cela va encore; mais ce sont les femmes seules qui ont le droit d'apporter à l'organisation leurs ennuis, les misères qu'elles subissent. Et je répète en terminant que toutes les conventions de protection apporteront, qu'on le veuille ou non, tout en n'étant pas absolue, une réforme à la situation actuelle de la femme. (*Applaudissements.*)

LE PRÉSIDENT. — Je mets le rapport de la camarade Chevenard aux voix. Que ceux qui sont partisans de l'adopter le manifestent en levant la main.

(Le rapport de Jeanne Chevenard est adopté à l'unanimité).

LE PRÉSIDENT. — Je donne la parole au camarade Forgues, de l'U. D. de la Haute-Garonne, rapporteur de la Commission du *Peuple*.

FORGUES. — Camarades, la Commission chargée d'examiner la gestion du *Peuple* au cours de ces deux dernières années, après avoir entendu les explications et les observations qui se sont faites jour au cours de la discussion, a pu enregistrer qu'à la suite de la décision qui avait été prise au Congrès confédéral de 1927, la situation du journal *Le Peuple*, tant au point de vue matériel que moral s'était quelque peu améliorée.

Cependant, la Commission a eu à constater également que la décision qui avait été prise à l'unanimité au Congrès de 1927 n'avait pas été appliquée dans son intégralité. Elle a eu à recevoir les observations qui lui sont venues de tous les côtés, bien entendu; les uns ont prétendu que le *Peuple* ne reflétait pas exactement leur point de vue tout particulier d'abord et ensuite qu'il n'avait pas assez de vie au point de vue syndical. D'autre part, on nous a fait connaître également que le *Peuple* manquait d'informations.

Il est assez difficile, évidemment, de concilier tout cela, car nous nous plaçons, les uns et les autres, sur un point de vue particulier. Il n'est pas douteux que le *Peuple* ne peut pas donner satisfaction à tout le monde, car si nous prenons, par exemple, ceux qui, naturellement, peuvent se procurer le *Peuple* tous les matins à la première heure, leur premier souci est sans doute de regarder l'information. Par ailleurs, si nous nous plaçons au point de vue de ceux qui ne reçoivent le *Peuple* que le lendemain matin et qui, quelquefois, ont déjà vu dans la presse plus répandue des extraits du *Peuple* à dix heures du soir et qu'ils ne liront l'article reproduit par extraits que le lendemain, vous sentez qu'il y a là de nombreuses difficultés.

Mais la Commission a cependant reconnu à l'unanimité que le *Peuple* avait rendu de sérieux services. C'est ainsi que la Commission, qui était en réalité composée de secrétaires d'Unions départementales, a pu constater que depuis la parution du *Peuple,* et depuis surtout que de nombreuses modifications ont été apportées au *Peuple,* les militants des organisations syndicales étaient autrement informés qu'ils ne l'étaient auparavant.

Et nous devons, en effet, reconnaître qu'à l'heure actuelle, dans les organisations syndicales, lorsque les secrétaires d'organisations syndicales suivent pas à pas la situation, ou plutôt l'information fournie par le *Peuple* au point de vue social, il n'est pas douteux que nous avons pu constater que les militants étaient mieux avertis et qu'ils commettaient beaucoup moins d'erreurs.

Par conséquent, la Commission est unanime à reconnaître que le *Peuple* a rendu, en cette circonstance, de précieux services au mouvement ouvrier et au mouvement syndical.

D'autre part, on nous a fait connaître que la *Tribune du Militant* n'était pas suffisamment développée; on nous a dit que certains articles étaient ou trop longs ou trop lourds, et vous sentez combien la Commission était placée dans une situation difficile, lorsque l'on sait les difficultés que rencontre le *Peuple* au point de vue de sa collaboration. Il y a là aussi une question qui, à notre avis, est surtout morale : c'est celle de savoir dire à un militant d'écrire dans tel ou tel ordre d'idées. Nous estimons, nous, qu'on ne peut tout de même pas doser la plume d'un militant; il doit écrire avec sa conception et, à notre avis, ce qu'il pense, car écrire ce qu'il ne pense pas, ce n'est pas toujours une solution et quelque chose d'extrêmement solide et sérieux. Par conséquent, il a fallu examiner toute cette situation et particulièrement la situation difficile dans laquelle se débat le *Peuple,* c'est-à-dire les moyens financiers dont il dispose. Certainement, si le *Peuple* était un journal comme les journaux bourgeois, que tous nos camarades présents lisent et sur lesquels ils ne présentent pas toujours des observations, ils se contentent simplement d'acheter le *Matin* ou autres journaux, et ils ne présentent pas tant que cela d'observations et se contentent assez facilement de la prose qui est incluse dans ce journal.

On dit : le *Peuple* c'est notre propriété. D'accord, mais à notre avis, puisqu'il est notre propriété, nous devrions surtout chercher à la faire produire et fructifier. En bons propriétaires, les militants et les organisations devraient s'efforcer de diffuser et de développer le *Peuple,* ce serait peut-être le seul moyen de le rendre plus agréable et de lui donner les moyens de devenir un journal qui soit l'expression de la classe ouvrière qui ait les moyens financiers de concurrencer la presse bourgeoise. *(Applaudissements).*

En ce qui concerne la Tribune du Militant, tout le monde a reconnu, et même ceux qui avaient présenté des observations, qu'à aucun moment l'Administration du *Peuple* n'avait censuré le moindre acticle, la moindre ligne de copie de nos camarades militants. Par conséquent, sur ce point, il n'est pas douteux que les militants n'ont qu'à envoyer de la copie à l'Administration du *Peuple* et les articles seront insérés. Toutefois, nous devons dire que l'Administration du *Peuple,* ne serait-ce que pour la bonne renommée et la bonne tenue d'un journal, même serait-il de la classe ouvrière, demande tout de même la permission de pouvoir tout au moins mettre les articles, non pas de les triturer, non pas de les transformer, mais de les mettre au point de vue technique et de la langue française. Je crois qu'en demandant cela, ce n'est pas quelque chose d'extraordinaire et que le Congrès peut très bien s'y rallier.

D'autre part, vous avez pu voir dans le compte rendu, que tous les délégués ont probablement lu avec beaucoup d'attention, que les prévisions qui avaient été envisagées au Congrès de 1927 restent toujours les mêmes, c'est-à-dire que le *Peuple* ne pourra vivre par ses propres moyens qu'à la condition d'avoir un minimum de 25.000 abonnés. Malheureusement, ce chiffre n'est pas près d'être atteint, et sur ce point nous devons tout de suite déclarer que, ce qui a retenu l'attention de la Commission, c'est la constatation que bon nombre de Syndicats ne sont pas encore abonnés et que, d'autre part, des sydicats puissants se sont simplement contentés de prendre un, deux abonnements au maximum, pensant avoir ainsi rempli l'effort nécessaire. Or, lorsque l'on prend une décision dans un Congrès confédéral, il me semble que les délégués devraient peser sur les décisions à prendre, et en les votant, faire le maximum d'efforts pour qu'elles se réalisent par la suite.

Nous ne citerons pas d'exemples, parce que nous estimons qu'un rapport comme celui-ci n'a pas l'attrait des grosses questions qui sont à l'ordre du jour et que vous attendez avec impatience, mais je dois dire que nous pourrons nous occuper des Syndicats qui, comptant 35 membres ont, par exemple, dix abonnés au *Peuple;* il est des collecteurs qui ont jusqu'à 40 50 abonnés. Nous ne ferons pas de particularités; nous faisons un appel au Congrès et aux Syndicats qui sont des représentants directs de l'organisation syndicale et si tout à l'heure vous acceptez le rapport qui a été rédigé, et si vous prenez l'engagement qu'à votre retour, dans les organisations syndicales et qu'en faisant le compte rendu de ce Congrès confédéral, vous n'oublierez pas de mettre en valeur et de réaliser tout de suite la résolution présentée, c'est-à-dire de faire des abonnés et de suivre les engagements que vous aurez votés, je suis certain que nous arriverons au résultat désiré.

En conclusion, nous allons vous donner lecture du rapport de la Commission du *Peuple.*

RAPPORT DE LA COMMISSION DU « PEUPLE »

Rapporteur : Forgues.

La Commission désignée par le Congrès confédéral de 1929 pour examiner la gestion du journal *Le Peuple,* au cours de la période écoulée depuis le Congrès de 1927, a procédé à une étude très attentive de la situation actuelle du quotidien confédéral.

Elle a constaté les sérieux efforts qui ont été effectués par l'administration du *Peuple* pour apporter des améliorations dans les différents services, et elle a noté les réels progrès accomplis tant dans la présentation du journal que dans sa diffusion. Elle a également pris connaissance des résultats satisfaisants obtenus pour la liquidation de l'emprunt obligataire émis par *Le Peuple* en 1923, et remercie les obligataires qui ont bien voulu abandonner bénévolement leurs titres au profit du journal. La Commission a, en conséquence, approuvé la parfaite gestion du journal; elle tient également à rendre hommage au dévouement apporté par tous les collaborateurs du *Peuple.*

La Commission a ensuite envisagé les moyens qui seraient susceptibles de donner au *Peuple* un rayonnement plus étendu dans les milieux du travail. Préoccupée avant tout de faire œuvre positive, elle a seulement retenu les suggestions qui lui paraissent d'une portée pratique et d'une efficacité vérifiée par les expériences faites au cours des années précédentes.

La Commission a également examiné, en accord avec l'administration du journal, les perfectionnements qui pourraient donner un attrait plus grand au quotidien de la C. G. T. pour lui permettre de rivaliser avec les puissants organes de la presse bourgeoise.

Malheureusement, la plupart de ces modifications n'apparaissent possibles qu'avec des ressources plus importantes et, par conséquent, une extension plus grande du nombre des lecteurs du *Peuple* en raison de la nécessité de ne pas imposer une charge trop lourde à la trésorerie de la C. G. T. L'augmentation des abonnés constatée depuis le dernier Congrès de 1927, bien qu'étant sensible, n'a pas encore atteint le chiffre qui avait été indiqué par l'administration du *Peuple* comme étant nécessaire à l'équilibre financier du budget du journal. Il faut donc continuer l'effort commencé et mettre tout en œuvre pour le mener à bonne fin.

La Commission est arrivée à cette conclusion générale : Il faut, avant tout, augmenter dans des proportions appréciables le nombre des abonnés du *Peuple;* c'est la condition préalable qui doit permettre de réaliser ensuite les améliorations désirées.

Depuis le dernier Congrès confédéral, l'Administration du *Peuple* a multiplié les appels, envois de tracts dans tous les syndicats confédérés, elle a secondé les efforts des collecteurs et propagandistes du *Peuple* par les publications des résultats obtenus et encouragé tous les efforts. Le mouvement a été excellent au cours de l'année 1927-1928, mais il s'est ralenti au cours de la seconde année.

Pourtant, il est apparu nettement aux membres de la Commission du *Peuple* qu'il était plus que jamais nécessaire au mouvement confédéral d'avoir son organe quotidien pour lutter contre toutes les manœuvres qui ne manqueraient pas de se produire pour tenter de saboter l'application de la loi sur les assurances sociales.

Il est donc indispensable que la C. G. T. puisse avoir par son journal un lien quotidien avec tous les militants confédérés pour déjouer, sans retard, les embûches qui seraient suscitées par les adversaires de la loi de prévoyance sociale. Le *Peuple* a déjà rendu de réels services dans cette bataille et il est probable qu'il sera de plus en plus utile dans la lutte qui va se continuer.

La Commission a considéré qu'il convenait en cette circonstance de faire à nouveau un pressant appel aux organisations confédérées pour leur demander d'engager une vaste action de propagande pour élargir le champ de diffusion du quotidien confédéral.

CONCLUSIONS

A cet effet, la Commission du *Peuple* a adopté les conclusions suivantes qu'elle demande au Congrès de bien vouloir ratifier et faire entrer en application :

1º Maintien des décisions antérieures concernant l'abonnement obligatoire des syndicats confédérés au *Peuple* proportionnellement au nombre de voix dont ils disposent dans les Congrès confédéraux;

2º Abonnements collectifs dans chaque organisation confédérée comprenant au moins un service pour chaque membre du Conseil syndical ou délégué d'atelier;

3º Formation de groupes d'amis du *Peuple* au sein des organisations confédérées pour assurer le rayonnement du quotidien confédéral dans leur sphère respective;

4º Répartition de listes de nouveaux abonnés dans tous les syndicats confédérés.

La Commission du *Peuple* croit devoir insister tout particulièrement sur les deux moyens suivants qui seraient susceptibles de donner de grands résultats à la condition d'être mis en œuvre par toutes les organisations :

1º Que chaque syndicat désigne dans son sein un collecteur pour réunir les abonnements mensuels de 5 fr. souscrits par les membres de son organisation, en choisissant, autant que possible, pour cette fonction, le trésorier ou le trésorier adjoint. L'administration du *Peuple* faciliterait la tâche des collecteurs en leur allouant une prime d'un ouvrage éducatif par dizaine d'abonnés réunis par le dit collecteur;

2º Que tous les syndicats confédérés prennent des dispositions pour envoyer à l'administration du *Peuple* une liste des noms et adresses de leurs adhérents pour permettre l'envoi direct par les bureaux du *Peuple* à tous les syndiqués des tracts de propagande, bulletins d'abonnement, etc. Ce serait le moyen de toucher tous nos éléments qui jusqu'ici n'ont pas encore eu l'occasion de connaître le quotidien confédéral et à défaut de l'obligation qui ne peut être envisagée, cette action de pression pourrait donner de féconds résultats. C'est tout au moins un essai qui nous paraît devoir être effectué partout où cela est possible et nous comptons qu'il sera secondé et compris par les syndicats confédérés.

Cet effet d'ensemble doit être poursuivi pendant une durée de six mois, à partir du 1ᵉʳ octobre, et le Comité confédéral national qui se réunira au printemps 1930 aura à connaître les résultats de l'action décidée par le Congrès confédéral.

A l'œuvre, tous, pour que le *Peuple* devienne le journal lu quotidiennement par tous les confédérés.

Eh bien, camarades, nous disons que c'est au prochain Comité Confédéral National, par conséquent au printemps prochain, au moment où les feuilles auront déjà poussé, que nous espérons que les abonnements au *Peuple* auront également poussé dans les mêmes conditions. (*Applaudissements.*)

LE PRÉSIDENT. — Je mets le rapport de la Commission du *Peuple* aux voix. Que ceux qui sont partisans de l'adopter le manifestent en levant la main.

(Adopté à l'unanimité, moins trois avis contraires.)

LE PRÉSIDENT. — Nous arrivons maintenant aux questions diverses. Je donne la parole au camarade Cebron, de la Fédération du Spectacle, rapporteur.

CEBRON. — La tradition veut que le rapporteur de la Commission des questions diverses accomplisse sa tâche modeste, mais souvent ingrate, dans le bruit des départs. Aujourd'hui, les longs travaux de la Commission des Fonctionnaires vont me permettre d'accomplir cette tâche dans des conditions un peu meilleures. Je m'en réjouis un peu, car certaines des questions diverses apportées à la Commission ont une réelle importance. Cependant, leur nombre est relativement réduit. Je veux rapporter le bénéfice de cette réduction du nombre de motions diverses à la bonne préparation du Congrès qui nous a laissé très peu d'imprévus.

Vu le peu de temps dont le Congrès dispose, je vais passer immédiatement à la lecture des motions. Je me contenterai d'y faire quelques commentaires, espérant que la majorité d'entre elles pourront obtenir la majorité et l'unanimité même du Congrès.

Voici une première motion remise par les camarades Gautron (Contrôleurs S. T. C. R. P.) et Richard (Haute-Garonne) :

LES QUESTIONS DIVERSES

Emue du désintéressement montré par un trop grand nombre de travailleurs, même syndiqués, envers les efforts du syndicalisme, la C. G. T. recommande aux Unions départementales d'intensifier leurs efforts de propagande et en particulier d'organiser au cours de séances récréatives fréquentes des causeries sur le syndicalisme et sur les questions sociales dont la solution paraît urgente au mouvement ouvrier.

Les camarades Gautron et Richard estiment que des résultats doivent être obtenus, surtout en province, particulièrement dans les localités dépourvues de distraction. En dosant convenablement la partie récréative pour attirer les auditeurs, ceux-ci feront leur éducation syndicale et le recrutement sera facilité.

Nos camarades n'ignorent pas les efforts faits dans le département de la Seine et qu'ils n'ont pas obtenu les résultats attendus. Cependant, ils espèrent que dans des milieux moins favorisés que le département de la Seine, et particulièrement Paris, en fait de distractions, des séances récréatives intelligemment composées et suffisamment attrayantes pourraient attirer nos camarades et permettre ainsi de développer et leur instruction syndicale et de favoriser le recrutement.

Voici maintenant une seconde motion, déposée par les Syndicats du Spectacle, sur les Prud'hommes.

LA JURIDICTION PRUD'HOMALE

Emu du projet de loi actuellement déposé à la Chambre des députés, et qui tend à modifier gravement la juridiction prud'homale en autorisant les avocats à représenter les parties adverses, le Congrès de la C. G. T. se prononce formellement contre toute modification de la loi de 1907, péniblement acquise par la classe ouvrière, qui aurait pour effet d'en détruire l'esprit initial.

Je crois qu'il n'est pas besoin de développer cette motion et qu'elle doit, sans commentaires, rallier l'unanimité du Congrès.

Voici maintenant une motion présentée par les Communaux de Valenciennes :

Toutes les organisations dont les membres sont en grève devront présenter leurs demandes de secours aux syndicats confédérés par l'intermédiaire de la C. G. T. qui sera tenue d'apposer sur ces demandes un timbre de cet organisme central.

Je crois qu'il y a là une disposition heureuse, mais déjà indiquée par la C. G. T. Il y a peut-être simplement le détail de forme concernant le fond, mais il est incontestable qu'il serait infiniment heureux que toutes les demandes de secours et de collaboration des organisations syndicales pour des camarades en grève fussent transmises par la voie centrale; cela épargnerait à beaucoup d'entre nous des doutes sur les suites à donner.

Voici maintenant une résolution des camarades ébénistes de la Seine :

Le Syndicat des Ebénistes de la Seine demande au Congrès d'envisager le relèvement du timbre confédéral pour permettre la constitution d'une Caisse centrale de grève et de solidarité.

Cette motion n'a pas été discutée par la Commission, car elle nous a été remise en fin de travaux. Elle demande évidemment votre attention.

Voici une motion de la Fédération Nationale des Moyens de Transports :

Le Congrès de la Fédération Nationale des Moyens de Transports qui s'est tenu à Levallois-Perret les 13, 14 et 15 septembre dernier, après avoir discuté sur les nécessités par la C. G. T. de reprendre l'habitude des Congrès ambulants qui, en se déplaçant de ville tous les deux ans, créeraient un centre d'attraction syndicale qui permettrait aux diverses fédérations, et par suite à la C. G. T. elle-même de faire une propagande plus intense dans la ville où se tiendrait le Congrès et dans la région.

Le Congrès national des Moyens de Transports a la certitude que l'on peut trouver plus de six villes où le Congrès confédéral peut être organisé à tour de rôle.

En conséquence, le Congrès des Transports demande à la C. G. T. que soit reprise l'habitude des Congrès confédéraux dans les villes où il y aura la possibilité.

Cette motion, comme la précédente, a été remise en fin de travaux à la Commission qui n'a pu l'étudier; mais vous aurez évidemment à en discuter; elle peut amener à un échange de vues intéressant.

Une motion qui touche un sujet peut être un peu moins connu de certains militants, mais qui doit tout de même retenir leur attention, car il est d'une importance primordiale, c'est une motion sur le statut de la radiodiffusion. Cette question, qui touche une invention nouvelle, dont le développement doit retenir l'attention du mouvement ouvrier, car elle est un prolongement, elle est même mieux qu'un prolongement, elle est un perfectionnement, et, peut-être, dans une certaine mesure, une substitution des moyens de la transmission de la pensée et des moyens de la propagande auprès de l'ensemble des humains. Dans un avenir très proche, la radiophonie aura eu un tel développement dont aujourd'hui même, malgré la prévoyance qu'on peut avoir, on ne peut peut-être supposer la réelle importance.

La C. G. T., dans sa Commission administrative et dans son Bureau confédéral n'a pas perdu de vue cette question; mais nous pensons que ce serait une erreur grave que de laisser passer un Congrès de l'importance de celui d'aujourd'hui sans qu'au moins officiellement l'ensemble du mouvement ouvrier confédéré se soit prononcé sur cette importante décision qui doit être prise dans la session parlementaire prochaine par le gouvernement. Aussi, en vous présentant la motion que je vais vous lire, je dois vous dire qu'elle ne fait que résumer, concrétiser les travaux antérieurs de la C. G. T.

LE STATUT DE LA RADIODIFFUSION

Les Chambres devant se prononcer au cours de la prochaine session parlementaire sur le régime à donner à la radiodiffusion en France, le Congrès approuve le projet de statut établi par la Confédération générale du Travail en accord avec la Confédération des Travailleurs intellectuels, affirme une fois encore la volonté de la classe ouvrière organisée de voir cette invention nouvelle, qui constitue un moyen de propagande incomparable, en partie encore insoupçonné, placée sous le contrôle de la nation.

La C. G. T. ne donnera son adhésion qu'à un projet s'inspirant de l'intérêt général et instituant, sous la forme tripartite, une représentation réelle et efficace de tous les intérêts en jeu : pouvoirs publics, usagers et producteurs.

La C. G. T. s'élève contre les manœuvres et les campagnes capitalistes qui tendent uniquement à la création, sous une forme voilée ou non, d'un monopole privé dominé par la finance et les trusts internationaux.

Nous n'avons pas le temps de développer cette question, mais j'espère que vous en possédez les éléments principaux et que vous pourrez faire confiance aux travaux effectués et que vous vous prononcerez dans votre majorité sur les mesures prises pour la préparation de la propagande future et surtout en ce qui concerne les garanties à donner aux travailleurs contre le monopole qui serait obtenu par les pouvoirs capitalistes et qui, vous le savez, étant donné l'état actuel de la liberté, que l'on dit être la liberté de la presse, elle serait encore beaucoup plus grande en matière de radiodiffusion. Si relativement à la presse, on peut encore à la rigueur éditer des feuilles, en radiodiffusion, le nombre des postes émetteurs étant limité, il sera impossible à la classe ouvrière de faire entendre sa voix avec l'égalité de moyens qu'obtiendront les capitalistes, si nous ne prenons dès maintenant les mesures pour réserver le contrôle de la radiodiffusion à la nation tout entière.

Et enfin voici une motion, qui se trouve liée à la question de la radiodiffusion et à la question de la musique mécanique. Je m'excuse de toucher à un point de vue purement professionnel, mais je ne peux tout de même parler, sans une certaine émotion, des craintes qui se manifestent pour les artistes et pour les artistes musiciens en particulier du fait du développement de la musique mécanique. Nous demandons au Congrès, non pas de prendre parti contre un progrès scientifique — ce serait ridicule de notre part de penser à nous opposer à ce progrès — mais nous pensons cependant qu'il ne doit pas se faire sans que les artistes et ceux qui expriment la pensée ne soient garantis dans leurs intérêts primordiaux. Et voici la motion que je vous présente au nom de la Fédération du Spectacle :

LES EXECUTANTS DU SPECTACLE ET LA MUSIQUE MECANIQUE

La C. G. T. estime que la radiophonie ne doit pas être uniquement un nouveau champ d'action commerciale, mais d'abord et surtout un moyen d'éducation, de dis-

traction et de pénétration artistique et intellectuelle mis à la disposition de la masse des travailleurs; son développement ne doit pas être obtenu aux dépens des intellectuels, auteurs, compositeurs et de leurs interprètes, orateurs, conférenciers, artistes musiciens, dont les intérêts légitimes doivent être sauvegardés.

En conséquence, le droit des auteurs étant reconnu et en rien diminué, le droit des exécutants, inscrit dans la loi anglaise, doit être reconnu par la législation internationale et particulièrement par la loi française.

La Confédération générale du Travail estime que, dès le vote d'un statut apportant des ressources normales aux postes de radiodiffusion, l'emploi des disques qui, aujourd'hui, se généralise abusivement et porte un préjudice considérable aux artistes musiciens qu'il condamne au chômage, soit ramené à de plus modestes proportions, laissant place à des concours directs d'un plus grand intérêt pour les émissions.

Le Congrès fait sienne la résolution votée au IIIᵉ Congrès international du Théâtre, qui déclare que :

« 1º Toute diffusion de disque doit être considérée comme une exécution directe des artistes. Aucune émission phonographique, aucune diffusion par tout procédé radioélectrique ou autre ne peut être faite sans le consentement du ou des artistes et sans une rétribution. Aucun disque ne pourra être diffusé sans une rétribution aux interprètes ayant enregistré;

« 2º La rétribution doit être établie en raison de la puissance du poste émetteur, du nombre de relais, chaque supplément qui sera payé en raison de relais devra être payé par le poste émetteur;

« 3º Les gouvernements auront également le contrôle technique des émissions et des postes, afin que les exécutions des interprètes ne soient pas déformées par de mauvaises émissions;

« 4º Ces questions devront être transmises au Bureau international du Travail, pour qu'il les examine et prépare une solution à recommander à tous les gouvernements. »

Comme nous n'avons pas le temps de développer cette question, je me contente de vous dire qu'au nom de la C. G. T., je suis resté en rapports avec la Confédération des Travailleurs Intellectuels, pour que ces problèmes de la défense de la pensée soient traités au nom des deux grandes organisations de travailleurs.

Et enfin une dernière motion, relative à la réforme du calendrier, qui a été déposée par notre camarade Doumenq, de la Fédération des Dessinateurs :

LA REFORME DU CALENDRIER

Le XXᵉ Congrès national,

Vu l'invitation faite à la C. G. T. par le Bureau international du Travail de faire connaître l'opinion des travailleurs français confédérés sur la réforme du calendrier;

Vu l'intérêt que cette réforme présente pour ces derniers, par la répercussion heureuse qu'elle aura sur la vie publique et les relations économiques des peuples;

Adopte le principe de cette réforme et s'engage à en poursuivre la réalisation, en liaison avec la Fédération syndicale internationale, qui s'est déjà prononcée en sa faveur, et les centrales syndicales ouvrières des autres pays.

Voici, camarades, les résolutions sur les questions diverses que j'avais à vous présenter.

LE PRÉSIDENT. — J'ai reçu une demande de parole de la part du camarade Guinchard.

GUINCHARD. — Ma Fédération a demandé de revenir à la tenue de Congrès ambulants; mais comme nous reconnaissons que c'est une question importante pour les Unions départementales qui auraient la possibilité d'organiser ces divers Congrès, nous demandons au Congrès de charger le Comité confédéral national d'étudier cette question.

LE PRÉSIDENT. — Je vais donc mettre ces divers vœux aux voix.

Le camarade Durel demande la parole.

DUREL. — Ce n'est pas sur les motions qui vous ont été présentées que je désire intervenir, mais comme on discute maintenant les questions diverses, je veux profiter de l'occasion pour vous mettre au courant d'une lettre que j'ai communiquée à Jouhaux, parce qu'elle le met indirectement en cause et comme on y parle d'inorganisés, je crois que je puis vous la communiquer, je dis d'inorganisés faute d'organisation syndicale.

Dans cette lettre, mon correspondant indochinois prétend avoir adressé un dossier complet au camarade Jouhaux sur les sévices dont sont victimes ses compatriotes.

La lettre est signée, je ne dirai pas le nom, il est difficile à prononcer comme tous les mots indochinois où abondent les consonnes; puis, suit un appel imprimé aux intellectuels, disant que la protestation a été envoyée à la Ligue des Droits de l'Homme.

C'est une exploitation éhontée, et l'on vous demande, à ce sujet, un vote d'approbation ou de sympathie. C'est tout ce que je tenais à faire. Je vous ai donné communication de ce document, après avoir averti, au début de la séance, le camarade Jouhaux de cette correspondance. (*Applaudissements.*)

JOUHAUX. — Camarades, je ne sais pas si le signataire de la lettre adressée à Durel m'a envoyé un dossier; ce que je sais, c'est que ce dossier ne m'est pas parvenu.

En ce qui concerne la demande précise faite par le signataire de la lettre, j'indique au Congrès que l'année dernière, j'ai eu une conversation avec un militant anamite retournant en Indochine, et que j'ai donné à ce militant tous les documents indispensables pour essayer de créer dans ce pays des Unions de syndicats. J'étais préalablement intervenu, au nom de la C. G. T., auprès du citoyen Varenne, alors gouverneur général de l'Indochine, pour lui demander d'examiner par quels moyens la liberté syndicale pourrait être accordée aux travailleurs de l'Indochine. Cette enquête a été commencée, elle n'a pas abouti; mais j'avais obtenu l'assurance que, de même que dans certains pays de protectorat, les organisations syndicales et les Unions de syndicats seraient en quelque sorte placées sous un régime de tolérance leur permettant un fonctionnement quasi-légal. Depuis, je le répète, je n'ai eu aucune correspondance de l'Indochine. Je croyais qu'il aurait été possible, très rapidement, de transformer les différentes amicales qui existent en Indochine, ou tout au moins dans les principales villes, à Hanoï notamment, en organisations syndicales, et je me réservais, lorsque cette transformation aurait été faite, de prendre toutes dispositions nécessaires pour faire, auprès du Gouvernement, les démarches indispensables pour la légalisation ou la quasi-légalisation de ces organisations syndicales.

Jusque là, rien ne m'étant parvenu, nous devons donc considérer que la situation reste en l'état et que si, demain, des correspondances sont échangées en ce qui concerne ces organisations syndicales, nous ferons, à la C. G. T., le nécessaire, sous réserve — cette réserve est notre garantie comme elle est leur garantie — c'est que les Unions de syndicats constituées en Indochine seront reliées directement à la C. G. T. et constitueront des Unions de syndicats au même titre que celles de l'Algérie, de la Tunisie et du Maroc. Il y a là une nécessité implacable si nous voulons, d'une part répondre à toute l'argumentation développée dans tous les milieux en général et dans les milieux coloniaux en particulier en ce qui concerne l'organisation syndicale des indigènes.

J'ajoute un autre renseignement. En ce qui concerne également la situation des indigènes, je vous ai dit qu'à la Conférence internationale du Travail dernière, la question qui avait été portée à l'ordre du jour était celle de la suppression du travail forcé dans les colonies.

Conformément à notre doctrine, et conformément à nos principes, la position que nous avons prise a été une position de suppression pure et simple du travail forcé dans toutes les circonstances. Je sais bien que l'on examine techniquement la question, il y a des cas où le travail forcé peut être toléré, mais des représentants ouvriers ne sauraient, en aucune façon, situer leur position par rapport à ces cas particuliers et contrairement à la situation générale. Or, si notre attitude a été approuvée par l'unanimité des travailleurs de nos organisations, il est cependant certaines fractions de ces organisations actuellement aux colonies, qui ont voulu considérer dans notre attitude une attitude un peu extrême par rapport au problème posé. On nous a reproché de n'avoir pas demandé des renseignements aux organisations syndicales existantes dans les colonies. Si nous n'avons pas demandé de renseignements aux organisations syndicales existantes dans les colonies, c'est que nous ne savions pas que dans ces colonies en particulier, il pouvait y avoir des sections de fédérations appartenant à la Confédération Générale du Travail. Nous avons répondu que nous étions tout prêts, et trop heureux d'accepter la collaboration de ces camarades, mais que cette collaboration pouvait s'établir sur le terrain déterminé par la C.G.T. et par l'Internationale Syndicale et qu'en aucun cas, quels que soient les arguments qui nous seraient apportés, nous n'accepterions de défendre la thèse du travail forcé, même dans un de ces cas particuliers. (*Très bien, applaudissements.*)

Roussel (Instituteurs). — Un mot seulement, le camarade rapporteur des questions diverses a dit tout à l'heure, à propos de la radio-diffusion, que la C. G. T. collaborait avec la Confédération des Travailleurs Intellectuels. Je m'élève contre cette collaboration, car il m'apparaît que la C. T. I., dans sa constitution même, s'oppose à notre Confédération Générale du Travail. Il n'y a pas de travailleurs intellectuels et des travailleurs manuels; il y a des travailleurs tout court et leur place est dans la C. G. T.

Dans la Confédération des Travailleurs Intellectuels se trouvent les instituteurs jaunes, anti-syndicalistes et anti-cégétistes; et quand nous disons à ces masses de gens : « Mais venez donc à la Fédération de l'Enseignement », ils nous répondent : « Mais la C.T.I. est une organisation avancée, la preuve c'est qu'elle collabore avec la C.G.T. » Cela m'apparaît extrêmement dangereux et je voudrais qu'on dise que la C. T. I. poursuit sa tâche propre, qui n'est pas la nôtre, et que si nous nous trouvons par hasard d'accord, nous ne collaborons pas et nous combattrons la C. T. I. (*Applaudissements.*)

Jouhaux. — Camarades, nous sommes complètement d'accord avec Roussel en ce qui concerne la position à observer à l'égard de la Confédération des Travailleurs Intellectuels.

La Confédération Générale du Travail, dès sa formation, n'a pas voulu la reconnaître sur le plan où elle s'était située. Mais voici qu'un problème se présente, un problème d'une importance capitale, essentielle pour le développement des idées. La C. T. I. a dans son sein la grande majorité de ceux qui, du point de vue intellectuel, sont intéressés dans la question. En face de nous, les groupements particuliers cherchant à bénéficier de la situation et à tirer à eux la couverture, nous nous sommes mis d'accord sur les bases essentielles du projet, non pas sur la fusion de notre action, mais sur les bases essentielles du projet. L'accord n'a été conclu que sur ce point et nous continuons, l'une et l'autre, notre action particulière. (*Applaudissements.*)

Le Président. — Camarades, la parole est à Genty, des Cheminots de Tours P.-O.

Genty. — Camarades, j'ai lu tout dernièrement dans le *Peuple* la reproduction d'une lettre du camarade Michaud adressée à la C. G. T. Dans cette lettre, notre camarade Michaud envisageait de modifier le nombre des délégués assistant aux Congrès de la C. G. T. Je ne sais si la C. G. T. accepte l'idée du camarade Michaud. Quant à moi, je dis qu'il est nécessaire que tous les délégués de tous les Syndicats assistent aux Congrès confédéraux. Ceci représente la force même de notre C. G. T. et je ne me mettrai pas d'accord avec notre camarade Michaud, pas plus qu'avec le Bureau confédéral, pour modifier le nombre des délégués représentant les Syndicats dans les Congrès confédéraux. .

Michaud. — La question ne se pose pas ici, au Congrès.

Genty. — Nous sommes dans les questions diverses.

Michaud. — Cela prévoit un projet de modification aux statuts et ce n'est pas à l'ordre du jour du Congrès. Si notre camarade a une conception, j'étais libre, comme tous les militants, de discuter ou d'exposer la mienne dans mon journal corporatif. Pour que le Congrès puisse l'examiner, il faudrait que ce soit au moins proposé par un Syndicat et mis à l'ordre du jour du Congrès confédéral. Je ne pense pas qu'une question de modification aux statuts puisse entrer dans les questions diverses.

Genty. — Tout dernièrement encore, nous nous sommes très étonnés en lisant une liste de candidats aux élections municipales qui s'était formée sous le titre de candidats cégétistes et qui se réclamait du programme minimum de la C. G. T. Nous demandons si ces camarades étaient bien des organisations appartenant à la C. G. T. et si on doit leur laisser le droit de porter cette étiquette. (*Protestations dans la salle.*) Nous sommes dans les questions diverses, j'ai bien le droit d'apporter ici ce qui me plaît comme vous l'avez fait jusqu'alors. Ce sont des questions que je pose au Bureau confédéral, mais pas à tous les camarades.

Le Président. — Il y a eu une Commission des questions diverses; vous auriez dû faire comme tout le monde, camarade, et soumettre vos propositions à cette Commission.

Le Président. — Si vous le voulez bien, camarades, je vais mettre les différents vœux aux voix, avec cette réserve que les questions d'ordre statutaire seront examinées par le Comité confédéral national. Je mets donc aux voix les résolutions qui vous ont été lues par notre camarade Cébron. Que ceux qui sont partisans de les adopter le manifestent en levant la main.

Cébron. — Si vous le désirez, camarades, je vais vous donner à nouveau lecture de chacune des motions.

Voici tout d'abord la première motion déposée par les camarades Gautron (contrôleurs S. T. C. R. P.) et Richard (Haute-Garonne) :

Emue du désintéressement montré par un trop grand nombre de travailleurs, même syndiqués, envers les efforts du syndicalisme, la C. G. T. recommande aux Unions départementales d'intensifier leurs efforts de propagande et en particulier d'organiser au cours de séances récréatives fréquentes des causeries sur le syndicalisme et sur les questions sociales dont la solution paraît urgente au mouvement ouvrier.

Mise aux voix, cette motion est adoptée à l'unanimité.

Deuxième motion, relative à la juridiction prud'homale :

Emu du projet de loi actuellement déposé à la Chambre des députés, et qui tend à modifier gravement la juridiction prud'homale en autorisant les avocats à représenter les parties adverses, le Congrès de la C. G. T. se prononce formellement contre toute modification de la loi de 1907, péniblement acquise par la classe ouvrière, qui aurait pour effet d'en détruire l'esprit initial.

Cette résolution est adoptée à l'unanimité.

Troisième résolution, présentée par les communaux de Valenciennes, relative aux demandes de secours des syndicats en grève :

Toutes les organisations dont les membres sont en grève devront présenter leurs demandes de secours aux syndicats confédérés par l'intermédiaire de la C. G. T., qui sera tenue d'apposer sur ces demandes un timbre de cet organisme central.

Adoptée à l'unanimité.

Voici la quatrième résolution, présentée par les camarades ébénistes de la Seine et relative au relèvement du timbre confédéral :

Le Syndicat des Ebénistes de la Seine demande au Congrès d'envisager le relèvement du timbre confédéral pour permettre la constitution d'une caisse centrale de grève et de solidarité.

Cette question est renvoyée à l'examen du Comité confédéral national.

Voici maintenant la résolution présentée par la Fédération des moyens de Transports, relative à la tenue des Congrès confédéraux en province :

MOTION DE LA FEDERATION NATIONALE DES MOYENS DE TRANSPORTS

Le Congrès de la Fédération nationale des Moyens de Transports qui s'est tenu à Levallois-Perret les 13, 14 et 15 septembre dernier, après avoir discuté sur les nécessités par la C. G. T. de reprendre l'habitude des Congrès ambulants qui, en se déplaçant de ville tous les deux ans, créeraient un centre d'attraction syndicale qui permettrait aux diverses fédérations et, par suite, à la C. G. T. elle-même de faire une propagande plus intense dans la ville où se tiendrait le Congrès et dans la région;

Le Congrès national des Moyens de Transports a la certitude que l'on peut trouver plus de six villes où le Congrès confédéral peut être organisé à tour de rôle;

En conséquence, le Congrès des Transports demande à la C. G. T. que soit reprise l'habitude des Congrès confédéraux dans les villes où il y aura la possibilité.

Cette question est renvoyée à l'étude du Comité confédéral national, en accord avec le camarade Guinchard.

GRANOUX. — Cette question est-elle renvoyée pour étude, et est-ce que ce sera rapporté au Congrès?

LE PRÉSIDENT. — Sur la demande de ceux qui ont déposé l'ordre du jour, cette question est renvoyée au Comité confédéral national pour examen.

GRANOUX. — Ce sera rapporté au prochain Congrès, alors?

LE PRÉSIDENT. — Ce n'est pas une question d'ordre statutaire; c'est le Comité confédéral national qui décidera. (*Protestations dans la salle.*)

Les camarades qui ne sont pas d'accord pour accepter la proposition de la Fédération des moyens de Transports le manifestent en levant la main.

· Cébron. — La question ne se posera plus si le Congrès refuse dès maintenant la proposition.

Le Président. — Je demande au Congrès s'il est partisan, comme le demande la Fédération auteur de l'ordre du jour, que la question soit renvoyée au Comité confédéral national pour examen. Que ceux qui en sont partisans le manifestent en levant la main.

Cette question est adoptée et renvoyée pour examen au Comité confédéral national.

Cébron. — Voici maintenant la résolution relative au statut de la radio-diffusion :

Les Chambres devant se prononcer au cours de la prochaine session parlementaire sur le régime à donner à la radiodiffusion en France, le Congrès approuve le projet de statut établi par la Confédération générale du Travail en accord avec la Confédération des Travailleurs intellectuels, affirme une fois encore la volonté de la classe ouvrière organisée de voir cette invention nouvelle, qui constitue un moyen de propagande incomparable, en partie encore insoupçonné, placée sous le contrôle de la nation.

La C. G. T. ne donnera son adhésion qu'à un projet s'inspirant de l'intérêt général et instituant, sous la forme tripartite, une représentation réelle et efficace de tous les intérêts en jeu : pouvoirs publics, usagers et producteurs.

La C. G. T. s'élève contre les manœuvres et les campagnes capitalistes qui tendent uniquement à la création, sous une forme voilée ou non, d'un monopole privé dominé par la finance et les trusts internationaux.

Cette motion est adoptée à l'unanimité, moins une voix.

Voici à présent la motion concernant les droits des musiciens :

La C. G. T. estime que la radiophonie ne doit pas être uniquement un nouveau champ d'action commerciale, mais d'abord et surtout un moyen d'éducation, de distraction et de pénétration artistique et intellectuelle mis à la disposition de la masse des travailleurs; son développement ne doit pas être obtenu aux dépens des intellectuels, auteurs, compositeurs et de leurs interprètes, orateurs, conférenciers, artistes musiciens, dont les intérêts légitimes doivent être sauvegardés.

En conséquence, le droit des auteurs étant reconnu et en rien diminué, le droit des exécutants, inscrit dans la loi anglaise, doit être reconnu par la législation internationale et particulièrement par la loi française.

La Confédération générale du Travail estime que, dès le vote d'un statut apportant des ressources normales aux postes de radiodiffusion, l'emploi des disques qui, aujourd'hui, se généralise abusivement et porte un préjudice considérable aux artistes musiciens qu'il condamne au chômage, soit ramené à de plus modestes proportions, laissant place à des concours directs d'un plus grand intérêt pour les émissions.

Le Congrès fait sienne la résolution votée au III° Congrès international du Théâtre, qui déclare que :

« 1° Toute diffusion de disque doit être considérée comme une exécution directe des artistes. Aucune émission phonographique, aucune diffusion par tout procédé radioélectrique ou autre ne peut être faite sans le consentement du ou des artistes et sans une rétribution. Aucun disque ne pourra être diffusé sans une rétribution aux interprètes ayant enregistré;

« 2° La rétribution doit être établie en raison de la puissance du poste émetteur, du nombre de relais; chaque supplément qui sera payé en raison de relais devra être payé par le poste émetteur;

« 3° Les gouvernements auront également le contrôle technique des émissions et des postes, afin que les exécutions des interprètes ne soient pas déformées par de mauvaises émissions;

« 4° Ces questions devront être transmises au Bureau international du Travail, pour qu'il les examine et prépare une solution à recommander à tous les gouvernements. »

Cette résolution est adoptée à l'unanimité.

Et enfin, la dernière motion relative à la réforme du calendrier :

Le XXe Congrès national,

Vu l'invitation faite à la C. G. T. par le Bureau international du Travail de faire connaître l'opinion des travailleurs français confédérés sur la réforme du calendrier;

Vu l'intérêt que cette réforme présente pour ces derniers, par la répercussion heureuse qu'elle aura sur la vie publique et les relations économiques des peuples;

Adopte le principe de cette réforme et s'engage à en poursuivre la réalisation, en liaison avec la Fédération syndicale internationale, qui s'est déjà prononcée en sa faveur, et les centrales syndicales ouvrières des autres pays.

Cette motion est adoptée à l'unanimité.

Le Président. — L'ordre du jour appelle la question des modalités d'adhésion de la Fédération des Fonctionnaires. Je donne la parole au camarade Lenoir.

Lenoir. — Camarades, nous n'apportons pas ici des travaux bien précis. Pendant deux jours, nous nous sommes efforcés de trouver un terrain de conciliation; nous avons rencontré des concours, un esprit de conciliation, mais aussi des résistances, résistances qui ne reposaient sur rien, sur des futilités. Et il serait regrettable que le Congrès lui-même, en présence des propositions qui lui seront faites, ne se prononce pas. Car il aura le sentiment d'avoir apporté une solution équitable à cette question qui nous divise et qui nous absorbe depuis très longtemps.

Deux principes nous ont toujours guidés, à la Confédération Générale du Travail : l'autonomie des Fédérations, même quand elles sont incluses au sein de la Fédération des Fonctionnaires; et ensuite, considération pour la force considérable, pour l'autorité indispensable que doit conserver ce grand organisme de liaison et d'harmonie, de défense professionnelle qu'est la Fédération des Fonctionnaires.

Nous nous sommes trouvés en présence de ce fait que 180 ou 190.000 membres adhérents à la même organisation, voulant adhérer à la C. G. T. avec des droits précis comme les autres corporations, voulant en même temps rester affiliés à la Fédération des Fonctionnaires, et pour lesquels il est impossible de trouver un terrain d'entente.

Nos camarades nous ont proposé d'apporter des modifications profondes aux statuts de la C. G. T., c'est-à-dire de modifier un peu l'immeuble pour leur permettre de s'y installer. Nous avons refusé, bien que nous considérons cependant que nous devons tenir compte que lorsque les statuts de la C. G. T. ont été établis, il n'était pas question à cette époque lointaine, que nous aurions la satisfaction un jour d'avoir au sein de la C. G. T. l'élément fonctionnaire qui est considérable.

Il vous appartiendra donc d'examiner les modifications qui seront susceptibles de donner la place utile à cette Fédération.

Voici la conception de la C. G. T., et sur tous ces points que je vais indiquer, nous sommes d'accord avec les deux parties.

D'abord, Fédérations autonomes adhérentes directement à la C. G. T., ayant leurs représentations directes, leurs contacts directs, demandant leurs timbres directement à la C. G. T. et les recevant directement.

En premier lieu, obligation acceptée par la première Fédération déjà constituée, la Fédération générale de l'Enseignement, de rester affiliée à la Fédération des Fonctionnaires, pour défendre avec les autres fonctionnaires, leurs intérêts professionnels.

Ensuite, constitution par les divers éléments de la Fédération des Fonctionnaires de Fédérations reposant sur des bases industrielles, c'est-à-dire tenant compte des affinités, des contacts des fonctionnaires, leur donnant à chacun la même autonomie; mais il se produit ce fait, et c'est là que les difficultés ont surgi. Lorsque la Fédération des Fonctionnaires se sera inclinée, aura exécuté comme elle en a pris l'engagement, toutes les dispositions indiquées par la C. G. T., toutes ces Fédérations seront adhérentes directement à la C. G. T., mais elle, Fédération des Fonctionnaires, organisation puissante et considérable, n'aurait plus aucun lien avec la C. G. T., parce qu'elle ne serait plus un organisme qui contribue directement à la vie confédérale, aussi bien financièrement qu'effectivement.

Nous considérons, nous, à la Confédération Générale du Travail, que nous ne pouvons laisser exister à côté de nous un organisme qui aurait dans son sein les mêmes éléments que ceux qui seraient à la C. G. T., et qui resterait complètement indépendant de la vie confédérale et des responsabilités confédérales.

Il faudra donc rechercher statutairement le moyen de donner à la C. G. T. un pouvoir de contrôle sur la Fédération des Fonctionnaires, et ce pouvoir de contrôle, la Fédération des Fonctionnaires l'accepte, plus : elle le sollicite.

Pour obtenir toutes ces garanties, nous avons établi des textes qui ont été successivement détruits; néanmoins, nous avions hier décidé de désigner un camarade, ou plutôt de permettre à un camarade, au camarade Delmas, d'apporter ici un projet qui n'était accepté que par une douzaine de membres de la Commission; ce projet n'était pas accepté par les parties, mais par des personnalités, et j'avais reçu mandat de venir devant le Congrès indiquer l'impuissance de la Commission de trouver une solution.

Nous n'avons pas accepté, au Bureau confédéral, de remplir ce mandat et ce matin, nous avons à nouveau insisté; nous sommes intervenus auprès des parties et, tout à l'heure, nous nous sommes réunis à nouveau et nous étions arrivés jusqu'à la solution parfaite; nous étions d'accord pour affirmer l'existence de la Fédération de l'Enseignement, à laquelle la C. G. T. tient tant; nous étions d'accord pour déclarer que la Fédération des Fonctionnaires devait créer dans son sein des sections fédérales adhérentes directement à la C. G. T. et disposant de leur autonomie au point de vue social et conservant obligatoirement les liens corporatifs avec la Fédération des Fonctionnaires. Nous étions d'accord pour la période transitoire, car actuellement la situation est ainsi : la Fédération de l'Enseignement jouit, à la C. G. T., de tous ses droits; elle est adhérente également à la Fédération des Fonctionnaires.

Un Délégué. — Mais non, c'est faux!

Lenoir. — Camarades, il y a actuellement à la Fédération de l'Enseignement environ 85.000 membres, sur lesquels environ 77.000 à 80.000 membres font partie de la Fédération des Fonctionnaires.

Il y avait antérieurement la Fédération de l'Enseignement des 2° et 3° degrés, qui était adhérente directement à la C. G. T., lorsque nos camarades fonctionnaires n'étaient pas à la C. G. T. Ils se sont inclus dans la Fédération de l'Enseignement, et il apparaît que ces éléments — et ils l'ont décidé, ils ont établi des statuts qui le prouvent — se conformeront à la décision de la C. G. T. d'adhérer également la Fédération des Fonctionnaires.

La Fédération de l'Enseignement, dans l'article 1er de ses statuts, accepté par la Fédération des 2° et 3° degrés et par nos camarades instituteurs, a introduit et cela sans que la C. G. T. fasse la moindre pression, un paragraphe s'interdisant de se retirer de la Fédération des Fonctionnaires sans l'autorisation, sans le consentement de la C. G. T.

C'était un acte de conciliation, de loyauté et une garantie donnée à nos camarades fonctionnaires. Nos camarades fonctionnaires ont considéré cependant que cette garantie n'était pas suffisante. Nous avons compris également que seule la Fédération intéressée et la C. G. T. devenaient arbitres dans certaines situations, et nous avons fait la concession, d'accord avec des éléments, et je le dirais même d'accord avec notre camarade Zoretti; nous avons dit : Quelle garantie pouvons-nous donner, puisque vous êtes tous d'accord pour déclarer que vous serez des adhérents loyaux à la Fédération des Fonctionnaires, que vous serez des éléments qui resterez au sein de la Fédératiou des Fonctionnaires pour défendre vos intérêts professionnels, que vous acceptez dans les motions qui ont été présentées au cours des Commissions l'obligation de rester à la Fédération des Fonctionnaires? Nous avons alors considéré que nous pouvions chercher, sans porter entrave à l'autonomie des Fédérations qui sont constituées, une garantie supplémentaire qui donnerait satisfaction à la Fédération des Fonctionnaires. Et nous avons trouvé — ce n'est pas difficile à trouver, mais difficile à faire accepter. Nos camarades de l'Enseignement ont donc accepté que les cartes confédérales soient établies comme suit : d'abord, portant Fédération des Fonctionnaires, et ensuite Fédération de l'Enseignement. Il était entendu également que si la Fédération des Fonctionnaires avait constitué la deuxième branche, celle des services administratifs, qu'il y aurait une carte confédérale portant : Fédération des Fonctionnaires et Services administratifs.

Nous avons pensé, puisque la carte confédérale porte : Fédération des Fonctionnaires, qu'il n'y aurait pas un abus de pouvoir de la part de la C. G. T., de demander à la Fédération de l'Enseignement qu'elle veuille bien accepter que la Fédération des Fonctionnaires fasse la demande de cartes, annuellement, pour ses sections fédérales, puisque la carte confédérale doit porter : Fédération des Fonctionnaires.

Nous paraissions d'accord. Je ne voudrais pas que nos camarades de l'Enseignement pensent que nous leur avons imposé quelque chose qui réduirait leurs relations avec la C. G. T. Un camarade de la Commission avait proposé que cela se fasse pour la carte et les timbres. Je me suis opposé en ce qui concerne les timbres, parce que les timbres constituent les relations constantes, régulières avec la C. G. T., tandis que la carte n'est qu'un geste annuel. J'ai même dit au camarade Laurent : il ne faudra pas trop insister sur la valeur de cet argument. Vous avez, sans doute, une garantie large et précieuse avec la carte, car c'est vous qui donnerez chaque année l'estampille de confédéré aux membres qui devront être dans votre sein. Il ne sera pas nécessaire même que la C. G. T. vous envoie, à tous, les cartes confédérales; il suffira que vous lui donniez l'état des cartes indispensables par Fédérations et nous les enverrons directement à la Fédération intéressée. Vous sentez bien que c'est une formalité à la fois précieuse et pratique.

Donc, après deux journées d'efforts, nous étions d'accord sur tous ces points. Notre camarade Zoretti est alors intervenu, avec le respect rigide des statuts, des règles qui, bien souvent, immobilisent la vie. A force d'insister, notre camarade nous a dit : « Personnellement, j'accepte; mais, et c'est peu de chose, je n'ai pas de mandat de ma Fédération; je lui soumettrai la question et si ma Fédération accepte, je n'y vois aucun inconvénient. »

Mais l'on dut cependant voter sur ce paragraphe et c'est ce paragraphe qui fut rejeté. Par conséquent, j'interviens ici, non pas au nom de la majorité de la Commission, mais au nom du Bureau confédéral; j'ajoute même que notre camarade Delmas, rapporteur désigné par une douzaine de camarades qui l'avaient chargé de défendre un projet, avait été désigné en dernier lieu pour rapporter la proposition au nom de tous, et dont un premier vote de la

Commission l'avait chargé, à l'unanimité, de défendre le projet soumis par le Bureau confédéral. Nous avions enfin établi un projet de conciliation qui mettait fin à des divisions. A nouveau, notre camarade Zoretti, au détriment de la Fédération de l'Enseignement, est intervenu et pendant plusieurs jours, nous avons rencontré des résistances sur des pointes d'aiguille; c'est regrettable, lorsque des camarades sont réunis pour chercher en commun un terrain de conciliation, de revenir toujours sur des faits antérieurs.

Camarades, j'avais déclaré à la Commission que je demanderais à notre camarade Jouhaux, avec son autorité de secrétaire général de la C. G. T., de venir défendre la motion du Bureau confédéral, dont je ne vous donnerai pas lecture; mais je demande simplement au Congrès d'apporter toute son attention à cette question. Il ne s'agit pas d'une question qu'on peut trancher légèrement, c'est un problème très complexe. Il y a des éléments très précieux, il y a des camarades qui, réellement, veulent travailler avec la Confédération Générale du Travail.

Des Délégués. — Tous!

Lenoir. — Il y a un effort considérable de rapprochement vers la classe ouvrière qui est fait depuis ces dernières années; il s'agit actuellement de trouver la solution indispensable. Depuis plus de trois ans, nous parlons des modalités d'adhésion des fonctionnaires. Nous avons fait des propositions; nos camarades fonctionnaires ont eu peur — et c'est légitime peut-être —, ils ont eu peur pour leur force, pour leur cohésion. La Fédération des Fonctionnaires a obtenu des résultats, elle a amélioré des situations et par conséquent, les militants qui sont à la tête de l'organisation, ne voient pas sans inquiétude des modifications profondes qui peuvent porter atteinte à la force d'un organisme si puissant.

Vous apporterez, camarades, toute l'attention qu'il faut à ce problème. Vous entendrez notre camarade Jouhaux et la proposition que je ne veux pas faire ici, car il est indispensable que le Congrès sente la gravité de la décision qu'il doit prendre. Mais j'ai le sentiment intime et presque absolu que la proposition du Bureau confédéral sera accueillie unanimement par le Congrès et par les intéressés qui, jusqu'à présent, se sont un peu trop déchirés. (Applaudissements.)

Budon. — Et quelle sera la situation de la Fédération de l'Enregistrement?

Lenoir. — Le camarade Budon me demande la situation, vis-à-vis de la C. G. T. de la Fédération de l'Enregistrement.

La Fédération de l'Enregistrement est venue à la C. G. T. en se détachant de la Fédération des Fonctionnaires, au moment où il était peu question, où il n'y avait encore que quelques bruits relativement aux intentions de la Fédération des Fonctionnaires d'adhérer à la C. G. T. Nous avions déjà, à cette époque, environ 75 à 80.000 instituteurs, adhérents à la Fédération des Fonctionnaires et adhérents à la C. G. T. La Fédération de l'Enregistrement est venue trouver la C. G. T. et a demandé son adhésion. Il n'y avait aucune raison pour la C. G. T. de refuser des éléments qui venaient se joindre à ses efforts. Nos camarades ont été admis, mais il a été spécifié, puisqu'il était question d'une façon lointaine que la Fédération des Fonctionnaires adhérerait bientôt à la C. G. T., que la Fédération de l'Enregistrement devrait y adhérer dans les formes indiquées par la C. G. T., et qu'elle constituerait ainsi en d'autres éléments un des compartiments dès qu'il y serait créées dans le sein de la Fédération des Fonctionnaires.

Voilà, je crois, ce qui a été déclaré verbalement, car je ne crois pas qu'il ait été écrit à ce sujet.

Jusqu'à présent, la question ne s'est pas posée pour la Fédération de l'Enregistrement, puisque, en réalité, la Fédération des Fonctionnaires n'a pas constitué, en dehors de la Fédération de l'Enseignement, aucun des organismes prévus par la décision.

BUDON. — Je vous demande quelle sera notre situation vis-à-vis de la Fédération des Fonctionnaires. Est-ce que nous conserverons l'autonomie que vous nous avez conférée en 1925?

LENOIR. — Vous posez toujours des questions que moi j'évite souvent. Est-ce que je vais aller dire à quelqu'un, par exemple : Si je commets telle faute, qu'est-ce que tu me feras? Je n'en parle pas. Vous demandez toujours à la Confédération Générale du Travail : avec vos lois, avec vos gendarmes, telle décision est prise, mais si elle n'est pas appliquée, qu'est-ce que vous allez faire?

S'il fallait faire marcher les gendarmes, il y a beaucoup de petites infractions qui sont commises qui ne le seraient pas.

Camarade Budon, si demain la Fédération des Fonctionnaires crée dans son sein quelques Fédérations administratives, parmi lesquelles il en est une dont vos éléments devaient faire partie, eh bien, à ce moment, la Confédération vous demandera simplement, amicalement, de vous joindre à cette section.

(Dénégations de Budon).

Vous me dites non. Alors ne nous demandez pas ce que nous ferons; quand vous aurez refusé, nous verrons ce que nous aurons à faire, et puis c'est tout. (*Applaudissements.*)

LE PRÉSIDENT. — La parole est au camarade Jouhaux.

JOUHAUX. — Je ne veux pas, pour ma part, intervenir longuement dans cette discussion. Notre camarade Lenoir vient de dire ce que le Bureau confédéral avait, ce matin, décidé de proposer aux intéressés.

On a posé cette question sur le terrain des principes, on a même évoqué l'histoire de la Confédération Générale du Travail et la constitution des Fédérations d'industrie dans son sein. Je n'ai pas pour ma part l'intention d'évoquer à nouveau toute cette évolution. Il y a ici assez de camarades, et du sein de la Fédération du Bâtiment, et du sein de la Fédération des Métaux, pour ne citer que les deux principales branches qui ont encore à la mémoire toute cette longue bataille qui a durée pendant des années au cours desquelles la C. G. T. a été constamment obligée d'intervenir dans la voie de la conciliation pour qu'enfin, après huit années de discussion on arrive à une application des principes qui avaient été discutés et acceptés. C'est dire que cette situation qui se présente aujourd'hui devant nous est analogue à de nombreuses autres qui ont existé dans notre sein et que ce n'est jamais, à aucun moment, par l'application rigide des principes que nous sommes arrivés à obtenir satisfaction.

Les organisations syndicales sont des éléments vivants et c'est leur vie qui commande leur activité, et la C.G.T., quel que soit son désir d'avoir une discipline de plus en plus grande et de plus en plus respectée, est dans l'obligation de tenir compte de cette vie corporative, de cette nécessité de groupements particuliers pour faire face aux situations diverses et pour réaliser les buts des organisations syndicales elles-mêmes (*Appaudissements.*)

Nous avons été devant les fonctionnaires d'abord devant une situation de fait et, camarades, jamais la C. G. T. n'est intervenue en brisant brutalement une situation de fait. La C. G. T. a toujours tenu compte de ces situations, elle a composé avec elle et elle était heureuse lorsqu'elle arrivait à un résultat dans l'esprit de la résolution prise, tout en donnant satisfaction aux intérêts multiples qui s'agitaient dans la question.

En ce qui nous concerne actuellement, nous avons été dans l'obligation de tenir compte de cette situation de fait. Je ne veux pas retracer non plus toute cette histoire, peut-être un peu longue et un peu fastidieuse, mais je veux la situer dans vos esprits par trois points particuliers, par trois points essentiels. Dans la C. G. T., existence d'une Fédération de l'Enseignement; dans la C. G. T., existence d'un Syndicat national des Instituteurs; dans la C. G. T., existence d'une Fédération de l'Enregistrement. Et la C. G. T. quel que soit son désir d'harmoniser, quel que soit son désir de créer une discipline unique pour tous, était bien obligée de tenir compte de ces situations de fait et d'essayer de composer avec elles. (*Applaudissements.*)

C'est dans cet ordre que nous avons agi. Evidemment, quand la question de principe se pose, il n'est pas difficile de répondre. Il y a à la base de la C. G. T. inscrit dans ses statuts un principe qui s'est substitué hier à un principe plus ancien; les Fédérations d'industrie faisant suite aux Fédérations de métier. Est-ce qu'il me serait permis de dire actuellement que malgré cette décision déjà ancienne, 1904 et 1907, il y a encore dans la C. G. T. des organisations à base corporative qui n'ont pas encore complètement terminé leur évolution industrielle. (*Applaudissements.*)

Et puis, qu'est-ce que c'est que l'industrie? Nous l'avons souvent évoqué dans nos Congrès. Est-ce la matière employée, est-ce l'objet fabriqué, les deux substratum simples sur lesquels nous avons discuté au cours de nos nombreux Congrès. Nous avons défini à un moment donné de l'évolution industrielle ce qui pouvait le plus se rapprocher de la base industrielle, mais à l'heure actuelle dans cette évolution accentuée, dans cette évolution intensifiée, dans cette cartellisation immense qui n'a pas encore terminé son évolution, qui donc pourrait dire où sont les limites logiques et rationnelles des Fédérations d'industrie. (*Applaudissements.*) Et cependant, il convient que nous trouvions une solution. Nous l'avons cherchée, poussés par les intéressés eux-mêmes, poussés par nos besoins. Nous sommes allés à la Fédération Générale de l'Enseignement, qui nous apparaissait comme une des réalisations premières, comme des réalisations primordiales, mais au moment même où nous acceptions l'avis des intéressés directs, à ce moment s'est posé devant nous le problème politique d'une force corporative qui se trouverait diminué par le fait de cette situation, de ce scindement en deux tronçons d'une seule organisation. (*Applaudissements.*) Et alors, avec les intéressés, et avec eux, nous avons constitué la Fédération Générale de l'Enseignement, partie de la Fédération Générale des Fonctionnaires. C'est sur ce plan que nous avons vécu, croyant que la solution était trouvée, que la situation était définitivement établie relativement, car tout est relatif en ce bas monde, jusqu'au moment où les nécessités de la vie auraient apporté elles-mêmes des modifications nouvelles dans la constitution interne de la Fédération des Fonctionnaires. Et c'est la Fédération des Fonctionnaires elle-même qui est entrée dans cette voie en prenant la décision de principe de constituer dans son sein des sections fédérales ou des Fédérations ayant une certaine autonomie et constituées en se rapprochant le plus possible des bases industrielles. Cela nous semblait, à nous, donner pleinement satisfaction aux principes qui avaient été évoqués et nous

nous disions enfin la solution est trouvée. Il paraît qu'elle ne le serait pas, pour ma part je ne veux pas y croire. Les principes essentiels de bases industrielles ont été respectés, sont en application, en voie d'évolution. Les principes d'autonomie ont été respectés, sont en voie d'évolution. La force corporative de la Fédération des Fonctionnaires a été respectée. Son évolution interne peut nous conduire où? Nous n'en savons rien, personne à l'heure actuelle ne peut le présumer. Nous avons respecté les situations de fait, nous avons permis à nos principes de s'inscrire dans notre réalité organique. Nous avons conservé les forces corporatives et sociales et c'est uniquement sur ce sentiment et sur ce résultat que le Congrès doit se prononcer. (*Applaudissements.*).

LE PRÉSIDENT. — Camarades, je vais vous donner lecture de la résolution présentée par le Bureau confédéral :

L'ADHESION DES FONCTIONNAIRES A LA C. G. T.

1° La Fédération générale de l'Enseignement est adhérente à la Confédération générale du Travail;

2° Les Fédérations et les Syndicats adhérents de la Fédération des Fonctionnaires retirent leurs cartes à la C. G. T. par l'intermédiaire de la Fédération des Fonctionnaires.

La Fédération des Fonctionnaires doit constituer dans son sein des Fédérations se rapprochant le plus possible des bases industrielles;

3° La Fédération générale de l'Enseignement adhérant directement à la Confédération générale du Travail et les Fédérations industrielles à créer sont groupées dans la Fédération générale des Fonctionnaires, organisme central qui va également être représenté au sein de la C. G. T.

Je vais donc mettre cette proposition aux voix. (*Protestations dans la salle.*)

Personne n'avait demandé la parole, je pensais donc que nous pouvions passer au vote. S'il en est autrement, que ceux qui veulent prendre la parole envoient leur nom au Bureau du Congrès, avec indication du Syndicat auquel ils appartiennent.

Le camarade Delmas, rapporteur de la Commission, ayant demandé la parole, je la lui donne donc le premier.

DELMAS. — Camarades, il est exact, comme l'a dit Lenoir, que nous n'avons pas pu réaliser l'unanimité au sein de la Commission et au sein de la Sous-Commission. Mais il faut bien convenir que les raisons de cette non-unanimité tiennent à des causes tout à fait secondaires et, à mon sens, insuffisantes pour déterminer justement cette division.

Nous sommes d'accord sur le fond et pourtant, pendant deux jours, toutes les opinions ont pu librement s'exprimer. Nous avions à concilier deux points de vue en apparence contradictoires. D'une part, la nécessité d'avoir au sein de la Confédération Générale du Travail une organisation de l'Enseignement en rapports directs avec les organismes de la C. G. T.; d'autre part, la nécessité de conserver une organisation comme la Fédération des Fonctionnaires qui, elle aussi, devait être en rapports directs avec la C. G. T.

Pendant des mois, les deux organisations en présence se sont imaginées, ont cru que c'était l'une à l'exclusion de l'autre qui devrait être adhérente à la Confédération Générale du Travail, et tandis que la Fédération des

Fonctionnaires demandait l'admission en bloc de la Fédération des Fonctionnaires, avec pour conséquence la disparition de la Fédération générale de l'Enseignement en tant qu'orgnisation directement rattachée à la C. G. T., nos camarades pensaient que l'adhésion effective à la C. G. T. avait pour conséquence la dissolution de la Fédération des fonctionnaires, ou tout au moins son émiettement.

Eh bien, l'accord s'est fait sur ce point capital : c'est que les deux organisations devaient, non pas dans l'intérêt des Fédérations elles-mêmes, non pas pour la satisfaction des amours-propres des dirigeants, mais devaient adhérer à la C. G. T. et avoir des rapports constants avec les organes confédéraux. La formule, nous avons tout de même réussi à la trouver : la Fédération de l'Enseignement et les autres Fédérations à créer seront liées en quelque sorte, par la voie statutaire à la C. G. T.

La proposition du Bureau confédéral porte, dans son article premier, que la Fédération de l'Enseignement est directement adhérente. C'est donc que pour toutes les questions qui se rapportent à la vie confédérale, les questions d'éducation, les problèmes d'éducation ouvrière plus particulièrement, la C. G. T. traite directement avec cette Fédération de l'Enseignement. Mais d'un autre côté, cette tâche est considérable, d'autres problèmes se posent, parce que les enseignants sont aussi des fonctionnaires, ils ont des intérêts à défendre et il nous est apparu que le morceau d'unité qui était réalisé par la création de la Fédération des Fonctionnaires et par sa vie même ne pouvait pas être défait aujourd'hui. Il nous a paru que, comme par le passé, ces enseignants devaient confronter leurs revendications corporatives avec celles des autres fonctionnaires qui n'appartiennent pas à l'Enseignement et que, dans l'intérêt même de ces revendications, il fallait qu'elles soient présentées par une organisation qui en aurait fait la confrontation et qui aurait plus de force pour les soumettre aux Pouvoirs publics.

Pour ces deux raisons, il nous a paru qu'il fallait adopter une autre formule que celle qui a cours actuellement. Quelques-uns d'entre nous avaient pensé tout d'abord qu'il y avait une impossibilité absolue dans le cadre des règlements de la C. G. T. de réaliser dès maintenant cette double affiliation. Nous avons pensé, et notre camarade Jouhaux vient de le rappeler avec infiniment de force, que c'est une règle constante aussi dans la C. G. T. qu'il faut plier à la vie et aux faits les situations formelles; que, d'autre part, toute proposition qui s'inspirait des principes rigoureux devait être ajournées à plusieurs années et que, dans ces conditions, une organisation comme celle des fonctionnaires, une fois ses sections constituées, en dehors de tout contrôle confédéral, qu'il y aurait par conséquent un danger à la voir opérer et se développer à l'aise et marcher dans une voie qui serait la sienne propre; seulement, lorsqu'il s'agit d'une organisation aussi puissante que la Fédération des Fonctionnaires, il pourrait y avoir conflit, à certains moments, entre la C. G. T. discutant dans ses Congrès et traçant ses voies et les voies suivies par la Fédération des Fonctionnaires.

Il nous a paru que, dès maintenant, l'on pouvait associer la Fédération des Fonctionnaires, devenue Fédération générale et groupant des Fédérations, à la vie confédérale.

Il n'y a personne au sein de la Commission constituée qui se soit élevé contre cette proposition.

Et alors la divergence porte sur des questions mesquines de distribution de cartes confédérales. Je ne crois pas, tout de même, c'est mon sentiment, que les questions d'amour-propre de trésoriers puissent jouer, même s'il s'agit d'amour-propre de Fédération.

L'amour-propre doit s'incliner aujourd'hui, de part et d'autre, devant la nécessité de réaliser cet accord.

Je pense qu'il n'y a pas de garanties dans cette distribution des cartes. Les garanties sont ailleurs; elles sont dans le fait que la Fédération générale de l'Enseignement est adhérente directement à la C. G. T. Elles sont dans le fait que la Fédération des Fonctionnaires est représentée directement dans les organismes de la C. G. T. Voilà où sont les garanties.

Si on m'en croyait, les camarades, d'un côté et de l'autre, pourraient dire : « Ce paragraphe 4 qui nous divise, nous le supprimons. »

On pourra peut-être trouver une autre garantie; c'était inclus dans la première motion qui avait été adoptée par une majorité de la Commission, que tout de même la Fédération générale de l'Enseignement et les autres Fédérations auront le droit d'agir, pour certaines questions d'ordre corporatif, en dehors de la Fédération générale des Fonctionnaires. Là, évidemment, est la solution du problème.

Je puis dire, au nom d'une grande partie de la Commission, que nous sommes d'accord sur les principes, nous ne sommes divisés que sur une question qui n'a qu'une petite importance. Je pense que les uns et les autres viendront dire qu'ils renoncent à leurs prétentions.

Le Président. — La parole est à Zoretti.

Zoretti. — Camarades, la tâche est mal aisée...

Laurent. — Puis-je faire une déclaration?

Neumeyer. — Nous acceptons que le paragraphe 4 disparaisse si l'accord doit être unanime sur les trois autres!

Zoretti. — Je renonce à la parole. Le seul point sur lequel il y avait désaccord entre les représentants de la Fédération générale de l'Enssignement et la proposition transactionnelle du Bureau était précisément ce paragraphe 4. Si Laurent et Neumeyer acceptent la disparition de ce paragraphe 4, au nom de la Fédération, en ce qui nous concerne, l'accord est total. (*Applaudissements.*)

Laurent. — Il est absolument inutile de maintenir ce paragraphe 4 étant donné que la précision est dans le paragraphe 2. On supprime le paragraphe 4. (*Mouvements divers dans l'Assemblée.*)

Le Président. — La parole est à Jouhaux.

Jouhaux. — Toutes les choses, dans la vie, arrivent à s'arranger. (*Applaudissements.*)

Réjouissons-nous de l'accord qui vient d'intervenir et je ne crois pas que l'on puisse mieux faire que de se lever unanimement pour saluer la solution obtenue. (*Les délégués, debout, applaudissent.*)

Dans la salle. — Aux voix, aux voix !

Le Président. — Vous sentez bien que la presque unanimité du Congrès a enregistré l'accord qui est intervenu à cette tribune. Nous devons clore le Congrès après que je vous aurai donné lecture des motions qui ont été déposées à l'instant même :

Le Congrès confédéral, ému de la catastrophe due à l'orage, dont ont souffert le département des Côtes-du-Nord et la région malouine, et qui a atteint de nombreuses familles ouvrières, demande que les Pouvoirs publics interviennent immédiatement pour secourir les familles sinistrées; envoie ses condoléances à la famille de notre camarade cheminot Secondaire qui vient de trouver la mort à son poste de travail. (*Applaudissements.*) (*Adopté.*)

Le XX° Congrès de la C. G. T., s'élevant au-dessus des tendances et des opinions, considérant que la liberté d'exprimer son opinion est un droit imprescriptible pour tout individu ou collectivité et qu'il est une condition indispensable au progrès social et au développement des organisations;

Considérant que la répression n'est pas un argument que les idées doivent s'affronter librement devant l'opinion publique;

Considérant que la restriction des libertés individuelles et collectives, en créant des mœurs et des méthodes de réaction, amène toujours comme conséquence une atteinte au bien-être du prolétariat, qui n'a plus les mêmes possibilités de se défendre et de revendiquer;

Considérant que les ouvriers étrangers travaillant en France doivent pouvoir revendiquer leurs droits et leurs intérêts qui sont les mêmes que ceux des ouvriers français;

Que c'est attenter aux intérêts de toute la classe ouvrière de profiter de leur situation d'étrangers pour les empêcher de joindre leurs efforts aux nôtres;

S'élève avec force contre les poursuites ou arrestations préventives, les emprisonnements, les mises au droit commun de condamnés pour délit d'opinion, les atteintes à la liberté de la presse et à celle de réunion, et toutes autres mesures de réaction très fréquentes en ces derniers temps;

S'élève également contre les expulsions administratives nombreuses dont ont été frappés de nombreux travailleurs étrangers réfugiés en France pour la seule raison d'avoir des opinions d'avant-garde, ou de participer au mouvement ouvrier;

Demande qu'une amnistie large et complète soit accordée à tous ceux qui ont été frappés pour leurs opinions, quelles qu'elles soient. (*Applaudissements.*)

Vous acceptez également cette propositions? (*Adopté.*)

Bidegarray. — Le Congrès a manifesté sur les interventions répétées de notre camarade Jouhaux pour les travailleurs de l'Algérie, de la Tunisie et des pays de protectorat.

Je demande que le Congrès mandate le Bureau confédéral à l'effet de tenir un Comité confédéral en Algérie pendant la période du Centenaire; qu'au moins la C. G. T. tienne, en accord avec les Unions départementales de l'Afrique du Nord, une séance là-bas, manifestant par là même la solidarité des travailleurs de la métropole à l'égard de ceux de l'Afrique du Nord.

Le Président. — Le Comité confédéral examinera cette question demain.

L'Union de Drôme-Ardèche demande aux Fédérations, aux Unions et aux Syndicats de répondre à l'appel des Cuirs et Peaux, en faveur des camarades mégissiers d'Annonay qui luttent depuis plus de deux mois pour l'obtention de vacances payées.

Il y a encore une motion qui a été déposée par une Union locale qui n'a pas de représentation statutaire au Congrès. Elle demande au Bureau confédéral de rechercher l'unité syndicale en dehors de toutes compromissions avec les partis politiques.

Camarades, le Congrès est terminé. Nous devons enregistrer les travaux qui se sont déroulés au cours de ce Congrès.

Il est indiscutable que ces assises auront un rayonnement considérable dans notre pays et dans l'Internationale auprès des classes travailleuses.

Il y a une question sur laquelle je voudrais attirer votre attention. C'est sur la propagande que nous devons effectuer pour développer notre mouvement, lui donner de l'autorité. Il doit se compléter par quelque chose auquel les militants ne s'attachent pas assez, c'est la propagation du journal. Conformément à la résolution qui vous a été rapportée par notre camarade

Forgues, nous devons prendre l'engagement ici, tous les militants présents, de faire l'indispensable et l'impossible pour le développement du journal confédéral *Le Peuple. (Applaudissements. Très bien.)*

Notre C. G. T. a réussi à acquérir une force dans le pays. Il lui manque le développement de ce journal; c'est à cela qu'il faut nous attacher et l'œuvre des militants en sera considérablement soulagée.

J'ai terminé, le XXe Congrès de la Confédération Générale du Travail est clos. Je donne la parole au camarade Cattaneo que nous accompagnerons pour un couplet de l'*Internationale. (Applaudissements.) (Les délégués quittent la salle au chant de l'* « *Internationale* »).

LISTE DES FÉDÉRATIONS REPRÉSENTÉES AU CONGRÈS

FÉDÉRATIONS	SECRÉTAIRES	FÉDÉRATIONS	SECRÉTAIRES
Agriculture	CHAUSSY	Fonctionnaires	LAURENT
Alimentation	SAVOIE	Habillement	RINGENBACH.
Bâtiment	CONSTANT, CORDIER, COLLE	Livre	LIOCHON
Bijouterie	TRIVERY.	Syndicats Maritimes	CUPILLARD, PIETRONI
Bois	CHIRON		
Céramique	TILLET	Métaux	BLANCHARD, CHEVALME, GALANTUS
Chapellerie	MILAN		
Chemins de Fer: Union des Syndicats de Chemins de Fer des Cies Secondaires: Réseau État, Réseau Est, Réseau Nord et Réseau P. O.	JARRIGION	Fabriques de Papier	VARDELLE
		Préparateurs en Pharmacie	DELERUE
		Ports et Docks	VIGNAUD
		Fédération Postale	GIBAUD
		Industries Chimiques	VANDENBOSSCH
Coiffeurs	PAGES	Services Publics	MICHAUD, AUBE
Cuirs et Peaux	ROUX	Services de Santé	MERMA
Dessinateurs	DOUMENQ	Sous-Sol	VIGNE, BARD, PANISSAL
Eclairage	BIOT, MOREL	Spectacle	CEBRON
Employés	BUISSON	Tabacs	MATHIAS
Enregistrement	BUDON	Textile	VANDEPUTTE, DECOCK
Enseignement Secondaire	ZORETTI	Tonneau	NICOLAS
Finance	BLANCHARD	Transports	GUINCHARD
Travailleurs de l'Etat	SOURBET, MICHAUT	Verriers	DELZANT, MONNIER
		Feuillardiers	BROCHET

UNIONS DÉPARTEMENTALES REPRÉSENTÉES AU CONGRÈS

Désignation des Unions Départementales	Noms des délégués	Désignation des Unions Départementales	Noms des délégués
Adour	DESARMENIEN	Marne	DOCQ
Aisne	DEMARET	Marne (Haute-)	AUTEROCHE
Allier-Creuse	PARIZOT	Mayenne	COULANGES
Alpes-Basses	BRUSCHINI	Meurthe-et-Moselle.	HUMBERT
Alpes-Hautes	JAMES	Meuse	CORNU
Alpes-Maritimes	TAVERA	Morbihan	LE LEVE
Ardennes	VILLEVAL	Moselle	NILLES
Ariège	DELPLA	Nièvre	BONDOUX
Aube	DOUET	Nord	DECOSTERE
Aude	VIDAL	Oise	DUFRENNE
Aveyron	OUSTRY	Orne	PUJOS
Belfort	BLONDE	Pas-de-Calais	CHOPIN
Bouches-du-Rhône	GRAS	Puy-de-Dôme (Hau-	
Calvados	Marie LANGLOIS	Loire)	FRAPET
Cantal	BOUDOU	Basses - Pyrénées -	
Charente	MORANDIERE	Landes	DESARMENIEN
Charente-Inf.	JOLLINIER	Pyrénées (Hautes-).	ADASSUS
Cher	AMICHOT	Pyr.-Orientales	BERTA
Corrèze	ROUSSEAU	Rhin (Bas-)	IMBS
Corse	PEZZINI	Rhin (Haut)	EISENRING
Côtesd'Or	BELLI	Rhin (Haut-) Bel-	
Côtes-du-Nord	HAMON	fort	DECHELOTTE
Dordogne	LEYMARIE	Rhône	VIVIER-MERLE
Doubs	JEANNIN	Saône (Haute-)	BRICE
Drôme-Ardèche	GOURDON	Saône-et-Loire	JOLY
Eure	BENARD	Sarthe	CARRE
Euree-et-Loir	HALGRAIN	Savoie-Savoie (Hte-)	MOREL
Finistère	BERTHELOT	Seine, Région Pa-	
Gard	PERRIER	risienne	GUIRAUD
Garonne (Haute-)	FORGUES	Seine-et-Marne	GAYTE
Gers	CARREFOUR	Seine-Inférieure	REINE
Gironde	DASSE	Sèvres (Deux-)	TRABET
Herault	NICOLAS	Somme	RECHOU
Ille-et-Vilaine	CHEREAU	Tarn	ROUVET
Indre	TURIN	Tarn-et-Garonne	ALLAMELLE
Indre-et-Loire	THOMAS	Var	PORTALIS
Isère	MAZENOD	Vaucluse	AVRIL
Jura-Ain		Vendée	DAVISSEAU
Loire	DUMOND	Vienne	AUDINET
Loire-Inférieure	PENEAU	Vienne (Haute-)	VARDELLE
Loiret	BOTHEREAU	Vosges	DEVANT
Loir-et-Cher	MARTIAL	Yonne	CUFFAUX
Lot	BACH	Alger	COLOMBANI
Lot-et-Garonne	GEOMARD	Constantine	RICHARD
Lozère	CHAUVET	Oran	DELAMARRE
Maine-et-Loire	PILARD	Tunisie	DUREL
Manche			

Unions locales ou Bourses du Travail

Bourse du Travail de Bayonne	DOSSAT	Bourse du Travail de Roanne	GASTAL
Union Locale Lille	DEVERNAY	Union Locale Toulon	TUBBUCCO

RÉSULTAT DES VOTES

FEDERATION DE L'AGRICULTURE

DÉLÉGUÉS	ORGANISATIONS	NOMBRE DE VOIX	VOTE SUR LE RAPPORT MORAL
Désarménien	Métayers (Arengosse)	1	P.
Guillon (Ch.)	Bûcherons et Agricoles (Azy-le-Vif)..	1	P.
Alibert	Cultivateurs et Terrassiers (Béziers)..	1	P.
Chaussy (Arthur).	Agricoles (Brie-Comte-Robert)	2	P.
Nicolas (Cél.) ...	Agricoles de Cazouls-les-Béziers......	1	P.
Guillon (Ch.) ...	Bûcherons et Agricoles (Châteauneuf-Val de Borgis)	1	P.
Fabre (François)..	Agricoles (Cuxac-d'Aude)	3	P.
Villeneuve.	« Le Paysan » (Lectoure)	1	P.
Villeneuve.	« Les Agricoles » (Lectoure)	1	P.
Chaussy.	Agricoles (Leuc)	1	P.
Chaussy.	Bûcherons (Nannay)	1	P.
Guillon	Bûcherons (Neuville-les-Decize)	1	P.
Guillon	Bûcherons (Ouagne)	1	P.
Hodée	Jardiniers (Paris)	1	P.
Berta	Viticoles et Agricoles (Perpignan)....	1	P.
Berta	Cercliers (Prats-de-Mollo)	1	P.
Guillon	Bûcherons (St-Benin-d'Azy)	2	P.
Hodée	Jardiniers (Saint-Germain)	1	P.
Leymarie	Agricoles (St-Laurent-des-Hommes)..	2	P.
Désarménien	Métayers (St-Martin-de-Hinx)	1	P.
Guillon	Bûcherons et Agricoles (St-Saulge)..	1	P.
Chaussy	Résiniers, Métayers, Brassiers (Saint-Symphorien)	2	P.
Bertoluzzi	Travailleurs de la terre du Sud-Ouest	4	P.
Guillon	Bûcherons (Vieille Loye)	1	P.
Berta	Agricoles (Villemolague)	2	P.

FEDERATION DE L'ALIMENTATION

DÉLÉGUÉS	ORGANISATIONS	NOMBRE DE VOIX	VOTE SUR LE RAPPORT MORAL
Bastien	Boulangers (Abbeville)	1	P.
Bastien	Alimentation (Amiens)	3	C.
Bastien	Boulangers (Amiens)	1	C.
Dassé	Boulangers (Bordeaux)	3	P.
Alibert	Limonadiers, Restaurateurs (Béziers)..	1	P.
Naulin	Boulangers (Blois)	1	P.
Dasse	Boulangers (Bayonne)	1	P.
Danchotte	Brasseries, Boissons gazeuses (Bordeaux)	2	P.
Dubroca	Bouchers-Charcutiers (Bordeaux)	1	P.
Maffre	Cuisiniers (Bordeaux)	3	P.

DÉLÉGUÉS	ORGANISATIONS	NOMBRE DE VOIX	VOIE SUR LE RAPPORT MORAL
Mazières	Huileries (Bordeaux)	4	P.
Goumet	Limonadiers-Restaurateurs (Bordeaux)	3	P.
Massieu	Tripiers (Bordeaux)	1	P.
Rault	Brasseurs (Brest)	1	P.
Lauquety	Boulangers, Biscuitiers (Calais)......	1	P.
Halgrain	Boulangers (Chartres)	1	P.
Espinasse	Boulangers (Clermont-Ferrand)	2	P.
Didaret	Alimentation (Denain)	1	P.
Ponchon	Gérants et Employés Alimentation (Douai)	1	P.
Didaret	Alimentation (Dunkerque)	1	P.
Savoie	Boulangers (Elbeuf)	1	P.
Hallin	Boulangers (Le Mans)	1	P.
Bertrand	Boulangers et Similaires (Lille)	1	P.
Schutz	Brasserie et Malterie (Lille)	4	P.
Bertrand	Brûleurs et Livreurs en café (Lille)..	1	P.
Bertrand	Chicoretiers (Lille)	2	P.
Savoie	Confiseurs-Chocolatiers (Lille)	1	P.
Vardelle	Boulangers (Limoges)	2	P.
Olmido	Boulangers (Lorient)	1	P.
Olmido	Mareyeurs (Lorient)	1	P.
Olmido	Meuniers (Lorient)	1	P.
Viriot (Claire) ...	Pâtes alimentaires (Marseille)	2	P.
Bernard et Langier (Marie) .	Raffineurs de sucre (Marseille).......	4	P.
Perrier	Cuisiniers (Montpellier)	1	P.
Nicolus	Limonadiers-Restaurateurs (Montpellier)	1	C.
Humbert	Cuisiniers-Pâtissiers (Nancy)	2	P.
Savoie	Boulangers (Nantes)	3	P.
Durand	Cuisiniers (Nîmes)	1	P.
Savoie	Boulangers (Niort)	1	P.
Savoie	Boulangers (Orléans)	1	P.
Didaret	Boucherie (Paris)	1	P.
Laguierce	Boulangers (Région Parisienne)......	1	P.
Chossis	Cuisiniers (Seine)	3	P.
Didaret	Epiciers (Seine)	1	P.
Cognet	Employés Industrie Hôtelière (Seine)	5	P.
Forgues	Boulangers (Pau)	1	P.
Maffre	Cuisiniers-Pâtissiers (Pau)	1	P.
Berta	Bouchers-Tripiers (Perpignan)	1	P.
Berta	Boulangers (Perpignan)	1	P.
Berta	Cuisiniers, Pâtissiers, Confiseurs (Perpignan)	2	P.
Docq	Alimentation (Reims)	1	P.
Chéreau	Boulangers (Rennes)	1	P.
Brandt	Alimentation (Bas-Rhin)	5	P.
Brandt	Alimentation (Haut-Rhin)	2	P.
Metereau	Boulangers (Rochefort-sur-Mer)	1	P.
Dhont	Alimentation (Roubaix)	2	P.
Savoie	Boulangers (Rouen)	1	P.
Derouineau	Boulangers (Saint-Malo)	1	P.
Blancho	Boulangers (Saint-Nazaire)	2	P.
Démaret	Alimentation (Saint-Quentin)	1	P.
Démaret	Boulangers (Saint-Quentin)	1	P.
Doisy	Alimentation (Sin-le-Noble)	3	P.
Démaret	Boulangers (Soissons)	1	P.

DÉLÉGUÉS	ORGANISATIONS	NOMBRE DE VOIX	VOTE SUR LE RAPPORT MORAL
Forgues	Bouchers (Toulouse)	2	P.
Forgues	Boulangers (Toulouse)	3	P.
Forgues	Cuisiniers (Toulouse)	2	P.
Forgues	Pâtissiers (Toulouse)	1	P.
Forgues	Marchands des 4-Saisons (Toulouse)	2	P.
Pacquet (Jules) ..	Alimentation (Tourcoing)	1	P.

FEDERATION DU BATIMENT

DÉLÉGUÉS	ORGANISATIONS	NOMBRE DE VOIX	VOTE SUR LE RAPPORT MORAL
Rouvet	Charpentiers et Menuisiers (Albi)...	1	P.
Rouvet	Maçons (Albi)	1	P.
Pujos	Bâtiment (Alençon)	2	P.
Constant	Bâtiment (Amiens)	2	P.
Cordier	Charpentiers (Angers)	2	P.
Carrefour	Bâtiment (Auch)	1	P.
Harlet	Marbriers (Aulnoye)	3	P.
Boudou	Monteurs-Electriciens (Aurillac)	1	P.
Huyghe	Bâtiment (Bailleul)	1	P.
Nortier	Bâtiment (Beauvais)	1	P.
Nortier	Techniciens (Beauvais).	1	P.
Espinasse	Tuiliers (Billom)	1	P.
Giron	Bâtiment (Billom)	1	P.
Perrot	Bâtiment (Bischwiller)	2	P.
Moulin	Bâtiment (Blois)	2	P.
Rescan	Plombiers-Zingueurs (Bordeaux)	1	P.
Mourgues	Serruriers-Ferronniers (Bordeaux) ...	1	P.
Teillaud	Tailleurs de pierre et Maçons (Bordeaux)	1	P.
Langlois (Marie).	Bâtiment (Caen)	1	P.
Mourgues	Carriers (Camarsac)	1	P.
Lacour	Menuisiers (Clermont-Ferrand)	1	P.
Mary	Plâtriers-Peintres (Clermont-Ferrand)	1	P.
Sabaud	Charpentiers en fer (Clermont-Ferrand)	1	P.
Victor	Plâtriers (Colmar)	2	P.
Victor	Tailleurs de pierre (Colmar).........	2	P.
Victor	Bâtiment (Colmar)	1	P.
Pacquet	Cheminée (Consolre)	5	P.
Pacquet	Pendule (Consolre)	4	P.
Batas	Plombiers et Electriciens (Dinard)...	2	P.
Chéreau	Bâtiment, Ameublement (Fougères)..	2	P.
Perrot	Bâtiment (Gries)	2	P.
Perrot	Bâtiment Haguenau	1	P.
Platcel	Bâtiment (Hazebrouck)	1	P.
Lhermitte	Bâtiment (La Fontenelle)...........	1	P.
Pacquet	Bâtiment (Lannoy)	2	P.
Hallier	Bâtiment (Le Mans)................	2	P.
Guilloton	Charpentiers-Menuisiers (Lille)	3	P.
Guilloton	Maçons (Lille)....................	2	P.
Guilloton	Peintres et Vitriers (Lille)	2	P.
Guilloton	Plombiers-Zingueurs (Lille)	2	P.
Guilloton	Serruriers-Tôliers (Lille)	2	P.
Guilloton	Terrassiers (Lille)	1	P.
Guilloton	Plafonneurs-Cimentiers (Lille)	1	P.
Mourgues	Bâtiment (Limoges)	1	P.

DÉLÉGUÉS	ORGANISATIONS	NOMBRE DE VOIX	VOTE SUR LE RAPPORT MORAL
Le Levé	Maçons (Lorient)	2	P.
Bardet	Granitiers (Lorient)	1	P.
Lhermitte	Granitiers (Louvigné-du-Désert)	4	P.
Darfeuille	Fumistes en petite fumisterie (Lyon)	1	P.
Assernat	Bâtiment (Mazamet)	3	P.
Désarménien	Menuisiers - Ebénistes (Mont-de-Marsan)	1	P.
Parizot	Plombiers-Zingueurs (Montluçon)	1	P.
Ségur	Plâtriers-Cimentiers (Montpellier)	1	P.
Vauqué	Charpentiers (Mulhouse)	3	P.
Vauqué	Maçons (Mulhouse)	2	P.
Victor	Peintres (Mulhouse)	1	P.
Victor	Plâtriers (Mulhouse)	3	P.
Victor	Terrassiers (Mulhouse)	3	P.
Victor	Tailleurs de pierre (Mulhouse)	1	P.
Vauqué	Monteurs-Electriciens (Nancy)	1	P.
Vauqué	Menuisiers-Charpentiers (Nancy)	2	P.
Vauqué	Peintres (Nancy)	2	P.
Masson	Charpentiers d'hauteur (Nantes)	2	P.
Masson	Couvreurs, Zingueurs et Plombiers (Nantes)	2	P.
Danet	Granitiers (Nantes)	2	P.
Masson	Maçons et Cimentiers (Nantes)	2	P.
Masson	Menuisiers (Nantes)	2	P.
Masson	Peintres (Nantes)	2	P.
Masson	Plâtriers (Nantes)	2	P.
Peneau	Bâtiment (Pornic)	2	P.
Bothereau	Plâtriers (Orléans)	1	P.
Perrot	Bâtiment (Ottrott)	3	P.
Froideval	Charpentiers en bois (Région Parisienne)	1	P.
Le Pen	Monteur-Electriciens (Seine)	1	C.
Froideval	Cimentiers (Seine)	1	P.
Tétherel	Carriers à grès (Seine-et-Oise)	4	P.
Goulier	Fumistes industriels (Seine)	2	P.
Victor	Maçons (Région Parisienne)	1	P.
Constant	Marbriers (Région parisienne)	3	P.
Riandière	Menuisiers (Seine)	1	P.
Froideval	Mosaïstes (Région parisienne)	2	P.
Duchat	Parqueteurs (Seine)	4	P.
Rousselot	Peintres (Région parisienne)	1	P.
Froideval	Scieurs pierres tendres (Seine)	1	P.
Froideval	Serrurerie (Seine)	3	P.
Perrot	Techniciens du Bâtiment (Seine)	1	P.
Dichamp	Terrassiers (Seine)	3	C.
Perrot	Couverture-Plomberie (Seine)	1	P.
Thomsen	Ornamanistes (Seine)	1	P.
Minot	Bâtiment (Reims)	2	P.
Bardet	Bâtiment (Rennes)	4	P.
Castal	Bâtiment (Roanne)	1	P.
Pacquet	Bâtiment (Roubaix)	5	P.
Cordier	Bâtiment (Saint-Claude)	1	P.
Poizat	Bâtiment (Saint-Etienne)	1	P.
Batas	Bâtiment (Saint-Malo)	3	P.
Lhermitte	Granitiers (Saint-Marc-le-Blanc)	3	P.
Victor	Bâtiment (Sainte-Marie-au-Mines)		P.
Dogue	Bâtiment (Saint-Nazaire)	3	P.

DÉLÉGUÉS	ORGANISATIONS	NOMBRE DE VOIX	VOTE SUR LE RAPPORT MORAL
Constant	Bâtiment (Saint-Omer)	2	P.
Lhermitte	Granitiers (St-Pierre-de-Plesguen)	4	P.
Lacour	Carriers (Sauterre)	1	P.
Pilard	Bâtiment (Saumur)	1	P.
Perrot	Bâtiment (Sélestat)	3	P.
Froideval	Charpentiers (Strasbourg)	3	P.
Froideval	Maçons (Strasbourg)	3	P.
Froideval	Manœuvres (Strasbourg)	4	P.
Froideval	Peintres (Strasbourg)	2	P.
Perrot	Plâtriers (Strasbourg)	2	P.
Froideval	Tailleurs de pierre (Strasbourg)	2	P.
Cazagues	Charpentiers (Toulouse)	1	P.
Gasne Léger	Briqueteurs-Fumistes (Toulouse)	1	P.
Méda	Maçons (Toulouse)	1	P.
Dufort	Menuisiers (Toulouse)	1	P.
Pacquet	Bâtiment (Tourcoing)	3	P.
Gourdon	Monteurs-Electriciens (Valence)	1	P.
Trocmé	Bâtiment (Valenciennes)	2	P.
Vincent	Bâtiment (Versailles)	1	P.
Parizot	Menuisiers (Vichy)	1	P.
Bosdevesis (G.)	Bâtiment (Villefranche)	1	P.
Espinasse	Carriers (Montagne-de-Volvic)	3	P.

FEDERATION DE LA BIJOUTERIE

DÉLÉGUÉS	ORGANISATIONS	NOMBRE DE VOIX	VOTE SUR LE RAPPORT MORAL
David	Industrie Horlogère (Besançon)	5	
Saniel	Bijouterie-Orfèvrerie (Lyon)	2	P.
Trivery	Bijoutiers (Marseille)	1	P.
Ponard	Lapidaires en pierres fausses (Saint-Claude)	4	P.
Trivery	Lapidaires (Jura-Ain-Doubs)	4	P.
Ponard	Diamantaires (Saint-Claude)	3	P.
Ponard	Diamantaires (Taninges)	1	P.
Trivery	Bijouterie (Valence)	1	P.
Jeannin	Horlogers (Villers-le-Lac)	4	P.

FEDERATION DU BOIS

DÉLÉGUÉS	ORGANISATIONS	NOMBRE DE VOIX	VOTE SUR LE RAPPORT MORAL
Thomazou	Ameublement (Ambert)	1	P.
Carville	Vanniers (Angers)	1	P.
Fauré	Ameublement (Auray)	2	P.
Chiron	Ebénistes (Bastia)	1	P.
Rousselot	Bois (Bordeaux)	1	P.
Carville	Vanniers (Bordeaux)	1	P.
François	Petit meuble et jouets d'enfants (Castres)	1	P.
François	Ameublement (Castres)	1	P.
Bousset	Bois (Champagnole)	1	P.
Fradet	Ameublement (Chatellon)	1	P.
Lacour	Ameublement (Clermont-Ferrand)	2	P.
Carville	Bois (Halluin)	1	P.
Gourdon	Scieurs (Lamastre)	1	P.

DÉLÉGUÉS	ORGANISATIONS	NOMBRE DE VOIX	VOTE SUR LE RAPPORT MORAL
Chiron	Chantiers de bois et Scieries (Langogne)	1	P.
Bazille	Ameublement (Lorient)	1	P.
Niederlender	Ameublement (Millau)	1	P.
Rousselot	Scieurs (Mios)	1	P.
Henry	Voiture (Morlaix)	1	P.
Eisenring	Bois (Haut-Rhin)	4	P.
Bazille	Scieurs (Nantes)	2	P.
Bazille	Voiture (Nantes)	1	P.
François	Sculpteurs (Nantes)	1	P.
Chiron	Chaisiers (Neuville-Coppegueule)	3	P.
Bazille	Miroitiers-Vitriers (Seine)	3	P.
Bazille	Frotteurs et Encaustiqueurs (Paris)	1	P.
Chiron	Facteurs Pianos et Orgues (Seine)	2	P.
Chiron	Peintres-Décorateurs d'intérieur (Paris)	1	P.
Niederlender	Ebénistes (Seine)	1	P.
Chiron	Brossiers-Balaitiers (Poitiers)	1	P.
Bazille	Ameublement (Quimper)	1	P.
François	Ameublement (Rabastens)	1	P.
Bazille	Voiture (Rennes)	1	P.
Carville	Vanniers (Roubaix)	1	P.
Dhont	Brossiers (Roubaix)	1	P.
Bousset	Article (Saint-Claude)	6	P.
Gourdon	Tourneurs sur bois (St-Jean-en-Royan)	3	P.
Carville	Vanniers (Saint-Malo)	1	P.
Chiron	Bois et chaisiers (Sommedieue)	3	P.
François	Bois (Tonneins)	1	P.
Fauré	Ebénistes (Toulouse)	3	P.
François	Sculpteurs et Mouluriers (Toulouse)	1	P.
Gourdon	Ameublement (Valence)	1	P.
Chiron	Paillons (Ygos)	1	P.

FEDERATION DE LA CERAMIQUE

DÉLÉGUÉS	ORGANISATIONS	NOMBRE DE VOIX	VOTE SUR LE RAPPORT MORAL
Morizet	Faïenciers (Gien)	3	P.
Dery	Céramique (Limoges)	6	P.
Robert	Faïenciers (Saint-Amand-les-Eaux)	3	P.
Tillet	Porcelainiers (Saint-Genou)	1	P.
Tillet	Céramique (Saint-Zacharie)	2	P.
Trouvé	Céramique (Vierzon)	3	P.

FEDERATION DE LA CHAPELLERIE

DÉLÉGUÉS	ORGANISATIONS	NOMBRE DE VOIX	VOTE SUR LE RAPPORT MORAL
Borrei	Chapeliers (Caussade)	4	P.
Foisset	Chapellerie (Lyon)	4	A.
Petitjean	Chapellerie Parisienne	6	A.
Renard (Marg.)	Modistes (Paris)	4	
Cavaillé	Chapeliers (Setfonds)	4	P.

FEDERATION DES CHEMINS DE FER

DÉLÉGUÉS	ORGANISATIONS	NOMBRE DE VOIX	VOTE SUR LE RAPPORT MORAL
Carpentier	Cheminots (Abbeville)	4	P.
Adassus	— (Aire-sur-Adour)	1	P.
Bruge	— (Aillevillers)	3	P.

DÉLÉGUÉS	ORGANISATIONS	NOMBRE DE VOIX	VOTE SUR LE RAPPORT MORAL
Burgès	Chemins de fer algériens de l'Etat (Aïn-Beïda)	3	P.
Laurent	Cheminots (Aïn-Sefra)	1	P.
Cagny	— Secondaires (Albert)	3	P.
Rouvet	Chemins de fer départementaux (Albi)	2	P.
Rouvet	Cheminots (P.-O., Albi)	1	P.
Gras	— (Alger-Etat)	3	P.
Gras	Services Actifs (Alger-Etat)	4	P.
Ouradou	Cheminots (Amagne)	3	P.
De Payan	— (Ambérieu)	2	P.
Jeannin	— Secondaires (Andelot-Levier)	1	P.
Adassus	— (Andrest-Vic-Bigorre)	2	P.
Badinot	— (Angers-Etat)	3	P.
Liaud	— (Angers-P.-O.)	3	P.
Coudun	— (Angoulême-Etat)	2	P.
Mora	— (Angoulême-P.-O.)	2	P.
Cazaux	— (Arcachon)	2	P.
Raverat	— (Arlanc)	1	P.
Quertelet	— (Arras)	3	P.
Pascal	— (Arvant)	1	P.
Liaud	— (Aubusson)	1	P.
Jarrigion	— (Auch)	2	P.
Bidegaray	Tramway (Vallée d'Hérimoncourt)	2	P.
Reine	Cheminots (Auffay)	1	P.
Cagny	— (Aumale)	2	P.
Perrais	— (Auneau-P.-O.)	1	P.
Liaud	— (Auray-P.-O.)	3	P.
Pégard	— (Aurillac)	3	P.
Meunier	— (Avranches-Etat)	2	P.
Begui	— (Bagnères-de-Bigorre)	1	P.
Bellon	— (Bagnères-de-Luchon)	1	P.
Cagny	— (Bapaume)	3	P.
Thuileur	— (Bar-le-Duc)	2	P.
Ouradou	— (Baroncourt)	2	P.
Douet	— (Bar-sur-Aube)	1	P.
Bidegaray	— de la Corse	4	P.
Bernard	— (Basseus)	1	P.
Darbonnens	— (Bayonne)	4	P.
Demay	— (Beaupréau-Anjou)	3	P.
Brugnot	— (Bécon-les-Bruyères)	2	P.
Gras	— (Bel-Abbès-Etat)	1	P.
Platcel	Chemin de fer d'intérêt local (Belfort)	1	P.
Dubois	Cheminots (Belfort)	5	P.
Raverat	— (Bellegarde)	1	P.
Mounier	— (Bernay)	2	P.
Pascal	— (Vertaizon-Billom)	1	P.
Barthélémy	— (Blainville)	3	P.
Badinot	— (Blaye)	1	P.
Bidegaray	Tramways à vapeur (Loir-et-Cher, Blois)	3	P.
Sauvé	Cheminots (Blois)	3	P.
Cagny	— (Bollezeele)	1	P.
Chastagnol	— (Béziers)	3	P.
Blanc	— (Boissy-l'Allerie)	1	P.
Barthe	— (Bordeaux-Saint-Louis)	3	P.
Lanardonne	— (Bordeaux-Etat)	3	P.
Cazaux	— (Bordeaux-Midi)	5	P.

DÉLÉGUÉS	ORGANISATIONS	NOMBRE DE VOIX	VOTE SUR LE RAPPORT MORAL
Mora	Cheminots (Bordeaux-P.-O.)	4	P.
Lacoste	— (Bordeaux-Cadilhac Secondaires)	2	P.
Gras	— (Bordj-Bou-Arreridj)	1	P.
Warmault	— (Bort)	3	P.
Gras	— de Bougie	1	P.
Quillet	— (Boulogne-sur-Mer)	6	P.
Archinard	— de la Drôme	3	P.
Sauvé	— (Bourges)	1	P.
Chasseray	— (Bressuire)	3	P.
Hopp	— (Brest, départementaux)	4	P.
Rault	Chemins de fer de l'Etat (Brest)	1	P.
Reix	Cheminots de Bretenoux-Biars	1	P.
Rousseau	— (Brétigny)	2	P.
Mugot	— (Bricon)	1	P.
Douel	— (Brienne-le-Château)	1	P.
Pascal	— (Brioude)	3	P.
Durup	— (Bruyères)	1	P.
Parizot	— (Busseau-sur-Creuse)	2	P.
Monnier	— (Caen)	3	P.
Langlois	Chemin de fer secondaire (Caen)	2	P.
Jarrigion	Cheminots (Cahors)	2	P.
Quertelet	— (Calais)	4	P.
Cagny	— (Cambrai-Cambrésis)	3	P.
Legros	— (Cannes)	1	P.
Bauguil	— (Capdenac)	3	P.
Sinot	— (Carmaux)	2	P.
Archinard	— (Castelnaudary, Second.)	1	P.
Saumade	— (Castres-Midi)	3	P.
Gouzon	— (Castres, Secondaires)	2	P.
Mortelette	— (Caudry)	2	P.
Message	— (Ceintures, Paris)	1	P.
Gouzon	— (Chailly-en-Bière)	1	P.
Chasseray	— (Challans)	1	P.
Bassuel	— (Châlons-sur-Marne)	3	P.
Legros	— (Châlons-sur-Saône)	1	P.
Leguevacques	— (Chambéry-P.-L.-M.)	3	P.
Bidegaray	— (Chambéry, Secondaires)	1	P.
Quertelet	— (Chantilly)	3	P.
Paris	— (Charleville)	3	P.
Durup	— (Charmes)	2	P.
Limoges	— (Chartres)	4	P.
Halgrain	Tramways Eure-et-Loir (Chartres)	3	P.
Coudun	Cheminots (Châteaubriant)	3	P.
Peneau	— (Châteaubriand à Erbray)	1	P.
Bernard	— (Château-du-Loir-P.-O.)	2	P.
Reine	— (Château-du-Loir)	3	P.
Liaud	— (Châteaudun-P.-O.)	3	P.
Chaussi	— (Châteauroux)	1	P.
Durup	— (Chaumont)	3	P.
Lerouvreur	— (Cherbourg-Etat)	3	P.
Prieur	— (Cholet)	3	P.
Thomazon	— (Clermont-P.-O.)	3	P.
Pascal	— (Clerm.-Ferrand-P.-L.-M.)	4	P.
Chastagnol	— (Clermont-l'Hérault)	1	P.
Chasseray	— (Clisson)	2	P.
Morel	— (Cognac)	1	P.
Sauvé	— (Commentry-P.-O.)	2	P.

DÉLÉGUÉS	ORGANISATIONS	NOMBRE DE VOIX	VOTE SUR LE RAPPORT MORAL
Monnier	Cheminots (Condé-sur-Noireau)	1	P.
Jacotin	— (Conflans-Jarny)	3	P.
Kompf	— (Connerré-Beillé-Etat)	2	P.
Kompf	— (Connerré, Secondaires)	3	P.
Gras	— (Constantine)	3	P.
Demay	— (Cosne-d'Allier)	4	P.
Bruge	— (Coulommiers-Est)	1	P.
Janvier	— (Coulon)	1	P.
Janvier	— (Courtalain)	2	P.
Reine	— (Coutances)	2	P.
Sauvé	— (Coutras)	1	P.
Macquet	— (Creil)	3	P.
Désarménien	— (Dax-Midi)	1	P.
Legros	— (Dijon-P.-L.-M.)	3	P.
Janvier	— (Dinau)	1	P.
Briand	— (Dol-de-Bretagne)	3	P.
Coudun	— (Domfront)	2	P.
Leguevacques	— (Dompierre-Sept-Fonds)	1	P.
Quertelet	— (Don-Sainghin)	3	P.
Aumard	— (Douai)	5	P.
Chasseray	— (Doué-la-Fontaine)	1	P.
Perrais	— (Dourdan)	2	P.
De Payan	— (Draveil)	1	P.
Reine	— (Dreux)	2	P.
Quertelet	— (Dunkerque)	5	P.
Blanchot	— (Ecouviez-Montmédy)	3	P.
Coudun	— (Epernay)	4	P.
Jacotin	— (Epinal)	3	P.
Quertelet	— (Ermont)	3	P.
Demay	— (Est de Lyon)	4	P.
Rousseau	— (Etampes)	2	P.
Cordier	— (Evreux)	4	P.
Warmault	— (Eygurande-Merline)	3	P.
Reine	— (Fécamp)	2	P.
Chauvet	— (Florac)	1	P.
Chasseray	— (Fontenay-le-Comte)	2	P.
Fournier	— (Fougères)	3	P.
Reine	— (Gaillon)	1	P.
Legros	— (Gardanne)	1	P.
Bruge	— (Givet)	2	P.
Legros	— (Givors-Badan)	3	P.
Monnier	— (Granville-Etat)	3	P.
Bidegaray	— (Granville, Secondaires)	3	P.
Mathieu	— (Grenoble-Chapareillan)	1	P.
Archinard	— C. F. D. du Dauphiné (Grenoble)	3	P.
Jacotin	— (Gray)	2	P.
Rousseau	— (Gueret-P.-O.)	3	P.
Badinot	— (Guingamp)	2	P.
Platcel	— (Hazebrouck)	5	P.
Viseur	— (Hellemmes)	6	P.
Désarménien	— (Hendaye)	3	P.
Platcel	— (Hazebrouck-Herzeele)	1	P.
Jacotin	— (Homécourt)	2	P.
Pascal	— (Issoire-P.-L.-M.)	1	P.
Jacotin	— (Is-sur-Tille)	4	P.
Coudun	— (Jonzac)	1	P.
Coudun	— (La Brohinière-Etat)	2	P.

DÉLÉGUÉS	ORGANISATIONS	NOMBRE DE VOIX	VOTE SUR LE RAPPORT MORAL
Jarrigion	Cheminots (La Châtre)	1	P.
Legros	— (La Ciotat-P.-L.-M.)	1	P.
Archinard	— (La Côte-St-André, Sec.)	3	P.
Bothereau	— (La Ferté-Saint-Aubin)	1	P.
Brugnot	— (La Garenne)	3	P.
Sarrazin	— (La Guerche)	1	P.
Dubin	— (La Loupe)	1	P.
Lemée	— (Lamballe)	1	P.
Thomas	— (Langeais)	1	P.
Chauvet	— (Langogne)	1	P.
Prudhomme	— (Laon)	4	P.
Badinot	— (La Pallice)	2	P.
Pascal	— (Lapeyrouse-P.-O.)	1	P.
Sauvé	— (La Possonnière)	1	P.
Badinot	— (La Rochelle)	3	P.
Gouzon	Tramways de la Vendée (La Roche-sur-Yon)	3	P.
Morilleau	Cheminots (La Roche-sur-Yon)	2	P.
Janvier	— (Laval-Etat)	3	P.
Meillier	— (Le Bourget)	1	P.
Gourdon	— (Le Cheylard)	3	P.
Thomas	— (Le Creusot)	1	P.
Leymarie	— (Le Got)	1	P.
Fouet	— (Le Havre)	3	P.
Le Maurrouce	— (Le Mans)	5	P.
Bidegaray	Tramways à vapeur de la Sarthe (Le Mans)	3	P.
Lamand	Cheminots (Lens)	3	P.
Cagny	— (Lens-Frévent, Second.)	2	P.
Raverat	— (Le Péage-de-Roussillon)	1	P.
Petitjour	— (Lerouville)	2	P.
Lemercier	— (Les Andelys)	1	P.
Chasseray	— (Les Sables-d'Olonne)	1	P.
Carpentier	— (Le Tréport)	1	P.
Liaud	— (Lexos)	1	P.
Sarrazin	— (Libourne)	3	P.
Lacoste	Tramways du Libournais	1	P.
Demay	Cheminots (Ligueil)	2	P.
Samiez	— (Lille)	5	P.
Dupuis	— (Lille-Délivrance)	3	P.
Sauvé	— (Limoges)	4	P.
Dessal	Chemins de fer départementaux (Limoges)	4	P.
Badinot	Cheminots (Lisieux)	4	P.
Monnier	— (Lison)	2	P.
Quertelet	— (Longueau)	4	P.
Bruge	— (Longuyon)	3	P.
Petitjour	— (Longwy)	4	P.
Robin	— (Loudun)	3	P.
Raverat	— (Loubans)	1	P.
Reine	— (Louviers)	1	P.
Moulin	— (Lussac-les-Châteaux)	1	P.
Raverat	— (Lyon-P.-L.-M.)	4	P.
Raverat	— (Mâcon-P.-L.-M.)	1	P.
Brugnot	— (Magny-en-Vexin)	1	P.
Badinot	— (Maintenon)	2	P.
Barbot	— (Mantes)	3	P.

DÉLÉGUÉS	ORGANISATIONS	NOMBRE DE VOIX	VOTE SUR LE RAPPORT MORAL
Bidegaray	Cheminots (Marignac, Tramway Electrique)	1	P.
Lanet	— (Marseille)	3	P.
Cagny	— (Meaux-Dammartin)	1	P.
Geneves	— (Mende)	1	P.
Gras	— (Menerville)	3	P.
Demay	— (Méru-la-Bosse, Second.)	1	P.
Janvier	— (Messac)	2	P.
Stosse	— (Metz-Campagne)	3	P.
Jarrigion	— (Metz-Sablon)	4	P.
Monnier	— (Mézidon)	3	P.
Plateel	— (Mitry-Dammartin)	1	P.
Bruge	— (Mohon)	5	P.
Plateel	— (Mons-en-Pevele)	1	P.
Jarrigion	— (Montauban-Midi)	3	P.
Liaud	— (Montauban-P.-O.)	2	P.
Gouzon	— (Montauban, Secondaires)	3	P.
Legros	— (Montbéliard)	3	P.
Jollinier	— (Montendre)	1	P.
Jarrigion	— (Montigny-les-Metz)	5	P.
Laronde	— (Montluçon)	4	P.
Cagny	— (Montmirail)	1	P.
Gouzon	— (Montpellier-Hérault)	4	P.
Chasseray	— (Montreuil-Bellay)	1	P.
Quertelet	— (Montsoult)	1	P.
Gouzon	— (Morcenx, Secondaires)	3	P.
Rhé	— (Morlaix)	3	P.
Layer	— (Mortagne)	2	P.
Monhay	— (Mortagne, Economiques)	1	P.
David	— (Morteau)	1	P.
Boronad	— (Mostaganem)	3	P.
Eisenring	— (Mulhouse)	3	P.
Jacotin	— (Nancy)	5	P.
Brugnot	— (Nanterre)	2	P.
Brugnot	— (Nantes-Etat)	4	P.
Michou	— (Nantes-P.-O.)	5	P.
Ancely	— (Narbonne-Midi)	4	P.
Badinot	— (Neufchâtel-en-Bray)	2	P.
Naudin	— (Neussargues)	1	P.
Raverat	— (Nevers)	2	P.
Leguevacques	— (Nîmes)	2	P.
Badinot	— (Niort)	4	P.
Dieux	— (Noisy-le-Sec)	3	P.
Chasseray	— (Noyant-Méon)	2	P.
Demay	— (Noyon)	1	P.
Hopp	— (Oloron-P.-O.-M.)	2	P.
Laurent	— (Oran-Etat)	3	P.
Bothereau	— (Orléans-Etat)	2	P.
Naudin	— (Orléans-P.-O.)	3	P.
Hopp	Tramways Loiret et Loir-et-Cher (Orléans)	2	P.
Carpentier	Cheminots (Ormoy-Villers)	2	P.
Raverat	— (Oullins)	3	P.
Coudun	— (Pantin)	2	P.
Savary	— (Paris-Etat Rive Droite)	6	P.
Cancouët	— (Paris-Etat Rive Gauche)	3	P.
Vignon	— (Paris-Est)	5	P.
Renaud	— (Paris-Midi)	1	P.

DÉLÉGUÉS	ORGANISATIONS	NOMBRE DE VOIX	VOTE SUR LE RAPPORT MORAL
Macquet	Cheminots (Paris-Nord)	6	P.
Pilandon	— (Paris-P.-L.-M.)	4	P.
Buteau	— (Paris-P.-O.)	4	P.
Foucaux	— (Paris-Sceaux)	2	P.
Message	— (Contrôle Commun)	4	P.
Michaud	— (Parthenay)	2	P.
Daussat	— (Pau-P.-O.-M.)	3	P.
Leymarie	— (Périgueux)	3	P.
Cagny	— (Péronne, Économiques)	2	P.
Boucher	— (Péronne-Nord)	2	P.
Coudun	— (Perpignan)	2	P.
Prigent	— (Persan-Beaumont)	2	P.
Begur	— (Pierrefitte)	2	P.
Bothereau	— (Pithiviers, Tramway)	1	P.
Bothereau	— (Pithiviers-P.-O.)	2	P.
Michou	— Ploërmel	1	P.
Badinot	— (Poissy)	3	P.
Moulin	— (Poitiers)	3	P.
-Sauvé	— (Pons)	1	P.
Demay	— (Pontarlier, Secondaires)	1	P.
Kompf	— (Pont-de-Braye)	1	P.
Coudun	— (Pontivy-P.-O.)	1	P.
Valet	— (Pontoise)	2	P.
De Payan	— (Pont-sur-Yonne)	1	P.
Naudin	— (Port-Boulet)	1	P.
Bruge	— (Port-d'Atelier)	2	P.
Leguevacques	— (Portes-lès-Valence)	1	P.
Legros	— (Puiseaux-P.-L.-M.)	1	P.
Leguevacques	— (Pyrimont)	1	P.
Rousseau	— (Questembert)	1	P.
Jacotin	— (Rambervillers)	1	P.
Durup	— (Raon-l'Etape)	1	P.
Sauvé	— (Redon)	1	P.
Archinard	— (Reims, Secondaires)	1	P.
Bruges	— (Reims-Est)	3	P.
Paris	— (Remiremont)	3	P.
Janvier	— (Rennes)	5	P.
Chéreau	Tramways à vapeur Ille-et-Vilaine (Rennes)	4	P.
Coudun	Cheminots (Rethel)	1	P.
Durup	— (Révigny)	3	P.
Pascal	— (Riom-P.-L.-M.)	1	P.
De Payan	— (Roanne)	3	P.
Reine	— (Rochefort)	2	P.
Jarrigion	— (Rodez)	2	P.
Mugot	— (Romilly)	5	P.
Rousseau	— (Romorantin-P.-O.)	1	P.
Naudin	— (Rosporden)	2	P.
Carpentier	— (Roubaix)	3	P.
Quertelet	— (Rouen-Nord)	3	P.
Lemercier	— (Rouen-Etat)	3	P.
Jollinier	— (Royan)	1	P.
Moritz	— (Roye)	3	P.
Leymarie	— (Saint-Astier)	1	P.
Nouet	— (Saint-Brieuc-Etat)	3	P.
Beaudégel	— (Saint-Cloud)	2	P.
Pech	— (St-Denis-près-Martel)	2	P.
Bruge	— (Saint-Dizier-Est)	3	P.

DÉLÉGUÉS	ORGANISATIONS	NOMBRE DE VOIX	VOTE SUR LE RAPPORT MORAL
Reine	Cheminots (St-Etienne-du-Rouvray) ..	1	P.
Rousseau	— (Saint-Florent-P.-O.)	1	P.
Cazeaux	— (Saint-Flour)	2	P.
Badinot	— (Sainte-Gauburge)	2	P.
Legros	— (St-Germain-des-Fossés) ..	2	P.
Archinard	— (Saint-Girons)	1	P.
Monnier	— (St-Hilaire-du-Harcouët) ..	1	P.
Archinard	— (Saint-Joachim)	2	P.
Gouzon	— (Saint-Just-en-Chaussée) ..	1	P.
Archinard	— (Saint-Laurent-du-Pont) ..	1	P.
Leguevacques	— (St-Léger-s/-d'Heune)	1	P.
Monnier	— (Saint-Lô)	2	P.
Briant	— (Saint-Malo)	1	P.
Jouvance	— (Saint-Nazaire-P.-O.)	3	P.
Blanc	— (Saint-Nazaire-Etat)	3	P.
Quertelet	— (Saint-Omer)	4	P.
Pellegrin	— (Sainte-Pazanne)	1	P.
Démaret	— (Saint-Quentin-Nord)	3	P.
Cagny	— (St-Quentin-Guise-N.-O.) .	3	P.
Banguil	— (Saint-Sulpice)	1	P.
Bidegaray	— (Saint-Symphorien)	3	P.
Cagny	— (Saint-Valéry et Ault)....	2	P.
Chasseray	— (Saint-Yzan-de-Soudiac) ..	2	P.
Limoges	— (Sablé)	2	P.
Morel	— (Saintes-Etat)	4	P.
Leymarie	— (Sarlat)	1	P.
Liaud	— (Saumur-P.-O.)	2	P.
Naudin	— (Savenay)	3	P.
Paris	— (Sedan)	2	P.
Badinot	— (Segré)	3	P.
Monnier	— (Serquigny)	2	P.
Ancely	— (Sète-Midi)	2	P.
Jarrigion	— (Sézanne)	2	P.
Cécire	— (Sillé-le-Guillaume)	2	P.
Quertelet	— (Soissons-Nord)	2	P.
Doutreleau	— (Sotteville-lès-Rouen)	4	P.
Jarrigion	— (Souk-Ahras)	4	P.
Stosse	— (Strasbourg)	2	P.
Sauvé	— (Surdon)	2	P.
Adassus	— (Tarbes)	3	P.
Archinard	— (Tarascon-Auzat)	1	P.
Laurent	— (Tebessa)	1	P.
Aumard	— (Tergnier)	3	P.
Leymarie	— (Thiviers)	1	P.
Gouzon	— (Thizy, Secondaires)	1	P.
Chasseray	— (Thouars)	3	P.
Cazeaux	— (Tonneins)	2	P.
Géomard	— (Tonneins, Secondaires) ...	3	P.
Bidegaray	— (Toul, Secondaires)	2	P.
Jacotin	— (Toul)	3	P.
Joly	— (Toulon-sur-Arroux)	2	P.
Bidegaray	— (Toulouse-Sud-Ouest)	4	P.
Saumade	— (Toulouse-Midi)	5	P.
Kesteloot	— (Tourcoing)	5	P.
Gouzon	— (Tournus, Secondaires) ...	3	P.
Gentil	— (Tours-P.-O.)	5	P.
Thomas	— (Tours-Etat)	3	P.
Halgrain	— (Toury)	3	P.

DÉLÉGUÉS	ORGANISATIONS	NOMBRE DE VOIX	VOTE SUR LE RAPPORT MORAL
Brugnot	Cheminots (Trappes)	1	P.
Farinet	— (Troyes)	4	P.
Rousseau	— (Tulle)	1	P.
Bagnis	— (Tunis)	6	P.
De Payan	— (Valence)	3	P.
Mortelette	— (Valenciennes)	2	P.
Martelette	— (Villers-Cotterets)	2	P.
Lerouvreur	— (Valognes-Etat)	2	P.
Liaud	— (Vannes)	2	P.
Sarrazin	— (Vendôme)	1	P.
Jacotin	— (Verdun-Est)	4	P.
Arnould	— (Versailles)	3	P.
Bruge	— (Vesoul-Est)	2	P.
Raverat	— (Vichy)	2	P.
Bernard	— (Vieilleville)	1	P.
Bernard	— (Vierzon)	2	P.
Banguil	— (Villefranche-de-Rouergue)	1	P.
Raverat	— (Villeneuve-Prairie)	1	P.
Legros	— (Villeneuve-St-Georges)	2	P.
Liaud	— (Villeneuve-sur-Lot)	1	P.
Depiesse	— (Vincennes)	3	P.
Monnier	— (Vire)	3	P.
Sauvé	— (Vitré-Etat)	3	P.
Docq	— (Vitry-le-François)	1	P.
Banguil	— (Viviez)	2	P.
Pascal	— (Volvic)	2	P.
Maillard	Syndicat Général des Wagons-Lits	5	P.
Leguevacques	Cheminots (Annecy)		
Archinard	— (Tanninges)		

FEDERATION DES COIFFEURS

DÉLÉGUÉS	ORGANISATIONS	NOMBRE DE VOIX	VOTE SUR LE RAPPORT MORAL
Alibert	Coiffeurs (Béziers)	1	P.
Vignaud	Coiffeurs (Bordeaux)	1	P.
Amar	Coiffeurs (Marseille)	3	P.
Baugé	Coiffeurs (Paris et la région)	4	P.
Valats	Coiffeurs (Toulouse)	2	P.

FEDERATION DES CUIRS ET PEAUX

DÉLÉGUÉS	ORGANISATIONS	NOMBRE DE VOIX	VOTE SUR LE RAPPORT MORAL
Morel	Cuirs et Peaux (Amiens)	1	P.
Naulin	Chaussure (Angers)	1	P.
Roux	Cuirs et Peaux (Annonay)	5	P.
Naulin	Cuirs et Peaux (Avignon)	1	P.
Daudin	Cuirs et Peaux (Bellac)	1	P.
Roux	Sellerie (Billom)	1	P.
Naulin	Chaussure (Blois)	1	P.
Vaudel	Chaussure (Bordeaux)	2	P.
Vaudel	Corroyeurs et Tanneurs (Bordeaux)	1	P.
Vaudel	Sabotiers et Galochiers (Bordeaux)	1	P.
Naulin	Cuirs et Peaux (Châteaurenault)	3	P.
Roux	Gantiers (Chaumont)	2	P.
Tantot	Cuirs et Peaux (Clermont-Ferrand)	1	P.
Roux	Chaussure (Dijon)	3	P.
Fournier	Chaussure (Ernée)	3	P.
Fournier	Chaussure (Fougères)	6	P.

DÉLÉGUÉS	ORGANISATIONS	NOMBRE DE VOIX	VOTE SUR LE RAPPORT MORAL
Rouvet	Moutonniers (Graulhet)	4	P.
Mathieu	Gantiers (Grenoble)	3	P.
Naulin	Cuirs et Peaux (Le Mans)	1	P.
Vaudel	Cuirs et Peaux (Libourne)	1	P.
Cornu	Chaussure (Ligny-en-Barrois)	1	P.
Daudin	Chaussure (Limoges)	4	P.
Olmido	Chaussure (Lorient)	1	P.
Bouchut	Bottiers (Lyon)	1	P.
Mathon	Chaussure (Lyon)	1	P.
Vaudel	Cuirs et Peaux (Mauléon)	4	P.
Assémat	Délaineurs (Mazamet)	6	P.
Assémat	Mégissiers (Mazamet)	4	P.
Roux	Cuirs et Peaux (Millau)	5	P.
Naulin	Tanneurs (Mondoubleau)	1	P.
Humbert	Chaussure (Nancy)	3	P.
Loyer	Cuirs et Peaux (Nantes)	3	P.
Bondoux	Chaussure (Nevers)	1	P.
Roux	Cuirs et Peaux (Oloron)	2	P.
Mathon	Cuirs et Peaux (Oullins)	1	
Naulin	Chaussure (Paris)	1	P.
Groyer	Sellerie (Paris)	3	P.
Vaudel	Cuirs et Peaux (Pau)	1	P.
Berta	Cordonniers (Perpignan)	1	P.
Vaudel	Cuirs et Peaux (Pontacq)	1	P.
Fournier	Chaussure (Pontorson)	3	P.
Huet	Cuirs et Peaux (Rennes)	3	P.
Morel	Cuirs et Peaux (Roubaix)	1	P.
Roux	Espadrilleurs (St-Laurent-de-Cerdans)	3	P.
Leblanc	Chaussure (Toulouse)	1	P.
Roux	Monteurs en galoches (Toulouse)	1	P.
Morel	Cuirs et Peaux (Tourcoing)	1	P.
Roux	Cuirs et Peaux (Troyes)	1	P.
Gourdon	Cuirs et Peaux (Valence)	1	P.
Fournier	Chaussure (Vitré)	1	P.

FEDERATION DES DESSINATEURS

DÉLÉGUÉS	ORGANISATIONS	NOMBRE DE VOIX	VOTE SUR LE RAPPORT MORAL
Ouvrard	Dessinateurs et Ingénieur-Dessinateurs (Nantes)	3	P.
Jambon (Claire)	Dessinateurs d'art industriel et Graveurs sur bois (Paris)	3	P.
Doumencq	Syndicat des Dessinateurs et Conducteurs de travaux (Saint-Nazaire)	3	P.

FEDERATION DE L'ECLAIRAGE

DÉLÉGUÉS	ORGANISATIONS	NOMBRE DE VOIX	VOTE SUR LE RAPPORT MORAL
Laurent	Société d'Electricité (Aix)	1	P.
Alibert	Gaziers (Albi)	1	P.
Villeneuve	Gaz et Electricité (Auch)	1	P.
Rinaldi	Gaz et Electricité (Bastia)	1	
Dossat	Gaz et Electricité (Bayonne)	2	P.
Alibert	Gaziers (Beaucaire)	1	P.
Lord	Gaz (Beauvais)	2	P.

DÉLÉGUÉS	ORGANISATIONS	NOMBRE DE VOIX	VOTE SUR LE RAPPORT MORAL
Cattanéo	Gaz et Electricité (Besançon)	3	P.
Alibert	Electriciens (Béziers)	1	P.
Alibert	Gaz (Béziers)	3	P.
Colas	Eclairage et Forces motrices (Blois)	1	P.
Lafaye	Energie électrique (Bordeaux)	4	P.
Fauchier	Paveurs, Terrassiers, Monteurs des Sociétés d'Eclairage (Bordeaux)	1	P.
Fauchier	Personnel Eclairage (Bordeaux)	6	P.
Rauldt	Electricité (Brest)	3	P.
Chambellan	Gaz Brest	2	P.
Cattanéo	Gaz-Electricité (Caudry)	1	P.
Peyclet	Gaziers (Chambéry)	2	P.
Turin	Eclairage (Châteauroux)	1	P.
Dubois	Gaz (Châtellerault)	1	P.
Fradet	Gaziers - Electriciens (Clermont-Ferrand)	3	P.
Villette	Electricité (Dijon)	2	P.
Despres	Gaz (Dijon)	3	P.
Ehlers	Eclairage et Forces motrices (Dunkerque)	2	P.
Després	Gaz-Electricité (Fontainebleau)	1	P.
Masson	Eclairage (Fougères)	1	P.
Guiraud	Eclairage (Issoudun)	1	P.
Baise	Eclairage et Forces motrices (Jeumont)	3	P.
Morel	Gaz-Electrité (Le Blanc)	1	P.
Hallier	Gaz-Electricité (Le Mans)	3	P.
Fradet	Eclairage (Le Puy)	1	P.
Sarrazin	Eclairage (Libourne)	1	P.
Guilloton	Eclairage (Lille)	2	P.
Biot	Gaz (Limoges)	2	P.
Denjean	Eclairage (Livry-Gargan)	1	P.
Gandon	Gaz-Electricité (Loches)	1	P.
Cattanéo	Gaz (Lorient)	1	P.
Biot	Eclairage et Forces motrices (Lorient)	2	P.
Chalancon	Eclairage (Lyon)	5	P.
Ariviello	Gaz-Electricité (Marseille)	5	P.
Pagès	Electriciens Services publics et concédés (Marseille)	5	P.
Astéggiano	Compagnie Provençale d'Entreprises (Marseille)	1	C.
Lèbre	Syndicat Général et International de l'Energie Electrique du Littoral Méditerranéen	4	P.
Assemat	Gaz (Mazamet)	1	P.
Masson	Eclairage (Millau)	1	P.
Meilleurat	Gaz-Electricité (Montauban)	3	P.
Biot	Gaz-Electricité (Mont-de-Marsan)	1	P.
Morel	Electriciens (Montpellier)	3	
Morel	Gaz Montpellier	3	P.
Humbert	Gaz-Electricité (Nancy)	4	P.
Favreau	Gaziers (Nantes)	3	P.
Favreau	Energie Electrique (Nantes)	5	P.
Morel	Eclairage (Narbonne)	1	P.
Alibert	Gaz (Nîmes)	3	P.
Pineau	Gaz-Electricité (Orléans)	3	P.
Dougnac	Personnel Autos Garage Industriel (Paris)	1	P.

DÉLÉGUÉS	ORGANISATIONS	NOMBRE DE VOIX	VOTE SUR LE RAPPORT MORAL
Leloup	Air comprimé (Paris)	3	P.
Delame	Cokeries de la Seine (Paris)	2	P.
Carpentier	Ouvriers du Gaz (Paris)	5	P.
Guiraud	Industries électriques (Paris)	1	P.
Laurent	Gaz de Banlieue (Paris)	6	P.
Lafon	Allumeurs du Gaz (Paris)	3	P.
Dupire	Employés Société du Gaz (Paris)	7	C.
Guiraud	Eclairage (Pau)	3	P.
Leymarie	Gaz-Electricité (Périgueux)	2	P.
Biot	Gaz (Perpignan)	2	P.
Gandon	Eclairage (Poitiers)	2	P.
Lafaye	Centrale Electrique (Rai, Aube)	1	P.
Lecoq	Gaz (Reims)	2	P.
Masson	Eclairage (Rennes)	4	P.
Gastal	Gaziers (Roanne)	2	P.
Fauchier	Gaz-Electricité (Rochefort-sur-Mer)	2	P.
Biot	Eclairage (Romilly-sur-Seine)	1	P.
Dhont	Gaziers (Roubaix)	3	P.
Lemercier	Energie électrique (Rouen)		
Morel	Personnel Compagnie Electrique (St-Etienne	3	P.
Jouvance	Gaz (Saint-Nazaire)	1	P.
Ternynck	Eclairage (Saint-Omer)		
Maurel	Gaz-Electricité (Sète)	3	P.
Adassus	Gaz (Tarbes)	1	P.
Morel	Eclairage (Toulon)	3	P.
Courdié	Eclairage, Forces motrices (Toulouse)	5	P.
Gandon	Eclairage (Tours)	3	P.
Courdié	Eclairage (Troyes)	2	P.
Sicard	Eclairage (Tunis)	3	P.
Gourdon	Eclairage, Force motrice (Valence)	2	P.
Trocmé	Industries électriques (Valenciennes)	1	P.
Colas	Gaz (Vendôme)	1	P.
Masson	Eclairage (Vierzon)	1	P.

FEDERATION DES EMPLOYES

DÉLÉGUÉS	ORGANISATIONS	NOMBRE DE VOIX	VOTE SUR LE RAPPORT MORAL
Rouvet	Employés de Commerce (Albi)	2	P.
Pujos	Employés de Commerce (Alençon)	2	P.
Renaudel	Employés (Amiens)	1	P.
Jeannin	Employés de Commerce (Besançon)	1	P.
Mesnard	Commis Comptables (Bordeaux)	6	P.
Buisson	Employés de commerce (Châtellerault)	2	P.
Lacour	Employés de commerce (Clermont-Ferrand)	2	P.
Duront	Employés de Commerce (Commentry)	1	P.
Grenier	Employés (Dunkerque)	5	P.
Fournier	Employés de commerce (Fougères)	5	P.
Dupouy	Employés de commerce (La Rochelle)	2	P.
Verquin	Voyageurs et Représentants (Lille)	2	P.
Balajas	Employés de commerce (Limoges)	3	P.
Olmido	Employés de commerce (Lorient)	2	P.
Gonachon	Employés de commerce (Lyon)	3	P.
Pivat	Voyageurs et Représentants (Lyon)	3	P.

DÉLÉGUÉS	ORGANISATIONS	NOMBRE DE VOIX	VOTE SUR LE RAPPORT MORAL
Hervé	Receveurs et similaires des Maisons de vente par abonnement (Marseille)	1	P.
Tomasini	Agents de la Cie des Docks (Marseille)	1	P.
Voegtlin	Commis et Employés (Montpellier)	2	P.
Proutcau	Employés (Nantes)	3	P.
Planais	— (Orléans)	1	P.
Capocci	— (Paris)	6	P.
Prévost (Marg.)	Sténo-Dactylographes (Paris)	3	P.
Bertrand	Employés et Comptables (Périgueux)	4	P.
Berta	Employés (Perpignan)	1	P.
Docq	— (Reims)	1	P.
Chéreau	— (Rennes)	1	P.
Gastal	— (Roanne)	1	P.
Dhout	— (Roubaix)	1	P.
Monneret	— (Saint-Claude)	2	P.
Buisson	— (Saint-Etienne)	1	P.
Boussaud	— (Saint-Nazaire)	3	P.
Démaret	— (Saint-Quentin)	1	P.
Louis	Employés et Agents des Mines de la Sarre	5	P.
Holweg	Employés (Strasbourg)	5	P.
Portalis	— (Toulon)	2	P.
Lagarde	— (Toulouse)	3	P.
Dannely	— (Troyes)	1	P.
Douet	Vendeurs de journaux (Troyes)	1	P.
Gourdon	Employés (Valence)	1	P.

FEDERATION DE L'ENREGISTREMENT

DÉLÉGUÉS	ORGANISATIONS	NOMBRE DE VOIX	VOTE SUR LE RAPPORT MORAL
Plantié	Enregistrement (Aisne)	1	P.
Plantié	— (Basses-Alpes)	1	P.
Plantié	— (Alpes-Maritimes)	1	P.
Plantié	— (Ardèche)	1	P.
Budon	— (Calvados)	1	P.
Plantié	— (Charente-Inférieure)	1	P.
Plantié	— (Cher)	1	P.
Douspis	— (Côte-d'Or)	1	P.
Douspis	— (Côtes-du-Nord)	1	P.
Douspis	— (Dordogne)	1	P.
Douspis	— (Doubs)	1	P.
Douspis	— (Drôme)	1	P.
Bérém	— (Gard)	1	P.
Bonniol	— (Gers)	1	P.
Magnol	— (Hérault)	1	P.
Budon	— (Ille-et-Vilaine)	2	P.
Harmant	— (Indre-et-Loire)	1	P.
Gérardin	— (Isère)	2	P.
Gérardin	— (Jura)	1	P.
Gérardin	— (Haute-Loire)	1	P.
Bée	— (Loire-Inférieure)	2	P.
Gérardin	— (Loir-et-Cher)	1	P.
Bée	— (Lot)	1	P.
Bée	— (Lot-et-Garonne)	1	P.
Bée	— (Haute-Marne)	1	P.
Bée	— (Meuse)	1	P.

DÉLÉGUÉS	ORGANISATIONS	NOMBRE DE VOIX	VOTE SUR LE RAPPORT MORAL
Budon	Enregistrement (Nord)	2	P.
Harmant	— (Orne)	1	P.
Roussel	— (Puy-de-Dôme)	1	
Harmant	— (Basses-Pyrénées)	1	P.
Testaud	— (Hautes-Pyrénées)	1	P.
Budon	— (Région Parisienne)	4	P.
Budon	— (Rhône)	2	P.
Gillet	— (Haute-Saône)	1	
Budon	— (Saône-et-Loire)	2	P.
Harmant	— (Seine-et-Marne)	1	P.
Harmant	— (Seine-Inférieure)	2	P.
Harmant	— (Tarn-et-Garonne)	1	P.
Testaud	— (Var)	1	P.
Testaud	— (Vaucluse)	1	P.
Testaud	— (Vienne)	1	B.
Testaud	— (Vosges)	1	P.

FÉDÉRATION DE L'ENSEIGNEMENT

DÉLÉGUÉS	ORGANISATIONS	NOMBRE DE VOIX	VOTE SUR LE RAPPORT MORAL
Moutillet	Syndicat primaire de l'Ain	6	P.
Becker	Section départementale de l'Aisne	1	P.
Bugain	Syndicat Instituteurs (Section Aisne)	5	P.
Deroche	— (Alger)	5	P.
Douet	— (Aube)	5	P.
Jabraud	Fédération départementale de l'Enseignement (Calvados)	4	P.
Roussel	Syndicat Instituteurs (Charente)	5	P.
Avit	— (Charente-Inf.)	5	P.
Beuzelin Charbonnier	— (Cher)	5	P.
Cavalier	— (Constantine)	5	P.
Roussel	— (Corse)	4	P.
Belli	Professeurs des Lycées (Section Dijon)	1	P.
Belli	Syndicats Instituteurs (Côte-d'Or)	5	P.
Zoretti	Section Enseignement (Côtes-du-Nord)	2	P.
Glay	Syndicats Instituteurs (Côtes-du-Nord)	5	P.
Marquet	Syndicat Instituteurs (Dordogne)	5	P.
Roussel	— (Doubs)	5	P.
Bouchier	— (Drome)	5	A.
Glay	— (Eure)	5	P.
Compan	— (Gard)	5	P.
Forgues	— (Hte-Garonne)	5	P.
Vivès	— (Gers)	5	P.
Vielle	— (Gironde)	6	P.
Roussel	— (Hérault)	5	P.
Zoretti	Section Enseignement (Ille-et-Vilaine)	1	P.
Beuzelin	Syndicat Instituteurs (Indre)	4	P.
Auriaux	— (Indre-et-Loire)	5	P.
Guy	— (Jura)	5	P.
Coquard	Professeurs de Lycée (Loire)	1	P.
Thévenon	Syndicat Instituteurs (Loire)	5	C.
Delhermet	— (Haute-Loire)	5	P.
Vinçon	— (Loire-Infér.)	5	P.
Geneves	— (Lozère)	5	P.
Antier	— (Maine-et-Loire)	5	P.
Cappy	— (Marne)	6	P.

DÉLÉGUÉS	ORGANISATIONS	NOMBRE DE VOIX	VOTE SUR LE RAPPORT MORAL
Milou	Enseignement de la Marne	1	P.
André	Syndicat Instituteurs (Maroc)	4	P.
Glay	— (Meuse)	5	P.
Billès	— (Moselle)	4	P.
Marlin	— (Nièvre)	5	C.
Machy	— (Nord)	6	P.
Mérat	Section Enseignement du Nord	1	P.
Dupont	Syndicat Instituteurs (Orne)	5	P.
Cléret	— (Pas-de-Calais)	6	P.
Giron	Ecoles primaires supérieures (Puy-de-Dôme)	1	P.
Giron	Syndicat Instituteurs (Puy-de-Dôme)	6	P.
Désarménien	— (Basses-Pyrén.)	6	P.
Adassus	— (Hautes-Pyrén.)	5	P.
Berta	— (Pyrén.-Orient.)	5	P.
Klein	— (Bas-Rhin)	5	P.
Boulanger	— (Haut-Rhin)	5	P.
Pardon	— (Rhône)	6	P.
Coquard	Professeurs de Lycée (Rhône)	1	P.
Zoretti	Ecoles primaires supérieures et professionnelles du Rhône	1	P.
Grosbéty	Syndicat Instituteurs (Haute-Saône)	5	P.
Deschamps	— (Saône-et-Loire)	6	P.
Kompf	— (Sarthe)	5	P.
Blutte	— (Seine)	8	P.
Mérat	Professeurs de Lycée (Seine)	2	P.
Devaux	Syndicat Instituteurs (Seine-et-Marne)	5	P.
Gayte	Section Enseignement (S.-et-M.)	1	P.
Gallot	Syndicat Instituteurs (Seine-et-Oise)	6	P.
Rousseau	Section Enseignement (Seine-et-Oise)	1	P.
Sautreuil	Syndicat Instituteurs (Seine-Infér.)	6	P.
Guerry	— (Deux-Sèvres)	5	P.
Bécourt	— (Somme)	6	P.
Zoretti	Section Enseignement (Tarn)	1	P.
Yèche	Syndicat Instituteurs (Tarn)	5	P.
Guerret	Section Enseignement (Tarn-et-Garonne)	1	P.
Delmas	Syndicat Instituteurs (Tarn-et-Garonne)	5	P.
Durel	Professeurs de Lycée (Tunis)	2	P.
Mérat	Syndicats Instituteurs (Var)	5	P.
Roussel	— (Vaucluse)	5	P.
Glay	— (Haute-Vienne)	6	P.
Zoretti	Professeurs Ecole Normale (Haute-Vienne)	1	P.
Blutte	Syndicat Instituteurs (Vosges)	5	P.
Gallimard	— (Yonne)	5	P.
Vidalenc	Section de l'Hérault	1	P.
Merat	Syndicat Instituteurs (Creuse)	5	P.

FEDERATION DES FEUILLARDIERS

DÉLÉGUÉS	ORGANISATIONS	NOMBRE DE VOIX	VOTE SUR LE RAPPORT MORAL
Brochet	Feuillardiers (Saint-Yrieix)	1	P.
Brochet	— (Bussière-Galant)	3	P.
Brochet	Ployeurs (Bussière)	1	P.
Brochet	Feuillardiers (Chalus)	3	P.

DÉLÉGUÉS	ORGANISATIONS	NOMBRE DE VOIX	VOTE SUR LE RAPPORT MORAL
Brochet	Feuillardiers (Ladignac)	3	P.
Brochet	— (Coussac)	1	P.
Brochet	— (La Roche-l'Abeille)	1	P.
Brochet	— (St-Hilaire-les-Places)	3	P.
Longuechaud	— (Firbeix)	1	P.
Leymarie	— (Jumilhac-le-Grand)	1	P.
Longuechaud	— (Payzac)	2	P.
Leymarie	— (St-Priast-les-Fougères)	2	P.

FEDERATION DE LA FINANCE

DÉLÉGUÉS	ORGANISATIONS	NOMBRE DE VOIX	VOTE SUR LE RAPPORT MORAL
Kompf	Employés de Banque et de Bourse (Sarthe)	1	P.
Imoff	Employés de Banque et de Bourse (Lyon)	4	P.
Pélouin	Employés de Banque et de Bourse (Maine-et-Loire)	2	P.
Filliol	Employés de Banque et de Bourse (Marseille)	1	P.
Guiraud	Employés de Banque et de Bourse (Région Parisienne)	5	P.
Pascal	Employés de Banque et de Bourse (Puy-de-Dôme)	2	P.

FEDERATION DES FONCTIONNAIRES

DÉLÉGUÉS	ORGANISATIONS	NOMBRE DE VOIX	VOTE SUR LE RAPPORT MORAL
Choquart	Cantonniers et Chefs (Aisne)	5	P.
Levasseur	— — (Allier)	4	P.
Hacquart	— — (Basses-Alpes)	3	P.
Levasseur	— — (Aube)	5	P.
Levasseur	— — (Belfort)	2	P.
Laurent	— — (Marseille)	2	P.
Grenapin	— — (Cantal)	5	P.
Levasseur	— — (Charente-Inf.)	5	P.
Grenapin	— — (Côte-d'Or)	5	P.
Grenapin	— — (Côtes-du-Nord)	4	P.
Choquart	— — (Dordogne)	5	P.
Choquart	— — (Drôme)	4	P.
Pecquet	— — (Finistère)	5	P.
Choquart	— — (Gard)	2	P.
Levasseur	— — (Haute-Garonne)	5	P.
Laurent	— — (Gers)	4	P.
Levasseur	— — (Ille-et-Vilaine)	5	P.
Mallet	— — (Indre)	5	P.
Grenapin	— — (Indre-et-Loire)	3	P.
Hacquart	— — (Jura)	3	P.
Grenapin	— — (Landes)	4	P.
Choquart	— — (Loire)	4	P.
Laurent	— — (Loir-et-Cher)	4	P.
Grenapin	— — (Loiret)	4	P.
Laurent	— — (Lozère)	4	P.
Levasseur	— — (Maine-et-Loire)	5	P.
Grenapin	— — (Marne)	5	P.
Levasseur	— — (Mayenne)	4	P.

DÉLÉGUÉS	ORGANISATIONS	NOMBRE DE VOIX	VOTE SUR LE RAPPORT MORAL
Choquart	Cantonniers et Chefs (Nièvre)	5	P.
Choquart	— — (Puy-de-Dôme)	2	P.
Laurent	— — (Bayonne)	4	P.
Fourcade	— — (Htes-Pyrénées)	4	P.
Grenapin	— — (Pyrénées-Or.)	4	P.
Levasseur	— — (Rhône)	4	P.
Levasseur	— — (Vesoul)	3	P.
Grenapin	— — (Saône-et-Loire)	4	P.
Laurent	— — (Sarthe)	5	P.
Laurent	— — (Chambéry)	4	P.
Choquart	— — (Seine-et-Oise)	4	P.
Hacquart	— — (Somme)	4.	P.
Laurent	— — (Vaucluse)	2	P.
Marchand	— — (Vendée)	4	P.
Hacquart	— — (Seine-et-Marne)	4	P.
Hacquart	— — (Vienne)	5	P.
Marminat	Personnel du Trésor (Aisne)	I	P.
Neumeyer	— — (Allier)	I	P.
Marminat	— — (Basses-Alpes)	I	P.
Marminat	— — (Ardennes)	2	P.
Marminat	— — (Aube)	I	P.
Lacoste	— — (Aveyron)	I	P.
Lacoste	— — (Charente)	2	P.
Tauran	— — (Cher)	I	P.
Lacoste	— — (Corrèze)	I	P.
Neumeyer	— — (Drôme)	I	P.
Lacoste	— — (Finistère)	2	P.
Péron	— — (Gard)	2	P.
Tauran	— — (Haute-Garonne)	2	P.
Villeneuve	— — (Gers)	I	P.
Becquet	— — (Gironde)	2	P.
Péron	— — (Hérault)	2	P.
Marminat	— — (Ille-et-Vilaine)	I	P.
Pecquet	— — (Indre-et-Loire)	I	P.
Péron	— — (Isère)	I	P.
Médori	— — (Jura)	I	P.
Marminat	— — (Loire)	2	P.
Péron	— — (Loire-Inférieure)	2	P.
Marminat	— — (Maine-et-Loire)	2	P.
Péron	— — (Marne)	I	P.
Neumeyer	— — (Haute-Marne)	I	P.
Tauran	— — (Mayenne)	I	P.
Lacoste	— — (Meurthe-et-Mos.)	I	P.
Marminat	— — (Morbihan)	I	P.
Médori	— — (Moselle)	3	P.
Marminat	— — (Nièvre)	I	P.
Waroquier	— — (Nord)	3	P.
Lacoste	— — (Orne)	I	P.
Médori	— — (Puy-de-Dôme)	2	P.
Tauran	— — (Basses-Pyrénées)	I	P.
Fourcade	— — (Htes-Pyrénées)	I	P.
Tauran	— — (Pyrénées-Or.)	I	P.
Péron	— — (Bas-Rhin)	3	P.
Médori	— — (Haut-Rhin)	I	P.
Péron	— — (Rhône)	2	P.
Neumeyer	— — (Saône-et-Loire)	I	P.
Lacoste	— — (Sarthe)	I	P.

DÉLÉGUÉS	ORGANISATIONS	NOMBRE DE VOIX	VOTE SUR LE RAPPORT MORAL
Lacoste	Personnel du Trésor (Savoie)	2	P.
Neumeyer	— — (Haute-Savoie)	1	P.
Lacoste	— — (Seine)	4	P.
Péron	— — (Seine-et-Marne)	2	P.
Médori	— — (Seine-et-Oise)	1	P.
Tauran	— — (Deux-Sèvres)	2	P.
Marminat	— — (Tarn)	1	P.
Médori	— — (Var)	1	P.
Péron	— — (Vaucluse)	1	P.
Lacoste	— — (Vendée)	1	P.
Péron	— — (Haute-Vienne)	2	P.
Tauran	— — (Yonne)	1	P.
Belli	Chefs d'atelier (Dijon)	1	P.
	Chefs d'atelier Manufacture Tabacs :		
Graziani	(Châteauroux)	1	P.
Graziani	(Le Hâvre)	1	P.
Graziani	(Le Mans)	1	P.
Labeyrie	(Lille)	1	P.
Graziani	(Orléans)	1	P.
Graziani	Chefs d'atelier Manufacture de l'Etat (Seine)	3	P.
	Chefs d'atelier Manufacture Tabacs :		
Graziani	(Tonneins)	1	P.
Graziani	(Toulouse)	1	P.
Doméau	Personnels civils administratifs de la Guerre (Aisne)	1	P.
Etienne	Employés civils des Etats-Majors : (Basses-Alpes)	1	P.
Lacroix	(Ardennes)	1	P.
Etienne	(Aube)	1	P.
Lacroix	(Calvados)	1	P.
	Personnel administratif de la Guerre :		
Hébert	(Charente)	1	P.
Ernoux	(Cher)	1	P.
Doineau	(Corrèze)	1	P.
Doineau	(Côte-d'Or)	1	P.
	Employés civils des Etats-Majors :		
Lacroix	(Côte-d'Or)	1	P.
Etienne	(Côtes-du-Nord)	1	P.
Hébert	Personnels civils administratifs de la Guerre (Doubs)	2	P.
Etienne	Employés civils des Etats-Majors (Finistère)	1	P.
Doineau	Personnel civil administratif de la Guerre (Haute-Garonne)	3	P.
Hébert	(Ille-et-Vilaine)	2	P.
Etienne	Employés civils des Etats-Majors (Saint-Malo)	1	P.
Hébert	Personnel civil administratif de la Guerre (Indre-et-Loire)	1	P.
	Employés civils des Etats-Majors :		
Lacroix	(Loire)	1	P.
Etienne	(Loire-Inférieure)	2	P.
Doineau	Personnel civil administratif de la Guerre (Loire-Inférieure)	1	P.
Pecquet	Employés civils des Etats-Majors (Loir-et-Cher)	1	P.

DÉLÉGUÉS	ORGANISATIONS	NOMBRE DE VOIX	VOTE SUR LE RAPPORT MORAL
Hébert	Personnel civil administratif de la Guerre (Loiret)	1	P.
Etienne	Employés civils des Etats-Majors : (Marne)	1	P.
Etienne	(Maroc)	4	P.
Hébert	Personnel civil administratif de la Guerre : (Nord)	1	P.
Hébert	(Pas-de-Calais)	1	P.
Hébert	(Puy-de-Dôme)	1	P.
Doineau	(Hautes-Pyrénées)	2	P.
Doineau	(Seine)	4	P.
Doineau	(Seine-Inférieure)	1	P.
Etienne	Employés civils des Etats-Majors (Seine-Inférieure)	1	P.
Doineau	Personnel civil administratif de la Guerre (Var)	1	P.
Lacroix	Employés civils des Etats-Majors (Vaucluse)	1	P.
Doineau	Personnel civil administratif de la Guerre (Vienne)	2	P.
Cottel	Agents des Lycées (Ain)	1	P.
Colombani	— (Alger)	2	P.
Cottel	— (Moulins)	1	
Cottel	— (Cher)	1	P.
Semolué	— (Tulle)	1	P.
Sémolué	— (Eure)	1	P.
Cottel	— (Quimper)	1	P.
Cottel	— (Haute-Garonne)	1	P.
Cottel	— (Montpellier)	1	P.
Cottel	— (Ille-et-Vilaine)	1	
Sémolué	— (Indre)	1	P.
Sémolué	— (Grenoble)	1	P.
Sémolué	— (Jura)	1	P.
Cottel	— (Loire)	1	P.
Humblot	— (Loire-Inférieure)	1	P.
Sémolué	— (Nord)	3	P.
Colombani	— (Oran)	1	P.
Giron	— (Clermont-Ferrand)	1	P.
Bègue	— (Tarbes)	1	P.
Pauli	— (Haut-Rhin)	1	P.
Cottel	— (Rhône)	2	P.
Cottel	— (Rouen)	1	P.
Sémolué	— (Aloi)	1	P.
Colombani	— (Poitiers)	3	P.
Sémolué	— (Hte-V., Limoges)	1	P.
Cottel	— (Yonne)	1	P.
Pinaud	Percepteurs (Belfort)	1	P.
Pinaud	— (Charente)	1	P.
Pinaud	— (Doubs)	1	P.
Pinaud	— (Hautes-Pyrénées)	1	P.
	Ingénieurs Travaux Publics Etat :		
Rigaill	(Aisne)	1	P.
Rigaill	(Bouches-du-Rhône)	1	P.
Nantillé	(Finistère)	1	P.
Rigaill	(Haute-Garonne)	1	P.
Rigaill	(Loire-Inférieure)	1	P.
Nantillé	(Lozère)	1	P.

DÉLÉGUÉS	ORGANISATIONS	NOMBRE DE VOIX	VOTE SUR LE RAPPORT MORAL
Fourcade	(Hautes-Pyrénées)	1	P.
Lagorgette	(Paris)	3	P.
Nantillé	(Tarn)	1	P.
Nantillé	(Vaucluse)	1	P.
	Adjoints techn. Ponts et Chaussées :		
Pecquet	(Basses-Alpes)	1	P.
Rigaill	(Haute-Garonne)	1	P.
Nantillé	Mécaniciens - Chauffeurs Ponts et Chaussées (Orléans)	1	P.
	Adjoints techn. Ponts et Chaussées :		
Rigaill	(Basses-Pyrénées)	1	P.
Adassus	(Hautes-Pyrénées)	1	P.
Denos	(Seine)	1	P.
Lenne	Agents des Bureaux Ponts et Chaussées (Rouen)	1	P.
	Agents Contrôle d'Assiette et de Perception des Douanes :		
Litaise	(Bellegarde)	1	
Dominici	(Marseille)	3	•P.
Neumeyer	(Haute-Garonne)	1	P.
Nicoli	(Haut-Rhin)	2	P.
De Lauréal	(Seine)	3	P.
De Lauréal	(Le Havre)	3	P.
Guiader	(Rouen)	2	P.
De Lauréal	(Strasbourg)	2	P.
	Personnel Contributions Indirectes :		
Tauran	(Nîmes)	1	C.
Waroquier	(Haute-Garonne)	1	P.
Lacroix	(Gers)	1	P.
Lacroix	(Ille-et-Vilaine)	1	P.
Giron	(Clermont-Ferrand)	1	P.
Bertheau	(Sarthe)	1	P.
Waroquier	Agents Contributions indir. (Seine).	1	P.
	Personnel Contributions Indirectes :		
Tauran	(Seine-Inférieure)	1	C.
Tauran	(Tunisie)	1	C.
Pla	Sous-Agents des Haras nationaux (Angers)	1	P.
Boudou	Employés Haras (Aurillac)	1	P.
	Sous-Agents Haras :		
Bastiani	(Lamballe)	2	P.
Pla	(Gironde)	1	
Regue	(Tarbes)	1	P.
Bouzauquet	Personnel civil des Corps et Services de la Guerre (Tunisie)	1	P.
Bouzauquet	Personnel civil administratif de la Guerre (Tunisie)	2	P.
	Employés des Préfectures et Sous-Préfectures :		
Comte	(Gard)	2	P.
Nantillé	(Orne)	1	P.
Bertheau	(Sarthe)	1	P.
	Agents techniques de la Marine :		
Drugeon	(Rochefort, Char.-Inf.)	1	P.
Nantillé	(Brest)	2	P.
Nantillé	(Paris)	3	P.

DÉLÉGUÉS	ORGANISATIONS	NOMBRE DE VOIX	VOTE SUR LE RAPPORT MORAL
	Ingénieurs du Service vicinal :		
Pecquet	(Ille-et-Vilaine)	1	P.
Pecquet	(Jura)	1	P.
Gérard	Ingénieurs et Adjoints techniques du Service vicinal (Nord)	2	P.
	Personnel des Ecoles primaires sup. :		
Girou	(Haute-Garonne)	1	
Dupas	(Nord)	1	P.
Busson	Instituteurs (Allier)	5	
Vidalenc	Enseignement (Hérault)		
Médori	Instituteurs (Ille-et-Vilaine)	5	P.
	Personnel Ecoles publiques et Enseignement technique :		
Allaud	(Loire)	1	P.
Fourcade	(Hautes-Pyrénées)	1	P.
Dubois	(Rouen)	1	P.
	Personnel de surveillance et d'entretien des Ministères et Administrations de l'Etat :		
Humblot	(Haute-Garonne)	1	P.
Lavalette	(Seine)	2	P.
Rigaill	Commis titulaires et Dames employées aux Contributions Directes (Haute-Garonne)	1	P.
Neumeyer	Membres de l'Administration des Contributions Directes (Haute-Garonne)	1	P.
Etienne	Employés civils des Etats-Majors	1	P.
	(Rennes).	1	P.
Nantillé	Agents techniques de la Marine (Toulon)	3	P.
Geneves	Professeurs d'Ecoles Norm. (Mende).	1	
Blanchard	Professeurs des Collèges (Haute-Gar.)	1	P.
Médori	Maîtres et Maîtresses d'Internat (Hte-Garonne)	1	P.
Montagnac	Agents Navigation (Marne)	2	P.
Rigaill	Professeurs adjoints et Répétiteurs des Lycées (Haute-Garonne)	1	P.
Fourcade	Personnel civil administratif de la Guerre (Tarbes)	1	P.
Labeyrie	Personnels divers Ecoles vétérinaires (Haute-Garonne)	1	P.
Rigaill	Agents et poursuites (Haute-Garonne)	1	P
Labeyrie	Vérificateurs Poids et Mesures (Haute-Garonne)	1	P.
Lacroix	Personnel civil administratif de la Guerre (Somme)	1	P.
Chambon	Personnel Service géographique de l'Armée (Seine)	2	P.
De Laureal	Agents du Service sédentaire Douanes (Loire-Inférieure)	1	P.
Fohet	Inspecteurs de la Répression des Fraudes (Somme)	2	P.
Dubois	Personnel des Ecoles publiques d'Enseignement technique (Rouen)	1	P.
Brouillard	Employés Caisse des Dépôts et Consignations (Seine)	3	P.
Nantillé	Commis d'Hypothèques (Finistère)	1	P.

DÉLÉGUÉS	ORGANISATIONS	NOMBRE DE VOIX	VOTE SUR LE RAPPORT MORAL
Laurent	Secrétaires de Parquet de l'Etat (Seine)	1	P.
Laurent	Personnel Manufacture (Sèvres)	3	P.
Gaudron	Personnel administratif des Etablissements de Bienfaisance (Seine)	2	P.
Fourcade	Ingénieurs, Dessinateurs du Ministère de la Guerre et de l'Air (Hautes-Pyrénées)	2	P.
Flandin	Commis d'hypothèques (Rhône)	1	P.
Flandin	Employés civils Etablissements militaires (Lyon)	3	P.
Dablincourt	Chimistes du Ministère des Finances.	1	P.
Boyer	Personnel civil des Administrations centrales (Seine)	6	P.
Stephan	Personnel civil Service hydrographique de la Marine Région Parisienne	1	P.
Humblot	Personnel Office National Météorologique (Seine)	2	P.
Humblot	Personnel civil administratif de la Guerre (Le Mans)	1	P.
Becquel	Employés civils des Etats-Majors (Loiret)	1	P.
Deutschmann	Receveurs municipaux et spéciaux des Communes et des Etablissements publics (Seine)	1	P.
Waroquier	Radio-Electriciens du Ministère de l'Air (Région Parisienne)	1	P.
Waroquier	Service technique de l'Aéronautique.	2	P.
Waroquier	Agents réceptionnaires Ministère de l'Air	3	P.
Avil	Section (Charente-Inférieure)		
Pinault	Syndicat des Percepteurs de France.		
Péron	Syndicat National des Personnels du Trésor		

FEDERATION DE L'HABILLEMENT

DÉLÉGUÉS	ORGANISATIONS	NOMBRE DE VOIX	VOTE SUR LE RAPPORT MORAL
Lambié	Tailleurs (Albi)	1	P.
Pujos	Tailleurs (Alençon)	1	P.
Ringenbach	Habillement (Amiens)	2	P.
Dumont	Tailleurs (Angers)	1	P.
Rousseaux	Habillement (Armentières)	1	P.
Boudou	Tailleurs (Aurillac)	1	P.
Calvet	Ouvrières en parapluie (Aurillac)	3	P.
Calvet	Chemisières (Aurillac)	1	P.
Garrigou	Habillement (Bordeaux)	3	P.
Goavec	Habillement (Brest)	1	P.
Michauael	Habillement (Brive)	1	P.
Ringenbach	Tailleurs (Castres)	1	P.
Ringenbach	Habillement (Champagnole)	1	P.
Ringenbach	Habillement (Elbeuf)	1	P.
Hallier	Tailleurs (Le Mans)	1	P.
Garrigou	Habillement (Libourne)	1	P.
Lahaye	Coupeurs en confection (Lille)	5	P.
Bourguin	Presseurs (Lille)	4	P.
Rousseaux	Ouvrières en confection (Lille)	5	P.

DÉLÉGUÉS	ORGANISATIONS	NOMBRE DE VOIX	VOTE SUR LE RAPPORT MORAL
Rousseaux	Tailleurs (Lille)	2	P.
Manches	Habillement (Limoges)	1	P.
Ringenbach	Habillement (Lorient)	1	P.
Chassergue	Ouvrières en parapluies (Lyon)	1	P.
Vaden	Cravatières (Lyon)	1	P.
Eva	Habillement militaire (Lyon)	2	P.
Elie Combe	Tailleurs sur mesure (Lyon)	2	P.
Moiroud	Vêtement (Lyon)	4	P.
Rochet	Tailleurs (Nantes)	1	P.
Péneau	Habillement militaire (Nantes)	1	P.
Péneau	Culottières, Giletières (Nantes)	1	P.
Trimat	Habillement civil (Nevers)	1	P.
Bonnet	Habillement (Nîmes)	1	P.
Bothereau	Habillement (Orléans)	1	P.
Hic	Tailleurs pour dames (Seine)	2	-P.
Dumont	Broderie Parisienne	1	P.
Dumont	Chemiserie-Lingerie (Seine)	3	P.
Ringenbach	Confection (Seine)	1	P.
Robert	Habillement militaire (Seine)	1	P.
Bonnet	Vêtement (Seine)	1	P.
Coulmy	Tailleurs (Poitiers)	1	P.
Rousseaux	Habillement Pont-à-Marq	2	P.
Docq	Habillement (Reims)	1	P.
Chéreau	Tailleurs (Rennes)	1	P.
Rousseaux	Habillement (Roubaix)	2	P.
Lambré	Habillement p' hommes (St-Etienne)	1	P.
Manches	Tailleurs (Saumur)	1	P.
Clamet	Coupeurs-Chemisiers (Toulouse)	1	P.
Gilis	Coupeurs-Tailleurs (Toulouse)	1	P.
Gilis	Tailleurs (Toulouse)	1	P.
Clanet	Coupeurs et Presseurs (Toulouse)	1	P.
Dumont	Habillement (Troyes)	1	P.
Ringebach	Sous-vêtement (Vaucouleurs)	1	P.
Chevenard	Habillement (Villefranche-sur-Saône)	1	P.

FEDERATION DU LIVRE

DÉLÉGUÉS	ORGANISATIONS	NOMBRE DE VOIX	VOTE SUR LE RAPPORT MORAL
Rouvet	Typographes (Albi)	1	P.
Pujos	Livre (Alençon)	2	P.
Colombani	Typographes (Alger)	3	P.
Boury	Livre (Amiens)	4	P.
Journeau	Imprimerie (Angers)	3	P.
Boudou	Livre (Aurillac)	2	P.
Cuffaux	Livre (Auxerre)	2	P.
Journeau	Livre (Bar-sur-Aube)	1	P.
Dossat	Livre (Bayonne)	1	P.
Jeannin	Typographes (Besançon)	2	P.
Désarménien	Typographes (Biarritz)	1	P.
Liochon	Papeterie (Bordeaux)	4	P.
Journeau	Typographes (Bordeaux)	5	P.
Liochon	Livre (Castres)	1	P.
Joly	Livre (Châlon-sur-Saône)	2	P.
Halgrain	Typo-Lithos (Chartres)	3	P.

DÉLÉGUÉS	ORGANISATIONS	NOMBRE DE VOIX	VOTE SUR LE RAPPORT MORAL
Liochon	Typographes (Clermont-Ferrand)	3	P.
Wagner	Typographes (Colmar)	2	P.
Liochon	Livre (Dijon)	3	P.
Masson	Typos-Lithographes (Douai)	1	P.
Halgrain	Typographes (Dreux)	1	P.
Masson	Livre (Dunkerque)	2	P.
Davisseau	Typographes (Fontenay-le-Comte)	1	P.
Largentier	Typographes (Lagny)	1	P.
Liochon	Typographes (Laval)	1	P.
Liochon	Livre (Le Havre)	3	P.
Hallier	Typographes (Le Mans)	2	P.
Journeau	Livre (Libourne)	1	P.
Dumontier	Typographes et Imprimeurs (Lille)	5	P.
Duflot	Lithographes-Papetiers (Lille)	4	C.
Vardelle	Relieurs (Limoges)	1	P.
Le Levé	Livre (Lorient)	1	P.
Gagneux	Typographes (Lyon)	5	P.
Galettini	Lithographes-Papetiers (Marseille)	3	P.
Amalberti	Typographes (Marseille)	4	P.
Gayte	Livre (Melun)	1	P.
Journeau	Typographes (Metz)	4	P.
Journeau	Livre (Montbéliard)	1	P.
Désarménien	Typographes (Mont-de-Marsan)	1	P.
Journeau	Livre (Montluçon)	1	P.
Henry	Livre (Morlaix)	1	P.
Wagner	Typo-Lithographie (Mulhouse)	3	P.
Wagner	Relieurs (Mulhouse)	3	P.
Wagner	Typographes (Mulhouse)	4	P.
Rocket	Ouvriers d'imprimerie (Nantes)	3	P.
Rocket	Typographes (Nantes)	3	P.
Largentier	Livre (Narbonne)	1	P.
Liochon	Livre (Nevers)	2	P.
Liochon	Livre (Orléans)	3	P.
Ranc	Correcteurs (Paris)	3	C.
Duprez	Fondeurs-Typographes (Paris)	3	P.
Largentier	Typographes-Imprimeurs (Paris)	3	P.
Largentier	Typographes (Paris)	7	P.
Vineux	Phototypeurs (Paris)	2	P.
Grandjean	Entretien des machines à composer (Paris)	3	P.
Renault	Imprimerie (Poitiers)	2	P.
Leymarie	Livre (Périgueux)	1	P.
Journeau	Livre (Rennes)	3	P.
Journeau	Livre (Romans)	1	P.
Lageix	Livre (Rouen)	3	P.
Landy-Jacquot	Lithos et papier (St-Etienne)	3	P.
Landy-Jacquot	Typographes (St-Etienne)	4	P.
Jouvance	Typographes (St-Nazaire)	1	P.
Démaret	Typographes (Soissons)	1	P.
Bockel	Livre (Strasbourg)	5	P.
Rouffiac	Livre (Toulouse)	5	A.
Journeau	Typographes (Troyes)	1	P.
Durel	Livre (Tunis)	1	P.
Gourdon	Livre (Valence)	2	P.
Trocmé	Livre (Valenciennes)	2	P.
Liochon	Livre (Vannes)	1	P.
Dessalle	Livre (Versailles)	2	P.

DÉLÉGUÉS	ORGANISATIONS	NOMBRE DE VOIX	VOTE SUR LE RAPPORT MORAL

FEDERATION DES SYNDICATS MARITIMES

DÉLÉGUÉS	ORGANISATIONS	NOMBRE DE VOIX	VOTE SUR LE RAPPORT MORAL
Piétroni	Pêcheurs et Marins du Commerce (Bastia)	2	P.
Durand	Marins (Bordeaux)	6	P.
Rivelli	Agents du Service général à Bord (Bordeaux)	2	P.
Piétroni	Marins du Commerce et Pêcheurs (Cherbourg)	3	P.
Ehlers	Pêcheurs et Marins du Commerce (Dunkerque)	5	P.
Rivelli	Marins (La Rochelle)	4	P.
Ehlers	Inscrits (La Seyne-sur-Mer)	1	P.
Cupillard	Agents du S. G. B. (Le Hâvre)	6	P.
Olmido	Marins du Commerce et Pêcheurs (Lorient)	4	P.
Pasquini	Agents du S. G. B. (Marseille)	6	P.
Grimaldi	Marins, Machine (Marseille)	5	P.
Ferri-Pisani	Marins (Pont-Marseille)	5	P.
Pasquini	Pêcheurs (Mazargues)	1	P.
Rochet	Inscrits (Nantes)	1	P.
Bouchier	Marins et Pêcheurs (Oran)	1	P.
Batas	Inscrits (St-Malo)	1	P.
Heizt	Marins du Commerce (St-Nazaire)	5	P.
Ceccaldi	Marins du Commerce (Sète)	2	P.

FEDERATION DES METAUX

DÉLÉGUÉS	ORGANISATIONS	NOMBRE DE VOIX	VOTE SUR LE RAPPORT MORAL
Blanchard	Métaux (Annonay)	1	P.
Mailher	— (Arcachon)	2	P.
Jeannin	— (Badevel)	2	P.
Hébert	— (Bar-sur-Aube)	1	P.
Déchelotte	— (Belfort)	2	P.
Jeannin	— (Besançon)	1	P.
Klein	— (Bitschwiller)	2	P.
Pommier	— (Bordeaux)	3	P.
Galantus	— (Bourges)	2	P.
Damoy	— (Brest)	5	P.
Dolker	— (Bussang)	1	P.
Decostère	— (Cambrai)	1	P.
Bruel	— (Castres)	1	P.
Corre	Ferblantiers (Clermont-Ferrand)	1	P.
Beaudon	Métaux (Commentry)	1	P.
Blanchard	— (Cousolre)	1	P.
Blanchard	— (Decazeville)	2	P.
Imhoff	— (Denain)	1	P.
Blancho	Usine des Pétroles (Donges)	2	P.
Lefèvre	Métaux (Dunkerque)	4	P.
Cabanès	— (Fumel)	2	P.
Klein	— (Guebwiller)	4	P.
Vermeulen	— (Isbergues)	4	P.
Dubois	— (Jeumont)	6	P.
Chevalme	— (Jœuf)	3	P.
Buisson	— (Juvisy)	1	P.
Olivier	Constructions navales (La Ciotat)	3	P.
Samyn	Métaux (Lannoy)	2	P.

DÉLÉGUÉS	ORGANISATIONS	NOMBRE DE VOIX	VOTE SUR LE RAPPORT MORAL
Blanchard	Constructions nav. (La Seyne-s.-Mer)	1	P.
Manuel Ferria	Métaux (Boucau)	1	P.
Joly	— (Creusot)	1	P.
Hallier	— (Le Mans)	1	P.
Peneau	Atelier des Coteaux (Le Pellerin)	2	P.
Cornu	Précision et Optique (Ligny-en-Barrois)	3	P.
Buystard	Métaux (Lille)	6	P.
Vardelle	Mécaniciens-Garagistes (Limoges)	1	P.
Guttin	Métaux (Livry-Gargan)	1	P.
Le Levé	— (Lorient)	1	P.
Chazeaux	— (Lyon)	3	P.
Lamur	— (Mâcon)	2	P.
Klein	— (Massevaux)	1	P.
Joly	— (Montceau-les-Mines)	1	P.
Parizot	— (Montluçon)	2	P.
Bitsch	— (Moyeuvre-Grande)	1	P.
Klein	— (Mulhouse)	5	P.
Bitsch	— (Nancy)	1	P.
Rouaud	— (Nantes)	4	P.
Humbert	— (Neuves-Maisons)	5	P.
Vasse	— (Nîmes)	1	P.
Chevalme	— (Niort)	1	P.
Jeannin	— (Ornans)	2	P.
Hauret	— (Paimbœuf)	2	P.
Gillet	Ferblantiers (Seine)	1	P.
Bouyer	Mécaniciens (Seine)	3	P.
Perdou	Instruments de précision (Paris)	3	P.
Moulin	Tourneurs en Instruments d'Optique (Paris)	1	P.
Casse	Métaux (Perpignan)	1	P.
Allusson	— (Rai, Aube)	3	P.
Chéreau	— (Rennes)	2	P.
Boudart	— (Revin)	3	P.
Gastal	— (Roanne)	1	P.
Klein	— (Rombas)	1	P.
Dhont	— (Roubaix)	6	P.
Chevalme	— (Rouen)	1	P.
Berry	— (Saint-Amand)	3	P.
Galantus	— (Saint-Claude)	2	P.
Cour	— (Saint-Etienne)	1	P.
Galantus	— (Saint-Juéry)	1	P.
Eled	— (Saint-Just-en-Chaussée)	1	P.
Jouvance	— (Saint-Nazaire)	5	P.
Vivier	— (Tarare)	1	P.
Klein	— (Thann)	1	P.
Dubost	Emouleurs (Thiers)	4	P.
Lafitte	Métaux (Toulouse)	1	P.
Decostère	— (Tourcoing)	4	P.
Galantus	— (Trévoux)	2	P.
Lambot	— (Trignac)	5	P.
Esnault	— (Troyes)	1	P.
Gourdon	Voiture-Aviation (Valence)	1	P.
Trocmé	Métaux (Valenciennes)	1	P.
Parizot	— (Vichy)	1	P.
Douceron	— (Vierzon)	2	P.
Gabon	— (Villefranche)	2	P.

DÉLÉGUÉS	ORGANISATIONS	NOMBRE DE VOIX	VOTE SUR LE RAPPORT MORAL
	FEDERATION DU PAPIER		
Vardelle	Papetiers (Farebout)	2	P.
Vardelle	Papetières et Cartonnières (Limoges)	3	P.
Vardelle	Employés des Journaux (Rouen)	1	P.
Cazeneuve	Auxiliaires Livre (Toulouse)	1	P.
Avril	Papier (Valréas)	3	P.
	FEDERATION DE LA PHARMACIE		
Hug	Préparateurs (Aube)	1	P.
Delerue	— (Bordeaux)	2	P.
Hug	— (Bourges)	1	P.
Rousseau	— (Corrèze)	1	P.
Hug	— (Finistère)	3	P.
Delerue	— (Le Havre)	1	P.
Delerue	— (Limoges)	1	P.
Delerue	— (Loire)	2	P.
Delerue	— (Loire-Inférieure)	2	P.
Delerue	— (Cahors et Lot)	1	P.
Mlle Trivery	Pharmacie-Droguerie (Lyon)	3	P.
Sirvin	Préparateurs (Basse-Normandie)	3	P.
Le Bris	— (Montauban et Tarn-et-Garonne)	1	P.
Perrier	— (Nîmes et Gard)	2	P.
Sirvin	— (Nord et Pas-de-Calais)	2	P.
Borderan	— (Oise)	1	P.
Bothereau	— (Orléans et Loiret)	1	P.
Vergnoux	— (Région Parisienne)	3	P.
Delerue	— (Pyrénées-Orientales)	1	P.
Soulier	— (Clermont-Ferrand)	1	P.
Hug	— (Reims)	1	P.
Sirvin	— (Rouen)	1	P.
Sirvin	— (Le Mans et Sarthe)	1	P.
Sirvin	— (Deux-Sèvres)	2	P.
Sirvin	— (Marseille et Bouches-du-Rhône)	2	
Delerue	— (Montpellier)	1	P.
Sirvin	— (Oran)	2	P.
Delerue	— (Somme)	1	P.
Sirvin	— (Toulon et Var)	1	P.
Sirvin	— (Toulouse et Hte-Gar.)	2	P.
Sirvin	— (Touraine)	2	P.
Delerue	— (Vendée)	1	P.
Vergnoux	— (Yonne)	2	P.
	FEDERATION DES PORTS ET DOCKS		
Pezzini	Dockers Bastia	3	P.
Pruilh	Port autonome (Bordeaux)	4	P.
Lorriot	Dockers arrimeurs et manœuvres (Bordeaux)	5	A.
Vignaud	Dockers (Calais)	5	P.
Gobit	Ouvriers Quais et Docks (La Pallice)	4	P.

DÉLÉGUÉS	ORGANISATIONS	NOMBRE DE VOIX	VOTE SUR LE RAPPORT MORAL
Decostère	Transports (Lille)	4	P.
Olmido	Manutentionnaires (Lorient)	2	P.
Olmido	Dockers (Lorient)	2	P.
Mamessier	Transports et Manutentions (Lyon)	3	P.
Chaintreuil	Dockers (Lyon)	1	P.
Chaintreuil	Marine fluviale (Lyou)	5	P.
Advenant	Dockers (Marseille)	5	P.
Filliol	Charbonniers des Ports et Docks (Marseille)	1	P.
Reyre	Chargeurs-Camionneurs (Marseille)	4	P.
Martin	Charretiers et Chauffeurs (Montpellier)	1	P.
Bivaud	Charbonniers et Ouvriers d'entretien (Nantes)	4	P.
Vignon	Petite Batellerie (Paris)	6	P.
Vignaud	Transports (Roubaix)	4	P.
Nouvel	Ouvriers des Ports (St-Malo-St-Servan)	4	P.
Le Cunff	Ouvriers du Port (Saint-Nazaire)	5	P.
Schmitt	Transport (Strasbourg)	4	P.
Kesteloot	Transports (Tourcoing)	3	P.

FEDERATION POSTALE

DÉLÉGUÉS	ORGANISATIONS	NOMBRE DE VOIX	VOTE SUR LE RAPPORT MORAL
Baylot	Agents (Ain)	3	P.
Baylot	— (Aisne)	3	P.
Tible	— (Allier)	3	P.
Gambotti	— (Nice)	4	P.
Courrière	— (Ardennes)	3	P.
Courrière	— (Bouches-du-Rhône)	5	P.
Langlois (Marie)	— (Calvados)	3	P.
Mathé	— (Corrèze)	3	P.
Mathé	— (Côte-d'Or)	4	P.
Mme Mesnier	— (Dordogne)	3	P.
Receveur	— (Doubs)	3	P.
Valats	— (Toulouse)	4	P.
Mesnier	— (Gers)	2	P.
Digat	— (Gironde)	5	
Cougnenc	— (Montpellier)	4	
Tible	— (Indre)	2	P.
Combes	— (Landes)	2	P.
Baylot	— (Loire)	4	P.
Fradet	— (Haute-Loire)	2	P.
Delmas	— (Loire-Inférieure)	4	P.
Foucaud	— (Loir-et-Cher)	3	P.
Gouget	— (Loiret)	3	P.
Chauvet	— (Lozère)	1	P.
Voglimacci	— (Reims)	3	P.
Gibaud	— (Haute-Marne)	3	P.
Collet	— (Meuse)	3	P.
Mathé	— (Nièvre)	2	
Régnier	— (Nord)	6	P.
Combes	— (Roubaix-Tourcoing)	3	P.
Courrière	— (Oran)	4	P.
Fradet	Brigades de réserve	4	P.
Fradet	Agents (Puy-de-Dôme)	4	P.
Begue	— (Tarbes)	2	P.

DÉLÉGUÉS	ORGANISATIONS		NOMBRE DE VOIX	VOTE SUR LE RAPPORT MORAL
Gibaud	Agents (Pyrénées-Orientales)		3	P.
Baylot	— (Bas-Rhin)		4	P.
Kompf	— (Le Mans)		3	P.
Voglimacci	— (Seine)		8	P.
Gibaud	— (Seine-et-Marne)		3	P.
Fayout	— (Seine-et-Oise)		4	P.
Dupont	— (Rouen)		4	P.
Condat	— (Tarn)		3	P.
Allamelle	— (Tarn-et-Garonne)		3	P.
Portalis	— (Var)		3	P.
Brisson	— (Vienne)		3	P.
Brisson	— (Haute-Vienne)		3	P.
Collet	— (Yonne)		3	P.
Mathé	— (Haute-Savoie)			
Moreau	Agents des lignes (Aisne)		1	P.
Gambotti	—	(Alpes-Maritimes)	3	P.
Félici	—	(Bouches-du-Rhône).	4	P.
Costerg	—	(Calvados)	3	P.
Soreau	—	(Cantal)	1	P.
Renaut	—	(Charente-Infér.)	1	P.
Vallet	—	(Cher)	1	P.
Navellier	—	(Côte-d'Or)	2	P.
Leymarie	—	(Dordogne)	1	P.
Vallet	—	(Doubs)	2	P.
Tachot	—	(Eure-et-Loir)	2	P.
Robert	—	(Haute-Garonne)	2	P.
Villeneuve	—	(Gers)	2	P.
Bonzon	—	(Gironde)	3	P.
Cougnenc	—	(Montpellier)	3	P.
Chéreau	—	(Ille-et-Vilaine)	2	P.
Vallet	—	(Indre)	1	P.
Machebeuf	—	(Isère)	2	P.
Limouzin	—	(Loire)	1	P.
Vallet	—	(Loir-et-Cher)	1	P.
Vallet	—	(Loiret)	1	P.
Chauvet	—	(Lozère)	1	P.
Gau	—	(Maine-et-Loire)	2	P.
Farinet	—	(Marne)	2	P.
Moreau	—	(Haute-Marne)	2	P.
Le Levé	—	(Morbihan)	2	P.
Vallet	—	(Nièvre)	2	P.
Régnier	—	(Nord)	4	P.
Vallet	—	(Orne)	1	P.
Lacour	—	(Puy-de-Dôme)	2	P.
Machebeuf	—	(Rhône)	2	P.
Mougenot	—	(Haute-Saône)	1	P.
Mourievat	—	(Mâcon)	3	P.
Hallier	—	(Sarthe)	2	P.
Machebeuf	—	(Haute-Savoie)	1	P.
Peltier	—	(Seine, Seine-et-Oise, Seine-et-M.)	6	P.
Rouvet	—	(Tarn)	2	P.
Moreau	—	(Tarn-et-Garonne)	1	P.
Dutailly	—	(Vaucluse)	1	P.
Vallet	—	(Yonne)	2	P.
Dumont	Employés (Aisne)		3	P.
Lacôte	— (Allier)		3	P.

DÉLÉGUÉS	ORGANISATIONS	NOMBRE DE VOIX	VOIX SUR LE RAPPORT MORAL
Mercier	Employés (Basses-Alpes)	2	P.
Gambotti	— (Alpes-Maritimes)	1	P.
Fournier	— (Ardennes)	3	P.
Darrouy	— (Ariège)	3	P.
Fournier	— (Aube)	2	P.
Cougnenc	— (Aude)	3	P.
Cougnenc	— (Aveyron)	3	P.
Giacomini	— (Belfort)	1	P.
Mercier	— (Bouches-du-Rhône)	4	P.
Ménard	— (Calvados)	3	P.
Goursault	— (Charente)	2	P.
Goursault	— (Charente-Inférieure)	2	P.
Goursault	— (Corrèze)	3	P.
Beillé	— (Côte-d'Or)	2	P.
Depigny	— (Dordogne)	1	P.
Giacomini	— (Doubs)	1	P.
Gourdon	— (Drôme)	3	P.
Mounier	— (Eure)	3	P.
Berthelot	— (Finistère)	2	P.
Darrouy	— (Haute-Garonne)	4	P.
Depigny	— (Gironde)	4	P.
Cougnenc	— (Hérault)	3	P.
Bethelot	— (Ille-et-Vilaine)	3	P.
Pasquet	— (Indre)	1	P.
Dardoute	— (Indre-et-Loire)	3	P.
Ruffet	— (Jura)	3	P.
Myard	— (Loire)	3	P.
Lacour	— (Haute-Loire)	2	P.
Scintier	— (Loir-et-Cher)	3	P.
Pérenet	— (Loire-Inférieure)	3	P.
Digat	— (Lot-et-Garonne)	2	P.
Chauvet	— (Lozère)	2	P.
Lancesseur	— (Manche)	3	P.
Docq	— (Marne)	3	P.
Fournier	— (Haute-Marne)	2	P.
Berthelot	— (Mayenne)	1	P.
Machavoine	— (Metz)		
Morlet	— (Nièvre)	1	P.
Regnier	— (Nord)	4	P.
Dufrenne	— (Oise)	2	P.
Fradet	— (Puy-de-Dôme)	4	P.
Depigny	— (Basses-Pyrénées)	3	P.
Beguc	— (Hautes-Pyrénées)	3	P.
Cougnenc	— (Pyrénées-Orientales)	2	P.
Machavoine	— (Sélestat)	4	P.
Schmitt	— (Strasbourg)	6	P.
Schmitt	— (Colmar)	4	P.
Myard	— (Rhône)	4	P.
Ruet	— (Saône-et-Loire)	4	P.
Halier	— (Sarthe)	2	P.
Thomas	— (Savoie)	1	P.
Servat	— (Seine)	4	P.
Mounier	— (Seine-Inférieure)	1	P.
Pointu	— (Somme)	4	P.
Lacroux	— (Tarn)	3	P.
Portalis	— (Var)	2	P.
Millet	— (Vendée)	2	P.

DÉLÉGUÉS	ORGANISATIONS	NOMBRE DE VOIX	VOTE SUR LE RAPPORT MORAL
Magne	Employés (Haute-Vienne)	2	P.
Cuffaux	— (Yonne)	3	P.

FEDERATION DES INDUSTRIES CHIMIQUES

DÉLÉGUÉS	ORGANISATIONS	NOMBRE DE VOIX	VOTE SUR LE RAPPORT MORAL
Papin	Industries chimiques (La Pallice)	3	P.
Devernay	Produits chimiques (Lille)	1	P.
Chauffard	Savonniers (Marseille)	1	P.
Vandenbossche	Ouvriers d'usines réunis (Nantes)	4	P.
Coyac	Produits chimiques (Paimbœuf)	3	P.
Vandenbossche	Industries chimiques (Région paris.)	1	P.
Féraud	Produits chimiques (Rassüen)	3	P.

FEDERATION DES SERVICES PUBLICS

DÉLÉGUÉS	ORGANISATIONS	NOMBRE DE VOIX	VOTE SUR LE RAPPORT MORAL
Bastien	Municipaux (Abbeville)	1	P.
Nicolas	Communaux (Agde)	1	P.
Berenguier	Services publics (Alpes-Maritimes)	5	P.
Gauthier	Employés et Gardes du canal de Verdon (Aix-en-Provence)	1	P
Glozman	Municipaux (Amiens)	3	P.
Vatin	Agents communaux (Aube)	2	P.
Oustry	Communaux (Aubin)	1	P.
Avril	— (Avignon)	2	P.
Begue	Municipaux (Bagnères-de-Bigorre)	2	P.
Desclaux	— (Bayonne)	3	P.
Lauga	— (Bègles)	1	P.
Lignon	— (Béziers)	3	P.
Jublain	— (Besançon)	2	N. V.
Lauga	Services publics (Bordeaux)	6	P.
Rousseau	Communaux (Brive)	2	P.
Talon	Municipaux (Cannes)	3	P.
Peclet	— (Chambéry)	2	P.
Michaud	— (Châteauroux)	2	P.
Octobre	— (Châtellerault)	2	P.
Sabaud	— et Hospitaliers (Clermont-Ferrand)	5	P.
Aubé	— (Creil)	2	P.
Michaud	Services publics (Denain)	2	P.
Chevalleret	Municipaux (Dôle)	1	P.
Bertrand	— et Départementaux (Dordogne)	1	P.
Roux	— (Drôme)	3	P.
Ehlers	— (Dunkerque)	2	P.
Lieuthier	— (Firminy)	2	P
Raoul des Essarts	Communaux (Finistère)	4	P.
Dérigny	— (Fourmies)	1	P.
Cournier	— (Gard)	2	P.
Carrefour	— (Gers)	2	P
Jublain	Municipaux (Givors)	1	P.
Perret	Communaux (Grenoble)	5	P.
Platcel	Municipaux (Hazebrouck)	1	P.
Lignon	— (Hérault)	1	P.

DÉLÉGUÉS	ORGANISATIONS	NOMBRE DE VOIX	VOTE SUR LE RAPPORT MORAL
Brégaint	Communaux (Ille-et-Vilaine)	4	P.
Féraud	— (Istres)	1	P.
Démaret	Municipaux (Laon)	2	P.
Sabbattini	Communaux (La Seyne-sur-Mer)	1	P.
Dubois	Municipaux (Le Havre)	4	P.
Kompf	Communaux (Le Mans)	4	P.
Morel	Municipaux (Libourne)	2	P.
Thouvignon	Services publics (Lille)	5	P
Bomal	Cantonniers vicinaux et départementaux (Loire-Inférieure)	1	P.
Bomal	Services publics (Loire-Inférieure)	1	P.
Olmido	Communaux (Lorient)	4	P.
Tron	— (Lot)	2	P.
Jublain	Personnel municipal (Lyon)	6	P.
Gréard	Municipaux (Manche)	1	P.
Marion	Personnel départemental assimilé (Bouches-du-Rhône)	2	P.
Pagnic	Municipaux (Marseille)	7	P.
Carréga	— (Millau)	1	P.
Payen	— (Montataire)	1	P.
Jeannin	— (Montbéliard)	1	P.
Godignon	— (Montluçon)	2	P.
Dufois	— (Moulins)	1	P.
Humbert	— (Nancy)	3	P.
Dubois	Services publics (Narbonne)	3	P.
Jaucent	Municipaux (Nevers)	3	P.
Ferro	Personnel Hospices civils (Nice)	3	P.
Cournier	Municipaux (Nîmes)	3	P.
Dufresne	Communaux (Oise)	1	P.
Mathelin	— (Outreau)	1	P.
Sabaud	— (Puy-de-Dôme)	1	P.
Fradet	Cantonniers départem. (Puy-de-Dôme)	5	P.
Berta	Municipaux (Perpignan)	3	P.
Lesage	Services publics (Reims)	4	P.
Morel	Municipaux (Rennes)	3	P.
Zeller	Services publics (Bas-Rhin)	6	P.
Bertschy	Services publics (Haut-Rhin)	5	P.
Aubé	Municipaux (Rive-de-Gier)	1	P.
Simonin	Communaux (Rhône)	2	P.
Pianellu	— (Roanne)	3	P.
Bolsius	Municipaux (Roubaix)	5	P.
Varenne	— et Hospitaliers (St-Etienne)	5	P.
Derculneau	— Saint-Malo	2	P.
Bomal	— (Saint-Nazaire)	3	P.
Marion	Personnel Asile St-Pierre (Marseille)	3	P.
Chamberlin	Municipaux (Saint-Quentin)	4	P.
Michaud	— (Saintes)	1	P.
Léger	— (Saône-et-Loire)	3	P.
Dumontier	Services publics (Paris)	8	P.
Jayat	Personnel des Communes de Seine et de Seine-et-Oise	7	P.
Mérot	Communaux (Deux-Sèvres)	1	P.
Baron	Municipaux (Sotteville-lès-Rouen)	2	P.
Lauga	— (Talence)	2	P.
Adassus	Communaux (Tarbes)	1	P.
Michaud	— (Tarn)	4	P.
Vamelle	— (Tarn-et-Garonne)	3	P.

DÉLÉGUÉS	ORGANISATIONS	NOMBRE DE VOIX	VOTE SUR LE RAPPORT MORAL
Justafré	Services publics (Toulon)	5	P.
Flavolles	Services publics (Toulouse et Hte-Garonne)	6	P.
Pacquet	Municipaux (Tourcoing)	4	P.
Rousseau	Communaux (Tulle)	1	P.
Trocmé	— (Valenciennes)	3	P.
Avril	— (Vaucluse)	3	P.
Sorin	— (Vienne)	2	P.
Bonnefond	Municipaux (Haute-Vienne)	4	P.
Reynier	— (Villefranche-sur-Saône)	2	P.
Giry	— (Villeurbanne)	4	P.

FEDERATION DES SERVICES DE SANTE

DÉLÉGUÉS	ORGANISATIONS	NOMBRE DE VOIX	VOTE SUR LE RAPPORT MORAL
Merma	Maison départementale (Albigny)	1	P.
Pamart	Services de Santé (Alger)	3	P.
Caubat	Asile (Château-Picon)	3	P.
Filloles	Centre d'appareillage (Bordeaux)	1	P.
Renou	Hospices civils (Bordeaux)	3	P.
Bonnefoud (M.)	Sages-femmes et Gardes-Malades diplômées des hospices civils (Bordeaux)	1	P.
Renou	Personnel administratif Hôpitaux (Bordeaux)	1	P.
Jean	Hôpital Pasteur (Cherbourg)	1	P.
Sabaud	Orthopédistes (Clermont-Ferrand)	1	P.
Pamart	Services de Santé (Constantine)	2	P.
Martin (Paul)	Personnel secondaire (Font-d'Aurelle)	3	P.
Merma	Asile (La Charité-sur-Loire)	3	P.
Perrin	Asile (Lafond)	2	P.
Sarrazin	Services de Santé (Libourne)	1	P.
Provens	Personnel Hospices civils Lyon)	6	P.
Provens	Mécaniciens-Dentistes (Lyon)	1	P.
Hallier	Asile des Vieillards (Le Mans)	1	P.
Hallier	Hospices civils (Le Mans)	1	P.
Humbert	Asile (Maréville)	3	P.
Avril	Asile (Montdevergues)	1	P.
Boudon	Mécaniciens-Dentistes (Nancy)	1	P.
Pamart	Services de Santé (Oran)	2	P.
Ancelin	Hôpitaux (Seine)	7	P.
Lefèvre	Mécaniciens-Dentistes (Région Parisienne	2	P.
Merma	Asile (Pierrefeu)	3	P.
Berthelot	Asile des Aliénés (Quimper)	3	P.
Merma	Services de Santé (Rennes)	1	P.
Chéreau	Asile d'aliénés (Rennes)	2	P.
Provens	Asiles des Aliénés (Rhône)	4	P.
Darracq	Asile de Ste-Gemmes-sur-Loire	3	P.
Le Pape	Personnel non gradé des Asiles nationaux (Seine)	4	P.
Dumont	Asile (Saint-Ylie)	3	P.
Lamargue	Mécaniciens-Dentistes (Toulouse)	1	P.
Merma	Centre d'Appareillage (Toulouse)	1	P.
Leymaric	Asile d'aliénés (Vauclaire)	1	P.

FÉDÉRATION DU SOUS-SOL

DÉLÉGUÉS	ORGANISATIONS	NOMBRE DE VOIX	VOTE SUR LE RAPPORT MORAL
Rossy	Mineurs (Bassin d'Anzin)	10	P.
Oustry	— (Aubin)	4	P.
Bard	— (Bannes)	1	P.
Lépissier	Ardoisiers (Bel-Air-en-Combrée)	5	P.
Bard	Mineurs (Bert-Montcombroux)	3	P.
Peyric	— (Bessèges)	3	P.
Gaume	— (Bézenet)	1	P.
Bard	— (Brassac-les-Mines)	1	P.
Panissal	— (Cagnac)	5	P.
Sinot	— (Carmaux)	6	P.
Fradet	— (Charbonnier)	2	P.
Rossy	— (Coësmes)	3	P.
Gaume	— (Commentry)	2	P.
Oustry	— (Decazeville)	4	P.
Rouvel	Ardoisiers (Dourgne)	1	P.
Panissal	Mineurs (Etagnac)	1	N. V.
Mathus	— (Épinac-les-Mines)	4	P.
Gaume	— (Ferrières)	3	P.
Romeyer	— (Firminy)	5	P.
Férauge	Ardoisiers (Fumay)	4	P.
Vigne	Mineurs (Gardanne)	5	P.
Bard	— (Graissessac)	4	P.
Pieltin	Ardoisiers (Haybes)	4	P.
Turin	Mineurs (Chaillac)	2	P.
Giraud	— (La Bouble)	4	P.
Vigne	— La Chapelle-sous-Dun	1	P.
Bard	— (La Combelle)	3	P.
Pujos	— (La Ferrière-aux-Étangs)	1	P.
Ducros	— (La Grand'Combe)	1	P.
Pilard	Ardoisiers (La Pouëze)	3	P.
Dumond	Mineurs (La Talaudière)	2	P.
Bard	— (Le Bousquet d'Orb)	4	P.
Dernoncourt	Ardoisiers (Maël-Carhaix)	3	P.
Vigne	Mineurs (Masdieu)	1	P.
Gaume	— (Messeix)	3	P.
Humbert	— de fer (Briey-Longwy)	4	P.
Lépissier	Ardoisiers (Misengrain)	4	P.
Ducros	Mineurs (Molières-sur-Cèze)	1	P.
Mathus	— (Montceau-les-Mines)	5	P.
Quintin	— (Nord)	8	P.
Gaume	— (Noyant)	3	P.
Mailly	— (Pas-de-Calais)	23	P.
Giron	— (Pont-du-Château et Dallet)	2	P.
Planchenault	Ardoisiers (Rénazé)	4	P.
Villeval	Ardoisiers (Rimogne)	3	P.
Ducros	Mineurs (Rochessadoule)	1	P.
Vigne	— (Ronchamp)	4	P.
Fradet	— (St-Eloy, Vieille-Mine)	5	P.
Dumond	— (Loire, St-Étienne)	2	P.
Fradet	— (Ste-Florine)	1	P.
Ducros	— (St-Jean-de-Valériscle)	2	P.
Compère	— (St-Laurent-le-Minier)	1	P.
Langlois (Marie)	— (St-Rémy)	2	P.
Gazeneuve	— (Salies-du-Salat)	1	P.
Vigne	— (Segré)	2	P.

DÉLÉGUÉS	ORGANISATIONS	NOMBRE DE VOIX	VOTE SUR LE RAPPORT MORAL
Panissal	Ardoisiers (Sérent)	1	P.
Rousseau	— (Travassac)	2	P.
Chaillou	— (Trélazé)	5	P.
Vigne	Mineurs (Trests)	4	P.

FEDERATION DU SPECTACLE

DÉLÉGUÉS	ORGANISATIONS	NOMBRE DE VOIX	VOTE SUR LE RAPPORT MORAL
Cébron	Musiciens (Amiens)	3	P.
Mme Bareyre	— (Bordeaux)	4	P.
Pascal	— (Clermont-Ferrand)	3	P.
Cébron	— (Le Mans)	1	P.
Cébron	— (Limoges)	3	P.
Cébron	— (Lyon)	5	P.
Cébron	— (Marseille)	5	P.
Cébron	Machinistes (Marseille)	3	P.
Heuguet	Musiciens (Metz)	3	P.
Gasq	— (Nancy)	3	P.
Peneau	— (Nantes)	3	P.
Cébron	— (Nice)	4	P.
Alibert	— (Nîmes)	3	P.
Cébron	Choristes (Paris)	2	P.
Cébron	Auteurs, Compositeurs et Intermèdes de Concerts et Cinémas (Paris)	1	P.
Chéreau	Musiciens (Rennes)	1	P.
Marx	— (Rouen)	3	P.
Begue	— (Tarbes)	1	P.
Trabucco	Choristes (Toulon)	1	P.
Bentaberry	Musiciens (Toulouse)	4	P.
Cazeneuve	Opérateurs (Toulouse)	1	P.
Cébron	Machinistes-Accessoiristes (Vichy)	2	P.

FEDERATION DES TABACS

DÉLÉGUÉS	ORGANISATIONS	NOMBRE DE VOIX	VOTE SUR LE RAPPORT MORAL
Mathias	Tabacs (Bordeaux)	5	P.
Mathias	Magasin de feuilles (Cahors)	1	P.
Turin	Tabacs (Châteauroux)	5	P.
Delabit	— (Dieppe)	4	P.
Belli	— (Dijon)	3	P.
Delabit	— (Issy-les-Moulineaux)	3	P.
Mathias	— (Le Havre)	4	P.
Mathias	— (Le Mans)	4	P.
Mathias	— (Lille)	5	P.
Mathias	— (Limoges)	3	P.
Mathias	— (Lyon)	4	C.
Delabit	— (Marseille)	4	P.
Delabit	— (Metz)	3	C.
Henry	— (Morlaix)	5	P.
Delabit	— (Nancy)	5	P.
Delabit	— (Nantes)	5	P.
Delabit	— (Nice)	3	P.
Delabit	— (Orléans)	3	P.
Delabit	— (Pantin)	3	P.
Mathias	— (Paris-Reuilly)	3	P.
Mathias	— (Riom)	4	P.

DÉLÉGUÉS	ORGANISATIONS	NOMBRE DE VOIX	VOTE SUR LE RAPPORT MORAL
Mathias	Tabacs (Strasbourg)	5	P.
Geomard	— (Tonneins)	4	P.
Delabit	— (Toulouse)	5	P.

FEDERATION DU TEXTILE

DÉLÉGUÉS	ORGANISATIONS	NOMBRE DE VOIX	VOTE SUR LE RAPPORT MORAL
Bastien	Textile (Amiens)	2	C.
Decock	— (Beaucamp-le-Vieux)	3	P.
Bélot	— (Beauvois-Fontaine)	6	P.
Huyghe	— (Boeschèque)	2	P.
Longuety	Teintures et Apprêts (Calais)	4	P.
Boulanger	Tullistes (Calais)	6	P.
Boulanger	Similaires en tulles (Calais)	3	P.
Bruel	Textile (Castres)	4	P.
Gambard	Teinturiers-Apprêteurs (Caudry)	5	P.
Bélot	Tullistes en dentelles (Caudry)	4	P.
Bélot	Tulles unis et grecs (Caudry)	4	P.
Leduc	Contremaîtres Teinturiers et Apprêteurs (Caudry)	1	P.
Vitrant	Tisseurs (Caudry)	3	P.
Piffeteau	Textile (Cholet)	3	P.
Pla (Marie)	— (Clermont, Hérault)	3	P.
Rieth	— (Colmar)	3	P.
Vandeputte	— (Condé-sur-Noireau)	1	P.
Quiron	— (Cours)	4	P.
Huyghe	— (Dunkerque)	2	P.
Reine	— (Elbeuf)	1	P.
Derigny	— (Fourmies)	3	P.
Quiron	— (Grandris)	2	P.
Eisenring	— (Guebwiller)	4	P.
Vandeputte	— (Halluin)	2	P.
Vandeputte	— (La Gorgue-Estaires)	6	P.
Liagre	— (Lannoy)	6	P.
Bauche	— (Lille)	6	P.
Vardelle	— (Limoges)	1	P.
Tailler	Tullistes (Lyon)	2	P.
Quiron	Tissage, Moulinage (Rég. Lyonnaise)	4	P.
Grenier	Guimperie (Lyon)	1	P.
Assémat	Textile (Mazamet)	5	P.
Eisenring	— (Mulhouse)	5	P.
Bourdon	Bonneterie et Tisseurs (Paris)	1	P.
Guiber	Passementerie Parisienne	3	P.
Guiber	Textile (Poix-du-Nord)	2	P.
Docq	— (Reims)	1	P.
Decock	Trieurs de laines (Reims)	3	P.
Rieth	Textile (Ribeauvillé)	3	P.
Pianelli	— (Roannes, Riorges, Le Coteau)	1	P.
Douet	— (Romilly-sur-Seine)	2	P.
Rieth	— (Rosheim)	1	P.
Lefebvre	— (Roubaix)	8	P.
Eisenring	— (St-Amarin)	1	P.
Perrier	— (St-Jean-du-Gard)	3	P.
Rieth	— (Ste-Marie-aux-Mines)	6	P.
Démaret	Apprêteurs, Blanchisseurs et Teinturiers (St-Quentin)	3	P.

DÉLÉGUÉS	ORGANISATIONS	NOMBRE DE VOIX	VOTE SUR LE RAPPORT MORAL
Lefebvre	Textile (St-Rambert-en-Bugey)	1	P.
Pacquet	— Tourcoing	6	P.
Vandenberg	— Troyes	1	P.

FEDERATION DU TONNEAU

DÉLÉGUÉS	ORGANISATIONS	NOMBRE DE VOIX	VOTE SUR LE RAPPORT MORAL
Alexis	Tonneliers (Aubagne)	1	C.
Bourderon	— (Belleville-sur-Saône)	1	P
Tarride	Arrimeurs, Trieurs de bois merrains (Bordeaux)	2	P.
Vidal	Tonneau (Capendu)	1	P.
Perrogon	Employés des Chais (Cognac)	4	P.
Vidal	Tonneau (Lézignan)	1	P.
Vardelle	Tonneliers (Limoges)	1	P.
Nicolas	— (Montpellier)	1	P.
Bourderon	— (Seine)	1	C.
Solère	— (Perpignan)	1	P.
Bourderon	Tonneliers-Cavistes (Reims)	1	P.

FEDERATION DES TRANSPORTS

DÉLÉGUÉS	ORGANISATIONS	NOMBRE DE VOIX	VOTE SUR LE RAPPORT MORAL
Avril	Taxis-Autos (Avignon)	2	P.
Avril	Tramways Electriques (Avignon)	2	P.
Millet	Tramways (Bayonne)	3	P.
Jeannin	Tramways (Besançon)	1	P.
Guinchard	Petits patrons et Chauffeurs de taxis (Bordeaux)	2	P.
Lacassin	Tramways (Bordeaux)	6	P.
Guinchard	Tramways (Bourges)	1	P.
Lonquéty	Contrôleurs et Chefs de services des tramways (Calais)	1	P.
Guinchard	Tramways Electriques (Calais)	3	P.
Baron	Charretiers et Chauffeurs (Carcassonne)	2	P.
Bardollet	Tramways Electriques (Châlons-sur-Marne)	1	P.
Mary	Tramways et Autobus (Clermont-Ferrand)	3	P.
Mary	Chauffeurs, Camionneurs (Clermont-Ferrand)		P.
Bardollet	Tramways Electriques (Dijon)	2	P.
Roulet	Chemins de fer départementaux (Dordogne)	2	P.
Lebouc	Tramways (Dunkerque)	3	P.
Folcher	Autobus (Gard)		P.
Jollinier	Autobus municipaux (La Rochelle) ..	2	P.
Damour	Tramways (Le Hâvre)	5	P.
Huyghe	Chauffeurs et Cochers de place (Lille).	3	P.
Molard	Tramways Electriques (Roubaix-Tourcoing)	5	P.
Lecomte	Tramways Electriques (Lille)	5	P.
Jeandoux	Tramways urbains (Limoges)	2	
Le Levé	Tramways (Lorient)	2	P.
Fourcade	Cochers et Chauff. de taxis (Lourdes).	1	P.
Berthon	Tramways (Lyon)	6	P.

DÉLÉGUÉS	ORGANISATIONS	NOMBRE DE VOIX	VOTE SUR LE RAPPORT MORAL
Joblin	Tramways et Autobus (Marseille)	6	P.
Lauze	Contrôleurs Tramways (Marseille)	3	P.
Nicolas	Tramways (Montpellier)	2	P.
Boronad	Chauffeurs poids lourds (Mostaganem)		P.
Lesouple	Contrôleurs tramways (Nantes)	1	P.
Gautier	Tramways (Nantes)	4	P.
Folcher	Tramways (Nîmes)	2	P.
Bothereau	Tramways Electriques (Orléans)	2	P.
Camus	Métropolitain (Paris)	7	
Gautron	Contrôleurs et Assimilés T.C.R.P. (Paris)	6	P.
Jaccoud	Transports en commun (région Parisienne)	8	P.
Rebeix	Chauffeurs-Postiers (Paris)	4	P.
Viteau	Conducteurs taxis (Seine)	6	P.
Crochet	Conducteurs automobiles de grande remise (Paris)	4	P.
Lesouple	Tramways (Pau)	1	P.
Xatard	Tramways (Perpignan)	1	P.
Renault	Tramways Electriques (Poitiers)	2	P.
Mary	Autobus département. (Puy-de-Dôme).		P.
Docq	Conducteurs-Recev. Tramw. (Reims).	3	P.
Schmitt	Transports (Bas-Rhin)	6	P.
Eisenring	Transports (Haut-Rhin)	4	P.
Perrin	Tramways (Roanne)	2	P.
Frécon	Transports et Taxis (St-Etienne)	1	P.
Poyet	Tramways Electr. (St-Etienne)	2	P.
Picq	Tramways (St-Etienne) (C.F.V.E.)	4	
Le Ruen	Tramways (St-Malo)	2	P.
Barthe	Personnel administratif T. C. R. T. (Toulouse)	2	. P.
Icart	Transports en Commun Région Toulousaine	5	P.
Gandon	Tramways (Tours)	3	P.
Douet	Tramways (Troyes)	1	P.
Portalis	Tramways (Ouest Varois)	1	P.
Renault	Tramways (Vienne)	3	P.
Guinchard	Transports (Haute-Vienne)	1	P.
Raffin	Régie d'intérêt local du Rhône (Villefranche-sur-Saône)	3	P.

FEDERATION DES TRAVAILLEURS DE L'ETAT

Kompf	E. R. G. M. (Aubigné)	3	P.
Thévenard	Arsenal et Parc d'Artillerie (Besançon)	4	P.
Dubet	Parc d'artillerie (Bordeaux)	2	P.
Martin	Etablissements militaires (Bourges)	3	P.
Sourbet	Entrepôt Réserve de Munitions (Châteaudun)	2	P.
Cuffaux	Entrepôt Réserve (Chemilly)	2	P.
Laisney	Parc d'artillerie (Cherbourg)	1	P.
Lacour	Etablissement d'artillerie (Clermont-Ferrand)		P.
Lacour	Parc d'artillerie (Issoire)	1	P.
Masson	Parc d'artillerie (Laon)	1	P.

DÉLÉGUÉS	ORGANISATIONS	NOMBRE DE VOIX	VOTE SUR LE RAPPORT MORAL
Kompf	Parc d'artillerie (Le Mans)	1	P.
Sourbet	Parc annexe d'artillerie (Lorient)	2	P.
Lombart	Etablissements militaires (Lyon)	4	P.
Thévenard	Artillerie (Nantes)	2	P.
Sourbet	Etablissements militaires (Orange)	1	P.
Thévenard	Parc d'artillerie (Perpignan)	1	P.
Martin	Parc d'artillerie (Rennes)	2	P.
Martin	Atelier de construction (Rennes)	5	P.
Gastal	Atelier de construction (Roanne)	3	P.
Thévenard	Manufacture d'armes (St-Etienne)	4	P.
Thévenard	Entrepôt de réserve (Salbris)	2	P.
Thévenard	Ecole Militaire et d'Application de Cavalerie et du Train (Saumur)	3	
Fourcade	A. T. S. (Tarbes)	5	P.
Goachet	Arsenal (Toulon)	5	P.
Louis Blanc	Parc d'artillerie (Toulouse)	3	P.
Douet	Travailleurs de l'Etat (Troyes)	1	P.
Chirac	Manufacture d'armes (Tulle)	3	P.
Michaut	Etablissements militaires (Valence)	4	P.
Le Méchec	Parc d'artillerie (Vannes)	3	P.
Langlet	Magasin central (Besançon)	2	P.
Michaut	Magasins administratifs (Bordeaux)	3	P.
Michaut	Etablissements militaires (Casablanca)	4	P.
Lacour	Etablissements administratifs (Clermont-Ferrand)	1	P.
Chevaleret	Magasins administratifs (Dôle)	1	P.
Kompf	Magasins administratifs (Le Mans)	2	P.
Vivier-Merle	Magasins administratifs (Lyon)	1	P.
Sourbet	Magasins administratifs (Montpellier)	1	P.
Michaut	Magasins administratifs (Nantes)	2	P.
Lamy	Magasins administratifs (Région Parisienne)	4	P.
Chéreau	Magasin central et parc à fourrage (Rennes)	2	P.
Thomas	Magasins régionaux (Tours)	1	P.
Douet	Entrepôt d'effets (Troyes)	1	P.
Busserolle	Camp d'aviation (Cazaux)	3	P.
Feraud	Ecole d'aviation (Istres)	3	P.
Nicolas	Centre mobilisateur (Lunel)	1	P.
Busserolle	Service du génie (Montpellier)	1	P.
Pamart	Personnel ouvrier d'aviat. (La Sénia)	1	P.
Mugot	Aviation (Romilly)	2	P.
Busserolle	Magasin d'aviation (Romorantin)	3	P.
Bedel	Poudrerie (Angoulême)	3	P.
Bouleau	Poudrerie (Bergerac)	2	P.
Delaloy	Atelier de Pyrotechnie (Le Bouchet)	4	P.
Bouleau	Poudrerie (Moulin-Blanc)	4	P.
Bouleau	Poudrerie (Pont-de-Buis)	3	P.
Dubet	Poudrerie (Saint-Médard)	5	P.
Langlet	Poudrerie (Sevran-Livry)	4	P.
Cazeneuve	Atelier de fabrication (Toulouse)	2	P.
Sutra	Poudrerie (Toulouse)	4	P.
Beldel	Personnel Office de l'Azote (Toulouse)	5	P.
Beldel	Ouvriers auxiliaires (Vosges)	4	P.
Beldel	Personnel civil de la Guerre (Angers)	2	P.
Pouyet	Arts et Métiers (Châlons-sur-Marne)	3	P.
Halgrain	Personnel civil de la Guerre (Chartres)	3	P.

DÉLÉGUÉS	ORGANISATIONS	NOMBRE DE VOIX	VOTE SUR LE RAPPORT MORAL
Lacour	Personnel civil de l'Etat (Clermont-Ferrand)	4	P.
Belli	Travailleurs de l'Etat (Dijon)	4	P.
Devant	Travailleurs de l'Etat (Epinal)	3	P.
Bageot	Travailleurs de l'Etat (Metz)	4	
Allamelle	Gens de service des Ecoles Normales (Montauban)	2	P.
Nicolas	Ecole Agriculture (Montpellier)	2	P.
Docq	Artillerie (Mourmelon-le-Grand)	3	P.
Busserolle	Travailleurs de l'Etat (Nancy)	3	P.
Bothereau	Etablissements militaires (Orléans)	3	P.
Masson	Travailleurs de l'Etat (Région Paris.)	5	P.
Imbs	Travailleurs de l'Etat (Strasbourg)	3	P.
Thévenard	Etablissements militaires (Versailles)	4	P.
Guise	Agents de maîtrise (Metz)	3	
Berthelot	Travailleurs Arsenal maritime (Brest)	5	P.
Morel	Travailleurs de la Marine (Cherbourg)	5	P.
Lamy	Etablissement National (Indret)	5	P.
Le Levé	Port de Lorient	5	P.
Lamy	Travailleurs Marine du Laboratoire central (Paris)	4	P.
Lamy	Etablissements militaires (Rochefort)	3	P.
Lamy	Poudrerie (Ruelle)	4	P.
Porthault	Manufacture d'allumettes (Aix-en-Provence)	3	P.
Porthault	Allumettiers (Bègles)	2	P.
Porthault	Allumettiers (Pantin-Aubervilliers)	4	P.
Porthault	Allumettiers (Saintines)	3	P.
Porthault	Allumettiers (Trélazé)	4	P.
Sourbet	Ponts et Chaussées (Charleville)	1	P.
Sourbet	Travailleurs de l'Etat Ponts et Chaussées (Rochefort-sur-Mer)	1	P.
Yson	Professionnels des Ministères et Administrations de l'Etat (Paris)	4	P.
Michaut	Syndicat de la Monnaie (Paris)	1	P.
Sourbet	Manufacture des Gobelins (Paris)	1	P.

FEDERATION DES VERRIERS

DÉLÉGUÉS	ORGANISATIONS	NOMBRE DE VOIX	VOTE SUR LE RAPPORT MORAL
Monnier	Verriers blancs (Anor)	1	P.
Monnier	Verre noir (Arques)	2	P.
Monnier	Verriers (Baigneaux-sur-Loing)	1	P.
Delzant	— (Bas-Meudon)	1	P.
Dassé	— (Bordeaux)	1	P.
Leymarie	— (Brardville)	2	P.
Delzant	— (Carmaux)	3	P.
Rouvet	— (Anciens Ouvriers de Carmaux) (Albi)	3	P.
Monnier	— (Cepoy)	2	P.
Régnier	— (Incheville)	1	P.
Régnier	— (Martaineville)	1	P.
Giron	— (Mégecoste)	1	P.
Delzant	— (Reims)	1	P.
Delzant	— (Rive-de-Gier)	2	P.
Régnier	— (Romesnil)	1	P.
Monnier	— Rétonval	1	P.

DÉLÉGUÉS		ORGANISATIONS	NOMBRE DE VOIX	VOTE SUR LE RAPPORT MORAL
Régnier	—	(St-Germer-de-Fly)	1	P.
Delzant	—	(St-Léger-des-Vignes)	1	P.
Monnier	—	(Seine)	1	P.
Monnier	—	(Souvigny)	2	P.
Monnier	—	(Tourouvre)	2	P.
Delzant	—	(Vénissieux)	2	P
Régnier	—	(Vieux-Rouen-sur-Bresle) ...	1	P.

RÉSOLTAT
des Votes émis au Congrès

Syndicats représentés 2.216

détenant .... 5.201 voix.

Vote sur les Rapports moral et financier

Ont voté *pour*	2.173 syndicats	disposant de	....	5.088 voix
— *contre*	19 syndicats	—	....	48 »
Se sont abstenus	5 syndicats	—	....	21 »
N'ont pas pris part au vote	19 syndicats	—	....	44 »
TOTAL	2.216 syndicats	—	....	5.201 voix

Index Alphabétique des Orateurs

TABLE DES MATIÈRES

VERSAILLES. — IMP. LA GUTENBERG, (TÉLÉPH. 735).

www.ingramcontent.com/pod-product-compliance
Lightning Source LLC
LaVergne TN
LVHW050306060726
842525LV00002B/430